# Norwegen

Michael Möbius
Annette Ster

DUMONT
Reise-Handbuch

# Inhalt

## Wissenswertes über Norwegen



## Wissenswertes für die Reise

# Unterwegs in Norwegen

## Kapitel 1 Oslo und Oslofjord

## Kapitel 2 Das Østland

Inhalt

## Kapitel 3 Das Sørland

## Kapitel 4 Das Vestland

# Inhalt

## Kapitel 5 Trøndelag



## Kapitel 6 Nord-Norge

# Themen

# Inhalt

## Alle Karten auf einen Blick



▶ Dieses Symbol im Buch verweist auf die Extra-Reisekarte Norwegen

Fjordlandschaft nahe Mo i Rana im Norden Norwegens

# Wissenswertes über Norwegen

# Am Rande des Kontinents: ›Die Schweiz am Meer‹

**Norwegen ist immer eine Reise wert. Wer einmal dieses landschaftlich spektakuläre wie vielseitige Land am Rande des europäischen Kontinents bereist hat, der wird immer wieder vom ›Weg nach Norden‹ angezogen werden. Und er wird dem Text der norwegischen Nationalhymne schwärmend zustimmen, in dem es heißt: »Ja, wir lieben dieses Land ...«.**

Gäbe es einen Preis für das Land mit der bizarrsten geografischen Gestalt – Norwegen, an der schmalsten Stelle lediglich 6,3 km breit, doch in der Luftlinie 1752 km lang, wäre seiner würdig. Im äußersten Nordwesten unseres Kontinents gelegen, zieht es sich in einem Bogen aus Bergen, Wäldern und Fjorden längs dem Westrand der skandinavischen Halbinsel über knapp 14 Breitengrade hin und erinnert in seiner Form an einen kauernden Löwen: Seine gewaltige Kopf- und Schulterpartie ruht im Westen, die Vorderpranken bilden den Südwesten und sein langer Schwanz endet zusammengerollt im hohen Norden an der Grenze zu Finnland und Russland.

Die Längserstreckung Norwegens entspricht etwa der Distanz Oslo–Rom und ist damit die größte eines europäischen Staates. Auch die Länge der norwegischen Küste, die zwischen dem Skagerrak im Süden und der Grenze zu Russland im Nordosten von ungezählten Fjorden und Buchten gegliedert wird, sucht ihresgleichen auf diesem Kontinent: Nahezu unvorstellbare 25 148 km beträgt die Küstenlinie des Landes, was fast dem halben Erdumfang entspricht. Dabei werden bei dieser beeindruckenden Zahl noch nicht einmal die Küstenlinien von Spitzbergen (Svalbard) und einigen anderen Besitzungen in der Arktis und Antarktis sowie die Küstenlinien der dem Festland vorgelagerten 150 000 Inseln berücksichtigt – sie allein umfassen weitere 58 133 km.

Als das wohl hervorstechendste Merkmal dieses Landes, dessen Bevölkerung zu rund 80 % in Sichtweite der Küste lebt, kann also seine enge Verbundenheit mit dem Meer gelten, was auch der Name ›Norwegen‹ veranschaulicht. Er geht auf das altnordische Wort *Nordvegr* (›der Weg nach Norden‹) zurück und bezieht sich auf den Seeweg, der für viele Jahrhunderte das entscheidende Bindeglied zwischen den weit verstreut liegenden Gemeinden Norwegens darstellte. Überlandrouten nämlich gab es bis in unsere Zeit hinein nur wenige. Zudem waren sie gefahrvoll und zeitraubend, denn neben allem anderen präsentiert sich Norwegen auch als überaus steiles Bergland. Ein Viertel der gesamten Landesfläche erhebt sich höher als 1000 m über den Meeresspiegel, und mehr als die Hälfte des Gebietes liegt noch über 500 m hoch.

Somit zählt Norwegen auch zu den gebirgigsten Ländern Europas, und es ist, als ob »ein ungeheueres Felsengebirge mit all seinen Hängen und Thälern, Zinnen und Wänden in das Meer gesunken wäre«, wie es der Reiseschriftsteller Ferdinand Krauß im 19. Jh. in seiner »Nordlandfahrt« ausdrückte. Dieses Felsengebirge, das Norwegen in seiner gesamten Länge durchläuft, heißt das Kaledonische und ist, nach den Alpen, das ausgedehnteste und höchste Gebirgmassiv Europas. Hier finden sich, neben anderen Superlativen, nicht nur die größten und mächtigsten Gletscher sowie die weitesten Hochebenen unseres Kontinents, sondern auch die höchsten Wasserfälle und tiefsten Seen.

Die Landschaftsbilder wechseln oft auf engstem Raum: Genießt man gerade noch das Gegenspiel schwarzer Schluchten und farbenfroher Blumentäler, so schon wenig später den Blick auf weite Tundrasteppen zwischen eisverzierten Riesen. Mal geht es an weiten Schärengärten entlang, mal an majestätischen Fjorden und felsumschnürten Sunden, dann wieder am offenen Meer vorbei oder an vielgestaltigen Bergen und funkelnden Gletscherkronen. Schnell kann es passieren, dass man süchtig wird nach solch extravaganten Eindrücken, und wer einmal Norwegen bereist hat, für den ist der Gedanke an Schönheit wohl für alle Zeiten mit diesem Land verknüpft.

Norwegen, »die Schweiz am Meer«, schwärmte der französische Dichter Honoré de Balzac, ist einzigartig, ja überwältigend und hebt sich mit seiner außergewöhnlichen Vielfalt an Naturformen deutlich von allen anderen Ländern Europas ab. Diesem Umstand verdankt es heute seine touristische Beliebtheit, doch bei aller Begeisterung für Norwegens urtümliches Erscheinungsbild vergisst der Reisende nur zu schnell, dass das Königreich auch ein selten gutes Beispiel für ein Land abgibt, »das von der Natur stiefmütterlich bedacht wurde …«, wie es Jean Baptiste Bernadotte, Napoleons Ex-Marschall, ausdrückte, als er 1818 auf den schwedisch-norwegischen Thron stieg:

Zwar ist Norwegen das sechstgrößte Land Europas und etwa so groß wie Deutschland, doch von der gesamten Landesfläche (rund 324 000 km$^2$) bestehen rund 74 % aus Gebirgs- und Ödland sowie Gewässern; nur etwa 3,5 % sind agrarwirtschaftlich nutzbar. Das gilt als Weltrekord, der nur von Island überboten wird. Diese Zahl erklärt auch, warum hier, im Verhältnis zur Landesgröße, nur sehr wenige Menschen leben. Ca. 5 Mio. Einwohner zählt das Königreich, rund 15,7 pro Quadratkilometer, womit Norwegen, nach Island, auch das am dünnsten besiedelte Land Europas ist.

**Landschaften, die an die Schweiz erinnern: Beim Lysefjord nördlich von Stavanger**

# Steckbrief Norwegen

## Daten und Fakten

**Name:** Norge bzw. Noreg

**Fläche:** 323 758 km² ohne Spitzbergen (61 020 km²), Jan Mayen (377 km²) und die Gebiete der Antarktis (ca. 63 205 km²)

**Hauptstadt:** Oslo
**Amtssprache:** Bokmål sowie Nynorsk
**Einwohner:** ca. 5 Mio., davon rund 11 % Einwanderer
**Bevölkerungswachstum:** ca. 1 %
**Lebenserwartung:** 79 Jahre für Männer, 84 Jahre für Frauen
**Analphabetenrate:** unter 5 %

**Währung:** Norwegische Krone (NOK).
1 NOK besteht aus 100 Øre, für 1 € bekommt man etwa 7,50 NOK.
**Zeitzone:** MEZ und Sommerzeit.

**Landesvorwahl:** + 47

**Landesflagge:** Die norwegische Flagge ist auf die Unabhängigkeitsbestrebungen des Landes im 19. Jh. zurückzuführen: Die Farben Blau–Weiß–Rot sollten dabei an die französische Trikolore erinnern, das Kreuz symbolisiert den christlichen Glauben. Die Flagge ähnelt der Flagge Dänemarks, zur Unterscheidung wurde daher ein schmales blaues Kreuz auf das weiße Kreuz gelegt.

## Geografie

Norwegen erstreckt sich am Westrand der skandinavischen Halbinsel über knapp 14 Breitengrade vom Kap Lindesnes bei 57 Grad bis zum Nordkap bei 71 Grad. Bei einer Länge (Luftlinie) von 1752 km und einer Breite von 6,3 bis rund 430 km beträgt die Landesfläche 323 758 km² (zum Vergleich Deutschland: 357 022 km²). Rund 38 % der Landesfläche sind bewaldet, 59 % bestehen aus Gebirgs- und Ödland sowie Gewässern, nur 3,2 % sind landwirtschaftlich nutzbar. Ein Viertel der gesamten Landesfläche liegt höher als 1000 m, die durchschnittliche Höhenlage beträgt rund 500 m.

Die Länge der **Küstenlinie** ohne Fjorde, Buchten und Inseln beträgt 2650 km, inklusive Fjorde und Buchten 25 148 km; die Küstenlinie allein der rund 150 000 Inseln (ca. 2000 davon bewohnt) beträgt 58 133 km (ohne Fjorde und Buchten: 2650 km).

Die höchsten **Berge** sind Galdhøpiggen (2469 m), Glittertind (2464 m) und Skagastølstind (2405 m), die längsten **Fjorde** heißen Sognefjord (204 km), Hardangerfjord (179 km) und Trondheimsfjord (126 km). Die längsten **Flüsse** sind Glomma (617 km), Tana (360 km) und Numedalslågen (337 km), die größten **Binnenseen** sind Mjøsa (362 km²), Røssvatn (210 km²) und Femunden (201 km²).

Rund 1700 **Gletscher** bedecken über 3300 km² der Landesfläche, die größten sind der Jostedalsbreen (487 km², ca. 1000 km² inkl. der benachbarten Firnfelder), der Svartisen (368 km²) und der Folgefonn (212 km²).

Die wichtigsten **Städte** sind Oslo (ca. 614 000 Einw.), Bergen (ca. 260 000 Einw.), Trondheim (ca. 176 000 Einw.), Stavanger (ca. 126 000 Einw.) und Kristiansand (ca. 83 000 Einw.). Die **Landesgrenze** zu Schweden misst 1619 km, die zu Finnland ist 727 km und die zu Russland 196 km lang.

## Geschichte

**Erste Spuren** menschlicher Besiedlung finden sich in Norwegen ab dem 10. Jt. v. Chr. Etwa 500 v. Chr. beginnt die **Eisenzeit,** die um 800 n. Chr. in die **Wikingerzeit** übergeht, während derer die norwegischen Stämme zu einem Reich vereint werden. Harald Hårfagre (9. Jh.) gilt als erster König norwegischer Nation.

**Ab 1380** wird Norwegen vom überlegenen Dänemark beherrscht und bleibt es bis **1814,** als Norwegen im Vertrag zu Kiel Schweden zugesprochen wird. Noch im gleichen Jahr, am 17. Mai (dem heutigen Nationalfeiertag), gibt sich Norwegen eine eigene Verfassung als selbstständiges Königreich mit eigenem Parlament, muss allerdings zunächst eine Union mit Schweden akzeptieren, sagt sich aber am **7. Juni 1905** von Schweden los.

Im **Ersten Weltkrieg** verliert das Land trotz Neutralität fast die Hälfte seiner Handelsflotte durch deutsche U-Boot-Angriffe, 1940 erfolgt im Verlauf des **Zweiten Weltkriegs** der deutsche Angriff auf Norwegen. In der **Nachkriegszeit** tritt Norwegen der UNO bei (1945), 1949 der NATO, doch bislang nicht der EU. **Heute** engagiert sich Norwegen außenpolitisch unermüdlich als Vermittler für friedliche Lösungen bei internationalen Konflikten.

## Staat und Politik

Norwegen, eine **konstitutionelle Erbmonarchie,** wird auf parlamentarisch-demokratischer Basis regiert. Staatsoberhaupt ist König Harald V., die Regierung bildet seit 2005 eine rot-grüne Koalition unter Vorsitz von Ministerpräsident Jens Stoltenberg.

Norwegen wird in **fünf Großräume** eingeteilt: das längs der Skagerrak-Küste sich erstreckende Sørland (Südland), das wald- und bergreiche Østland im Südosten, das hochgelegene Vestland (Westland) im Südwesten an der Nordsee-Küste, das Gebiet von Trøndelag in der Mitte sowie Nord-Norge (Nordnorwegen), das zum größten Teil nördlich des Polarkreises liegt. Diese Großräume sind in 19 Verwaltungsbezirke *(Fylker)* eingeteilt.

## Wirtschaft und Tourismus

Norwegen ist dank seiner Öl- und Erdgasvorkommen eines der reichsten Länder der Welt. Der gesamte Strombedarf wird durch Wasserkraft gedeckt. Die Arbeitslosigkeit lag 2012 bei 3,2 %, die Inflationsrate bei 0,5 %. Der Tourismus ist nach dem Ölgeschäft einer der profitabelsten Wirtschaftssektoren; über 70 % aller Reisenden sind Norweger, über 21 % der ausländischen Gäste kommen aus Deutschland.

## Bevölkerung und Religion

Von den rund 5 Mio. Einw. leben ca. 20 % auf dem Land, 80 % in Städten und Ballungsgebieten. Die **Bevölkerungsdichte** beträgt im Durchschnitt ca. 15,7 Einw./km². Zu den **ethnischen Minderheiten** Norwegens gehören rund 30 000 Samen sowie ca. 7000 Kvæner (finnischen Ursprungs), die beide vor allem in der Finnmark beheimatet sind.

Rund 86 % der Norweger bekennen sich zur **evangelisch-lutherischen Kirche.**

# Natur und Umwelt

**In Norwegen zeigt sich die Natur in ihren spektakulärsten Erscheinungsformen – hier gibt es die längsten und tiefsten Fjorde der Welt, die größten Gletscher des europäischen Festlands sowie die höchsten Berge und Wasserfälle Skandinaviens. Nicht zuletzt auch dank eines vorbildlichen Umweltschutzes präsentieren sich Flora und Fauna vielerorts so ›herrlich wie am ersten Tag‹.**

## Von Eiszeit und Erosion modelliert

Norwegen offenbart mit seinen unzähligen Felsen, Fjorden und Tälern allerorten seine geologische Vergangenheit. Das Land wurde, wie ganz Skandinavien, von der Erosion sowie den **Eiszeiten** maßgeblich gestaltet. Der Einbruch der Kaltzeit führte dazu, dass die Sommer immer kürzer, die Winter immer länger wurden, der Schnee in immer größeren Mengen fiel und immer länger liegen blieb, bis es zuletzt das ganze Jahr über schneite. Die weiße Pracht häufte sich an – insbesondere natürlich in den Gipfelzonen der Berge – und verwandelte sich nach Überschreiten eines Grenzwertes durch den entstandenen Druck zunächst in Firnschnee (dichter, körniger und luftärmer als herkömmlicher Schnee), sodann in Firneis (plastische, gekörnte Masse mit Luftzwischenräumen) und schließlich in dichtes (da luftloses) **Gletschereis.** Dessen Eiskörnchen sind lamellar aufgebaut, weshalb es sich unter Druck verschiebt. Das Eis kam, der Schwerkraft folgend, in Bewegung, schob sich von den Bergen talwärts und vereinigte sich mit den aus Richtung Pol kommenden Gletscherströmen zu einer Eiskappe, die sich mit einer Geschwindigkeit von bis zu 30 km pro Jahr nach Süden ausdehnte, in der Mitte bis zu 3 km stark war und sich schließlich bis zu den Britischen Inseln und nach Norddeutschland erstreckte.

Unvorstellbar viel Wasser hatte dieser Glazialpanzer in sich gebunden, und so schrumpften die Ozeane derart stark, dass der Meeresspiegel nahezu 90 m unter den heutigen sank. Dennoch nahm die Landmasse nicht etwa zu, sondern sogar ab, da unter der gigantischen Eislast große Teile Skandinaviens bis zu 900 m tief in die Erdrinde hinabgedrückt wurden. Als sich das Eis schließlich aufgrund eines Klimawechsels zurückzog, hob sich das Land wieder, und zwar an manchen Stellen bis zu 300 m – ein Vorgang, der noch immer nicht abgeschlossen ist, auch wenn er heute mit maximal 9 mm pro Jahr relativ langsam abläuft. Sichtbare Zeichen dieses Prozesses sind die sogenannten **Strandlinien,** die in Form von Geröllstränden oder Strandwällen weit über dem heutigen Meeresspiegel liegen und entlang der gesamten norwegischen Küste anzutreffen sind.

Die Eiswalze stauchte das Land aber nicht nur zusammen, sondern veränderte es grundlegend, weil sie praktisch wie eine Kombination aus Planierraupe, Bulldozer, Fräse und Dampfwalze arbeitete. Alles erlag ihrer Gewalt, nichts konnte widerstehen, und auch die feste Gesteinsoberfläche wurde von der zusammenhängenden Inlandeisdecke in ganz charakteristischer Weise modelliert, wodurch der beherrschende Relieftypus des **Fjells** entstand, unter dem die hügeligen Regionen oberhalb der Baumgrenze verstanden werden. Im alpinen Fjell, dem eigentlichen Hochgebirge, hinterließ die Vergletscherung eine Reihe von Formationen, die in eisfrei gebliebenen Gebieten vollkommen fehlen. Unter den Firsten der Gebirgskämme trifft man steilwandig in die Hänge eingelassene Felskessel, die einen flachen, oft von einem See bedeckten Boden haben sowie eine Schwelle aus ausgelagertem Schutt. Diese Ursprungsstellen der alpinen Gletscher werden als **Kare** bezeichnet. Insbesondere entlang der Nordlandküste sowie auf den Lofoten sind die Berggestalten allseitig derart von Karen angefressen, dass die trennenden Kämme zu schmalen Graten reduziert sind und die Berge, die früher eine Hauben- oder Kegelform hatten, nunmehr als scharfkantige Pyramiden, Trapeze oder lang gestreckte Felsmauern erscheinen. Solche Berge werden als **Karlinge** bezeichnet, und sie bilden die wohl bizarrsten Gesteinsformationen, die man sich vorstellen kann.

An die Kare schließen sich die Talstücke an, durch die sich das Gletschereis abwärts bewegte. Man nennt diese Landschaftsform **Trogtal** oder Taltrog, weil sie steilfelsige Talhänge und einen im Querschnitt gerundeten Talboden aufweist, was dem Ganzen die Form eines Troges gibt. Besonders steil sind die Hänge an der Außenseite von Biegungen. Überall fallen die Schleifwirkungen des Eises ins Auge, die dem Fels oft den Anschein eines monumentalen Kunstwerkes geben. Die Böden der in das Trogtal mündenden Seitentäler enden oft Hunderte von Metern über dem Haupttal, und aus diesen glazialen **Hängetälern** ergießen sich nicht selten machtvolle Wasserfälle.

Als die landschaftlich eindrucksvollsten Zeugen der Eiszeit gelten die **Fjorde,** die sich weltweit überall dort gebildet haben, wo Gletscher in Trogtälern vom Gebirge herunterdrängten und in den Gezeitenbereich des Meeres gerieten. Das war, außer in der Arktis und Antarktis, u. a. in Kanada, Westschottland, Chile und Neuseeland der Fall, doch nir-

**Gewaltige Gletscher formten einst tiefe Fjorde und bizarre Gebirgskämme**

# Das Klima – Zwischen ›polar‹ und ›solar‹

Thema

**Dank Golfstrom ist Norwegen der klimatisch meistbegünstigte Raum des hohen Nordens. Meteorologisch ist das Land weniger in Süd und Nord als vielmehr in West und Ost zu unterscheiden: Entlang der Küste herrscht ein mild-maritimes Klima, im Innern hingegen ein von Extremen geprägtes kontinentales Klima.**

Norwegens Klima ist weitaus besser als sein Ruf: Die langen Wintermonate, wenn der Sturm heult und die über das Licht siegende Dunkelheit verwirrende Kontraste in die verschneite Berg- und Meerlandschaft trägt, lassen einen leicht vergessen, dass eines der eindrucksvollsten Merkmale Norwegens gerade seine klimatische Gunst ist: Hier wachsen Bäume noch viel weiter nördlich als in allen anderen Regionen unserer Hemisphäre, und auch Getreide und Kartoffeln, Rhododendron und Vergissmeinnicht gedeihen nirgendwo sonst in der Welt bis so weit hoch in den Norden hinauf. Und es wird noch ›besser‹ werden, denn laut dem neuesten UN-Klimareport muss in Norwegen in den nächsten 50 Jahren mit einem Temperaturanstieg von 6 °C gerechnet werden (der Weltdurchschnitt liegt bei 3 °C).

In Tromsø, also immerhin schon auf dem 69. Breitengrad, reifen während des Sommers die Erdbeeren in den Gärten heran, und auf den Vesterålen, einer Inselgruppe nördlich des Polarkreises, wissen manche Gärtner draußen Zucchini zu ziehen – Gemüse, das man selbst im Süden des Landes (und damit auf gleicher geographischer Breite wie Anchorage in Südalaska) kaum vermuten würde. Ebenso mag verwundern, dass Hammerfest, die nördlichste Stadt der Welt, im Januar die gleiche Durchschnittstemperatur von rund –4,7 °C vorweisen kann wie die ganz im Süden des Landes gelegene Metropole Oslo (zum Vergleich: München –2 °C).

Der Grund für diese Phänomene ist der Golfstrom, jene natürliche ›Warmwasserheizung‹, die ihren Ursprung im Golf von Mexiko hat. Das Ungewöhnliche des Golfstroms sind seine hohe Fließgeschwindigkeit (rund 4–5 Seemeilen pro Stunde), sein enormer Massetransport (bis zu 150 Mio. $m^3$ pro Sekunde) sowie die Tatsache, dass seine Wassersäule von der Wasseroberfläche bis zum Meeresboden reicht.

Dank dieser Eigenschaften sorgt der Golfstrom nicht nur für ein eisfreies Meer an allen norwegischen Küsten, sondern – indem er die über ihm liegenden Luftmassen erwärmt – auch für ein mild-maritimes Küstenklima vom Skagerrak bis hinauf zur Barents-See, das erst jenseits der Kaledonischen Gebirgsbarriere an Einfluss verliert. Erst dort kann sich ein kontinentales Klima durchsetzen, das aber immer noch wesentlich wärmer ist als irgendwo sonst in so hohen nördlichen Breiten. An dem Küstengebirge werden die milden atlantischen Winde zum Aufsteigen gezwungen, wodurch sie abkühlen. Der ozeanische Einfluss lässt nach, das Klima wird kontinentaler und damit extremer. Das bedeutet relativ kalte Winter, aber auch relativ heiße Sommer sowie – ganzjährig – sehr geringe Niederschlagsmengen: Fallen an der Westseite der Skanden durchschnittlich 2000 mm, in einigen exponierten Regionen – etwa an der Mündung des Nordfjords – gar bis zu 6000 mm, so empfangen die Flächen im Lee des Gebirges nur rund 400–700 mm.

gendwo weisen die Fjorde derart markante Formen auf wie in Norwegen, das entsprechend auch ›Land der Fjorde‹ genannt wird. Der Begriff Fjord für die Verzahnung von Meer und Land ist ein altnordischer Ausdruck, der als ›Firth‹ im Schottischen und als ›Förde‹ im Deutschen begegnet. Er bezeichnet jene vom Eis geformten Trogtäler, in die das Meer zu einem späteren Zeitpunkt eindrang. Da die Gletscher im Gezeitenbereich des Meeres an Mächtigkeit abnahmen, daher im eigentlichen Trog gewissermaßen auf der Stelle schürften und an der Mündung die Trümmer ihrer Hobelarbeit ablagerten (Endmoräne), weisen die Fjorde in aller Regel ein sehr stark gestuftes Längsprofil auf. So senkt sich der Sognefjord, der ›König der norwegischen Fjorde‹ und mit 204 km der längste der Welt, bis über 1300 m tief unter den Meeresspiegel und steigt dann an seiner Mündung ins Meer wieder bis 150 m unterhalb des Wasserspiegels hervor.

Am Ende eines Fjordes wölbt sich häufig ein Wall auf, der quer zum Wasserbecken verläuft. Es handelt sich hierbei um die Moräne eines während der Schmelzzeit zwischenzeitlich wieder vorgestoßenen Gletschers, hinter der sich oft ein Süßwassersee aufstaut, der meist nur wenige Meter über dem Meeresspiegel gelegen ist. Diese Moräne wird **Eid** genannt, eine Bezeichnung, die häufig in den Namen von Ortschaften wiederkehrt.

Auch die **Schären,** jene meist in Gürteln auftretenden nackten Felsenklippen, von denen Tausende und Abertausende der norwegischen Küste vorgelagert sind, wurden durch die Gletschererosion geschaffen. Sie gelten, da sie der Schifffahrt häufig als Wellenbrecher dienen, als eine besondere Gunst des Naturraums. Gleiches gilt für die **Strandflate,** die als flacher Küstensaum die gesamte mittel- und nordnorwegische Küste begleitet und seit jeher eine große Bedeutung für die Ansiedlung der Bevölkerung hatte. Sie stellt eine von Eis und Brandung mitgeformte und wahrscheinlich durch die postglaziale Landhebung Skandinaviens hervorgerufene sogenannte Verebnungsfläche dar.

# Reichtum im Kargen – Flora und Fauna

Wo sonst kann man nördlich des 60. Breitengrades unter blühenden Kirschbäumen liegen oder auf dem 70. Breitengrad, der immerhin auch mitten durch das grönländische Inlandeis verläuft, Erdbeeren ernten? Nirgendwo auf der Welt außerhalb Norwegens. Dank der klimatisch günstigen Bedingungen (s. S. 18) erstrecken sich die Wälder hier außerdem viel weiter in den Norden hinein als in allen anderen Regionen der nördlichen Hemisphäre, womit die sonst global gültige Regel durchbrochen wird, nach der die Waldgrenzen im Inneren eines Kontinents weiter nach Norden reichen als in den Küstenregionen.

Norwegen lässt sich in mehrere pflanzengeografische Regionen einteilen: Wie in Asien und Nordamerika geht auch hier die gemäßigte Zone, die Laubwaldregion, Richtung Norden bzw. in höheren Lagen in eine Mischwaldregion über, an die sich die borealen, also kaltgemäßigten Gebiete mit ihren dominierenden Nadelbaum-Wäldern anschließen. Wieder ein Stückchen weiter gen Norden oder höher hinauf erstreckt sich die subarktische bzw. subalpine Region, bei der es sich aber eigentlich um nichts weiter als eine Übergangszone zwischen der borealen/montanen Nadelwaldregion und der arktischen/alpinen Region handelt. Jede dieser Vegetationsstufen steht mit der Tierwelt in einer Wechselbeziehung.

## Fjell & Tundra – Im Steingarten der Natur

Während auf dem amerikanischen Kontinent schon der 51. Breitengrad die Nordgrenze der Baumvegetation darstellt, hat Norwegen nur mit einem äußerst schmalen Saum nördlich des 71. Breitengrades Anteil an der arktischen Region, die nach dem finnischen Wort *tunturi* – was so viel wie ›waldloser Hügel‹ bedeutet – als Tundra bezeichnet wird. Neben dieser arktischen Tundra, dem **Tundral,** gibt es aber auch baumlose Zonen in den Hochgebirgen oberhalb der Baumgrenze, und in

**Rentiere sieht man vor allem im hohen Norden auf der Finnmarksvidda**

Norwegen, einem der gebirgigsten Länder Europas, hat diese Sonderform der Tundra, das **Oreal** (griech.: *oros* = Berg, Gebirge), sogar einen eigenen Namen: *fjell.* Diese Pflanzenformation nimmt landesweit große Flächen ein und reicht an der Ostabdachung des Kaledonischen Gebirges weit nach Schweden hinüber. Die Hardangervidda und das Dovrefjell gelten als eindrucksvollste Vertreter dieser auch als Kahlfjell bezeichneten Landschaft, die aber gar so kahl, wie der Name glauben machen will, nicht ist. Explosionsartig entwickeln sich hier im Sommer Flechten, Moose, Gräser und Seggen, zwischen denen der Alpensilberwurz, das breitblättrige Weidenröschen sowie zahlreiche Steinbrech- und Läusekrautarten farbige Akzente setzen.

Alle Pflanzen haben sich perfekt an die extremen klimatischen Bedingungen angepasst und schmiegen sich eng an den Boden, wachsen in dichten Polstern, schützen sich durch dicke Blatthäute und flaumig behaarte Stängel. Auch die Tiere begegnen den lebensfeindlichen Faktoren dieser Region mit unterschiedlichen Strategien. Die großen Säugetiere wie der Moschusochse (der im Dovrefjell zu Hause ist; s. S. 334), das Rentier (das man außer auf der Hardangervidda insbesondere im hohen Norden auf der Finnmarksvidda antrifft), der seltene Polarfuchs sowie der vom Aussterben bedrohte Wolf sind durch ein dichtes Haarkleid und ein zusätzliches Fettdepot vor Wärmeverlust geschützt.

Eisfuchs und Schneehase tragen im Winter ein weißes Fell, andere Arten wie die Rentiere ziehen im Herbst – in ihrem Gefolge oft die großen Räuber Vielfraß und Wolf – bis ins boreale Waldgebiet hinunter, wo sie wesentlich günstigere Nahrungsbedingungen vorfinden. Auch die Vögel suchen mit Beginn der kalten Jahreszeit nahezu ausnahmslos wärmere Quartiere auf, wieder andere Tierarten verbringen den Winter in mehr oder weniger passivem Zustand: Wechselwarme Wirbeltiere wie auch Wirbellose fallen in Winterstarre, der Braunbär verweilt in Winterruhe.

### Leben in der Taiga

Dort, wo Tundral und Oreal in die kaltgemäßigte Waldregion übergehen, beginnt das Reich der Kiefern *(Pinus sylvestris)* und Fichten *(Picea abies)*, das nach einer aus der Geografie Sibiriens übernommenen Bezeichnung auch **Taiga** genannt wird. Diese Nadelwälder legen sich wie ein Gürtel um die gesamte Nordhalbkugel, reichen aber nur in der Finnmark bis über den 70. Breitengrad hinaus und bilden dort, im Stabbursdal-Nationalpark, den nördlichsten Kiefern-Urwald der Welt.

Da im Inneren der Taiga nur wenig Licht bis zum Boden durchdringt, sind hier die Kraut- und Strauchschicht eher schwach ausgebildet. Einen großen Teil der Pflanzen stellen Moose und Flechten, die manchmal regelrechte Teppiche bilden. Ansonsten wird der Unterbewuchs in der Hauptsache von Zwergsträuchern geprägt, die wie die Blaubeere *(Vaccinium myrtillus)*, Rauschbeere *(Vaccinium uliginosum)* und Preiselbeere *(Vaccinium vitis-idaea)* zur Familie der Ericaceae gehören.

In puncto Tierwelt ist vor allem der Elch zu nennen, der als größter Hirsch des Landes im 19. Jh. nahezu ausgerottet war, doch heute mit einer Population von über einer halben Million Exemplare als Landplage in ganz Skandinavien gilt. Die wenigen Wölfe, die es heute noch gibt, haben in der Taiga ihr Revier, und auch der unter Schutz stehende Braunbär hat hier seinen Bau. Das Vorkommen dieses Allesfressers wird auf mehrere hundert Exemplare geschätzt, während es vom einzigen wild lebenden katzenartigen Raubtier des Nordens, dem Luchs, mittlerweile wieder rund 1000 Exemplare in Norwegen geben soll. Neben ihm leben der Vielfraß, ebenfalls unter Schutz stehend, sowie der Fuchs und der Biber, der noch in manchen Seen und Wasserläufen der Taiga beheimatet ist.

### Zwischen *limes norrlandicus* und Laubwäldern

An die große boreale Waldzone schließt sich nach Süden hin und in einem schmalen Streifen parallel zur Küste verlaufend die Mischwaldzone an. Ihr Nordrand, der mit der Eichengrenze zusammenfällt, reicht bis über Trondheim hinauf und bildet zugleich den *limes norrlandicus,* wie in der botanischen Terminologie der Grenzsaum zwischen Taiga und Mischwald bezeichnet wird. Bei dieser oft auch ›Südtaiga‹ genannten Pflanzenformation handelt es sich um eine Übergangsregion zwischen Nadel- und Laubwald, und infolge der forstwirtschaftlichen Maßnahmen in dieser stark vom Menschen geprägten Zone dominieren hier die Nadelhölzer, deren Anteil zwischen 70 und 80 % liegt. Ganz ähnlich sind die Verhältnisse auch in der sich südlich anschließenden Laubwaldregion, deren namengebende Laubwälder größtenteils dem Ackerbau weichen mussten bzw. durch ökonomisch interessantere Nadelwaldanpflanzungen ersetzt wurden.

## Refugien der Natur – Die Nationalparks

Verglichen mit seinem heutigen Zustand war Europa am Ende der Eiszeit eine Naturlandschaft von schier unvorstellbarer Vielfalt und Üppigkeit. Vom Mittelmeer bis zur Barents-See, vom Atlantik bis zum Ural lagen unregelmäßig verstreut Sümpfe, Wälder und Moore, Gebirge, Steppen und Wiesen – Biotope, die von Lebewesen in einer heute unglaublichen Mannigfaltigkeit besiedelt wurden. Zu diesen Lebewesen gehörte auch eine räuberische Art, deren Erfolg sich schon bald nachteilig auf die Geschicke aller anderen Arten auswirken sollte – der Mensch. Sein Einfluss auf die Tierwelt war verheerend. Eine Art nach der anderen wurde ausgerottet, ganze Gattungen verschwanden, und alles in allem machte der Mensch mehr als der Hälfte aller größeren Säugetiere Europas den Garaus – sei es durch die Jagd, sei es durch sein Geschick im Roden und Bebauen des Bodens.

# Das Polarlicht – Schauspiel auf himmlischer Bühne

**Wenn die Lichtschleier der Aurora borealis in Rosa, Lila oder Grün quer über den winterlichen Polarhimmel wehen, sieht man Bilder, die nicht mehr für menschliche Augen geschaffen scheinen. Alles bisherige Landschaftserleben wirkt wie ein harmloses ›Vorgeplänkel‹ – und es ist, als ginge man im unermesslichen Energiestrom des Lichts förmlich auf.**

Grob verallgemeinernd kann man sagen, dass die geografische Breite für die Lichtphänomene des hohen Nordens verantwortlich ist: Weil die Achse der Erde nicht rechtwinklig zur Umdrehungsebene steht, sondern eine Neigung von 23,5° aufweist, liegen die Gebiete nördlich des Polarkreises zeitweise durchgehend im Strahlungsbereich der Sonne – desto länger, je weiter man nach Norden kommt. Das bedeutet, dass die Sonne nicht untergeht, sondern als Flammenball im Abendrot zum Horizont sinkt und kurz vor dem Untergang im Morgenrot wieder aufsteigt. Die Kehrseite dieses in unserem Sprachgebrauch nicht ganz korrekt als Mitternachtssonne bekannten und eigentlich Polartag genannten Phänomens ist die Polarnacht, während der die Gebiete über dem Polarkreis teilweise ganz aus dem Strahlungsbereich der Sonne geraten.

Doch dunkel ist es während der Nacht, die den Tag mit einbezieht, keineswegs, denn nun kommt ein Phänomen zum Tragen, das den Völkern des Nordens stets ein Mirakel, denen des Südens hingegen ein Menetekel und den Wissenschaftlern ein faszinierendes und geheimnisvolles Objekt der Forschung ist – das Polarlicht, auch Nordlicht genannt bzw. *Aurora borealis* (›Morgenröte des Nordens‹), wie der Franzose Pierre Gassend das Schauspiel im 17. Jh. taufte. Schon im folgenden Jahrhundert stellte der schwedische Astronom Anders Celsius fest, dass es zwischen der *Aurora* und der Magnetnadel einen Zusammenhang gibt: Bei Auftreten des Nordlichts wird die Magnetnadel um mehrere Grade abgelenkt. Infolgedessen diente der Kompass als Wegweiser für die Erforschung dieses Phänomens, das, wie man heute weiß, exakt nach den magnetischen Feldlinien der Erde ausgerichtet ist und sich in Höhen zwischen 80 und 1000 km in Form roter, grüner, violetter oder blauer Draperien, Strahlen, Bögen oder Bänder in Szene setzt.

Wie stark das Polarlicht leuchtet und wie weit über die Polkappen hinaus es zu sehen ist, korreliert mit den magnetischen Störungen, die uns die Sonne beschert. Bei starken Magnetstürmen, wie sie vereinzelt vorkommen, kann das Nordlicht in Mitteleuropa, sogar im Mittelmeerraum beobachtet werden. Als südlichste je auf der Nordhalbkugel gesichtete *Aurora* gilt diejenige, die am 25. September 1909 über Singapur nahe dem Äquator strahlte. Heinrich Schwabe war es, Apotheker und Astronom aus Dessau, der 1826 den Sonnenfleckenzyklus entdeckte sowie die Tatsache, dass mit der Zahl der Flecken auch das Magnetfeld der Erde und die Aktivität des Polarlichtes schwanken. Heute gilt als erwiesen, dass die Sonnenflecken und andere ›magnetisch wirksame‹ Regionen auf dem Gestirn etwas abstrahlen, was aus Elektronen, Protonen und schweren Kernen besteht und Materie mit sich führt (das sogenannte Plasma), die zu gleichen Teilen aus

Thema

positiver und negativer Ladung besteht, also elektrisch neutral ist. Diese Strahlung wird Sonnenwind genannt. Ihre Temperatur beträgt ca. 100 000 °C, und mit einer Geschwindigkeit von 300–900 km/s stürzt sie sich mitsamt eigenem Magnetfeld auf dasjenige der Erde. Dieser Magnetosphäre genannte Raum speichert das Plasma, bis seine Aufnahmekapazität erschöpft ist. Jetzt gibt er die Polarlichtteilchen genannte Materie explosionsartig frei, die nun mit einer Geschwindigkeit von 10 000 km/s den magnetischen Feldlinien der Erde folgt, die in die Atmosphäre der Polkappen münden. Dort wird sie abgebremst und ihre Energie geht auf die Atome und Moleküle der Luft über, die sie als Licht innerhalb der Ionosphäre wieder abstrahlen (meist in 120–130 km Höhe). Die Farbe des Lichtes hängt von seiner Höhe ab, seine Helligkeit ist geringer als die des Vollmonds, aber übertrifft die des totalen Sternenlichts.

So ist also die Sonne der Sender, die Magnetosphäre der Empfänger und die Atmosphäre der Bildschirm, den wir staunend betrachten, wenn er uns Bilder von ›Götterfackeln‹ übermittelt, wofür viele Naturvölker die Lichterscheinungen hielten. Oft sind sie Tausende von Kilometern lang, doch nur einige hundert Meter bis wenige Kilometer dick – und dabei unglaublich energiegeladen: Ein 60 Minuten dauerndes Nordlicht verbraucht rund 100 Mrd. Kw Energie, was etwa dem Stromverbrauch Norwegens in einem ganzen Jahr entspricht.

**Die faszinierenden Lichtschauspiele zeigen sich zwischen September und März**

### Das ›Große Naturland Norwegen‹

Der europäische Kontinent ist heute in weiten Teilen nur noch das, was der Mensch daraus gemacht hat, und in einer Zeit, da die Landschaften unserer Erde in kaum noch überschaubarem Maß verändert werden, nimmt sich Norwegen, dessen Fläche zu rund 59 % aus Gebirgs- und Ödland sowie Gewässern besteht, nahezu wie ein Anachronismus aus. Doch auch hier werden die Wildnisgebiete Jahr für Jahr mehr beschnitten, und so ist es von eminenter Bedeutung, dass auch im ›Großen Naturland Norwegen‹, wie es die Prospekte nennen, mehr und mehr Nationalparks eingerichtet werden, in denen der Urzustand erhalten bleibt oder wiederhergestellt werden soll, wo die dort ansässigen Lebewesen frei und ungehindert nach ihren eigenen natürlichen Gesetzen leben können und wo nicht zuletzt auch der Mensch Freiheit, Ruhe und Einsamkeit finden kann.

Am 21. Dezember 1962 wurde in Norwegen eine Fläche von 572 km² zum Naturschutzgebiet erklärt, das 1970 in Verbindung mit einem neuen Naturschutzgesetz den Status eines Nationalparks erhielt. In den Jahren bis 2003 kamen 20 weitere Schutzgebiete hinzu, und heute zählt das Land insgesamt 41 Nationalparks. Alles in allem stehen damit in Norwegen (ohne Spitzbergen) zurzeit gut 15 % der Landesfläche unter Naturschutz. Weitere Nationalparks und sonstige Schutzgebiete sind bereits geplant, mehrere schon bestehende Refugien sollen erweitert werden. Das Ziel lautet, das Leben in freier Natur zu sichern und die biologische Vielfalt zu bewahren.

### Geschützt für und vor dem Menschen

Im Gegensatz zu vielen anderen Ländern Europas ist das Etikett ›Nationalpark‹ in Norwegen heute ein ›Gütesiegel‹ für den uneingeschränkten Schutz der Landschaft. Eben deshalb ist auch die Zahl der touristischen Einrichtungen vergleichsweise gering. Zwar bieten die Parks häufig gute Wandermöglichkeiten und teilweise auch Übernachtungsmöglichkeiten in Hütten, aber generell wird nur ein Minimum an Infrastruktur zur Verfügung gestellt. Ein Nationalpark soll nach Meinung der Norweger immer auch eine Wildnis sein, also eine Region, wo dem Menschen das physische Überleben schwer gemacht wird. Entsprechend wurden für die ausgewiesenen Gebiete besondere Bestimmungen erlassen, die den Rang von Gesetzen haben und manche Regelungen des ›Jedermannsrecht‹ (s. S. 308) außer Kraft setzen:

Im Bereich der Nationalparks ist es untersagt, die natürliche Beschaffenheit der Erdoberfläche oder fester, natürlich entstandener Gegebenheiten zu zerstören oder zu beschädigen und Mineralien zu entnehmen. Lebende oder abgestorbene Bäume und Büsche dürfen nicht gefällt oder beschädigt werden; ohne besondere Genehmigung Fischfang zu betreiben ist ebenso verboten wie wild lebende Tiere zu jagen, zu fangen und vorsätzlich zu töten. Getötete oder gefangene Tiere darf man nicht von einem Ort zu einem anderen bringen, Eier, Nester und Rogen nicht beschädigen oder entnehmen. Außerdem ist es nicht erlaubt, Hunde in die Parks mitzunehmen.

Ungeachtet dieser Beschränkungen ist es gestattet, bei vorübergehendem Bedarf trockene Zweige zum Feuermachen und zum Bau von Schutzvorrichtungen zu verwenden; Beeren für den unmittelbaren Verzehr dürfen gepflückt und Zughunde zwischen Januar und April mitgeführt werden.

## Ein Vorbild für den Umweltschutz

### Die Grenzen des Wachstums

Die Pflanzen- und Tierwelt Norwegens unterscheidet sich von den Ökosystemen südlicherer Breiten durch eine größere Biomasse bei geringerer Produktivität: Statt viele Arten mit relativ wenigen Exemplaren (wie in südlicheren Breiten) findet man im Norden relativ wenige Arten mit vielen Exemplaren. Solche Systeme reagieren auf Eingriffe des Menschen wesentlich anfälliger als die der gemäßigten oder tropischen Zonen, wo milde Temperaturen, lange oder gar durchgehende Wachstumsperioden und die Vielfalt der Lebewesen manche Misshandlung ausgleichen können.

Je größer das Ausmaß der weltweiten Zerstörung wird, desto lauter wird der Erhalt von Naturenklaven gefordert, worunter auch die viel zitierte ›letzte Wildnis‹ in Norwegen fällt. Aber auch dort leben Menschen, die bestimmte ökonomische Bedürfnisse haben, auch dort sind reiche Bodenschätze verborgen. Die Zukunft Norwegens wird von einem Arbeiter in den Erzminen von Mo i Rana eben ganz anders gesehen als von einem deutschen Greenpeace-Mitglied; einem Rentiere züchtenden Samen bedeutet das Land etwas anderes als einem Touristen.

## Die Last mit den Nachbarn

Wie Norwegen schon in puncto Wohlstand und Wohlfahrt ziemlich einzigartig dasteht in Europa, so auch in Fragen des Umweltschutzes: Hier, wo schon im Jahr 1972 das erste Umweltministerium der Welt eingerichtet wurde, muss die Industrie einen Teil ihrer Bruttoinvestitionen für den Umweltschutz abzweigen. Der Einsatz von Stickstoff-Dünger und Spritzmitteln soll durch eine gezielte Preispolitik zugunsten des Bio-Anbaus stark reduziert werden (die Ironie daran ist freilich, dass Norwegen der größte Kunstdünger-Produzent der Welt ist), auch in der FCKW-Frage ging man radikale Schritte (Abbau der Produktion), und 2007 verpflichtete sich Norwegen, bis 2050 der erste ›Null-Emissions-Staat‹ weltweit zu werden. Doch all das wird, absolut betrachtet, nicht viel helfen, weil Norwegen, zusammen mit Schweden und Finnland, unfreiwilliges Mitglied im ›Bund der Umweltgeschädigten‹ ist.

Aufgrund der Luftmassen, die der Wind vom europäischen Kontinent, Großbritannien und von Russland nach Norwegen herüberbläst, werden beachtliche Mengen an Schwefel- und Stickstoffverbindungen ›importiert‹. Die Folge ist, dass zahlreiche Seen und Wasserläufe von Versauerung und damit einhergehendem Fischsterben bedroht sind. Außerdem laufen die Milliardeninvestitionen einer spätindustriellen Gesellschaft Gefahr, von den Säuren zerstört zu werden, so u. a. Stahlkonstruktionen, Kabel, Leitungen, die ins Erdreich eingegraben oder ins Wasser versenkt wurden.

Wie es in Oslos Umweltbehörde heißt, ist Großbritannien, einer der europäischen Spitzenreiter in puncto ›Schwefelexport‹, die zweitgrößte ›Verschmutzungsquelle‹ Norwegens – die größte ist die nordrussische Industriestadt Nikel, die direkt an der Grenze östlich von Kirkenes liegt und einen Ausstoß an Schwefeldioxid hat, der rund sechsmal höher ist als der von ganz Norwegen. Obwohl das Land dank der vorherrschenden Winde nur rund 5 % der niedergehenden Schadstoffe abbekommt, werden im Grenzgebiet Schwefelkonzentrationen von bis zu 3000 Mikrogramm pro Quadratmeter gemessen (in Oslo sind es im Jahresdurchschnitt 3–6). Von Norwegen und Finnland erstellte Pläne würden eine drastische Reduzierung der Emissionen ermöglichen, doch die Russen sind nicht interessiert, so der Westen nicht den Großteil der Umrüstkosten übernimmt. Da kann auch der von Norwegen, Schweden, Finnland und Russland gegründete ›Barents-Rat‹ nicht helfen, der ebenso machtlos zusehen muss, dass in Murmansk uralte Atomreaktoren am Netz sind, die von der Internationalen Atomenergiebehörde zu den gefährlichsten der Welt gerechnet werden.

Aber dies ist nur ein Teil der tatsächlich herrschenden Umweltbedrohung im hohen Norden, wo die Kara-See als Deponie für Atomreaktoren missbraucht wurde, wo auf Kola mehrere tausend Atomsprengköpfe gelagert sind, rund hundert atomreaktorgetriebene Schiffe und U-Boote vor sich hin gammeln und wo vor der norwegischen Bäreninsel (Bjørnøya) das Atom-U-Boot ›Komsomolets‹ seit 1989 in 1700 m Tiefe verrottet. – Es dort liegen zu lassen, beschwört nach Meinung des russischen Konstrukteurs eine Katastrophe von ungeahntem Ausmaß herauf, wie auch eine Bergung nach Dafürhalten norwegischer Spezialisten außerordentlich gefährlich ist.

# Wirtschaft, Soziales und aktuelle Politik

**Der norwegische Wohlfahrtsstaat, der den goldenen Mittelweg zwischen kapitalistischer Produktion und sozialistischer Umverteilung beschreitet, basiert auf den Grundsätzen von Gleichheit und Gerechtigkeit und ist zudem in puncto Sozialleistungen führend auf Erden. Dank der Erdölquellen in der Nordsee hält das einst so arme Land heute den weltweit höchsten Lebensstandard.**

## Der Weg zum Wohlfahrtsstaat

### Am Anfang stand die Wasserkraft

Das 19. Jh. war eine Zeit des Umbruchs auch in Norwegen, und Katalysator der wirtschaftlichen Entwicklung war hier, wo es kaum Kohlevorkommen gab, die ›Erfindung‹ der hydroelektrischen Energie. Die Voraussetzungen zur Ausnutzung der ›weißen Kohle‹, wie diese Energie volkstümlich genannt wird, waren ideal in Norwegen – dem Land mit dem größten Wasserkraftpotenzial Europas –, und so wurden zwischen 1896 und 1900 elf Wasserkraftwerke errichtet.

Damit war es zum ersten Mal gelungen, die bislang als äußerst hinderlich angesehenen naturräumlichen Gegebenheiten des Landes zu nutzen, und das große Problem bestand jetzt eigentlich nur noch darin, produktive Anwendungsbereiche für die überaus billige und massenweise zur Verfügung stehende Energie zu finden – industrielle Rohstoffe nämlich besaß Norwegen nur sehr wenige. 1903 war auch diese Hürde genommen, denn soeben hatten zwei Norweger – Professor Kristian Birkeland und Samuel Eyde – die Methode entwickelt, unter dem elektrischen Lichtbogen Stickstoff und Sauerstoff miteinander reagieren zu lassen und die dabei gebildeten Stickoxide zur künstlichen Gewinnung von Salpeter einzusetzen. Natürliche Salpeter-Vorkommen wurden seinerzeit nur in Chile abgebaut, und der Stoff – unentbehrlich zur Herstellung von Düngemitteln wie auch von Schießpulver – war außerordentlich begehrt auf dem Weltmarkt. Zwei Jahre später führte die kommerzielle Nutzung dieses bahnbrechenden und eben auch äußerst energieintensiven Verfahrens zur Gründung der Norsk Hydro, die innerhalb weniger Jahre zum größten norwegischen Arbeitgeber avancierte. Noch heute ist es als »Statoil Hydro« Norwegens größtes Unternehmen und in puncto Kunstdüngerproduktion noch immer die Nummer eins in der Welt.

### Mit Petrokronen in den Wohlfahrtsstaat

Industriell wichtige Metall-Legierungen – insbesondere Aluminium, Ferrolegierungen, Nickel-, Zink- und Magnesiumprodukte –, die allesamt ebenfalls extrem energieintensiv sind, wurden bald der zweite Eckpfeiler der norwegischen Wirtschaft, und obwohl die erforderlichen Rohstoffe importiert werden mussten (und müssen), war auch die elektrometallurgische Industrie Norwegens bald weltweit führend (was sie heute noch ist). Mit dem wachsenden Ex- und Importvolumen entwickelte sich die Handelsflotte des Landes bald zur drittgrößten der Welt und blieb es bis in die 1970er-Jahre des 20. Jh. Dann aber ließ ein weltweit erheblicher Rückgang der Öl- und Erztransporte das einstige Ausmaß des Geschäfts stark schrumpfen, doch nun erwiesen sich die ergiebigen Erdöl- und Erdgasfunde in der Nordsee als goldener Rettungsanker für die Tankerkönige.

Freilich nicht nur für sie, sondern für das ganze Land, das dank der Ölproduktion, die im Jahre 1972 aufgenommen wurde, die durch den ›Erdölschock‹ von 1973 ausgelöste Wirtschaftskrise der westlichen Industrienationen unbeschadet überstand. Norwegen schwamm damals gewissermaßen über Nacht im Reichtum. Neue Öl- und Gasfunde übertrafen bald die kühnsten Erwartungen, und heute ist Norwegen einer der größten Ölproduzenten auf Erden und das einzige westliche Land, das mehr Öl exportiert, als es selbst verbraucht. Die Erdgas-Ressourcen gehören zu den größten der Welt, und obendrein gilt Norwegen mit einem Pro-Kopf-Einkommen von 547 000 NOK (2011; für 2012 werden über 600 000 NOK erwartet) bei 0,00 NOK (!) Staatsschulden und einer Inflationsrate von 0,5 % auch als eines der reichsten Länder der Welt. Um diesen Status auch langfristig zu sichern, werden die Ölgewinne schon seit Jahren in einen Sondertopf gesteckt, den staatlichen Pensionsfond, der im Jahr 2011 rund 400 Mrd. € schwer war und sicherstellen soll, dass auch zukünftige Generationen vom Ölreichtum profitieren können. Geht es nach dem Willen der 2009 wiedergewählten Regierung, soll zukünftig ein Teil der Petrokronen für Sozialleistungen verwendet werden, insbesondere im Gesundheitswesen und der Altenpflege.

## Der höchste Lebensstandard der Welt

Trotz der bisherigen ›Sparschweinmentalität‹ befand die UNO im Jahre 2011 zum wiederholten Male, dass Norwegen weltweit den

**Seinen Wohlstand verdankt Norwegen den enomen Ölvorkommen vor der Küste**

höchsten Lebensstandard hält (zum Vergleich: Deutschland landete auf Rang 10), und in der Tat können es in puncto Sozialleistungen nur wenige Länder der Erde mit Norwegen aufnehmen, wie nachfolgende Beispiele verdeutlichen mögen: Bei Erreichen der gesetzlichen Altersgrenze oder bei Erwerbsunfähigkeit hat jeder Anspruch auf eine gut bemessene Mindestrente, die jährlich angepasst wird; Mutterschaftsurlaub wird ebenso gewährt wie ein Mindesteinkommen für nicht berufstätige Alleinerziehende. Das Kindergeld ist mit 970 NOK pro Kind reichlich bemessen, wie auch die Höhe des Arbeitslosengeldes und die Zuschüsse für Familien und Einzelpersonen, die den Lebensunterhalt nicht selbst bestreiten können oder deren Einkommen unter einer bestimmten Grenze liegt, nichts zu wünschen übrig lassen; ansonsten trägt die gesetzliche Sozialversicherung auch alle Kosten für eventuelle Umschulungen, Fortbildungen etc., umfasst zudem den öffentlichen Gesundheitsdienst, und alles in allem ermöglicht die Fülle gewährter Unterstützungen jedem im Land einen soliden Lebensstandard.

## Alles hat seinen Preis

Diese Wohlfahrt, die mehr als ein Drittel des gesamten Staatsbudgets schluckt, hat natürlich ihren Preis, zumal die erwirtschafteten Gewinne aus dem Öl- und Gasgeschäft ›eisern‹ gespart werden. Entsprechend bilden direkte und indirekte Steuern und Abgaben den Großteil der staatlichen Einnahmen, wobei die Mehrwertsteuer in Höhe von 25 % die wichtigste ist. Zusätzlich gibt es eine Reihe von Sondersteuern (beispielsweise auf Wein und Spirituosen, Bier, Tabak, Kraftfahrzeuge, Benzin, Unterhaltungselektronik) und natürlich die Einkommenssteuer, die zwischen 28 und 54 % beträgt (je nach Höhe des Verdienstes).

Hinzu kommen noch die Sozialabgaben (7,8–11 %, ebenfalls verdienstabhängig) sowie Steuern für Zinserträge und sonstige Einkommen (28 %). Eingedenk dieser hohen Abgaben blüht natürlich der Tauschhandel mit Dienstleistungen (»reparierst du mir mein Auto, flicke ich dir dein Dach«), in dem angeblich jeder dritte Norweger tätig sein soll. Das weiß auch der Staat, der dies seinerseits mehr oder weniger duldet, wohingegen die Steuerhinterziehung durch falsches oder unvollständiges Ausfüllen der Steuererklärung als eines der schwersten Vergehen gegen *rettferd* (das norwegische Wort für Gleichheit und Gerechtigkeit), den Grundgedanken des Wohlfahrts- und Sozialstaates, unnachgiebig bestraft wird. Beim Eintreiben von Steuern – die hier *skatt,* ›Schatz‹, heißen – lässt der Staat nicht mit sich spaßen, und dann spielt auch die Privatsphäre des Einzelnen nur noch eine unbedeutende Rolle. Schon gar das ›Bankgeheimnis‹, das man hier im eigentlichen Sinn des Wortes überhaupt nicht kennt, wie das Verdienst-, Vermögens- und Steuergeheimnis ebenfalls völlig unbekannt sind: Einmal im Jahr werden die entsprechenden Daten der einzelnen Kommunen in den jeweiligen Tageszeitungen publiziert. Das soll der Ehrlichkeit auf die Sprünge helfen.

## Schatten im Paradies

So hat das norwegische Modell auch seine Schattenseiten – zumindest für viele Nicht-Norweger –, und wenn es so etwas wie den viel zitierten ›gläsernen‹ Schweden gibt, dann zumindest auch einen ›ziemlich transparenten‹ Norweger, denn spätestens seit die elektronische Datenverarbeitung existiert, hat sich das Königreich in mancher Hinsicht in Richtung Erfassungsstaat bewegt. Der Schlüssel hierzu ist die Personenkennziffer, die jedem Norweger bei der Geburt zugewiesen wird und unter der in der Folge neben den persönlichen Daten auch die familiären Verhältnisse, die Einkommens- und Vermögenssituation, eventuelle Straftaten – kurz all diejenigen Daten erfasst werden, die für die Behörden von Bedeutung sein können. Ohne diese Kennziffer, die auch bei geringfügigen Verkehrsdelikten erfasst wird, läuft nichts in Norwegen, kann man schon gar kein Giro- oder Sparkonto eröffnen, die Einrichtungen des Gesundheitswesens nutzen, Grundbesitz erwerben oder verkaufen.

# Land der Fischer und Bauern?

Thema

**Fischerei sowie Land- und Forstwirtschaft sind als Haupterwerbszweige über die Jahrhunderte hinweg zwar kulturell und sozialgeschichtlich tief verwurzelt in Norwegen. Doch heute besitzen sie keine wirtschaftliche Bedeutung mehr, und ohne Subventionen würde rein gar nichts gehen.**

Ein landläufiges Klischee besagt, dass Norwegen ein Land der Fischer und Bauern sei, doch wie so oft sieht die Wirklichkeit ganz anders aus. Konkret macht die Fischerei, über Jahrhunderte hinweg Haupterwerbszweig des Landes und noch in den 1930er-Jahren mit rund 15 % am Exportaufkommen beteiligt, heute zusammen mit der Fischzucht (Lachs) nur noch ca. 0,5 % des Bruttosozialproduktes aus.

Ganz vorne in der Jahr für Jahr schlechtere Ergebnisse aufweisenden Fangstatistik stehen der Dorsch-Verwandte Blauer Wittling (ca. 226 000 t) neben den Arten Hering (1077 Mio. t), Makrele (121 000 t), Dorsch (244 000 t) und Seelachs (202 000 t). Die besten Ergebnisse weist die Fischzucht auf, deren Absatzmenge sich zurzeit auf über 1 Mio t (davon über 925 000 t Lachs) beläuft (was einer Steigerung um ca. 5 % zum Vorjahr entspricht) und die damit bereits zu fast 70 % an den Exporterlösen von Fisch und Fischprodukten beteiligt ist.

Die Forstwirtschaft, die früher ebenfalls eine Hauptstütze der Volkswirtschaft darstellte, ist gerade noch mit etwa 0,54 % am Bruttosozialprodukt beteiligt, Tendenz fallend, und in der Landwirtschaft, in der noch um das Jahr 1870 rund 60 % aller Norweger ein Auskommen fanden (selbst 1960 waren es rund 20 %), wird nur noch 0,3 % des Bruttosozialproduktes erwirtschaftet.

Dass Norwegen also ein Land der Fischer und Bauern sei, wie im Ausland häufig angenommen wird, entbehrt jeglicher Grundlage, und dass es hier – wo rund ein Drittel aller landwirtschaftlichen Betriebe unter 10 ha Größe liegen – heutzutage überhaupt noch Bauern gibt, ist im hohen regional- wie auch sozialpolitischen Bewusstsein der Gesellschaft begründet: Die gegenwärtigen Siedlungsstrukturen sollen erhalten bleiben, ein weiteres Abwandern vom Land in die Städte, wo heute schon rund 80 % aller Norweger leben, soll verhindert werden. Außerdem ist es geradezu ein Imperativ des norwegischen Wohlfahrtsstaates, dass niemand benachteiligt werden darf. Entsprechend greift der Staat also einerseits über eine Reihe von Stützungsmaßnahmen in das Marktgeschehen ein und sorgt andererseits durch Zuschüsse dafür, dass das Jahreseinkommen eines Landwirtes nicht unter dem Durchschnittseinkommen eines Industriearbeiters liegt.

Diese Anpassung ist sogar gesetzlich festgelegt, und das System funktioniert: Es hat dazu geführt, dass Norwegens Agrarwirtschaft den gesamten Bedarf des Landes an Molkerei- und Fleischprodukten sowie Kartoffeln decken kann und sich Norwegen zu immerhin rund 50 % selbst mit Lebensmitteln versorgt. Freilich sind auch die Kosten entsprechend: Erhielten Landwirte der EU im Jahre 2010 rund 22 % ihres Einkommens über die Subventionspolitik, so waren es in Norwegen über 66 %. Addiert man alle staatlichen Finanzhilfen, so zeigt sich, dass Norwegen in puncto Subventionen weltweit zu den Spitzenreitern gehört.

# Geschichte

**Die frühesten menschlichen Spuren auf norwegischem Boden sind schon mindestens 11 000 Jahre alt, doch erst mit den Wikingern tritt Norwegen ins Licht der europäischen Geschichte. Auch die Hanse schrieb einige Landeskapitel, ebenso die landhungrigen Dänen und Schweden. Die dunkelsten Abschnitte wurden von Nazi-Deutschland verfasst, sie leiten über in eine Ära, die vom Wunsch nach Frieden bestimmt wird.**

## Die Steinzeit

Vor etwa 15 000 Jahren lag Norwegen fast vollständig unter einer mächtigen Eisschicht begraben. Allmählich aber begann dieser glaziale Panzer zu schmelzen, und wie man heute dank des in Schweden entwickelten geochronologischen Verfahrens weiß, war der Süden der skandinavischen Halbinsel etwa um 12 000 v. Chr. vom Eis befreit. Sein südlicher Rand verschob sich nun von Jahr zu Jahr mehr nach Norden, nach Meinung der Geologen um etwa 350 m pro Jahr, und noch viele tausend Jahre mussten vergehen, bis Skandinavien etwa 7000 v. Chr. gänzlich eisfrei war.

Schon vorher aber enthüllt sich in undeutlichen Umrissen aus dem Dunst der Frühzeit das Bild halbnomadischer Jäger- und Fischerkulturen, die bereits vor mindestens 11 000 Jahren in der Finnmark existierten, wie man anhand der Radiocarbon-Methode zweifelsfrei nachweisen konnte. Ab 8000 v. Chr. etwa, dem Beginn der mittleren Steinzeit, finden sich dichtere Besiedlungsformen, und in Südnorwegen tritt die Nøstvet-Kultur auf (benannt nach dem gleichnamigen Ort in der heutigen Provinz Akershus), deren Blütezeit im 6. Jt. v. Chr. liegt. Der Hund wird bereits als Haustier gehalten, die Töpferei beherrscht, es wird lebhafter Handel mit Steinwerkstoffen und Steinwerkzeugen betrieben und eine erste Besiedlung der äußeren Fjordränder in Westnorwegen erfolgt.

Ab 5000 v. Chr. dehnt sich die Besiedlung landesweit von den Fjorden ins Landesinnere hinein aus. Als eindrucksvollste kulturelle Zeugnisse dieser Epoche gelten die Felszeichnungen älteren Typus, die nahezu ausschließlich naturalistisch eingeritzte Tiere wie Elche, Rehe, Bären, Wale, Robben, Fische und Vögel darstellen. Hieraus wird ersichtlich, welch große Bedeutung die Jagd für die Menschen gehabt hat.

Die größte Konzentration dieser im Norwegischen *helleristninger* genannten Felsritzungen findet sich im Norden des Landes, insbesondere an der Eismeerküste. Wer sich für die Zeugnisse dieser Epoche interessiert, sollte die Felsbilder von Hjemmeluft s. S. 364) besichtigen, die 1985 von der UNESCO zum Weltgut ernannt wurden. Sie umfassen rund 3000 Figuren, womit sie das größte und fraglos faszinierendste Areal dieser Art in Nordeuropa bilden.

Die Jungsteinzeit, die etwa um 3000 v. Chr. einsetzt, bringt die sogenannte neolithische Revolution, während derer die bis dahin halbnomadisch und von der Jagd lebenden Sippen sesshaft werden. Aus zahlreichen Knochenfunden von Kühen, Schweinen und Schafen ist abzuleiten, dass nun die Viehwirtschaft Einzug hält. Dank einer zunehmenden Erwärmung des Klimas wird auch Ackerbau möglich, und nach und nach werden die breiten Taltröge, die das Landesinnere von Norwegen durchschneiden, besiedelt.

## Bronze- und Eisenzeit

Mit dem Aufkommen der Bronzezeit ab 1500 v. Chr. machen Ackerbau und Viehzucht sprunghafte Fortschritte. Spinnen und Weben werden erlernt, in der Verarbeitung von Kupfer und Zinn (das importiert werden muss) zu Bronze bringen es die Norweger zur Meisterschaft. Wie symbolische oder halbnaturalistische Felszeichnungen belegen, sind auch Rad, Wagen und Pflug bereits bekannt. Andere *helleristninger* weisen Motive mit Menschen und Tieren auf, sehr häufig werden auch Schiffe dargestellt, und neben diesen Felsmalereien, von denen sich heute Hunderte allein im Bereich des ›Sagazeit-Weges‹ (s. S. 127) finden, sind es insbesondere riesige Hügelgräber (ebenfalls u. a. im Bereich des ›Sagazeit-Weges‹), die diese Epoche dokumentieren. Bronzefunde selbst gibt es zwar nur wenige aus dieser Periode, doch diese erzählen von einer sehr wohlhabenden Oberschicht, die sich insbesondere im Süden des Landes, in Rogaland und rings um den Oslofjord, durch Ackerbau, Handel und Schifffahrt herausbildet.

Auf Grundlage importierter Eisengegenstände und der Nutzung heimischer Sumpfeisenvorkommen entwickelt sich ab ca. 500 v. Chr. die Eisenzeit, die aber dank einer enormen Klimaverschlechterung keineswegs eine Ära der Blüte, sondern vielmehr des Niedergangs und der Bevölkerungsabnahme ist. Erst von der Zeitenwende an kommt es, dank einer Klimaverbesserung und eines regen Handelskontaktes mit dem übrigen Europa, zu einem neuen Aufschwung. Die Bevölkerung nimmt rapide zu, im Rahmen der etwa 400 n. Chr. einsetzenden germanischen Völkerwanderung fallen neue Stämme ins Land ein. Zahlreiche Ruinen von Wehranlagen (u. a. am ›Sagazeit-Weg‹ zu sehen) erzählen von Feindschaft und kriegerischen Konflikten, während umfangreiche Keramik- und reiche Grabfunde (darunter auch viele Gegenstände aus Gold) davon zeugen, dass es in dieser Zeit, aus der beispielsweise das älteste Runenalphabet stammt, auch zu einem regen Kulturaustausch kommt.

## Die Wikinger

Gegen Ende des 8. Jh. dann tritt Norwegen plötzlich mit Feuer und Schwert ins Licht der europäischen Geschichte ein. Glaubt man den christlichen Annalen, beginnt alles im Frühjahr des Jahres 793, als eine Schar heidnischer Seefahrer das Kloster Lindisfarne vor der Küste Nordostenglands angreift: »Sie verheerten alles durch schreckliche Plündereien, zertrampelten mit gottlosen Füßen die geheiligten Stätten, rissen die Altäre heraus und bemächtigten sich aller Schätze …«. Solche Szenen wiederholen sich im Laufe der kommenden Zeit unzählige Male, nicht lange, da tauchen die Wikinger, wie sich die kriegerischen Nordmänner nach ihren angestammten Sitzen in den Buchten *(vik)* Norwegens nennen, an allen Küsten Europas auf, kreuzen im Mittelmeer, stecken Paris in Brand, machen sogar Karl den Großen tributpflichtig und häufen unermessliche geraubte Schätze in ihrer Heimat an.

Nach und nach aber wandeln sich die wahrscheinlich durch Überbevölkerung und Landknappheit in Norwegen ausgelösten Raubzüge der Wikinger zu Handelsfahrten und Expeditionen, während derer u. a. die heutige Normandie, die Shetland- und Orkney-Inseln, Teile Schottlands, Englands und Irlands besiedelt sowie zahlreiche Königreiche gegründet werden. Um 870 entdecken und besiedeln sie Island, 980 stößt Erik der Rote nach Grönland vor, 1002 erreicht dessen Sohn Leiv Erikson Nordamerika. Diese ›Horizonterweiterung‹, aber auch die engen Kontakte mit der bereits hoch entwickelten Kultur der Kelten, geben den Wikingern neue Eindrücke und Anregungen, die bald in eine eigenständige künstlerische Formgebung einfließen.

Die Tierornamentik, die in ihren Bildinhalten aus einheimischen Wurzeln der Völkerwanderungszeit entwickelt wurde und in die nun viele Elemente aus dem insularen Westen einfließen, erreicht ihren Höhepunkt. Aber auch pflanzliche Ornamente sowie Spiralmotive, die bis um 800 im nordischen Motivschatz noch nicht vorhanden waren, finden sich bald. Da Holz als Material überreichlich zur Verfügung steht und es zudem seit der Bronzezeit eine ungebrochene Holzschnitztradition im Norden gibt, wird es zum wichtigsten Ornamentträger der Wikingerkunst. Aus dieser Zeit stammt auch das berühmte Osebergschiff, das 1904 in einem Grabhügel in Vestfold gefunden wurde und mit seinen verschlungenen Greiftierfiguren zum Bewundernswertesten gehört, was je ein Volk aus Holz geschaffen hat. Es ist heute, zusammen mit anderen Funden aus Tune, Borre und Gokstad, in der Wikingerschiffshalle auf Bygdøy in Oslo ausgestellt (s. S. 111), und angesichts der nahezu kultischen Präsentation wird klar, von welch herausragender Bedeutung die Wikingerzeit, die dem Land den heroischen Höhepunkt seiner Geschichte bringt, für Norwegen ist.

## Auf dem Weg zum Königreich

Nicht nur in künstlerischer, sondern auch in staatspolitischer Hinsicht bringt die Zeit der Wikinger Bedeutsames hervor. Als wichtigste Leistung dieser Epoche gilt die Vereinigung zahlreicher lokaler Klein- und Kleinstfürstentümer, deren Herrscher ständig Krieg gegeneinander führten, zu einem Gesamtreich. Einer dieser Potentaten ist Harald Hårfagre, ein Kleinkönig aus dem Gebiet des Oslofjords, der die prunkvollen Höfe abendländischer Könige kennen gelernt hat und nun von dem Gedanken beseelt ist, ein norwegisches Reich mit sich selbst an der Spitze zu gründen. Da er bereits eine gewisse Hausmacht besitzt, außerdem aus dem uralten Königsgeschlecht der von Schweden her eingewanderten Ynglingar stammt und starke Verbündete auf seiner Seite weiß, kann er sich gegenüber seinen Konkurrenten durchsetzen und nach der siegreichen Schlacht am Hafrsfjord (bei Stavanger) im Jahre 872 nach dem Vorbild Karls des Großen darangehen, die Reichssammlung voranzutreiben. Er gilt als erster König norwegischer Nation, und wer sich ihm nicht unterwirft, muss sterben oder verlässt das Land, wodurch die Emigration Tausender Wikinger nach Island, Grönland sowie Jämtland, damals ein unabhängiges Reich, vorangetrieben wird.

Nach dem Tod von Harald ›Schönhaar‹ um das Jahr 940 zerfällt das Werk der Einigung, da besitzlüsterne Häuptlinge, Kleinkönige und dänische Herrscher versuchen, das Land unter ihre Gewalt zu bringen. In dieser Schicksalsstunde erhebt Olav Tryggvason, ein direkter Nachfahr Harald Hårfagres, Anspruch auf den Thron, und von Mittelnorwegen aus stellt er die nationale Einheit und Unabhängigkeit wieder her. Das nächste Anliegen dieses zuvor in England zum Christentum übergetretenen Königs ist die Christianisierung der Norweger, die noch immer größtenteils an die Götterwelt der Asen glauben. Mit Hilfe von Feuer und Schwert sowie englischen Missionaren gelingt es ihm tatsächlich, die Stellung des Christentums zu konsolidieren. 997 gründet er Nidaros, das spätere Trondheim, wo er einen Palast und eine erste Kirche errichten lässt. Doch der Widerstand gegen die neue Religion ist stark, und im Jahre 1000, der ersten überprüfbaren Jahreszahl in der Geschichte Norwegens, fällt Olav im Kampf gegen eine ›unheilige‹ Allianz aus Norwegern, Dänen und Schweden.

Die politische Einheit zerfällt erneut, bis 1015 Olav Haraldsson, ein anderer Nachkomme Harald Hårfagres, den norwegischen Thron besteigt. Sein Hauptanliegen ist die endgültige Christianisierung des Landes – ein Ziel, das er paradoxerweise durch seinen Tod in der 1030 verlorenen Schlacht von Stiklestad erreicht. Olav wird zum Märtyrer im Kampf für das Reich und den ›wahren‹ Glauben, wird heilig gesprochen und zum *rex perpetuus Norvegiae,* zum ewigen König Norwegens, erklärt. Ihm zu Ehren werden heute alljährlich die ›Olavs-Festtage‹ aufgeführt (s. S. 341), und sein Grab in Trondheim, über dem später der Nidaros-Dom (s. S. 337), das größte mittelalterliche Bauwerk Skandinaviens, errichtet wird, steigt zur bedeutendsten Wallfahrtsstätte des gesamten Nordens auf.

## Das Land im Mittelalter

Mit der endgültigen Christianisierung Norwegens gilt die eigentliche Wikingerzeit als beendet. Das künstlerische Erbe dieser Ära aber, die Holzschnitzkunst, lebt in den norwegischen Stabkirchen (s. S. 49) fort, ja entfaltet sich in diesen einzigartigen Sakralbauten, die als Norwegens eigenständiger Beitrag zur Architekturgeschichte der Welt gelten, zur vollen Blüte. Insbesondere das 12. Jh., während dem das Land zahlreiche Kunst- und Architektur-Impulse durch christliche Orden erhält und auch die Gotik (u. a. im Nidaros-Dom) eingeführt wird, gilt als Höhepunkt des Stabkirchenbaus.

In staatspolitischer Hinsicht ist das durch die Schlacht von Stiklestad in Norwegen eingeleitete Mittelalter von Expansion sowie Wachstum geprägt. Das unabhängige, souveräne Königreich vereint bald schon auch die Färöer, die Shetland- und Orkney-Inseln, die Hebriden und die Isle of Man unter seiner Krone, schließlich wird auch Island und Grönland angeschlossen, und der vermehrte Handel hat die Entstehung neuer Städte wie Bergen, Oslo und Stavanger zur Folge. Norwegen, das jetzt die größte Ausdehnung seiner Geschichte besitzt, wird mehr und mehr integraler Bestandteil des mittelalterlichen Europa. Als seine Blütezeit gilt das 13. Jh., während dessen auch die ersten bedeutenden Handelsverträge abgeschlossen werden. So 1223 mit England und – äußerst folgenschwer – 1250 mit der Lübecker Hanse, die 1278 die ersten schriftlich fixierten Privilegien in der jetzigen Königsstadt Bergen bekommt und bald den gesamten norwegischen Handel übernimmt.

## Unter dänischer Herrschaft

Zwar ist es für Norwegen in mancherlei Hinsicht äußerst vorteilhaft, dass die Ostseestädte mit Lübeck an der Spitze jetzt den deutschen Handel mit Bergen und dem übrigen Land kontrollieren, aber die Kaufleute, die sich auf der Tyske Brygge (s. S. 247) in Bergen niederlassen, zeigen bald eine Neigung, ihr Handelsmonopol zu missbrauchen. Von nun an hat ein äußerst mächtiger Handelspartner seinen Platz neben der Residenz des Königs in Bergen und greift auch dann noch in die Politik ein, als 1299 Oslo die neue Hauptstadt des Königreiches wird und Norwegen 1380 mit Olav IV. (Sohn des norwegischen Königs Håkon IV. und der dänischen Königstochter Margarete), der König von Dänemark und Norwegen gleichermaßen ist, vom wirtschaftlich und militärisch überlegenen Dänemark abhängig wird.

Der Niedergang ist nicht mehr aufzuhalten, zumal kurz zuvor, im Jahre 1349, über den Bergenser Hafen die Pest ins Land kommt. Rund die Hälfte oder sogar zwei Drittel der norwegischen Bevölkerung, die seinerzeit aus etwa 400 000 Menschen besteht, werden vom Schwarzen Tod dahingerafft. Erst gegen Mitte des 16. Jh. hat Norwegen wieder den alten Bevölkerungsstand erreicht. Wirtschaftlich aber liegt es völlig danieder. Das Jahr 1536, in dem der König von Dänemark erklärt, dass Norwegen nicht mehr ein Reich für sich sei, sondern ein Teil Dänemarks, kennzeichnet den größten Tiefstand in der Geschichte des norwegischen Volkes. Der Fremdadel drängt sich in alle wichtigen Stellungen, Dänisch wird Amts-, Kirchen- und Schulsprache, bald schon haben die Norweger sowohl im Handel als auch in der Verwaltung jegliches Mitspracherecht verloren, auch von ihrem Glauben müssen sie lassen, da jetzt von Kopenhagen aus die Reformation gewaltsam durchgesetzt wird.

## In Union mit Schweden

Obwohl Norwegen unter dänischer Herrschaft praktisch zu einer Kolonie des südlichen Nachbarn wird, begreift sich das Land auch weiterhin als eigenständiges Reich mit einer eigenen Tradition, verliert also in den Jahrhunderten der Fremdherrschaft nicht seine Identität. Das wird spätestens klar, als sich die Norweger weigern, den 1814 geschlossenen Kieler Vertrag anzuerkennen, der festschreibt, dass Dänemark, als Verbündeter Napoleons zu den Verlierern der Napoleonischen Kriege zählend, Norwegen an Schweden abtreten muss. Das Volk ist empört, überall werden Proteste gegen die Abtretung laut, weil niemand, wie es heißt, das Recht habe, Norwegen einem fremden Land zu überlassen. In aller Eile werden jetzt Wahlen für eine konstituierende Versammlung abgehalten, die Gemeinden schwören den Eid, die Unabhängigkeit Norwegens zu verteidigen und Leben und Blut für ihr geliebtes Vaterland zu opfern. Am 10. April tritt die aus 112 Mitgliedern bestehende Nationalversammlung in Eidsvoll zusammen.

Am 17. Mai, dem heutigen Nationalfeiertag, wird die neue Verfassung, die eine konstitutionelle, erbliche Monarchie festschreibt und auf dem Prinzip der Volkssouveränität fußt, verabschiedet. Der Zeitpunkt, ein freies und unabhängiges norwegisches Königreich zu verkünden, könnte gar nicht besser gewählt sein, denn Karl Johan von Schweden, zurzeit noch am Kampf gegen Napoleon beteiligt, weilt außerhalb seines Reiches, sodass Norwegen bei den die Verhandlungen führenden Mächten des Kieler Vertrages um Verständnis für seine Sache werben kann.

Da im Bündnisvertrag festgelegt worden war, dass die Union zwischen Norwegen und Schweden friedlich geregelt und auf das Glück sowie die Freiheit des norwegischen Volkes so viel Rücksicht wie möglich genommen werden solle, begegnen England und Österreich, die beide keine Verschmelzung von Schweden und Norwegen wollen, den Norwegern mit großer Sympathie. Die Erfüllung des Vertrages aber, so wird argumentiert, müsse gewährleistet sein, und nach einem kurzen kriegerischen Intermezzo zwischen Schweden und Norwegen fügt sich das Storting (Nationalversammlung) in Christiania (dem heutigen Oslo). Die Verfassung ist nach schwierigen Verhandlungen mit einigen Abstrichen gerettet, die Union auf dem Willen des Volkes und nicht auf dem Kieler Vertrag begründet, und so wählt das Storting den schwedischen Regenten einstimmig zum König auch über Norwegen. Im nächsten Jahr wird ein Unionsvertrag entworfen, der festlegt, dass Norwegen und Schweden eine Union formell gleichberechtigter Staaten bilden, in der Schweden jedoch die Außenpolitik zu bestimmen hat.

Zwar fehlt es in den kommenden Jahren nicht an Versuchen von schwedischer Seite, am norwegischen Storting vorbeizuregieren, aber dank der zähen Verteidigung ihrer Rechte mischt Stockholm in der Innenpolitik, die nun zunehmend von den Strömungen des Liberalismus und Nationalismus bestimmt wird, immer weniger mit. Auch in kultureller Hinsicht geht Norwegen jetzt ganz und gar eigene, von der nationalen Begeisterung getragene Wege, deren Themen von Literaten wie Henrik Wergeland, Malern wie J. C. C. Dahl und Adolph Tiedemann pointiert ausgedrückt werden und das aussagen, was Bjørnstjerne Bjørnson im Jahre 1858 mit seinem zum Nationallied gewordenen Gedicht »Ja, wir lieben dieses Land« in pathetische Worte fasst. Diese Epoche, die den Namen Nationalromantik trägt, bringt alle großen Gestalten der norwegischen Musik (u. a. Edvard Grieg), der Bildenden Kunst (u. a. Edvard Munch), der Literatur (etwa Henrik Ibsen und Knut Hamsun), der Forschung (u. a. Roald Amundsen, Fridtjof Nansen) wie auch des humanitären Denkens (Fridtjof Nansen) hervor. Es wird eine neue norwegische Sprache geschaffen (s. S. 40), und in dieser Epoche wurzelt das sprichwörtliche Nationalbewusstsein, das auch heute die Norweger auszeichnet.

## Norwegen wird unabhängig

Die Union mit Schweden wird am 7. Juni 1905 ohne jedes Blutvergießen aufgelöst. Es folgt eine Volksabstimmung, und im November desselben Jahres eine zweite, in der sich die überwiegende Mehrheit aller Norweger gegen die Republik und für die konstitutionelle Monarchie als zukünftige Staatsform ausspricht. Bleibt nur noch das Problem zu lösen, wer denn nun der neue König werden

**Am Nationalfeiertag werden die Straßen überall im Lande mit Fahnen geschmückt**

soll. In seiner Not wendet sich das Storting kurioserweise an Schweden mit dem Angebot, einen Prinzen des Hauses Bernadotte zum norwegischen König zu krönen. Stockholm lehnt ab, und so wird der vakante Thron Prinz Carl von Dänemark angetragen, der nun als Håkon VII. die noch heute in Norwegen herrschende Dynastie begründet.

Mit ihm kommt ein Prinz aus dem deutschen Haus Glücksburg auf den norwegischen Thron, aber die Beziehungen zu Deutschland sind dennoch gespannt und werden schon bald auf eine harte Belastungsprobe gestellt, als norwegische Schiffe im Verlauf des Ersten Weltkriegs auf ihren Fahrten nach England von deutschen U-Booten torpediert werden.

## Im Zweiten Weltkrieg

Norwegen, das sich am Vorabend des Weltkriegs zwar zur Neutralität bekannt hat, aber dennoch als der heimliche Verbündete von England gilt, verliert im Verlauf des Ersten Weltkrieges durch die deutschen U-Boot-Angriffe fast die Hälfte seiner Schiffe, doch der bislang schwerste Schlag für das deutsch-norwegische Verhältnis erfolgt am 9. April 1940, als die deutsche Wehrmacht unter dem Namen ›Weserübung‹ das abermals neutrale Land überfällt (s. S. 370). Der König muss fliehen, und bald folgen ihm Tausende von jungen Norwegern nach Großbritannien, wo eine norwegische Armee ins Leben gerufen wird. Dennoch ist das Land bald vollständig von der Wehrmacht besetzt und die Norweger, die teils passiven, teils aktiven Widerstand ausüben, bekommen die brutalen ›Unterwerfungsstragien‹ ihrer »arischen Blutsverwandten« zu spüren. Aber je stärker die neue Obrigkeit ihre Ideologie im norwegischen Volk zu verwurzeln sucht, je stärker die Repressalien werden, je stärker wächst der Widerstand. Juden werden heimlich über die Grenze nach Schweden geschleust, militärische Geheimabteilungen organisieren Waffen und Sabotageaktionen, und insgesamt gibt es bald über 40 000 organisierte Untergrundkämpfer. Viele müssen ihren Einsatz mit dem

# Nei til EU! – Norwegen und die Europäische Union

Thema

**Schon zweimal haben sich die Norweger in Volksbefragungen den Wünschen der Europäischen Union und auch ihrer eigenen Regierung zum Trotz gegen eine Mitgliedschaft ihres Landes in der EU ausgesprochen. Zu verstehen ist das nur vor dem Hintergrund der norwegischen ›Wir‹-Gesellschaft.**

Bei einer Volksabstimmung 1994 nahmen es sich die Norweger heraus, mit 52,3 % gegen die Mitgliedschaft ihres Landes in der Europäischen Union zu votieren, und sorgten damit für noch größere Schlagzeilen als im September des Jahres 1972. Schon damals hatten sie sich zu 53,5 % entschlossen, den Pro-EG-Ratschlägen ihrer politischen und wirtschaftlichen Führer nicht zu folgen. Vermochte es Brüssel seinerzeit noch, solche Sturheit zu verzeihen, schlugen die Emotionen jetzt, wo sich doch gerade zuvor Österreich, Finnland und Schweden für eine Mitgliedschaft ausgesprochen hatten, hoch.

Die Kommentare aus dem Europaparlament reichten von »zutiefst beklagenswert« bis »ungeheuerlich«, und nur in der Schweiz, die sich ebenfalls weigert, der EU beizutreten, stieß das norwegische Nein auf Verständnis, wenn auch fraglich ist, ob die Argumentation vieler Eidgenossen richtig ist, die meinten: »Das reiche Norwegen war nicht bereit, für die anderen Mitgliedstaaten der EU zu bezahlen.«

Hinter der Ablehnung verbargen sich zum einen Befürchtungen der Fischer und Bauern vor einer Zerstörung ihrer Lebensgrundlage, und entsprechend stimmten insbesondere im hohen Norden, wo noch bis zu 20 % der Bevölkerung im primären Sektor tätig sind, die meisten Wähler mit ›Nein‹. Doch machen die Bauern und Fischer nur einen geringen Bruchteil im Land aus, sodass dieser Aspekt allein kaum erklären kann, warum sich die Norweger auch in den meisten anderen Bezirken mehrheitlich gegen einen EU-Beitritt aussprachen.

Vielleicht ist es ja einmal mehr Norwegens viel zitierte ›Wir-Gesellschaft‹, die für das Wahlergebnis verantwortlich ist: Die Menschen hier identifizieren sich mit ihrer lokalen Heimat mindestens ebenso stark wie mit ihrem Land und ihrer Gesellschaftsordnung. Dieses ›Wir-Gefühl‹ ist umso stärker, je überschaubarer diese Heimat ist – nicht zufällig sitzen gerade in den kleinsten Kommunen des Landes, wo jeder jeden auch im Rathaus kennt, auch die meisten Neinsager.

Der Norweger ist ein Provinzler – was hier im positiven Sinn des Wortes gemeint ist –, und so ist es ihm unmöglich, sich für so etwas Anonymes wie einen europäischen Megastaat zu entscheiden. Da hilft es auch nicht, dass das Land wirtschaftlich schon weitgehend in die Union integriert ist (die über 80 % der Exporte aufnimmt und mit rund 70 % an den Importen beteiligt ist) und das Parlament im Jahr 1992 den EWR-Vertrag gebilligt hat; auch das Risiko, dass Norwegen die Ankopplung an die dynamische Industrieentwicklung verlieren könne und finanzielle Einbußen hinnehmen müsse, ist dem Norweger kein Argument, denn – wie ein norwegischer Lump in einem Märchen von Hans Christian Andersen zu einem dänischen Lumpen sagt: »Ich bin ein Norweger, und wenn ich sage, ich bin ein Norweger, dann sagt das wohl genug!«

Leben bezahlen, insgesamt rund 40 000 Norweger werden von den Deutschen inhaftiert, gefoltert, in Gefangenen- und Arbeitslager deportiert.

Im Herbst 1944 schließlich wendet sich das Blatt, als russische Truppen die Besatzungsmacht zum Rückzug aus der Finnmark zwingen. Doch statt einfach abzuziehen, wendet die deutsche Wehrmacht auf ihrer Flucht nach Süden jetzt auf die Finnmark wie auch auf Nord-Troms bis hin zum Lyngenfjord die Strategie der sogenannten »verbrannten Erde« an, um den nachrückenden Alliierten das Vorankommen so schwer wie irgend möglich zu machen. Straßen werden aufgerissen, Brücken gesprengt, Strom- und Telefonmasten gefällt, Viehherden getötet, Häuser verbrannt, Hafenanlagen zerstört, ja ganze Städte, wie zum Beispiel Hammerfest, dem Erdboden gleichgemacht.

## Auf dem Weg ins 21. Jh.

Im Mai des Jahres 1945 schlägt die Stunde der Befreiung. Das Dritte Reich kapituliert, und am 7. Mai ergibt sich das deutsche Oberkommando in Lillehammer bedingungslos den Alliierten. Viele Tage, ja Wochen lang herrscht ein Jubel ohne Ende. Höhepunkt der Befreiungszeit ist die Rückkehr des Königs aus seinem Exil am 7. Juni. Der Alptraum aber ist noch nicht beendet, denn nun folgt die Abrechnung mit den Kollaborateuren: In den folgenden Jahren werden über 60 000 Gerichtsverfahren angestrengt, insgesamt 30 Norweger werden zum Tode verurteilt, Hunderte wandern für Jahre hinter Gitter, während andere, darunter auch der Literaturnobelpreisträger Knut Hamsun (s. S. 52), teilweise hohe Geldstrafen zu entrichten haben.

Eine andere wichtige Aufgabe ist es nun, die durch den Krieg zerstörten Städte aufzubauen, die Industrie wieder in Gang zu bringen und vor allem auch die Handelsflotte, Norwegens wichtigste Einnahmequelle, zu reorganisieren. Letzteres ist schon vier Jahre später erreicht, auch die Industrie nimmt bald einen bemerkenswerten Aufschwung (s. S. 26). Allmählich normalisiert sich das Leben wieder in Norwegen, das seit November 1945 Mitglied der UNO, seit April 1949 auch der Nato ist und zudem in zahlreiche internationale Organisationen eintritt, um den Unterdrückten der Welt beizustehen.

Nur die Beziehung zu den Deutschen will sich nicht so recht normalisieren, und auch heute noch, wo Jahr für Jahr Hunderttausende Deutsche ins Land reisen, um sich an den Naturschönheiten Norwegens zu erfreuen, sind die Gräuel des Weltkriegs nicht vergessen. Ressentiments haben sich vereinzelt bis in die 1980er-Jahre gehalten, und die Aversion gegen die ehemals so engen Freunde bleibt auch in der norwegischen Volksabstimmung von 1972 nicht ohne Einfluss auf das Wahlergebnis: 53,5 % aller Norweger sprechen sich gegen den sogenannten »Ausverkauf von Norwegen« aus, also gegen einen Beitritt ihres Landes zur damaligen EWG. In den frühen 1990er-Jahren ist die Annäherung an die Europäische Union erneut eines der wichtigsten Themen der Innen- und Außenpolitik, bis der von der Regierung unter Ministerpräsidentin Gro Harlem Brundtland angestrebte EU-Beitritt bei der Volksabstimmung am 27./28. November 1994 von 52,3 % der Bevölkerung wiederum abgelehnt wird.

Aus den Parlamentswahlen 2005 geht die Arbeiterpartei als Siegerin hervor. Zusammen mit der Sozialistischen Linkspartei und der Zentrumspartei bildet sie seitdem eine (2009 im Amt bestätigte) rot-grüne Mehrheitsregierung, die 2006 die Entwicklungshilfe auf 1 % des Bruttosozialproduktes erhöht – ein Weltrekord. Auch im Klimaschutz will das Land nun weltweit führend werden (nämlich die Klimagasemission bis 2020 um 30 % und bis 2050 um 100 % senken). Was die Gleichberechtigung der Frauen angeht, steht Norwegen, das seit 2008 eine Frauenmehrheit in der Regierung hat, laut UN-Report ebenfalls einzigartig da.

Bei einem Massaker des rechtsgerichteten Andreas Breivik sterben am 22. Juli 2011 77 Menschen. Das Urteil, 21 Jahren Gefängnis mit anschließender Sicherheitsverwahrung, wird im August 2012 erleichtert aufgenommen.

# Zeittafel

| | |
|---|---|
| **Ab 13. Jt. v. Chr.** | Die Eismassen der letzten Kaltzeit schmelzen ab, erste Spuren menschlicher Kultur in Norwegen. |
| **4.–3. Jt. v. Chr.** | Während der Jüngeren Steinzeit kommt es zu einer deutlichen Verbesserung des Klimas, was Ackerbau und Viehzucht ermöglicht. |
| **1500–500 v. Chr.** | Wichtigste Dokumente der Bronzezeit sind die *helleristninger* (Felszeichnungen), die in großer Zahl insbesondere entlang der Küste vorkommen. |
| **500 v. Chr.–<br>500 n. Chr.** | Die Kunst der Sumpfeisenverhüttung wird erlernt, es tritt eine drastische Klimaverschlechterung ein, die – wie manche Wissenschaftler meinen – die große germanische Völkerwanderung auslöst. |
| **872** | Harald Hårfagre einigt die norwegischen Stämme zu einem Reich. Wer nicht für ihn ist, muss das Land verlassen, wodurch die Besiedlung Islands und auch Grönlands ihren Anfang nimmt und auch die nordamerikanische Küste entdeckt wird. |
| **997** | Olav Tryggvason, ein direkter Nachfahr Harald Hårfagres und zum Christentum übergetreten, gründet die Residenzstadt Nidaros, das spätere Trondheim. |
| **1030** | Olav Haraldsson wird als Märtyrer im Kampf für das Reich und das Christentum heilig gesprochen und zum *rex perpetuus Norvegiae,* zum ewigen König Norwegens, erklärt. Sein Grab ist während des Mittelalters die bedeutendste Wallfahrtsstätte des Nordens. |
| **Ab 1030** | Mit der endgültigen Christianisierung Norwegens gilt die Wikingerzeit als beendet, doch das künstlerische Erbe dieser Ära, die Holzschnitzkunst, lebt in den norwegischen Stabkirchen fort, von denen in den folgenden zwei Jahrhunderten über 700 Exemplare errichtet werden. |
| **13. Jh.** | Norwegen, das nun auch die Færøer, die Shetland- und Orkney-Inseln sowie die Isle of Man unter seiner Krone vereint, besitzt jetzt die größte Ausdehnung seiner Geschichte. |
| **1250** | Mit der Lübecker Hanse wird ein Handelsvertrag abgeschlossen; 1278 erhält die Hanse die ersten schriftlich fixierten Privilegien in der jetzigen Königsstadt Bergen. |

Der Hanse-Handel blüht auf, bringt aber im Jahre 1349 auch die Pest nach Norwegen, der mehr als die Hälfte aller Landesbewohner (damals rund 350 000) zum Opfer fallen. **Ab 1278**

Oslo wird die neue Hauptstadt des Königreiches. **1299**

Der letzte norwegische König (Olav IV.) stirbt mit 17 Jahren, das durch die Pest geschwächte Norwegen kommt unter dänische Herrschaft. **1387**

Norwegen ist praktisch eine Kolonie des südlichen Nachbarn, und bald schon haben die Norweger sowohl im Handel als auch in der Verwaltung jegliches Mitspracherecht verloren. **Bis 1814**

Nach den napoleonischen Kriegen muss Norwegen eine Union mit Schweden eingehen, doch das Land gibt sich eine eigene Verfassung als selbstständiges Königreich mit eigenem Parlament. **Ab 1814**

Norwegen sagt sich von Schweden los, die Norweger wählen Prinz Carl von Dänemark zu ihrem neuen König. **1905**

Das neutrale Norwegen verliert durch deutsche U-Boot-Angriffe fast die Hälfte seiner Handelsflotte. **Erster Weltkrieg**

1940 besetzt die deutsche Wehrmacht das neutrale Norwegen, erst die deutsche Kapitulation bringt 1945 die Befreiung. **Zweiter Weltkrieg**

November 1945 tritt Norwegen der UNO bei, 1949 der Nato. **Nachkriegszeit**

Erste Ölfunde in der Nordsee, es beginnt ein immenser Wirtschaftsaufschwung. **1969**

1972 sprechen sich 53,5 % der Norweger gegen die bereits vereinbarte EWG-Mitgliedschaft ihres Landes aus, 1994 sagen 52,3 % der Wähler »Nei til EU«. **1972/1994**

Bei einem Massaker auf der Insel Utøya (Oslofjord) und einem Bombenanschlag in Oslo im Juli 2011 sterben 77 Menschen. Der rechtsgerichtete Andreas Breivik wird im August 2012 zu 21 Jahren Gefängnis mit anschließender Sicherheitsverwahrung verurteilt, der Höchststrafe im norwegischen Rechtssystem. **2011/12**

# Gesellschaft und Alltagskultur

**Die Norweger sind blond und blauäugig und haben gleich zwei offizielle Schriftsprachen, während im hohen Norden die Sprache der Samen gesprochen wird, die als die ›Erstgeborenen‹ gelten. ›Typisches‹ gibt es reichlich in Norwegen, und überreich sind auch die Traditionen, denen man sich noch heute insbesondere bei Festen stark verbunden fühlt.**

## Bevölkerung und Lebensweise

### Blond und blauäugig?

Die Norweger »haben unbedingt das echte Gepräge der germanischen Gesichtszüge«, ist im Brockhaus von 1846 nachzulesen, und diese Charakterisierung deckt sich auch heute noch mit den gängigen Vorstellungen vieler Deutschen. Von großer Statur sei er also, blauäugig und blondhaarig, und dieses Vorurteil findet durchaus seine Bestätigung in der Statistik. In der Tat gibt es wenige Länder mit einer derart homogenen Bevölkerung, aber die Ersten im Lande waren sie nicht, die Nordgermanen, denn ca. 12 000 Jahre alte Fundstücke lassen auf eine frühe Besiedlung schließen. Zu welchem Typus diese Menschen gehörten, woher sie kamen, wie sie aussahen – all dies ist unbekannt, wie auch über ihre Nachfolger, die Menschen des Mesolithikums und Neolithikums, kaum etwas herausgefunden werden konnte. Auf alle Fälle gingen sie bzw. ihre Abkömmlinge in den einwandernden Nordgermanen auf, die das eigentliche Bevölkerungssubstrat Norwegens bilden und zwischen 800 und 1000 n. Chr. als Wikinger ins Licht der Geschichte traten.

Heute zählt man ca. 5 Mio. Einwohner, rund 15,7 pro Quadratkilometer, womit Norwegen, nach Island, das am dünnsten besiedelte Land Europas ist. Diese Zahl täuscht jedoch darüber hinweg, dass rund 80 % aller Einwohner auf wenige Städte und Ballungszentren verteilt sind und das Land durch große Gegensätze zwischen städtisch-zentralen Kernen und siedlungsarmen, peripheren Landesteilen gekennzeichnet ist. Ein anderes Phänomen ist das starke Süd-Nord-Gefälle: In den nördlichen Provinzen Finnmark, Troms und Nordland, die etwa ein Drittel der Landesfläche umfassen, siedeln insgesamt nur etwa 470 000 Menschen (was einer Dichte von ca. 4,1 Einwohnern pro Quadratkilometer entspricht), wohingegen in Südnorwegen über 3,5 Mio. Norweger gezählt werden; allein im Großraum Oslo ist jeder dritte Norweger zu Hause. Dort leben auch die meisten Einwanderer: Während eine Statistik 2011 für ganz Norwegen einen Einwanderer-Anteil von rund 11 % ausweist (1970 waren es ca. 1,4 %), stellen Ausländer (meist Asylanten aus Asien und Afrika) in Oslo bereits über ein Viertel der Bevölkerung.

### Norge oder Noreg?

Auf norwegischen Briefmarken sowie Banknoten kann man den Namen des Landes entweder als ›Noreg‹ oder aber als ›Norge‹ lesen, und der Grund dafür ist, dass es in Norwegen nicht nur eine Sprache gibt, sondern zwei: Nynorsk und Bokmål. Während die Landbevölkerung vor allem die im 19. Jh. im Zuge der nationalen Bestrebungen kreierte und auf einem ›rein‹ norwegischen Dialekt aufbauende ›Kunstsprache‹ Nynorsk spricht, halten es Wirtschaft, Verwaltung, Literatur und Presse mit dem aus dem ›norwegisierten‹ Dänischen hervorgegangenen Bokmål.

Zurzeit benutzen ca. 14 % der Bevölkerung Nynorsk und ca. 86 % Bokmål, beide Sprachen sind gleichgestellt und finden gleichermaßen in der öffentlichen Verwaltung, in Kirche, Rundfunk und Fernsehen sowie in der Presse Verwendung. Auch Bücher, Zeitschriften etc. werden teils in beiden Sprachen publiziert, wie auch an allen Schulen beide Sprachen gelehrt werden: eine als ›Erstsprache‹, die andere als ›Zweitsprache‹, über den jeweiligen Rang entscheiden die einzelnen Kommunen selbst.

Neben Nynorsk und Bokmål aber werden in Norwegen, insbesondere in der Finnmark, noch zwei weitere Sprachen gesprochen, und zwar einerseits das Finnische sowie andererseits das Samische, das mit dem Norwegischen aber keinerlei Verwandtschaft aufweist, sondern zur finnisch-ugrischen Sprachgruppe gehört.

## Samen – Die ›Erstgeborenen‹ in Skandinavien

Die Samen (fälschlich auch als ›Lappen‹ bezeichnet) gehören für viele zum gängigen Bild Norwegens wie Fjorde, Stabkirchen und Mitternachtssonne. Sie leben im Norden Skandinaviens bzw. in Samiid Ædnam, dem grenzübergreifenden ›Land der Samen‹, das nicht nur große Teile Nordnorwegens, sondern auch Nordfinnlands und -schwedens sowie Russisch-Kareliens umfasst. Hier hat der jahrhundertelange Rückzug dieser eigenständigen Volksgruppe ein endgültiges Ende gefunden. Dass die Samen nicht das Schicksal anderer ethnischer Minderheiten geteilt haben – nämlich ausgerottet zu werden –, ist wohl nur der Tatsache zu verdanken, dass sie friedlich gingen, wenn man ihnen ihre angestammten Länder nahm, und dass ihr Lebensraum für die Skandinavier, Finnen und Russen letztlich nicht so verlockend war wie etwa der Westen Amerikas für die Pioniere.

Die Herkunft der Samen ist ungewiss: Manches deutet darauf hin, dass sie nach der Eiszeit aus dem Osten kamen und über die karelische Landzunge einwanderten. Als gesichert gilt eigentlich nur, dass während des 2. Jt. v. Chr. die ersten ursamischen Gruppen

**Vorwiegend im Norden Skandinaviens zuhause: Die Volksgruppe der Samen**

in das innere Lappland einwanderten. Ihr späteres Verbreitungsgebiet umfasste das gesamte Territorium des heutigen Finnland sowie Russisch-Karelien, reichte in Schweden bis auf die Höhe von Östersund und in Norwegen bis an den Femund-See hinunter. Ab etwa 1000 n. Chr. wurden sie konstant nach Norden verdrängt, bis sie, im 19. Jh., ihr heutiges Verbreitungsgebiet erreichten.

In Norwegen leben, vor allem im Bezirk Finnmark, rund Zweidrittel der ca. 60 000 Menschen zählenden Ethnie, bei der es sich, so die Vorstellung vieler Touristen, um eine Art ›Indianervolk Europas‹ handeln soll. Von nomadisierenden Rentierhirten mit farbenfroher Tracht und ›Indianerzelt‹ ist da die Rede; das will man sehen und ist vor Ort enttäuscht, weil die erwartete Exotik fehlt. Die Familien sind nicht mehr bei den Rentierherden, sondern wohnen in festen Häusern; nur ein paar Hirten fahren mit Geländewagen zu den Weideplätzen, der große Herdentrieb erfolgt mit Helikoptern, und angesichts mobiler Schlachtanlagen, die zu den Rentierscheidungen rollen, verflüchtigt sich auch das letzte bisschen ›Lappenromantik‹.

Die Rentierzüchter sind längst genossenschaftlich organisierte Fleischproduzenten, auch ihre Kleidung entspricht meist der allerweltsüblichen. Zudem leben heute nur knapp 10 % aller Samen von der Rentierzucht. Das Nomadentum, auch früher ohnehin nur von den sogenannten Bergsamen betrieben (s. S. 432; im Gegensatz zu den See-, Wald- und Skoltsamen), gehört der Vergangenheit an, und eigentlich nur in Kautokeino (s. S. 429), dem Zentrum der norwegischen Bergsamen, wird der Fotoliebhaber auf seine Kosten kommen.

Andernorts hat schon mancher, der auf ›Trachtenpirsch‹ ging, sein Tun bereut: Die Samen wollen nicht als Folkloregruppe im Tourismusbetrieb aufgehen und sind es – heute Christen so sehr oder wenig wie wir – auch Leid, die neuerdings auf der Suche nach dem Schamanismus der alten und spätestens seit dem 19. Jh. der Vergangenheit angehörenden Zeit anreisenden Esoterik-Touristen zu ertragen.

## Traditionen und Alltagskultur

### Typisch norwegisch?

Wohl jeder hat ganz bestimmte Vorstellungen, denkt er an das ›Typische‹ einer anderen Nation, und so machen sich beispielsweise die Deutschen, wie es heißt, von Norwegen gerne ein überaus romantisches Glanzbild als ein einziges Freilichtmuseum aus malerischen Fjorden und uralten Bräuchen, bewohnt von einem kernigen Volk ruhiger, bedächtiger und bescheidener, heimatbewusster Urgermanen. Die Briten verbinden mit Norwegen angeblich vor allem ein Volk der Wintersportler, und die Schweden sehen in ihrem Nachbarland gemeinhin extremen Wohlstand, viel Hightech und bäuerlich-sture sowie provinzielle Menschen als typisch an.

Letztere Vorstellung deckt sich weitgehend mit derjenigen von Hans Magnus Enzensberger, der in seinem Essay »Ach Norwegen« das ironisch-freundliche Bild einer paradoxen Gesellschaft zeichnet, die einerseits zu den modernsten und fortschrittlichsten der Welt zählt, sich aber andererseits und in so mancher Hinsicht noch traditionell ländlich, ja dörflich präsentiert. So beschreibt er die Norweger als Hinterwäldler und Kosmopoliten zugleich und das Land als eine Extravaganz zwischen Ölterminal und Sommerhütte, Einödhof und Glasarchitektur, Kapitalexport und Gottesfrieden.

Ein anderer Landeskenner, Eduardo Archetti, hält einen schon nahezu mathematischen Gerechtigkeitssinn und eine ebensolche Gleichheitsideologie für charakteristisch, und Dutzende andere Klischees über das ›Typische‹ in Norwegen ließen sich hier anbringen. Kein einziges aber kann der Vielfalt regionaler, sozialer und vor allem individueller Differenzierungen gerecht werden, denn natürlich gibt es ›den‹ Norweger so wenig wie ›den‹ Deutschen. Dennoch aber treten u. a. als Folge historischer und naturgeografischer Bedingungen gewisse Eigenheiten zutage, aus denen sich, bei allen Vorbehalten, so etwas wie vorherrschende nationale Charakterzüge bestimmen lassen. Die oben aufgeführten Wesensarten gehören dazu und entsprechen durchaus dem, was Norweger über sich selbst sagen. Man denke in diesem Zusammenhang nur an den Text der Nationalhymne, in der nicht von höheren Werten oder Gott die Rede ist, sondern von einem Land, das alle lieben, da es so wunderschön ist. Oder an den Anthropologen Tord Larsen, der in seiner Publikation »Bauern in der Stadt« postuliert, dass es den Norwegern eklatant an einer Stadtkultur mangele, weshalb diese ihre dörflich-ländlichen Ideale schlicht in die Städte verlegt hätten.

Tatsache ist, dass noch vor gar nicht langer Zeit die Norweger überwiegend ein Volk von Fischern und Bauern waren, dass nirgendwo sonst in Europa so viele Nationalflaggen vor den Häusern wehen wie hier, wo statistisch gesehen nahezu jeder täglich im Internet surft, aber auch jeder Zweite eine Hütte irgendwo in der freien Wildnis hat, wo an den Wochenenden die Städte leer gefegt sind, weil sich dann alle auf dem Meer, in den Bergen oder Wäldern tummeln. Von der Wortkargheit der Norweger kann sich jeder selbst überzeugen, wie auch der Weg zum wirklichen Kennenlernen dieses in vielerlei Hinsicht einzigartigen Landes und seiner mitunter äußerst widersprüchlichen Bewohner an manchen Stellen so schmal ist, dass er nur von einem selbst begangen werden kann.

### Norwegische Volkstracht – Die Bunad

Wie jedes Volk, so zeigen auch die Norweger mit ihren Trachten ihre lokale, regionale sowie nationale Zugehörigkeit. Doch in Norwegen gibt es nicht eine Volkstracht, sondern unzählige Spielarten, was einmal mehr den naturräumlichen Gegebenheiten geschuldet ist: Den Kern der alten norwegischen Agrargesellschaft bildete der Hof, das Dorf, das Tal, und oft waren für viele Monate im Jahr der Hof, das Dorf, das Tal vollkommen von der Umwelt abgeschnitten.

So bildeten sich im Laufe der Jahrhunderte zahllose eigene Trachten heraus, die aber bei allen Unterschieden gemeinsam haben, dass sie aus der Alltagskleidung der Landbevölkerung hervorgegangen sind. Nichts anderes auch sagt *bunad* aus, was übersetzt schlicht ›Kleidung‹ bedeutet, und obwohl die Bunad im Norwegen unserer Tage keine Alltagskleidung mehr ist, bleibt sie doch weit davon entfernt, lediglich ein Erinnerungsstück alter Zeiten zu sein, sondern wird von den Norwegern als wertvoller Teil ihres kulturellen Erbes nach wie vor hoch geschätzt. – Und zwar nicht nur auf dem Land, sondern auch in den Städten, wovon man sich u. a. am 17. Mai überzeugen kann, dem Nationalfeiertag (s. u.), an dem die meisten Norweger voller Stolz ihre mit Schärpen, Schnallen und Gürteln, filigran gearbeitetem Silberschmuck und bestickten Beutelchen reich verzierten Trachten präsentieren, zu der natürlich auch die traditionellen Strümpfe und Schuhe getragen werden. Aber auch bei vielen anderen Anlässen – so etwa Konfirmation und Hochzeit, Taufe, Beerdigung und Weihnachten –, darf die Bunad nicht fehlen, die als ein wichtiges Symbol nationaler Identität heute wie eh und je von Generation zu Generation vererbt wird.

## Feste und Veranstaltungen

### Hurra for 17. mai

Was der 3. Oktober für Deutschland, das ist der 17. Mai für Norwegen, doch anders als in vielen Ländern der Erde wird hier der Nationalfeiertag nicht mit Pomp und Militärparaden begangen, werden auch keine großen politischen Rathausreden geschwungen, sondern stehen vielmehr die Kinder im Zentrum des Geschehens. Los geht es frühmorgens mit dem Anlegen der Volkstracht, be-

### Staatliche Feiertage

1. Januar
Gründonnerstag, Karfreitag, Ostermontag
1. Mai
17. Mai (Nationalfeiertag)
Christi Himmelfahrt
Pfingstmontag
25./26. Dezember

**Die ausgelassenste Festnacht des Jahres – Mittsommer**

vor sich alle auf dem Schulhof versammeln, um dem Hissen der Flagge beizuwohnen, ehe es unter der Fahne der jeweiligen Schule und mit einer Blaskapelle vorneweg auf einen Umzug durch die Straßen von Dorf und Stadt geht. Das Volk steht Spalier, jeder schwenkt seine Fähnchen in Landesfarben, und immer wieder ertönt ein lautstarkes, von allen Stimmen getragenes ›Hurra for 17. mai‹ – das Motto dieses Tages, an dem Norwegen nicht nur seine Befreiung von der rund 400 Jahre währenden dänischen Herrschaft feiert (s. S. 33), sondern auch die Proklamation der noch heute gültigen norwegischen Verfassung vom 17. Mai 1814 (s. S. 34).

Mit Abstand am größten und buntesten ist der große Kinderumzug in Oslo, der dann die Prachtstraße Karl Johans gate hinaufzieht zum Schloss, wo er von der Königsfamilie begrüßt wird, die die nationale Einheit des Landes symbolisiert. Anschließend gibt es Spiele und Unterhaltung sowie natürlich Speis und Trank für Groß und Klein. Es war kein Geringerer als Bjørnstjerne Bjørnson (s. S. 51), der Vater der norwegischen Nationalhymne, auf dessen Initiative hin der Nationalfeiertag ab 1870 mit Kinderumzügen begangen wurde. Zuvor hatten Bürgerumzüge, an denen aber nur Männer teilnehmen durften, im Zentrum des Festgeschehens gestanden, und bis 1844, dem Todesjahr des Schwedisch-Norwegischen Königs Karl Johan, war es im Festtagesverlauf immer wieder einmal zu politischen Auseinandersetzungen gekommen, da Norwegen ja seinerzeit (und bis 1905) noch nicht selbstständig, sondern Teil von Schweden war.

## Mittsommer: Sankthansaften

Feuer als Schutz gegen die Kräfte des Bösen wurden in Norwegen traditionell zur Johannisnacht entfacht, die hier den Übergang vom 23. zum 24. Juni markiert und *Sankthansaften* genannt wird, Mittsommerfest, dieses auch heute noch in ganz Skandinavien und früher im gesamten germanischen Kulturbereich populäre Fest der Sommersonnenwende. Der Begriff ›Sankthans‹ leitet sich von St. Johannes ab, Johannes dem Täufer (und Banner des Bösen), weshalb diese Nacht auch als ›Jonsok‹ bekannt ist, was übersetzt so viel wie Johanneswache bedeutet, jene Nachtwache mit Pilgerfahrten zu heiligen Stätten, die in katholischer Zeit verwurzelt ist und in Norwegen noch bis Mitte des 19. Jh. hinein bekannt war. Insbesondere die Stabkirche von Røldal (s. S. 150) wurde dann im Rahmen regelrechter Wallfahrten besucht.

Eine andere Tradition knüpft wahrscheinlich an die germanischen Fruchtbarkeitsriten in der Sommersonnwendnacht an, und sie wurde und wird in einigen Regionen von Norwegen noch immer von den Kindern gepflegt, die in dieser Nacht die Hochzeitsfeiern der Erwachsenen nachspielen, wodurch das Aufkeimen neuen Lebens symbolisiert werden soll.

Doch so oder so markiert Mittsommer die ausgelassenste Festnacht des Jahres; überall, insbesondere an Seeufern sowie der Meeresküste prasseln dann kleine, große und riesengroße Feuer, wird im Familien- und Freundeskreis musiziert und getanzt und geflirtet und vor allem auch hemmungslos getrunken.

### Wenn der Julenisse kommt

Wie in allen Festen Norwegens Heidnisches und Christliches eng miteinander verwoben sind, so auch bei Jul, dem heutigen Weihnachtsfest, das in alter Zeit die Wintersonnenwende markierte und ein Bittopfer darstellte. Man bat den Julenisse, den Beschützer von Haus und Hof, um Fruchtbarkeit und Segen, und da das Julfest ziemlich exakt mit dem christlichen Weihnachtsfest zusammentraf, ließ Håkon der Gute, heidnischer Herrscher über Heiden und Christen gleichermaßen, die beiden Feste zusammenlegen. Gleichzeitig bestimmte er, dass jeder Familienvater 40 Kannen Bier brauen solle und dass so lange gefeiert werden müsse, wie noch Bier in den Kannen sei. – Dieser Brauch hat sich gewandelt, aber noch immer trinkt man zu Weihnachten das eigens zu diesem Zweck gebraute *Juleøl*, das ›Weihnachtsbier‹, und feiert zumindest auf dem Land traditionell über die eigentlichen Weihnachtstage hinaus noch mindestens bis Sylvester.

Auch ist es hier nicht das Christkind oder der Weihnachtsmann, der die Geschenke bringt, sondern wieder einmal der auf die nordische Mythologie zurückgehende Julenisse, dem die Kinder aus Dank für Gaben, die er bringt, eine Schüssel mit Grütze in die Scheune stellen, was noch heute überall auf dem Land üblich ist. Mit dem Julenek, einer Hafergabe an die Vögel, soll zudem der Tierwelt gedacht werden, und höchst symbolträchtig ist auch die norwegische Sitte, siebenerlei Weihnachtsgebäck aufzutischen.

## Musik-Festivals

Bis in die 1960er-Jahre wurde der Begriff ›Festival in Norwegen‹ nahezu ausschließlich mit dem Internationalen Bergen Festival verbunden, das 1953 gegründet wurde und damit als Norwegens ältestes Festival internationalen Zuschnitts überhaupt gilt. Erst acht Jahre später folgte das Molde Internationale Jazzfestival, seitdem sind alles in allem gut 250 Festivals aller Größen und Ausrichtungen hinzugekommen; insbesondere die Zahl der Musikfestivals hat stark zugenommen. Aber auch im Bereich Film, Theater, Literatur und Tanz hat sich Norwegen einen herausragenden Namen gemacht. Über die wichtigsten Festveranstaltungen kann man sich u. a. auf der auch englischsprachigen Website **www.norwayfestivals.com** ausführlich informieren. Aufgrund der Sprache sind für die meisten Norwegen-Besucher natürlich vor allem die Musikfestivals von Bedeutung, die nahezu alle Genres abdecken.

### Klassik-Festivals

Die älteste und bedeutsamste Kulturveranstaltung des Landes ist das **Internationale Bergen Festival** mit mittlerweile nahezu 200 Ballett-, Theater- und Folklore-Vorstellungen sowie vor allem auch klassischen Konzerten und Opern an insgesamt 14 Tagen gegen Ende Mai/Anfang Juni eines jeden Jahres (www.fib.no). Auch in der Gattung der Kammermusikfestivals bietet Norwegen eine hervorragende Auswahl: Berühmt im In- und

Ausland ist das **Risør Kammermusikkfest** Ende Juni/Anfang Juli, das von einigen der prominentesten norwegischen Musiker arrangiert wird und dem in der Regel auch Mitglieder des Königshauses lauschen (www.kammermusikkfest.no). Ähnlich bekannt ist das **International Chamber Music Festival i Stavanger** in der ersten Augusthälfte (www.icmf.no), das als innovativ geltende **Trondheim Kammermusikk Festival** gegen Ende September (www.kamfest.no) sowie das **Oslo Kammermusikk Festival,** das gegen Mitte August für acht Tage einlädt (www.oslokammermusikkfestival.no). Das Ende Januar stattfindende **Nordlysfestival** lockt Musikenthusiasten nach Tromsø (www.nordlysfestivalen.no), und die **Festspillene i Nord Norge,** die Ende Juni in Harstad aufgeführt werden, gelten als größte Kulturveranstaltung nördlich des Polarkreises (www.festspillnn.no).

## Folk-Festivals

In puncto Volksmusik führt kein Weg um das **Landsfestivalen i gammaldansmusikk** herum, das als das älteste seiner Art in Norwegen gilt und Anfang August Jahr für Jahr woanders stattfindet. Ursprünglich lediglich ein Wettbewerb für Volksmusiker, gilt es heute als das Nonplusultra der norwegischen Volksmusik (www.landsfestivalen.no). Ebenfalls einen guten Namen hat sich auch die Ende Mai in Ål im Hallingdal einladende **Norske Volkemusikkveka** erworben, der zusammen mit dem Landsfestivalen der Ruf voreilt, das qualitativ hochstehendste rein norwegische Folkfestival zu sein (www.folkemusikkveka.no). Die mit Abstand größte und auch meistbesuchte Folk-Veranstaltung ist das **Førde Internasjonale Folkemusikkfestival,** auf dem es Anfang Juli eine Woche lang aber nicht nur um norwegische, sondern vielmehr um Volksmusik 27 verschiedener Länder geht, dargeboten von mehr als 270 Künstlern (www.fordefestival.no).

## Jazz-Festivals

Dass die norwegische Musikszene unserer Tage nicht nur auf Klassik und Folk begrenzt ist, wissen die Freunde des Jazz, die sich in Norwegen an zahlreichen hochkarätigen Jazzfestivals erfreuen können. Das 1961 gegründete und damit älteste Jazzfestival des Landes ist das **Molde International Jazz Festival,** das Jahr für Jahr gegen Mitte Juli bis zu 100 000 Jazz-Enthusiasten nach Molde lockt, ›die‹ Jazzmetropole Skandinaviens (www.moldejazz.no).

Im Ruf eines der anspruchsvollsten Jazzfestivals des Nordens steht das schon seit mehr als 20 Jahren gegen Anfang Juli veranstaltete **Kongsberg Jazzfestival** (www.kongsberg-jazzfestival.no). Das größte Jazzfestival Nordnorwegens ist das 1982 gegründete **Varangerfestival** in Vadsø an der Barents-See, das jedes Jahr Anfang August rund 10 000 Gäste anlockt (www.varangerfestivalen.no).

Bleiben last not least das **Trondheim Jazzfestival** (www.jazzfest.no) Mitte Mai, das **Woodenboat** in Risør Anfang August (www.trebatfestivalen.no) sowie u. a. das Mitte Mai in Stavanger einladende MaiJazz (www.maijazz.no), das eines der renommiertesten in Norwegen ist. Wer verjazzten Folk bzw. ›verfolkten‹ Jazz liebt, für den ist das international bekannte **Vossajazz** das Festival der Wahl, es wird stets über Ostern in Voss aufgeführt (www.vossajazz.no).

## Rock-Festivals

Auch in dieser Sparte, traditionell nicht gerade Norwegen-typisch, hat sich seit den 1990er-Jahren viel getan. Eines der wichtigsten Rockspektakel des Landes ist das eintägige **Odderøya Live Festival,** das Anfang Juli in Kristiansand stattfindet und seit 2010 das Quart Festival ersetzt. Es sind Konzerte nationaler und internationaler Größen aller Rock-Spielarten angesagt; auch Gothic und Heavy Metal sind zu hören (www.odderoyalive.com).

Das in Oslo stattfindende **Øya Festival** gibt es erst seit 1999. Dauerte es seinerzeit nur einen einzigen Tag und wurde von 1200 Rockfans besucht, so sind es mittlerweile schon über 40 000, die sich hier Anfang/Mitte August für vier Tage einfinden (www.oyafestivalen.com).

# Architektur und Kunst

**Der Lockruf der Kunst wird im Königreich offenbar besonders häufig erhört, denn wie sonst ist zu erklären, dass Norwegen in allen Bereichen der Kunst mit Weltbestleistungen glänzt – prozentual betrachtet gibt es nirgends sonst mehr Literaten und Literatur-Nobelpreisträger, mehr bildende Künstler sowie Komponisten von Weltruhm als hier.**

## Von der Natur inspiriert

Henrik Ibsen behauptete einmal, dass, wer sein Werk wirklich verstehen wolle, Norwegen kennen müsse, »diese großartige und doch strenge Natur, die die Menschen dort umgibt«. In der Tat gilt die unberührte norwegische Natur als maßgebliches Element nicht nur in Ibsens Werk, sondern im gesamten norwegischen Kulturschaffen seit Mitte des 19. Jh. Damals befand sich das Land nach Jahrhunderten der Abhängigkeit vom kulturell überlegenen Dänemark in einer ungeliebten Union mit dem kulturell gleichfalls dominanten Schweden, und als ab 1848 ein nationales Erwachen durch Europa ging, blieb auch Norwegen davon nicht ausgeschlossen.

Die Nationalisten des Landes erstrebten eine eigenständige, sich von Dänemark wie von Schweden abgrenzende Kultur, etwas speziell ›Norwegisches‹, und hier nun kamen die spektakulären Naturlandschaften des Landes ins Spiel, mit denen die Nachbarstaaten zweifelsohne nicht aufwarten konnten. Die Bohemiens aus Christiania, wie Oslo damals noch hieß, machten sich auf, die ländlichen und unberührten Regionen ihrer Heimat zu erkunden, und ›entdeckten‹ allerhand Norwegisches: uralte Sagen und Märchen, die Rosenmalerei (s. S. 50) und vor allem die raue und mächtige Natur. Sie wurde bald von Poeten mit dramatischen Worten beschrieben, von Komponisten in wildromantische Musik gefasst und von Malern mit bewegenden Pinselstrichen auf die Leinwand gebannt.

## Von Klassik bis Rock – Musik in Norwegen

### Grieg & Co

Vom ›Goldenen Zeitalter der norwegischen Musik‹ im 19. Jh. bis in unsere Tage hinein haben viele Künstler Elemente der traditionellen Volksmusik in ihre Werke integriert, und auch **Edvard Grieg** (1843–1907), der berühmteste norwegische Komponist der Klassik, ist so verfahren. Seine Werke gelten als in Musik umgesetzte Natur, und was Sibelius für Finnland, Wagner für Deutschland, das ist Grieg für Norwegen. Mit seiner farbenreichen und lyrischen Tonsprache steht er bis heute einzigartig da, sein berühmtestes Werk, »Solveigs Lied« aus der Peer-Gynt-Suite, führte bei vielen Mitteleuropäern zu einem – sehr romantisierenden – Bild Norwegens.

Auch sein Zeitgenosse **Ole Bull** (1810–1880) schöpfte aus der Quelle der Volksmusik, und als begnadeter Violinist, der in ganz Europa (und auch Amerika) als ›Teufelsgeiger‹ bekannt war, führte er die sogenannte Hardangerfiedel (Geige mit vier oder fünf Resonanzsaiten) in die Konzertsäle ein.

Grieg und Bull sind die Schlüsselfiguren der Klassik in Norwegen, weshalb beide auch im Zentrum des **Internationalen Bergen Festivals** (s. S. 45) stehen, das bereits seit einem halben Jahrhundert als die bedeutendste Kulturveranstaltung des Landes gilt. Eine andere Stütze der Festspiele ist das Philharmonische Orchester Bergen, das im Ruf steht, eines der besten der Welt zu sein, wie auch Trondheim und Stavanger heute erstklassige Symphonie-Orchester haben.

## Jazz – ›nordisch klar‹

Aber nicht nur Klassik und Volksmusik genießen in Norwegen ein hohes Ansehen, sondern auch der Jazz – ja die ›freie‹ Jazzmusik wurde und wird von Norwegen sogar maßgeblich mitgestaltet. Wie ganz Skandinavien seit den 1950er-Jahren eine starke Verbindung zum amerikanischen Jazz hatte, so auch Norwegen, wo 1963 John Coltrane ein Debüt-Konzert gab, das heute als eines der bedeutendsten Konzertdokumente des frühen Free Jazz gilt und das Interesse insbesondere der Jugend an diesem Genre weckte.

In den kommenden Jahren gelang einer neuen Generation von norwegischen Musikern im kulturellen Zusammenhang mit der ›68er Studentenbewegung‹ der Sprung von der Imitation des amerikanischen Jazz zu einer ›emanzipierten‹, eigenständigen Spielart, die an keine traditionellen Muster wie Swing, Blues etc. gebunden war und daher zu einer für den Jazz einmaligen Freiheit des Ausdrucks gelangte. Musiker wie der Gitarrist **Terje Rypdal,** der Drummer **Jon Christensen** sowie – vor allen anderen sonst – der mittlerweile zu Weltruhm gelangte Saxophonist **Jan Garbarek** waren maßgeblich an dieser Entwicklung beteiligt, teils gemeinsam, teils parallel entwickelten sie Möglichkeiten, die norwegische Volksmusik in ihren Jazz zu integrieren. Diese ›typisch norwegische‹ Spielart wird heute meist als ›nordisch klar‹ bezeichnet, sie ist u. a. geprägt von einer schwermütigen Grundstimmung und weiten Klangflächen, die oft von klagenden Melodielinien durchweht werden.

Andere bekannte Namen auch außerhalb Norwegens sind u. a. **Karin Krog** und **Nils Petter Molvær, Sissel Endresen** und **Bugge Wesseltoft, Trygve Seim, Pål Nilssen-Love** sowie **Håkon Kornstad,** zur internationalen Jazzelite gehören auch Ensembles wie **Atomic, Wibutee** und **Jaga Jazzist.** Alles in allem zählt man in Norwegen über 60 Jazzclubs sowie ca. 400 professionelle Musiker, und dass hier der Jazz eine derartige Popularität erreichen konnte, ist nicht zuletzt auch den Jazzfestivals (s. S. 46) zu verdanken, von denen hier Jahr für Jahr mittlerweile schon nahezu zwei Dutzend einladen. Ein anderer Katalysator für die Entwicklung des norwegischen Jazz sind die Bemühungen der öffentlichen Behörden, die eigens einen Rhythmikunterricht an höheren Schulen eingeführt haben, um jungen Menschen den Einstieg in die Jazzmusik zu erleichtern. Auch an den Universitäten wurden Studiengänge eingeführt, und wie es von offizieller Seite heißt, haben insbesondere die Jazz-Programme an der norwegischen Universität für Wissenschaft und Technik in Trondheim dazu geführt, dass der norwegischen Jazz-Szene von heute der Ruf voraneilt, eine der innovativsten in Europa zu sein.

## Norwegens Pop-Ikonen

»Was haben Regen und die Zukunft der norwegischen Popmusik gemeinsam? Beide sind in Bergen beheimatet« – so nachzulesen im »Reise Extra Norwegen« des Stern-Magazins, und worauf dieser Satz anspielt, ist die Tatsache, dass man in keiner anderen Stadt Norwegens auf den Spuren derart vieler Pop-Ikonen wandeln kann wie in Bergen. Von hier aus ist u. a. die Popgruppe **A-ha,** sozusagen Norwegens Antwort auf Abba, zu ihrem Siegeszug durch die Charts der Welt gestartet, und selbst heute, mehr als 20 Jahre nach ihrem internationalen Durchbruch, hat die Band noch nichts von ihrer Popularität verloren. Auch die aus Bergen stammenden **Kings of Convenience** sind immer wieder in aller Ohren, doch größter Soundexporteur von Bergen und Norwegen schlechthin ist momentan wohl das Elektronik-Duo **Röyksopp,** das mit warmen und melodischen Klängen Bergens Ruf als Pop-Metropole des Königreiches untermauert.

# Stabkirchen – Holzarchitektur in Vollendung

## Norwegens Beitrag zur Architekturgeschichte

Wurde andernorts vorwiegend in Stein gebaut, so ist in Norwegen Holz das bedeutendste Element der traditionellen Architektur. Schwerlich wird man eine Nation mit derart viel Wissen im Umgang mit diesem Werkstoff finden, und sowohl die Profan- als auch die Sakralbauten, insbesondere die Stabkirchen, ringen dem Betrachter höchste Bewunderung ab. Sie gehören ebenso zum typischen Norwegenbild wie die Fjorde, doch während es Fjorde auch anderswo auf der Welt gibt, sind Stabkirchen nur hier zu finden. Sie stellen Norwegens originären Beitrag zur europäischen Frühgotik dar und sind künstlerische Zeugnisse auf allerhöchstem Niveau. Sowohl in Hinblick auf ihre Konstruktion als auch hinsichtlich der ästhetischen Gestaltung ihrer einzelnen Elemente manifestiert sich hier eine Holzbaukunst von einzigartiger Schönheit. In herrlicher Klarheit und Harmonie geben diese Gotteshäuser von außen mit einem freien, fast fröhlich-asiatisch wirkenden Spiel der Formen ein Abbild der sie umgebenden Natur, während im stimmungsvollen Inneren, wo der Mensch im Geist der Epoche über alles Irdische hinausgehoben werden sollte, der Wohlklang strenger Formen waltet.

Ihren Namen tragen diese Kirchen, weil sie im Gegensatz zur Profanarchitektur, bei der man sich des *laftverk* (Blockbau mit horizontal geschichteten Stämmen) bediente, im *stavverk (stav* = Mast, Stab) errichtet wurden.

**Die Stabkirche von Heddal gehört zu den touristischen Highlights des Landes**

Bei dieser Bauweise erheben sich, stark vereinfacht gesagt, vertikal aufgestellte Masten von mächtigen, auf Steinfundamenten ruhenden Bodenschwellen, umrahmen so den rechteckigen Kern der Kirche und tragen das obere Satteldach. Eine geradezu geniale Anordnung von Rahmenhölzern, Knaggen und Andreaskreuzen (benannt nach dem Diagonalkreuz, an dem der Märtyrer Andreas gestorben sein soll) stabilisiert das Gefüge und macht es sturmsicher, während teergetränkte und mit Holznägeln aus Wacholder- und Birkenholz auf den Sparren befestigte Schindeln aus harzreichem Lärchenholz dafür Sorge tragen, dass die kaskadenförmig übereinander gestaffelten Dächer kein Wasser durchlassen. Auch die Pagodenform der tief herabgezogenen Dächer selbst ist nicht Produkt des Zufalls oder eines bestimmten Schönheitsempfindens, sondern dient dem Schutz vor Regen und Schnee.

Die Drachenköpfe hingegen, die vielerorts die Firste zieren, sind Ausdruck eines trotz Christentum fortbestehenden Volksglaubens an Geister und sollten, wie auch das überreiche Schnitzwerk an den Portalen, böse Kräfte und Mächte abwehren. Die Motive sind aus der germanischen Mythologie entlehnt, so wie sie uns aus der isländischen Edda überliefert ist, und auch im spärlich erleuchteten Innenraum zeugen Odinsköpfe und verschlungene Ornamente mit der Midgård-Schlange davon, wie sehr in dieser frühen Epoche noch das Heiden- mit dem Christentum verzahnt war.

### Vom Untergang bedroht

»Selten wohl hat die Baukunst in Holz über das Nothdürftige hinaus und zu höherer Schönheit und Zierde sich entwickelt, seltener noch haben aus uralter Zeit Denkmale dieser Art bis auf uns sich erhalten.« – So der norwegische Maler J. C. C. Dahl 1837 in seinem Werk »Denkmale einer ausgebildeten Holzbaukunst aus den frühesten Jahrhunderten in den inneren Landschaften Norwegens«, und in seinen weiteren Ausführungen weist er darauf hin, dass »der Geist der Änderung und Neuerung auch diese Art von Denkmalen gegenwärtig mit nahem Untergang bedroht«. In der Tat gab es zur Zeit dieser Schrift, die das neue Interesse an den uralten Kulturdenkmälern weckte, landesweit nicht einmal mehr 100 Stabkirchen. Das ist eine geringe Zahl, wenn man bedenkt, dass sich um 1350 unter den 1200 bis 1500 Kirchen rund 800 bis 1000 Stabkirchen fanden, die alle innerhalb der relativ kurzen Zeitspanne ab Beginn der Christianisierung (11. Jh.) errichtet worden waren. Um die Mitte des 14. Jh. setzte die Pest der Bautätigkeit ein Ende, und als rund 200 Jahre später wieder gebaut wurde, entstanden die neuen Kirchen in einem von der Reformation inspirierten Stil. Die alten Bauten verfielen, allein im 18. Jh. wurden über 100 Stabkirchen abgerissen, und im Verlauf des 19. Jh. fielen nahezu 70 weitere der Axt zum Opfer. Heute sind nur noch etwa 30 erhalten, die meisten wiederholt verändert und umgebaut, und lediglich rund zwei Dutzend befinden sich an ihrem angestammten Platz (die anderen sind versetzt worden).

## Von ›Rosen‹ überwuchert – Die Volkskunst

Nirgendwo kann man heute norwegische Volkskunst besser bewundern als in den unzähligen *Bygdemuseen* (Heimatmuseen), in denen dank unermüdlicher Privatinitiative einzigartige Sammlungen der Öffentlichkeit zugänglich gemacht werden. Ein Musterbeispiel für diese insbesondere im Süden des Landes so unerhört reichhaltige Museumslandschaft ist das Ål Bygdemuseum (s. S. 163) im oberen Hallingdal. Es umfasst insgesamt 27, bis 300 Jahre alte Bauzeugnisse der traditionsreichen Hallingdaler Bauernkultur und außerdem eine eigene Abteilung für *Rosemaling*, zu Deutsch ›Rosenmalerei‹: Über Betten, Tische und Stühle, Wände, Täfelungen, Truhen und Musikinstrumente, sogar Küchenlöffel und Bierschalen, ja eigentlich über alles nur erdenkliche Holzwerk breiten sich Blumen und Ranken in Gelb, Rot, Blau und Ocker aus; dazwischen entdeckt man biblische Motive – etwa eine Abendmahlszene –, aber auch Figuren und exotische Fabeltiere. Wirkliche Rosen findet man eher selten, denn mit dem Ausdruck *rose* war im ländlichen Dialekt ursprünglich jede Art von Blume gemeint, aber auch Ornament oder Muster schlechthin.

### Fülle des Barock

Es ist die Fülle des Barock, die in der typisch norwegischen Rosenmalerei zum Ausdruck kommt. Nach den Jahrhunderten der Armut im Mittelalter erwarben die Bauern vor allem in der Telemark und im Hallingdal durch die zunehmende Holzbewirtschaftung einen gewissen Wohlstand und schufen so die Voraussetzung für das Entstehen einer reichen Volkskunst. Von hier breitete sich die Rosenmalerei etwa ab 1750 über große Teile Norwegens aus, und die Künstler in den einzelnen Regionen, Dörfern, ja noch auf den einzelnen Gehöften entwickelten die Motive meist ganz ohne fachkundige Anleitung auf eine selbständige und originelle Art weiter.

Ungefähr ab 1850 wurden die Formen und Farben herbstlicher, dann kam die Holzvertäfelung in Mode, und mit dem Aufkommen des Jugendstils begann man auch hier, die Stubenwände weiß zu streichen, wobei so manche farbenfrohe Rosenmalerei schlicht überpinselt wurde. Ausgestorben ist die Kunst noch nicht, bis heute ist sie beliebtes Hobby vieler Norweger geblieben.

## Das literarische Norwegen

**Knut Hamsun** (1859–1952, s. S. 52) und **Henrik Ibsen** (1828–1906), die beiden auch international berühmten Großen des noch nicht einmal 200 Jahre alten norwegischen Literaturschaffens, stehen auch in unseren Tagen noch ganz oben auf der Popularitäts-Rangliste der norwegischen Leseratten, wohingegen **Henrik Wergeland** (1808–1845), der in der Literaturgeschichte als erster Dichter der norwegischen Neuzeit gilt und sich als Kämpfer für die Armen und Unterdrückten verstand, heute insbesondere als Pflichtlektüre in den Schulen gelesen wird. Ähnlich auch **Bjørnstjerne Bjørnson** (1832–1910), Verfasser u. a. des heutigen Nationalliedes von Norwegen, der 1903 als erster norwegischer Dichter den Literaturnobelpreis erhielt. Der zweite wurde Knut Hamsun zugesprochen (1920), und der dritte, bislang letzte, ging 1928 an die Neorealistin **Sigrid Undset** (1882–1949), deren wohl bekannteste Arbeit die Trilogie »Kristen Lavransdatter« ist.

### Zwei Bestseller

Die populärsten norwegischen Bücher der letzten Jahrzehnte gehörten jedoch nicht zur Klassik, sondern zur Heimatdichtung, in der das viel zitierte ›typisch Norwegische‹ oft derart aufgebläht ist, dass es schlicht kitschig wirkt. Paradebeispiel für diese Literaturgattung sind insbesondere die Bücher von **Trygve Gulbranssen,** dessen Heimatromane »Und ewig singen die Wälder« sowie »Das Erbe von Björndal« sich als (auch verfilmte) Publikumsrenner selbst heute noch, nach rund 70 Jahren, großer Beliebtheit erfreuen und immer wieder neu aufgelegt werden.

Spitzenreiter aber und unter den Top Ten der meistgelesenen norwegischen Bücher ist »Sofies Verden« (»Sofies Welt«) von **Jostein Gaarder,** das bislang in rund vier Dutzend Sprachen übersetzt wurde, 1995 sogar das meistgelesene Buch schöngeistiger Literatur weltweit war und sich bis jetzt in mehr als 15 Mio. Exemplaren verkauft hat!

### Norwegische Krimis

Ein weiteres Genre, eigentlich importiert, aber in seinen Ausprägungen dennoch wieder einmal ›typisch norwegisch‹, ist dasjenige der Kriminalliteratur, an dem sich hier, wie ja auch im Nachbarland Schweden, in den letzten 20 Jahren zahlreiche jüngere Verfasser mit oft erstaunlichem und teils auch internationalem Erfolg versucht haben. Zu nennen sind hier u. a. **Jon Michelet, Gunnar Staalesen** und **Ingvar Ambjørnsen** nebst **Roy Jacobsen** und **Jo Nesbø** sowie – auf Autorinnenseite – **Kim Småge, Pernille Rygg** und vor allem **Karin Fossum** und **Anne Holt,** die beiden wohl bekanntesten norwegischen Krimi-Damen.

# »In hundert Jahren ist alles vergessen« – Knut Hamsun

**Der als Vater der modernen Literatur gefeierte Nobelpreisträger Knut Hamsun gilt nicht nur als der Große unter Norwegens Dichtern, sondern auch als der umstrittenste – bis heute wirft seine politische Haltung während des Zweiten Weltkriegs lange Schatten, ist seine Anerkennung seitens des ›offiziellen Norwegen‹ kaum zu erkennen.**

Nur selten ist ein Dichter in seinem Heimatland so verehrt und später so verachtet worden wie Knut Hamsun, der eigentlich Knud Pedersen hieß und am 4. August 1859 in Lom im Gudbrandsdal als Sohn eines Schneiders geboren wurde. Als er zwei Jahre alt war, zog die Familie auf den Hamsund-Hof (von dem er seinen späteren Namen ableitete) auf der Insel Hamarøy gegenüber den Lofoten. In dieser spektakulären Nordland-Natur empfing der junge Hamsun prägende Eindrücke, denen er in späteren Jahren in vielen seiner zahlreichen Romane Gestalt verlieh. Bevor er aber zum Schreiben kam, zog er, der keinerlei Schulausbildung genossen hatte, schon mit 15 Jahren als eine Art Landstreicher durch die Welt und versuchte sich bis Ende der 1880er-Jahre u. a. als Schuhmacher und Hausierer, Erd- und Waldarbeiter sowie als Trambahnschaffner in den Vereinigten Staaten, wo er sich vier Jahre aufhielt. Doch er vergaß dabei nicht das Lesen, ließ sich von Strindberg und Mark Twain, später von Dostojewski inspirieren.

Der literarische Durchbruch glückte 1890 mit »Sult« (»Hunger«), einem Roman, der als Summe der Erfahrungen seiner Wanderjahre charakterisiert werden kann. Es folgten einige Romane, die sich am Ideal des von Nietzsche inthronisierten Übermenschen ausrichteten, bevor Hamsun 1894 mit »Pan« zu neuen Ehren kam.

Immer wieder verdammt er mit giftgetränkter Feder »Lärm und Gedränge« der Städte, lässt seine Figuren von dort, vor »Zeitungen und Menschen« fliehend, in rauschende Wälder zurückkehren, wo sie sich durch ein naturverbundenes Leben erneuern. 1917 kam »Markens Grøde« (»Segen der Erde«) heraus. Mit diesem Buch – eine weitere Huldigung der vielleicht primitiven, doch ursprünglichen und darum ›richtigen‹ Kultur des Menschen – festigte Hamsun seinen Weltruf: Es brachte ihm den Literaturnobelpreis ein (1920).

Weitere Romane folgten, doch ab Mai 1945, schon in greisenhaftem Alter, musste er, der Millionen mit seiner Prosa bezaubert hatte, mit ansehen, wie die Norweger auf seine Bücher spuckten, sie zu Tausenden verbrannten. Hamsun wurde interniert, monatelang in einer psychiatrischen Klinik auf seine geistige Zurechnungsfähigkeit untersucht, dort für »dauernd seelisch geschwächt« erklärt und schließlich verurteilt, eine Strafe von 450 000 Kronen an den Staat zu entrichten. Er hatte nämlich mit Nazi-Deutschland kollaboriert und gleich nach der deutschen Besatzung die norwegische Jugend aufgefordert, die Deutschen willkommen zu heißen und ihnen für die Güte zu danken, das Land unter ihren Schutz zu stellen. Hamsun hatte nie vergessen, dass sich sein Welterfolg auf Übersetzungen ins Deutsche gründete, dass – wie er sagte – »jeder einzelne der stolzen und großen Namen, den Norwegen auf dem Gebiet der schöpferischen Künste besitzt, erst durch das teutonische Deutschland entdeckt werden musste«.

Thema

Sein Hass auf alles Angelsächsische war sprichwörtlich, und die Nazi-Ideologie von ›Blut und Boden‹ muss auf ihn (der seinerzeit schon nahezu völlig taub war, keine fremden Nachrichten mehr hören, nur noch deutsche Propaganda zur Kenntnis nahm) wie die Bestätigung seiner Vision von einem erneuerten, weil zum Ursprünglichen zurückgekehrten Menschen gewirkt haben.

Schon 90 Jahre alt, setzte er sich noch einmal zur Arbeit an einem Buch nieder; es sollte eine Rechtfertigung werden. »På gjengrodde stier« (»Auf überwachsenen Pfaden«) war der Titel dieses 1950 erschienenen dokumentarischen Alterswerks. Erschütternde Dichtung voller Wehmut, doch bar jeder Polemik. Bar aber auch dessen, was er längst zu seiner Entschuldigung hätte vorbringen können, und was dem Gericht, das ihn nach dem Krieg verurteilt hatte, bekannt gewesen war, ohne dass es berücksichtigt worden wäre: Hamsun hatte sich wie kaum ein anderer im besetzten Land für festgenommene Partisanen eingesetzt.

Am 19. Februar 1952 starb Knut Hamsun auf seinem Gut Nørholm bei Grimstad. Heute werden seine Bücher wieder gelesen – auch in Norwegen, wo am 19. Februar 2009 zum Anlass des 150. Geburtstag-Jubiläums von Knut Hamsun das ›Hamsun Jahr‹ durch Ihre Majestät Königin Sonja feierlich eröffnet wurde. So scheint sich die Prophezeiung dieses Großen unter den europäischen Dichtern zu bewahrheiten, der im Hinblick auf seine Verfehlungen gesagt hat: »In hundert Jahren wird dies alles vergessen sein.«

**Im eigenen Land lange umstritten – Knut Hamsun in einer Aufnahme von 1939**

# Essen und Trinken

**Die norwegische Küche ist bodenständig und unkapriziös – eine typische Hausmannskost mit frischen Zutaten aus Wald und Meer. Interessant, aber für Mitteleuropäer bisweilen gewöhnungsbedürftig, sind norwegische Spezialitäten mit ›exotischer‹ Geschmacksnote. Obwohl die Alkoholpreise vergleichsweise hoch sind, trinken die Norweger gerne ab und zu ein Gläschen.**

## Restaurant & Co

»Man isst schlecht in Norwegen«, hört man immer wieder von enttäuschten Touristen. Der Grund dafür ist allerdings, dass sie sich vom Preisniveau einschüchtern lassen und im erstbesten Selbstbedienungsrestaurant am Straßenrand einkehren oder gar in den Cafeterias der Campingplätze, die nun wirklich nicht mehr als Imbissbuden sind. Man muss wissen, wohin die Norweger gehen, wenn sie schlemmen wollen (siehe Tipps im Reiseteil), und wird feststellen, dass es im Königreich zwar nicht gar so viele Restaurants gibt, die erlesene Genüsse bieten, dass diese wenigen aber durchaus so gut sind, dass man, erlaubt es die Reisekasse, jeden Tag aufs Neue einkehren möchte.

Insbesondere in den **Restaurants der guten Hotels** (die man natürlich auch besuchen darf, ohne Hotelgast zu sein) könnte auch ein Lukull durchaus zu seinem Recht kommen, denn hier wird oft zum Frühstück und/oder Lunch sowie Abendessen das berühmte skandinavische Buffet serviert, bei dem nicht nur der Gaumen, sondern auch die Augen genießen sollen, weshalb die Leckereien oft wie Stillleben garniert sind. Aber auch für À-la-carte-Gerichte (ab etwa 220–280 NOK für ein Hauptgericht, um 100–150 NOK für eine Vorspeise muss man ansetzen) sowohl der internationalen wie auch typisch norwegischen Küche sind die Hotel-Restaurants erste Wahl – nicht zuletzt weil in aller Regel nur in Restaurants, die einem Übernachtungsbetrieb angeschlossen sind, Spirituosen ausgeschenkt werden dürfen. Entsprechend hoch ist ihr Beliebtheitsgrad (an den Wochenenden ist Tischreservierung üblich), und da ein Schlemmerabend in Norwegen stets als etwas ganz Besonderes angesehen wird, ist üblicherweise auch die Garderobe etwas gehoben. Wer hier als Tourist womöglich gar mit Shorts einkehrt, wird zwar nicht des Restaurants verwiesen werden, aber sicherlich viele schräge Blicke ernten. Ärger hingegen handelt man sich ein, wenn man das in Norwegen bereits seit 2004 geltende generelle Rauchverbot in Gaststätten missachtet; wem das Rauchen ein Bedürfnis ist, der ziere sich nicht, zwischendurch vor die Tür zu gehen – das machen auch die Norweger, egal welcher Gesellschaftsschicht.

›Normale‹, also nicht einem Hotel angeschlossene **Restaurants** machen sich außerhalb der Großstädte sowie touristischen Zentren äußerst rar und entpuppen sich oft genug als Selbstbedienungsläden, denen jedwede Gemütlichkeit abgeht. Wer hier einkehrt, will keine kulinarischen Feinheiten genießen, sondern für ›wenig‹ Geld (Tagesgerichte 100–140 NOK) satt werden, weshalb man hier auch oft, aber nicht immer, nur den ersten Kaffee bezahlt und sich hernach selber nachschenkt. Diese Kaffee-Regelung ist zumeist auch im **Kro** üblich, dem Wirtshaus, das sich in der Regel nur durch den Namen von einem Restaurant unterscheidet.

Bleibt schließlich der Schnellimbiss, oft als **Gatekjøkken** bezeichnet, wo man aber, anders als in deutschen Frittenbuden, nur eher selten Pommes bekommt. Hier dreht sich meist alles um *pølser* (Knack- oder Grillwurst mit Brot) und Burger, und muss man für Würstchen 25–30 NOK ansetzen, so für Burger mindestens 80 NOK; günstig sind eigentlich nur die ›Menüs‹ (meist Burger plus Soft Drink), die mit etwas Glück für ca. 100 NOK zu haben sind.

## Hausmannskost kulinarisch verfeinert

Die typisch norwegische Küche entstammt, anders als in vielen anderen europäischen Ländern, nicht der des Hofes, sondern der ländlichen Küche und ist entsprechend bodenständig. Doch seit einigen Jahren bemühen sich die Köche vor allem in den Metropolen und Touristenzentren um eine Verfeinerung der traditionellen Hausmannskost. Die Spitzengastronomie wird insbesondere von Frankreich beeinflusst, doch auch aus Italien und Spanien wurden kulinarische Bereicherungen in die sogenannte neonorwegische Küche aufgenommen. Die japanische Sushi-Tradition hat ebenfalls viele Freunde gewonnen, und die leichte Thai-Küche ist schon seit Jahren ›hip‹. So multikulturell wie zumindest das urbane Norwegen heute ist, wird auch gekocht und gespeist.

## Zwischen Frühstück und Middag

Die meisten Unterkünfte Norwegens bieten morgens ein Frühstück *(frokost)* an, das in Buffetform serviert wird. Außer Säften und Kaffee, Milch und Tee lockt zumeist eine Auswahl an Brötchen und verschiedenen Brotsorten; dazu gibt es Butter und Margarine, natürlich Marmeladen, Cornflakes und Müsli, Salate, Käse, Wurst und Eier, aber auch kalte Fleischgerichte sowie eingelegten Hering *(sild)* in allen möglichen Variationen.

Das Mittagessen *(lunsj)* wird zwischen 12 und 14 Uhr serviert und im Sinne des englischen Lunch verstanden, ist also eher ein kleiner Imbiss, ein Salat oder Obstteller. Viele Restaurants bieten ein stets günstiges *dagens rett* (Tagesgericht), auch als *dagens tallerken* (Tagesteller) bezeichnet. Oft sind im Preis Brot, Salat, Wasser und Kaffee inklusive. Alternativ wird das *smørbrød* angeboten, bei dem es sich keineswegs um ein schlichtes ›Butterbrot‹ handelt, sondern um ein mit Käse und Wurst, Lachs, Garnelen und Salatblättern verfeinertes Brot oder Brötchen. Nicht zu verwechseln übrigens mit dem *smørbrødsbuffet,* worunter das berühmte skandinavische Buffet verstanden wird.

Die warme Hauptmahlzeit des Tages heißt hier *middag.* Anders als der Name es vermuten ließe, wird sie nicht mittags, sondern in den meisten Familien zwischen 16 und 18 Uhr eingenommen. In den Restaurants wird *middag* im Sinne von Dinner verstanden und in der Regel zwischen 18 und 21 Uhr serviert. Verglichen mit dem Lunch (s. o.) ist dieses stets ein wesentlich teureres Vergnügen – selbst dann, wenn es, wie zumindest in den gehobenen Adressen üblich, nicht mit einer Flasche Wein genossen wird.

## Kjøttretter

*Kjøtt* heißt ›Fleisch‹, *kjøttretter* entsprechend ›Fleischgerichte‹, und um *blodpudding* (Blutpudding) und *lungemos* (Lungenhaschee) zu mögen, muss man wohl als Norweger geboren sein. *Kjøttkaker* (Hackbällchen, ähnlich Frikadellen) hingegen, meist mit Erbsenpürree und dicker brauner Sauce serviert, schmecken auch den meisten Ausländern und haben fast schon den Rang eines Nationalgerichts inne, wurden sie doch im Rahmen einer Repräsentativumfrage von 65 % aller Norweger als typischste Landesspeise ausgewählt. 36 % erklärten *fårikål* zum Favoriten, also Weißkraut mit Hammelfleisch, das ähnlich preiswert ist.

**Genießen im Land der fangfrischen Fische und delikaten Meeresfrüchte**

Wo immer *fenalår* – gesalzene und geräucherte Hammelkeule – angeboten wird, sollte man sich dies nicht entgehen lassen, denn der Geschmack ist köstlich, wie auch *pinnekjøtt* (›Stäbchenfleisch‹), gedämpfte oder auch mal gebratene Hammelrippe, in jedem Fall zu empfehlen ist.

Auch *spekemat* (gepökeltes Dörr- oder Rauchfleisch) sollte man mal probieren, gut und immer günstig ist *betasuppe* (Gemüsesuppe mit Fleisch), und als sehr delikat gelten *elgstek* (Elchbraten) sowie *rype* (Schneehuhn), meist mit *tyttebær* (Preiselbeeren) serviert, was auch zu *reinsdyr* (Rentier) und – äußerst selten und extrem teuer – *bjørn,* also Bär, zu empfehlen ist.

## Fiskeretter

Wer kein Risiko eingehen will, der wählt Fisch, der in Norwegen, dem Land der Lachse und Forellen, Dorsche und Steinbeißer, Heringe, Makrelen, Flundern, Köhler, Steinbutts, meist frisch auf den Tisch kommt. Die bekannteste und teuerste Fischspezialität aus Norwegen ist *røkelaks* (Räucherlachs), die im Land vielleicht populärste und billigste heißt *fiskeboller* (aus durchgedrehter Fischmasse bestehende Klößchen) oder auch *fiskekaker* (Fisch-Frikadellen) sowie *fiskepudding.* Als die ›seltsamsten‹ Fischgerichte gelten *rakørret* (gesalzene und angegorene Forelle, die mehrere Monate in einer Salzlake gelegen haben muss) wie auch *lutefisk* (gewässerter und aufgequollener Stockfisch), der den meisten Touristen, die ihn kosten, buchstäblich den Magen verdreht, doch in Norwegen derart beliebt ist, dass er als Weihnachtsessen auf die Festtafel kommt: Er präsentiert sich als dicke und schwabbelige weiße Masse, die obendrein ganz mächtig stinkt.

Nicht jedermanns Geschmack sind auch *torsketunger* (Dorschzungen), die meist gebraten oder gekocht serviert und mit saurer Sahne aufgetragen werden: Innen haben sie eine gallertartige Konsistenz. Aus Fischköpfen, Kochfisch und Meeresfrüchten bereitet man *fiskesuppe,* die allerdings nicht so raffiniert schmeckt wie die berühmte Bouillabaisse, die, wie auch die portugiesische

Klippfischspezialität *bacalao* oder *bacalhau,* mittlerweile in keinem norwegischen Fischrestaurant fehlt. Auch *lever,* meist *torsklever* (Dorschleber), ist auf den meisten Speisekarten zu finden, sie wird meist gekocht serviert, wohingegen der *rogn* vorzugsweise gebraten wird.

## Weitere Spezialitäten

Außerordentlich lecker sind *fløytemysmost, geitost* und *gudbrandsdalsost,* drei Käsesorten (eine aus Kuh-, die zweite aus Ziegen-, die dritte aus Kuh- und Ziegenmilch), die eigentlich gar keine sind, sondern bloß so heißen. Diese Delikatessen überraschen mit einem Geschmack nach Erdnussbutter und Karamell, können an eingetrocknete Kondensmilch erinnern und werden aus jener Molke hergestellt, die bei der Produktion von normalem Käse übrig bleibt. Am Stück präsentiert sich solcher ›Käse‹ als dicker brauner und ziemlich harter Klotz, als Brotbelag ist er wellig und dünn, leicht zähflüssig und neigt dazu, am Gaumen zu kleben. Aber er schmeckt, wird in Norwegen in gigantischen Mengen verzehrt, insbesondere auch zu *vaffler* (Waffeln) und ist so beliebt, dass er bei ins Ausland reisenden Norwegern einen Teil des Handgepäcks ausmacht.

Um *rømmegrøt,* eine Art norwegische Nationalspeise, genießen zu können, bedarf es zuerst einer Umstellung auf eine neue Geschmacksrichtung, denn *rømmegrøt* ist eine Art Grütze, von gelber Farbe, stets sehr fettig, die aus *rømme* (saure Sahne) plus Gries (oder auch Reis oder Vollkornmehl) zubereitet und mit Zucker, Zimt und reichlich Butter gewürzt wird.

Hefebrot gibt es kaum im Norden, wo traditionell Hafer und Gerste angebaut wurden – Getreidesorten, die sich nicht für die Zubereitung mit Hefe eignen. Angeboten werden *loff* (Weißbrot), *kneipp-brød* (Grauweißbrot) – mit Backpulver aufgetrieben – oder *flatbrød* (papierdünnes, trockenes Fladenbrot) oder *lefser.* Letzteres ist eine süße Fladenspezialität aus Kartoffeln und Mehl, mit Butter und/oder Sahne genossen. Wird der Teig nur aus gekochten und gemahlenen Kartoffeln hergestellt, handelt es sich um *potetlompe,* die man entweder mit Wurst als Imbiss zu sich nimmt oder als Beilage zum Kaffee.

## Getränke

Kaffee wird in Norwegen in solchen Mengen und so schwarz genossen, dass noch Brasilianer Herzklopfen bekommen. Von einer Teekultur hingegen kann man nicht sprechen, und so bekommt, wer Tee bestellt, ein Glas heißes Wasser mit Teebeutel. Wer **Milch** ordert, was recht preiswert ist, hat die Wahl zwischen *H-melk* (Vollmilch), *lettmelk* (Magermilch), *skummetmelk* (Buttermilch) und *Cultura* (Leicht-Buttermilch). Für Kaffee, den man sich in den meisten gastronomischen Betrieben aus großen Thermoskannen selbst einschenkt, zahlt man kaum mehr als zu Hause (weitere Tassen sind oft umsonst oder wenigstens nur halb so teuer wie die erste), wohingegen **Mineralwasser, Fruchtsäfte** (meist mit viel Zucker und Wasser, doch wenig Frucht) und die üblichen **Soft-Drinks** nicht gerade preiswert sind.

Alkoholfreie Getränke bekommt man in allen Cafés, Kneipen und Restaurants, **Alkoholisches** hingegen meist nur in Hotel-Restaurants sowie den wenigen Lokalen, die eine entsprechende Lizenz haben. Außerdem gibt es Restaurants, in denen Bier und Wein nur zu den Speisen serviert werden, und lediglich in den Kneipen bekommt man garantiert auch *Øl* (ausgesprochen ›öll‹), also Bier, das hier nach dem Reinheitsgebot gebraut wird. Es gibt solches mit 7 % Alkohol *(gulløl, bokkøl),* anderes mit 4,5 % *(pils, bayerøl),* solches mit 2,5 % *(lettøl)* und gänzlich alkoholfreies *(zero);* an Malzbier erinnert das ebenfalls alkoholfreie *vørterøl.* Wein *(vin)* trinken die Norweger auch, in den besseren Restaurants kann man oft aus Dutzenden Weinlagen dieser Welt auswählen. Und natürlich gibt es die einzige nordische Spirituose, die auch im Ausland einen guten Ruf genießt: Aquavit, entweder von Linje oder von Gilde gebrannt.

# Kulinarisches Lexikon

## Im Restaurant

| | |
|---|---|
| Herr Ober! | Kelner! |
| Fräulein! | Frøken! |
| Was wünschen Sie? | Hva ønsker de? |
| Ich möchte gerne … | Jeg vil gjerne ha … |
| Guten Appetit! | Velbekomme! |
| Prost! | Skål! |
| Noch etwas? | Litt mer? |
| Nein danke, nicht mehr. | Nei takk, ikke mer. |
| Kann ich die Rechnung bekommen? | Kan jeg få regningen? |
| Das ist für Sie. | Det er til Dem. |
| Behalten Sie den Rest. | Behold resten. |
| Frühstück | frokost |
| Mittagessen | lunsj |
| Abendessen | middag, aftensmat |
| Café | kaffe |
| Imbiss-Stube | snackbar, gatekjøkken |
| Gasthaus | gjestgiveri |
| Restaurant | restaurant |
| Salz / Pfeffer | salt / pepper |
| Messer / Gabel | kniv / gaffel |
| Glas | glass |

## Fisch

| | |
|---|---|
| abbor | Barsch |
| ål | Aal |
| blåskjell | Miesmuschel |
| blekksprut | Tintenfisch |
| flyndre | Flunder |
| gravlaks | gebeizter Lachs |
| hellefisk | Heilbutt |
| hjerteskjell | Herzmuschel |
| hvitting | Weißling |
| hyse | Schellfisch |
| hummer | Hummer |
| klippfisk | Klippfisch |
| kokt fisk | Kochfisch |
| krabbe | Krabbe |
| laks | Lachs |
| makrell | Makrele |
| Mølje | leicht säuerlicher Eintopf aus Dorschleber, Rogen und gekochtem Fisch |
| pale | Seelachs |
| piggvar | Steinbutt |
| reker | Garnelen |
| rødsprette | Scholle |
| rogn | Rogen |
| røkelaks | Räucherlachs |
| sei | Seelachs |
| sild | Hering |
| sjøtunge | Seezunge |
| skjell | Muschel |
| skrei | Kabeljau |
| snegler | Schnecke |
| ørret | Forelle |
| østers | Austern |
| steinbit | Steinbeißer |
| stekt fisk | gebratener Fisch |
| torsk | Dorsch |
| torsklever | Dorschleber |
| uer | Rotbarsch |

## Fleisch

| | |
|---|---|
| biff | Beefsteak |
| bryst | Brust |
| får | Hammel |
| guljas | Gulasch |
| kalve | Kalb |
| karbonade | Frikadelle |
| lamme | Lamm |
| lår | Keule |
| medisterpølse, stekt | Bratwurst |
| okse | Rind |
| pølse | Wurst |
| postei | Pastete |
| stek | Braten |
| svine | Schwein |

## Geflügel/Wild

| | |
|---|---|
| and | Ente |
| bjørn | Bär |
| dyresteik | Rentierbraten |

| | |
|---|---|
| elg | Elch |
| grillet kylling | Grillhähnchen |
| gås | Gans |
| hare | Hase |
| kalkun | Pute |
| kylling | Hähnchen |
| rapphøne | Rebhuhn |
| rein | Ren |
| rådyr | Reh |

## Gemüse

| | |
|---|---|
| agurk | Gurke |
| blomkål | Blumenkohl |
| bønner | Bohnen |
| erter | Erbse |
| gulrot | Mohrrübe |
| kål | Kohl |
| løk | Zwiebel |
| rødkål | Rotkohl |

## Käse

| | |
|---|---|
| gammelost | alter, gereifter Käse |
| geitost | Ziegenkäse |
| gudbrandsdalsost | harter Molkenkäse |
| jarlsbergsost | norw. Entsprechung des Emmentaler |
| norvegiaost | norw. Entsprechung des Gouda |
| nøkkelost | Hartkäse mit Kümmel |

## Süßspeisen

| | |
|---|---|
| fløteis | Sahneeis |
| fruktsalat | Fruchtsalat |
| multekrem | Moltebeeren mit Schlagsahne |
| tilslørte bondepiker | Apfelmus mit Schlagsahne auf zerriebenem Zwieback |
| trollkrem | Creme aus geschlagenen Preiselbeeren und Eiweiß |

## Obst

| | |
|---|---|
| bjørnebær | Brombeere |
| blåbær | Blaubeere |
| bringebær | Himbeere |
| eple | Apfel |
| jordbær | Erdbeere |
| kirsebær | Kirsche |
| moltebær | Moltebeere |
| pære | Birne |
| tyttebær | Preiselbeere |

## Zubereitung

| | |
|---|---|
| bakt | gebacken |
| kokt | gekocht |
| krydret | gewürzt |
| ristet | geröstet |
| saltet | gesalzen |
| stekt | gebraten |

## Getränke

| | |
|---|---|
| bayer | dunkles Bier |
| bitter | Magenbitter |
| brennevin | Branntwein |
| fatøl | Fassbier |
| konjakk | Cognac, Weinbrand |
| likør | Likör |
| moltebærvin | Moltebeerwein |
| musserende vin | Sekt |
| øl | Bier |
| pils | Pils (helles Bier) |
| rom | Rum |
| rødvin | Rotwein |
| toddy | Grog |
| vin | Wein |
| flaske | Flasche |
| kanne | Kanne |
| kopp | Tasse |
| krus | Krug |
| kaffe | Kaffee |
| melk | Milch |
| saft | Saft |
| te | Tee |
| vann, vatn | Wasser |
| med/uten sukker | mit/ohne Zucker |
| sterk | stark |
| svak | schwach |
| søt | süß |
| tørr | herb |

Eine spektakuläre Aussichtsplattform: die Trolltunga am Sørfjord

# Wissenswertes für die Reise

## Norwegen im Internet

Nachfolgend werden einige informative, teilweise liebevoll betreute Seiten über Norwegen vorgestellt, die Akzente zu bestimmten Themen setzen. Verzichtet wurde hier auf Webites, die bereits an anderer Stelle des Buches genannt werden.

**www.norwegen.no:** Die offizielle Seite Norwegens mit unzähligen Hintergrundberichten zu allen wichtigen Themen. Ein Reiseteil ist ebenso zu finden wie eine Liste aller Webcams im Land, und auch wer in Norwegen arbeiten und leben möchte, findet hier alle erforderlichen Informationen.

**www.clickwalk.com:** Laut Eigendarstellung bietet diese norwegische Website die weltweit erste auf Panoramen basierte Visual Reality überhaupt. Die wichtigsten Städte des Landes können ›begangen‹ werden – Oslo beispielsweise mithilfe von rund 650 Panoramen.

**www.norwegenportal.de:** Das Norwegen-Portal der Deutsch-Norwegischen Freundschaftsgesellschaft e.V., die sich zum Ziel gesetzt hat, die kulturellen, gesellschaftlichen und touristischen Beziehungen zwischen der Bundesrepublik Deutschland und dem Königreich Norwegen zu fördern.

**www.visitnorway.com/de:** Die offizielle Website des norwegischen Fremdenverkehrsamtes hilft benutzerfreundlich und umfassend auf Deutsch bei allen Reisefragen.

**www.norwegen-freunde.com:** Die von Norwegen-Liebhabern getragene Seite ist ein ›Muss‹ für Norwegen-Fans und solche, die es werden wollen.

**www.norwegenlinks.de:** Große Norwegen-Linkdatenbank zum Mitmachen, nach Kategorien geordnet.

**www.trollbarna.de:** Liebevoll gestaltete Norwegenseite mit zahlreichen Infos, Tipps, Nachrichten, Eventkalender usw.

**www.reuber-norwegen.de:** Nicht-kommerzielle Seite der Norwegen-Liebhaber Mechthild und Otto Reuber, die über die einzelnen Kommunen des Landes, über Routen und Städte informiert; darüber hinaus die wahrscheinlich umfassendste Linksammlung (nach Themen sortiert) deutscher Sprache zum Königreich.

**www.norwegianlight.com:** Die Website umfasst eine aufwendig gestaltete und musikalisch untermalte Fotogallerie mit u. a. mehr als 600 Norwegen-Naturotos.

**www.kvasir.no:** Größte norwegische Suchmaschine, Webkatalog à la Yahoo, einfach und übersichtlich, sehr hilfreich auch dann, wenn man kein Norwegisch spricht.

**www.gulesider.no:** Über diese Seite erreicht man die Online-Telefonauskunft. Sie bietet Suchfunktionen auf Norwegisch und Englisch über Name, Adresse und Telefonnummer.

**www.atlas.no:** Jede Adresse kann man sich auf Karte/Stadtplan anzeigen lassen, und auch ein Reiseplaner (›Kjørerute‹) ist integriert.

**www.skandinavien.de:** Großes deutschsprachiges Skandinavien-Portal; Routenplaner und Forum sind integriert, man kann Reportagen nachlesen, sich über Outdoor-Aktivitäten informieren, aber auch auf Job-Suche gehen, nach Immobilien schnüffeln, Reiseveranstalter suchen – alles auf einer Site.

### Apps

Die Zahl der Anwendungsprogramme für Smartphones und Tablet-Computer wächst ständig, und es ist nur eine Frage der Zeit, bis jede Region in Norwegen mit einer Reise-Internetseite ihre Infos auch über Apps anbieten wird. Oslo z. B. hat 2012 eine kostenlose App für iPhone, iPad und Android herausgegeben, verfügbar auch auf Deutsch, mit Informationen zu Attraktionen, Sightseeing, Restaurants, Events, Unterkunft usw. Ähnliches gilt auch für Bergen, Stavanger und Trondheim, und selbst kleine Orte wie Geiranger bieten bereits kostenlose Apps an, die man sich entweder über das Netz oder über in Broschüren und auf Plakaten abgedruckte Strichcodes (so etwa am Oslo-Flughafen Gardermoen) kostenlos downloaden kann.

## Fremdenverkehrsamt

### In Deutschland

**Norwegisches Fremdenverkehrsamt:**
Caffamacherreihe 5, D-20355 Hamburg,
Tel. 0180 500 15 48 (0,12 €/Min.),
germany@innovationnorway.no,
visitnorway.com/de.
Jeden Dezember erscheint ein aktualisierter ›Norwegen-Katalog‹, der u. a. Infos zu Anreise, Unterkunft und den schönsten Reisezielen enthält. Auch zahlreiche Broschüren (u.a. zu den Themen Angeln, Radfahren, Wandern, Golf) sind erhältlich; die meisten Kataloge kann man über die Website auch downloaden.

### Auskunftstellen in Norwegen

Mit allen Fragen wende man sich vertrauensvoll an die Fremdenverkehrsbüros, die in Norwegen oft noch in kleinsten Ortschaften zu finden sind (s. a. die jeweiligen Angaben im Reiseteil dieses Buches). In aller Regel wird Englisch, oftmals auch Deutsch gesprochen.

## Karten

Außerordentlich zuverlässig sind die **Freytag & Berndt Straßenkarten** (1 : 250 000/400 000), die zwischen 2007 und 2009 erschienen sind und Norwegen in vier Blättern darstellen. Ebenso gut sind auch die **Cappelen Straßenkarten** (1 : 335 000/400 000; 2008), die das Land mit fünf Blättern abbilden.

Eine überaus detaillierte Darstellung bietet die **Statens Kartverk**-Originalkarte ›Veiatlas Norge‹ (1 : 300 000) auf 230 Seiten inkl. 80 Stadtplänen. Das norwegische Landesvermessungsamt hat spezielle **Wander- und Skikarten** im Maßstab 1 : 25 000 bis 1 : 100 000 herausgegeben, die alle wichtigen Reviere zwischen Südnorwegen und dem Trøndelag abdecken.

**Bezugsquellen** für alle Karten sind u. a. der Nordland-Shop (Vornholtstraße 7, D-49586 Neuenkirchen, Tel. 05465 476, www.nordland-shop.de) sowie die Geo Buchhandlung Kiel (Schülperbaum 9, D-24103 Kiel, Tel. 0431 910 02, www.geobuchhandlung.de).

## Lesetipps

Folgende Bücher norwegischer Autoren bieten sich – neben den bekannten Klassikern von Knut Hamsun, Henrik Ibsen, Sigrid Undset (s. S. 51) – für eine Einstimmung an:

**Ambjørnsen, Ingvar:** Seine Figuren sind bevorzugt Randexistenzen, Havarierte in der Glitzerwelt des Konsums. Sein bislang größter Erfolg gelang ihm mit der Buchreihe über den Eigenbrötler Elling, der versucht, in einer Welt, die ihm über den Kopf gewachsen ist, nicht unterzugehen. Der bislang neueste Band heißt »Den Oridongo hinauf« (2012).

**Bojer, Johan:** Die Lofotfischer: Übersetzung des spannenden wie stimmungsvollen Romans »Den siste viking«; leider vergriffen und nur im Antiquariat erhältlich.

**Christensen, Lars Saabye:** Bekannt wurde dieser vielseitige Autor durch seinen Roman »Der Alleinunterhalter« (1999), der auf einer nordnorwegischen Insel spielt und von einen Pianisten aus Oslo handelt. Ebenfalls auch in Deutschland populär ist »Der Halbbruder« (2003), sein bislang neuestes Buch ist »Die blaue Kuppel der Erinnerung« (2009).

**Ferguson, Robert:** Mit »Knut Hamsun« (1992) hat der englische Biograf die bislang ausführlichste Biografie über den Schriftsteller vorgelegt, die, ebenso wie sein Werk »Henrik Ibsen« (1998), von der Presse außerordentlich gelobt wurde.

**Fosnes Hansen, Erik:** Der recht bekannte Roman »Choral am Ende der Reise« (1997) ist ein Porträt Europas vor dem Ersten Weltkrieg. Das Buch »Momente der Geborgenheit« (2001) führt den Leser in verschiedenen Erzählungen auf eine Zeitreise vom Norwegen unserer Tage bis ins Italien der Frührenaissance. In »Das Löwenmädchen« (2009) erzählt Fosnes mit großem Einfühlungsvermögen und poetischer Kraft von einer Außenseiterin in Norwegen, die sich gegen Vorurteile und Ausgrenzung durchsetzt.
**Gaarder, Jostein:** Sofies Welt (1999): Teils melancholisch, teils fantasievoll nähert sich Gaarder den Wundern des Denkens. Für seine Geschichte der Philosophie erhielt er u. a. den Deutschen Jugend-Literaturpreis. Mit »Der Geschichtenerzähler« (2004) legte Gaarder einen fantasievollen Roman für Erwachsene vor, und auch sein neuestes Buch »Die Frau mit dem roten Tuch« (2011) wendet sich an Erwachsene.
**Gulbranssen, Trygve:** Und ewig singen die Wälder/Das Erbe von Bjørndal. München (2000): Diese beiden Romane zählen trotz ihres ›Heimatschnulzen‹-Images zu den stärksten Dichtungen Skandinaviens; sie schildern das Leben dreier Generationen eines norwegischen Bauerngeschlechts.
**Holt, Anne:** Gotteszahl (2012). Neuester Roman der bekannten norwegischen Krimi-Autorin.

**Kriminalliteratur im Web:**
www.nordische-krimis.de: Eine Website rund um nordische Krimis, nach Ländern geordnet, nach Autoren sortiert, mitsamt Biografien, Buchbesprechungen und persönlichen Anmerkungen der Redakteure.
www.schwedenkrimi.de: Der Name ist irreführend, denn die Seite ist die umfangreichste auch zu norwegischer Kriminliteratur; u. a. mit Forum und Leseproben.

**Kjaerstad, Jan:** Nach »Der Verführer« (1999) und »Der Eroberer« liegt mit »Der Entdecker« (2004) nun auch der dritte Teil der spannenden Wergeland-Krimi-Trilogie in deutscher Übersetzung vor.
**Wassmo, Herbjørg:** Das Buch Dina. München (1999): In die Zeit des 19. Jh. und an die Küste ihrer norwegischen Heimat versetzt die Autorin den Leser dieses Romans. Hier, zwischen den Lofoten und Tromsø, lebt Dina Groenelv als Herrin in dem Handels- und Gästehaus Reisnes. Das Leben einer ungewöhnlichen Frau ist auch das Thema von »Die Geliebte des Spielers« (2007), bei der es sich um eine Schriftstellerin aus Oslo handelt. Ihr neuestes Werk heißt »Zwischen zwei Atemzügen« (2009).

## Musiktipps

**www.mic.no** und **www.musikkonline.no:** Über diese Websites kann man sich Soundfiles norwegischer Musik herunterladen; 30 Sekunden jeder Aufnahme sind kostenlos, das komplette Downloaden einzelner Stücke oder CDs erfolgt über Kreditkarte, die Seiten enthalten außerdem detaillierte Informationen über norwegische Musiker, Gruppen und Komponisten; ein Kalender informiert umfassend über Auftritte und Vorstellungen norwegischer Musiker im In- und Ausland.
**www.nordische-musik.de:** Diese Website, an der Musikliebhaber nicht vorbeiklicken sollten, ist allen musikalischen Strömungen des Landes gewidmet – Rock, Pop, Metal, Beat, Folk und Jazz, aber auch Avantgarde und Klassik. Sie gilt als das umfassendste Portal zu diesem Thema und wächst jeden Monat um ca. 60 CD-Rezensionen sowie vier Interviews/Musikreportagen an. Peter Bickel, der für Aufbau und Inhalt dieser Seite verantwortlich zeichnet, gilt im deutschen Sprachraum als profiliertester Musikjournalist mit dem Schwerpunkt skandinavische Musik.

## Norwegen als Reiseland

Die ›Seele baumeln lassen‹, friedvolle Ruhe erleben, neue Energie tanken – das kann man vielleicht nirgendwo sonst so gut wie im großen ›Naturland‹ Norwegen, das sich in vielen Regionen so ursprünglich wie am ersten Tag präsentiert. Stellen Sie sich eine Landschaft vor, die schön ist, wo immer Sie hinblicken. Wo das Meer mit seinen tausend Inseln auf schneebedeckte Berge trifft. Wo taghelle Sommernächte locken, klare Luft zum bewussten Einatmen einlädt, wo man das Wasser aus Bächen, Flüssen und Seen trinken kann, man selbst in den Städten den Puls der übermächtigen Natur deutlich verspürt.

### Erholung in der Natur

Norwegen ist einzigartig, ja überwältigend, ist Balsam für die Seele, und diesem Umstand auch verdankt es seine touristische Beliebtheit, die immer größer wird, je mehr die Reste unserer ehemals intakten mitteleuropäischen Natur der Zivilisation zum Opfer fallen. Suchen Sie sich eine Hütte an einem See im Wald, an einem Strand am Meer, am Rande des Gletschereises oder auf einer einsamen Insel. Springen Sie auf Ihr Rad und treten Sie in die Pedale, setzen Sie sich ins Kajak, Kanu oder Boot, ziehen Sie die Wanderschuhe an oder werfen Sie die Angelrute aus. Beobachten Sie Elche und Luchse, Bären und Moschusochsen, sehen Sie die Pottwale springen, sammeln Sie kiloweise Steinpilze und Pfifferlinge, steigen Sie in die Blaubeeren ... tun Sie all das, was das Abenteuerherz begehrt und was die Belastungen des modernen Lebens auflöst.

### Kunst und Kultur

Auch kulturintessierte Urlauber kommen auf ihre Kosten. Insbesondere die Stabkirchen ringen dem Betrachter höchste Bewunderung ab, mehr als zwei Dutzend dieser imponierenden Holzbauten aus der Zeit des frühen Mittelalters können noch besichtigt werden. Auch die Holzschnitzerei hat hier eine jahrhundertelange Tradition, und nirgendwo kann man norwegische Volkskunst besser bewundern als in den zahlreichen Freilichtmuseen, die die ohnehin reichhaltige Museumslandschaft des Landes anführen.

Auch Galerien und Konzertsäle gibt es überdurchschnittlich viele, und entsprechend attraktiv sind die Metropolen des Königreiches. Allesamt ebenso klein wie fein, sind sie insofern einzigartig, als sich in ihnen pulsierendes Großstadtleben und herrliche Natur mischen. Hier beginnt der Badespaß oft mitten in der Stadt, während im Zentrum die Wälder rauschen. Dieser ungewohnten Kombination verdanken die meisten norwegischen Städte ihr spezielles Flair, dem sich kaum ein ausländischer Besucher entziehen kann.

Ob Sie an Kunst, Kultur oder Natur interessiert sind, an Begegnungen mit warmherzigen und gastfreundlichen Menschen oder atemberaubenden Landschaften, an Städtereisen oder Kreuzfahrten, Rundtouren, Aktivurlaub oder Ferienhaus-Idylle: Norwegen, nur wenige Reisestunden vom Alltagsstress entfernt, wird Sie mit offenen Armen empfangen. Dies gilt übrigens zu allen Jahreszeiten, denn das ›Land der Mitternachtssonne‹, das während des Sommers mit herrlichen Badetemperaturen erfreut, gilt gleichzeitig als eine der besten Wintersport-Adressen der Welt.

## Tipps für die Reiseorganisation

### Individualreisen

Rund neun von zehn Norwegen-Besuchern sind individuell im Land unterwegs, die meisten von ihnen mit dem eigenen Fahrzeug, zunehmend mit dem Wohnmobil. Und das nicht ohne Grund: Norwegen mit seiner spektakulären, sich ständig ändernden Landschaft, mit guten Straßen bei relativ geringem Verkehrsaufkommen und oft großen Distanzen von Ort zu Ort ist für ein ›planloses‹ Reisen ganz ohne zuvor schon fixierte Übernachtungsziele geradezu prädestiniert und auf diese Weise auch gar nicht einmal so teuer. Ein Stellplatz für Zelt, Wohnmobil oder Caravan ist im ›Teuerland‹ Norwegen viel billiger als in vermeintlichen ›Billigländern‹. Auch die meist den Campingplätzen angeschlossenen Übernachtungshütten sind vergleichsweise preiswert, und viele Individualtouristen machen zudem von der Möglichkeit Gebrauch, kostenlos in der freien Natur zu übernachten (s. a. S. 308).

Statt per eigenem Auto mit öffentlichen Verkehrsmitteln zu reisen ist nur bedingt zu empfehlen, da das Netz nicht sonderlich dicht gespannt ist und viele Sehenswürdigkeiten nicht oder nur sehr umständlich erreicht werden können. Außerdem ist es nicht gerade günstig, in Norwegen mit Bus, Bahn & Co unterwegs zu sein. Zumindest in finanzieller Hinsicht bietet der vor Ort gemietete Leihwagen keine wirkliche Alternative, denn die Preise für einen Mietwagen sind ebenfalls recht hoch.

Nur wer mit dem eigenen Fahrzeug anreist, kann preiswertere Lebensmittel von zu Hause mitbringen (was die meisten Touristen tun) sowie Fahrräder, Kanus, Kajaks und sonstiges Outdoor-Equipment huckepack mitnehmen. Auch das kann sich lohnen, denn wer vor Ort auf die Verleihstationen zurückgreifen muss, wird eventuell schnell seine Reisekasse ruinieren.

## Pauschal-Arrangements

Bei den großen Reiseunternehmen sucht man Norwegen oft vergeblich im Prospekt, aber viele kleine Spezialreisebüros haben das Land im Programm – und zwar für einen Sommer- ebenso wie für einen Winterurlaub. In dem alljährlich neu erscheinenden ›Offiziellen Norwegenkatalog‹, erhältlich beim Norwegischen Fremdenverkehrsamt (s. S. 63), sind die wichtigsten in Frage kommenden Reiseveranstalter aufgelistet.

Organisierte Touren durch das Land oder eine spezielle Region – egal ob zu Wasser oder zu Lande – sind vor Ort sehr teuer, weshalb es sich empfiehlt, auch diese vorab über einen heimischen Reiseveranstalter zu buchen. Spezial-Veranstalter zu Wander- und Kanu-, Kajak-, und Fahrrad-Reisen gibt es genug, andere sind auf Climbing, Bergsteigen oder Tauchen spezialisiert. Wer auf ›geführte‹ Reise geht, hat natürlich auch kein Sprachproblem zu bewältigen, denn die Sprache auf in Norwegen gebuchten Touren ist meist Englisch.

Auf den Schiffen der Hurtigrute (s. S. 69) allerdings, die auf einer Traumroute entlang der Küste zwischen Bergen und Kirkenes verkehren, kommt man auch mit Deutsch problemlos zurecht, weshalb es selbst für weniger sprachenversierte Reisende kein Problem ist, die ›schönste Seereise der Welt‹ individuell zu erleben.

Wer sonstige Rundreisen im Königreich auf organisierter Basis unternehmen möchte, kann ebenfalls zu Hause auf die Angebote der einschlägigen Busreise-Unternehmen zurückgreifen, denn im Bereich der Pauschalreisen sind Bustouren – neben den teuren Kreuzfahrten – die klassische Art, Norwegen zu besichtigen. Informationen dazu halten die Reisebüros bereit.

Wer über das Internet Veranstalter sucht, ist am besten mit der Seite www.visitnorway.com/de des Fremdenverkehrsamtes bedient, wo unter dem Stichwort ›Reiseveranstalter‹ die Marktführer der Branche vorgestellt werden; Anbieter von auf Aktivurlauber zugeschnittenen Reisen sind im Untermenü ›Aktivitäten‹ detailliert aufgelistet. Ebenfalls hilfreich ist die Website www.skandinavien.de, wo sich unter dem Menüpunkt ›Reisen‹, Stichwort ›Reiseveranstalter‹ rund 30 Reiseanbieter jedweder Richtung finden. Unter dem Menüpunkt ›Outdoor & Co‹ wird zudem aufgelistet, welcher Reiseveranstalter welche Aktivreisen im Programm hat. So auch auf der Website www.reuber-norwegen.de, auf der unter dem Menüpunkt ›Links‹, Buchstabe ›R‹ rund 20 Veranstalter vorgestellt werden.

## Vorschläge für Rundreisen

### 3–4 Wochen: Die klassische Norwegen-Tour

Drei bis vier Wochen reine Urlaubszeit sowie eine gute ›Portion Sitzfleisch‹ benötigt man schon, um die rund 3000 km lange Standardreiseroute zu befahren, die vom Süden an der schwedischen Grenze und am Nordkap vorbei bis hinauf nach Kirkenes, im äußeren Nordosten des Landes an der Grenze zu Russland, führt.

Dass die Europastraße Nr. 6, auf der es dabei größtenteils entlanggeht, während der Sommersaison stark frequentiert wird (zumindest in ihrem südlichen/mittleren Abschnitt), versteht sich fast von selbst, aber immer wieder bieten sich herrliche Alternativstrecken an. Und Verkehr hin, Verkehr her: Die E 6 durchquert in ihrem Verlauf einige der landschaftlich und kulturhistorisch beeindruckendsten Regionen des Landes. Wer kein Auto besitzt, kann ihr auch mit öffentlichen Verkehrsmitteln folgen.

Die Tour beginnt in der **Oslofjord-Region** beim Grenzübergang Svinesund mit einer Fahrt durch Østfold, Norwegens ›ältesten‹ Landesteil, bevor es an **Oslo** vorbei zum schönen **Mjøsa-See** geht, an dem auch die Olympiastadt **Lillehammer** liegt. Das sich nordwärts anschließende **Gudbrandsdal,** Norwegens berühmtestes, von langer Bauerntradition geprägtes Tal, schließt sich an, bevor es an den gewaltigen Gebirgsmassiven **Rondane** und **Jotunheimen** mit den höchsten Bergen Skandinaviens vorbei auf das **Dovrefjell** hinaufgeht; dieses leitet über nach **Trøndelag,** die ›Mitte des Landes‹ mit der historischen Hauptstadt **Trondheim.**

Daran schließt sich **Nordland** an, wo der **Svartisen-Gletscher** zu einem Besuch einlädt, der **Polarkreis** gequert wird, auch die Erzstadt **Narvik** am Weg liegt, der sodann durch den Bezirk Troms hindurch nach **Tromsø** führt, der lebendigen ›Hauptstadt des Nordens‹.

Ab dort markiert die Bergkette der **Lyngen-Alpen** den spektakulären Weg nach **Alta,** dem ›Tor zum Nordkap‹. Durch die **Finnmark** hindurch wird erst **Hammerfest,** die nördlichste Stadt der Welt, erreicht, und schließlich das **Nordkap,** der nördlichste per Straße erreichbare Punkt der Welt.

Wer nun unter Zeitdruck steht, sollte durch die an Rentieren reiche **innere Finnmark** via Lakselv nach **Karasjok** und **Kautokeino** fahren, den beiden Zentren der samischen Minderheit, bevor es – am schnellsten durch Schweden – nach Hause zurückgeht, das man in zwei bis drei Tagen erreicht.

Wer hingegen noch einige Tage mehr erübrigen kann, sollte ab Lakselv nicht die E 6 nach Karasjok, sondern die **›Arktische Route‹** nehmen, die der R 98 entlang der ›Eismeerküste‹ nach **Tana** folgt, bevor es, wieder auf der E 6, nach **Kirkenes** an der Russland-Grenze weitergeht. Wer will, kann noch einen Abstecher über die Grenze unternehmen, ansonsten führt der Weg nach Hause wieder zurück bis Tana und sodann entlang der E 6 am Grenzfluss nach Finnland vorbei nach Karasjok und Kautokeino (s. o.).

### 3–4 Wochen: Auf Küstenwegen

Anstatt der meist landeinwärts verlaufenden Europastraße Nr. 6 gen Norden zu folgen, kann man – mit eigenem Auto ebenso wie mit öffentlichen Verkehrsmitteln – bis hinauf nach Tromsø auch entlang der Küste führende Alternativrouten nehmen. Diese sind zwar abwechslungsreicher und eindrucksvoller, aber

**Norwegen erkunden – zum Beispiel mit den Postschiffen der Hurtigruten**

auch zeitraubender, weshalb man bei einem Zeitrahmen von 3–4 Wochen erwägen sollte, den hohen Norden auszusparen.

Es bietet sich an, von **Oslo** aus über die E 18 und die sonnenverwöhnte **Skagerrak-Küste** mit ihren malerischen Holzhaus-Städtchen und die wilde **Nordseeküste** nach **Stavanger** zu fahren, von wo aus es über die E 39 nur ein recht kurzes Stück bis **Bergen,** der ›heimlichen Hauptstadt‹ des Landes, ist. Alternativ zu diesem eher langweiligen Abschnitt sei nahe gelegt, ab Stavanger dem imposante Landschaftserlebnisse bietenden **Ryfylkevegen** zum **Hardangerfjord** zu folgen und – nach einem Abstecher nach Bergen – zum weltberühmten **Sognefjord** zu fahren. Von dort aus führt die R 55, Norwegens spektakulärste Hochgebirgsstrecke, an den größten Gletscherfeldern Europas vorbei ins **Ottadal.** Hier beginnt die **›Goldene Route‹,** die den **Geirangerfjord** und **Trollstigen** erschließt und nach **Ålesund** und **Molde** weiterleitet, von wo die **›Atlantikstraße‹** die Küste entlang bis nach **Kristiansund** südlich von Trondheim verläuft.

Ab **Trondheim** geht es über die **Fosna-Halbinsel** nach **Namsos,** dem Startpunkt des **Kystriksveien,** der als die »schönste Küstenstraße auf Erden« gepriesen wird. Auf alle Fälle führt er über Hunderte von Kilometern an der herrlichen **Nordland-Küste** entlang nach **Bodø,** der die weltberühmte Inselkette der **Lofoten** im Nordmeer vorgelagert ist. Diese Inselgruppe auszusparen hieße, sich um das Schönste des Schönen zu bringen. Die E 10 erschließt den gesamten Archipel, und wer nun unter Zeitdruck gerät, der folgt dieser Europastraße über die **Vesterålen** hinweg aufs Festland bei Narvik und über die Grenze nach Schweden bei Abisko/Kiruna, von wo aus man in zwei Tagen wieder Mitteleuropa erreicht.

Wer noch Zeit hat, der wechselt ab den Vesterålen auf die **Wal-Route,** die nach **Andenes** führt, wo die, wie es heißt, empfehlenswertesten Wal-Safaris auf Erden angeboten werden. Per Fähre gelangt man zur Insel **Senja,** von wo es nur ein kurzes Stück zur E 6 ist, die südlich von Tromsø wieder erreicht wird (die weitere Streckenführung s. o.).

### 2 Wochen: Hurtigruten

Bei einem Zeitrahmen von zwei Wochen darf man nicht erwarten, sich einen Überblick über ganz Norwegen verschaffen zu können, und nur, wer alle Strecken fliegend zurücklegt und sich auch sonst als ›rasender Reisender‹ versteht, kann in der gegebenen Zeit die Highlights des Landes besuchen. Spaß macht es nicht, so herumzuhetzen, denn nur beim langsamen Reisen kann die Seele Schritt halten, und wenn es ein Fortbewegungsmittel gibt in Norwegen, das den Reisegenuss zur höchsten Tugend erhoben hat, dann ist es Hurtigruten, die berühmte Postschiffreise entlang der norwegischen Küste von Bergen in Vestland nach Kirkenes und zurück in zwölf Tagen und via 34 Häfen. Sie gilt als die ›schönste Seereise auf Erden‹, jeder Tag, ja jede Stunde noch ist voller Highlights. Den Start- und Endpunkt der Schiffstour erreicht man am besten ab Oslo mit der Bergen-Bahn; für An- und Abreise ist je ein Tag anzusetzen.

### 2 Wochen: Entweder Süden oder Norden

Wer mit dem eigenen Fahrzeug anreist, sollte aufgrund des engen Zeitrahmens sowohl Mittel- als auch Nordnorwegen aussparen und sich auf das südliche Drittel mit den Großräumen Østland, Vestland und Sørland konzentrieren. Erfolgt die An-/Abreise hingegen mit dem Flugzeug, kann auch Nord-Norge Reiseziel sein. Dann kann man beispielsweise von **Tromsø** aus entlang der E 6 und via **Nordkap** nach **Kirkenes** fahren. Das ist teilweise auch entlang der Finnmark-Küstenlinie per Schnellboot möglich, wie auch der **Kystriksveien** in seinem allerschönsten Abschnitt per Schnellboot bereist werden kann. Alternativ bietet sich u. a. die ›**Wal-Route**‹ über Senja, die Vesterålen und Lofoten an, in einer Schleife kann man anschließend von den Lofoten entlang der E 6 wieder nach Tromsø zurückfahren.

Im Süden des Landes ist die ›**Route der Stabkirchen**‹ wie geschaffen für zwei Wochen, ebenfalls machbar ist eine Fahrt um die **Telemark** und das Hochplateau **Hardangervidda** herum. Abwechslungsreich ist auch eine Rundtour durch das **Gudbrandsdal** gen Norden und **entlang der schwedischen Grenze** wieder nach Süden zurück, alternativ kann man aber auch Jotunheimen und Hardangervidda mit dem Gudbrandsdal oder dem Grenzgebiet kombinieren. Wer eher Strände und Badeorte bevorzugt, dem sei eine Fahrt entlang der ›**Sonnenküste**‹ Skagerraks und der Nordsee nach Stavanger empfohlen, wohingegen **Bergen** idealer Ausgangspunkt für **Fjordfahrten in Vestland** ist.

## Reisen mit Kindern

Schon im Alter von 2 Jahren genießen es viele Kinder sichtlich, Wasser aus jedem Bach trinken zu können, mit zum Fischfang rauszurudern, ins Hochgebirge (in der Trage sitzend) zu wandern, auf autofreien Straßen Fahrrad zu fahren oder auch mal im Schwimmring hängend baden zu gehen. Die Norweger sind äußerst kinderfreundlich, in jedem Restaurant gibt es Wickelräume und Kinderstühle, Spielplätze finden sich häufiger als in heimischen Breiten, überall geht es hygienisch zu, und entsprechend selten hört man von reisebedingten Magen- und Darm-Problemen. – Kurz und gut: Norwegen ist speziell für Familien ein ideales Reiseland, und dies zu allen Jahreszeiten.

# Anreise und Verkehr

## Einreisebestimmungen

### Nötige Papiere

Für die Einreise nach Norwegen benötigen Deutsche, Schweizer und Österreicher einen gültigen Personalausweis oder einen Reisepass; Kinder benötigen unabhängig vom Alter ein eigenes Reisedokument.

Kraftfahrzeuge müssen das Nationalitätskennzeichen tragen. Die Internationale Versicherungskarte (Grüne Karte) ist nicht erforderlich, wird aber empfohlen. Der nationale Führerschein ist ausreichend.

### Einfuhr von Tieren

Bei der Einreise aus EU/EFTA-Ländern nach Norwegen muss man eine Bescheinigung über erforderliche Impfungen und die Gesundheit des Tieres beim Zoll vorlegen. Dazu benötigt man den blauen EU-Pass. Mit der Vorbereitung sollte man mindestens 6 Monate vor Abreise beginnen, weitere Informationen über: Mattilsynet, Postboks 383, N-2381 Brumunddal, Tel. 23 21 68 00, 23 21 68 01, www.mattilsynet.no.

### Einfuhr von Waren

Norwegen ist kein Mitglied der EU, dementsprechend sind mehrere Sondervorschriften zu beachten. Zum Eigengebrauch dürfen Reisende mit festem Wohnsitz in Europa Folgendes einführen:

**Alkohol:** Ab 18 Jahren 3 l Wein (bis 22 %) und 2 l Bier, ab 20 Jahren statt 3 l Wein auch 1,5 l Wein und 1 l Spirituosen (bis 60 %). Zusätzlich zu den zollfreien Waren darf man 4 l Spirituosen und 27 l Bier sowie Wein gegen Verzollung einführen.

**Tabakwaren:** Ab 18 Jahren 200 Zigaretten oder 250 g Tabak plus Zigarettenpapier oder 50 Zigarren.

Außer dem persönlichen Reisegepäck dürfen **Waren** im Wert von bis zu **6000 NOK** eingeführt werden, Fleischwaren jedoch nur bis zu 10 kg; die Altersfreigrenze für Lebensmittel liegt bei 12 Jahren. **Verboten** ist die Einfuhr von Kartoffeln, Pflanzen, Medikamenten (außer für den eigenen Bedarf), Waffen, Munition, Narkotika und Giften.

## Anreise

### … mit dem eigenen Fahrzeug

Seit Fertigstellung der neuen Øresund-Verbindung zwischen Dänemark und Schweden (www.oresundsbron.com, Tel. 0045-70 23 90 60) gelangt man auch ohne Fähre nach Norwegen, doch ist diese Variante weder billiger (Mautpflicht: 43 € je Pkw, 86 € je Caravan/ Wohnmobil) noch schneller. Zudem ist eine Schiffsreise ein schöner Auftakt für einen Norwegen-Urlaub. Bei Anreise zwischen dem 15. Juni und 15. August sollte man jedoch frühzeitig reservieren, da sonst eventuell Wartezeiten in Kauf zu nehmen sind.

Welche der rund ein Dutzend Verbindungen bevorzugt wird, hängt vom Wohnort, der Routenwahl und vom Geldbeutel ab. Ein Preisvergleich lohnt: Man sollte sich in einem Reisebüro beraten lassen oder Angebote der verschiedenen Gesellschaften einholen (es gibt zahlreiche Spartarife). Außerdem sollte man das Ticket bereits vor der Abreise erstehen, was gleichfalls online möglich ist: Das ist in vielen Fällen bis zu 30 % billiger, als die Passage erst am Fährhafen zu zahlen. Generell: Für Reisende aus dem Osten Deutschlands bietet es sich an, von Sassnitz/Rügen oder von Rostock nach Trelleborg/Schweden überzusetzen. Für die Übrigen empfehlen sich Puttgarden/Fehmarn, Travemünde, Kiel, Hirtshals und Frederikshavn.

Die Distanz von Trelleborg nach Oslo (via E 6) beträgt rund 650 km, ab Helsingborg sind es 550 km, ab Halmstad 450 km, ab Varberg 380 km, ab Göteborg rund 300 km.

**Color Line:** Norwegenkai, D-24143 Kiel, Tel. 0431 730 01 00, www.color-line.de: Kiel/D–Oslo/N; Hirtshals/DK–Kristiansand/

N; Hirtshals/DK–Larvik/N; Strömstad/S–Sandefjord/N.

**DFDS Seaways:** Högerdamm 41, 20097 Hamburg, Tel. 01805 890 10 51, www.dfds.de: Kopenhagen/D–Oslo/N. Tgl. Fährverbindungen ab 203 € für 2 Pers. und Pkw; Mo/Di nach Verfügbarkeit ist der Wohnwagen gratis.

**Fjord Line:** Postfach 1203, 18302 Ribnitz-Damgarten, Tel. 03821 709 72 10, www.fjordline.de: Hirtshals/DK–Kristiansand/N, Hirtshals/DK–Langesund/N, Hirtshals/DK–Stavanger/N, Hirtshals/DK–Bergen/N.

**Stena Line:** Schwedenkai 1, D-24103 Kiel, Tel. 01805 91 66 66, www.stenaline.de: Kiel/D–Göteborg/S; Frederikshavn/DK–Göteborg/S; Fredrikshavn/DK–Oslo/N; Grenå/DK–Varberg/S.

**TT-Line:** Zum Hafenplatz 1, 23570 Lübeck-Travemünde, Tel. 04502 801 81, www.ttline.de: Rostock/D–Trelleborg/S; Travemünde/D–Trelleborg/S.

**Scandlines:** Im Hochhaus am Fährhafen, D-18119 Rostock, Tel. 1802 11 66 99, www.scandlines.de; Buchung und Information in allen deutschen Bahnhöfen: Rostock/D–Trelleborg/S, Sassnitz/Rügen/D–Trelleborg/S; Puttgarden/Fehmarn/D–Rødby/DK; Rostock/D–Gedser/DK; günstig sind die sogenannten Durchtickets, die Fährkombinationen: Puttgarden/Fehmarn/D–Rødby/DK und Helsingør/DK–Helsingborg/S (Vogelfluglinie) oder Rostock/D–Gedser/DK und Helsingør/DK–Helsingborg/S. Da auf der Vogelfluglinie die Fährschiffe alle 30 Min. verkehren, kommen kaum längere Wartezeiten vor.

## ... mit der Bahn

Die Anreise per Bahn ist mit Abstand die teuerste Alternative. Die internationalen Züge fahren entweder via Hamburg, Kopenhagen und Göteborg oder via Berlin, Sassnitz/Rügen (Eisenbahnfähre nach Trelleborg/S), Malmö und Göteborg nach Oslo. Mit der schnellsten Verbindung benötigt man von Hamburg aus rund 16, von Zürich ca. 26 und von Wien ca. 28 Stunden. Außerdem kann man per Bahn von Hamburg nach Hirtshals oder Frederikshavn/DK fahren und von dort aus mit einer Fähre (s. o.) nach Oslo, Kristiansand, Larvik, Egersund oder Bergen übersetzen.

Den ScanRail Pass gibt es seit 2007 nicht mehr, stattdessen wird nun der **InterRail One Country Pass** (s. auch S. 73) empfohlen, der von Erwachsenen jeden Alters gekauft werden kann; auch 1. Klasse. Informationen in allen DB-Reisezentren sowie unter www.bahn.de (man kann auch online buchen) und der offiziellen Interrail-Webseite www.interrailnet.com.

## ... mit dem Bus

Oslo kann von den meisten Großstädten Deutschlands, der Schweiz und Österreichs aus problemlos erreicht werden, die einfache Strecke ab Berlin beispielsweise kostet ca. 80 €. Es wird fast immer nachts gefahren. Hauptanbieter für Busfahrten ist die Deutsche Touring, die mit Eurolines zusammenarbeitet:

**Deutsche Touring:** Am Römerhof 17, D-60486 Frankfurt, Tel. 069 790 35 01, www.touring.de.

**Eurolines:** www.eurolines.no

## ... mit dem Flugzeug

**SAS (Scandinavian Airlines)** fliegt (in Zusammenarbeit mit Lufthansa) täglich von

**Die Beförderung von Fahrrädern** in der Bahn ist in Deutschland, Dänemark, Schweden und Norwegen problemlos. In Norwegen kostet der Transport die Hälfte des regulären Tickets (maximal 175 NOK), in Schweden bezahlt man 99 SEK. Im Flugzeug werden Fahrräder als Sportgepäck befördert, was etwa 30 € je Strecke kostet.

zahlreichen deutschen Städten sowie u. a. von Wien, Zürich, Amsterdam, Kopenhagen und Stockholm aus direkt nach Oslo, Stavanger, Bergen und Trondheim. Aufgrund der großen Entfernungen ist der Flug eine attraktive Alternative zur Anreise mit Auto oder Bahn. Verschiedene Tarife helfen Geld zu sparen, am billigsten ist es, online zu buchen. Informationen und Reservierungen über folgende SAS-Servicenummern: in Deutschland Tel. 01805 11 70 02, in Österreich Tel. 0168 055 44 66, in der Schweiz Tel. 0848 11 71 00, www.flysas.com.

Seit Sommer 2011 fliegt **Air Berlin** bis zu dreimal tgl. nach Oslo. Da man mit dieser Linie Anschluss von den meisten Großstädten Deutschlands (19 Flughäfen), der Schweiz (2 Flughäfen) und Österreichs (6 Flughäfen) hat, bietet sie damit ein umfassendes Netz, und zwar zu derzeit recht günstigen Preisen: Ab Berlin zahlt man je Weg ab etwa 40 €, ab Düsseldorf 50 €, ab Zürich 90 € – buchen am billigsten online über www.airberlin.com, ansonsten über die gängigen Reisebüros sowie über die Service-Telefonnummern 01805 73 78 00 (Deutschland), 0820 73 78 00 (Österreich), 0848 73 78 00 (Schweiz).

Sehr günstige Flüge bietet **Ryanair,** der tgl. ab ca. 20 € die Strecken Bremen–Oslo-Torp (gleich Sandefjord) sowie Berlin und Frankfurt-Hahn nach Oslo-Rygge (bei Moss) bedient. Ab Torp gibt es einen Buszubringer nach Oslo, der 200 NOK kostet (www.torpekspressen.no), außerdem kann man etwa stdl. in den Zug Richtung Kristiansand/Stavanger oder Oslo steigen. Ab Rygge verkehren Züge im Stundentakt (1 Std., 144 NOK) nach Oslo, zum Flughafen Oslo Gardermoen geht es stdl. mit dem Flughafenbus (2 Std., 260 NOK) oder dem Zug (2 Std., 240 NOK). Infos und Buchung (auch von Hotels und Mietwagen vor Ort) über: Ryanair, www.ryanair.com, außerdem über die Servicerufnummern 0900 116 05 00 (Deutschland), 0900 21 02 40 (Österreich), 0900 80 80 08 (Schweiz).

Mit Abstand das dichteste Netz für Flüge nach Norwegen hat die norwegische Gesellschaft **Norwegian** gespannt, die mehrmals wöchentlich bis tgl. ab etwa 80 € auf den Strecken von Köln direkt nach Oslo sowie von München, Hamburg, Berlin und Salzburg nach Oslo, Bergen und Trondheim fliegt. Man kann online und telefonisch buchen www.norwegian.no, Tel. 81 52 18 15 (innerhalb Norwegens), Tel. 0047 21 49 00 15 (vom Ausland aus).

**Günstig(er) fliegen:** Größte Transparenz über das oft völlig unübersichtliche Flugangebot bieten diverse Vergleichs-Websites, zu den effektivsten gehören:
www.flugvergleich.net
www.idealo-flug.de
www.billig-flieger-vergleich.de

### Mitfahrgelegenheit

Die in allen Städten etablierten Mitfahrzentralen vermitteln preiswerte Mitreisegelegenheiten (ca. 6 Eurocent/km Betriebskostenbeteiligung, evtl. zuzüglich einer Gebühr für die Fähre). Eine Reihe von Mitfahrzentralen haben sich unter dem Namen **Citynetz** zusammengeschlossen und sind erreichbar unter Tel. 01805 19 44 44, www.citynetz-mitfahrzentrale.de.

## Verkehrsmittel im Land

Wer öffentliche Verkehrsmittel nutzen will, sollte das Norwegische Fremdenverkehrsamt kontaktieren und den jährlich aktualisierten Norwegen-Katalog abrufen, der alle wesentlichen Informationen über Bus- und Bahnfahren sowie Fliegen enthält (s. S. 63). Ausführlicher informieren die nach Verkehrsmitteln geordnete Website der Norsk Reiseinformasjon AS (www.rutebok.no, auch auf

Deutsch) sowie vor allem die nach den norwegischen *fylker* (etwa: Bundesland) geordnete www.177.no (auch auf Englisch): Man klicke im Hauptmenü einfach die Fylke an, von der aus man reisen will, wähle im dann aufkommenden Untermenü den obersten Link und klicke anschließend auf ›Rutetabeller‹.

Vor Ort dann hat man es in Norwegen diesbezüglich so leicht wie wohl in keinem anderen Land in Europa: Unter **Tel. 177** erreicht man zwischen 7/8 und 22/23 Uhr in jedem *fylke* einen speziellen **Verkehrsinformationsdienst.** Dort erhält man aktuelle Informationen für die jeweilige *fylke* sowie auch zum ›grenzüberschreitenden‹ Verkehr (immer auch auf Englisch, oft sogar auf Deutsch). Außerdem kann man dort die Telefonnummer für den Informationsdienst eines außerhalb gelegenen Bereichs erfahren.

Befindet man sich außerhalb der *fylke,* über die man Informationen benötigt, wähle man nicht die 177, sondern, je nach Region, eine der folgenden Nummern:
- Tel. 81 50 01 78 für Finnmark, Troms, Nordland, Nord- sowie Sør-Trøndelag und Møre og Romsdal;
- Tel. 81 50 01 82 für Sogn og Fjordane, Hordaland, Rogaland;
- Tel. 81 50 01 94 für Aust- und Vest-Agder;
- Tel. 81 50 01 76 für Oslo und Akershus;
- Tel. 81 50 01 84 für Buskerud, Telemark, Vestfold, Østfold;
- Tel. 81 50 01 91 für Hedmark, Oppland.

## Inlandflüge

Das norwegische Flugnetz ist außerordentlich dicht, täglich werden mehr als 50 Ziele angeflogen. Die größten Fluggesellschaften sind **SAS/Braathens** (Tel. 054 00, www.flysas.com) und **Widerøe** (Tel. 81 00 12 00, www.wideroe.no); Erstere gehört zur SAS-Gruppe (siehe Anreise, S. 71), fliegt tgl. rund 30 Ziele im gesamten Land an (meist Langstrecken) und dies zu teilweise sehr günstigen Tarifen, die durchaus mit denjenigen der Norwegian Air (s. u.) konkurrieren können.

Widerøe, mit rund drei Dutzend Destinationen der größte Anbieter für Inlandflüge in Norwegen, ist für teilweise horrende Preise bekannt. Doch helfen spezielle Sommerangebote zwischen dem 19. Juni und 28. Aug. Geld zu sparen.

Das **›Norge Rundt‹-Ticket,** mit dem man z. B. 14 Tage lang auf allen Strecken fliegen kann, kostet für ganz Norwegen 3975 NOK (Verlängerungswoche 1750 NOK). Möchte man nur innerhalb einer Zone fliegen (insgesamt 3), bezahlt man 2775 NOK, 2 Zonen sind für 3375 NOK zu haben.

Der norwegische Billiganbieter **Norwegian** fliegt alle Ziele innerhalb von Norwegen (Kristiansand, Stavanger, Bergen, Ålesund, Trondheim, Bodø, Narvik/Harstad, Bardufoss, Tromsø, Alta, Kirkenes) ab Oslo ab etwa 300 NOK je Strecke an. Information und Buchung (auch online) über: **Norwegian,** Tel. 81 52 18 15, www.norwegian.no.

## Bahn

In puncto Komfort ist die **NSB** führend in ganz Europa. Die Preise für Fahrkarten sind moderat, und obendrein werden zahlreiche Spartarife angeboten. Wer voraussichtlich viel Bahn fahren und auch mit der Bahn anreisen will, wird mit dem **InterRail One Country Pass** (s. S. 71) am günstigsten reisen. Er ersetzt den früheren EuroDomino Zugpass, berechtigt zu kostenlosem Fahren in Norwegen und ist in vier Varianten für Jugendliche/Erwachsene (ab 25 Jahre) erhältlich: Für 123/181 € fährt man drei Tage innerhalb eines Monats, für 144/205 € an vier Tagen, für 175/267 € an sechs Tagen und für 205/311 € an acht Tagen innerhalb eines Monats.

Interessant ist auch das Rabattsystem **Minipris:** Es muss mindestens einen Tag vor Reiseantritt gekauft werden (nur online!) und kostet für die längstmögliche Strecke (etwa Oslo–Bodø: fast 1700 km) ab 199 NOK.

Außerdem gibt es Preisermäßigungen für Kinder, Studenten und Senioren; Auskunft darüber sowie auch über alle Verbindungen erhält man unter Tel. 81 50 08 88 (dann ›9‹ wählen für englischsprachiges Personal) sowie unter www.nsb.no; die o. g. Telefonnummern sowie die Website gelten auch landesweit für Reservierungen und Buchungen, und das Bezahlen funktioniert telefonisch/online, so man eine Kreditkarte besitzt. Zum Transport von **Fahrrädern** in den norwegischen Zügen s. S. 71.

## Bus

Mit dem weit verzweigten norwegischen Netz von **NOR-WAY Bussekspress** kann man praktisch alle Städte Norwegens erreichen. Die kleineren Ortschaften, die von diesen überaus komfortablen Luxusbussen nicht angefahren werden, sind durch lokale Buslinien miteinander verbunden. Im Sommer werden obendrein zahlreiche zusätzliche Linien eingerichtet. In Städten und deren Umgebung ist es verboten, Fahrräder im Bus zu transportieren, aber in ländlichen Gebieten haben die Fahrzeuge oft eine spezielle Vorrichtung zum Transport. Der Preis fürs Rad entspricht in etwa dem Entgeld für eine Kinderfahrkarte. Ausführliche Informationen über: NOR-WAY Bussekspress, Karl-Johansgt. 2, N-0154 Oslo, Tel. 81 54 44 44, Fax 22 00 16 31, www.nor-way.no.

Auf den Strecken von Oslo nach Kristiansand, Stavanger und Trondheim hat NOR-WAY Bussekspress Konkurrenz von Norwegens erstem **Billigbus-Anbieter** bekommen, der auf beiden Strecken mehrmals tgl. verkehrt und die online zu kaufenden Tickets ab 100 NOK anbietet: **Lavprisekspressen,** Tel. 67 98 04 80, www.lavprisekspressen.no.

## Fähren und Schiffe

**Fähren:** Ohne die mehr als 200 Fährschiffe, die auf etwa 150 ›Wasserstraßen‹ verkehren, liefe rein gar nichts im ›Land der tausend Fjorde‹. Neben den üblichen, relativ preisgünstigen Autofähren werden auf zahlreichen Strecken auch Schnellboote (nur Personen- und Fahrradtransport) eingesetzt; dies insbesondere in den Küstenbereichen des Vestland, Trøndelag sowie Nord-Norge, sodass man mit diesem Verkehrsmittel von Stavanger im tiefen Süden bis hinauf nach Kirkenes im höchsten Norden nahezu die gesamte ›Außenseite‹ des Königreiches entlangreisen kann.

Nicht zu vergessen sind die Schiffe der **Hurtigrute** (s. S. 258f.), die auf ihrem täglichen Weg von Bergen nach Kirkenes und retour rund drei Dutzend Häfen anlaufen. So man sich mit einem Deck-/Sitzplatz zufrieden gibt, ist die Passage gar nicht mal teuer (Bergen–Lofoten–Kirkenes kostet von Mitte Sept. bis Mitte April 3240 NOK und von Mitte April bis Mitte September 4800 NOK), zudem braucht man keine vorherige Reservierung vorzunehmen (was sonst schon mehrere Monate vor Reiseantritt erforderlich ist).

Die Tickets bekommt man direkt an Bord, auch Fahrräder und Autos werden kostengünstig transportiert. Über die zahlreichen Rabatte informieren die Buchungsstellen in Deutschland (Hurtigruten GmbH, Burchardstraße 14, D-20095 Hamburg, Tel. 040 37 69 30, Fax 040 36 41 77, www.hurtigruten.de) sowie in Norwegen (Hurtigruten, Postboks 43, N-8514 Narvik, Tel. 81 00 30 30 und 97 05 70 30, Fax 76 96 76 01, www.hurtigruten.com).

## Mietwagen

Mietwagen stehen in Norwegen selbst in kleinen Ortschaften sowie an allen Flughäfen zur Verfügung. Landesdeckende Netze haben internationale Verleihfirmen wie Avis, Hertz, Europcar und Budget gespannt, online wie telefonisch (siehe Branchenverzeichnisse) kann man von zu Hause aus Buchungen vornehmen. Einziger Nachteil sind die relativ hohen Preise, denn unter etwa 1200 NOK/Tag für ei-

**Etwa 3000 km muss derjenige zurücklegen, der bis in den hohen Norden möchte**

nen Kleinstwagen inkl. 100 Freikilometer wird man kaum fündig werden. Ab ca. 600 NOK/Tag bei unbegrenzten Freikilometern mietet man hingegen über zahlreiche lokale Firmen in Norwegen. In fast allen größeren Städten sind sie zu finden, die Adressen finden sich in den örtlichen Telefonbüchern unter dem Stichwort ›Bilutleie‹ sowie im Internet unter www.gulesider.no, Stichwort ›Bruktbilutleie‹. Am günstigsten mietet man in Norwegen ein Mietauto stets bei Rent a Wreck (www.rent-a-wreck.no). Um Wracks im eigentlichen Sinne handelt es sich nicht bei diesen Fahrzeugen, sehr wohl aber sind sie stets mehr oder weniger betagt. Auch Wohnmobile stehen in Norwegen zum Verleih (Adressen über das Fremdenverkehrsamt, s. S. 63), die Preise starten bei etwa 1200 € pro Woche.

Der nationale Führerschein ist stets ausreichend, doch geben viele Vermieter ihre Fahrzeuge nur an Personen über 25 Jahren ab. Die bei uns übliche Einwegmiete (Rückgabe an einem anderen Ort) ist in Norwegen teilweise unbekannt, teilweise extrem teuer.

## Verkehrsregeln

Die **Geschwindigkeitsbegrenzungen** liegen bei 50 km/h innerhalb geschlossener Ortschaften, 80 km/h außerhalb bzw. 60 km/h für (ungebremste) Wohnwagen-Gespanne. Norweger halten sich meist peinlich genau an diese Regeln, denn zum einen ist es mitunter wirklich lebensgefährlich (für sich und andere), sie zu missachten, und andererseits sind mehr polizeiliche Radarwagen unterwegs, als man glauben möchte. Falschfahren kann in Norwegen extrem teure Folgen haben: Fährt man nur 6 km/h schneller als erlaubt, zahlt man 1000 NOK Strafe, ist man 20 km/h zu schnell, sind mindestens 4200 NOK fällig, und wer anstatt 50 km/h 76 km/h fährt, verliert den Führerschein!

**Alkohol am Steuer** sollte man sich verkneifen, denn die Promillegrenze liegt bei 0,2, und auch derjenige, der bei einer Kontrolle nur ganz knapp drüber liegt, zahlt ab 5000 NOK.

**Sonstige Bußgelder:** Mit einer Buße von 2000 NOK wird bestraft, wer tagsüber nicht mit Abblendlicht fährt. Falschparker müssen etwa 800 NOK berappen, wer im Halteverbot parkt, darf auch mit dem Doppelten oder mehr rechnen, das Missachten eines Überholverbots oder das Überfahren einer roten Ampel kostet jeweils 5200 NOK, wer das Setzen des Blinkers vergisst, ist mit 2000 NOK dabei, das Benutzen des Handys beim Fahren wird mit 1300 NOK geahndet. Es besteht außerdem Anschnallpflicht; wer ›gurtlos‹ erwischt wird, zahlt 800 NOK.

## Autofahren

**Straßenzustand:** Alle Hauptstraßen und auch die meisten Nebenstraßen sind asphaltiert, und selbst die wenigen Ausnahmen sind – weil mit einem asphaltähnlichen Ölkiesbelag bedeckt – gut und zügig zu befahren.

Manche **Hochgebirgsstraßen** sind nur im Sommer geöffnet. Auskünfte erteilt das Norwegische Fremdenverkehrsamt (s. S. 63) sowie – in Norwegen – das Statensvegvesen (Tel. 175 und 020 30, www.vegvesen.no, anzuklicken ist ›Vegmeldinger‹.). **Zwischen November und April** darf man in Norwegen mit Spikes fahren (im Norden ab September); wer keine hat, muss zumindest auf Winterprofil umrüsten und unbedingt zusätzlich mit Schneeketten ausgerüstet sein. Die Straßen werden zwar geräumt, aber Splitt wird nicht immer gestreut und Salz nur in wenigen Regionen im Süden. Spikes-Verleihstellen gibt es an verschiedenen Fährhäfen in Dänemark und Norwegen, Informationen darüber geben die Geschäftsstellen des ADAC etc. sowie auch das Norwegische Fremdenverkehrsamt.

**Mautpflicht** herrscht in Norwegen auf insgesamt etwa 43 Streckenabschnitten meist im Bereich aufwendiger Tunnel, Brücken etc. Die Höhe der Gebühren schwankt zwischen etwa 15 NOK (Mautring Bergen) und 145 NOK (Tunnel zur Nordkapinsel) für Fahrzeuge bis 3,5 t Gesamtgewicht. Über die Gebührenhöhe aller Mautstrecken in Norwegen informiert die Website www.autopass.no.

**Automobilmaße:** Die auf norwegischen Straßen genehmigte Wagenbreite beträgt 2,50 m, und – wichtig! – die Höchstbreite von Campingwagen darf 2,30 m nicht überschreiten; die maximal erlaubte Gesamtlänge von Wagen und Campingwagen beträgt 18,50 m. Auf zahlreichen norwegischen Gebirgsstraßen ist das Fahren mit Wohnwagengespannen und Bussen verboten! Welche Straßen davon betroffen sind, kann man einer Karte entnehmen, die vom Norwegischen Fremdenverkehrsamt herausgegeben wird.

**Tanken:** Das Tankstellennetz ist – je nach Landschaft – dünn bis äußerst dünn, nach 22 Uhr sind oft nur noch Geld- oder Kreditkarten-Automaten in Betrieb (meist nicht für Diesel). Die Mitnahme eines Reservekanisters ist somit stets zu empfehlen; ebenso das Horten von (nicht geknickten) Geldnoten (am besten 100er) für die Automaten.

Die Treibstoffpreise sind etwas höher als in Deutschland (ca. 13–16 NOK/l), auch Diesel ist recht teuer (ca. 12–14 NOK/l).

**Autopannen:** Nottelefone der Automobilclubs gibt es lediglich auf den Europastraßen sowie einigen stark frequentierten Reichsstraßen. Allerdings befahren die Straßenwacht-Fahrzeuge des norwegischen Automobilclubs (NAF) zwischen dem 20. Juni und 30. August die wichtigsten Straßen – insbesondere die Passstraßen. Die **NAF-Notrufzentrale** ist 24 Std. zu erreichen unter Tel. 085 05, einen ähnlichen Service bieten u. a. Falck Redning (landesweit über Tel. 022 22 zu erreichen) sowie Viking (Tel. 060 00). Wer kein Norwegisch und auch kein Englisch spricht, ist besser beraten, den heimischen Automobilclub anzurufen, der dann alles Erforderliche in die Wege leitet.

Ob Sie sich in einem altehrwürdigen Hotel aus der Zeit der Belle Epoque dem Luxus hingeben oder auf einem Bauernhof die Freuden des einfachen Lebens genießen wollen, ob Sie in einer Pension oder lieber in Jugendherbergen nächtigen möchten, ob Sie die Freiheit eines eigenen Ferienhauses suchen oder Ihr Urlaubsglück auf Campingplätzen finden möchten: Norwegen macht es möglich.

Über Unterkünfte und Spezialtarife informiert das Norwegische Fremdenverkehrsamt und dessen Norwegen-Paket (s. S. 63); auch online erhält man dort alle wesentlichen Infos.

Lohnend ist auch der kostenlose **Rica Seniorpass** der in fast jeder Stadt mit einem eigenen Komforthaus vertretenen Hotelkette. Er gilt ganzjährig und gewährt bis zu 50 % Rabatt, sodass die Übernachtung pro Person im Doppelzimmer inkl. Frühstück ab 450 NOK/Pers. kostet (außerdem ist jede 6. Nacht kostenlos) und ein Einzelzimmeraufschlag ab lediglich 200 NOK erhältlich ist. Infos über Rica Service Centre, Tel. 66 85 45 60, www.rica.no; man kann den Pass auch online bestellen. Wer voraussichtlich häufig in Rica Hotels übernachten wird, sollte am Rica Hotel fordelsprogramm teilnehmen, das zahlreiche Ermäßigungen gewährt.

## Hotels

Die Bezeichnung Hotel ist in Norwegen ein gesetzlich geschütztes Gütezeichen, das an Betriebsführung und Ausstattung hohe Anforderungen stellt. Daher ist der Standard in norwegischen Hotels entsprechend hoch. Gleichfalls hoch sind die Hotelpreise außerhalb der Saison, wenn vorwiegend Geschäftsleute unterwegs sind. 1300 oder 1600 NOK für ein Doppelzimmer sind dann durchaus normal, und gäbe es während der Sommermonate keine Rabattsysteme, würden die Hotels in dieser Zeit wahrscheinlich vollkommen verwaist dastehen.

### Günstig mit dem Hotel-Pass

Am flexibelsten reist man mit dem **Fjord Pass** (130 NOK für zwei Erwachsene und deren Kinder unter 15 Jahren), der in ca. 150 Hotels, Pensionen und Gasthöfen akzeptiert wird; er reduziert den Übernachtungspreis um 20 % pro Tag, sodass man dann nur noch ab ca. 350 NOK pro Person und Nacht zahlt. Weitere Informationen erhält man beim Norwegischen Fremdenverkehrsamt und über Fjord Tours, Strømgt. 4, N-5015 Bergen, Tel. 81 56 82 22, www.fjordpass.no.

## Gasthäuser, Pensionen und Privatzimmer

Unterkünfte, die sich in Norwegen nicht als Hotel bezeichnen dürfen, tragen unterschiedliche Namen, so etwa *Pensjon* (Pension), *Gjestgiveri* (Gasthaus), *Hospits* (Hospiz), *Turistheim, Gjestgård* oder *Gård* (Gasthof) sowie – im Gebirge – *Fjellstue* (Bergstube) oder *Seter* (etwa: Almhütte). Sie alle bieten weniger Komfort als Hotels und sind entspre-

**De Historiske Hotel:** Aus der Pionierzeit des Tourismus, als das Reisen noch ein rein aristokratisches Vergnügen war, sind in Norwegen einige wunderschöne Hotels erhalten. 38 von ihnen haben sich unter der Bezeichnung ›De Historiske Hotel‹ organisiert. Diese Belle-Epoque-Häuser befinden sich in landschaftlich herrlicher Lage, bieten historisches Ambiente und modernen Komfort zu Preisen, die in Anbetracht des Gegenwertes außerordentlich moderat sind. Informationen und zentrale Buchung über De Historiske Hotel, Postboks 196 Sentrum, N-5804 Bergen, Tel. 55 31 67 60, www.dehistoriske.com.

chend preiswerter (ca. 600–1000 NOK/DZ). Die Zimmer sind üblicherweise mit Dusche und Bad ausgestattet, Mahlzeiten (das Frühstück ist oft inklusive) werden aber nicht immer angeboten. Eine ebenso preiswerte wie komfortable Alternative bieten die rund 170 Bed & Breakfast-Unterkünfte des Landes, in denen man ebenfalls etwa 600–1000 NOK je DZ bezahlt. Informationen und Online-Buchung über www.bbnorway.com.

Die günstigsten Unterkünfte verbergen sich hinter Aufschriften wie *Rom, Overnatting* oder *Værelser* – das sind allesamt Umschreibungen für private Übernachtungsmöglichkeiten –, und während der Saison ist es kein Problem, an den Hauptstraßen solche Schilder zu entdecken. Auch in den lokalen Touristenbüros erhält man in aller Regel eine Liste mit Privatquartieren (EZ ab etwa 400 NOK, DZ ab 500 NOK) und kann sie dort auch gleich buchen.

## Ferienhäuser

*Hytteferie* ist die traditionelle Art des Urlaubmachens in Norwegen, und wer als ausländischer Tourist von dieser gleichermaßen romantischen und praktischen, recht komfortablen wie günstigen Alternative Gebrauch machen will, sollte rechtzeitig buchen.

*Feriehytter* gibt es überall im Land, sie bestehen üblicherweise aus Küche, mehreren Schlafzimmern, WC und Wohnzimmer (meist mit Kamin), die Preise liegen zwischen 4000 und 20 000 NOK pro Woche – je nach Ausstattung, Lage, Mietdauer und Saison; eine durchschnittliche Hütte für 4–6 Personen ist in der Hochsaison durchaus schon für 4500–6000 NOK pro Woche zu haben.

Dutzende Ferienhaus-Agenturen haben sich etabliert, auch die meisten der auf den Norden spezialisierten Reisebüros und Reiseveranstalter fungieren als Vermittler. Eine

**Camping – die billigste und vielleicht auch schönste Übernachtungsmöglichkeit**

große Auswahl an Hütten und Ferienhäusern bieten u. a. Atraveo (Tel. Deutschland: 0211 668 87 81 00, www.atraveo.de), Norgesbooking (Tel. 32 08 57 10, www.norgesbooking.de), Novasol (Tel. Deutschland: 040-23 88 59 82, www.novasol.de), DanCenter (Tel. Deutschland: 040 309 70 30, www.dancenter.com).

## Rorbuferie

Ferien in einer *rorbuer* (wörtlich: Wohnstätte für die Ruderer), einst für die Lofot-Fischer eingerichtete Hütten, erfreuen sich größter Beliebtheit in Nordland, insbesondere im Lofoten- und Vesterålen-Archipel. Die meist rot gestrichenen Holzhütten stehen alle am Meer, doch längst nicht mehr unbedingt auf Pfählen darin, wie traditionell üblich. Von der Ausstattung her können sie denkbar einfach bis überaus komfortabel sein, entsprechend variieren die Preise von ca. 600 NOK (2–4 Personen) bis über 2500 NOK/Nacht (8 Personen); ein Ruderboot ist meist inklusive (s. a. Tipp, S. 409).

## Jugendherbergen

Die Familien- und Jugendherbergen *(vandrerhjem)*, unabhängig von Mitgliedschaft oder Alter jedem offen stehend, bieten mit Preisen zwischen 200–320 NOK (Schlafsaal) und ca. 500–800 NOK (DZ mit Bad/WC) recht günstige Unterkünfte. Landesweit gibt es 79 dieser modern eingerichteten und meist schön gelegenen Häuser, nicht selten mit einem großen Aktivitätsangebot. Das Frühstück ist oft inklusive (sonst um 60 NOK), in den meisten werden auch warme Mahlzeiten serviert (etwa 120–180 NOK).

Mitglieder von Jugendherbergsverbänden erhalten eine Ermäßigung von 10 %; Kinder unter 3 Jahren übernachten kostenlos, Kinder zwischen 4 und 15 Jahren erhalten 50 % Rabatt. Weitere Informationen bei Norske Vandrerhjem/Hostelling International Norway, Postboks 53 Grefsen, 0409 Oslo, Tel. 23 12 45 10, www.hihostels.no.

## Camping/Campinghütten

Über 1000 klassifizierte Campingplätze laden landesweit zu Camping und Caravaning ein. Den meisten Anlagen sind mehrere 2- bis 4-Bett-Holzhütten angeschlossen, die zwar schlicht eingerichtet sind (Bettzeug ist in der Regel selbst mitzubringen), aber auch Reisenden ohne spezielle Ausrüstung die Benutzung der Campingplätze für relativ wenig Geld ermöglichen (ca. 300–800 NOK pro Hütte). Die Campgebühren eines 2- bis 3-Sterne-Platzes liegen bei etwa 120–160 NOK pro Fahrzeug, Zelt und Tag, auf einem 4- bis 5-Sterne-Platz bei 180–300 NOK.

Je nach Ausstattung des Campingplatzes trägt er ein bis fünf Sterne: Ein Stern steht für Basiskomfort (WCs und Waschgelegenheiten müssen vorhanden sein), zwei Sterne garantieren das Vorhandensein von Wasch- und Duschräumen sowie Räumen zum Wäschewaschen und Bügeln, drei Sterne schließlich bedingen warmes Wasser in Duschen und Waschbecken, außerdem Aufenthaltsraum, Kochgelegenheit, Telefon, Lebensmittelverkauf, ständige Aufsicht; weitere Sternchen stehen für zusätzliche Einrichtungen.

Auf vielen Plätzen ist die ›Camping Card Scandinavia‹ obligatorisch. Sie kann direkt vor Ort erstanden werden, des Weiteren online über www.camping.no, kostet 120 NOK/Jahr und gilt in ganz Skandinavien.

Informationen sowie kostenlose Campingführer gibt es beim Norwegischen Fremdenverkehrsamt sowie bei Reiselivsbedriftenes Landsforening (www.camping.no) und dem Norges Automobil Forbund (www.nafcamp.com).

## Angeln

Ausführliche Informationen und Gebietsbeschreibungen findet man in den Broschüren ›Süßwasserangeln in Norwegen‹ und ›Meeresangeln in Norwegen‹, zu bestellen über das Norwegische Fremdenverkehrsamt in Hamburg (s. S. 63), über deren Website man die Broschüren auch downloaden kann.

**Angeln in Binnengewässern:** Angler über 16 Jahre müssen nur noch für anadrome Fischarten (Lachs, Meerforelle, Meersaibling) bzw. für den Krebsfang eine staatliche Fischereigebühr *(fiskeravgift)* entrichten. Sie kostet 235 NOK pro Jahr, kann z. B. in jeder Postdienststelle erworben werden sowie online über www.dirnat.no/fiskeravgift. Neben dieser Lizenz ist in vielen Gebieten zusätzlich eine *fiskekort* erforderlich, die für ein begrenztes Revier und einen bestimmten Zeitraum gilt. Der Preis dieses Angelscheins ist von Ort zu Ort verschieden, erhältlich sind die Scheine in Sportgeschäften, Touristeninformationen, auf vielen Campingplätzen etc.

In den unzähligen Seen, Flüssen und Bächen Norwegens tummeln sich 42 verschiedene Fischarten. Der begehrteste Fisch ist der **Lachs** (offizielle Fangzeit ab 1. Juni, es gibt aber zahlreiche Abweichungen in den einzelnen Revieren), von den rund 400 Lachsflüssen des Landes gelten die nachfolgenden als die besten: Tana-, Alta- und Neidenelv in der Finnmark, Målselv und Reisaelv in Troms, Ranaelv in Nordland, Namsen und Verdalselv in Nord-Trøndelag, Gaula, Orkla und Størdalselv in Sør-Trøndelag, Surna und Suldalslågen im Vestland sowie Drammenelv und Numedalslågen im Østland.

**Angeln in Meer und Fjorden:** Für das Angeln im Meer oder in Fjorden sind Lizenz und Angelschein nicht erforderlich. Angeln kann man mit Rute oder Handschnur vom Boot oder mit Wurfangeln von Land aus. Ruderboote kosten ab 120 NOK/Stunde bzw. 1000 NOK/Woche, Boote mit Außenborder werden ab 160–200 NOK/Stunde vermietet.

Die Zahl der Boote, die an der norwegischen Küste zwischen dem Skagerrak im Süden und der Barents-See im hohen Norden täglich zum **Hochseeangeln** raustuckern, dürfte dreistellig sein. Es gibt kein Fischerdorf, in dem nicht mindestens ein halbes Dutzend Skipper darauf warten, mit den Touristen hinauszufahren und ihnen beim Fang ein bisschen unter die Arme zu greifen; eine vierstündige Tour inklusive Angelausrüstung kostet zwischen 600 und 1000 NOK.

**Ausfuhrbeschränkung für Fisch:** Da Jahr für Jahr mehr Sportangler nach Norwegen reisen, immer mehr Fisch fangen und mit nach Hause nehmen, hat die norwegische Regierung ein Gesetz erlassen, das die Ausfuhr von ganzen Fischen und Filets auf 15 kg pro Kopf und Reise begrenzt. Bei Zuwiderhandlungen ist mit drastischen Strafen zu rechnen.

**Detaillierte Angaben zu allen Urlaubsaktivitäten** bietet die Internetadresse www.visitnorway.com/de unter dem Menü ›Sehen und erleben‹; hier sind zu jedem Stichwort die wichtigsten Reiseveranstalter in Deutschland, Österreich und der Schweiz aufgeführt.

## Bergsteigen

Die norwegische Gebirgswelt bietet dem alpinen Kletterer Herausforderungen in allen Schwierigkeitsgraden. Die Saison geht von etwa Ende April bis in den September hinein. Als beste Monate gelten Juli und August, obwohl sich Südwände auch im Mai schon ›problemlos‹ besteigen lassen.

Die bekanntesten Klettergebiete finden sich im Romsdal (s. S. 307), in Jotunheimen (s. S. 164), auf den Lofoten (s. S. 398) sowie in den Lyngen-Alpen (s. S. 361). Im Romsdal, auf den Lofoten und in Jotunheimen lässt die

Infrastruktur nichts zu wünschen übrig: Es werden Kurse abgehalten, Besteigungen in allen Schwierigkeitsgraden durchgeführt, auch Ausrüstungen können ausgeliehen werden (nur Kletterseile nicht).

## Bergwandern

Wandermöglichkeiten gibt es in der norwegischen Bergwelt auf jedem Niveau: von den idyllischen Almgründen an der schwedischen Grenze bis zu den wilden Gebirgszügen im Westen, von den kleinen Gipfeln der Setesdalsheia bis zu den weiten Ebenen der Hardangervidda und der Finnmark. Der Urlauber findet hier zudem eine hervorragende Infrastruktur: Ein dichtes Netz von Hunderten Hütten und Wanderwegen (allein um Oslo wurden über 1200 km Wanderwege angelegt) erschließt alle Regionen des Landes.

Deutschsprachige **Literatur** zum Thema Wandern, Bergwandern und Trekking gibt es reichlich, ein umfangreiches Sortiment führen z. B. Nordland-Shop sowie die Geo Buchhandlung (s. S. 63). Auch der norwegische Gebirgsverein DNT (Adresse s. u.) hält Publikationen bereit, ansonsten empfiehlt sich die Broschüre ›Wandern in Norwegen‹ des Norwegischen Fremdenverkehrsamtes (s. S. 63), die, nach Regionen unterteilt, die populärsten Touren teils recht detailliert vorstellt (auch zum Downloaden).

**Ausrüstung:** Die Kleidung sollte möglichst weit und bequem sein, warme Sachen und ein Regenschutz gehören ebenfalls ins Gepäck. Ohne adäquates Schuhwerk geht es nicht, nur mit (eingelaufenen) Berg- oder Trekkingschuhen ist man gut beraten. An Kleinutensilien seien Karte und Kompass genannt, eventuell ein Signalgerät (Leuchtpistole), Höhenmesser und Feldstecher.

Unerlässlich ist gutes Kartenmaterial. Der norwegische Gebirgsverein (s. u.) hat ausführliche Übersichtskarten über die Gebirgsregionen herausgegeben (kostenlos erhältlich), auf ihnen sind die entsprechenden Detailkarten, Wanderhütten und die gekennzeichneten Wege mit ihrer durchschnittlichen Wanderzeit angegeben. Zusätzlich empfehlen sich topografische Karten im Maßstab 1 : 50 000, die man entweder in Buchläden vor Ort oder vorab in der Geo-Buchhandlung bestellen kann.

Als beste **Wanderzeit** gelten die Monate zwischen Anfang Juni und Mitte September, Hochsaison herrscht von Mitte Juli bis Mitte August (dann sind die Hütten oft überbelegt), aber auch ab Mitte Mai bis Anfang Oktober kann man durchaus wandern gehen (die Hütten sind in der Regel von Mitte Februar bis Ende September geöffnet).

**Hütten:** Das Angebot reicht von einfachen und rustikalen, nicht bewirtschafteten Hütten (NB), in die man Verpflegung und Schlafsack (aber kein Kochgeschirr) mitbringen muss, über bewirtschaftete Hütten (SB), die auch Proviant verkaufen, bis hin zu bewirtschafteten Herbergen (B), in denen sogar Vollpension angeboten wird. Verwaltet werden diese Hütten vom DNT, bei dem man auch den zu allen verschlossenen Hütten (alle NB) passenden Universalschlüssel erhält. Mitglieder des DNT erhalten den Schlüssel kostenlos (sonst gegen Pfand) und zahlen für eine Nacht in einer NB- oder SB-Hütte 195 NOK (Nicht-Mitglieder 300 NOK), in den B-Hütten sind ab 200 NOK (bzw. 265 NOK) zu entrichten.

Weitere Informationen und Anmeldeformulare erhält man bei **Den Norske Turistforening DNT,** Youngstorget 1, 0181 Oslo, Tel. 40 00 18 68, Fax 22 42 64 27, www.turistforeningen.no) sowie bei der **DNT-Vertretung in Deutschland** (Nach Norden, Helga Rahe, Drostestr. 3, 48157 Münster, Tel. 0251 32 46 08, www.huettenwandern.de); hier kann man ebenfalls Mitglied werden, erhält alle Informationen auf Deutsch und kann, gegen eine geringe Gebühr, auch Plankarten für Wanderungen abrufen.

**Bergtour im Frühjahr auf der Lofoten-Insel Austvagøya**

## Fahrrad fahren

Für Radfahrer ist Norwegen ein Traumland, denn die Verkehrsdichte ist relativ gering, die Straßen sind in gutem Zustand, und die abwechslungsreiche Landschaft kennt nicht nur anstrengende Berg- und Tal-, sondern auch relativ leicht zu bewältigende Wald- und Küstenstrecken. Ersatzteile kann man in Norwegen (für alle Radtypen) nahezu überall erstehen, die Anreise ist problemlos im Flugzeug (als Sportgepäck, Kosten ca. 30 €) oder in der Bahn möglich. Im Land selbst kann man das Rad außerhalb der Städte auch im Bus mitnehmen, aber auch von der Eisenbahn wird es befördert (30 Min. vor Zugabfahrt am Bahnhof aufgeben; zu den Kosten s. S. 71).

**Literatur/Information:** Sehr informativ ist die Broschüre ›Radfahren in Norwegen‹ des

Norwegischen Fremdenverkehrsamtes (s. S. 63, auch online downloadbar), die, nach Regionen unterteilt, die beliebtesten Touren vorstellt. Die 16 beschriebenen Routen decken das gesamte Land ab und sind mittlerweile ganz oder teilweise ausgeschildert, außerdem so angelegt, dass sie über Straßen mit wenig oder gar keinem Verkehr führen. Zu jeder Route gibt es einen speziellen *sykkelguide* (auch auf Deutsch) mit integrierten Fahrradkarten und allen wesentlichen Angaben (auch bzgl. Unterkunft, Radverleih etc.).

Weitere Informationen erhält man über **Sykkelturisme i Norge** (Tel. 55 23 04 42, www.bike-norway.com); lohnend ist auch die Internetseite www.eurovelo.org. Größter norwegischer Radreise-Veranstalter (rund zwei Dutzend Touren aller Längen) ist **Norske Byggdeopplevelser** (Postboks 373, 2602 Lillehammer, Tel. 61 28 99 70) mit auch deutschsprachiger Website (www.norske-bygdeopplevelser.no).

## Gletscherwandern und Gletscherkurse

Eine Gletscherwanderung kann zwar ein großartiges Erlebnis sein, aber kalkulierbar sind die damit verbundenen Risiken nur, wenn man sich einem ortskundigen Führer anvertraut. Die norwegischen Gletscher wandern jährlich um bis zu 2 m, die Spalten können daher mehrere Meter lang und oft mehr als 40 m tief sein; oft genug sind diese mit Schnee bedeckt und daher nicht sichtbar. Wer allein geht, riskiert sein Leben!

Der bekannteste Gletscher Norwegens ist der Jostedalsbreen (s. S. 293). Während der Sommersaison werden im Bereich seiner Seitenarme täglich Touren und Gletscherkurse angeboten, so insbesondere vom Jostedalen Gletscherzentrum (s. S. 292) aus. Weitere Ausgangspunkte für geführte Gletscherwanderungen im Jotunheimen-Gebirgsmassiv sind Glitterheim, Spiterstulen (s. S. 178), Juvasshytta (s. S. 176) sowie die Sognefjell Turisthytta (s. S. 177). Auf der Hardangervidda werden Gletschertouren auf den Hardangerjøkul arrangiert (Informationen über das Touristenbüro in Geilo, S. 158), am Hardangerfjord geht es auf den Folgefonn (s. S. 268), und im hohen Norden ist besonders der Svartisen (S. 354, 389) unter Gletscherwanderern beliebt.

## Golf

In Norwegen gibt es Dutzende Golfplätze, darunter auch, und zwar auf den Lofoten, den angeblich weltweit einzigen, der im Sommer rund um die Uhr von der Sonne beschienen wird. Die Saison währt Mitte Mai bis September, die Gastgebühr liegt zwischen 150 und 350 NOK/Tag, allerdings können Golfausrüstungen nicht auf allen Plätzen gemietet werden. Ausführliche Informationen bietet die Broschüre ›Norway Golf‹ des Norwegischen Fremdenverkehrsamts (s. S. 63).

## Kanu und Kajak

Mit seinen unzähligen Fjorden, Seen und Flüssen ist Norwegen auch für diese Sportarten eines der abwechslungsreichsten und beliebtesten Länder Europas. Østfold etwa ist für idyllische Kanutouren geradezu prädestiniert, denn dort ermöglichen Flüsse, Seen und Kanäle lange, zusammenhängende Fahrten, insbesondere der Halden-Kanal (s. S. 124) lässt hier keine Wünsche offen. Auch auf den Seen und Kanälen der Telemark findet man optimale Möglichkeiten; eine Fahrt auf dem 110 km langen Telemark-Kanal (s. S. 216), der in beiden Richtungen befahrbar ist, gehört beispielsweise zum Schönsten, was Norwegen Paddlern zu bieten hat. Der Femund-See (s. S. 204) gilt als eines der großen Kanu-Eldorados von Europa; im hohen Norden hat sich u. a. der Reisaelv (s. S. 361) einen Namen gemacht.

Kanuverleihstationen gibt es in vielen Landesteilen (aufgelistet alle unter www.canoedreams. com, wo auch mehrere Routen in Norwegen näher vorgestellt werden), auch organisierte Touren werden durchgeführt. Empfehlenswert ist das Buch »Kanutouren im Kanuland Femund« von Gert Kassel (www.kanukassel.de), das u. a. über den NORDIS Buch- und Landkartenhandel (s. S. 63) bezogen werden kann. Passionierte Wildwasserfahrer sollten sich wenden an **Norges Padleforbund,** Service boks 1, Ullevål stadion, N-0840 Oslo, Tel. 21 02 98 35, Fax 21 02 98 36, www.padling.no.

**Seekajak** erfreut sich in Norwegen mittlerweile großer Beliebtheit, Jahr für Jahr finden sich mehr Verleihstationen entlang der Küste. Die Lofoten und Vesterålen zählen mit zu den eindrucksvollsten Kajakrevieren der Welt, und jedes Jahr gegen Ende Juli treffen sich dort Kajak-Enthusiasten aus aller Welt zur siebentägigen Arctic Kajak Rally. Es geht nicht darum, am schnellsten zu sein, sondern Freude an der rund 350–550 km langen Fahrt zu haben (Informationen über www.askr.no). Andere Top-Destinationen sind die Skagerrak-Küste, der Hardangerfjord, der Geiranger- und der Sognefjord. In vielen Orten kann man diese Sportart auch erlernen.

2005 kam es auf dem Geirangerfjord zu einem tödlichen Kajak-Unfall durch Steinschlag, weshalb man erwägen sollte, in manchen Seekajak-Revieren mit Helm zu fahren.

## Luftsport

Die Luftsport-Zentren in Norwegen sind vor allem Voss (s. S. 275) im Vestland, Bodø in Nordland, Oppdal (s. S. 334) im Trøndelag und Elverum (s. S. 202) im Østland (Segelfliegen). Informationen über Drachenfliegen, Fallschirmspringen, Segelfliegen, Paragliding etc. kann man abrufen beim Dachverband **Norsk Aeroclub,** Postboks 383, N-01020 Oslo, Tel. 23 01 04 50, www.nlf.no.

## Rafting und Wildwasserfahren

Die wilden norwegischen Gebirgsflüsse sind geradezu prädestiniert für diese relativ junge Sportart, die wesentlich ungefährlicher ist, als es den Anschein hat – zumindest, wenn man mit erfahrenem Führer und entsprechender Ausrüstung startet. Vorkenntnisse sind dann nicht erforderlich, höchstens eine Portion Mut. Durchgeführt werden solche Raftings mit großen Gummischlauchbooten, Anbieter finden sich u. a. in Dagali (s. S. 155), Lom (s. S. 167), Vågåmo (s. S. 164), Trysil (s. S. 202) und Otta (s. S. 188).

## Reiten

Vor allem im Süden Norwegens gibt es zahlreiche Reitzentren, wo man die Vierbeiner stunden- oder tageweise ausleihen kann, auch Kurse sowie organisierte Tages- oder Wochentouren werden angeboten. Wer auf Pferdetrecks gehen will, findet beste Infrastruktur u. a. in Karasjok (s. S. 427), im Reisadal (s. S. 361), in Rjukan (s. S. 143) sowie in Geilo (s. S. 157).

Weitere Informationen sowie eine Auflistung aller Reitschulen erhält man beim **Norsk Rytterforbund,** Servicebox 1, N-0840 Oslo, Tel. 21 02 96 50, Fax 21 02 96 51, www.rytter.no.

## Segeln

Nur wenige Länder auf der Erde besitzen eine Küste, die sich ähnlich gut für Wassersport jeder Art eignet, wie Norwegen, wo meist dichte Schärengärten einen Schutz vor dem offenen Meer bieten und sich Tausende Fjorde tief ins Land hineinziehen. Landesweit gibt es rund 120 Gästehäfen (Preise für die jeweiligen Anleger 40–160 NOK), und die Zollformalitäten bei der Bootseinfuhr sind schnell erledigt. Auch wer vor Ort ein Boot oder eine Yacht chartern will, mit oder ohne Skipper, oder wer an Segeltörns auf historischen Schiffen interessiert ist, findet hier alles zum Besten.

Alle erforderlichen Seekarten erhält man über den norwegischen Buchhandel oder direkt bei **Statens Kartverk Sjø** (N-4014 Stavanger, Tel. 51 85 87 00, Fax 51 85 87 01, www.sjokart.no); ausführliche Informationen bietet die **Kongelig Norsk Seilerforening** (Huk Aveny 1, N-0287 Oslo, Tel. 23 27 56 00, www.kns.no).

## Sommerski

Wer immer schon mal mit freiem Oberkörper oder im Bikini auf die Loipe oder die Abfahrtspiste gehen wollte – in Norwegen ist es möglich. Die besten Verhältnisse für alpinen und nordischen Skisport findet man in den Sommerskizentren auf dem Sognefjell (s. S. 177), am Folgefonn (s. S. 270), am Gamle Strynefjellsvegen (s. S. 301) sowie rund um den Galdhøpiggen (s. S. 176).

## Tauchen

Die norwegische Küste mit ihren klaren, sauberen und fischreichen Gewässern sowie einer dank Golfstrom artenreichen Unterwasserflora gilt als eines der besten Tauchreviere Europas. Im gesamten Küsten- und Schärengebiet Süd- und Westnorwegens finden sich dementsprechend zahlreicheTaucherzentren *(Dykkersenter),* die Kurse anbieten, Ausrüstung verleihen und Flaschen auffüllen. Die berühmtesten Tauchreviere des Landes liegen vor den Lofoten (s. S. 398), wo eine hervorragende Infrastruktur vorhanden ist. Die besten Wracktauch-Reviere des Landes liegen vor Narvik (s. S. 356) und Tromsø (s. S. 416), wo Dutzende Kriegsschiffe des Zweiten Weltkrieges auf Grund liegen.

Ausführliche Informationen bekommt man über **Norges Dykkerforbund,** Serviceboks 1, Ullevål stadion, N-0840 Oslo, Tel. 21 02 97 42, www.ndf.no.

# Einkaufen

## Lebensmittel

In dem Nicht-EU-Land Norwegen sind die Preise für Lebensmittel seit jeher höher als in den Mitgliedsländern der Union, doch ist der Aufschlag seit Einführung des Euro in der Währungsunion zumindest etwas ›moderater‹ als noch vor wenigen Jahren; er liegt nun bei etwa 30–40 %, bei manchen Produkten bei über 50 %. Grundsätzlich sollte man möglichst nur in größeren Ortschaften einkaufen, dort dann bevorzugt in großen Supermärkten, denn die kleineren Läden, mit *Matsenter, Landhandel, Daglivarer* oder *Handel* angeschrieben, sind nicht selten bis zu 50 %, die den Tankstellen oder Campingplätzen angeschlossenen Geschäfte sogar bis zu 100 % teurer!

Auch **Preisvergleiche** in den Supermärkten vor Ort ist von enormem Vorteil: Zumindest in größeren Städten gibt es häufig mehrere, die meist schön nebeneinander in der Peripherie liegen, und es ist nicht die Ausnahme, sondern die Regel, dass die Preisunterschiede für absolut identische Waren von Laden zu Laden erheblich sein können.

### Wochenmärkte

Wochenmärkte gibt es in Norwegen außerhalb der Großstädte nur selten, und generell sind sie kaum billiger als Supermärkte. Auch die Straßenstände, an denen im Sommer Obst und Gemüse feilgeboten werden, haben zumeist ein hohes Preisniveau; lediglich die mobilen Fischhändler, die während der Sommersaison unterwegs sind und in den Städten meist auf dem *torget* (Marktplatz) stehen, fallen mitunter unter die Kategorie ›günstig‹. Ansonsten bekommt man Fisch in mit *Sjømat* oder *Ferskvar, Fisk* oder *Torks* (Dorsch) betitelten Läden, außerdem in Supermärkten (oft aber nur tiefgekühlt). Am günstigsten (etwa ab 80 NOK/kg Seelachs, ab ca. 120 NOK/kg Dorsch) ist es jedoch stets an einer *fiskebrygge* oder *feskarbrygge,* wo die Fischer ihren Fang landen.

### Alkohol

Alkohol ist extrem teuer, denn wie alle Skandinavier haben auch die Norweger ein zwiespältiges Verhältnis zum Alkohol. Der Stoff, der das Walhalla der Wikinger erst zum Paradies machte, floss einst so reichlich durch des Nordmanns Kehle, dass gegen Ende des 19. Jh. Tausende Familien vor dem Ruin standen. In der Folge entstanden zahlreiche Abstinenzlerbewegungen, und heute sind Spirituosen und Wein nur noch zu hohen Preisen sowie ausschließlich in den sehr rar gesäten (staatlichen) Alkoholläden mit Namen *Vinmonopolet* erhältlich. Diese findet man nur in Städten mit Stadtrechten.

Leichtbier bekommt man auch in den Supermärkten, doch ob dort auch Bier verkauft wird, hängt von der jeweiligen Kommune ab. Wenn nicht, dann steht der Gerstensaft im *Ølutsalg* zum Verkauf, in beiden Fällen muss man mindestens 25–30 NOK für 0,5 l ansetzen. Je nach Sorte (auch die meisten deutschen Brauereiprodukte sind erhältlich) werden bis zu 50 NOK für die Dose bezahlt, die Flasche Wein (0,7 l) bekommt man nicht unter 80 NOK. Hochprozentiges schlägt ab etwa 300 NOK für 0,7 l zu Buche, für Marken-Spirituosen sind mehr als 400 NOK zu berappen.

### Öffnungszeiten

**Geschäfte:** Mo–Fr 9/10–16/17 Uhr, Do bis 19/20 Uhr, Sa bis 13 Uhr, So geschl.
**Supermärkte:** Mo–Fr 9/10–20/21 Uhr, Sa bis 18 Uhr, So geschl.
**Staatliche Alkoholläden:** meist Mo–Fr 10–16 Uhr, Sa bis 13 Uhr, So geschl.

## Souvenirs

Überall im Land laden Kunstgewerbegeschäfte ein – oft mit *Husfliden* angeschrieben –, wo typisch norwegische Produkte angeboten werden. So etwa die berühmten

Strickpullover, Strickjacken etc. im Norweger-Muster, überhaupt Strickwaren jeder Art sowie Bronze-, Glas- und Zinnwaren, Tafelsilber und Porzellan, gewebte Wandteppiche nebst handbemalten Holzgegenständen, Schmuck und Textildrucken, Keramiken und anderen Waren mehr.

Auch Trolle werden im ›Land der Trolle‹ natürlich allerorten angeboten, und je weiter nördlich man kommt, desto mehr Rentierfelle und -Geweihe sind in Geschäften und Ständen am Straßenrand zu entdecken. Überall bieten außerdem Sportgeschäfte eine üppige Auswahl an qualitativ hochwertigen Messern mit handgeschmiedeten Klingen an. Handgeschmiedete Samen-Messer gibt es vorzugsweise in der Finnmark, so in Kautokeino und Karasjok. Beliebte Mitbringsel für die Daheimgebliebenen sind auch Angel-Utensilien jeder Art.

## Tax free

Preisbewussten Urlaubern sei empfohlen, in Geschäften zu kaufen, die dem Tax-free-System angeschlossen sind: Beim Kauf von Waren im Wert ab 315 NOK stellen viele Geschäfte (erkennbar an den Tax-free-Aufklebern) ›Tax-free-Schecks‹ aus, mit denen an Fähr- und Flughäfen sowie an größeren Grenzübergängen die norwegische Mehrwertsteuer abzüglich einer Gebühr zurückvergütet wird. Voraussetzung: Man muss seinen Wohnsitz außerhalb Skandinaviens haben und seinen Pass oder Personalausweis vorlegen. Zudem darf die Ware vor der Ausreise nicht in Gebrauch genommen und muss spätestens vier Wochen nach Kauf ausgeführt werden. Auskünfte erteilt Tax Free Worldwide Norway AS, Nedre Slottsgate 13, 0157 Oslo, Tel. 21 99 54 60, www.taxfreeworldwide.com.

**Wie wäre es mit einem kecken Troll als ›Mitbringsel‹?**

# Ausgehen

Im Sommer, wenn die lichten Abende die Nächte mit umfassen oder gar das Goldlicht der Mitternachtssonne den Himmel ausleuchtet, lebt man zeitlos in Norwegen und werden Touristen wie Einheimische schnell zu Nachtmenschen. Von einem Nachtleben im üblichen Sinn kann aber außerhalb der wenigen Großstädte des Landes dennoch keine Rede sein, denn Sommernachtleben in Norwegen, das steht vor allem für Lagerfeuerromantik und Grillfreuden, ›Nacht‹-Wanderungen und -Bootstouren.

Wenn man ausgeht, dann in die Natur, und lediglich in den urbanen Zentren wie Oslo, Bergen und Stavanger, Trondheim und Tromsø unterscheidet sich das Nightlife nicht wesentlich von demjenigen in Mittel- und Südeuropa. Es locken Kinos und Straßencafés, Gartenrestaurants und Jazzkeller, Nightclubs, Bars und Diskos; insbesondere in Oslo und Bergen braucht auch der verwöhnte Nachtmensch heute auf nichts mehr zu verzichten, was er von zu Hause oder bedeutenden Weltstädten her gewohnt ist.

Anders allerdings als in den meisten anderen Ländern Europas ist in Norwegen Jugendlichen unter 18 Jahren meist der Eintritt in ausgewiesene Nachtlokale strikt untersagt, auch der Ausschank von Alkohol ist an das Mindestalter 18 gebunden. Zudem gibt es nicht wenige Clubs, Bars und Discos, in die man erst ab 21 (teils ab 26) Jahren eingelassen wird, Ausweiskontrollen sind die Regel. Fast stets wird in den Nachtlokalen Eintrittsgeld verlangt (um 60–200 NOK), das meist nicht mit einem Getränk verrechnet wird.

**Nachtleben unter ›nicht-nächtlichem‹ Himmel – Mittsommer in Bergen**

## Diplomatische Vertretungen

### In Deutschland

**Königlich Norwegische Botschaft:**
Rauchstr. 1,
D-10787 Berlin,
Tel. 030 50 50 50, Fax 030 50 50 55,
www.norwegen.no.

### In der Schweiz

**Königlich Norwegische Botschaft:**
Bubenbergplatz 10,
CH-3011 Bern,
Tel. 031 310 55 55, Fax 031 310 55 50,
www.amb–norwegen.ch.

### In Österreich

**Königlich Norwegische Botschaft:**
Reisnerstr. 55–57,
A-1030 Wien,
Tel. 01 716 60, Fax 01 716 60 99,
www.norwegen.or.at.

### In Norwegen

**Botschaft von Deutschland**
(Forbundsrepublikken Tysklands Ambassade):
Oscarsgate 45, N-0244 Oslo,
Tel. 23 27 54 00, Fax 22 44 76 72,
www.oslo.diplo.de.

**Botschaft der Schweiz**
(Sveitsisk Ambassade):
Bygdøy Allé 78, N-0268 Oslo,
Tel. 22 54 23 90, Fax 22 44 63 50,
www.eda.admin.ch/oslo.

**Botschaft von Österreich**
(Østerriksk Ambassade):
Thomas Heftyesgt. 19–21, N-0244 Oslo,
Tel. 22 54 02 00, Fax 22 55 43 61,
www.bmeia.gv.at/botschaft/oslo.

## Elektrizität

Wie in Mitteleuropa funktioniert auch das norwegische Stromnetz mit 220 Volt Wechselstrom; die Steckkontakte entsprechen den in Deutschland, Österreich und der Schweiz üblichen.

## FKK

Freikörperkultur erfreut sich zunehmender Beliebtheit insbesondere im tiefen Süden des Landes, doch nur dort, wo man von Fremden nicht gesehen wird, schickt es sich, unbekleidet ein Bad zu nehmen; oben ohne hingegen ist durchaus üblich.

## Mücken

Der ›Skandinavienfluch‹ liegt zwischen Juni und August auch über Norwegen, und insbesondere im Norden, in den Wäldern Ostnorwegens sowie auf der Hardangervidda und dem Dovrefjell hat man oft unter den diversen Mückenarten zu leiden. Vor allem Opfer der winzig kleinen, oft kaum sichtbaren Kriebelmücke haben für viele Tage eine arg juckende Erinnerung, zumal die Tierchen selten Einzelgänger sind und zumeist in wahren ›Wolken‹ kommen.

Den besten Schutz bietet die Kleidung, die möglichst nicht zu eng anliegen sollte. Nicht bedeckte Stellen kann man mit Chemie einreiben (›Autan‹ o. Ä.). In freier Natur hilft ein Feuer, auf das man grüne Äste und Gras legt, die Plagegeister zu vertreiben; in geschlossenen Räumen kann man Räucherspiralen benutzen; Autos, Wohnmobile und Caravans macht man am besten mit Moskitonetzen und Fliegengittern mückensicher. Wer gestochen wurde, kann dem Juckreiz mit Systral-Salbe beikommen, gewöhnlicher Salmiakgeist leistet aber die gleichen Dienste.

**Nummernzettel:** In Norwegen ist es in vielen Postämtern, Banken, diversen Behörden und Geschäften ohne Selbstbedienung üblich, einen Nummernzettel aus dem Automaten zu ziehen und dann solange zu warten, bis die gezogene Nummer auf einer Anzeigentafel erscheint. Wer glaubt, dieses System umgehen zu können, indem er sich einfach an einem Schalter an- und sodann dumm stellt, muss Lehrgeld zahlen, wird nämlich, wenn er ›an der Reihe ist‹, zurückgeschickt, um eine Nummer zu ziehen.

## Rauchen

In öffentlichen Verkehrsmitteln – mit Ausnahme vereinzelter Züge mit Raucher-Stehabteilen –, in allen öffentlichen Gebäuden sowie an anderen öffentlich zugänglichen Plätzen herrscht absolutes Rauchverbot. Dies gilt auch für Restaurants und Cafés, Bars, Kneipen, Discos etc.

Um in Norwegen Tabak oder Zigaretten kaufen zu dürfen, muss man über 18 Jahre alt sein. 1 Schachtel Zigaretten kostet gut 80–90 NOK.

## Reisen mit Handicap

Nahezu alle öffentliche Einrichtungen, aber auch Gehsteige, Lifts etc. sind auf die Belange von Rollstuhlfahrern zugeschnitten. Die Ampeln geben auch akustische Signale ab, und im Theater werden gratis Hörapparate verliehen.

Außerdem gibt es in Norwegen Hunderte Übernachtungsbetriebe, die gezielt auf die Bedürfnisse von behinderten Urlaubern eingerichtet sind. Die Norwegische Eisenbahn NSB besitzt zudem eigens für Körperbehinderte eingerichtete Wagen.

Weitere Informationen sowie einen speziellen Reiseführer für Behinderte gibt es bei **Norges handikapforbund,** Schweigaardsgt. 12, N-0134 Oslo, Tel. 24 10 24 00, Fax 24 10 24 99, www.nhf.no.

## Sprachkurse

Die Universität Bergen bietet alljährlich einen dreiwöchigen Norwegisch-Sprachkurs an, Anmeldeschluss ist jeweils Ende März, erste Sprachkenntnisse werden allerdings vorausgesetzt. Die Anmeldung erfolgt über **Sommerkurs for utenlandske norskstuderende** (LLE, Postboks 7805, N-5020 Bergen, Tel. 55 58 24 07, Fax 55 58 96 60, sommerkurs@nor.uib.no).

An Anfänger richtet sich der sechswöchige Sommerkurs der **International Summer School Oslo** (Universitetet i Oslo, Postboks 1082 Blindern, N-0317 Oslo, Tel. 22 85 82 00, www.uio.no/iss; der Kurs geht von Mitte Juni–Mitte Aug., der Anmeldeschluss ist Ende März).

## Trinkgeld

Zwar heißt es offiziell, dass in Norwegen generell kein Trinkgeld erwartet wird, doch ist es auch hier üblich, sich bei Dienstleistungen durch ein mehr oder weniger großzügiges Aufrunden der Summen erkenntlich zu zeigen.

## Wasser

Die Qualität des norwegischen Trinkwassers, das in den meisten Fällen aus angezapften Bergseen stammt und in weiten Teilen des Landes noch nicht einmal gechlort ist, dürfte wohl in ganz Europa kein Pendant besitzen. Auch in der freien Natur kann man das Quell- und Bachwasser in aller Regel gefahrlos trinken.

# Reisekasse und Reisebudget

## Währung

In Norwegen zahlt man mit Kronen (abgekürzt NOK) und Øre. Das kleinste Geldstück ist 50 Øre, das größte 20 NOK; es gibt 50-, 100-, 200-, 500- und 1000-NOK-Scheine.

1 NOK = ca. 0,13 € = ca. 0,16 CHF

1 € = ca. 7,5 NOK, 1 CHF = ca. 6,2 NOK.

## Geldwechsel

**Bargeld** kann man in vielen, aber nicht allen Banken (Mo–Fr 8.15/8.30–15/15.30, Do bis 17 Uhr), teilweise auch in Postämtern (Mo–Fr 8/8.30–16/16.30, Sa 8–13 Uhr) wechseln, **Reiseschecks** werden u. a. in allen Postämtern, (aber nicht in allen Banken) problemlos zu einem günstigen Kurs umgetauscht. Mit **Kreditkarte** (hauptsächlich Visa- und Eurocard) kann man in den meisten Geschäften sowie an Tankstellen bezahlen. **Geldautomaten** finden sich mittlerweile in fast jedem Ort, die meisten akzeptieren die gängigen Kreditkarten (meist Visa und Eurocard, seltener American Express) sowie EC-Karten mit dem Zusatz ›Maestro‹, ›Cirrus‹ oder ›edc‹.

## Reisebudget

In den Augen vieler EU-Angehöriger gehört Norwegen zu den vergleichsweise teuren Reisezielen: Das billigste Bett schlägt mit ca. 250 NOK zu Buche, selbst einfache Hütten bekommt man nicht unter 300–400 NOK (für 2 Personen). Etwas billiger als in heimischen Gefilden sind die Campingplätze (Zelt inkl. 2 Pers. ca. 160 NOK, Wohnmobil um 200–250 NOK).

Die meisten Grundnahrungsmittel sind 30–50 % teurer als zu Hause. Ein einfaches Gericht im Selbstbedienungs-Restaurant ist kaum unter 100 NOK zu bekommen, und wer auf Alkohol nicht verzichten will, sollte ein spezielles Spirituosen-Budget aufstellen (zu den Kosten s. S. 86).

### Spartipps und Ermäßigungen

Bis zu 50 % der Zimmerpreise lassen sich mit **Hotelpässen** sparen (s. S. 77), auf dem Land kann man dank **Jedermannsrecht** (s. S. 308) überall in der freien Natur kostenlos zelten. In den beiden großen Metropolen des Landes bringen der **Oslo-Pass** (s. S. 111) bzw. die **Bergen-Karte** (s. S. 253) Rabatte auf Transport und Sightseeing, Shopping und Ausflüge.

Dank dem **Billigflieger** Norwegian Air (S. 72) kann man ganz Norwegen preisgünstig bereisen, und mit dem Rabattsystem der Norwegischen Staatsbahn (s. S. 73) kommt man schon ab 200 NOK in den Genuss der längstmöglichen Bahnfahrt. **Kinder unter vier Jahren** müssen in Museen meist keinen Eintritt zahlen und dürfen kostenlos die öffentlichen Verkehrsmittel nutzen; Senioren ab 67 Jahren erhalten in Museen meist einen Preisnachlass von rund 25 % und fahren, wie auch Jugendliche bis 16 Jahren, in öffentlichen Verkehrsmitteln (Bus, Bahn, Fähren, Schnellboote und Hurtigrute) für die Hälfte.

**Sperrung von EC- und Kreditkarten bei Verlust oder Diebstahl*:**

**0049-116 116**

oder 0049-30 4050 4050
(* Gilt nur, wenn das ausstellende Geldinstitut angeschlossen ist, Übersicht: www.sperr-notruf.de)
Weitere Sperrnummern:
- MasterCard: 0049-69-79 33 19 10
- VISA: 0049-69-79 33 19 10
- American Express: 0049-69-97 97 2000
- Diners Club: 0049-69-66 16 61 23

Bitte halten Sie Ihre Kreditkartennummer, Kontonummer und Bankleitzahl bereit!

# Reisezeit und Ausrüstung

## Reisezeit

### Frühjahr und Frühsommer

Wie es heißt, kommen und gehen die Touristen mit den Mücken, und in der Tat sind vor Mitte/Ende Juni und nach Ende August nur relativ wenige Reisende unterwegs, obwohl sich das Land gerade in der Nebensaison besonders reizvoll präsentiert. Im Frühsommer etwa, der von Mitte Mai bis Mitte Juni herrscht, erblühen im Fjordgebiet und in den Tälern von Süd- und Ostnorwegen die Blumen und Obstbäume (insbesondere in der Telemark und am Hardangerfjord), während die Berge noch weitgehend ein Schneekleid tragen. Die Tage sind schon lang, und es regnet wenig, statistisch betrachtet viel seltener als im Juli und August.

### Hochsommer

Wer unbedingt ein Bad im Meer nehmen will, sollte – ebenso wie der Kulturreisende (die Museen öffnen oft erst Mitte Juni), der Bergwanderer und der vorwiegend nordwärts orientierte Besucher – lieber dem Hochsommer den Vorzug geben. Dann allerdings, vorwiegend im Juli, wenn auch die meisten Norweger Urlaub im eigenen Land machen, trifft das Gros aller Urlauber ein, und auf vielen Straßen fährt man dann im Konvoi dahin. Die Unterkünfte sind jetzt oft komplett belegt, auf den Campingplätzen sind die Nachbarn näher als vielleicht erwünscht, vor den Fährstationen bilden sich nicht selten Warteschlangen, und die berühmtesten Sehenswürdigkeiten des Landes kann man meist nur in ›Prozession‹ besuchen. In vielen Landesteilen kommen während dieser Zeit auf einen Norweger nicht selten zehn Ausländer, auf dem Nordkap-Parkplatz geht es wie auf einer Wohnmobil-Ausstellung zu.

Ab Mitte August, dem Beginn des Spätsommers, ist der Rummel dann jedoch schon wieder vorbei, obwohl der sommerlichen Wetterlage noch zwei (Nordnorwegen) bis vier Wochen verbleiben. Kaum ein Gang abseits der Straße, von dem man jetzt nicht etwas Schmackhaftes aus dem großen Wildgarten der norwegischen Natur mitbringen könnte, und wer Pilze, Blaubeeren, Rausch- und Krähenbeeren mag, der kann sich in Norwegen bis weit in den September hinein, wenn auch die letzten Preiselbeeren reif sind, im Paradies wähnen.

### Herbst

Anfang September, die Touristen sind größtenteils wieder abgereist, streift das Land sein farbenfrohes Herbstkleid über, und wer je das flammende Feuermeer des ›Indian Summer‹ erlebt hat, der wird immer wieder kommen. Insbesondere im Norden, Schwerpunkt Finnmark, bewegt man sich dann wie in einem Farbtraum. Weil es nachts, wenn nicht selten schon das Polarlicht über den Himmel zieht, bereits empfindlich kalt wird, kann man sich morgens oft am Gegenspiel rot glühender Bäume und von Raureifschichten überzogener Berge erfreuen.

Die Wetterlage ist ziemlich stabil, aber in den Bergen fällt spätestens Mitte September der erste Schnee, der die Hochpassstraßen unter sich begräbt. In den geschützten Landesteilen aber, etwa am Oslofjord, kann man mittags durchaus noch ein warmes Sonnenbad genießen, vielleicht sogar noch einmal einen Sprung ins Salz- oder Süßwasser riskieren.

### Spätherbst und Winter

Gegen Ende September, dem Beginn des Spätherbstes, wird der Himmel von Tag zu Tag wetterwendischer. Sturm und Regen wechseln sich mit mehr oder weniger kurzen Sonnenperioden ständig ab, und im Oktober gerät das Land zunehmend in den Einflussbereich atlantischer Tiefausläufer, die bald mit solcher Häufigkeit kommen, dass oft den ganzen Monat lang keine Sonne zu sehen ist.

Der Wind frischt auf, bläst aus meist westlicher und südwestlicher Richtung, und mit Sturm bis Orkanstärke und sintflutartigen Regenfällen dämmert das Land in den schneereichen **Winter** hinüber, der in den Bergen sowie im Norden des Landes bis in den Mai währt, in den Tälern bis Anfang April.

Von Mitte Februar bis Ende März (wenn die Tage schon wieder rund zwölf Stunden lang sind) herrscht Wintersport-Saison, doch die Schneeferien (Ende Februar bis Anfang März) sowie die Ostertage sollte man meiden: Die Preise sind dann bis zu 50 % höher als üblich, und es kann mitunter ein Problem sein, überhaupt freie Unterkünfte zu finden.

## Kleidung und Ausrüstung

Norwegen ist zwar wesentlich wärmer als andere Länder auf gleicher geografischer Breite (z. B. Grönland und Alaska), aber einen warmen Anorak und Pulli sowie dicke Socken sollte man auch im Sommer stets im Gepäck haben. Doch auch die Badesachen sollten nicht fehlen, denn die Seen können schön warm werden, selbst das Meer erreicht oft Temperaturen von 20 °C und mehr.

Regenzeug ist obligatorisch, am besten aus atmungsaktiven Materialien; der Regenschirm leistet übrigens nur bedingt Dienste, weil der Regen dank eines starken Windes oft waagerecht kommt. Gesellschaftskleidung ist höchst selten erforderlich, man würde damit nur aus dem Rahmen fallen, und lediglich zum Besuch klassischer Kulturveranstaltungen sowie gehobener Restaurants ist elegante Garderobe angesagt. In den Bars, Nightclubs und Diskos der Großstädte herrscht im Großen und Ganzen der gleiche Dresscode wie im sonstigen Europa.

Was man an Ausrüstung mitbringen sollte, hängt primär von den geplanten Aktivitäten ab. Als Minimalausrüstung sei jedem Norwegen-Reisenden empfohlen, bereits eingelaufene Berg-, Wander- oder Trekkingschuhe mitzunehmen, die hier bei fast jedem Gang abseits der Straße erforderlich sind.

Alles, was für die analoge Fotografie benötigt wird, sollte man von zu Hause mitbringen, denn wer vor Ort nachkauft, muss tief in die Tasche greifen: Papierfilme sind etwa 50 % teurer als bei uns, Diafilme (außerhalb der Großstädte kaum noch zu bekommen) kosten zwei- bis dreimal so viel.

## Wettervorhersage

Im Internet wird man unter www.yr.no fündig; dank der verwendeten Wettersymbole ist sie gut lesbar, außerdem auch auf Englisch abrufbar. Auch die Wettervorhersage für die kommenden Tage ist auf einen Klick hin sichtbar, man kann sogar stundengenau sehen, was wann zu erwarten ist.

Wer Hinweise auf Deutsch sucht, kann aus Dutzenden Wetterseiten wählen, so u. a. www.wetteronline.de, www.wetter.com.

**Klimadaten Oslo**

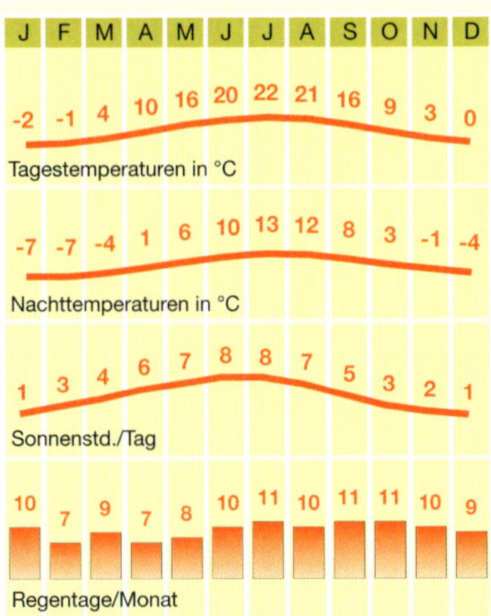

# Gesundheit und Sicherheit

## Gesundheit

### Gesundheitsvorsorge

In Norwegen wird seit mehreren Jahren die Europäische Versicherungskarte (European Health Insurance Card) akzeptiert, die von den Krankenkassen ausgestellt wird. Dieser Anspruchsnachweis ist vor der Behandlung von einem an das *rikstygdeverket* (nationale Versicherungsbüro) angeschlossenen Arzt oder bei Einlieferung in ein Krankenhaus zu zeigen; dies gilt jedoch nicht für den Zahnarzt, da zahnärztliche Behandlungen nicht zulasten der norwegischen Krankenversicherung erbracht werden.

Auch mit diesem Anspruchsnachweis aber muss man für erbrachte Leistungen zuzahlen: Eine normale Arztkonsultation kostet 136 NOK, der Besuch beim Facharzt wird mit 210 NOK in Rechnung gestellt. Für Medikamente sind generell 38 % der Gesamtkosten selbst zu zahlen (maximal 520 NOK), keine Eigenbeteiligung fällt bei einem Krankenhausaufenthalt an. Empfehlenswert ist der Abschluss einer privaten Reise-Krankenversicherung, da die deutschen Kassen z. B. den Rücktransport eines Erkrankten ins Heimatland nicht mehr bezahlen.

Nähere Infos erteilt die **DVKA (Deutsche Verbindungsstelle für Krankenversicherung im Ausland):** Tel. 02 28-953 00, www.dvka.de.

### Ärztliche Versorgung

Wer ärztliche Hilfe benötigt, wende sich an die *legevakt* (Arztvermittlung) der jeweiligen Kommune, die in aller Regel rund um die Uhr besetzt ist, oder an ein *legesenter* oder *legekontor* (Ärztestation), das örtliche Krankenhaus (*sjukehus* oder *sjukestue*) bzw. an einen Zahnarzt *(tannlege)* bzw. die Zahnarztstation *(tannklinikken, tannhelsetjenesten)*. Die Telefonisten sprechen (wie auch die Ärzte) oft Deutsch, auf jeden Fall aber Englisch.

Die Mitnahme einer umfangreichen **Reiseapotheke** ist unnötig, da die **Apotheken** *(apotek)* in aller Regel gut bestückt sind – allerdings nur mit Pharmapräparaten: Homöopathische Medikamente sowie Gesundheitstees sind weitgehend unbekannt.

Wer auf die Einnahme bestimmter Medikamente angewiesen ist, sollte diese bereits in ausreichender Menge von zu Hause mitbringen: Einerseits bekommt man die meiste Medizin nur auf Rezept eines norwegischen Arztes, andererseits ist das norwegische Medikamentengesetz eines der strengsten der Welt, weshalb viele bei uns übliche Präparate hier nicht zu finden sind. In Ortschaften, in denen es keine Apotheke gibt, bekommt man Medikamente im **Medisin-Utsalg** (Medizinverkauf), der häufig dem Supermarkt angeschlossen ist (Hinweisschilder zeigen das an).

## Sicherheit

Wo kann man das sonst noch finden in Europa: Häuser, die nicht abgeschlossen sind, Autos, die mitsamt Zündschlüssel abgestellt werden, ungesicherte Kanus, Boote ...? – Kurz und gut: Norwegen ist eines der sichersten Reiseländer der Welt, doch gilt auch hier der Grundsatz, dass Gelegenheit Diebe macht. Deshalb tut man stets gut daran, die üblichen Sicherheitsvorkehrungen zu ergreifen. Insbesondere voll gepackte Autos sollten nicht unbeobachtet abgestellt werden; Mountainbikes sind überaus begehrte Objekte und sollten deshalb immer angekettet werden.

### Notruf

| | |
|---|---|
| **Feuerwehr:** | 110 |
| **Polizei:** | 112 |
| **Krankenwagen:** | 113 |

## Internetcafés

Norwegen gehört zu den Ländern mit der größten Internet-Dichte weltweit. Wohl deshalb gibt es hier außerhalb der Großstädte nur vergleichsweise wenige Internet-Cafés. Da aber die meisten Hotels und Pensionen, Jugendherbergen und Campingplätze über Internetanschluss (auch WLAN) verfügen, sollte es für den Gast kein Problem sein, dort ein wenig im Netz zu surfen. Ansonsten bieten sich die lokalen Fremdenverkehrsbüros an (wo vereinzelt Internet-Service geboten wird) sowie die Bibliotheken, wo in aller Regel zumindest ein Anschluss existiert.

## Post

In den letzten Jahren wurde das Postwesen in Norwegen extrem gestrafft, Hunderte Postämter wurden geschlossen bzw. in Supermärkte und Kioske integriert.

Für Briefe (bis 20 g) sowie Postkarten bezahlt man 13 NOK Porto bei A-Post (Luftpost; Beförderungszeit nach Mitteleuropa ca. 2–4 Tage) bzw. 12 NOK bei B-Post (Landweg; Beförderungszeit ca. 5–7 Tage).

## Radio

Auf Kurzwelle können folgende Sender empfangen werden:

**Deutsche Welle:** 6074 kHz, 49 m und 31 m; wer wissen will, was wann läuft, kann ein kostenloses Programmheft abrufen: Deutsche Welle, Kurt-Schumacher-Str. 3, D-53113 Bonn, Tel. 02 28-42 90, www.dw-world.de.

**Deutschlandfunk:** 6090 kHz, 49 m; Programmübersicht über Deutschlandfunk, Raderberggürtel 40, 50968 Köln, Tel. 02 21-34 50, www.dradio.de

**Radio Bremen:** 6190 kHz, 48,5 m

**Südwestfunk:** 6030 kHz, 49,8 m

## Telefonieren

Münzfernsprecher – sie akzeptieren 1- und 5-NOK-Stücke, meist zudem 10- und 20-NOK-Stücke – werden zunehmend durch Kartentelefone bzw. kombinierte Münz-/Karten- und Kreditkarten-Telefone ersetzt. Telefonkarten gibt es u. a. in Kiosken und an Tankstellen. Die Gebühren für ein dreiminütiges Gespräch nach Deutschland liegen zzt. bei etwa 22 NOK.

Ortskennzahlen gibt es nicht in Norwegen: Alle acht Zahlen der Rufnummer müssen gewählt werden, egal ob man sich im Ort selbst befindet oder von außerhalb anruft.

Für **Auslandsgespräche** wählt man erst einmal die 00, gefolgt von der Vorwahlnummer des Landes, gibt dann die Ortskennzahl ohne die 0 ein, schließlich die Teilnehmerzahl.

**Internationale Vorwahlen:**

| | |
|---|---|
| Deutschland: | 0049 |
| Österreich: | 0043 |
| Schweiz: | 0041 |
| Norwegen: | 0047 |

**Mobiltelefone** erfreuen sich in Norwegen größter Beliebtheit. Auch für sie gibt es keine Vorwahlen, Handynummern erkennt man an der ersten Ziffer, die entweder eine ›9‹ ist oder eine ›4‹. Genutzt werden können die Systeme GSM 900 und GSM 1800 sowie NMT und UTMS; die norwegischen Operateure sind Netcom (www.netcom.no), Telenor Mobil (www.telenor.no) und Tele2 (www.tele2.no).

## Zeitungen

Deutschsprachige Zeitungen und Zeitschriften (meist Welt, Süddeutsche, Zeit, Bild, Spiegel, Stern, diverse Frauenzeitschriften) kann man während der Saison (Mitte Juni–Mitte August) an den größeren Kiosken des Landes finden.

# Sprachführer

## Aussprache/Betonung – Bokmål

Die Vokabeln kennen ist eine Sache, sie richtig auszusprechen und zu betonen eine andere. Da sind zunächst die Vokale, die wie im Deutschen ausgesprochen werden, **o** aber meist wie ›u‹, und **u** wie ›ü‹.

Außerdem kennt die norwegische Sprache zusätzliche Buchstaben, **å** und **Å** (gesprochen o), **æ** und **Æ** = ä sowie **ø** und **Ø** = ö.

Mit den Konsonanten ist es etwas schwieriger:

- **d** ist stumm vor s und nach n sowie l und als Endkonsonant nach r und l
- **g** wird vor i und y wie ›j‹ ausgesprochen
- **gj** wird wie ›ja‹ ausgesprochen
- **h** vor j und v ist stumm
- **k** vor i und y wird wie ›ch‹ ausgesprochen
- **kj** ebenfalls wie ›ch‹, nach Vokalen hingegen wie ›i‹, sonst wie ›j‹
- **s** ist stimmlos
- **sk** wird vor i und j wie ›sch‹ ausgesprochen
- **sj** sowie skj wird stets wie ›sch‹ ausgesprochen
- **tj** ist gleich ›tsch‹
- **v** wie ›w‹

## Allgemeines

| | |
|---|---|
| Guten Tag | god dag |
| Guten Abend | god aften |
| Gute Nacht | god natt |
| Auf Wiedersehen | ha det, vi sees |
| ja/nein | ja/nei |
| Entschuldigung | unnskyld |
| Bitte/Danke | vær så snill/takk |
| Vielen Dank | Tusen takk. |
| Wie heißen Sie? | Hva heter du? |
| Ich heiße ... | Jeg heter ... |

## Unterwegs

| | |
|---|---|
| Haltestelle | stoppested |
| Bus | buss |
| Auto | bilen |
| Ausfahrt | utkjørsel |
| rechts | til høyre |
| links | til venstre |
| geradeaus | rett fram |
| Auskunft | opplysning |
| Telefon | telefon |
| Postamt | postkontor |
| Bahnhof | stasjon |
| Flughafen | flyplass |
| Stadtplan | bykart |
| Eingang | inngang |
| Ausgang | utgang |
| geöffnet | åpent |
| geschlossen | stengt |
| Kirche | kirke |
| Museum | museum |
| Strand | strand |
| Brücke | bru |
| Platz | plass |

## Zeit

| | |
|---|---|
| Stunde | time |
| Tag | dag |
| Woche | uke |
| Monat | måned |
| Jahr | år |
| heute | i dag |
| morgen | i morgen |
| Montag | mandag |
| Dienstag | tirsdag |
| Mittwoch | onsdag |
| Donnerstag | torsdag |
| Freitag | fredag |
| Samstag | lørdag |
| Sonntag | søndag |

## Einkaufen

| | |
|---|---|
| Kaufhaus | varehus |
| Markt | marked, torg |
| Geld | penger |
| Kreditkarte | kredittkort |
| Zeitungshändler | kiosk |

## Essen und Trinken

| | |
|---|---|
| Frühstück | frokost |
| Mittagessen | lunsj |

| | |
|---|---|
| Abendessen | middag, kveldsmat |
| Tisch | bord |
| reservieren | reservere |
| Messer | kniv |
| Gabel | gaffel |
| Löffel | skje |
| Flasche | flaske |
| Glas | glass |
| Getränke | drikke |
| vegetarisch | vegetarisk |

## Übernachten

| | |
|---|---|
| Pension | pensjonat |
| Hotel | hotell |
| Einzelzimmer | enkeltrom |
| Doppelzimmer | dobbeltrom |
| Toilette | toalett |
| Dusche | dusj |
| Gepäck | bagasje |
| Rechnung | regning |

## Notfall

| | |
|---|---|
| Hilfe! | hjelp |
| Polizei | politi |
| Arzt/ Zahnarzt | lege/ tannlege |
| Apotheke | apotek |
| Krankenhaus | sykehus |
| Unfall | ulykke |
| Panne | motorstopp |

## Zahlen

| | | | |
|---|---|---|---|
| 1 | en | 18 | åtten |
| 2 | to | 19 | nitten |
| 3 | tre | 20 | tjue |
| 4 | fire | 25 | tjuefem |
| 5 | fem | 30 | tretti |
| 6 | seks | 40 | førti |
| 7 | syv | 50 | femti |
| 8 | åtte | 60 | seksti |
| 9 | ni | 70 | sytti |
| 10 | ti | 80 | åtti |
| 11 | elleve | 90 | nitti |
| 12 | tolv | 100 | hundre |
| 13 | tretten | 150 | hundreog femti |
| 14 | fjorten | 200 | to hundre |
| 15 | femten | 1000 | tusen |
| 16 | seksten | 2000 | to tusen |
| 17 | sytten | | |

## Die wichtigsten Sätze

**Allgemeine Floskeln**

| | |
|---|---|
| Entschuldigen Sie! | Unnskyld! |
| Ich verstehe nicht. | Jeg forstår ikke. |
| Ich spreche kein Norwegisch | Jeg snakke ikke norsk |
| Sprechen Sie Deutsch/Englisch? | Snakker du tysk/ engelsk? |

**Im Lokal**

| | |
|---|---|
| Ist hier frei? | Er det ledig her? |
| Guten Appetit!/Prost! | Velbekomme!/Skål! |
| Bitte die Speisekarte! | Menuen, takk! |
| Ich möchte … | Jeg vil … |
| Wie viel kostet … | Hvor mange koster …? |
| Bezahlen, bitte! | Regningen, takk! |
| Wo sind die Toiletten? | Hvor er toalettene |

**Auf der Straße**

| | |
|---|---|
| Ich will nach … | Jeg skal til … |
| Wo kann man … kaufen? | Hvor kan man … kjøpe? |
| Wo ist hier eine Apotheke? | Hvor er det et apotek? |
| Welcher Bus geht nach …? | Hvilken buss går til …? |

**Im Hotel**

| | |
|---|---|
| Haben Sie ein freies Zimmer? | Har du et ledig rom? |
| Ich habe ein Zimmer bestellt. | Jeg har bestilt et rom. |
| Wie viel kostet das Zimmer pro Tag/ Woche? | Hvor mye koster rommet per døgn/ uke? |

Auf der Vesteralen-Insel Andøya

# Unterwegs in Norwegen

Marmorklippen am Oslofjord – das Opernhaus von Oslo

# Kapitel 1

# Oslo und Oslofjord

**Im Zentrum der am Nordrand des Oslofjords gelegenen und nur etwa 614 000 Einwohner zählenden Kapitale rauschen die Wälder; vor dem Rathaus öffnet sich der Fjord, und der Badespaß beginnt mitten in der Stadt – ›Uschlu‹, wie der Osloer sagt, fällt als grünste Metropole Europas in jeder Hinsicht aus dem Rahmen. Diesem einzigartigen Mix aus unberührter Natur und pulsierendem Großstadtleben verdankt die 1000-jährige norwegische Hauptstadt ihr spezielles Flair, dem sich kaum ein Besucher entziehen kann.**

**Eine Stadt zum Verlieben, eine Stadt auch für Romantiker, und nicht zuletzt eine lebendige Kulturmetropole mit Dutzenden Sehenswürdigkeiten, Trendlokalen und Shopping-Arkaden, Jazzkellern und einem ›Gastro-Himmel‹, über den längst nicht nur die Nordlichter wehen.**

**Östlich des rund 100 km langen Meeresarms erhebt sich in der Grenzstadt Halden das wichtigste militärgeschichtliche Denkmal des Königreichs, während die Altstadt von Fredrikstad im Ruf steht, die bestbewahrte Festungsstadt ganz Skandinaviens zu sein. Ein Paradies für Kanuten ist der 80 km lange Halden-Kanal. Im Westen des Oslofjords lohnen blitzblanke Küstenorte wie etwa die charmante Marinestadt Horten, das ganz in Weiß gehaltene Åsgårdstrand sowie Tønsberg, die älteste Stadt des Landes, einen Besuch. Kulturinteressierte können sich im kleinen Ort Borre umfassend mit der Welt der Wikinger vertraut machen. Außerdem laden Dutzende herrlicher Sandstrände am Festland wie auf den unzähligen Schären rings um den Oslofjord zum Erholen, Schwimmen und Sonnen ein.**

Auf einen Blick

# Oslo und Oslofjord

## Sehenswert

**1 Oslo:** Norwegens Kapitale ist die grünste Hauptstadt Europas und die Kulturmetropole des Königreichs (s. S. 104).

**Festung Fredriksten:** Die hoch über Halden gelegene Festung Fredriksten ist das wichtigste militärgeschichtliche Denkmal Norwegens (s. S. 122).

**Gamlebyen:** Die Altstadt von Fredrikstad gilt als die bestbewahrte Festungsstadt Skandinaviens und lohnt mit Kopfsteinpflastergassen, Wallgräben, Zugbrücken und bis zu 300 Jahre alten Bauten unbedingt den Besuch (s. S. 125).

**Oldtidsvei:** Auf dem ›Altertumsweg‹ liegen viele Grabhügel und Runensteine der Bronzezeit – ein ›Muss‹ für Freunde der Frühgeschichte (s. S. 127).

## Schöne Routen

**Im Inneren Zirkel:** Die Karl Johans gate wurde 1814 auf Geheiß des schwedischen Oberherrn Karl Johan als Prunk-Boulevard erbaut. Majestätisch also ihr Name und majestätisch auch das Gepräge von Oslos Flaniermeile, auf der Katzensprünge von Highlight zu Highlight und schließlich zum Schloss führen (s. S. 104).

**Am Oslofjord:** Was wäre schöner als ein Dating in heller Sommernacht auf der im Stil der Londoner Docklands ausgestatteten Aker Brygge! Dann liegt Goldlicht auf dem Fjord, spiegelt sich in den schimmernden Glastürmen des ehemaligen Werftgeländes und bringt die Festungswälle der gegenüber aufragenden Stadtburg Akershus zum Glühen (s. S. 108).

# Unsere Tipps

**Das neue Opernhaus:** Es gilt als eines der architektonisch ansprechendsten Bühnenbauten auf Erden, wurde 2008 gar zum ›Kulturgebäude der Welt‹ erkoren. Als spektakulärer Blickfang aus Glas und Carrara-Marmor ragt es in Form eines treibenden Eisberges aus dem Hafenbecken empor (s. S. 118).

**Über den Blå-Grønne Veien nach Norwegen:** Wer mit dem Auto über Schweden nach Norwegen einreist, dem bietet dieser Weg eine landschaftlich schöne Alternative zur viel befahrenen Europastraße Nr. 6 (s. S. 126).

# aktiv unterwegs

**Auf festem Kiel über den Halden-Kanal:** Die ca. 80 km lange, landschaftlich reizvolle Wasserstraße ist ein Paradies für Kanuten. Doch auch im Rahmen von organisierten Schiffsausflügen kann sie erkundet werden (s. S 124).

**Mit dem Fahrrad die ›Küsten-Route‹ entlang:** Diese familienfreundliche Tour führt von der Oslofjord-Region die sonnenverwöhnte Südküste entlang von Ferienort zu Ferienort bis an die Nordsee heran (s. S. 129).

# 1 Oslo ▶ H 28

**Die am Oslofjord gelegene Metropole ist mit rund 614 000 Einwohnern die größte Stadt Norwegens und das bedeutendste Wirtschafts- und Verkehrszentrum des Landes. Die etwa 1000 Jahre alte Residenzstadt beherbergt die meisten Sehenswürdigkeiten und ist auch in kultureller Hinsicht Mittelpunkt des Königreiches.**

## Im Inneren Zirkel

**Cityplan:** S. 106/107

### Auf der Karl Johans gate

Wie es heißt, lässt sich die Kultur einer Stadt besonders gut an der Vielfalt und dem Niveau ihrer Geschäfte ablesen, und so sollte jede erste Bekanntschaft mit Oslo an der **Karl Johans gate** 1 beginnen. Der prachtvolle Boulevard leitet in gerader, knapp 1,5 km langer Linie vom Hauptbahnhof zum Schloss und wurde 1814 auf Geheiß des schwedischen Oberherrn Karl Johan angelegt. Majestätisch also ihr Name und majestätisch auch das Gepräge dieser an edlen Shopping-Adressen und Luxushotels reichen Flaniermeile, die einige der prestigeträchtigsten Bauwerke der Stadt säumen.

›Via Veneto des Nordens‹ wird sie genannt, und ist seit jeher die Schlagader Oslos. Hier hielt einst der norwegische Nationaldichter Bjornstjerne Bjørnson seine großen Freiheitsreden, ließ sich Knut Hamsun vom bunten Treiben inspirieren und fand Edvard Munch viele Motive. Heute beanspruchen die flanierende Jugend, die Straßenmaler und Straßenmusikanten viel Raum, aber auch das wohlbetuchte Bürgertum ist reich vertreten – die Vergangenheit gegenwärtig, die Zukunft spürbar.

Auf dieser ebenso geschichtsträchtigen wie lebendigen Flaniermeile also sollte man seinen Rundgang durch das Zentrum Oslos beginnen, und was wäre stilechter, als zunächst dem **Grand Café** des stuckverzierten **Grand Hotels** 2 einen Besuch abzustatten. In den Räumen dieser ehrwürdigen Institution pflegten alle Großen des norwegischen Kunstschaffens ihren Kaffee zu trinken (Mo–Sa 11–23, So ab 12 Uhr). Auch heute noch gilt hier das Motto: sehen und gesehen werden, und sehen kann man u. a. die Abgeordneten des gegenüberliegenden **Storting** 3, des Norwegischen Parlaments. Dessen Backsteinfassade aus dem Jahr 1866 ist typisch für ein Land, das selbst auf Regierungsebene ganz ohne Protz auskommt (Stortinget: www.stortinget.no, Führungen, auch auf Englisch, Mo–Fr, Ende Juni–Mitte Aug. tgl. 10, 11.30 und 13 Uhr, Eintritt frei).

### Dom 4

Wendet man sich vom Parlament ostwärts, zeigt also dem in der Ferne bereits sichtbaren Schloss den Rücken, ist es nur ein etwa 300 m langes, den Fußgängern vorbehaltenes Wegstück bis zum **Dom.** Gegen Ende des 17. Jh. im Barockstil fertiggestellt und von 2006 bis 2011 umfassend restauriert, beeindrucken im Innern vor allem ein monumentales, 1500 m² großes Deckengemälde in Ei-Öl-Tempera sowie die barocke Kanzel und der barocke Altar, die beide um 1699 geschaffen wurden und als die ersten bekannten Arbeiten im Akanthusstil (s. S. 195) in Norwegen gelten. Auch der prachtvolle Königsstuhl ist einen bewundernden Blick wert, und hoch oben im zentralen Backsteinturm der Bischofskirche tickt seit 1718 die älteste noch funktionierende Turmuhr des Königreiches (Oslo Domkirke: www.oslodomkirke.no, tgl. 10–16 Uhr, Sa auch nachts von 0–6 Uhr, Eintritt frei; So Messe um 11, Mo–Do um 15.30, Fr um 16.30 Uhr).

### Zum königlichen Schloss

Zum Storting zurückgekehrt, flanieren wir nun in Richtung Schloss. Vorbei am **Eidsvoll-Park** 5, dessen Name an die verfassungsgebende Versammlung von 1814 in Eidsvoll (s. S. 34 und 180) erinnert, geht es weiter an der sich anschließenden Grünfläche **Studenterlunden** entlang, in der sich der vom Barock inspirierte Bau des **Nationaltheaters** 6 erhebt. Die beiden ›Kulturtitanen‹ Norwegens – Henrik Ibsen und Bjørnstjerne Bjørnson – schauen von hohen Säulen in die Runde, wo fliegende Händler Kitsch und Kram aus aller Herren Länder zu verkaufen suchen.

Gegenüber, auf der anderen Seite der Karl Johans gate, steht das imposante, von Säulen getragene Gebäude der **Universität** 7, in deren mit Wandmalereien von Edvard Munch geschmückten Aula früher der Friedensnobelpreis verliehen wurde (Universitetet: www.uio.no, im Sommer Mo–Fr 10–15 Uhr für jedermann zugänglich).

Die seitlich abzweigende Universitetsgata führt zur **Nationalgalerie** 8, die als größte und repräsentativste Kunstsammlung Norwegens gilt und Werke aller bedeutenden einheimischen Künstler der letzten 200 Jahre besitzt. Ein Saal ist den Werken von Edvard Munch gewidmet, und dort ist auch eine Version seines berühmtesten Bildes »Der Schrei« zu sehen. Aber auch die Abteilung für internationale Kunst kann sich mit Werken u. a. von Picasso, Matisse, Monet, Degas, van Gogh, Gauguin und Rodin sehen lassen (Nasjonalgalleriet: www.nasjonalmuseet.no, Di/Mi, Fr 10–18, Do bis 19, Sa/So 11–17 Uhr, Eintritt 50 NOK, So frei).

Die Frederiksgate führt rechts zum **Historischen Museum** 9, einem der schönsten Jugendstilbauten der Stadt, in dem mehrere Sammlungen untergebracht sind: Die Altertumssammlung zeigt zahlreiche Funde aus der Wikingerzeit sowie Kunst des Mittelalters (u. a. Portale von Stabkirchen, s. S. 49), die ethnografische Abteilung ist dem Leben fremder Völker gewidmet, und das Münzkabinett besticht mit einer umfassenden Münz- und Medaillensammlung (Historisk Museum: www.khm.uio.no, Di–So 11–16, Mitte Mai–Mitte Sept. 10–17 Uhr, Eintritt 50 NOK).

Folgen wir der Frederiksgate südwärts, gelangen wir erneut auf die Karl Johans gate, die nun in die ausgedehnte Parkanlage hineinführt, die das dreiflügelige, 1848 im klassizistischen Stil errichtete **Schloss** 10 umgibt. Der offizielle Wohnsitz des norwegischen Königs ist im Sommer im Rahmen von Führungen zu besichtigen. Das ganze Jahr über kann man hier der täglich um 13.30 Uhr stattfindenden Wachablösung der Königlichen Garde beiwohnen (Det Kongelige Slottet: www.kongehuset.no, Ende Juni–Mitte Aug. Führungen auf Norwegisch tgl. 11–17, Fr/So ab 13 Uhr, auf Englisch tgl. 14 und 14.20 Uhr, Mo–Do auch um 12, Fr/So auch um 16 Uhr, 55 Min., 95 NOK, Tickets an den Postämtern sowie unter www.billettservice.no, Tel. 81 53 31 33).

## Am Oslofjord

**Cityplan:** S. 106/107

### Rathaus und Rådhusbrygge

Nach der Karl Johans gate sollte man sich der ›Schokoladenseite‹ Oslos zuwenden, der Front zum Oslofjord, wohin es vom Schloss aus via Nationaltheater und der Olav Vs. gate nur ein Katzensprung ist. Geprägt wird diese als **Pipervika** bekannte Uferzone von zwei Polen: Erhebt sich über ihrem Ostrand die Festung Akershus (s. u.), so ragen im Westen die postmodern schimmernden Glastürme der Aker Brygge (s. u.) auf. Zwischen beiden Antipoden hat das 1950 anlässlich der 900-Jahr-Feier Oslos eröffnete **Rathaus** 11 seinen Platz. An diesem bulligen bzw. – wie andere sagen – äußerst imposanten Backsteinkomplex, der von zwei über 60 m hohen

# Oslo

## Sehenswert

1 Karl Johans gate
2 Grand Hotel
3 Storting
4 Dom
5 Eidsvoll-Park
6 Nationaltheater
7 Universität
8 Nationalgalerie
9 Historisches Museum
10 Schloss
11 Rathaus
12 Rådhusbrygge
13 Festung Akershus
14 Norwegisches Verteidigungsmuseum
15 Widerstandsmuseum
16 Nobel-Friedenszentrum
17 Aker Brygge/Tjuvholmen
18 Norsk Folkemuseum
19 Wikingerschiff-Museum
20 Fram-Museum
21 Kon-Tiki-Museum
22 Seefahrtsmuseum
23 Vigeland-Anlage
24 Vigeland-Museum
25 Munch-Museum
26 Opernhaus
27 Skisprungschanze Holmenkollen

## Übernachten

1 Anker Hotel / Anker Hostel
2 Cochs Pensjonat
3 Oslo Vandrerhjem Haraldsheim
4 Bogstad Camping
5 Sjøltyst Marina Bobilpark

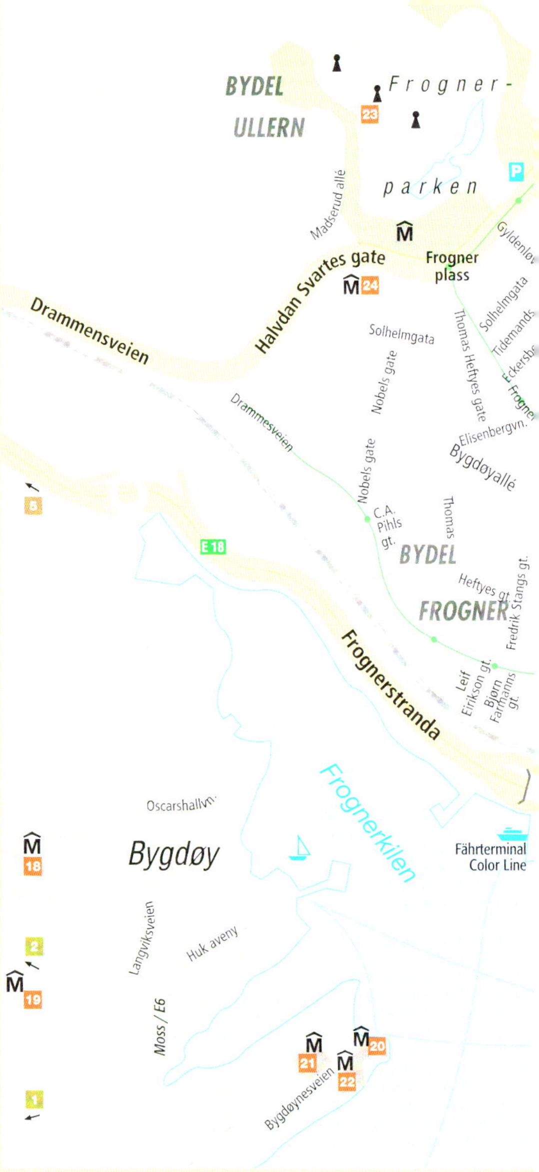


## Essen & Trinken

1 Café Christiania
2 Engebret Café
3 Frognerseteren Restaurant
4 Stortorvets Gjæstgiveri
5 Krishnas Cuisine

## Einkaufen

1 David-Andersen
2 Einkaufszentrum Oslo City
3 Paléet Shopping Galleri
4 Fenaknoken
5 Pur Norsk
6 Norway Design

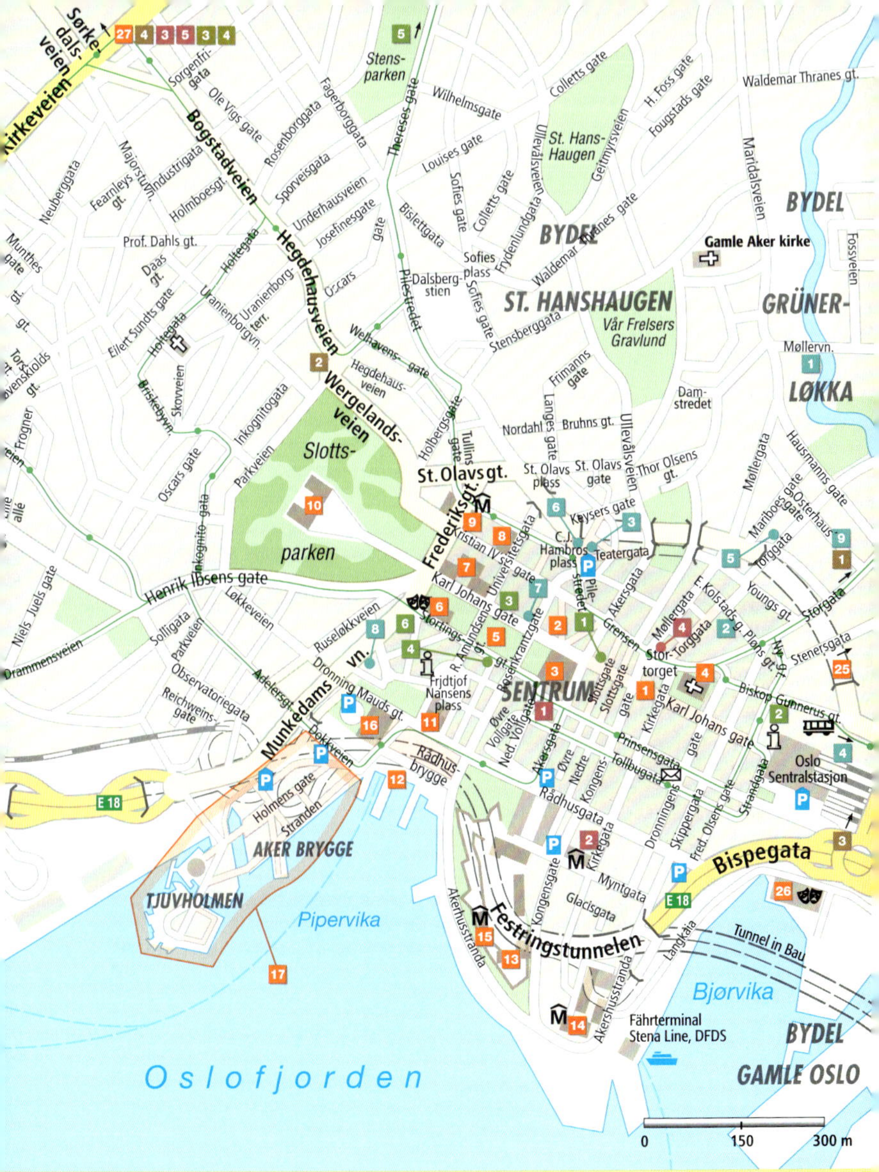


**Abends & Nachts**

1 Blå
2 Café Mono
3 Herr Nilsen Jazzclub
4 Oslo Mekaniske Verksted
5 Rockefeller/John Dee
6 London Pub
7 Ett Glass
8 Oslo Konserthus
9 Black Box Theater

**Aktiv**

1 Strand von Huk
2 Strand von Paradisbukta
3 Badesee Bogstadvannet
4 Tryvann Winterpark

Türmen flankiert wird, scheiden sich die Geister. Nur die Innenausstattung, an der die bedeutendsten norwegischen Bildhauer, Maler und Textilkünstler der ersten Hälfte des 20. Jh. beteiligt waren, wird einhellig als ansprechend bezeichnet (Rådhuset: tgl. 9–18 Uhr, Eintritt frei).

Ein hübsch anzusehendes, buntes Treiben bietet auch die direkt vor dem Rathaus verlaufende Uferpromenade **Rådhusbrygge** 12, wo im Sommer Lautsprecher die Musik von Radio Oslo übertragen und sich an den Kaianlagen zahllose historische Boote und Ausflugsdampfer, Fährschiffe und Jachten drängen.

## Festung Akershus

Die beeindruckendste Sicht auf den Hafen hat man von den Wällen der nur etwa 15 Gehminuten entfernten Festung **Akershus** 13 aus, kann man doch hier die ganze Pipervika bis hinüber zur Museumsinsel Bygdøy (s. u.) überblicken. Selbst das Rathaus mit seinen ›Turmzähnen‹ fügt sich, aus dieser Distanz betrachtet, harmonisch ins Bild. Doch auch das Bollwerk selbst, dessen älteste Teile aus dem späten 13. Jh. stammen, als Håkon V. Oslo zu seiner Residenz machte, lohnt mit gleich mehreren Sehenswürdigkeiten einen Besuch (Akershus festning: www.akershusfestning.no, tgl. 6–21 Uhr, Führungen, auch auf Englisch, im Mai Sa/So um 14, Juni tgl. 14, Juli–Mitte Aug. tgl. 11, 13, 15, 16 Uhr, Eintritt frei, Führung 30 NOK):

Während der Regierungszeit Christians IV., der der Stadt im 17. Jh. auch einen neuen, nämlich seinen Namen gab (Christiania), wurde die insgesamt neunmal angegriffene, doch nie eingenommene Anlage im Stil der Renaissance zum **Akershus-Schloss** umgebaut. Zu sehen gibt es u. a. prächtig ausgestattete und der Regierung auch heute noch zu Repräsentationszwecken dienende Prunksäle, die alte Schlosskirche sowie das königliche Mausoleum (Akershus slott: Mai–Aug. Mo–Sa 10–16, So ab 12 Uhr, 70 NOK, Audio-Guide ist inkl.). Das **Akershus Informationszentrum** führt auf einen Streifzug durch die 700-jährige Geschichte der Festung (Informasjonssenter: Mai–Aug. Mo–Fr 10–17, Sa/So ab 11, sonst 10–16 bzw. ab 11 Uhr, Eintritt frei).

Im Arsenalgebäude auf dem Schlosshof ist das **Norwegische Verteidigungsmuseum** 14 untergebracht, das der norwegischen Militärgeschichte von der Wikingerzeit bis heute gewidmet ist (Forsvarsmuseet: www.forsvaretsmuseet.no, Mai–Aug. Mo–Fr 10–17, Sa/So ab 11, sonst Di–Fr 11–16, Sa/So 11–17 Uhr, Eintritt frei).

Bleibt als letzte Sehenswürdigkeit auf dem Festungsgelände das **Widerstandsmuseum** 15. Der Standort ist trefflich gewählt, denn auf dem Platz davor wurden 42 norwegische Patrioten zum Tode verurteilt. Nüchtern und bar jeden Hasses erinnert die Ausstellung an den Widerstand gegen die deutschen Besatzer und ihre Gräueltaten (Hjemmefrontmuseet: www.forsvaretsmuseer.no/Hjemmefrontmuseet, Juni–Aug. Mo–Sa 10–17, So ab 11, sonst Mo–Fr 10–16, Sa/So 11–16 Uhr, 50 NOK).

## Nobel-Friedenszentrum 16

Einen denkbar starken Kontrast zu dieser Ausstellung bietet eine andere Sehenswürdigkeit, die anlässlich der Feiern zur 100-jährigen Selbstständigkeit Norwegens 2005 eröffnet wurde: Das im einstigen Hauptbahnhof vis-à-vis des Osloer Rathauses eingerichtete Nobel-Friedenszentrum zeigt neben einer ständigen Sammlung zu den Friedensnobelpreisträgern (s. S. 113) wechselnde Ausstellungen zum Thema Frieden. Darüber hinaus erhält man Wissenswertes zum Nobelpreisstifter Alfred Nobel (1833–1896) sowie zu aktuellen Konfliktherden auf der Welt und zum internationalen Einsatz für den Frieden (Nobel Fredssenter: www.nobelpeacecenter.org, Mitte Mai–Aug. tgl. 10–18, sonst nur Di–So, 80 NOK).

## Aker Brygge/Tjuvholmen 17

Gegenüber der Festung auf der anderen Seite der Bucht, zu erreichen über die Uferpromenade Akerhusstranda, ragt die postmoderne, im Stil der Londoner Docklands ausgestattete Aker Brygge mit dem direkt an-

**Die Festung Akershus am Ostrand der Pipervika**

grenzenden Tjuvholmen auf. Im Gegensatz zu ihrem englischen Gegenstück dient dieses ehemalige Werftgelände mit seinen schwimmenden Kai-Cafés und durchgestylten Restaurants, Designerclubs und coolen Bars auch den ›ganz normalen‹ Städtern als gern besuchte Shopping- und Unterhaltungsmeile. Und was könnte schöner sein, als hier eine helle Sommernacht zu genießen, wenn die bunten Lichter sich im Fjord spiegeln und eine milde Brise die Takelagen prachtvoll herausgeputzter Boote zum Singen bringt.

## Bygdøy

**Cityplan:** S. 106/107
Dass in Oslo der Badespaß nahe dem Zentrum beginnt, wurde schon erwähnt. Konkret beginnt er wenige Fährminuten (Fährboot Nr. 91, nur April–Okt.) vom Anleger an der Rådhusbrygge entfernt auf der strand-, wald- und wiesenreichen Halbinsel Bygdøy, aus gegebenem Anlass auch Museumsinsel genannt. Auch über Land kann man dieses Refugium erreichen (Bus Nr. 30; mit dem Auto: an der E 18 Richtung Drammen), doch der schönste Weg ist der mit dem Boot bis zur Endstation, von wo es dann nur noch wenige Meter bis zur ersten Sehenswürdigkeit sind.

### Norwegisches Volkskundemuseum 18

Das Norsk Folkemuseum, 1902 als erstes Freilichtmuseum des Königreiches eröffnet, präsentiert 155 Gebäude aus allen Regionen Norwegens und ist damit die größte Sammlung des Landes. Im Rahmen eines Spaziergangs kann man hier eine kulturhistorische Reise durch 800 Jahre Geschichte antreten und nebenbei u. a. Volkstanz- und Volksmusik-Aufführungen sowie Demonstrationen des traditionellen Handwerks beiwohnen. Besucher finden Informationen über die samische Kultur, Spielzeug, Kirchenkunst und vieles mehr und erhalten ein anschauliches Bild von den Lebensbedingungen aller Gesellschaftsschichten zwischen der Wikinger- und der Neuzeit. Ebenfalls zu besichtigen ist die Stabkirche von Gol, die als das Kleinod der

BRYGGETORGET

Ausstellung gilt. Sie wurde um 1170 erbaut und 1881 auf Veranlassung von Oscar II. aus dem kleinen Ort im Hallingdal hierher überführt.

Um sich auch nur einen ungefähren Überblick über diese Museumsanlage zu verschaffen, sollte man mindestens einen halben Tag Zeit mitbringen und möglichst auch den Museumsführer (auch auf Deutsch erhältlich) erstehen, der viele Fragen erschöpfend beantwortet (Norsk Folkemuseum: Mitte Mai–Mitte Sept. tgl. 10–18, sonst Mo–Fr 11–15, Sa/So bis 16 Uhr, www.norskfolkemuseum.no, 100 NOK).

## Wikingerschiff-Museum 19

Noch vier weitere Museen sind auf der Insel Bygdøy zu finden; und so man Präferenzen setzen muss oder will, sollte es das Wikingerschiff-Museum sein, auf das die Wahl fällt. Betritt man die 1926 fertig gestellte Halle, steht man sofort dem 1904 in der Nähe von Tønsberg gefundenen *Oseberg-Schiff* gegenüber. Es wurde um 800 erbaut, etwa 50 Jahre später dem Grab der Wikingerkönigin Åsa beigelegt und gilt – zusammen mit anderen Gaben, die man der Herrscherin für ihre Reise ins Reich der Toten mitgegeben hatte (u. a. ein mit Schnitzereien verzierter Wagen, drei Prachtschlitten) – als der reichste Grabfund aus der Wikingerzeit, der je in Norwegen gemacht wurde.

In zwei 1932 angebauten Seitenflügeln sind das 1880 bei Sandefjord gefundene *Gokstad-Schiff* sowie das 1876 bei Fredrikstad ausgegrabene *Tune-Schiff* zu betrachten. Dass die Wikinger mit solchen Schiffen wirklich die Meere befuhren, wies der spätere Seefahrtdirektor Magnus Andersen überzeugend nach: 1893 fuhr er in einer exakten Kopie des Gokstad-Schiffes von Norwegen aus innerhalb von 28 Tagen über den Atlantik, um an der Weltausstellung in Chicago teilzunehmen (Vikingskipshuset: www.khm.uio.no, Mai –Sept. tgl. 9–18, sonst tgl. 10–16 Uhr, 60 NOK).

**Postmodern durchgestylt: das ehemalige Werftgelände Aker Brygge**

## Fram-Museum 20

Von den Zeugnissen der Wikingerzeit führt ein kurzer Weg zu einem ›Wikingerschiff‹ unserer Zeit, das im Fram-Museum ausgestellt ist. Mit der 35 m langen und 1892 in Larvik erbauten ›Fram‹ stach 1893 der berühmte Polarforscher und Friedensnobelpreisträger Fridtjof Nansen aus dem Oslofjord in See und nahm Kurs auf Nord, in der Hoffnung, den Nordpol zu erreichen. Sein Plan war, sich von der Meeresströmung an den Pol treiben zu lassen, weswegen er das Schiff vor der sibirischen Küste einfrieren ließ. Doch die Drift misslang, weshalb Nansen zusammen mit seinem Begleiter Hjalmar Johansen zu Fuß nach Norden marschierte, wo sie am 7. April 1885 bis an 86°14' nördlicher Breite herankamen, dem nördlichsten bis dahin von einem Menschen erreichten Punkt. 1896 segelte er mit der ›Fram‹ wieder nach Oslo zurück.

Zwei Jahre später nutzte der Polarforscher Otto Sverdrup das »stärkste Schiff seiner Zeit«, um die Region nordwestlich von Grönland zu erkunden und zu kartieren. Auch die berühmte Antarktis-Reise von Roald Amundsen, der am 14. Dezember 1911 als erster Mensch den Südpol bezwang, wurde mit der ›Fram‹ bewältigt. Vor dem Museumsgebäude ist die ›Gjøa‹ aufgebockt, mit der Amundsen in den Jahren 1903–06 als Erster die legendäre Nordwestpassage bezwang. All diese

## Tipp: ›Oslo Pass‹

Mit dem ›Oslo Pass‹ bekommt man freien Eintritt in die meisten Museen und Sehenswürdigkeiten der Stadt, kann alle öffentlichen Verkehrsmittel kostenlos benutzen, erhält Ermäßigung bei Stadtrundfahrten, Auto- und Fahrradmiete und bei vielem anderem mehr. Die 1-Tages-Karte kostet 270 NOK (120 NOK für Kinder), für 2 Tage zahlt man 395 NOK (145 NOK), für 3 Tage 495 NOK (190 NOK). Verkauft wird sie über die Informationsbüros (auch online), viele Hotels sowie die Narvesen-Kioske in Oslo.

Reisen sind im Fram-Museum überaus anschaulich dokumentiert; neueste Attraktion ist zudem ein Polar-Simulator (Frammuseet: www.fram.museum.no, Juni–Aug. tgl. 9–18, Mai/Sept. 10–17, sonst 10–15 Uhr, 80 NOK).

### Kon-Tiki-Museum 21

Gegenüber dem Fram-Museum erhebt sich das Kon-Tiki-Museum, in dem das Balsa-Floßboot ›Kon-Tiki‹ zu sehen ist, mit dem Thor Heyerdal 1947 in 101 Tagen von Peru nach Polynesien segelte. In der Nachbarhalle beeindruckt das Papyrosboot ›Ra II‹, mit dem der Anthropologe 1970 den Atlantik überquerte. Aber nicht nur die Boote sind ausgestellt, sondern auch zahlreiche Exponate von den verschiedenen Reisen. Zum Anlass des 60-jährigen Jubiläums der Kon-tiki-Expedition wartet das Museum seit 2007 mit neuen interessanten Ausstellungen und Aktivitäten auf (www.kon-tiki.no, Juni–Aug. tgl. 9–18, März–Mai und Sept./Okt. tgl. 10–17, sonst 10–16 Uhr, 70 NOK).

### Seefahrtsmuseum 22

Wiederum gegenüber liegt das norwegische Seefahrtsmuseum, in dem die lange Geschichte der norwegischen Schifffahrt überaus anschaulich dokumentiert wird (Norsk Maritimt Museum: www.norsk-sjofartsmuseum.no, Mitte Mai–Ende Aug. tgl. 10–18, sonst 10–15 Uhr, 60 NOK).

Wer nach all dem anstrengenden Sightseeing ein wenig entspannen, sich vielleicht auch sonnen oder baden möchte, der kann direkt vor den Museumsgebäuden in den von Oslo kommenden Bus ein- und bald darauf bei der Station Huk in der Nähe beliebter **Stadtstrände** wieder aussteigen.

## Im Zeichen der Kunst

**Cityplan:** S. 106/107

### Vigeland-Anlage

Das größte Besucherinteresse gilt jedoch nicht der Museumsinsel mit ihren vielfältigen Zeugnissen der Wikinger- und Entdeckerzeit, sondern einem Kunstwerk der neueren Zeit. Gemeint ist die etwas westlich vom Stadtzentrum im Frogner Park gelegene **Vigeland-Anlage** 23, die als das Lebenswerk des norwegischen Bildhauers Gustav Vigeland (1869–1943) gilt und einen Skulpturenpark wahrhaft monumentaler Art darstellt. Rund 150 Skulpturen mit etwa 650 Figuren reihen sich – in Gruppen zusammengefasst – auf einer 850 m langen Achse aneinander und werden von einem über eine Treppe zu erreichenden, 17 m hohen ›Monolithen‹ überragt. Allein dieser besteht aus 121 Figuren und ist von 36 Figurengruppen aus Granit umgeben (Vigelandsparken: www.vigeland.museum.no, durchgehend geöffnet, Eintritt frei; zu erreichen mit der Straßenbahn Nr. 12).

Wer weitere Werke des einzigartigen Künstlers betrachten möchte, sollte das **Vigeland-Museum** 24 am Südrand des Parks an der Nobels gate 32 besuchen, bevor er mit Bus oder Straßenbahn wieder ins Zentrum zurückfährt (www.vigeland.museum.no, Juni–Aug. Di–So 10–17, sonst 12–16 Uhr, April–Sept. 50 NOK, sonst Eintritt frei).

### Munch-Museum 25

Zu einer Begegnung mit Norwegens berühmtestem Maler lädt das Munch-Museum im Osten von Oslo ein. Edvard Munch (1863–1944) gilt als einer der Wegbereiter des Expressionismus, und was er mit genialer Pinselführung wiedergab, waren Not und Angst, das immerwährende sich Anziehen und Abstoßen. Innere Gesichter waren es, die er malte, und als Wegbereiter der Moderne wird er heute in einem Zug mit van Gogh, Cézanne und Gauguin genannt. Das Museum, das über 18 000 Grafiken, 4500 Zeichnungen und 1100 Gemälde des Meisters besitzt, geriet 2004 in die Schlagzeilen, als Munchs berühmtestes Bild »Der Schrei« nebst einer Madonnendarstellung gestohlen wurde. 2006 wurden beide Bilder von der Polizei sichergestellt, doch dauerte es zwei weitere Jahre, bis die Meisterwerke weitestgehend restauriert waren. Im Mai 2012 wurde eine andere Fassung des »Schreis« aus Privatbesitz für den Rekordpreis von umgerechnet 91 Mio. Euro verstei-

# »Für Frieden und Brüderlichkeit der Völker« Thema

**Seit 1901 wird in Oslo alljährlich am Todestag des schwedischen Industriellen Alfred Nobel der von ihm gestiftete Friedensnobelpreis als Auszeichnung für besondere Verdienste in der Friedensbewegung sowie für den Einsatz für die Menschenrechte verliehen.**

Jahr für Jahr am 10. Dezember ist es wieder so weit: Demjenigen, »der am meisten oder besten für die Verbrüderung der Völker gewirkt hat und für die Abschaffung oder Verminderung der stehenden Heere sowie für die Bildung und Beförderung von Friedenskongressen«, überreicht man im Osloer Rathaus eine Goldmedaille mit der Aufschrift *Pro pace fraternitate gentium* (»Für Frieden und Brüderlichkeit der Völker«) sowie einen Scheck mit einer veritablen Summe: den Friedensnobelpreis. Benannt ist die renommierte Auszeichnung nach ihrem Stifter, dem Schweden Alfred Nobel, Erfinder des Dynamits, der 1895 in seinem Testament verfügte, dass fünf vom norwegischen Parlament zu wählende Personen alljährlich darüber befinden sollen, wer den »Preis für die Verbreitung des Friedens« erhält.

Warum er gerade Norwegen dafür auswählte, diesen Preis zu vergeben, während die übrigen Auszeichnungen (für Chemie, Physik, Medizin, Literatur) in seinem Heimatland Schweden verliehen werden, hat Nobel nie begründet. Angeblich hielt er seine Landsleute nicht für friedfertig genug, vielleicht liegt der Grund aber auch darin, dass Norwegen und Schweden zur Zeit von Alfred Nobel (der 1897 verstarb) eine Union bildeten und Nobel es für angemessen hielt, beide Staaten in die Preisverleihung einzubeziehen.

1901 nahm das Preisrichterkomitee (das alle sechs Jahre nach Parteienproporz vom Storting gewählt wird) in Oslo die Arbeit auf, und der Erste, der für würdig erachtet wurde, den Friedenspreis zu erhalten, war Henri Dunant, Begründer des Roten Kreuzes. Gegenstimmen gab es keine, der Beifall der Weltöffentlichkeit war einhellig. Auch die Preisverleihung an den Entdecker Fridtjof Nansen (1922), der als Leiter zahlreicher Hilfsaktionen wohl auch Norwegens bedeutendster Humanist war, führte zu keinerlei Kontroversen, ebenso wie die Auszeichnungen vieler anderer Persönlichkeiten (u. a. Albert Schweitzer, 1952; Martin Luther King, 1964; Mutter Teresa, 1979). Andere Entscheidungen freilich waren stark umstritten, so etwa die Auszeichnungen von Le Duc Tho und Henry Kissinger (1973), von Begin und Sadat (1978) sowie von Rabin und Arafat im Jahre 1994, nach der es wochenlang Proteste hagelte und sich das Komitee den Vorwurf der Einmischung in die internationale Politik gefallen lassen musste. Aber gegen solche Angriffe ist man in Oslo gefeit, wie man es auch gelassen hinnahm, als die Chinesen beispielsweise mit radikalen Boykottmaßnahmen drohten, als 1989 das Oberhaupt des von der Volksrepublik annektierten Tibet, der Dalai Lama, den Preis erhielt.

»Manchmal können wir, die kleinen Länder, ein wenig verändern in dieser Welt«, sagte der Vorsitzende des Komitees 1987 in seiner Ansprache zur Ehrung von Costa Ricas Präsidenten Arias. Und nichts anderes ist Hauptziel der norwegischen Außenpolitik: einen größtmöglichen Beitrag zur demokratischen Entwicklung und zur Einhaltung der Menschenrechte auf diesem Planeten zu liefern.

**Nur zwei von insgesamt 650 Figuren des Skulpturenparks Vigeland**

gert (www.munch.museum.no, Juni–Aug. tgl. 10–18, sonst Di–Fr 10–16, Do bis 20, Sa/So 11–17 Uhr, 95 NOK; hin mit dem Bus Nr. 20 bis Haltestelle Munchmuseet oder beliebige U-Bahn in östl. Richtung bis Tøyen stasjon).

## Infos

**Turistinformasjonen ved Rådhuset:** Fridtjof Nansens Plass 5 (Eingang von der Roald Amundsens gt. aus), 0160 Oslo, Tel. 81 53 05 55, Fax 23 15 88 11, www.visitoslo.com, Jan.–März, Okt.–Dez. Mo–Fr 9–16, April–Mai, Sept. Mo–Sa 9–17, Juni–Aug. Mo–So 9–19 Uhr. Infos zu Oslo, Geldwechsel, Buchung von Hotels und Stadtrundfahrten, Vermittlung von Privatzimmern, Verkauf der Oslo-Karte (s. Tipp S. 111).

**Turistinformasjonen på Trafikanten:** Jernbanetorget 1 (vor dem Hauptbahnhof), Tel. 81 53 05 55, Fax 23 15 88 11, Mo–Fr 7–20, Sa/So 8–18 bzw. 8–20 Uhr (Mai–Sept.). Identisches Serviceangebot.

## Übernachten

Die Preisangaben beziehen sich stets auf ein Doppelzimmer, in der Regel inkl. Frühstück, in Klammern gesetzt sind die Wochenend-/Sommertarife.

Spitzenklasse aus alter Zeit ▶ **Grand Hotel 2:** Karl Johansgt. 31, Tel. 23 21 20 00, www.grand.no. Oslos führendes Traditionshotel, in allerbester Lage, ausgestattet mit rund 290 eleganten Zimmern und Suiten, mehreren Restaurants und einem Hallenbad. Bei Nobelpreisträgern, Staatshäuptern und Popstars gleichermaßen beliebt. 1545 NOK (1207 NOK).

Zentral ▶ **Anker Hotel 1:** Storgt. 55, Tel. 22 99 75 00, www.anker-hotel.no. Zwischen Grünerløkka und der Karl Johans gate gelegenes modernes Mittelklassehotel. Die nach vorne weisenden Zimmer bieten reiche Stadtaussicht, von den hinteren Zimmern blickt man auf Parkanlagen. Ganzjährig ab 890 NOK.

Budgetgerecht ▶ **Cochs Pensjonat 2:** Parkvn. 25, Tel. 23 33 24 00, www.cochspensjonat.no. Pension seit nunmehr 100 Jahren nahe dem Schlosspark. Die 88 Zimmer auf fünf Etagen sind zwar eher spartanisch eingerichtet, aber günstig, haben teils Gemeinschaftsbad, teils Kitchenette, können jedoch, wenn nach vorne gelegen, laut sein. Ab 720 NOK.

Minimalistisch ▶ **Anker Hostel 1:** Storgt. 55, Tel. 22 99 72 00, www.ankerhostel.no. Der preisgünstige Ableger des Anker Hotel (s. o.) bietet im Sommer rund 400, sonst 300 Betten in 2-, 4- sowie 6-Bett-Zimmern, alle mit Dusche und WC sowie mit Kissen und Daunendecken ausgestattet; Bettwäsche kann an der Rezeption geliehen (50 NOK) oder selbst mitgebracht werden. Bett im DZ 290 NOK, im 4-Bett-Zimmer 250 NOK, im 6-Bett-Zimmer 220 NOK, Frühstück 90 NOK.

Jugendherberge im Grünen ▶ **Oslo Vandrerhjem Haraldsheim 3:** Haraldsheimvn. 4, Tel. 22 22 29 65, www.haraldsheim.no, ganzjährig. Landschaftlich schön und doch recht zentral gelegen, hohes Komfortangebot und über 270 Betten in 4-, 2-Bett- und Einzelzimmern. Erreichbar mit Straßenbahn Nr. 17 (ab Bahnhof; aussteigen bei ›Sinsenkrysset‹) sowie dem Lokalzug (bis Station ›Grefsen‹). Betten ab 245 NOK, DZ 540 NOK inkl. Frühstück.

Camping und Hütten ▶ **Bogstad Camping 4:** Ankervn. 117, Tel. 22 51 08 00, www.bogstadcamping.no, ganzjährig. Nahe Bogstadvannet gelegener Komfortplatz, etwa 9 km vom Zentrum (an der E 18, ausgeschildert), auch per Bus ab Hauptbahnhof/Nationaltheater erreichbar (35 Min., Bus Nr. 32 in Richtung ›Voksen Skog‹). Über 1000 Stellplätze. Zeltplatz 185 NOK/2 Pers., Wohnmobil 255 NOK/2 Pers., 46 Vier-Bett-Hütten ab 665 NOK (Sommer ab 925 NOK).

Für Wohnmobile ▶ **Sjøltyst Marina Bobilpark 5:** Drammensveien 160, Bygdøy, Tel. 22 50 91 93, www.bobilparkering.no, Juni–15. Sept., 150 NOK/Fahrzeug inkl. Strom. Oslos einziger Wohnmobil-Platz (Zufahrt nur 7–23 Uhr) liegt am Kai der Sjølust-Marina auf der Museumshalbinsel Bygdøy nahe Wanderwegen sowie Badestränden. In der nahen Karenlyst Allee Restaurants, Cafés, Geschäfte. Radweg ins Zentrum (8 Min.); 250 Stellplätze, am Wasser Grills und Sitzbänke.

## Essen & Trinken

Selbst einfache Gerichte in einem x-beliebigen Restaurant kosten schnell mal 120 NOK, soll es mehr als Fast Food sein, muss man mindestens 170 NOK ansetzen – und das lohnt entschieden nicht! »Wenn schon, denn schon«, finden wir und geben nachfolgend eine kleine Auswahl nicht unbedingt preiswerter, aber besuchenswerter Restaurants:

Wie anno dazumal ▶ **Café Christiania 1:** Nedre Vollgate 19, Eingang Stortingsgaten, Tel. 22 01 05 10, www.cafechristiania.no, Mo–Sa ab 11 Uhr, Tischreservierung empfohlen, Lunch um 150 NOK, Vorspeisen um 120 NOK, Hauptgerichte ab 200 NOK. Direkt gegenüber vom Parlament im über 110 Jahre alten Schmuckbau der Freimaurerloge gelegen, ist das Café Christiania geprägt von der Geschichte des Landes. Das spiegelt sich

## Tipps zur Hotelbuchung

Alle Unterkünfte kann man online, telefonisch oder per Mail auch über die Touristeninformation buchen (s. S. 114, Bezahlung per Kreditkarte). Für eine bestimmte Anzahl von Zimmern gibt es in fast allen Unterkünften **Spezialtarife**, die teilweise beträchtlichen Rabatt bieten.

Eine weitere Preisersparnis bietet das **›Oslo Pakken‹** (Oslo Paket), das den ›Oslo Pass‹ (s. S. 111) sowie eine Übernachtung im Hotel beinhaltet und je nach Unterkunft ab 620 NOK/Pers. und Tag kostet (angeschlossen sind 40 Häuser in allen Kategorien); Kinder bis zu 16 Jahren wohnen gratis im Zimmer der Eltern (und bekommen auch die Oslo-Karte gratis). Das Paket gilt an allen Tagen und kann über viele Reisebüros in Deutschland, der Schweiz und Österreich gebucht werden, außerdem über die Buchungsstellen der Oslo-Touristeninformation.

Außerdem bieten die meisten Hotels günstige **Wochenend- sowie Sommertarife,** die bis zu 40 % Ermäßigung gewähren. Am günstigsten sind **Privatzimmer** (EZ ab 300 NOK, DZ ab 500 NOK), die über die Touristeninformation vermittelt werden (man muss persönlich erscheinen); sie verschickt auf Anfrage auch eine Liste mit allen Privatunterkünften in Oslo.

nicht nur in der stuckverzierten Einrichtung, sondern auch in den klassischen Spezialitäten, die im Sommer auch auf der geräumigen Dachterrasse serviert werden. Kann es mittags (Lunchgerichte ab 95 NOK) schon oft schwer sein, ohne Tischreservierung einen Platz zu bekommen, so erst recht zwischen 12 und 17 Uhr, wenn es Zeit ist für den Afternoon Tea nach britischem Vorbild (225 NOK bzw. 325 NOK, wenn mit Champagner). Abends gibt es tgl. wechselnde Kreationen der gehobenen Küche (265 NOK inkl. Dessert), samstags wird von 11–16 Uhr zum Brunch geladen (225 NOK).

Feinschmeckerküche ▶ **Engebret Café** 2: Bankplassen 1, Tel. 22 82 25 25, Mo–Fr 11.30–23, Sa ab 17 Uhr, Tischreservierung empfohlen. Seit mehr als 150 Jahren eine der ersten Anlaufstellen in Oslo für allerfeinste norwegische Küche, ganz zart französisch angehaucht. Spezialitäten sind Fisch und Meeresfrüchte (265–365 NOK) bzw., im Herbst, auch Wild (ca. 450 NOK); Vorspeisen (sehr empfehlenswert u. a. die Fischsuppe) kosten ab 140 NOK. Die Weinkarte steht im Ruf, eine der besten der Stadt zu sein, und das klassisch-norwegische Smørbrødsbuffet, das vormittags serviert wird, lässt wirklich keine Feinschmeckerwünsche offen. Sehr schön auch zum Draußensitzen.

Historisches Ambiente ▶ **Grand Café** 2: Grand Hotel, Karl Johansgt. 31, Tel. 23 21 20 18, Mo–Sa ab 11, So ab 12 Uhr. Das im eleganten Boheme-Stil eingerichtete Café gehört zu Oslos ersten Adressen in Künstler- und Intellektuellenkreisen (s. S. 104). Jeden So 13–17 Uhr lädt ein Jazzbrunch mit Livemusik zu 345 NOK ein.

Tolles Panorama ▶ **Frognerseteren Restaurant** 3: Holmenkollvn. 200, zu erreichen mit der U-Bahn-Linie 1, Tel. 22 92 40 40, Mo–Fr ab 12, Sa/So ab 13 Uhr, für die Sommerabende Reservierung empfohlen. Massiver Holzbau aus dem 19. Jh., rustikal-elegant, ›das‹ Restaurant in Oslo für gute norwegische Küche plus Top-Panorama auf die Stadt; die Preise spiegeln vor allem die fantastische Aussicht wider. Vorspeisen ab 145 NOK, Hauptspeisen ab 285 NOK.

300 Jahre alt ▶ **Stortorvets Gjæstgiveri** 4: Grensen 1, Tel. 23 35 63 60, Mo–Sa ab 11 Uhr. Oslos ältestes Restaurant und genauso gemütlich eingerichtet, wie das ehrwürdige Alter vermuten lässt. Auf dem Menü stehen norwegische Traditionsgerichte (Vorspeisen ab 119 NOK, Hauptgerichte 240–335 NOK), aber auch die Kunst der *Bacalao*-Zubereitung wird hier hoch gehalten. Im angeschlossenen **Café,** wo jeden Samstag von 13.30–16.30 Uhr Livejazz im 1920er/1930er-Jahre-Stil präsentiert wird, gibt es auch Lunch-Gerichte sowie kleinere Mahlzeiten, stets eine Empfehlung sind dort die Fischsuppe (135 NOK) sowie die täglich wechselnde *Dagens husmannskost* (135 NOK).

Preishit ▶ **Krishnas Cuisine** 5: Sørkedalsveien 10B, Tel. 22 69 22 69, www.krishnascuisine.no, Mo–Fr 11–20, Sa bis 19 Uhr. In diesem minimalistisch eingerichteten Selbstbedienungs-Restaurant kann man auf den vegetarischen Geschmack kommen, denn gekocht wird mit Leib und Seele nach ayurvedischer Esskultur. Günstiger wird man in Oslo kaum etwas vergleichbar Gutes zu essen bekommen: Der ›Tagesteller‹ (135 NOK) umfasst ein warmes Tagesgericht sowie Suppe, Salat, Chutneys und Beilagen. Man kann so oft einen Nachschlag holen, wie man möchte; bestellt man lediglich das Tagesgericht, zahlt man 95 NOK.

## Einkaufen

Die ›Tempel der Shopping-Fans‹ finden sich zuhauf entlang der Karl Johans gate, doch muss man wissen, dass Norwegen teuer ist, Oslo noch teurer und die Geschäfte entlang dieser Straße am teuersten sind. Dennoch ein paar Tipps:

Schmuck ▶ **David-Andersen** 1: Karl Johansgt. 20, Tel. 24 14 88 00, Mo–Fr 10–18, Sa bis 17 Uhr. David-Andersen gilt als einer der führenden skandinavischen Juweliere; größte Auswahl an Schmuck jeder Art sowie nach Art der alten Wikinger.

Alles unter einem Dach ▶ **Einkaufszentrum Oslo City** 2: Jernbanetorget beim Hauptbahnhof, Mo–Fr 10–22, Sa 10–20 Uhr. Mit etwa 100 Einzelgeschäften (auch Souve-

**Entspannen im Szene-Stadtteil Grünerløkka**

nir-Geschäften) ist es eines der größten Kaufhäuser des Landes, wohingegen die **Paléet Shopping Galleri** 3 in der Karl Johans gate 37–43 (Mo–Fr 10–20, Sa bis 18 Uhr) das eleganteste Kaufhaus ist.

**Tierisch gut ▶ Fenaknoken** 4: Tordenskioldsgt. 7, Tel. 22 42 34 57, Mo–Fr 10–17, Sa bis 16 Uhr. Ob Rentierfleisch oder Räucherlachs, Wildschwein oder Trockenfisch: Fenaknoken gilt als *die* Adresse in Oslo für norwegische Delikatessen.

**Ausschließlich norwegisch ▶ Pur Norsk** 5: Thereses gt. 14, Tel. 22 46 40 45, Mo–Fr 11–18, Sa 10–16 Uhr. Ob echte Designerstücke, Mitbringsel für die Kleinen oder Kurioses für die Liebsten – hier, wo nur norwegische Produkte vertrieben werden, wird man sicher fündig. Das Besondere an diesem Shop ist, dass man über die Geschichte eines jeden Stückes informiert wird.

**Nomen est omen ▶ Norway Design** 6: Stortingsgt. 28, Tel. 23 11 45 10, Mo–Fr 10–18, Sa bis 16 Uhr. Größte Auswahl an allem, was man sich unter Design vorstellt.

## Abends & Nachts

Oslos Nightlife-Zentren sind **Aker Brygge/ Tjuvholmen** 17 (herrlich auch zum Draußensitzen) sowie die zwischen Storting und Eidsvoll-Park verlaufende **Rosenkrantzgate** mit vielen Pubs und Bars, Diskotheken und Nightclubs. In der **Karl Johans gate** 1 laden insbesondere Bars ein, während sich um den **Stortorvet** (Hauptplatz) Jazz- und Bluesclubs finden. Die zurzeit heißeste Stadtszene der jungen Trendsetter lädt in **Grønland** und **Grünerløkka** ein, im Osten von Downtown nördlich vom Hauptbahnhof gelegen, während sich das westliche Stadtviertel **Majorstua** mit dem ›Bogstadveien‹ und dem ›Hedgehaugsveien‹ als Treff für gutsituiertes Publikum etabliert hat. Vor 22 Uhr aber ist in Lokalitäten nichts los, dafür geht es bis gegen 3 oder auch 5 Uhr morgens. Eintritt (50–140 NOK) wird oft erhoben, nicht nur in Discos, das Mindestalter liegt bei 18 Jahren, mitunter auch bei 21 Jahren (Ausweis wird verlangt).

**Jazztempel mit Geschichte ▶ Blå** 1: Brenneriveien 9, Grünerløkka, Tel. 98 25 63

## Tipp: Das Opernhaus – Ein Blickfang 26

Der neue und so spektakuläre Bau aus Glas und Carrara-Marmor wächst in Form eines treibenden Eisberges aus dem Wasserspiegel des Hafenbeckens der Bjørvika empor. Die nach einer fünfjährigen Bauzeit fertiggestellte Oper stellt mit ihren Abmessungen von 207 m Länge und 110 m Breite sowie einem Kostenaufwand von rund 520 Mio. € das größte Kulturprojekt dar, das Norwegen je gewagt hat. Sie gilt als eines der architektonisch ansprechendsten Bauwerke weltweit, gleich nach ihrer Eröffnung wurde sie auf dem World Architecture Festival in Barcelona zum »Kulturgebäude der Welt 2008« erkoren.

Entworfen wurde der Bau vom norwegischen Architekturbüro Snøhetta, das schon die neue Bibliothek von Alexandria in Ägypten konzipiert hat, und hier wie dort wurde eine Symbiose mit der Landschaft angestrebt. Sie soll symbolisch für Norwegen sein, weshalb man, so die Architekten, auf vertikale und maskuline Formen verzichtet und das Bauwerk ungewöhnlich zugänglich konstruiert habe: Über eine leuchtend weiße Rampe hinweg kann man ihr auf das Marmordach steigen.

Das sollte man sich ebenso gönnen wie einen Besuch im 38 500 m² großen Inneren, wo sich mehr als 1500 Räume öffnen. Als Prunkstück gilt dort der Große Saal – angeblich der schönste Opernsaal der Welt! (Kirsten Flagstads plass 1, www.operaen.no, Führungen Mo–Sa um 12, So um 12.30 Uhr, Dauer: 1 Std., 100 NOK).

86, www.blaaoslo.no, tgl. ab 17/18–3.30 Uhr, im Sommer (ab 1. Mai) Gartenlokal Mo–Fr 16–2, Sa/So ab 12 Uhr, Altersgrenze 20 Jahre. Kaum ein Abend ohne »live & contemporary, jazz and related sounds«. Aber auch für experimentelles Theater, Kabarett, Dichterlesungen und andere Kulturevents ist das »Blau« die Top-Adresse im Viertel.

Musikmix mit Anspruch ▶ **Café Mono** 2: Pløens gt. 4/Youngstorget, Tel. 22 41 41 60, www.cafemono.no, Mo–Sa 15–3, So ab 18 Uhr, Altersgrenze 20, am Wochenende 22 Jahre. Mehrmals die Woche spielen nationale sowie auch internationale Gruppen Pop & Rock, Folk & Country, aber auch Indie, Electronica und Jazz (Eintritt meist 100/120 NOK).

Mainstream-Jazz ▶ **Herr Nilsen Jazzclub** 3: C. J. Hambros Plass 5, Tel. 22 33 54 05, www.herrnilsen.no. In Zusammenarbeit mit dem Oslo Jazz Forum werden rund ums Jahr an durchschnittlich sechs Abenden der Woche Jazzkonzerte (in der Regel Mainstream) abgehalten.

Kuschelkneipe rustikal ▶ **Oslo Mekaniske Verksted** 4: Tøyenbekken 34, Grønland, www.oslomekaniskeverksted.no, Grønland, tgl. 15–2 Uhr, abends Altersgrenze 21 Jahre. Die alten Werkhallen der mechanischen Fabrik geben den stimmungsvollen Rahmen für diese rustikale Kneipe.

Livemusik satt ▶ **Rockefeller** 5: Torggata 16, Tel. 22 20 32 32, www.rockefeller.no, So–Do 20–3.30, Fr/Sa ab 21 Uhr. Die Konzertarena für alle Genres, auch wenn der Schwerpunkt auf Rock liegt. So auch im angeschlossenen **John Dee,** dem Liveclub des Rockefeller (Eingang um die Ecke in der Henrik Ibsens gate), wo die Konzerte So–Do um 21.30 und Fr/Sa um 22.30 Uhr beginnen.

Gays und Lesben ▶ Spätestens seit der großen Gay- und Lesben-Parade »Europride 2005« gilt Oslo als eine der gayfreundlichsten Städte des Nordens. Treffpunkte sind u. a. der **London Pub** 6 (C. J. Hambros Plass, Tel. 22 70 87 00) und das Café-Bar-Restaurant **Ett Glass** 7 (Karl Johansgt. 33, Tel. 22 33 40 79, Mo–Sa ab 12, So ab 13 Uhr).

Mit seinen zahlreichen Theatern, Konzertsälen und Kunstausstellungen bietet Oslo ein reichhaltiges und interessantes Kulturangebot, das allerdings während der Sommersaison recht eingeschränkt ist, sodass sich dann hauptsächlich Folklore-Veranstaltungen (s. u.) anbieten. Infos in der Tagespresse, in der vom Touristenbüro herausgegebenen Broschüre

›What's On‹ sowie im Internet unter www.visitoslo.com.

**Ein Blickfang ▶ Den Norske Opera 26:** Kirsten Flagstads plass 1, Tel. 21 42 21 21, www.operaen.no; Vorstellungsbeginn meist um 19.30 Uhr, Sommerpause: 20. Juni–Anfang Sept. (siehe auch Tipp S. 118).

**Klassik ▶ Oslo Konserthus 8:** Munkedamsvn. 14, Tel. 23 11 31 11, www.oslokonserthus.no, Kartenverkauf Mo–Fr 11–17 Uhr. Mit mehr als 300 Veranstaltungen jährlich ist das 1977 errichtete Konzerthaus eine der wichtigsten Kulturinstitutionen Oslos.

**Nicht nur Ibsen ▶ Nationaltheater 6:** Johanne Dybwads Plass 1, Tel. 81 50 08 11, www.nationaltheatret.no, Kartenverkauf Mo–Fr 11–19 Uhr, Sa 11–18 Uhr. Internationales und norwegisches Theater, natürlich auch regelmäßig Henrik Ibsen.

**Alternative Bühne ▶ Black Box Theater 9:** Marstrandgt. 8, Tel. 23 40 77 70, www.blackbox.no. Bühne der freien Gruppen aus dem In- und Ausland.

**Folklore ▶ Norsk Folkemuseum 18:** Zwischen Mitte Juni und Aug. finden hier tgl. ab 10 Uhr Aufführungen mit norwegischer Folklore und Tänzen statt.

## Aktiv

**Baden & Beachen ▶** Stadtnah und schön sind die Strände von **Huk 1** und **Paradisbukta 2** auf Bygdøy, beide erreichbar mit dem Bus Nr. 30, dann weiter auf einem kurzen Spazierweg. Populärster Badesee der Stadt ist der in der Oslomarka gelegene **Bogstadvannet 3**, direkt beim Bogstad Campingplatz (Anfahrt s. S. 115).

**Wintersport ▶** Nur wenige Minuten vom Stadtzentrum entfernt kann man traumhafte Loipen und Pisten mit öffentlichen Verkehrsmitteln erreichen, zwischen Mitte Dez. und Ostern laden in der **Oslomarka** 2600 km an präparierten Langlaufloipen ein, von denen 90 km mit Flutlicht beleuchtet werden. Aber auch alpine Abfahrten, Buckelpisten und Sprungschanzen gibt es. Wintersport-Zentrum ist der **Tryvann Winterpark 4** (Tel. 40 46 27 00, www.tryvann.no, tgl. 10–22 Uhr) nahe Holmenkollen, wohin man u. a. mit der Metro und dem Bus gelangt; die erforderliche Ausrüstung kann ausgeliehen werden.

**Sightseeing-Touren ▶** Von Ende April bis Mitte Sept. fahren ab dem Rathaus **11** offene Doppeldeckerbusse im Halbstundentakt eine bestimmte Route zu den Highlights der Stadt. Der Preis beträgt 190 NOK, man kann an allen Stationen immer wieder zu- und aussteigen (Citysightseeing, Tel. 22 78 94 00, www.citysightseeing.no).

**Fjordfahrten ▶** Die traumhafte Lage von Oslo genießt man am besten im Rahmen einer Fjordfahrt, die im Sommer von zahlreichen Veranstaltern ab der Rådhusbrygge **12** angeboten wird, so u. a. eine Minikreuzfahrt (50 Min., 175 NOK), eine Miditour (2 Std., 250 NOK) nebst einem Törn auf einem historischen Segelschiff (3 Std., 395 NOK). Rund ums Jahr ab tgl. 10 Uhr stehen geführte Bustouren auf dem Programm, die zwischen 250 NOK (2 Std.) und 340 NOK (4 Std.) kosten. Nähere Informationen über das Touristenbüro und www.boatsightseeing.com.

## Termine

Alljährlich finden in Oslo zahlreiche Festivals von internationalem Niveau statt, die meisten von ihnen im Sommer. Nähere Infos erteilen die Touristenbüros sowie die kostenlose Broschüre ›What's On‹ und die Website www.visitoslo.com.

**Oslo Kirkemusikkfestival** (Anfang–Mitte März): Internationales Musikfestival in den Kirchen der Stadt (www.oslokirkemusikkfestival.no).

**Norges Nasjonaldag** (17. Mai): Norwegens Nationalfeiertag mit Kinderumzug entlang der Karl Johans gate zum Schloss.

**Holmenkollenstafetten** (Mitte Mai): In 15 Etappen aufgeteilter Volkslauf von 17 750 m Länge zwischen dem Zentrum und Holmenkollen (www.holmenkollstafetten.no).

**Norwegian Wood** (Mitte Juni): Eines der größten Open-Air-Rockfestivals des Nordens (www.norwegianwood.no).

**Skeive dager** (Ende Juni): *Die* Kulturveranstaltung für Homosexuelle in Norwegen; mit Filmfestival, Konzerten, Kunstausstellungen, Shows und Paraden (skeivedager.no).

**Oslo Jazz Festival** (Mitte Aug.): Seit nunmehr 20 Jahren lädt dieses auch international bekannte Jazzfestival für sieben Tage in die Stadt ein (www.oslojazz.no).
**Øya Festival** (Mitte Aug.): Eines der größten Rockfestivals des Landes, 4-tägig (www.oya festivalen.com).
**Oslo Kammermusikk Festival** (Mitte Aug.): Rund zwei Dutzend Kammermusikkonzerte im Laufe von zehn Tagen (www.oslokammer musikkfestival.no)
**ULTIMA-Festivalen** (Sept./Okt.): Norwegens wichtigstes Festival für moderne experimentelle Musik, zehn Tage (www.ultima.no).

## Verkehr

**Flugzeug:** Der Oslo Gardermoen Lufthavn liegt ca. 50 km nördlich der Stadt nahe der Europastraße Nr. 6, ist jedoch problemlos mit öffentlichen Verkehrsmitteln zu erreichen: Am schnellsten (20 Min.) geht es mit dem Flytoget (Flughafenzug: Tel. 81 50 07 77, www.flytoget.no), der im 10-Minuten-Takt vom Hauptbahnhof für 170 NOK zum Flughafen fährt (Bahnhof dort unter den Terminals); auch alle anderen Züge Richtung Lillehammer, Trondheim etc. stoppen am Flughafen. Außerdem verkehrt der SAS-Flughafenbus, Abfahrt alle 20 Min., ca. 40 Min. Fahrzeit, bis zum Busterminalen (Busbahnhof) beim Hauptbahnhof (Tel. 22 80 49 71, www.flybu sen.no, 150 NOK). Infos über alle Transportmittel unter Tel. 177. Wer das Taxi nehmen möchte, bezahlt 695 NOK Festpreis (4 Personen, Tel. 0 23 23).

Ryanair startet entweder ab Oslo Rygge (für Berlin, Frankfurt-Hahn) im Südosten von Oslo (stdl. Zugverbindung ab Hbf., 1 Std., 144 NOK) oder ab Oslo-Torp (für Bremen), dem Flughafen von Sandefjord; hin (knapp 2 Std., 200 NOK) mit dem Torp Express, der vom Busbahnhof aus mehrmals tgl. zum Flughafen fährt (Informationen über Tel. 177).
**Bahn:** Züge in alle Richtungen starten ab Oslo Sentralstasjon (Hauptbahnhof, oft mit ›Oslo S‹ ausgeschildert); Informationen über Trafikanten (s. u.) oder Tel. 177, außerdem über Tel. 81 50 08 88 (auch Buchung) sowie www.nsb.no.
**Bus:** Busverbindungen ins In- und Ausland über den Busbahnhof von NOR-WAY Bussekspressen an der Schweigaardsgt. 8–10, Tel. 81 54 44 44 (Auskunft und Platzreservierung), Auskunft auch über Tel. 177.

**Badeurlaub mitten in Oslo – der Strand von Huk auf Bygdoy**

Auf den Strecken von Oslo nach Kristiansand, Stavanger und Trondheim hat NOR-WAY Busekspressen Konkurrenz von Norwegens Billigbus-Anbieter bekommen, der auf allen Strecken 2 x tgl. verkehrt und die online zu kaufenden Tickets ab 100 NOK anbietet: Lavprisekspressen, Tel. 67 98 04 89, www.lavprisekspressen.no.

**Mietwagen:** Die größte Auswahl an Fahrzeugen jeder Art (auch Minibusse) haben u. a. Avis (Tel. 81 53 30 44; auch am Flughafen) und Sixt (Tel. 66 69 99 00; auch am Flughafen), aber am günstigsten mietet man über Rent a Wreck (www.rent-a-wreck.no) am Flughafen (Tel. 63 92 65 90) sowie im Zentrum (Tel. 22 83 31 11).

**Fähren:** Tgl. verkehren Fähren von/nach Kopenhagen, Kiel, Hirtshals und Fredrikshavn, die jeweiligen Anleger liegen nahe dem Zentrum, sind ausgeschildert und werden auch von Linienbussen angefahren. Gesellschaften sind Color Line (Hjortneskaia, Tel. 81 00 08 11, www.colorline.no, Oslo–Kiel, Oslo–Frederikshavn), Stena Line (Akersshusstranda 31, Tel. 020 10, www.stenaline.no, Oslo–Frederikshavn) sowie DFDS (Akershusstranda 31), Tel. 21 62 13 40, www.dfds.no, Oslo –Kopenhagen).

**Stadtverkehr:**

**Mit dem eigenen Fahrzeug:** Die Ein- und Ausfahrt in den Stadtkern ist gebührenpflichtig (26 NOK). Man tut gut daran, so schnell wie möglich einen Parkplatz zu suchen (ca. 60 NOK/Std., 300 NOK/Tag). Parkhäuser gibt es viele, doch mangelt es an für Wohnmobile tauglichen Plätzen, sodass es sich eventuell anbietet, der E 18 durchs Zentrum hindurch Richtung Drammen zu folgen, dann nach Bygdøy abzubiegen, wo sich bei den großen Museen viele Parkplätze finden; von Bygdøy ins Zentrum kommt man mit den zur Rådhusbrygge verkehrenden Fährbooten.

**Öffentliche Verkehrsmittel:** Oslos Verkehrsnetz ist vorbildlich und besteht aus U-Bahnen, Straßenbahnen, Buslinien, Lokalzügen und Fährlinien. Wer voraussichtlich viel mit Bus und Bahn fahren wird, sollte sich an das Info-Büro Trafikanten wenden (direkt vor dem Hauptbahnhof), wo man Mo–Fr 7–20 Uhr (Sa/So 8–18 Uhr) kostenlose Fahrplanhefte sowie alle Infos bekommt (www.trafikanten.no).

**Taxis** sind zahlreich, aber teuer (21 NOK/ km, mind. 116 NOK), die Taxibestellung erfolgt über Tel. 0 23 23.

## Tipp: Skisprungschanze Holmenkollen 27

Dass Goethes Empfehlung, jede Stadt zunächst von oben kennenzulernen, Hand und Fuß hat, erkennt man spätestens von der Höhe der Skisprungschanze Holmenkollen aus, die als Oslos Wahrzeichen Nr. 1 gilt, außerdem als eines der großen Highlights ganz Norwegens. Die U-Bahn Linie 1 führt vom Zentrum aus auf beeindruckender Panoramafahrt hinauf zum Balkon der Stadt, Haltestelle ›Holmenkollen‹, und nach einem gleichfalls panoramareichen Spaziergang sowie einer abschließenden Liftfahrt steht man oben, ganz oben auf der erschreckend steilen Schanze und genießt eine wahre Bilderbuchaussicht hinunter auf die mehr als 400 m tiefer gelegene Stadt am Fjord.

Gesprungen wird auf Holmenkollen übrigens schon seit 1892, doch da Oslo 2011 Austragungsort der Nordischen Ski-WM war, wurde die ursprüngliche Schanze, die älteste der Welt, 2008 abgerissen und durch einen Neubau ersetzt. Seit 2010 ist dieser für die Öffentlichkeit zugänglich, und wie es heißt, ist diese neue Skisprungschanze nun die modernste der Welt. Aber auch als Besucher ist ein Sprung möglich, nämlich im Simulator des bei der Schanze im Holmenkollen Besucherzentrum eingerichteten Skimuseums, das die Entwicklung des Skifahrens im Laufe der letzten 4000 Jahre nachzeichnet.

Geöffnet sind Schanze und Skimuseum Okt.–April tgl. 10–18, Mai und Sept. 10–17, Juni–Aug. 9–20 Uhr, Eintritt Skimuseum/ Sprungturm 110 NOK, Sprung mit dem Simulator vom »Kollen« oder Abfahrt und Super G in »Kitzbühl« oder auf der »Olympiade in Turin« 55 NOK.

# Rings um den Oslofjord

**Das Gebiet rings um den 100 km langen Arm des an Stränden und Schären reichen Oslofjords erinnert an schwedische Landschaftsbilder. Siedlungsgeschichtlich ist es eines der ältesten Regionen Norwegens, und bis heute zeugen burgbekrönte Städte, Festungswälle und Felszeichnungen, Runensteine und Grabhügel von den vergangenen Zeiten.**

## Halden ▸ H 30

Wälder, Wiesen und Felder sind in sanften Wellen ausgebreitet, allenthalben erstrecken sich Seen, plätschern Flüsse durchs Bauernland, und darin eingebettet liegt die rund 24 000 Einwohner zählende Grenzstadt **Halden,** die bis 1927 Fredrikshald hieß, weil der dänische König Fredrik III. sie 1665 befestigen ließ. Diese Festung, das wichtigste militärgeschichtliche Denkmal Norwegens, ist die größte Sehenswürdigkeit der Stadt, die sich in ihrem Zentrum am Gästehafen eine angenehme Atmosphäre bewahrt hat.

### Festung Fredriksten

Bevor man in die Stadt hinunterfährt, biegt linker Hand die Straße zur Festung Fredriksten ab, die sich 128 m hoch über Fjord und Ort erhebt. Sie stammt aus dem 17. Jh. und wurde als Bollwerk gegen die damals noch sehr streitsüchtigen Schweden errichtet. Die sternförmige, vom Empirestil geprägte Anlage wurde denn auch dreimal von schwedischen Truppen angegriffen, aber nie eingenommen. Kein Geringerer als der Schwedenkönig Karl XII. fiel 1718 unter ihren meterdicken Mauern, innerhalb derer einst über 100 Geschütze und mehr als 1000 Verteidiger Platz fanden. Dort, wo er tödlich verwundet wurde, steht heute ein Gedenkstein, aber sehenswerter als dieser und sehenswerter auch als das im ehemaligen Festungsgefängnis untergebrachte Museum zur Kriegshistorie (17. Jh. bis Zweiter Weltkrieg) sind die Ausstellungen in der alten Apotheke (19. Jh.) und der Bäckerei/Brauerei, wo einst täglich für bis zu 5000 Mann Brot gebacken und 3000 l Bier gebraut wurden. Lohnend ist

auch die Aussicht von der auf einem Fels gelegenen Bastion, die heute einen Freizeitpark samt Restaurant und Campingplatz umfasst (www.forsvarsbygg.no, Mitte Mai–Ende Aug. tgl. 10–17 Uhr, 60 NOK).

## Stadt und Umgebung

Der Blick reicht von der Festung aus bis weit nach Schweden hinüber und umfasst den Iddefjord ebenso wie die zu Füßen des Burgberges gelegene Stadt Halden. Sie brannte im Verlauf ihrer 300-jährigen Geschichte fünfmal ab und weist daher – abgesehen von dem unterhalb der Festung gelegenen Stadtteil **Sørhalden** mit zahlreichen gepflegten Häuschen aus dem 19. Jh. (Schwerpunkt Festningsgata) – keine besonderen Sehenswürdigkeiten auf. Doch ihre Lage ist schön, und schön, wenn nicht gar faszinierend sind auch die **Bootstouren,** die man von hier aus unternehmen kann. So ist der kleine Hafen im Zentrum Ausgangspunkt für Fahrten in den Schärenarchipel von Hvaler (s. S. 126), ein anderer Ausflug hat den schwedischen Ort Strömstad zum Ziel. Die mit Abstand beliebteste Fahrt jedoch folgt dem **Halden-Kanal,** der hier seinen Anfang nimmt (s. aktiv unterwegs S. 124).

## Infos

**Halden Reiselivslag:** Tollboden, 1767 Halden, Tel. 69 19 09 80, www.visitoslofjord.no/halden, Mitte Juni–Mitte Aug. Mo–Fr 9–16.30, sonst Mo–Fr 9–15.30 Uhr.

## Übernachten

Das Beste im Ort ▶ **Park Hotel:** Marcus Thranesgt. 30, Tel. 69 21 15 00, www.park-hotel.no. Dreigeschossiges Haus, teils über 100 Jahre alt, teils Neubau, in zentraler Lage,

**Im Hafen von Halden starten Bootstouren ins Schärenarchipel Hvaler**

aktiv unterwegs

## Auf festem Kiel über den Halden-Kanal

### Tour-Infos

**Start:** Tistedal (ca. 5 km östl. von Halden)
**Ziel:** Skulerud
**Länge/Dauer:** ca. 80 km; ca. 3–4 Tage
**Kanuverleih:** Für ca. 250 NOK/Tag über das Touristenbüro in Halden. Eine weitere Verleihstation ist Aursmark Natur (Tel. 93 23 89 91, www.aursmark-natur.com) in Ørje.
**Termin:** Die Schleusen sind 4. Juni–14. Aug. tgl. geöffnet, Schleusengebühr 30 NOK (Ørje-Schleuse 150 NOK). Näheres unter www.haldenkanalen.no.
**Kartenmaterial:** Auf der ›Båtsport og fritidskart‹ (300 NOK), die im Touristenbüro vertrieben wird, ist die gesamte Kanal-Route vorbildlich verzeichnet.
**Schiffstouren:** Infos siehe S. 125

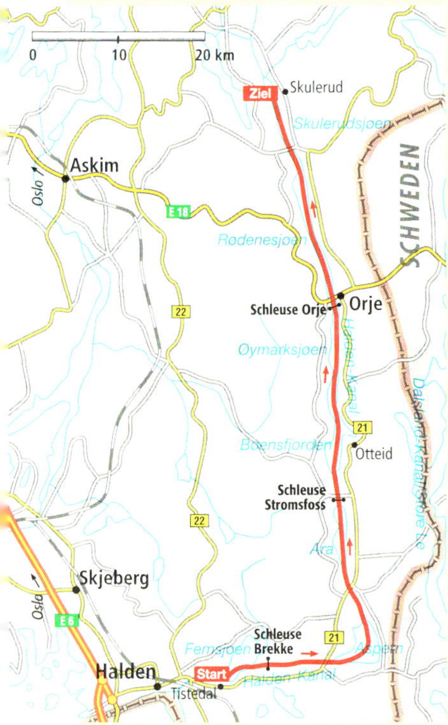


Der auch als Haldenvassdraget bekannte Halden-Kanal, im 19. Jh. erbaut, um Baumstämme aus dem waldreichen Grenzland nach Schweden zu den küstennah gelegenen Sägewerken zu flößen, wurde 1877 fertiggestellt und ist damit noch vor dem Telemarkkanal (s. S. 216) der älteste künstliche Inland-Wasserweg Norwegens. 1982 wurde die Flößtradition beendet, und heute ist der Halden-Kanal eine der großen Touristenattraktionen der Oslofjord-Region: Er erstreckt sich mit insgesamt drei Schleusenanlagen (Hubhöhe 39 m) rund 80 km durch das schwach reliefierte Wald- und Wiesenland zwischen **Tistedal** und **Skulerud** und führt dabei über weite Strecken über die Seen Femsjøen, Aspern, Ara, Øymarksjøen, Rødenesjøen und Skulerudvannet.

Die gesamte Fahrrinne ist markiert, wurde zwischen 2008 und 2010 für rund 20 Mio. NOK ausgebaut und ist geradezu prädestiniert, um mit dem Kanu erkundet zu werden. Die Infrastruktur ist ausgezeichnet, und wer auf wirklich lange Paddeltour gehen will, kann bei **Otteid** (nördlich von Halden) eine Fahrt in den nur 1,5 km entfernten und 254 km langen **Dalsland-Kanal** anschließen, der durch die schwedische Region Dalsland bis in den Vänern-See führt (www.dalslandskanal.se).

Aber auch für weniger aktive Reisende kann der Halden-Kanal einen Höhepunkt markieren, denn im Sommer verkehren der **historische Dampfer D/S Turisten** sowie die **M/S Strømsfoss** auf der landschaftlich reizvollen Route zwischen **Strømsfoss** und Tistedal und zurück. Dabei wird u. a. auch die **Brekke-Schleuse** passiert, die mit einer Hubhöhe von 26,6 m in vier Kammern die höchste Nordeuropas ist.

modern und funktional, u. a. mit Sonnenterrasse und großem Garten, unlängst renovierte Zimmer in verschiedenen Kategorien. DZ ab 1580 NOK, an den Wochenenden/im Sommer ab 1380 NOK.

Jugendherberge ▶ **Halden Vandrerhjem Kaserna:** Generalveien 25, Tel. 92 86 47 97, www.hihostels.no, ganzjährig. Das Vandrerhjem befindet sich in der Festung Fredriksten und bietet Betten in 70 Zimmern, alle mit Bad & WC ausgestattet. Bett 300 NOK, EZ 400 NOK, DZ 625 NOK.

Campen nahe der Festung ▶ **Fredriksten Camping:** Generalveien 16, Festung Fredriksten, Tel. 69 18 40 32, pmstoetz@online.no, Mai–Mitte Sept. 300 m von der Festung entfernter Panoramaplatz der gehobenen Kategorie. 15 Hütten ab 400 NOK.

Campen am See ▶ **Langholmen:** R 22 (9 km südlich Halden), Tel. 69 19 61 18, ystehede@hotmail.com, ganzjährig. Campingplatz am Iddefjord, landschaftlich reizvoll auf einer Halbinsel gelegen, komfortabel; auch Boot- und Kanuverleih.

## Essen & Trinken

Feine Fischküche am Hafen ▶ **Rekecafèn:** Strandstredet, Tel. 69 18 29 06, Juni–Aug. tgl. ab 13 Uhr, sonst nur Sa/So ab 16 Uhr. Am Gästehafen gelegenes Restaurant in einem ehemaligen Speicherhaus, herrlich auch zum Draußensitzen. Fisch und Meeresfrüchte in mittlerer Preislage (ab 200 NOK), günstige Lunch-Fischmenüs, auch Verkauf von Fisch (frisch und geräuchert).

## Aktiv

In freier Natur ▶ Das Touristenbüro organisiert **Wanderungen,** sogenannte **Wildnisaufenthalte** und **Elch-Safaris,** die im Juli ab Aremark angeboten werden.

Kanutouren ▶ Siehe aktiv unterwegs S. 124.

Schiffsausflüge ▶ **M/S Strømsfoss** verkehrt zwischen dem 27. Juni und 1. Sept. an jedem Mi, Do und Sa auf den Strecken Strømsfoss–Tistedal (11–14.45 Uhr) und retour (15.15–19 Uhr) für 290 NOK/Weg (hin und zurück 435 NOK); der Bustransfer von/nach Halden kostet 110 NOK. Das Veteranenschiff **M/S Turisten** liegt seit 2011 wegen Motorschaden am Kai und wird wohl erst ab 2013 wieder zwischen Strømsfoss und Tistedal verkehren. Infos zu den Bootstouren unter www.turisten.no, Tel. 930 66 444.

## Termine

Im August wechselnde Veranstaltungen, auch Konzerte, Theatervorführungen. Nähere Informationen erteilt das Touristenbüro.

**Mat- og Trebåtfestival** (letztes Juni-Wochenende): Kirmes, Konzerte, kulinarische Spezialitäten und diverse Wettkämpfe (www.matogtrebåtfestivalen.no).

## Verkehr

**Bahn:** Ab dem Bahnhofsplatz im Zentrum Richtung Oslo, Schweden und Dänemark.

**Bus:** Verbindungen u. a. nach Moss, Oslo, Ørje und Fredrikstad. Die Busstation liegt an der Jernbanegate.

**Mietwagen:** U. a. über Avis (Tel. 95 01 21 00), günstig bei Best Brødløs (Tel. 69 18 35 49).

# Fredrikstad ▶ H 30

Rund 30 km nordwestlich von Halden liegt etwas abseits der E 6 an der Mündung der Glomma das Industriezentrum Fredrikstad, das mit rund 75 000 Einwohnern zu den größten Städten des Landes zählt und bereits 1567 von König Frederik II. als Festung gegründet wurde. Auf den ersten Blick ist von der langen Geschichte der Stadt gar nichts zu sehen, erst wenn man die Neustadt über die große Glomma-Brücke verlassen hat, liegt sie vor einem, die Altstadt namens **Gamlebyen,** die in den letzten 300 Jahren kaum verändert wurde und heute als bestbewahrte Festungsstadt Skandinaviens gilt. Mehr als 5 km Fußwege führen durch verwinkelte Kopfsteinpflastergassen und entlang breiter Wallgräben sowie über Zugbrücken zu Kanonen, Kasematten und jahrhundertealten Häusern, in denen heute Künstler und Kunsthandwerker ihre Werkstätten und Ateliers haben.

## Tipp: Über den Blå-Grønne Veien nach Norwegen

Wer mit dem Auto über Schweden nach Norwegen einreist, folgt meist der Standardroute über die Europastraße Nr. 6, die in ihrem Verlauf von Trelleborg über Malmö, Helsingborg und Göteborg landschaftlich wenige Reize bietet und sich in puncto Verkehrsaufkommen kaum von einer deutschen Autobahn unterscheidet. Da es zudem am Haupt-Grenzübergang Svinesund trotz neuer Grenzbrücke immer wieder zu Engpässen und Wartezeiten kommt, empfiehlt es sich, auf Nebenstrecken auszuweichen.

Die landschaftlich schönste Alternative bietet die **Reichsstraße Nr. 165,** die nördlich von Uddevalla im schwedischen **Hällevadsholm** beginnt und sich durch eine liebliche Bauernlandschaft, durch mehrere Seen aufgelockert, bis zum **Grenzübergang bei Holtet** hinzieht. Man passiert ein Häuschen mit Aufschrift »Toll« (Zoll), ein Schild, auf dem schlicht »Norge« steht, und plötzlich ist der Mittelstreifen auf der Straße gelb und die Fahnen, die vor den Häusern wehen, tragen ein dunkelblaues, weiß umrandetes Kreuz auf rotem Grund. Kein Schlagbaum verzögert die Reise, es ist niemand da, der die Pässe sehen will.

Durch eine herrliche Kulturlandschaft, in der weit auseinander liegende Höfe Farbtupfer in Wiesen und Felder setzen, geht es bald kurvenreich am waldgesäumten Blau des Iddefjords entlang, an dessen Nordufer sich Halden, der erste größere Ort auf norwegischer Seite, erstreckt (s. S. 122).

Auch das **Kulturhistorische Museum,** das über die Stadtgeschichte informiert, ist hier zu finden (Mo–Fr 9–16 Uhr, Sa/So ab 12 Uhr, 50 NOK). Von den hohen Wällen aus genießt man ein ums andere Mal eindrucksvolle Ausblicke über die breite Glomma hinweg zur Neustadt, die mit regelmäßig verkehrenden Booten zu erreichen ist. Dort ragt der **Dom** auf, der 1879 im neugotischen Stil erbaut wurde und Norwegens größte mechanische Orgel mit 4000 Pfeifen beherbergt.

Wer länger in Fredrikstad verweilt, sollte einen der angebotenen Bootsausflüge durch die Schären nach Strömstad/Schweden oder zur **Inselgemeinde Hvaler** buchen. Sie gehört zu den reizvollsten Gebiete der norwegischen Schärenküste und wurde 2009 als Ytre-Hvaler-Nationalpark teilweise unter Schutz gestellt. Über die R 108 kann man die Inseln auch mit dem Auto erreichen; die großen Hauptinseln – Vesterøy, Spjærøy, Asmaløy und Kirkøy – sind durch Brücken miteinander verbunden. Zum Kajak- und Bootfahren sind die Bedingungen ideal, und auch die schönsten Badeplätze der ganzen Region sind dort zu finden. Weitere Informationen unter www.hvaler.no.

### Infos

**Fredrikstad Turistkontor:** Torvgaten 59 A, 1632 Gamle Fredrikstad (Altstadt; ausgeschildert), Tel. 69 30 46 00, Fax 69 30 46 01, www.visitoslofjord.no, ganzjährig Mo–Fr 9–16.30, im Sommer auch Sa/So 11–16 Uhr; im Sommer mehrmals tgl. geführte Stadtwanderungen.

### Übernachten

Wohnen mit Panoramablick ▶ **Hotel Valhalla:** Valhallsgt. 3, Tel.69 36 89 50, www.hotelvalhalla.no. Wohnen auf dem ›Dach der Stadt‹ mit herrlicher Aussicht über Fredrikstad und Umland, und doch nur wenige Minuten von der City entfernt. Das Valhalla, eine alte Holzvilla aus dem Jahr 1870 und unlängst vollständig renoviert, präsentiert sich als eine Panoramaherberge mit 17 modern eingerichteten Zimmern, alle mit Bad/Dusche. DZ inkl. Frühstück 1200 NOK.

Schöner wohnen ▶ **Gamlebyen Pensjonat Artillerigaarden:** Smedjegt. 88, Tel. 69 32 20 20, www.gamlebyengjestegaarder.com. Der in der Altstadt gelegene Artillerigaarden aus dem Jahre 1773 sowie der Graffgaarden (1835) wurden umfassend renoviert und bieten heute 40 Komfortzimmer (nur im Graffgaarden mit eigenem Bad/WC) im Stil der alten Zeit. EZ 670 NOK (995 NOK Graffgaarden), DZ 995/1195 NOK.

**Camping und Motel ▶ Fredrikstad Camping:** Torsnesvn. 16 (bei den Kongstenhallen vor Gamlebyen), 99 22 19 99, www.fredrikstadmotel.no. Zwei-Sterne-Platz mit 26 Motel-Zimmern (Bad/WC auf dem Flur, ab 550 NOK) und 12 Hütten (850 NOK).

## Essen & Trinken

Das größte Restaurant-Angebot bietet die Neustadt, aber am schönsten sitzt man in der Altstadt Gamlebyen, wo sich gleich mehrere gute Restaurants anbieten.

**Ambitioniert ▶ Majorstuen:** Voldportgt. 73, Tel. 69 32 15 55, tgl. ab 12 Uhr. Dieses bereits mehrfach preisgekrönte Restaurant bietet internationale sowie vor allem norwegische Gerichte, Spezialität ist der Wildteller (Hirsch und Ren, 345 NOK), probierenswert der Elch-Burger (155 NOK).

## Aktiv

**Radtouren ▶** In Stadt und Umland gibt es insgesamt fünf ausgeschilderte Radwege (etwa der 30 km lange Glommastien entlang der Glomma), vor allem eine Beradlung des Oldtidsvei (s. u.) bietet sich an. Das Touristenbüro informiert und bietet auch Radverleih.

## Termine

**Folk i Gata** (Anfang Juni): Dreitägiges Straßenfest mit vielen Veranstaltungen.

**Glommafestivalen** (Anfang/Mitte Juli): Ausgelassenes Stadtfest (www.glommafestivalen.no).

**Månefestivalen** (Ende Juli): ›Das‹ Festival für Rockfans, ›Bühne‹ ist die Altstadt (www.maanefestivalen.no).

## Verkehr

**Bahn:** Fredrikstad liegt an der Bahnlinie Oslo–Göteborg. In beide Richtungen bestehen tgl. bis zu vier Verbindungen, der Bahnhof befindet sich in der Neustadt am Glomma-Ufer.

**Bus:** Verbindungen mit allen größeren Ortschaften im Süden Norwegens; Busbahnhof an der Brochsgate in der Neustadt.

**Mietwagen:** U. a. über Avis und Hertz (Tel. 69 35 50 40).

**Fähre** (nur Personen): Flybåten (www.flybaten.no, Tel. 33 34 72 00) verkehrt im Sommer mehrmals tgl. nach Tønsberg (200 NOK).

## Auf dem Oldtidsvei ▶ H 30

Die Straße R 110, die zwischen Fredrikstad und Skjeberg auf rund 11 km Länge verläuft, ist eine ›Zeitmaschine‹, die bis zu 3500 Jahre zurückversetzt und daher auch »Altertumsstraße« heißt. Geröllgräber und Steinsetzungen, Wehrhügel und Felszeichnungen bilden hier die konzentrierteste Ansammlung Norwegens von Zeugnissen aus der Bronze- und Eisenzeit und markieren in den Augen vieler den kulturellen Höhepunkt einer Reise durch Østfold.

Bester Ausgangspunkt ist der im Frühjahr 2010 eröffnete **Rastplatz Solbergtårnet** an der E 6 nördlich Fredrikstad. Die gesamte Anlage mit ihrem namengebenden Turm ist so prachtvoll anzusehen, dass sie bereits 2009

## Verkehrstipp für den Oslofjord

Oslo bzw. der ›Speckgürtel‹ rings um die Metropole verzeichnet das größte Bevölkerungswachstum Skandinaviens, was mit einem entsprechenden Verkehrsaufkommen einhergeht. Staus sind daher im Umfeld der Metropole keine Seltenheit. Wer auf die andere Seite des Fjords gelangen und dabei Oslo umgehen möchte, hat zwei Möglichkeiten: Zum einen kann man die **Basto-Autofähre** nutzen, die von 5–24 Uhr ca. alle 20–60 Min. zwischen Moss (35 km nördl. von Fredrikstad) und Horten hin und her pendelt (Tel. 33 03 17 40, www.basto-fosen.no, 78 NOK/Pkw, 30 NOK/Pers., Fahrzeit 30 Min.). Außerdem verbindet seit 2000 der 7,25 km lange **Oslofjordtunnel** nahe Drøbak (66 km nördl. von Fredrikstad) die beiden Fjordseiten miteinander (www.oslofjordtunnelen.com, 60 NOK/ Pkw).

einen Platz in dem Buch »Contemporary Landscape Architecture« erhielt, das Jahr für Jahr die 50 international spektakulärsten Projekte der Landschaftsarchitektur in urbanen und natürlichen Lebensräumen vorstellt. Sieben Info-Installationen zeigen auf diesem Rastplatz, was es wo am vorbildlich markierten und mit Hinweistafeln ausgestatteten Oldtidsvei zu sehen gibt. Der 28 m hohe namengebende Turm selbst will als Aussichtspunkt über die Kulturlandschaft verstanden sein, während die in die benachbarte, 100 m lange Stahlwand eingefrästen Ikonen den Betrachter mit der Frage konfrontieren wollen, was das eigentlich ist – die Zeit. Weitere Informationen über die Touristenbüros von Sarpsborg (www.visitoslofjord.no, Tel. 69 13 00 70) sowie Fredrikstad (s. S. 125), wo im Sommer auch geführte Touren (2 Std.) über den Oldtidsvei angeboten werden.

## Horten und Umgebung

▶ G 30

Die Westseite des Oslofjords unterlag in den letzten Jahrzehnten zunehmend dem Einflussbereich der Hauptstadt, die mit Neubauvierteln und Industrieanlagen weit über ihre eigentlichen Grenzen hinaus entlang der Fjordarme expandiert hat. Die teilweise als Autobahn ausgebaute E 18 erschließt diese Region, die erst südlich der Industriestadt Drammen wieder an Reiz gewinnt. Wer nur auf der mitunter stark frequentierten Schnellstraße verbleibt, wird wenig mehr als Bilder vorbeifliegender Städte mit nach Hause nehmen, daher empfiehlt es sich, gemächlichen Landstraßen den Vorzug zu geben, von denen sich so manch lohnender Abstecher machen lässt.

Ein erster Schlenker sollte das über die R 19 erreichbare Städtchen Horten (18 000 Einw.) zum Ziel haben, das 1818 als Hauptstützpunkt der norwegischen Seestreitkräfte gegründet wurde. Diese Funktion ging später auf Bergen über, aber noch immer zeugt in diesem beschaulichen Ort vieles von der militärischen Vergangenheit.

### Stadtrundgang

Die wichtigste Sehenswürdigkeit der Stadt ist das **Marinemuseum,** in dem u. a. das erste Torpedoboot der Welt (Baujahr 1872) sowie ein außer Dienst gestelltes U-Boot ausgestellt sind (Marinemuseet: beim Fährhafen gelegen, www.forsvaretsmuseer.no/marinemuseet, Mai–Sept. tgl. 12–16 Uhr, sonst nur So, freier Eintritt). Eine weitere Institution und einzigartig in Norwegen ist das beim Marinemuseum im Kulturpark Karljohansvern gelegene **Preus Museum,** das der Geschichte der Fotografie gewidmet ist; u. a. sind mehr als 1000 Kameras ausgestellt, darunter auch zahlreiche Kuriosa (www.preusmuseum.no, Di–So 12–16/17 Uhr, 50 NOK).

An der nach Borre führenden Küstenstraße, lädt das **Horten Bilmuseum** mit einer kleinen, aber feinen Automobil-Oldtimersammlung ein. 45 Fahrzeuge sind zu bewundern, darunter ein Lohner-Porsche aus dem Jahr 1902, ein Opel von 1912 und ein T-Ford von 1922. Auch Fans von Modelleisenbahnen werden begeistert sein, denn hier ist die größte Anlage des Königreiches zu bestaunen (www.automobilmuseum.no, Mitte Juni–Mitte Aug. tgl. 12–15 Uhr, sonst nur So, 55 NOK).

### Infos

**Horten Turistkontoret:** Tollbugt. 1, 3187 Horten, Tel. 33 03 17 08, www.visithorten.com, im Sommer tgl. 8–18, sonst Mo–Fr 9–16 Uhr.

### Übernachten

Sommerhotel im Grünen ▶ **Eiken Pensjonat:** Gamleveien 36, Tel. 33 04 79 08, www.eikenpensjonat.no. Ehemaliges Mädchenpensionat außerhalb vom Zentrum in Aspen, in schöner Lage und mit zehn modern-gemütlichen Zimmern, die alle in verschiedenen Blautönen gehalten sind. Auch eine Gästeküche ist angeschlossen, des Weiteren ein gemütlicher Aufenthaltsraum. DZ 700 NOK (ohne Frühstück).

Jugendherberge ▶ **Horten Vandrerhjem:** Borreveien 44/46, Borre, Tel. 33 31 06 00, www.hihostels.no, ganzjährig. Am Weg nach

aktiv unterwegs

## Mit dem Fahrrad die »Küsten-Route« entlang

### Tour-Infos

**Start:** Horten
**Ziel:** Flekkefjord
**Länge/Dauer:** ca. 470 km, ca. 7 Tage
**Kartenmaterial:** Auf www.bike-norway.com werden unter den Stichworten »Jærgårdsruta«, »Oslofjordsruta« und »Nordsjøruta« Kartenempfehlungen gegeben. Weiteres Kartenmaterial unter www.northsea-cycle.com.
**Wegbeschaffenheit:** weitestgehend ebenes Terrain
**Radverleih:** Zahlreiche Verleihstationen am Weg; Einwegmiete wird nicht angeboten, wer die ganze Route fahren möchte, sollte daher das eigene Rad mitbringen.
**Übernachten:** An Campingplätzen sowie sonstigen Unterkünften herrscht kein Mangel, entlang der Route laden mehrere speziell markierte, fahrradfreundliche Übernachtungsbetriebe ein.

Herrliche Strände sind die Highlights dieser gerade für Familien sowie sportliche Senioren prädestinierten Route. Sie führt entlang der ›Riviera am Skagerrak‹ vorbei an der schönsten Schärenküste, durch die malerischsten Holzhausstädtchen sowie die populärsten Ferienorte des Landes. Mal geht es dabei über autofreie Inseln dahin, mal mit Hilfe von Fähren um stark befahrene Streckenabschnitte herum.

Die eigentliche »Küsten-Route« beginnt zwar in **Svinesund** (s. S. 126) an der schwedischen Grenze, aber im Bereich des östlichen Oslofjords ist sie nicht ausgeschildert und führt außerdem häufig entlang stark befahrener Straßen, weshalb die meisten Tourenradler **Horten** (s. S. 128) als Ausgangspunkt wählen. Von dort aus geht es via **Åsgårdstrand** (s. S. 130) entlang der Küste über Husvik, **Tønsberg** (s. S. 130) und **Sandefjord** (s. S. 132) nach Larvik und weiter nach Helgeroa, wo die Fähre nach Langesund ablegt.

Die nächste Stationen sind Valle und **Kragerø** (s. S. 214), und teils mit der Fähre, teils über Land geht es nun via Stabbestad und Øysang nach **Risør** (s. S. 215) und weiter nach **Tvedestrand** (s. S. 217). Die sich anschließende Strecke über **Arendal** (s. S. 217) und **Grimstad** (s. S. 218) nach **Lillesand** (s. S. 220) führt entlang der restaurierten ›Westland-Straße‹, bevor es mit dem Fährboot ›M/S Øya‹ durch den Schärenkanal **Blindleia** (s. S. 220) nach **Kristiansand** (s. S. 220) geht; alternativ kann man via Birkeland über einen etwas längeren, aber idyllischen Waldweg radeln.

Die Route führt nun weiter nach **Mandal** (s. S. 225) und **Farsund.** Dort bietet sich ein Abstecher **zum Kap Lindesnes** (s. S. 225) an, bevor schließlich **Flekkefjord** (s. S. 225) erreicht wird. Hier schließt sich die »Nordsee-Route« (s. aktiv unterwegs S. 228) an.

Borre rund 1,5 km außerhalb Horten (hin mit Bus Nr. 01, 02, 07 ab Horten) nahe dem Meer gelegene Jugendherberge. Ziemlich hässlicher Plattenbau, sterile Zimmer, aber am günstigsten in Horten; mit Gästeküche. Bett 350 NOK, EZ 750, DZ 850 NOK.

Camping am Meer ▶ **Rørestrand Camping:** Parkvn. 34 (1,5 km südl. von Horten am Weg nach Borre), Tel. 33 07 33 40, Fax 33 07 47 90, www.rorestrandcamping.no, Mai–Mitte Sept. Sehr kinderfreundlicher Drei-Sterne-Platz am Meer mit hohem Standard, auch Boots- und Fahrradverleih sowie 22 Hütten verschiedener Größen. Zelt ab 135 NOK, Wohnmobil 230 NOK, Hütten 485–750 NOK für 2–4 Pers.

### Essen & Trinken

Köstlichkeiten aus dem Meer ▶ **Fishland:** Tollbugt. 1C, Tel. 33 04 88 10, Mo–Fr ab 11,

Sa/So ab 13 Uhr. Dieses Restaurant ist ›die‹ Adresse für Fisch und Meeresfrüchte in Horten (etwa 270 NOK), aber auch einige ausgewählte Fleischgerichte (u. a. Entenbrust in Cognac-Sauce) stehen auf der Speisekarte; schön auch zum Draußensitzen.

## Aktiv

Breites Angebot ▶ Das Touristenbüro informiert über **Fahrradtouren** (auch Radverleih), **Wanderungen** (u. a. Küstenwanderweg), **Biber-Safaris, Ausritte** und **Bootsverleih.**

Golfen ▶ **Borre Golfbane:** außerhalb von Horten am Weg nach Borre, Tel. 41 62 70 00, www.borregb.no, 18 Loch. Einer der besten Golfplätze Norwegens und Austragungsort internationaler Meisterschaften.

## Verkehr

**Bahn:** Der Bahnhof befindet sich 4 km außerhalb des Zentrums in Skoppum (Stadtbus ab Horten), Verbindungen Richtung Oslo und Kristiansand.

**Bus:** Mehrmals tgl. Richtung Oslo und Kristiansand, der Busbahnhof liegt im Zentrum an der Teatergt. 7; auch Åsgårdstrand wird regelmäßig angefahren.

**Fähre** (auch für Autos): Ab Anleger im Zentrum alle 20–60 Min. (5–23 Uhr) nach Moss (30 Min.) auf der Ostseite des Oslofjords: Bastø Ferry, Tel. 33 03 17 40, www.basto-fosen.no.

## Borre und Åsgårdstrand

▶ G 30

Folgt man der R 19 weiter Richtung Borre, sind es nur wenige Fahrminuten bis zum **Borrehaug,** dem eindrucksvollsten Gräberfeld Norwegens, das herrlich in einem lichten Wald uralter Baumriesen direkt an der Küste gelegen ist. In langer Reihe sind in den 27 großen Grabhügeln die Ahnen Harald Schönhaars beigesetzt, bei denen es sich um das Geschlecht der aus Schweden eingewanderten Ynglingar handeln soll, die die erste norwegische Dynastie stellten. Angrenzend lädt das **Midgard-Senter** dazu ein, eine Zeitreise in die Welt der Wikinger zu unternehmen (www.midgardsenteret.no, Mai–Mitte Sept. tgl. 11–16, sonst nur Mi–Fr und So 11–14 Uhr, 60 NOK).

Ein kurzes Wegstück weiter liegt die über 1000 Jahre alte **Steinkirche** von Borre (mit einem prächtigen Barockaltar aus dem 17. Jh.). Bald darauf ist der beliebte Badeort **Åsgårdstrand** erreicht, in dem der Maler Edvard Munch mehrere Jahre seines Lebens verbrachte. Sein ›Glückshaus‹, das Lykkehuset, dient mittlerweile als Museum (Munchsgate 25, Juni–Aug. Di–So 11–18 Uhr, 40 NOK). Aber auch der nicht an Kunst interessierte Reisende kann sich in diesem ganz in Weiß gehaltenen Holzhausstädtchen wohlfühlen, in dem mehrere Straßencafés zum Verweilen und Wiesenufer zum Baden einladen.

## Übernachten

Klassisch am Fjord ▶ **Thon Hotel Åsgårdstrand:** Havnegt. 6, Tel. 33 02 07 40, www.thonhotels.no. Geschmackvolle Holzvilla, edle Einrichtung, direkt an der Promenade – ein Haus für Genießer. DZ im Sommer sowie an Wochenenden ab 945 NOK, sonst ab 1445 NOK.

## Termin

**Vikingmarked** (Anfang Juli): Alljährlicher Wikingermarkt (6 Tage) bei Borrehaug mitsamt Wikingerspielen; Infos beim Touristenbüro in Horten (s. o.).

# Tønsberg ▶ G 30

Tønsberg, das Verwaltungszentrum des Bezirks Vestfold, wurde bereits 872 urkundlich erwähnt und ist damit die älteste Stadt Norwegens. Im 12. Jh. erhielt sie mit dem Castrum Tunsbergis eine der größten Festungsanlagen des Nordens und war während des gesamten Mittelalters die bedeutendste Handelsstadt des Landes. Die Pestzeit brachte den Niedergang, erst im 18. Jh. kam Tønsberg durch Seefahrt und Walfang erneut zu wirtschaftlicher Blüte. Heute sind es insbesondere der Schiffsbau und die Offshore-Technik, dem die rund 33 000 Einwohner ihren relativen Reichtum verdanken.

## Stadtrundgang

Herrschaftliche Bauten und riesige Shoppingzentren prägen als stattliche Festungen des Wohlstands die Stadt, die vom **Schlossberg** überragt wird. Auf dieser Festungshöhe, mit ›Slottsfjellet‹ ausgeschildert, findet sich neben den Ruinen des 1503 geschleiften Castrum Tunsbergis ein Aussichtsturm aus dem Jahr 1888, von dem aus man ein beeindruckendes Panorama über das Häusermeer auf den nahen Oslofjord genießen kann (Mitte Juni–Mitte Aug. tgl. 12–17 Uhr, 40 NOK).

Ihm zu Füßen lohnt ein Besuch des **Slottsfjellmuseum,** dem eine große Freilichtabteilung angeschlossen ist. Themen der Sammlungen sind Archäologie (auch ein Wikingerschiff aus dem 9. Jh. ist ausgestellt), urbanes Leben, Schifffahrt und Walfang (Vestfold Fylkemuseum: www.vfm.no, Mai–Anf. Sept. Mo–Sa 11–16, So ab 12 Uhr, 60 NOK).

## Ans ›Ende der Welt‹ ▶ G 30

Das Südkap der über die R 308 erreichbaren **Insel Tjøme** ist 27 km von Tønsberg entfernt und trägt den Namen **Verdens Ende,** weshalb der Leuchtturm, der die Landmarke krönt, auch als ›Leuchtturm am Ende der Welt‹ bekannt ist. Pittoresk erhebt sich der grob gemauerte Steinbau aus dem Jahr 1696, dem man erst auf den zweiten Blick seine Bestimmung ansieht, auf glatt geschliffenen Felsklippen vor dem Prospekt des Skagerrak sowie des Oslofjord, der hier mit etwa 700 Schären gespickt ist – ein Paradies für Wassersportler, auch zahlreiche Strände sind hier zu finden.

**Tjøme: Das ›Ende der Welt‹ wird von einem pittoresken Leuchtturm markiert**

## Infos

**Tønsberg Turistkontor:** Storgaten 38, , 3126 Tønsberg, Tel. 48 06 33 33, www.visittonsberg.com, im Sommer tgl. 10–18, sonst Mo–Fr bis 15 Uhr.

## Übernachten

Wohnen am Fjord ▶ **Rica Havna Hotel:** Havnavn: 50, Tjøme, Tel. 33 30 30 00, www.rica.no. An der Küste mit Jachthafen gelegene Ferienanlage mit hohem Komfortstandard (unter anderem Hallenbad). Die Zimmer (DZ ab 795 NOK, im Sommer ab 1345 NOK) im Haupthaus wurden unlängst komplett renoviert, sind sehr geschmackvoll in maritimem Outfit eingerichtet; außerdem werden auch Ferienhütten vermietet.

Für den kleinen Geldbeutel ▶ **Tønsberg Vandrerhjem:** Dronning Blancasgt. 22, Tel. 33 31 21 75, Fax 33 31 21 76, www.hihostels.no, ganzjährig. Beim Fylkemuseum am Schlossberg im Grünen gelegen, ruhig und komfortabel, erst unlängst komplett renoviert. Bett ab 400 NOK, DZ 700 NOK (Frühstück inkl.).

Ideal für Familien ▶ **Furustrand Camping:** Tolvsrød (5 km östlich, R 311), Tel. 33 35 70 00, Fax 33 35 70 01, www.furustrand.no, ganzjährig. Auf einer Halbinsel am Oslofjord gelegener Familien-Campingplatz mit Laden, Kanu- und Bootsverleih sowie 12 Hütten (ab 890 NOK), sechs Ferienwohnungen (ab 790 NOK) nebst 12 großen Mietwohnwagen (890–1390 NOK).

## Aktiv

Radeln & wandern ▶ Mit über 150 km an ausgebauten Radwegen gilt Tønsberg als ›die‹ Fahrrad-Stadt Norwegens, in einer Broschüre des Touristenbüros sind zahlreiche Routen beschrieben und Verleihstationen aufgelistet, ebenso wie mehrere einfache und durchweg markierte Küstenwanderwege.

Ideal für Wassersportler ▶ **Sea Action:** Melsomvik, Tel. 90 58 43 00, www.seaaction.no. Tauchen, Parasailing, Kanuverleih, Hochsee-Rafting, Hochseefischen, Segeltörns und andere Aktivitäten stehen auf dem Programm; auch Bootscharter.

## Verkehr

**Flugzeug:** Der Flughafen von Sandefjord ist 18 km entfernt, zwischen 6 und 22 Uhr verkehrt ein Flughafenbus im 20-Minuten-Takt ab Busbahnhof/Bahnhof, das Taxi kostet 650 NOK.

**Bahn:** Per Bahn ist Tønsberg mit Oslo und mit Skien/Porsgrunn verbunden.

**Bus:** Verbindungen ab Busbahnhof beim Bahnhof mit allen Orten der Region sowie mit Kongsberg, dem Numedal, Sarpsborg und Fredrikstad.

**Auto:** Die Einfahrt in den Innenstadtbereich von Tønsberg ist mautpflichtig (15 NOK).

# Sandefjord ▶ G 30

Bis 1968 Heimathafen der norwegischen Walfangflotte, steht Sandefjord ganz im Zeichen der früher so unerbittlich gejagten Meeresbewohner. Zahlreiche Straßen, Lokale und Geschäfte des 42 000-Einwohner-Ortes tragen den Wal im Namen, und der ›guten alten Zeit‹ wurde mit dem **Walfangmonument** im Park an der Uferpromenade ein zwar eindrucksvolles, allerdings von seiner Aussage her nicht stimmiges Denkmal gesetzt: vermittelt es doch den trügerischen Anschein, als hätten der Wal und seine Jäger die gleichen Chancen gehabt.

Ein ähnliches Bild zeichnet das **Walfangmuseum,** in dessen naturhistorischer Abteilung man u. a. auch ausgestopfte Exemplare der Meeressäuger betrachten kann. Darüber hinaus werden die unterschiedlichen Jagdmethoden dokumentiert und die norwegischen Walfangaktivitäten (die erst 1960 endeten) erläutert. So sehenswert diese weltweit angeblich einzigartige Ausstellung auch ist, so einseitig und bar selbstkritischer Einsicht wird hier informiert (Hvalfangstmuseet: www.hvalfangstmuseet.no, Museumsgt. 39, 23. Juni–Ende Aug. tgl. 10–17, sonst Mo–Sa 11–15, So 12–16 Uhr, 55 NOK).

Bleibt schließlich die **Museumsbrygga** am Hafen, vor der das ehemalige und originalgetreu erhaltene Walfangschiff ›Southern Actor‹ ein prächtiges Motiv abgibt (Ende

Mai–Ende Aug. tgl. 12–17 Uhr, freier Eintritt). Gleiches gilt für den nebenan vertäuten Nachbau des Wikingerschiffs ›Gaia‹, das allerdings im Sommer mitunter auf große Fahrt geht. Vereinzelt werden Hafenrundfahrten angeboten, das Touristenbüro informiert.

## Infos

**Sandefjord Reiselivsforening:** Postboks 367, Thor Dahlsgt. 1A, 3210 Sandefjord, Tel. 33 46 05 90, www.visitsandefjord.com, im Sommer Mo–Fr 9–18, Sa 10–16, So 12–16, sonst Mo–Fr 9–16 Uhr.

## Übernachten

**Bezahlbarer Luxus ▶ Hotel Kong Carl:** Torgt. 9, Tel. 33 46 31 17, www.kongcarl.no. Erbaut im Jahre 1690, ist dieser schmucke Hotelbau eines der ältesten und traditionsreichsten Hotels des Landes. Hier ist alles vom Feinsten, dabei sind die 29 Zimmer außerordentlich günstig. DZ ab 995 NOK, historische DZ 1495 NOK.

**Für Wohnmobile ▶ Bobilhavn:** Sandefjordsveien 7, Tel. 33 46 61 66. Gleich neben Hydro-Texaco an der Zufahrt nach Sandefjord (R 303) gelegener Wohnmobilplatz (150 NOK/Fahrzeug).

**Zelten am Traumstrand ▶ Ula Camping:** Ula (an der R 303 Richtung Larvik ausgeschildert), Tel. 33 19 30 20, www.ula-camping.no. Schöner Wiesenplatz beim Sandstrand, nur für Zelte, es werden auch einfache Hütten vermietet (ab 370 NOK).

## Essen & Trinken

**Neo-norwegische Feinschmeckerküche ▶ Smak Sandefjord:** Thor Dahlsgt. 9, Tel. 33 46 27 41, www.smak.no. Zwei Restaurants unter einem Dach: ›Café/Bakeri‹ Di–Sa 10.30–18 Uhr, ›Brasseri‹ Di–Sa ab 17 Uhr. Der Küchenchef dieses Gourmetrestaurants mit norwegisch-französischer Küche wurde bereits mehrfach ausgezeichnet, und die illustren Gäste reisen sogar von Oslo hierher. In der ›Brasseri‹ werden Tellergerichte aus Norwegen, Frankreich, Italien und Spanien serviert (Hauptgerichte um 280 NOK), während es in der ›Café/Bakeri‹ eine üppige Auswahl an Lunchgerichten (ab 120 NOK) und Kuchen (ab 45 NOK) gibt. Angeschlossen ist zudem eine Weinbar (Di–Sa ab 17 Uhr), in deren Weinkeller nicht weniger als 900 Lagen auf Genießer warten; hier werden einige Snacks (um 40 NOK) sowie einfache Gerichte serviert.

## Aktiv

**Wandern und Radfahren ▶** Das Touristenbüro informiert über Küstenwanderungen (auf einer Karte sind mehrere Wege auf den Halbinseln Vesterøya und Østerøya verzeichnet) und Radtouren (Radverleih über das Kong Carl Hotel, s. o.)

**Baden ▶** In der näheren Umgebung gibt ein gutes Dutzend schöner Badestrände; als der schönste gilt derjenige beim ehemaligen Lotsendorf Ula, wo sich auch ein Campingplatz befindet (s. o.).

## Verkehr

**Flugzeug:** Vom 10 km östlich des Zentrums gelegenen Flughafen (www.torp.no, Tel. 33 42 70 70) fliegt Widerøe tgl. nach Bergen, Stavanger, Trondheim und Kopenhagen, mit KLM (Tel. 81 52 00 00) geht es nach Amsterdam, Ryanair (www.ryanair.com, Buchung über Tel. 33 42 70 03) fliegt tgl. nach Bremen. Nach Ankunft einer Maschine von Ryanair verkehrt stets der Torp-Expressbus (www.torpekspressen.no) nach Oslo (200 NOK), aber auch Richtung Kristiansand hat man guten Busanschluss. Das Taxi kostet rund 230 NOK nach Sandefjord.

**Bahn:** Verbindungen ab Jernbanestasjon an der P. Castbergsgt. mit der Vestfoldbahn mehrmals tgl. Richtung Oslo sowie Skien/Porsgrunn.

**Bus:** Verbindungen ab Busbahnhof (gegenüber dem Bahnhof) mit allen größeren Orten der Region, außerdem u. a. nach Kongsberg, ins Numedal, Sarpsborg und Fredrikstad.

**Fähre:** Sie verkehren bis zu 5 x tgl. nach Strömstad/Schweden: Color Line, Tel. 81 00 08 11, www.colorline.no.

**Mietwagen:** Am Flughafen sind alle internationalen Verleihfirmen vertreten, u. a. Avis (Tel. 33 46 95 50) und Hertz (Tel. 33 47 84 90).

Im Nationalpark Jotunheimen,
der höchsten Gebirgsregion Nordeuropas

Kapitel 2

# Das Østland

Das Østland reicht von der Mittelgebirgslandschaft des Südens bis hinauf ans ›Reich der Mitte‹, von der schwedischen Grenze bis zu den Fjorden des Vestlands. Es präsentiert sich als ein berückendes Ineinandergreifen von hohen Bergen und traditionsreichen Tälern, tiefen Wäldern und schönen Seen. Hier erheben sich mit Jotunheimen, Dovrefjell und Rondane die wildesten und höchsten Gebirgszüge ganz Skandinaviens. Die Hardangervidda, das größte Gebirgsplateau Europas, ist Heimat wilder Rentiere und lockt zu allen Jahreszeiten Naturliebhaber an.

Doch auch die kulturgeschichtlich traditionsreichsten Täler des Landes – allen voran das Gudbrandsdal – erstrecken sich in dieser Region, die, abgesehen von den Fjorden des Westens, alle Landschaftsformen umfasst, die für Norwegen charakteristisch sind. Zu den kulturellen Attraktionen dieses Landstrichs zählen u. a. die zahlreichen Stabkirchen, und auch die Rosenmalerei ist hier beheimatet.

Das Østland, das mit rund 95 000 km² fast 30 % der norwegischen Staatsfläche einnimmt, besteht administrativ aus den acht Provinzen Telemark, Buskerud, Oppland, Hedmark, Oslo, Akershus sowie Vest- und Østfold. Hier ist jeder zweite Norweger zu Hause, und hier finden sich die größten Industriezentren ebenso wie die ausgedehntesten landwirtschaftlichen Nutzflächen des Landes. Wer einmal diese so abwechslungsreiche Region bereist hat, der versteht, warum sie als meistbesuchtes Feriengebiet Skandinaviens gilt und warum die meisten ihrer Gäste wieder und immer wieder kommen, oft ein Leben lang.

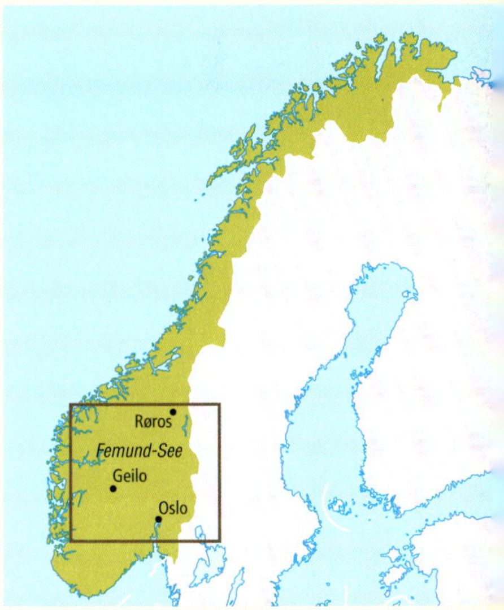

Auf einen Blick

# Das Østland

## Sehenswert

**Kongsberg:** In den alten Silbergruben geht es 342 m tief in den Berg (s. S. 139).

2 **Stabkirche von Heddal:** Eine der bedeutendsten Sehenswürdigkeiten Nordeuropas (s. S. 141).

3 **Hardangervidda:** Die große Hochebene ist ein Wanderparadies (s. S. 152).

4 **Jotunheimen:** Mit 20 Bergen über 2300 m das höchste Gebirge Skandinaviens (s. S. 164).

5 **Femund-See:** Norwegens drittgrößter Binnensee, ein Kanuparadies (s. S. 204).

6 **Røros:** Die ›Kupferstadt‹ ist Welterbe der UNESCO (s. S. 207).

## Schöne Routen

**Durch die Telemark:** Die E 134 markiert den schnellsten und eindrucksvollsten Weg zwischen Øst- und Vestland (s. S. 138).

**Über die Aurlandstraße zum Sognefjord:** Die R 50 zwischen Geilo und Aurland führt als ›Traumstraße‹ durchs Hochfjell (s. S. 160).

**Durch das Kernland von Jotunheimen:** Zwischen Fagernes und Vågåmo bietet die R 55 atemberaubende Bilder (s. S. 169).

**Über die Sognefjellstraße:** Eine Fahrt über die höchste Passstraße Skandinaviens ist ein beeindruckendes Erlebnis (s. S. 177).

**Entlang der schwedischen Grenze:** Das Gebiet ist dank seines Reichtums an Wasserstraßen, Seen, Flüssen und Wäldern wie geschaffen für einen Aktivurlaub (s. S. 197).

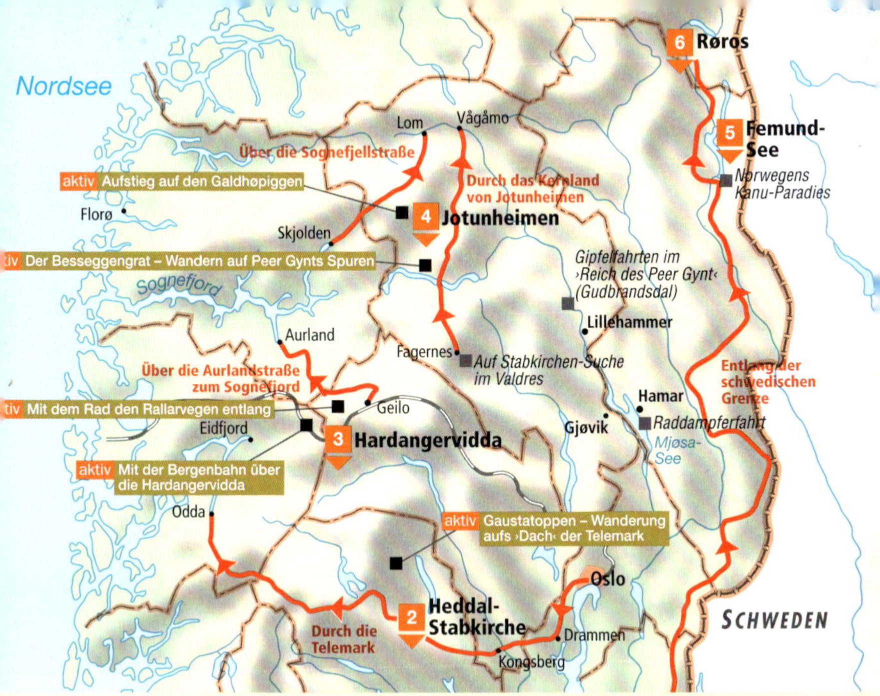


# Unsere Tipps

**Auf Stabkirchen-Suche im Valdres:** Gleich fünf dieser hölzernen Gotteshäuser kann man sich in diesem abwechslungsreichen Talzug auf engstem Raum anschauen (s. S. 174).

**Raddampferfahrt auf dem Mjøsa-See:** Mit der ältesten Binnenseefähre der Welt geht es über Norwegens größten See (s. S. 186).

**Gipfelfahrten im ›Reich des Peer Gynt‹:** Eine panoramareiche Alternativroute zur viel befahrenen E 6 führt auf dem Peer Gyntveien durch das Gudbrandsdal (s. S. 190).

# aktiv unterwegs

**Gaustatoppen – Wanderung aufs ›Dach‹ der Telemark:** Panoramablick über Südnorwegen (s. S. 144).

**Mit dem Rad den Rallarvegen entlang:** Norwegens beliebteste Radstrecke führt quer über die Hardangervidda (s. S. 158).

**Mit der Bergenbahn über die Hardangervidda:** Durch mehr als 200 Tunnel und über mehr als 300 Brücken von Oslo nach Bergen (s. S. 162).

**Der Besseggengrat – Wandern auf Peer Gynts Spuren:** Norwegens populärste Wanderung bietet herrliche Aussichten (s. S. 172).

**Aufstieg auf den Galdhøpiggen:** Der höchste Berg Norwegens markiert in jeder Hinsicht einen Höhepunkt (s. S. 176).

# Durch die Telemark

**Die wegen ihrer abwechslungsreichen Landschaftsformen auch als ›Norwegen en miniature‹ bekannte Region Telemark bietet nicht nur eine vielgestaltige Natur, sondern auch eine reiche Kulturgeschichte, die der Gegend südlich der Hochebene Hardangervidda einen ganz besonderen Reiz verleiht.**

Die Telemark gilt unter allen Bezirken des Landes geradezu als prototypisch, bietet sie doch auf einer Fläche von rund 15 000 $km^2$ einen Querschnitt nahezu aller Naturschönheiten Norwegens: ganz unten im Süden eine Küstenstrecke zwischen Oslofjord und Sørland mit Holmen und Schären, Sunden und Buchten, weit droben die endlose Hardangervidda, von der einige Regionen ebenfalls zur Telemark gehören, und dazwischen ausgebreitet, von Bergen gesäumt, fruchtbare Täler mit einsamen Dörfern, Nadel- und Birkenwäldern, kleinen und großen Seen, Flüssen, Bächen und Wasserfällen. Gewässer bedecken hier 7 % des Areals, was Landesrekord ist, während die landwirtschaftlichen Nutzflächen gerade einmal 2 % ausmachen.

Weit über die Grenzen hinaus ist diese Provinz zudem als ›Wiege des Skisports‹ bekannt. Auch die Rosenmalerei ist hier beheimatet, und es heißt, nirgendwo sonst in Norwegen pflege man die traditionellen Handwerkstechniken so intensiv wie in der Telemark.

Seit alters her verläuft durch diesen Landstrich die wichtigste Überlandverbindung zwischen Oslo und Bergen. Heute markiert die Europastraße 134 die schnellste und landschaftlich eindrucksvollste Strecke zwischen dem Østland und dem Vestland, und an diesem Weg, der ab Kongsberg quer durch die Telemark verläuft, liegen auch die herausragenden Sehenswürdigkeiten der Provinz.

## Von Oslo nach Hokksund

▶ G/H 28/29

Ausgangspunkt dieser Tour ist **Oslo.** Die Europastraße Nr. 18/134, die dem Westufer des Oslofjords nach Süden folgt, bietet zu Beginn allerdings nur wenig Reize. Zügig geht es auf der Schnellstraße dahin, und nach knapp einer halben Stunde erreicht man in einer Talmulde am gleichnamigen Fjord **Drammen.** Größte Attraktion des Ortes ist sein rund 200 m hoher ›Hausberg‹ Bragernesasen – beziehungsweise der Weg dorthin: Auf den Aussichtsberg führt die **›Spirale‹,** ein 1,5 km langer schlangenförmig ins Innere des Berges gesprengter Autotunnel (Juni–Aug. Di–Sa 11–15, So bis 17 Uhr, 32 NOK/Auto). Oben erwartet die Besucher nicht nur ein wunderbarer Blick, sondern auch ein Panoramarestaurant, ein Freilichtmuseum mit 22 bis zu 350 Jahre alten Gebäuden der Provinz Buskerud sowie ein dichtes Netz an Wanderwegen.

Von Drammen aus verläuft die Europastraße bis zum 24 km entfernten **Hokksund** überwiegend parallel zum **Drammenselv.** Dieser Fluss ist einer der besten Lachsflüsse Südnorwegens, Jahr für Jahr angeln Sportfischer allein im Bereich des nahe Hokksund gelegenen Hellefoss bis zu 10 t dieses Fischs.

### Infos

**Øvre Eiker Turistinformasjon:** Sorenskrivergaarden, 3300 Hokksund, Tel. 32 70 11 95, www.visiteiker.no, Juni–Aug. tgl. 11–16 Uhr.

## Übernachten

**... in Hokksund**

Beliebter Treff der Lachsangler ▶ **Hokksund Camping:** Tel. 32 75 42 42, www.hokksund-camping.no, ganzjährig. Rund 500 m vom Stadtzentrum entfernter Vier-Sterne-Platz mit allem Komfort, eigener Badeplatz, Bootsverleih; auch zahlreiche Hütten. Zelt und 2 Pers. 180 NOK, Wohnmobil 270 NOK, Hütten ab 550 NOK.

## Aktiv

Angeln ▶ **Lachsangeln im Drammenselv:** Die Saison geht von Ende Mai–Anfang Okt. Je nach Flussabschnitt kostet die Tageskarte ab 300 NOK, Angellizenzen erwirbt man über den Campingplatz (s. o.), wo auch Boote sowie Ausrüstungen geliehen werden können – unbedingt frühzeitig reservieren!

## Verkehr

**Bahn:** Hokksund ist u. a. aus Richtung Oslo, Hønefoss und Kristiansand mehrmals tgl. erreichbar.

# Kongsberg ▶ F 29

Kongsberg, eine Industriestadt mit ca. 20 000 Einwohnern, scheint auf den ersten Blick keines Besuches wert. Doch dieser Eindruck täuscht, denn die Stadt am Numedalslågen ist durch ihre Silbergruben und die 1686 gegründete Münze, in der noch heute das Hartgeld des Königreiches geprägt wird, weithin berühmt. Gegründet wurde Kongsberg 1624, ein Jahr nach dem ersten Silberfund, auf Anordnung von König Christian IV., der sich von dem Unternehmen reichste Ausbeute versprach. Seine Rechnung ging auf, denn die Erzlagerstätten waren ergiebiger als erwartet und das Silber von einer Qualität, die fast einzigartig war.

Bis zu mehrere hundert Kilo schwere, reine Silberklumpen wurden gefunden, und bald schon zählte man mehr als 300 bis zu 1070 m tiefe Gruben. Im 18. Jh. war die freie Bergstadt nach Bergen sogar die zweitgrößte des Landes und hatte über 8000 Einwohner – darunter auch zahlreiche deutschstämmige Bergleute aus Sachsen und dem Harz, und viele Gruben trugen deutsche Namen. 1738 wurde hier nach sächsischem Vorbild die Bergwerksakademie gegründet, eine der ältesten technischen Lehranstalten der Welt.

## Norwegisches Bergwerksmuseum

1957 waren die Silbervorkommen von Kongsberg erschöpft. Die Geschichte der Silbergruben (die insgesamt 1350 t an reinem Silber hergaben) sowie der Silberverarbeitung zeichnet heute das in der alten Schmelzhütte untergebrachte Norwegische Bergwerksmuseum nach, das darüber hinaus mit einer eigenen Abteilung für die Königliche Münze sowie einer umfangreichen Münz- und Medaillensammlung aufwartet. Das angeschlossene **Skimuseum** dokumentiert anschaulich die Entwicklung des norwegischen Skisports (Kongsbergs Skispringer galten einst als die besten der Welt), während das **Waffenmuseum** die Geschichte der Waffenfabrik von Kongsberg dokumentiert (Norsk Bergverksmuseum: www.norsk-bergverksmuseum.no, Mitte Mai–Ende Aug. tgl. 10–17, sonst Di–So 12–16 Uhr, 80 NOK).

## Kongsberg-Kirche

Oberhalb des Museumskomplexes, der am Weg nach Notodden liegt, lohnt die Besichtigung der weithin sichtbaren Kirche. Sie wurde nach Plänen des deutschstämmigen Oberberghauptmanns Joachim Andreas Stukenbrock errichtet, und so schlicht sich der barocke Backsteinbau von außen auch präsentiert, so aufwendig stellt sich sein ganz im Stil des Rokoko gestaltetes Inneres dar. Bis in die hohe Decke hinein, wo wunderschöne Kristalllüster zu bewundern sind, zieht sich das Figurenwerk (Kongsberg Kirke: Mitte Mai–Mitte Aug. Mo–Fr 10–16, Sa/So 12–14, sonst nur Di–Do 10–12 Uhr, 50 NOK).

## Lågdalsmuseum

An der Europastraße weisen Schilder den Weg zu diesem etwas außerhalb, an der R 40

**Heute ein Bergwerksmuseum: die alten Silbergruben von Kongsberg**

in Richtung Numedal gelegenen Freilichtmuseum. Rund drei Dutzend historische Gebäude aus dem 150 km langen Talzug des Numedals (s. S. 153) sind hier zu besichtigen. Ausgestellt sind originale Laden- und Werkstatteinrichtungen sowie Trachten, im Juli gibt es täglich Demonstrationen alter Handwerkstechniken. Angeschlossen ist das Norwegische Optikermuseum (Lågdalsmuseet: www.laagdalsmuseet.no, 23. Juni–15. Aug. tgl. 11–16, Führungen um 11, 12, 14 und 15 Uhr, sonst Mo–Fr 11–15 Uhr, 80 NOK).

## Die alten Silbergruben von Saggrenda

Rund 7 km außerhalb von Kongsberg, am Weg nach Notodden, macht der Wegweiser »Kongens gruve« auf die Hauptsehenswürdigkeit von Kongsberg aufmerksam: die rund 1 km entfernte Sølvegruvene (›Silbermine‹), die einst im Besitz des Königshauses war und in die man per Grubenbahn innerhalb weniger Minuten 2,3 km weit einfahren kann. Dort unten, in 342 m Tiefe, herrscht eine Temperatur von rund 7 °C (warme Sachen nicht vergessen!). Im Rahmen einer nicht gerade billigen, aber überaus lohnenden Führung kann man sich ein anschauliches Bild davon machen, wie hier einst das Silber gefördert wurde.

Auch die historische hölzerne »Fahrkunst« (der erste Aufzug des Bergwerks) ist ausgestellt, ebenso Maschinen und Werkzeuge. Eventuelle Wartezeiten kann man sich an einem rund 500 m entfernten Badesee mit Rutschbahn, Liegewiese und Sandstrand vertreiben (Sølvegruvene: www.norsk-berg verksmuseum.no, der Grubenzug startet Mitte Mai–Ende Juni sowie Mitte Aug.–Ende Aug. tgl. um 10, 12 und 14 Uhr, im Sommer stdl. von 11–16 Uhr, 150 NOK, Familien zahlen 420 NOK).

## Infos

**Kongsberg Turistkontor:** Hyttegata 3, 3616 Kongsberg, Tel. 32 29 90 50, Fax 32 29 90 51, www.visitkongsberg.no, im Sommer Mo–Fr 9–17, Sa/So 10–14 Uhr, sonst Mo–Fr 9–16 Uhr.

## Übernachten

Kongsberg ist ein recht teures Übernachtungspflaster, wesentlich günstiger übernachtet man im Numedal (s. S. 153).

**Top in town ▶ Quality Grand Hotel:** Chr. Augustsgt. 2, Tel. 32 77 28 00, www.grandkongsberg.no. Mehrgeschossiger Beton- und Glaskomplex, ansprechende Komfortzimmer, Restaurant, Bar, Hallenbad. DZ ab 1380 NOK.

**Jugendherberge ▶ Kongsberg Vandrerhjem:** Vinjesgt. 1, Tel. 32 73 20 24, www.kongsberg-vandrerhjem.no, ganzjährig. Moderne, in schöner Umgebung gelegene Drei-Sterne-Anlage mit für eine Jugendherberge recht großem Komfortangebot. Bett 350 NOK, DZ mit Bad/WC 900 NOK inkl. Frühstücksbuffet.

**Billigcamp im Zentrum ▶ Sommercampingplatz:** Einen richtigen Campingplatz gibt es nicht in Kongsberg (nächster im Numedal), aber zwischen dem 12. Juli und 15. Aug. wird die Wiese beim Sportplatz/Hallenbad (ausgeschildert mit ›Idretts- og svømmehallen‹) als Platz zur Verfügung gestellt; Wohnmobile zahlen 170 NOK, Zelte 150 NOK.

### Essen & Termin

**Für Schlemmermäuler ▶ Opsahlgården:** Kirkegata 10, Tel. 32 76 45 00, www.opsahlgarden.no, Mo–Sa ab 17 Uhr. Stilvolles Gourmet-Restaurant in einem Haus aus dem 19. Jh. Vorspeisen ab 130 NOK, Hauptgerichte um 350 NOK.

### Termin

**Kongsberg-Jazzfestival** (Anfang Juli): Seit mehr als 20 Jahren gilt dieses Festival als eines der anspruchsvollsten in ganz Skandinavien. Namhafte Vertreter aller Jazzrichtungen aus dem In- und Ausland zeigen hier vier Tage lang ihr musikalisches Können. Weitere Informationen unter Tel. 32 73 31 66, www.kongsberg-jazzfestival.no. Billig kommt man allerdings nicht in den Genuss des musikalischen Top-Events: Tageskarten kosten 635–935 NOK, ein Ticket für alle Veranstaltungen 2060 NOK.

### Verkehr

**Bahn:** Kongsberg liegt an der Bahnstrecke Oslo–Kristiansand–Stavanger mit fünf Verbindungen tgl. in jede Richtung.

**Bus:** Verbindungen vom Busbahnhof/Bahnhof im Zentrum mit allen größeren Orten Südnorwegens.

**Mietwagen:** U. a. über Avis (Tel. 32 28 45 00).

## 2 Stabkirche von Heddal

▶ F 29

Durch eine waldreiche Mittelgebirgslandschaft geht es weiter nach Notodden, einem Zentrum der holzverarbeitenden Industrie, von wo es nur noch ein 10 km langes Wegstück bis zur berühmten **Stabkirche von Heddal** ist. Das Gotteshaus, zweifelsohne eine der bedeutendsten Sehenswürdigkeiten Norwegens, ist die größte Stabkirche des Landes und dank seiner prägnanten Dachkonstruktion, Dachreiter und Türmchen unverwechselbar. Der ungemein anmutige Bau wurde um das Jahr 1250 errichtet (der Chor stammt wahrscheinlich schon aus dem 12. Jh.) und Mitte des 19. Jh. umfassend restauriert, wobei leider ein Großteil der ursprünglichen Innengestaltung verloren ging bzw. zerstört wurde.

Am originellsten sind die überreichen Schnitzereien an den Portalen, die Masken und Tierköpfe, dämonische Fabelwesen, Schlangenleiber und vieles andere mehr zeigen . Gerade das Westportal beeindruckt mit einem tief ausgeschnittenen Rankenwerk voller Symbolik – die »Edda«, das Hauptwerk der altnordischen Literatur, ist hier im Schnitzwerk lebendig geblieben. Im Innern ist es vor allem die Klarheit und Einheitlichkeit der architektonischen Konzeption, die Bewunderung verlangt. Besondere Beachtung verdient der Bischofsstuhl aus dem 12. Jh., in den die Geschichte von Sigurd und Gunnar eingeschnitzt ist, die ausziehen, um Brunhild den Nibelungenring zu bringen.

Gottesdienste werden in dieser Kirche sonntags (13 Uhr) abgehalten, im Juli finden außerdem musikalische Andachten statt (www.heddalstavkirke.no, Heddalsvegen 412, Tel. 35 01 39 90 und 92 20 44 35, 20. Mai–19. Juni und 21. Aug.–10. Sept. tgl. 10–17, im Hochsommer 9–18 Uhr, 65 NOK).

**Liebevoll geschnitzte Fabelwesen zieren die Portale der Stabkirche von Heddal**

## Über den Südrand der Hardangervidda ▶ E/F 28/29

Im weiteren Verlauf der E 134 ist bald **Sauland** ausgeschildert, und dort muss sich der Reisende entscheiden, ob er weiterhin der Europastraße in Richtung Åmot folgen will (insgesamt rund 91 km) oder der atemberaubenden Tuddalsstraße nach Rjukan (s. S. 143), von wo aus es dann per R 37 weiter nach Åmot geht. Der Weg über Rjukan, nachfolgend vorgestellt, ist knapp 30 km länger und entsprechend zeitaufwendiger, aber unvergleichlich eindrucksvoller: Um diesen Abstecher in vollen Zügen genießen zu können, sollte man mindestens einen Tag hierfür einplanen.

Die in Sauland nach Norden abzweigende **Tuddalsstraße** ist zwar teilweise recht schmal, aber gut ausgebaut und auch von Fahrzeugen mit Anhängern befahrbar. Sie führt an der Flanke des Tuddal hoch über der Talsohle gen Norden und nach rund 22 km in den Einödort **Tuddal.** 8 km weiter lädt das am Bjårvatn gelegene **Tuddal Bygdetun** mit mehreren alten Bauernhäusern zu einem Besuch ein, aber auch im Tal selbst finden sich zahlreiche historische Gebäude, deren ältestes (ein Speicherhaus) angeblich aus dem 14. Jh. stammt (Juli tgl. 12–18 Uhr).

Nun beginnt die eigentliche Gebirgsstrecke: In weiten Serpentinen windet sich die nur 4 bis 5 m breite Straße auf eine von kahlen Buckelbergen gesäumte Hochebene der Hardangervidda hinauf. Wenig später wird die Baumgrenze überschritten, und Schneefelder säumen die nur noch von Flechten und Moosen sowie Heidekrautgewächsen bestandene Hardangervidda, an deren Südrand man sich hier befindet (s. auch S. 152).

33 km hinter Sauland ist dann am **Flintstjønnskaret** der mit 1275 m höchste Punkt der Strecke erreicht, und so faszinierend das Panorama bereits ist, es gibt noch eine Steigerung: nicht auf der Straße allerdings, sondern auf dem **Wanderweg zum Gaustatoppen** (s. aktiv unterwegs S. 144) entlang, dessen Startpunkt man schon bald vor sich sieht.

### Infos

**Tuddal Turistinformasjon:** 3697 Tuddal, Tel. 91 58 72 91, www.visittuddal.no, Mitte Juni–Mitte Aug. tgl. 10–18 Uhr.

## Rjukan ▶ E 28

Wie Geilo (s. S. 157) das nördliche, so ist das etwa 3500 Einwohner große Städtchen **Rjukan** das südliche Tor zum Hochplateau der Hardangervidda. Umgeben von 2000 m hohen Bergen, liegt es im tief eingeschnittenen Vestfjorddal. Seine Geschichte begann 1907, als die Firma Norsk Hydro hier eine Kunstdüngerfabrik errichtete. Rechtzeitig mit Fertigstellung des energieintensiven Betriebs im Jahre 1911 konnte das seinerzeit stärkste Wasserkraftwerk der Welt ans Netz gehen. Mit einer Leistung von 108 MW machte Vemork 33 Jahre später sozusagen Weltgeschichte: Außer Strom wurde hier nämlich auch ›schweres Wasser‹ (Deuteriumoxid) hergestellt, ein für die Kernenergieforschung wichtiger Stoff. Als deutsche Forscher während des Krieges aus Rjukan Nachschub für ihr Entwicklungsprojekt ›Atombombe‹ beziehen wollten, gelang norwegischen Widerstandskämpfern die Versenkung der Eisenbahnfähre ›Hydro‹, die mit über 100 000 l schweren Wassers auf dem Tinnsjø unterwegs war.

### Sehenswert

›Der Kampf um das schwere Wasser‹ ist eines der Hauptthemen, über das man sich im rund 7 km westlich vom Zentrum gelegenen Kraftwerk Vemork, heute das **Norwegische Industriearbeitermuseum,** informieren kann (Norsk Industriarbeidermuseum: www.visitvemork.com, Mai–Mitte Juni und Mitte Aug.–Ende Sept. tgl. 10–16, im Hochsommer 10–18 Uhr, 75 NOK). Im eigentlichen Ortskern lohnt das **Rjukan og Tinn Museum,** in dem anhand von 22 Gebäuden die Entwicklung des Bauwesens vom Mittelalter bis ins 19. Jh. dokumentiert wird, einen Besuch (Mai–Mitte Juni und Mitte Aug.–Ende Sept. tgl. 12–15, im Hochsommer 11–17 Uhr, 40 NOK).

### Rjukan von oben

Nicht entgehen lassen sollte man sich eine Fahrt mit der am westlichen Ortsrand gelegenen **Krossobahn,** die den Rjukanern schon 1928 von der Kraftwerksgesellschaft geschenkt wurde, auf dass sie zwischen Oktober und Mitte März, wenn der Ort stets im Schatten liegt, dennoch ab und an die Sonne sehen können. Sie gilt als die erste für den Personentransport errichtete Seilbahn Skandinaviens und führt innerhalb von fünf Minuten zur 890 m hoch gelegenen Bergstation Gvepseborg. Von dort oben genießt man nicht nur eine wunderbare Aussicht, sondern kann vor allem auch zu herrlichen Wanderungen und Fahrradtouren über die Hardangervidda aufbrechen (www.krossobanen.no, 23. Juni–26. Aug. tgl. 9–20, sonst tgl. 10–16 Uhr, 50 NOK/ Weg).

### Infos

**Turistkontoret Rjukan:** 3660 Rjukan, Torget 2, Tel. 35 08 05 50, www.visitrjukan.com, 25. Juni–Ende Aug. Mo–Fr 9–19, Sa/So 10–18, sonst Mo–Fr 9–15.30 Uhr.

### Übernachten

Tolle Lage ▶ **Gaustablikk Høyfjellhotel:** Rjukan, Tel. 35 09 14 22, Fax 35 09 19 75, www.gaustablikk.no. Traumhaft auf 960 m Höhe gelegenes Hochgebirgs- und Panoramahotel mit umfassendem Sportangebot und exklusiven Zimmern sowie Apartments. DZ ab 1380 NOK.

Ideal für Wanderungen ▶ **Rjukan-Kvitåvatn Vandrerhjem:** Kvitåvatn, Tel. 35 09 20 40, Fax 35 09 20 95, www.kvitaavatn.no, Juni–Sept. 16 km außerhalb Rjukan am Kvitåvatn auf 950 m Höhe gelegene ›Alm‹-Anlage aus alter Zeit (teilweise urige Blockhäuser), ansprechend renoviert. Unterkunft in 16 gemütlichen 4-Bett-Zimmern, teils mit eigenem Bad, teils mit Dusche/WC auf dem Flur. Das Frühstück ist inklusive, Lunchpakete können geordert werden, zudem gibt es eine Gästeküche und gemütliche Aufenthaltsräume; von der Herberge aus blickt man auf den Gaustatoppen, den man von hier aus besteigen kann. EZ ab 400 NOK, DZ ab 510 NOK.

Camping & Hütten mit Bergblick ▶ **Rjukan Hytte- og Caravanpark:** Gaustaveien 78, Tel. 35 09 63 53, www.rjukanhytte.com, ganzjährig. Großer Wiesenplatz an der R 37

aktiv unterwegs

## Gaustatoppen: Wanderung aufs ›Dach‹ der Telemark

### Tour-Infos

**Start:** Parkplatz Stavsro, auf 1173 m Höhe am ausgeschilderten Weg von Rjukan zum Gaustatoppen gelegen; keine öffentlichen Verkehrsmittel.

**Dauer/Länge:** hin und zurück ca. 4 Std., 12 km; insgesamt 710 Höhenmeter.

**Wegbeschaffenheit:** Deutliche Pfade, stark ausgetreten, meist über Fels und Geröll, stellenweise steil

**Orientierung:** Der Weg ist durchgehend mit einem roten ›T‹ markiert, Kartenmaterial ist nicht erforderlich.

**Ausrüstung:** Grundausstattung; Wasser gibt es keines am Weg.

**Gaustatoppen Turisthytte:** Die Wanderhütte ist vom 22. Juni bis 2. Sept. bewirtschaftet. Übernachtung 1260 NOK inkl. Abendessen und Frühstück (Reservierung unabdingbar: Tel. 35 09 41 50, nur in der Saison, gausta toppen@turistforeningen.no).

**Alternative für Nicht-Wanderer:** Es gibt noch einen anderen Weg auf den Gipfel, und dieser führt 860 m weit waagerecht und sodann lotrecht durch das Innere des Berges, wo seit 1958 eine vom Militär genutzte Kabelbahn verläuft. Seit 2004 ist diese Bahn – mit einer zweijährigen Unterbrechung – auch für Tourist freigegeben. Startpunkt für diese **Gaustabahn** beim ausgeschilderten Rjukan Skisenter (2 km von Stavsro), Tel. 45 50 22 22, www.gaustabanen.no, ganzjährig Sa/So 10–13 und 14–17 Uhr, Juni–Aug. tgl. 10–17 Uhr, 350 NOK hin und zurück, 250 NOK für eine einfache Fahrt).

Nicht weniger als ein Sechstel der gesamten norwegischen Landmasse soll man bei klarer Sicht angeblich vom Gipfel des 1883 m hohen Gaustatoppen überblicken können, und insbesondere frühmorgens, spätabends oder frühnachts, wenn man auf dem Gipfel selbst in der Sonne steht, während die wellenförmige Vidda in pastellene Schatten gehüllt ist, sind die Eindrücke unvergesslich und überreicher Lohn für die eher geringen Mühen, die mit der Besteigung verbunden sind:

Bester Ausgangspunkt für die bedingt auch familientaugliche Wanderung ist der Parkplatz Stavsro. Der markierte und mittlerweile von jährlich über 30 000 Wanderern genommene Weg führt von hier aus als breite, steinige Spur durch ausgedehnte Geröllfelder Richtung Nordwesten auf den deutlich sichtbaren Gaustatoppen zu. Bald schon wird der Fuß des Berges erreicht, und steil zieht sich der Weg nun in die Höhe zu einem Sattel zwischen den Erhebungen Stavsronuten und Gaustaråen.

Nach insgesamt etwa einer Stunde werden zwei kurz hintereinander liegende Abzweigungen passiert, doch der Hauptweg zieht sich deutlich markiert auch weiterhin in gerader Linie auf den voraus liegenden Berg zu. Dieser Wegabschnitt ist steil, wird teils durch Geröll behindert und würde wohl als langweilig eingestuft, wäre da nicht das Panorama, das von Höhenmeter zu Höhenmeter prächtiger wird.

Schließlich ›erklimmt‹ man die von einem Funkmasten gekrönte Höhe und kann nicht nur die Fernsicht bis hinüber nach Schweden und hinunter bis auf den Skagerrak genießen, sondern auch Kaffee und Waffeln, kleinere Gerichte, und was sonst noch in der über 100 Jahre alten Gaustatoppen Turisthytte auf 1850 m Höhe serviert wird.

Aber der Gipfel des Gaustatoppen selbst ist hier noch nicht erreicht: Er befindet sich etwa 400 m entfernt am Ende eines langgezogenen, schmalen Grates, der zwar nicht gefährlich ist, aber Schwindelfreiheit erfordert. Auch dieser Wegabschnitt ist deutlich markiert, und vom Ziel aus ist das Panorama noch einmal grandioser.

östlich Rjukan mit Gaustatoppen-Panorama, guten sanitären Einrichtungen und rund 15 gemütlichen Holzhütten in verschiedenen Komfortstufen und Größen (300–1200 NOK).

## Aktiv

Wanderungen ▶ Das Touristenbüro informiert ausführlich über die unzähligen Tourmöglichkeiten, es bietet auch organisierte Wanderungen an, z. B. entlang der sogenannten Saboteurs-Route (8 km), die zur Zeit des Zweiten Weltkrieges von den norwegischen Partisanen genommen wurde (ab 200 NOK). Infos auch über www.rjukanguide.no.

Fahrradtouren ▶ Eine der beliebtesten Touren führt von der Bergstation der Krossobahn aus zur Berghütte Kalhovd, von wo man per Rad oder Bus nach Rjukan zurückkehren kann. Fahrradmiete (und alle Infos) über das Touristenbüro, das sogar ein ›Radpaket‹ inkl. Transport, Übernachtung und Halbpension unterwegs anbietet (950 NOK); auch auf anderen Strecken werden solche Radpakete offeriert.

Abenteuer im Sattel ▶ **Pferdetrecks** auf die Hardangervidda erfreuen sich größter Beliebtheit, Organisator ist u. a. Fjellhest (www.fjellhest.no, Tel. 35 09 01 33).

Rjukan aktiv ▶ **Bootstouren** sind auf dem Mårvatn und dem Møsvatn möglich, auch **Kanus** stehen zum Verleih, mehrere **Klettersteige** laden ein, zudem gilt Rjukan in puncto **Eisklettern** als Top-Revier.

## Verkehr

**Bus:** Verbindungen mehrmals tgl. u. a. mit dem Rjukanekspressen via Notodden und Skien nach Porsgrunn, außerdem via Kongsberg und Drammen nach Oslo, im Sommer verkehren zudem Busse in die Umgebung von Rjukan sowie nach Åmot.

# Über Åmot nach Haukeliseter ▶ D/E 28/29

Weiter geht es auf der R 37 Richtung Åmot, und rund 3 km nach Passieren des Vemork-Parkplatzes, direkt vor der Einfahrt in einen Tunnel, steuern wir einen Parkplatz an, um zum wenige hundert Meter entfernten Aussichtspunkt **Maristuvet** oberhalb des heute gezähmten Wasserfalls Rjukanfoss zu gelangen, der hier einst 105 m im freien Fall herabdonnerte. Nach nur wenigen Fahrminuten sind die Ausläufer des rund 1,1 Mrd. $m^3$ Wasser fassenden Stausees **Møsvatn** erreicht, auf dem man im Sommer Motorboote zur Mogen Turisthytta (einem weiteren Ausgangspunkt für Wanderungen über die Hardangervidda) benutzen kann. Dann steigt die Straße an, und nach insgesamt 28 km ab Rjukan ist man mit 1004 m am höchsten Punkt dieser Strecke; die Landschaft hier ist karg und nur von Fjellbirken bestanden. Via Krossen, wo zahlreiche Kunsthandwerkstätten ihre Waren anbieten und die landschaftlich reizvolle R 362 nach Edland abzweigt, geht es nach **Åmot**.

## Infos

**Åmot Turistkontor:** Tel. 35 06 26 30, www.rauland.org, nur Mitte Juni–Mitte Aug., Mo–Fr 9–15.30 Uhr.

## Abstecher nach Eidsborg und Dalen ▶ E 29

Bevor die Fahrt von Åmot weiter Richtung Westen geht, lohnt ein Umweg über Eidsborg und Dalen: Wir folgen zunächst der E 134 bis **Høydalsmo**, wo wir nach rechts auf die R 45 abbiegen. Wild und urwüchsig präsentiert sich die waldreiche Landschaft, die eine prächtige Kulisse für die nach 13 km erreichte **Stabkirche von Eidsborg** abgibt. Sie wurde um 1250 errichtet, wahrscheinlich auf einem ehemals heidnischen Opferplatz, und fügt sich, ganz mit Spanschindeln verkleidet, malerisch in die Natur ein. Sie wird, in Vergleich zu anderen Stabkirchen, nur von recht wenigen Touristen besucht, da sie nicht auf der Liste der sonst üblichen Touren steht, sodass man hier die Gelegenheit hat, ganz in Ruhe die Details zu betrachten. Sehenswert sind insbesondere die verwitterten Tierfiguren an den Portalpfosten (Öffnungszeiten s. S. 146). Gleich nebenan informiert das **Vest Telemark Museum,** das rund drei Dutzend alte Gehöfte umfasst, vorbildlich über die alten Handwerkstraditionen und die Rosenmalerei (www.vest-telemark.museum.no, Juni–Aug. tgl.10–18 Uhr, 70 NOK für Stabkirche und Museum). Unterhalb der Stabkirche lädt ein kleiner See mit Steg und Spielplatz zum Schwimmen ein.

Auf der 5 km langen Strecke bis nach **Dalen** zieht sich die Straße mit 12 % Gefälle in sieben Serpentinen in die Tiefe, den schönsten Ausblick auf den Ort am Bandak-See genießt man von der obersten Kehre aus. Derart lieblich in die so ungeheuer wald- und wasserreiche Landschaft eingebettet präsentiert sich Dalen, dass unweigerlich der Gedanke aufkommt, hier eine Zeit lang zu entspannen oder gar Urlaub zu machen. Die Voraussetzungen sind gegeben, die Infrastruktur lässt keine Wünsche offen, und da hier der berühmte **Telemark-Kanal** (s. S. 216) endet bzw. beginnt, steht auch einer Schiffs- oder Kanufahrt von den Bergen bis ans Meer nichts entgegen. 21 km sind nun noch von Dalen aus über die R 38 bis Åmot zurückzulegen, dem Ausgangspunkt für die weitere Reise auf der E 134 gen Westen.

## Infos

**Dalen Turistkontor:** 3880 Dalen, Tel. 35 07 56 56, www.visitdalen.com, Mai–Mitte Aug. Mo–Fr 9–19, Sa/So 10–17 Uhr, sonst Mo–Fr 8–15.30 Uhr.

## Übernachten

**... in Dalen**

Historischer Prachtbau ▶ **Hotel Dalen:** Tel. 35 07 90 00, www.dalenhotel.no. Der Hotelkette ›De Historiske Hotel‹ angeschlossener Prachtbau im Schweizer Stil (Baujahr 1894), eines der prachtvollsten Hotels des Landes. Komfortable, aber nicht eigentlich luxuriöse Zimmer in Pastellfarben und mit Rattanmobiliar, wohingegen die Suiten auch vom Interieur halten, was man sich von diesem Prachthotel verspricht. Klassisches vom Feinsten präsentieren der Herrensalon nebst Damensalon, der Gartensalon sowie das Kaminzimmer und die Halle. DZ ab 1000 NOK, historische DZ ab 2200 NOK.

Am Seeufer ▶ **Buøy Camping Dalen:** Tel. 35 07 75 87, www.dalencamping.com, Mai–Sept. Komfortabler Platz in Zentrumsnähe und herrlicher Uferlage, Bootsverleih. Auch ansprechende Blockhütten in verschiedenen Größen (ab 495 NOK) und Zimmer ab 345 NOK (2 Pers.). Zelten ab 115 NOK, Wohnmobil 175 NOK.

## Aktiv

Breites Angebot ▶ Das Touristenbüro in Dalen informiert ausführlich über **Fahrrad-, Kanu-** und **Bootsfahrten, Angeln** und Fahrten auf dem **Telemark-Kanal.**

Vom Meer ins Herz der Bergwelt ▶ **Historische Flussschiffe** verkehren zwischen Mitte Mai und Mitte Sept. über den Telemark-Kanal bis nach Skien (s. S. 216).

## Verkehr

**Bus:** Verbindungen mehrmals tgl. in Richtung Åmot sowie Skien/Porsgrunn.

## Nach Haukeliseter

Auf der 40 km langen Strecke von Åmot nach Haukeligrend geht es in ständigem Auf und Ab durch eine ausgesprochen malerische, wildromantische Berg-, Seen- und Waldlandschaft. Zahlreiche Campingplätze und Hütten- sowie Zimmervermietungen laden auf diesem Weg zum Verbleib ein, und es lohnt sich, ihren Verlockungen zu erliegen, denn herrliche Ausflugs- und Wandermöglichkeiten tun sich hier auf. Die Hardangervidda liegt nur einen Katzensprung entfernt, und auch zu den spektakulären Landschaftserlebnissen des Ryfylkevegen (s. S. 243) ist es nur ein kurzes Stück. Einen Abstecher lohnt auch das Hochland der **Setesdalsheia** mit dem sich anschließenden Setesdal (s. S. 242).

Ausgangspunkt dorthin ist Haukeligrend. Zwei Möglichkeiten gibt es, von diesem kleinen Ferienort aus die bis über 900 m hohe Heia zu erklimmen. Wer es sich leicht machen will, folgt der mit ›Evje‹ ausgeschilderten R 9, die in die Steilflanke des Grungedal gesprengt ist und teilweise Ausblicke wie aus dem Flugzeug bietet. Der zweite Weg, der

**Der Telemark-Kanal führt von der Bergwelt bis zur Südküste Norwegens**

›Gamlevei‹ – bis 1939 der einzig vorhandene – ist nicht befahr-, sondern nur begehbar und zieht sich als ein Stiegenweg von rund 4 km Länge in die Höhe. Von oben blickt man dann hinab in die tiefe Kluft des Grungedals, hinüber auf die Frolandsheia im Osten sowie hinauf auf die Hardangervidda im Norden und Westen.

Auf dieses Hochplateau steigt ab Haukeligrend nun die E 134 an. Anfangs zeigt sich die Landschaft noch von einer eher lieblichen Seite, bald wird jedoch die Baumgrenze überschritten und schließlich bei **Vågslid** der Südrand der Vidda erreicht. Dieser 900 m hoch gelegene Ort ist ein bekanntes Wintersportzentrum, und wer hier Anfang Juni unterwegs ist, kann ein zweites Mal den Winter erleben: Die Seen liegen noch unter einer Eisdecke, die Berghänge sind weiß verschneit.

Bei der Prestegård Turisthytta passiert man den ersten Tunnel auf dieser Strecke, die bald nach **Haukeliseter** führt, einem beliebten Ausgangspunkt für Wanderungen Richtung Norden (über die Hardangervidda) oder Süden (zur Ryfylke- und Setesdalsheia). Zahlreiche Herbergen laden für die Nacht ein, klassischer Wanderertreff ist die bewirtschaftete Haukeliseter Fjellstove, wo man alle erforderlichen Informationen für kleine und große Touren bekommen kann.

Die Südgrenze des Hardangervidda-Nationalparks ist nur ein kurzes Stück entfernt. Eine der schönsten Touren, die man von hier aus ab Anfang Juli unternehmen kann, ist die auf etwa sechs Tage anzulegende **Wanderung nach Kinsarvik** (s. S. 271) am Hardangerfjord.

## Infos

**Rauland Turist AS:** 3864 Rauland, Tel. 35 06 26 30, Fax 35 06 26 31, www.visithaukeli.org, Mitte Juni–Aug. tgl.10–18, sonst Mo–Fr 10 –16 Uhr.

## Über Røldal nach Odda

**► C 28**

Kurz hinter Haukeliseter überqueren wir die Grenze zwischen dem zu Østland gehören-

Das Hochland der Setesdals[illegible]
südlich des [illegible]

den Bezirk Telemark und dem westnorwegischen Hordaland und erblicken bald den Eingang zum ca. 5,7 km langen Haukelitunnel. Direkt vor seinem Portal besteht die Möglichkeit, auf die alte Haukelistraße einzubiegen, die über den 1148 m hohen **Dyrskar-Pass** führt, bevor sie auf 1058 m Höhe – direkt am Westportal des Tunnels – wieder die E 134 erreicht. Diesen kleinen Umweg (nicht für Fahrzeuge mit Anhänger geeignet) sollte man sich, zumindest bei gutem Wetter, nicht entgehen lassen: Das Panorama ist schlicht umwerfend.

Nur wenig später ist der **Svandalsflona-Tunnel** erreicht, nach dessen Durchfahren die Kehren hinunter nach Røldal beginnen. Die neue Strecke ist durch Tunnel entschärft und bietet deshalb keinen Nervenkitzel. Wer ihn sucht, mag auch hier der alten Trasse folgen, die 3,4 km lang ist, nur zwischen 3,5 und 5 m breit (ebenfalls nicht für Fahrzeuge mit Anhänger geeignet!) und sich in sieben extremen Spitzkehren in die Tiefe schraubt.

## Stabkirche von Røldal

Schließlich gelangt man nach **Røldal** und hat damit nun eine Sehenswürdigkeit vor sich, die – weil von außen völlig unscheinbar – von vielen Touristen links liegen gelassen wird: die **Stabkirche von Røldal.** Sie wurde Anfang des 13. Jh. errichtet, im 17. Jh. auf der Grundlage der alten Dekorationen in den buntesten Farben neu ausgemalt und 1917 umfassend restauriert. Beachtenswert ist, neben den Malereien, insbesondere das mittelalterliche Taufbecken aus Speckstein sowie das ebenfalls aus dieser Zeit stammende Kruzifix (unter dem Chorbogen), dem jahrhundertelang wundersame Kräfte zugeschrieben wurden: Bis ins 19. Jh. pilgerten Kranke und Gebrechliche zur Johannismesse hierher, um sich mit dem Heilung bringenden Schweiß Christi zu netzen, der sich just in dieser Nacht auf wundersame Weise auf dessen Stirn zu bilden pflegte. Das Licht der Wissenschaft erleuchtet das Rätsel: Wie man heute glaubt, handelte es sich bei dem ›Schweiß‹ schlicht um Kondenswasser (Juli tgl. 9.30–18.30, Juni/Aug. tgl. 10–17 Uhr, 40 NOK). Interessant auch ein Besuch in der ausgeschilderten Røldal-Ziegenkäse-Molkerei, in der von Juni–Aug. tgl. Führungen angeboten werden (11–19 Uhr, Tel. 53 64 52 25); auch Verkauf von Ziegenkäse.

Rund 4 km nördlich von Røldal zweigt bei Horda die spektakuläre Landschaftseindrücke bietende R 13 von der E 134 ab. Sie hat das rund 250 km entfernte Stavanger (s. S. 234) zum Ziel und gehört als **Ryfylkevegen** (s. S. 243) zu den berühmten Panoramastraßen des Landes.

## Infos

**Røldal Turistinformasjon:** 5760 Røldal, Tel. 53 64 20 30, www.roldal-reiseliv.no, nur Juni–Aug, tgl. 10–13, 14.30–19 Uhr. Zweigstelle der Touristeninformation von Odda (s. S. 265).

## Übernachten

**Zelten am See ▶ Seim Camping:** an der E 134 ausgeschildert, Tel. 53 64 73 71, www.seimcamp.com, ganzjährig. Ruhiger Platz am Ufer des Røldalsvatn, Boots- und Kanuverleih. Hütten ab 350 NOK.

**Camping & Hütten ▶ Røldal Hyttegrend og Camping:** Tel. 90 05 44 64, www.roldal-camping.no, ganzjährig. Bei der Stabkirche gelegene Anlage mit 13 Hütten in verschiedenen Kategorien ab 300 NOK, auch Zelt- und Wohnmobil-Stellplätze. Mit Aufenthaltsraum, Kiosk/Imbiss und großem Spielplatz.

## Aktiv

**Bergtouren ▶** In Røldal, am Rand der Hardangervidda gelegen, bieten sich zahlreiche Wanderungen in die Umgebung an, nähere Informationen hält das örtliche Touristenbüro bereit.

**Skisport ▶** Im Winter, der hier bis Anfang Mai währt, erfreut sich Røldal zunehmender Beliebtheit bei Skisportlern, nicht weniger als elf Alpinpisten in allen Schwierigkeitsgraden laden ein. Die Website www.roldal.com informiert ausführlich. Wichtigste Veranstaltung ist der bei Extremsportlern populäre Røldal Freeride (www.roldalfreeride.no) gegen Mitte April.

## Verkehr

**Bus:** Røldal ist mehrmals tgl. u. a. mit Bergen verbunden (via Odda und Utne), außerdem mit Oslo (via Haukeligrend, Seljord, Kongsberg und Drammen) und Kristiansand via Setesdal und Stavanger.

## Nach Odda

Die E 134 folgt ab Røldal der Hordalia-Bergstraße, die durch den spiralförmig ansteigenden **Røldaltunnel** (rund 4,7 km) unter dem Røldalsfjell hindurch auf 876 m Höhe hinaufführt. Die 200 m oberhalb gelegene Hordabrekkene passiert die alte Straße in insgesamt 16 Kehren und mit bis über 10 %-iger Steigung. Auch sie kann man im Sommer benutzen (vor dem Tunnel und kurz hinter Hordalia ausgeschildert), nach rund 7 km mündet sie wieder auf die R 134. Von ihrem höchsten Punkt aus genießt man – wie sollte es auch anders sein – einen monumentalen Ausblick.

Aber auch von der E 134 aus tun sich grandiose Blicke auf, und der vielleicht schönste öffnet sich direkt jenseits eines zweiten Tunnels, wo linker Hand ein Parkplatz liegt: Voraus blinken die Eismassen des **Folgefonn-Gletschers** (s. S. 268). Steil geht es von hier durch weitere Tunnel hinab nach Seljestad und weiter ins tief eingeschnittene Jøsendal hinunter, wo sich die Straße gabelt: Die E 134 wendet sich nach links, gen Haugesund, die R 13 hingegen zweigt nach rechts ab und führt bald vorbei am zweiarmigen **Låtefoss,** der sich aus 165 m Höhe ins Tal ergießt und der Straße einen ständigen ›Regenschauer‹ beschert.

Drei weitere, allerdings etwas weniger spektakuläre Wasserfälle folgen, dann wird der ca. 5000 Einwohner große Industrieort **Odda** am Sørfjord (s. S. 265) erreicht, der Ziel und Ende unserer Tour durch die Telemark bildet.

**In zwei Armen ergießt sich der Låtefoss ins Tal**

# 3 Die Hardangervidda

**Die Hardangervidda im Zentrum Südnorwegens bietet Wanderern, Ski- und Radfahrern ein wahres Eldorado. Der Nationalpark gleichen Namens, der etwa ein Drittel dieser größten Hochebene Europas einnimmt, lockt das ganze Jahr mit grandiosen Naturschauspielen.**

Europas größtes Hochfjellplateau erstreckt sich mit seinen unzähligen Seen und mäandrierenden Wasserläufen, nur hier und da von flachen Bergrücken überragt, in einer Höhe von 1000 bis 1200 m über eine Gesamtfläche von rund 8000 km$^2$. Während es Richtung Westen steil und reich an tosenden Wasserfällen zum Sør- und Eidfjord hin abfällt, flacht es gen Osten sanft zum Hallingdal und dem landschaftlich reizvollen Numedal ab, das kulturgeschichtlich als eines der traditionsreichsten Täler des Landes gilt.

Im Norden bilden die gewaltigen Gebirgsformationen des 1993 m hohen Hallingskarvet sowie die Vergletscherung des 1862 m hohen Hardangerjøkul die natürliche Grenze der Hardangervidda, der südlichste Punkt wird mit der ausgedehnten Seefläche des Totakvatn erreicht. Schon die Fahrt durch dieses landschaftlich großartige Gebiet ist ein eindrucksvolles Erlebnis, doch vor allem Wanderern und Skiläufern eröffnet die vollkommen baumlos und menschenleer daliegende *Vidda* (Hochebene) gänzlich neue Vorstellungen von Weite und Einsamkeit.

## Hardangervidda-Nationalpark ▸ C–E 27/28

Schon 1879 errichtete der Norwegische Wanderverein DNT auf der Hardangervidda die erste Wanderhütte, und heute verbindet ein dichtes Netz von über 1200 km markierten Wanderwegen mehr als 50 Hütten miteinander. Der größte Teil dieser *hytter,* von denen zahlreiche bewirtschaftet sind, befinden sich innerhalb des 1981 eingerichteten Hardangervidda-Nationalparks, der eine Fläche von 3420 km$^2$ umfasst und ringsum von weiteren Landschaftsschutzgebieten umgeben ist. Vor allem die nördlichen Gebiete des Refugiums sind ausgezeichnet erschlossen, und so mancher Pfad folgt den Trift- und Handelswegen, die sich schon seit uralter Zeit über die *Vidda* ziehen und teilweise bis in die letzten Jahrhunderte eine Rolle für die Almwirtschaft spielten. Selbst heute noch werden einige *seter* betrieben, und so grasen während des Sommers Tausende Schafe, Ziegen und Rinder neben etwa 10 000 Wildrenen, die ganzjährig auf dem Hochplateau leben.

Aus vorhistorischer Zeit, während derer die Region von Nadelwald bedeckt war, haben Wissenschaftler über 250 Wohnplätze gefunden. Heute liegt das gesamte Areal weit oberhalb der Baumgrenze, präsentiert sich aber im Sommer, wenn die Flora des Fjells ›explodiert‹, ganz und gar nicht als die öde Felssteppe, die man in dieser Höhe vermuten könnte. Über 450 Pflanzenarten hat man registriert, darunter auch mehrere arktische Arten, die weiter südlich nicht mehr anzutreffen sind. Allein auf dem rund 20 km langen Abschnitt zwischen Litlos und Hadlaskar, der aus botanischer Sicht interessantesten Wanderstrecke, kommen über 200 verschiedene Arten vor, und in einem rund 100 km$^2$ großen Areal rund um die Dyranut-Hütte (s. S. 160) wurden 174 Blütenpflanzenarten, 15 Moosgattungen und 16 verschiedene Farnarten gefunden.

Auf viele der 114 registrierten Vogelarten, als deren seltenste die Schnee-Eule gilt, stößt man im Bereich des Feuchtgebietes Langavassmyra südlich der Bjoreidalshytta, und zehn Vogelarten – neben der Schnee-Eule auch Gerfalke, Sumpfläufer, Odinshühnchen, Ohrenlerche, Eisente, Spornammer, Temminck-Strandläufer, Falkenraubmöwe und Doppelschnepfe – haben mit der Hardangervidda ihre südlichste Verbreitungsgrenze. Säugetiere sind aufgrund der extrem abiotischen Klimabedingungen im Winter eher spärlich vertreten, nur 26 Arten konnten gezählt werden. Das Wildren gehört dazu, der äußerst seltene Eisfuchs, Schneehase und Hermelin, Nerz sowie der Berglemming, der hier in manchen Jahren derart zahlreich auftritt, dass die Hochebene auch ›Land der Lemminge‹ genannt wird.

### Infos

Zuständig sind die **Touristenbüros der Region,** insbesondere diejenigen von Geilo (s. S. 158) und Rjukan (s. S. 143).

**Hardangervidda Natursenter:** 5784 Øvre Eidfjord, Tel. 53 67 40 00, www.hardangervidda.org, April–Okt. tgl. 10–18, Mitte Juni–Mitte. Aug. tgl. 9–20 Uhr, 120 NOK. Das nahe dem Wasserfall Vøringfoss gelegene Naturzentrum gilt als eines der modernsten in Norwegen und informiert mit Hilfe von Dioramen, Displays, Filmen und zahllosen Texttafeln mit mehrsprachigen Erläuterungen über Botanik, Ornithologie und Zoologie ebenso wie über Geologie, Glaziologie und Archäologie.

### Aktiv

Hinweise zu sportlichen Aktivitäten siehe unter den nachfolgenden Orten.

## Durch das Numedal nach Geilo

Mit rund 150 km Länge gehört das sich von Kongsberg (s. S. 139) Richtung Nordwesten zur Hardangervidda hin öffnende Numedal zu den Tälern Norwegens, die schon seit uralter Zeit die Siedlungs- und Kulturinseln zwischen den nahezu menschenleeren Gebirgs- und Waldregionen des Landesinneren darstellen. Heute zählen sie dank ihrer teils noch lebendigen Traditionen, ihrer zahlreichen Zeugen einer alten Bauernkultur sowie ihrer Naturschönheiten zu den attraktivsten Regionen des Königreiches. Mit seinem mal breit und träge dahinfließenden, mal seeartig verbreiterten, mal auch wild aufschäumenden Fluss Numedalslågen (auch: Lågen), den bewaldeten, von Wiesen und Feldern überzogenen Höhen und den stillen Seitentälern ist das Numedal eine Landschaft wie aus dem Bilderbuch.

### Flesberg und Umgebung

**► F 28**

Rund 30 km nördlich von **Kongsberg** **1** im noch breit ausladenden Südteil des Talzuges erstreckt sich der kleine Ort **Flesberg** **2** mit der **Flesberg Kirke,** die im 12. Jh. als Stabkirche errichtet, doch 1735 zur Kreuzkirche umgebaut wurde. Sehenswert ist insbesondere das alte Drachenportal an der Westseite (23. Juni–10. Aug. tgl. 12–17 Uhr, 35 NOK). Auch der Besuch der etwas außerhalb gelegenen **Lyngdal Kirke** aus dem späten 17. Jh. lohnt sich, ist das Innere dieses Gotteshauses doch reich mit der für Norwegen typischen Rosenmalerei (s. S. 50) verziert (23. Juni–10. Aug. tgl. 12–17 Uhr, 35 NOK).

5 km nördlich von Flesberg liegt das **Dåsethof-Freilichtmuseum** mit 21 historischen Gebäuden (Dåsettunet: 26. Juni–7. Aug. Di, Do, Sa/So 12–16 Uhr, 50 NOK). Die dichteste Ansammlung alter Hofgebäude und Speicherhäuser bietet hingegen der bei Stærnes abbiegende **Rollagvegen,** der bei Veggli wieder auf die R 40 stößt. Auch die nur selten von Touristen besuchte Stabkirche von **Rollag** **3**, die im 13. Jh. erbaut und 1697 umgebaut wurde (das Schiff ist original erhalten, 23. Juni–10. Aug. Mo–Sa 11–17, So ab 12 Uhr, 40 NOK) sowie das 13 Gebäude umfassende **Rollag-Freilichtmuseum** (Rollag Bygdetun: 25. Juni–31. Juli tgl. 12–18 Uhr, 40 NOK) befinden sich an dieser Ostuferstraße.

## Die Stabkirchen von Nore und Uvdal ► E/F 27/28

Rund 9 km weiter, bei Åsly, bietet sich die Westuferstraße als Alternative zur Reichsstraße Nr. 40 an. Sie führt, ebenfalls an mehreren jahrhundertealten Gehöften vorbei, zur **Stabkirche von Nore** **4**. Sie wurde im 13. Jh. errichtet, im 17./18.Jh. kreuzförmig umgebaut und 1992 komplett restauriert. Eine Besonderheit dieser prächtigen Kirche ist die runenverzierte Mittelsäule, um die herum der einschiffige Raum angeordnet ist. Die Zwischendecke wurde im 18. Jh. eingezogen und ist, wie das gesamte Innere, vollständig

bemalt (Nore Stavkirke: 14. Juni–17. Aug. tgl. 10–18 Uhr, 40 NOK).

Vielleicht eindrucksvoller noch als dieser Sakralbau präsentiert sich die nördlich bei Uvdal ausgeschilderte **Stabkirche von Uvdal** **5**, die sich in herrlicher Lage hoch über dem von bewaldeten Bergen umschlossenen Tal erhebt. Sie ist dem Uvdal-Freilichtmuseum mit seinen bis 400 Jahre alten Gebäuden angeschlossen, stammt selbst aus dem 12. Jh. und wurde mehrfach umgebaut und erweitert, bevor man sie schließlich im 18. Jh. mit Rosenmalerei reich geschmückt hat (Uvdal Stavkirke og Bygdetun: Juni–Aug. tgl. 9–18 Uhr, 60 NOK).

## Infos

**Turistkontoret i Uvdal:** 3631 Rødberg, Tel. 32 74 13 90, www.visituvdal.no, Mo–Fr 10–17, Sa/So bis 15 Uhr; für das Uvdal sowie auch das obere Numedal zuständig.

## Übernachten

**Jugendherberge mit Atmosphäre ►** **Uvdal Vandrerhjem:** Tel. 32 74 30 20, www.hihostels.no, 12. Juni–1. Sept., sonst nur nach Voranmeldung. Das Uvdal Vandrerhjem ist in einem malerisch anzusehenden Amtmannshof aus dem Jahr 1906 untergebracht und bietet gemütliche Zimmer in historischem Ambiente. Es gibt Zimmer für 1–5 Personen und einen neuen Gebäudetrakt für bis zu 20 Personen. Bett 180 NOK, DZ 395 NOK, Frühstück 65 NOK.

**Zelten am Fluss ►** **Uvdal Camping:** Tel. 32 74 31 08, www.uvdal-camping.no. Wiesenareal zwischen Straße und Fluss, gehobene Ausstattung, 20 schön am Flussufer gelegene Hütten. Hütte ab 300 NOK.

## Seterdal ► E 27

Wenige Kilometer nördlich von Uvdal endet das eigentliche Numedal, und die Straße führt steil auf die kahle Hochebene des Dagalifjells hinauf, auf der, in einzigartiger Panoramalage, mehrere Hochgebirgshotels um die Gunst von Sommer- und Wintergästen werben.

Bei **Vasstullan**, dem mit 1100 m höchsten Punkt der Straße, genießt man eine weite Aussicht auf die Hochebene Hardangervidda hinaus, bevor es hinunter nach **Dagali** **6** ins wunderschöne Seterdal geht, das komplett zum Landschaftsschutzgebiet erklärt wurde. Der angenehme Urlaubsort bietet sich als Ausgangspunkt für Wanderungen und Mountainbiketouren an und lockt obendrein mit überaus spannenden Riverrafting-Touren und anderen Outdoor-Aktivitäten. Auch ein kleines Freilichtmuseum mit 15 malerisch anzuschauenden Gehöften und Speicherhäusern wartet auf Besucher (Dagali Bygdetun: www.hallingdal-museum.no, Juli–Mitte Aug. Di–So 11–18 Uhr, 50 NOK), bevor es durch das waldreiche **Skurdal** hindurch und über zwei Passhöhen hinweg nach Geilo geht, dem zentralen Ort der Hardangervidda.

## Infos

Für das **Seterdal** sind die Touristenbüros in Uvdal (s. S. 155) und Geilo (s. S. 158) zuständig, Infos außerdem über www.dagali.no.

## Übernachten

Sympathisch & aktiv ▶ **Dagali Hotel:** Tel. 32 09 37 00, www.dagalihotel.no. Sehr großzügiger Komplex mit Aufenthalts- und Kaminraum, Sauna, Bar, Restaurant, Fitnesscenter, Sportangebot, außerdem Verleih von Mountainbikes. Im angeschlossenen Restaurant wird eine traditionelle Küche gepflegt. DZ ab 1200 NOK mit Frühstück.

Komfort-Camping ▶ **Hallandstunet Camping:** Dem Dagali Hotel (s. o.) angeschlossen, günstig, exzellente Ausstattung, alle Einrichtungen des Hotels können benutzt werden, außerdem stehen mehrere Hütten zur Verfügung (ab 770 NOK).

## Aktiv

Über **Kanufahrten, Ausritte** und **Pferdetrecks** sowie **Wander- und Trekkingtouren** informieren die Touristenbüros.

Draisine-Fahrten ▶ Auf den Schienen der stillgelegten Numedalbahn kann man auf der

**Die Hardangervidda ist ein beliebtes Gebiet für Wander- und Trekkingtouren**

30 km langen Strecke zwischen Veggli und Rødberg zu Draisine-Fahrten starten. Informationen über das Touristenbüro sowie den Veranstalter **Veggli Vertshus** (Tel. 32 74 79 00, www.veggli-vertshus.no), 1 Std. kostet 40 NOK für 1 Pers., Tagesmiete 265 NOK.

**Radfahren ▶** Für Radler ist das Numedal wie geschaffen, auch dank der 280 km langen, zwischen Larvik und Geilo verlaufenden Numedal-Radroute (spezieller Fahrradguide erhältlich). Infos zum Fahrradverleih beim Touristenbüro und über www.numedal.net/numedalsruta.

**Zu Wasser & zu Lande ▶** **Dagali Opplevelser:** zwischen Dagali Hotel und Hallandstunet Camping, Tel. 32 09 38 20, www.dagaliopplevelser.no, Buchung und Information auch über das Touristenbüro in Geilo, Mitte Juni–Ende Aug. tgl. mehrere Wildwasser-Raftingtouren (3–4 Std.) in vier Schwierigkeitsgraden von der Familientour (490 NOK) bis hin zur Extremtour (650 NOK); außerdem Riverboarding (4 Std., 850 NOK) und Rappeling an einer 40-m-Wand (590 NOK), auch Jeepfahrten auf einem Off-Road-Trail (2 Runden 500 NOK) und anderes mehr.

## Termine

**Middelalderuka** (Ende Juli/Anfang Aug.): Die ›Mittelalterwoche‹ ist das wichtigste Kulturereignis des Numedal, Infos über das Touristenbüro und www.visitmiddelalderdalen.no.

## Verkehr

**Bus:** Verbindungen bestehen insbesondere auf den Strecken Richtung Geilo sowie Kongsberg und Larvik.

# Geilo ▶ E 27

**Geilo** 7, der knapp 2500 Einwohner große Hauptort der Gemeinde Hol, erstreckt sich auf rund 800 m Höhe in einem weiten Wald- und Wiesental. Er lebt als einer der größten Fremdenverkehrszentren des Südens während der Sommermonate sowie als einer der bekanntesten Wintersportorte des Landes ausschließlich vom Tourismus. Mit seinen zahlreichen Hotelbauten zwar ein wenig steril anzusehen, ist das Städtchen dennoch einen Aufenthalt wert. Die Hardangervidda liegt direkt vor der Haustür, und das Freizeitangebot lässt keinerlei Wünsche offen: Es reicht von Angeln über Reiten und Kanufahren bis zu Rafting, Wandern und Fahrradfahren.

Unvergesslich ist eine Fahrt mit dem **Geilo Sessellift** auf die 1080 m hohe Geilohöhe, von wo man auf markierten Pfaden u. a. bis hin zum Hallingskarvet oder nach Geilo zurückwandern kann (26. Juni.–15. Aug. tgl. 11–16 Uhr, 55 NOK/Fahrt, Tagespass 185 NOK). Vor allem in Biker-Kreisen ist der Berg äußerst beliebt: Mehr als 50 km an speziellen ›Freeride Tracks‹ laden dort oben ein; sind diese auch für Familien tauglich, bleiben die ›Downhill Tracks‹ von Lifthöhe zu Tal ausschließlich den Könnern vorbehalten. Der

aktiv unterwegs

# Mit dem Rad den Rallarvegen entlang

## Tour-Infos

**Start:** Haugastøl, 23 km westlich von Geilo; mehrmals tgl. mit Bus/Zug erreichbar.
**Ziel:** Flåm
**Länge/Dauer:** 82 km, 2–3 Tage
**Wegbeschaffenheit:** Schotterwege, teils ausgewaschen; angesichts des Höhenunterschiedes ist es ratsam, den Weg in Richtung Haugastøl–Flåm zu befahren.
**Orientierung:** Karten und Infomaterial gibt es in den Touristenbüros von Haugastøl und Geilo. Im Internet informiert insbesondere www.bike-norway.com, die Infoseite auf Deutsch lautet www.bikeandboots.de; die beste Karte bietet www.bikemap.net.
**Radverleih:** Haugastøl Turistsenter, Tel. 32 08 75 64, www.rallarvegen.com, Fahrräder verschiedener Klassen, auch Kinderräder und Anhänger: 2 Tage ab 480 NOK (weiterer Tag 120 NOK), Fahrradtaschen 75 NOK/Tag; Rücktransport des Fahrrads von Flåm bzw. Myrdal im Preis enthalten.
**Übernachten:** Unterkünfte gibt es in Finse (Hotel und Wanderhütte), Myrdal (Hochgebirgshotel), Flåm und Haugastøl.

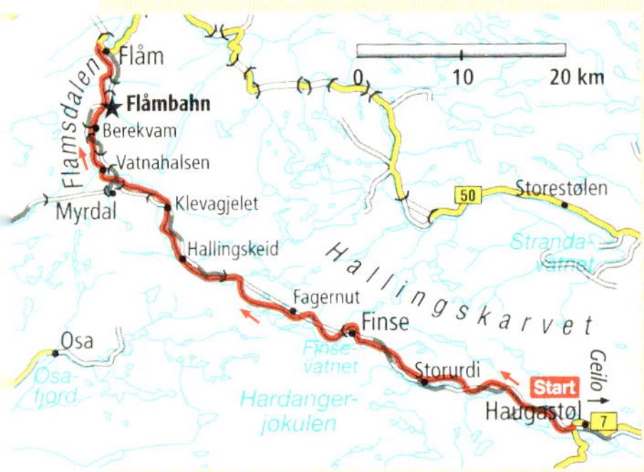


Rallarvegen ist der Name des alten Transportweges, der zu Beginn des 20. Jh. während des Baus der Bergenbahn über die Hardangervidda angelegt wurde. In den 1970er-Jahren wurde er zu einem Radwanderweg ausgebaut, und seit Mountainbikes in Mode sind, hat sich der Rallarvegen zu einer der beliebtesten und bekanntesten Bike-Strecken Nordeuropas entwickelt.

Der für den öffentlichen Verkehr gesperrte Weg verbindet die Stationen **Haugastøl** (988 m ü. M.) und **Finse** (1222 m ü. M.) sowie **Hallingskeid** (1110 m ü. M.) mit **Myrdal** (867 m ü. M.) und wird in aller Regel durch die Strecke **Myrdal–Flåm** verlängert. Auf der Etappe Finse–Hallingskeid, wo es bis über 1300 m hinaufgeht, muss man immer wieder absteigen und schieben, was weniger der Steigung (die ist problemlos), sondern den ganzjährig anzutreffenden Schneeverwehungen geschuldet ist.

Von Flåm (s. S. 282) aus kann man anschließend mit der **Flåmbahn** bis Myrdal zurückreisen (260 NOK). Zwischen Myrdal und Geilo bzw. Ål (s. S. 163) verkehrt Ende Juni bis Anfang September ein spezieller Fahrradzug, sodass der Rücktransport bequem bewältigt werden kann.

Sessellift hat Sessel, die für den Radtransport geeignet sind, direkt an der Talstation kann man sich auch Bikes ausleihen (275 NOK). Auch geführte Touren sowie MTB-Kurse werden vom Geilolia Sykkelpark angeboten. Er gehört zum Geilolia Sommerpark (www.geilolia.no, Tel. 32 09 00 00) bei der Talstation des Liftes.

## Infos

**Turistinformasjon Geilo:** 3580 Geilo, Tel. 32 09 59 00, Fax 32 09 59 01, www.geilo.no, Sommer Mo–Fr 9–18, Sa 9–17, So 10–17, sonst Mo–Fr 9–16 Uhr, auch Infos zur Hardangervidda sowie Zimmervermittlung für die gesamte Gemeinde, rund 5000 Gästebetten in allen Kategorien stehen zur Verfügung, u. a.

in mehreren Hochgebirgshotels sowie zahlreichen Hüttenanlagen.

## Übernachten

Im Alpenstil ▶ **Hotel Geilo:** Tel. 32 09 05 11, Fax 32 09 17 30, geilohotel.no. Modernes Gebirgshotel beim Skilift im ›Alpenstil‹ mit 140 Jahre langer Tradition, komfortable Zimmer, großes Aktivitätsangebot. DZ ab 1100 NOK inkl. Frühstück.

Alles unter einem Dach ▶ **Geilo Vandrerhjem/Øen Turistsenter:** 2 km östl. vom Zentrum an der R 7, Tel. 32 08 70 60, www.hihostels.no, ganzjährig. Neues Ferienzentrum mit zahlreichen Hütten (ab 500 NOK), Jugendherbergsbetten (290 NOK inkl. Frühstück) und DZ (685 NOK) sowie auch auch Camping (Zeltwiese).

Der Lage wegen ▶ **Geilo Camping:** beim Zentrum, Tel. 32 09 07 33, www.geilocamping.no, ganzjährig. Großer Platz in schöner Seeuferlage mit ausgezeichneten Einrichtungen, Boot- und Fahrradverleih sowie rund zwei Dutzend Hütten in verschiedenen Kategorien.

## Aktiv

Outdoor-Zentrum ▶ Das Touristenbüro ist zuständig für alle Sport- und Freizeitaktivitäten in und um Geilo (Infos und Buchung): **Wanderungen** (auch geführt), **Gletschertouren** (z. B. geführter Tagesausflug auf den Hardangerjøkul 490 NOK), **Elch-Safaris** (375 NOK), **Kanutouren** (4 Std. 545 NOK), **Rafting** (350–650 NOK), **Canyoning** nebst **Rappeling, Fahrradverleih** (ab 175 NOK/Tag); Infos zum Rallarvegen (s. S. 158).

Wintersport ▶ Geilo gilt als eines der größten Wintersportzentren des Nordens, und entsprechend ist das Angebot. **Geilolia Skisenter** (Tel. 32 09 55 15, www.geilolia.no) bietet über 18 Lifte, 59 verschiedene Abfahrten (darunter auch mehrere schwarze), 220 km an präparierten Langlaufloipen (viele mit Beleuchtung), mehrere Skischulen, einen Snowboardpark, Snowkiting. Von den meisten Hotels aus verkehren Shuttle-Busse zu den Liften; auch **Ski-Treks** und **Hundeschlittentouren** werden angeboten.

Organisierte Touren ▶ Das Touristenbüro bietet zahlreiche Rundfahrten an; eine der schönsten Touren führt per Bus über den Aurlandsvegen zum Sognefjord nach Aurland, Gudvangen und Flåm, von wo es mit der Flåmbahn nach Myrland auf die Hardangervidda geht, dort Anschluss an die Bergenbahn nach Geilo.

## Termine

Dutzende Sport- und Kulturveranstaltungen laden rund ums Jahr ein: Im Winter dreht sich fast alles um den Wintersport, im Sommer locken u. a. Country-Western-Tage, Sommer-Markttage, Hardangervidda-Marathon, Mountainbike-Rennen und anderes mehr. Auf der Homepage des Touristenbüros kann man einen Veranstaltungskalender abrufen.

## Verkehr

**Bahn:** Verbindungen 5 x tgl. in Richtung Oslo und Bergen (Bergenbahn).

**Bus:** Geilo ist mit allen größeren Orten zwischen Oslo und Stavanger, Bergen und Kristiansand verbunden, außerdem mit dem Hardanger- und dem Sognefjord, dem Numedal sowie den Orten der Umgebung.

# Ausflüge von Geilo aus

## Über die Hardangervidda zum Vøringfoss ▶ D/E 27

Norwegens berühmtester Wasserfall ist der Vøringfoss, der sich im freien Fall fast 200 m tief über die Abbruchkante der Hardangervidda ins Måbødal stürzt. Er ist spektakulärer Höhepunkt und Ziel eines unvergesslichen Ausflugs, der von **Geilo** aus entlang der Nationalen Touristenstraße R 7 über die Hardangervidda hinweg nach Westen führt. Wenn, was in dieser Region leider nur recht selten geschieht, der Wind einmal alle Wolken fortfegt, dann stehen die Berge gläsern hell vor einem Schleier von feinstem atmosphärischem Blau über zartblau schimmernden Seen im hellbraun und -grünen Tundraland, während das Eis und die Schneefelder, bis tief in den Juli hinein zu sehen, in sanftem Weiß erscheinen ...

Wer Lust auf eine Wanderung oder Bootstour bekommt, kann zwischen verschiedenen Möglichkeiten wählen. Populärste Stopps im ›Nichts‹ der Vidda sind die **Halne Fjellstove** (Tel. 53 66 57 12, www.halne.no) sowie die auf rund 1250 m Höhe gelegene **Dyranut Turisthytte** (Tel. 53 66 57 16, www.dyranut.com), wo Wanderer nicht nur Informationen abrufen, Führer buchen sowie an organisierten Bootstouren teilnehmen (ab Halne), sondern obendrein auch recht preiswert übernachten können (EZ ab 600 NOK, DZ ab 1000 NOK).

Je weiter es gen Westen geht, desto mehr flacht sich die Hochebene ab und desto stärker ist das Verkehrsaufkommen, das schließlich bei Fossli eskaliert, wo große Hinweisschilder auf den **Vøringfoss** 8 aufmerksam machen, der sich von zahlreichen Aussichtspunkten eingehend betrachten lässt (www.voringfossen.com). Fotogener aber als der Blick von oben ist der von unten auf den 182 m hohen Wasserfall, wo man dem gigantischen Gischtmantel ganz nahe kommt. Ausgangspunkt der Tour (hin und zurück ca 2 Std.) ist der Parkplatz an der oberen Mündung des Måbøtunnels, der sich von Fossli aus spiralförmig ins Tal schraubt.

Ein anderer Weg (nur für Fußgänger und Radfahrer) folgt der alten Trasse ins Måbødal, von wo aus der Måbøgaldane auf insgesamt 5 km Länge über 1300 Treppenstufen wieder hinauf an die Schwelle des Wasserfalls führt. Im Måbødal dann lädt u. a. auch das **Hardangervidda Natursenter** (s. S. 153) zu einem Besuch ein. Wer nun noch Zeit hat, sollte nicht versäumen, auch das nahe dem Naturzentrum sich öffnende **Hjølmodal** zu besichtigen sowie das nur 5 km entfernte **Eidfjord** 9, am Hardangerfjord (s. S. 264) gelegen.

## Über die Aurlandstraße zum Sognefjord ▶ D/E 26/27

Biegen wir in **Geilo** gen Osten auf die R 7 Richtung Ål (s. S. 163) ein, passieren wir nach rund 11 km **Hagafoss** und damit den Abzweig der R 50, die in puncto Berg- wie auch Fjordpanorama als eine der faszinierendsten Straßen des Landes gilt. Bevor aber atemberaubende Natur zu bewundern ist, bietet es sich für Kulturinteressierte an, bei der 4 km später erreichten Ortschaft **Hol** 10 einen Stopp einzulegen: Neben dem **Hol Bygdemuseum** mit 23 historischen Holzbauten (Juli–Mitte Aug. Di–So 11–16 Uhr, 50 NOK) lohnt vor allem die wunderschön am See gelegene **Hol Stavkirke** eine Besichtigung. Die im 13. Jh. erbaute Kirche aus Langhaus und Chorapsis (heute Sakristei) wurde im 17. Jh. erweitert, später jedoch mehrmals modernisiert, sodass sie heute nur noch für den Kenner als Stabkirche zu erkennen ist (Juli–Mitte Aug. tgl. 8.30–18 Uhr, Führungen auch auf Deutsch, 40 NOK).

Nachdem man im weiteren Verlauf der R 50 das Sudndal durchquert hat (bekannt für seine jahrhundertealten Gehöfte und Rosenmaler), steigt die Straße zum 950 m hoch gelegenen See **Strandavatn** an. Im Süden erhebt sich der Koloss des 1933 m hohen Hallingskarvet aus der Hardangervidda. Ausgangspunkt für Bergwanderungen in diesem Teil der Hochebene ist die bewirtschaftete **Raggsteindalen Høyfjellstue.** Sie ist ab Einset (26 km ab Hagafoss) über eine 13 km lange Nebenstraße auch mit dem Auto zu erreichen und bietet u. a. komfortable Hütten, Zimmer (DZ ab 690 NOK pro Person) und Mahlzeiten (Tel. 32 08 85 40, www.raggsteindalen.no, 1. Juli–20. Sept.).

Auf der folgenden Fahrt entlang dem See genießt man die Ausblicke auf den Hallingskarvet. Bei Geiteryggen, dem ›Ziegenrücken‹, erreicht man den ersten einer ganzen Reihe von Tunneln, die sicherstellen, dass diese Hochgebirgsstrecke auch im Winter befahrbar bleibt. Am Ende des Tunnels ist man mit 1156 m am höchsten Punkt der Straße angelangt, linker Hand zweigt eine (für Autos gesperrte) Nebenstraße zur 3 km entfernten **Geiterygghytta** ab, die ebenfalls bewirtschaftet wird und Ausgangspunkt zahlreicher

**Fast 200 m tief stürzt sich der Vøringfoss ins Måbødal**

aktiv unterwegs

## Mit der Bergenbahn über die Hardangervidda

### Tour-Infos

**Start:** Oslo
**Ziel:** Bergen
**Länge und Dauer:** 526 km; 6,5–7,5 Std.
**Planung:** Die Bergenbahn verkehrt 4–5 x tgl. Informationen und Buchung bei Norske Statsbaner (NSB), www.nsb.no, Tel. 23 15 00 sowie 81 50 08 88 – dann die ›9‹ wählen für englischsprachiges Personal.
**Preis:** 2. Klasse regulär 804 NOK; mit ›Minipris‹ (das Ticket muss mindestens einen Tag vor Reiseantritt gekauft werden) ab 199 NOK.

Dramatisch sind alle Landwege, die nach Bergen führen, und auf keiner Strecke wird man das besser gewahr als mit der Bergenbahn, die in ihrem Verlauf von Oslo aus rund 200 Tunnel durchquert, über mehr als 300 Brücken und extreme Gefällstrecken führt. Ihre Eröffnung im Jahre 1909 nach 14 Jahren Bauzeit war ein nationales Fest, und ein Fest für die Sinne ist es, sich auf dieses ›Abenteuer auf festem Gleis‹ einzulassen: Alle Landschaftsformen Norwegens rauschen wie im Zeitraffer an den Panoramafenstern des supermodernen Expresszuges vorüber. Erst dominiert das hügelige Wald- und Wiesenland des unteren Hallingdal, dann folgen bald bei Gol die dunkelgrünen Berghäupter des Hemsedal, bis es durchs obere Hallingdal hindurch auf die Kältesteppe der Hardangervidda hinaufgeht.

Dort liegt **Finse,** die höchstgelegene nordeuropäische Bahnstation auf 1222 m Höhe, umgeben von einer arktischen Wüste, in der einst die Polarforscher Amundsen und Nansen ihre Ausrüstungen getestet haben. Bald wird **Fagernut,** der mit 1237 m höchste Streckenpunkt erreicht, und von nun an etwa hat der Hardangerjøkulen die Tundrasteppe fest im Gletschergriff, bevor man bei **Myrdal** einen extremen Szenenwechsel genießen kann: Durch Lichtöffnungen in einer Tunnelwand fällt der Blick rund 860 m tief ins Flåmdal hinunter, aus dem die **Flåmbahn** (s. S. 282) hinausführt. Dann kommen wieder Wasserfälle und Berge ins Bild, und ab **Voss** wird die Landschaft sanfter, zeigt das satte Grün des Fjordlandes, dessen Metropole Bergen bald erreicht ist.

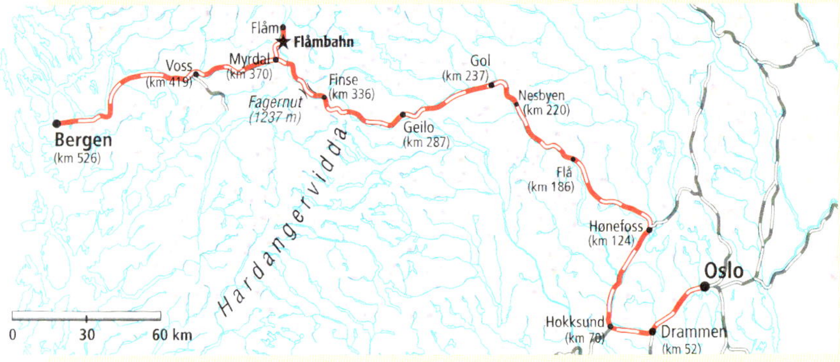


markierter Wanderwege ist, u. a. nach Finse (s. S. 158; www.turistforeningen.no/geiterygghytta, Ende Juni–Ende Sept.).

Von nun an ist der Lachs- und Forellenfluss Aurdalselv ständiger Begleiter. Durch eine karge Hochfjellwelt zieht sich die immer wieder von Tunneln unterbrochene Straße hin zur auf 1070 m Höhe gelegenen **Steinbergdalshytta,** die sich auch als Übernachtungsplatz anbietet (Tel. 57 63 11 90, www.steinbergdalen.no; 2012 geschlossen, Neueröffnung wahrscheinlich 2013).

Weiter geht die Fahrt hinunter Richtung Øvstebø. Ab der auf 820 m Höhe gelegenen **Østerbø-Turisthytte** (Tel. 57 63 11 41, www.osterbo-turisthytte.no, Mai–Sept., Betten ab 420 NOK, Hütten ab 640 NOK) kann man eine sechsstündige Wanderung in das Aurlandsdal beginnen: Diese mittelschwere Tour, die an steilen Abhängen und mehreren verlassenen Höfen vorbeiführt, ist eine der abwechslungsreichsten, die man in dieser Region unternehmen kann (Schwindelfreiheit erforderlich); zwischen dem Start- und Endpunkt verkehren Busse.

Die nun folgende, rund 20 km lange Strecke verläuft zu mehr als der Hälfte durch diverse Tunnel. Der erste ist rund 2,5 km lang, und bevor der zweite beginnt, sollte man unbedingt anhalten, um die großartige Aussicht in das sich in eindrucksvoller Tiefe erstreckende Aurlandsdal, den ›Grand Canyon‹ Norwegens, zu genießen. Auch nach dem dritten Tunnel bietet sich ein Stopp an: Der Ausblick umfasst nun nicht nur das Tal, sondern auch den Aurlandsfjord. Via Vassbygda geht es schließlich nach **Aurland** **11** (s. S. 283), dem am gleichnamigen Fjord (einem Nebenarm des Sognefjords) gelegenen Zentrum der Gemeinde Aurland und Ausgangspunkt einer Vielzahl unvergesslicher Abstecher.

## Das obere Hallingdal ► E 26/27

Das dem Numedal benachbarte Hallingdal reicht vom Krøderen-See nahe Hønefoss bis hinauf an die Hardangervidda und wird von der Reinsstraße Nr. 7 erschlossen, die parallel zur Bergenbahn (s. S. 162) verläuft. In landschaftlicher Hinsicht ist das an Feldern, Wiesen und Wäldern reiche und oft weit ausladende Tal weniger spektakulär als das angrenzende Numedal, weshalb es von ausländischen Touristen seltener besucht wird. Die R 7 führt von Geilo aus via Hagafoss und dem Abzweig der R 50 in diese Region.

Kulturelles und auch touristisches Zentrum des oberen Hallingdals ist das kleine Städtchen **Ål** **12** mit dem **Ål Bygdemuseum,** das u. a. eine eigene Abteilung für Rosenmalerei umfasst. Außerdem legen hier gleich 30 bis zu 300 Jahre alte Gebäude Zeugnis von der traditionsreichen Hallingdaler Bauernkultur ab (Juli–Mitte Aug. Di–So 11–16 Uhr, www.hallingdal-museum.no, 50 NOK).

Auch das **Ål-Kulturhaus** zeigt in einer festen Ausstellung Rosenmalerei, eine Kunstgalerie lädt zu wechselnden Ausstellungen ein, doch eigentliche Attraktion ist die hier untergebrachte **Rolf-Nesch-Galerie,** in der 78 Werke des deutschen Grafikers und Objektkünstlers präsentiert werden. Nesch, der 1933 aus Deutschland fliehen musste, lebte und arbeitete nahe Ål von 1946 bis zu seinem Tod 1975 (ganzjährig Mo–Fr 8–16 Uhr, im Sommer auch an den Wochenden, www.aal.kulturhus.no, 45 NOK).

12 km östlich von Ål befindet sich die an der R 7 gelegene **Stabkirche von Torpo** **13**, die von ihrem Stil her der Stabkirche von Borgund (s. S. 285) ähnelt. Nur der eigentliche Kern, das überhöhte Mittelschiff, ist erhalten (der Chor wurde im 19. Jh. abgebrochen), weshalb der gesamte Bau (12. Jh.) eher an einen Turm erinnert. Von einzigartiger künstlerischer Ausdruckskraft sind die Drachenornamente am Süd- und Westportal, im Innern beeindrucken insbesondere die Deckengemälde aus dem 13. Jh. sowie die hohen Säulenmasten, die geradezu den Eindruck vermitteln, man weile in einem heidnischen Tempel (Juni–Aug. tgl. 8.30–18 Uhr, Führungen auch auf Deutsch, 45 NOK).

### Infos

**Ål Turistinformasjon:** Zentrum, 3571 Ål, Tel. 32 08 10 60, www.aal.as, Mo–Fr 8.30–16 Uhr. Informiert über das gesamte obere Hallingdal.

### Übernachten

Neu in Ål ► **Thon Hotell Hallingdal:** Sundrevegen 82, Tel. 32 08 20 11, www.thonhotels.no. 60 helle Zimmern, mit Restaurant und Bar. DZ ab 1250 NOK.

# 4 Jotunheimen

**Die ›Heimat der Riesen‹ ist die größte und höchste Gebirgsregion Nordeuropas. Rund ein Drittel ihrer Fläche ist als Nationalpark ausgewiesen, und insbesondere Wanderer erleben diese gipfelreiche Landschaft als einmaliges Naturerlebnis. Doch auch mit dem Auto oder während einer Bootsfahrt kann man das Gebiet in all seiner majestätischen Schönheit genießen.**

Mit mehr als 60 Gletschern, rund 250 Bergen über 1900 m und 20 Gipfeln, die die 2300-m-Marke überragen, ist der mächtige Gebirgsstock von Jotunheimen Nordeuropas höchstes Fjellgebiet. Sein Name (›Heimat der Riesen‹), den der Dichter A. O. Vinje 1857 prägte, soll an die Frost- und Reifriesen der isländischen Textsammlung »Edda« erinnern. Insgesamt umfasst die früher als Jotunfjell bezeichnete Landschaft eine Fläche von etwa 3500 km$^2$. Begrenzt wird sie durch das Ottadal im Norden, das Sjoadal im Osten, den Bygdin- und Tyin-See im Süden und die Ausläufer des Sognefjords im Westen.

Der Jotunheimen ist eine Gebirgsformation, die bei der Kaledonischen Gebirgsfaltung vor etwa 400 Mio. Jahren entstand. Sie besteht hauptsächlich aus Gabbro, einem überaus harten Tiefengestein, das nur äußerst langsam von der Erosion abgetragen werden kann. Dennoch haben natürlich auch die Eiszeiten ihre Spuren hinterlassen, die Form der Gipfel, die zahlreichen Kare und Moränen, mit Findlingen übersäte Fjellheiden und Moore sowie die fjordartig ausgeschürften und heute oft von lang gestreckten Seen ausgefüllten Taltröge verdeutlichen das. Diese Seen, allen voran Bygdin (s. S. 171) und Gjende (s. S. 171), sind derart schön, dass sie bereits 1960 in die UNESCO-Liste der »most important lakes of the world« aufgenommen wurden. Dennoch vergingen, vor allem der geplanten Nutzung des enormen Wasserkraftpotenzials wegen, viele Jahre, bis 1980 zumindest 1150 km$^2$ im Gebiet des zentralen Hochfjellbereichs unter Naturschutz gestellt werden konnten.

Trotzdem droht diesem landschaftlichen Kleinod Gefahr, und dies ironischerweise gerade von Seiten derjenigen, die an seinem Erhalt vorrangig interessiert sind: den Wanderern. Jotunheimen, das von einem dichten Netz gekennzeichneter Wege durchzogen wird, gilt heute als eines der am besten erschlossenen Wandergebiete Skandinaviens und wird Jahr für Jahr von über 100 000 Wanderern aufgesucht. Solche Zahlen kann kein Gebiet schadlos verkraften, und wenn die Touristen weiterhin in solchen Massen in den Park kommen, werden Restriktionen in Zukunft unvermeidlich sein.

## Vågåmo ► F 24

**Vågåmo** 1, das rund 1500 Einwohner große Zentrum der gleichnamigen Gemeinde, erstreckt sich am Nordrand des lang gestreckten Sees Vågåvatn, nahe der Öffnung des Ottadals ins Gudbrandsdal, an der traditionellen Hauptverkehrsader zwischen Ost- und Westnorwegen. Der Ortsname, der vom altnorwegischen ›vega‹ abgeleitet ist und so viel wie ›reisen‹ bedeutet, verweist denn auch auf die frühe Bedeutung von Vågåmo, und bis heute ist sich der Ort treu geblieben: Noch immer lebt er hauptsächlich vom Fremdenverkehr, der das an urwüchsigen Blockbauten reiche Städtchen während des Sommers fest im Griff hat.

Zusammen mit dem benachbarten Lom (s. S. 167) ist Vågåmo das kulturelle Zentrum der Region, außerdem als östliche Pforte in das Jotunheimen-Gebirge. Es wäre schade, hier nur durchzufahren, zumal man dann kaum die rund 150 Gebäude zu Gesicht bekommt, die im Umfeld der Stadt unter Denkmalschutz stehen und teilweise bereits im Mittelalter errichtet wurden.

Die größte Anzahl dieser auf 16 historische Hofanlagen verteilten Blockbauten liegt an den nach Süden ausgerichteten Wiesenhängen oberhalb des Flusses Otta. Einen repräsentativen Querschnitt durch die Holzbauarchitektur der verschiedenen Jahrhunderte vermittelt das **Museumsdorf Jutulheimen** am westlichen Ortsrand (Juli–Mitte Aug. Di–So 10–16 Uhr).

Hauptanziehungspunkt des Städtchens aber ist die **Stabkirche von Vågå,** die im 12. Jh. einschiffig errichtet und in nachreformatorischer Zeit kreuzförmig umgebaut wurde. Besonders sehenswert sind die plastischen Schnitzereien am Südportal, die Drachenmotive gelten gar als die ältesten erhaltenen überhaupt. Das älteste Inventar der Kirche stammt aus dem 12. Jh.: ein Taufbecken sowie ein frühgotisches Kruzifix. Durchaus sehenswert ist auch der angrenzende Friedhof, dessen Grabplatten teilweise mit romanischen Radkreuzen verziert sind (1.–17. Juni und Aug. Mo–Fr 9–15, 18. Juni/Juli Mo–Sa 9–19, 20 NOK).

Das schönste Panorama weit und breit kann man von dem 12 km entfernten, 1618 m hohen **Blåhø-Berg** aus genießen, auf den eine (abgabepflichtige) Privatstraße führt. Der Ausblick (von der bei Drachenfliegern beliebten Höhe) umfasst große Teile des oberen Gudbrandsdals, reicht im Osten bis zu den 2000ern des Rondane-Gebirges, im Norden bis zum Dovrefjell und im Südwesten über Jotunheimen.

## Infos

**Vågå Turistinformasjon:** Vågå sentrum, Tel. 61 21 29 90, www.visitjotunheimen.com, 5.–

**Jotunheimen bietet spektakuläre Wanderrouten wie etwa über den ›Besseggengrat‹**

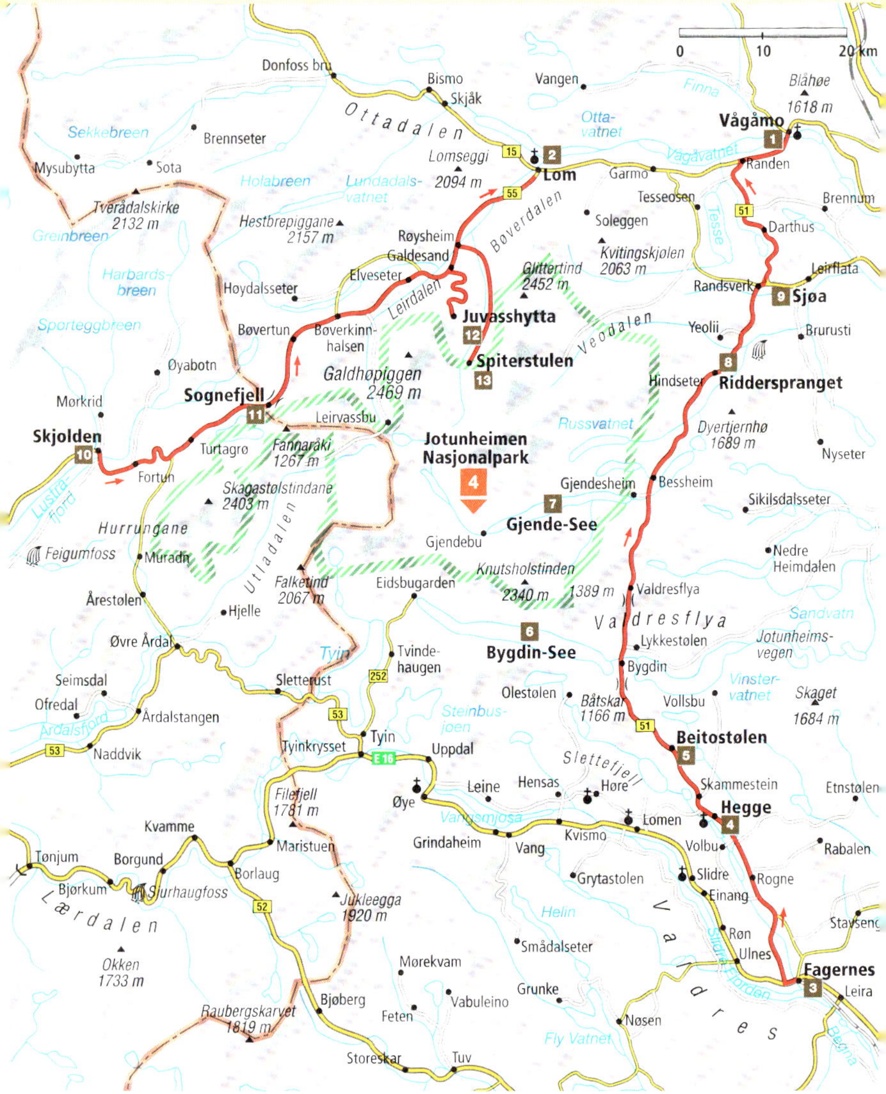


30. Juni sowie 11.–31. Aug. Mo–Fr 10–16, im Hochsommer Mo– Fr 10–17, Sa/So bis 16 Uhr.

## Übernachten

**Für Genießer ▶ Vågå Hotel:** Tel. 61 23 95 50, Fax 61 23 95 51, www.vagahotel.no. Im ›Alpenstil‹ errichtetes Hotel mit hohem Komfortangebot, u. a. ein sehr ansprechendes Hallenbad, Sauna, Kaminzimmer, Restaurant sowie 56 modern eingerichtete Zimmer. DZ ab 545 NOK/Pers.

**Camping & Hütten ▶ Smedsmo Camping:** Am westlichen Ortsrand/R 15, Tel. 61 23 74

50, smedsmo@online.no, ganzjährig, Standardausstattung, auch Zimmervermietung. 15 Hütten ab 385 NOK.

## Aktiv

**Breites Angebot ▶** Vågåmo ist eines der führenden Outdoor-Zentren Skandinaviens, doch die meisten Anbieter finden sich nicht im Ort selbst, sondern südlich davon bis hinunter nach Randsverk. Alle haben Rafting im Programm, meist auch Bergsteigen, Höhlen- und Gletscherwanderungen, Klettern und Canyoning, Mountainbiking, Elch-Safaris u. v. m. Zu den größten Anbietern gehören **Valldal Naturopplevinger** (Tel. 90 01 40 35, www.valldal.no), **Sjoa Raftingsenter NWR** (Tel. 47 66 06 80, www.sjoaraftingsenter.no) und **Heidal Rafting** (Sjøa Gjestehus, Tel. 61 23 60 37, www.heidalrafting.no, Mitte Mai–Mitte Sept.).

**Mit dem Kajak unterwegs ▶ Sjøa Kajakksenter:** Tel. 90 06 62 22, www.kajakksenteret.no. Eines der am besten ausgestatteten Kajakzentren des Landes, Wildwasser, auch Schulung.

**Abenteuer im Sattel ▶ Jotunheimen Hestesenter:** Bøverdalen, Tel. 61 21 18 00, www.raubergstulen.no, Ende Juni–Mitte Aug. Das Jotunheimen Hestesenter befindet sich in Raubergstulen, unweit von Galdhøpiggen. Ausritte auf Fjellpferden kosten 200 NOK/Std., es werden auch Halbtagestouren angeboten (600 NOK), auch längere Touren können vereinbart werden.

## Verkehr

**Bus:** Verbindungen mehrmals tgl. mit den Orten des Gudbrandsdals und des Ottadals, im Sommer, wenn zudem zahlreiche Fjellrouten bedient werden, auch zum Sogne- und zum Geirangerfjord sowie nach Åndalsnes, außerdem mehrmals tgl. Richtung Oslo und Nordfjord; auch Bergen wird bedient.

# Lom

▶ E 24

Der auf rund 350 m Höhe am Südende des lang gestreckten Sees Ottavatn und zu Füßen des 1524 hohen Lomsegga liegende 1000-Seelen-Ort **Lom** **2** präsentiert sich mit seinen altersdunklen Blockbaugehöften als malerisches Gebirgsdorf. Dank seiner verkehrsgünstigen Lage – hier kreuzt die im Sommer stark frequentierte Sognefjellstraße (R 55, s. u.) die vom Gudbrandsdal nach Geiranger verlaufende R 15 – hat sich der kleine Ort zum bedeutendsten Touristenzentrum der Jotunheimen-Region entwickelt. Im Hochsommer herrscht entsprechender Andrang, von dem man sich aber nicht davon abhalten lassen sollte, die Sehenswürdigkeiten zu besuchen, die sowohl den Naturfreund als auch den kulturhistorisch interessierten Reisenden begeistern werden.

## Norwegisches Gebirgsmuseum & Info-Zentrum Nationalpark

Claus Helberg, langjähriger Inspektor beim norwegischen Wanderverein DNT, initiierte dieses 1994 eröffnete **Gebirgsmuseum,** das seit 1997 auch das Informationszentrum für den Jotunheimen-Nationalpark beherbergt und heute als eines der modernsten und interessantesten Naturmuseen des Landes gilt. In ungemein spannend aufbereiteten Ausstellungen stellt es die norwegische Bergwelt vor und informiert darüber, wie sich das Zusammenwirken von Mensch und Natur von der Eiszeit bis zur Gegenwart im Hochgebirge entwickelt hat. Daneben präsentiert das Museum eine Sammlung von Jagdwaffen und Rentiergeweihen sowie im hauseigenen Auditorium diverse Diashows und Filme (engl. Untertitel). Eine interaktive Wanderung vermittelt durch Ton und Bild das Verhältnis der Menschen zum Gebirge und erläutert, wie Klima und Natur Geschichte und Kultur geformt haben.

Das integrierte **Informationszentrum des Nationalparks** liefert Ausführliches zu den Themen ›Flora & Fauna‹, ›Landschaft‹ und ›Wanderwege‹. Einige Stunden Zeit sollte man sich schon für diesen einzigartigen Ausstellungskomplex nehmen, der u. a. mit einem Mammut-Modell in Originalgröße beeindruckt (Norsk Fjellmuseum: www.fjell.muse

um.no, Mitte Mai–Juni und Mitte Aug.–10. Sept. Mo–Fr 9–16, Sa ab 10, So bis 15, Juli–Mitte Aug. Mo–Sa 9–19, So bis 17 Uhr, im Eintrittspreis von 70 NOK sind die Führungen – 11 und 15 Uhr – enthalten).

## Stabkirche

Die nahe dem Gebirgsmuseum gelegene Stabkirche von Lom, deren Baubeginn bis in das 12. Jh. zurückreicht, wurde als dreischiffige Basilika ähnlich der Stabkirche von Borgund (s. S. 285) errichtet und gilt als eine der größten und dank sorgsamer Restaurierungsarbeiten (1933) auch am besten erhaltenen Stabkirchen des Landes. Im 17. Jh. erfolgte ein Umbau zur Kreuzkirche, des Weiteren setzte man den hohen spitzen Turm auf, sodass das altersdunkle Gotteshaus alles in allem ein überaus markantes Bild abgibt. Auch der Innenraum mit seinen 20 Masten ist außerordentlich gut erhalten, sehenswert ist u. a. der Renaissance-Altar von 1669 sowie die Barock-Kanzel von 1793 (12. Mai–10. Juni und 20. Aug.–30. Sept. tgl. 9–17, im Hochsommer 9–19 Uhr, sonst nach Absprache mit dem Touristenbüro, 50 NOK).

## Freilichtmuseum

Das Freilichtmuseum Lom beeindruckt mit rund zwei Dutzend alten Gehöften, die teils original eingerichtet sind, teils Sammlungen zur norwegischen Volkskunst enthalten. Im Storstabburet, einem großen Speicherhaus, lädt eine Sonderausstellung zum Thema ›Bewässerungskultur im Ottadal‹ ein, auch ein alter Bewässerungskanal und ein Naturlehrpfad verlaufen durch das parkähnliche Gelände (Lom Bygdemuseum: 4. Juli–16. Aug. tgl. 11–16 Uhr).

## Fossheim Steinzentrum

Das Fossheim Steinzentrum befindet sich auf dem Gelände des Fossheim Turisthotels und bietet die mit Abstand größte Sammlung norwegischer Mineralien und Schmucksteine im Königreich, weshalb sie sich als internationaler Treff für Mineraliensammler einen Namen gemacht hat. Aber auch Schmuckliebhaber kommen hier auf ihre Kosten. Seit einigen Jahen gibt es außerdem eine sehr gute Foto- und Kunstgalerie sowie ein Geschäft für lokale Spezialitäten (Fossheim Steinsentrum: www.fossheimsteinsenter.no, Mitte Juni–Mitte Aug. tgl. 10–19, Vor- und Nachsaison tgl. 10–16 Uhr).

## Infos

**Jotunheimen Reiselivslag:** Postboks 63, 2686 Lom, Norsk Fjellmuseum, Tel. 61 21 29 90, Fax 61 21 29 95, www.visitjotunheimen.com, Mitte Juni–Mitte Aug. Mo–Fr 9–19 Uhr, Sa/So ab 10 Uhr, sonst nur Mo–Fr 10–15 Uhr. Für Lom und das gesamte Jotunheimen-Gebiet – Schwerpunkt westliches Jotunheimen – zuständig.

## Übernachten

Zum Wohlfühlen ▶ **Fossberg Hotel:** Tel. 61 21 22 50, Fax 61 21 22 51, www.fossberg.no. In erhöhter Lage mitten im Zentrum gelegenes Traditionshaus, die Zimmer und Gemeinschaftseinrichtungen (u. a. Hallenbad) sind hervorragend, außerdem werden zahlreiche Hütten mit schöner Aussicht vermietet. DZ ab 1425 NOK.

Aus alter Zeit ▶ **Fossheim Turisthotel:** Tel. 61 21 95 00, www.fossheimhotel.no. Die Poststation aus dem 19. Jh. gehört zur Kette ›De Historiske Hoteller‹ und ist heute ein sehr komfortables Hotel mit rund 50 Komfortzimmern sowie mehreren Blockhütten, mit Bar und Spitzenrestaurant (s. S. 169); umfassendes Aktivitätsprogramm rund ums Jahr. DZ ab 1290 NOK.

Günstig und schöner Blick ▶ **Bøverdalen Vandrerhjem:** Bøverdalen, Tel. 61 21 20 64, www.hihostels.no, 25. Mai–10. Okt. 18 km von Lom am Weg zum Sognefjell in herrlicher Lage, großes Angebot an Aktivitäten. Bett 180 NOK, EZ 300 NOK, DZ 480 NOK, Frühstück 80 NOK.

Alles unter einem Dach ▶ **Nordal Turistsenter:** am östlichen Ortsrand, Tel. 61 21 93 00, www.nordalturistsenter.no. Große Ferienanlage mit Campingplatz sowie 60 Hütten nebst Hotel- und Motelzimmern ab 1080 NOK, auch Restaurant und Pub, Angebot für Outdoor-Aktivitäten.

Die Stabkirche von Lom beherbergt eine kostbare Barockkanzel

## Essen & Trinken

Schlemmerfreuden ▶ **Fossheim Turisthotels:** Das Restaurant des Fossheim Hotels (s. S. 168.) steht unter Leitung von Kristoffer Hovland, der 2004 als bester Koch Norwegens ausgezeichnet wurde. Die Speisekarte listet erlesene Gourmet-Genüsse auf, u. a. das viergängige *Rype*-Menü, das im Zeichen des Schneehuhns steht. Die Preise sind hoch, für einen Abend (ohne Getränke) wird man mindestens 600–800 NOK einplanen müssen.

## Aktiv

Ideal für Outdoor-Fans ▶ Ob Bergsteigen, Trekking, Wandern oder Klettern, Safaris oder Ausritte, Mountainbike-, Kanu- oder Kajaktouren, Raftingtrips oder Gletscherwanderungen, Canyoning oder Höhlenexkursionen – Dutzende von Veranstaltern bieten nahezu alles an, was das ›Outdoor-Herz‹ begehrt. Das Touristenbüro informiert umfassend.

## Verkehr

**Bus:** Ausgezeichnete Verbindungen mit allen Orten der Region, auch mit dem Gudbrandsdal, Oslo und Bergen, im Sommer außerdem mehrmals tgl. Verbindungen über die Sognefjellstraße (s. S. 177) sowie im Gebiet von Jotunheimen und Rondane.

# Durch das Kernland von Jotunheimen ins Ottadal

Größe und Majestät der norwegischen Landschaft erschließen sich dem Reisenden wohl nirgends eindrucksvoller als auf einer Fahrt entlang dem mächtigen Gebirgsstock von Jotunheimen, und dementsprechend bietet die östlich an dieser ›alpinen Sensation‹ vorbeiführende R 51 in ihrem etwa 130 km langen Verlauf zwischen den beiden Tälern Valdres und Ottadal atemberaubend schöne Hochgebirgseindrücke. Insbesondere der mittlere Abschnitt zwischen Beitostølen und Randsverk ist während des Sommers ein wahrer Touren-Klassiker, der auch für mehrere Tage genug Abwechslung bringt. Norwegens schönster Gebirgssee liegt ebenso am Weg wie eine bei Touristen überaus be-

liebte Wanderung. Bei Randsverk lädt ein Besuch der Sjøa ein (auch: Sjoa), einem überaus populärem Rafting-Gewässer, während der Kulturreisende im Ottadal und Valdres gleich mehrere Stabkirchen (s. S. 174) sowie einige hervorragende Museen besuchen kann.

## Fagernes ► F 26

Ausgangspunkt dieser rund 140 km langen Route ist das an der seeartig verbreiterten Begna gelegene **Fagernes** **3**, das sich seit 1906 (nach dem Bau der nun stillgelegten Valdres-Bahn) zum Zentralort des Valdres-Tales entwickelt hat und heute vor allem vom Tourismus lebt.

Herausragende Sehenswürdigkeit des Ortes ist das **Valdres Folkemuseum** mit 87, teils bis über 800 Jahre alten Gebäuden aus dem Valdres. In vielen sind historische Werkstätten eingerichtet, in denen Handwerker alte Fertigkeiten demonstrieren, und da in diesem Tal auch die Traditionen von Volksmusik und Volkstanz noch sehr lebendig sind, werden hier im Juli mehrmals täglich entsprechende Folklore-Vorführungen dargeboten. Aber auch eine eigene Instrumentenwerkstatt ist eingerichtet, in der noch heute u. a. sogenannte Hardangerfideln (s. S. 47) hergestellt werden, außerdem lädt das älteste Volksmusikarchiv Norwegens auf einen Besuch ein. So kann man sich in dieser landesweit bekannten Museumsinstitution selbst als Museumsmuffel problemlos einen ganzen Tag lang dem Sightseeing hingeben (www.valdresmusea.no, Juni und Aug. tgl. 10–16, Juli 10–17, sonst Di–Fr 10–15 Uhr, 90 NOK).

## Von Fagernes an den Bygdin-See ► E/F 25/26

Hinter Fagernes passiert die Reichsstraße Nr. 51 (demnächst ein Nationaler Touristenweg) zunächst mehrere zu Ferien- und Hüttenzentren führende Stichstraßen, bevor sie nach 22 km die Stabkirche von **Hegge** **4** (s. S. 175) erreicht. Die Straße steigt nun konstant an und klettert via **Beitostølen** **5**, einem ebenso großen wie sterilen Sommer- und Winter-Ferienzentrum, zur 1166 m hohen **Båtskar-Passhöhe** an, wo man ein erstes großartiges Panorama genießen kann: Im Südwesten erhebt sich das Slettefjell, im Norden ragt die Valdresflya auf, dahinter dann das eigentliche Jotunheimen-Gebirge. Rund 100 m tiefer aber, und dorthin geht nun die Fahrt, breitet sich der von einer bis über 2300 m hohen Bergkette gesäumte **Bygdin-See** **6** aus. Der Anblick der blau-grün schimmernden Wasserfläche ist beeindruckend, aber doch bei Weitem nicht vergleichbar mit den herrlichen Landschaftseindrücken, die man während einer Fahrt mit Nordeuropas höchstgelegener Schifffahrtslinie genießen kann.

**Ein absolutes ›Muss‹:**
**Eine Bootsfahrt über den Gjende-See**

Ausgangspunkt der sehr empfehlenswerten **Seefahrt** ist das Bygdin-Hochgebirgshotel, von wo aus das fast 100 Jahre alte Schiff ›M/S Bitihorn‹ nach **Eidsbugaren** am 30 km entfernten Westende des Sees startet. Die atemberaubend schöne Fahrt währt knapp eine Stunde, und da es nach einem rund 1-stündigen Stopp in Eidsbugaren wieder nach Bygdin zurückgeht, kann man eine Rundschleife von insgesamt etwa drei Stunden Dauer beschreiben. Alternativ ist auch eine Boot-Bus-Kombination auf der Route Bygdin–Eidsbugaren–Fagernes–Bygdin möglich (Juli –11. Sept. tgl. 10.10 und 14.45 Uhr, hin und zurück 280 NOK, Informationen über die Touristenbüros sowie www.jvb.no/bitihorn).

## Gjende-See ► E/F 25

Knapp 1 km weiter zweigt rechts der gebührenpflichtige ›**Jotunheimsvegen**‹ nach Skåbu (an der R 255) ab, eine der schönsten Hochgebirgsstrecken Norwegens mit spektakulären Ausblicken auf die Seen und Berge Jotunheimens. Doch schöne Ansichten bietet auch die R 51, die auf den folgenden 7 km steil zur **Valdresflya** ansteigt, dem mit 1389 m höchsten Punkt der Route.

Sanft geht es dann auf ›nur noch‹ rund 1000 m Höhe hinunter nach Maurvangen, wo eine Nebenstraße zur 2 km entfernten

aktiv unterwegs

## Der Besseggengrat – Wandern auf Peer Gynts Spuren

### Tour-Infos

**Start und Ziel:** Gjendesheim-Wanderhütte (s. S. 172 unter Gjende-See).
**Dauer/Länge:** Hin und zurück 2 Tage; Wanderung: 5–7 Std., ca. 14 km.
**Planung:** nur möglich zwischen Ende Juni und Mitte Sept.
**Wegbeschaffenheit:** Breiter und größtenteils gut präparierter Pfad bis zur Memurubu-Wanderhütte; steil hinauf und steil hinab, teils über Felsstufen sowie Felsbänder.
**Orientierung:** völlig problemlos, Kartenmaterial nicht erforderlich.
**Ausrüstung:** Grundausstattung, Trekkingschuhe, Trinkwasser.
**Boots-Transfer:** Das Gjendeboot (Tel. 91 30 67 44, www.gjende.no) verkehrt zwischen dem 23. Juni und 16. Sept. ein- bis mehrmals tgl. auf der Strecke Gjendesheim – Memurubu (120 NOK/Weg) sowie auch Gjendesheim – Memurubu – Gjendebu (180 NOK/Weg) und zurück.
**Übernachten/Essen:** Die Memurubu-Wanderhütte (Tel. 61 23 89 99 und 91 54 26 20, www.memurubu.no) ist vom 15. Juni bis 16. Sept. bewirtschaftet und bietet etwa 150 Betten in Zwei- und Vierbettzimmern (ab 300 NOK/Pers.); eine Zeltwiese ist angeschlossen, des Weiteren Restaurant und ein Kiosk, und auch geführte Gletschertouren (400 NOK/Pers.) werden organisiert.

---

»Sahst du jemals nah den Gendin-Grat? Der macht dir bang: Eine halbe Meile lang, wie 'ne Sense scharf ist der ...« Mit diesen Worten beschreibt Norwegens Nationalheld Peer Gynt im gleichnamigen Drama von Henrik Ibsen den **Gjendegrat.** Doch darf man davon ausgehen, dass der Literat selbst niemals den Weg über diesen auch als ›**Besseggen**‹ bekannten Gebirgsgrat genommen hat, denn weder ist er sensenscharf noch wird er jemandem Bange machen. Vielmehr präsentiert er sich als ein stets mehrere Meter breiter ›Panoramabalkon‹ mit sensationeller Aussicht auf den smaragdgrün schimmernden **Gjende-See** auf der einen und den kobaltblau leuchtenden **Bessvatn** auf der anderen Seite.

Die mittelschwere, da teilweise recht steile Tour wird wegen der spektakulären Ausblicke

Gebirgsunterkunft **Gjendesheim** führt. Die Wanderhütte liegt am Ufer des zum Jotunheimen-Nationalpark gehörenden **Gjende-Sees** 7, der sich auf rund 20 km Länge bei durchschnittlich nur 1 km Breite ins Herz der Bergwelt hineinzieht und dabei von Felswänden umgeben ist, die bis zu 1300 m hoch aus den türkisfarben schimmernden Seefluten steigen.

Der Blick auf diese Landschaft zählt zu den größten Touristenattraktionen des Nordens, nicht umsonst besitzt der Gjende-See den Ruf, Norwegens schönster Gebirgssee zu sein. Einer der tiefsten (bis maximal 149 m) und fischreichsten ist er obendrein, und auch hier gehört eine **Seefahrt** zum absoluten ›Muss‹: Die beiden Schiffe ›Gjende III‹ (etwa 100 Plätze) und ›Gjendine‹ (etwa 50 Plätze) verkehren im Sommer mehrmals täglich in rund 20–35 Minuten via Memurubu nach Gjendebu, in der Gegenrichtung von Gjendebu sind es zwei Stopps.

Unterwegs wird u. a. der berühmte **Gjendegrat** (auch: **Besseggengrat,** s. aktiv unterwegs oben) passiert, der rund 400 m senkrecht über dem See verläuft und durch Henrik Ibsens »Peer Gynt« zu Weltruhm gekommen ist (23. Juni–16. Sept., Passage nach Memurubu 120 NOK, nach Gjendebu 180 NOK, hin und zurück 250 NOK, weitere Infos in der Turisthytte und über www.gjende.no).

alljährlich von unzähligen Wanderern begangen. Der Weg ist entsprechend breit und ausgetreten. Er zieht sich von der auf rund 1000 m hoch gelegenen **Gjendesheim-Wanderhütte** als ein weithin sichtbares Band steil bis auf den Gipfel des 1743 m hohen **Veslefjells** hin, wo der leichte Abstieg zum eigentlichen Grat beginnt (siehe Abbildung S. 165). Von dort geht es auf ein **Plateau** und schließlich steil nach **Memurubu** hinunter, das auf 1000 m Höhe am Ufer des Gjende-Sees liegt. Hier kann man übernachten und am nächsten Tag per Boot zurück nach Gjendesheim gelangen.

Alternativ kann man am See entlang zurückwandern (11 km, 3–4 Std., leicht), oder aber – eine Empfehlung – am nächsten Tag nach **Gjendebu** weiterlaufen. Auf dieser 5–6 Stunden dauernden Tour wird der Gebirgskamm des Memurutunga gequert, von wo aus man eine imposante Aussicht auf mehrere Zweitausender des Jotunheimen genießt. Von Gjendebu aus besteht ebenfalls Bootstransfer nach Gjendesheim.

## Nach Vågåmo und Lom

**► E/F 24/25**

Weiter geht es auf der R 51 an Bessheim (Wanderhütte und Campingplatz) vorbei in das wilde Skodal hinein bis zum Abzweig zur Felsklamm **Ridderspranget** 8, die vom tosenden Fluss Sjøa durchströmt wird. Ihren Namen – ›Rittersprung‹ – verdankt sie dem Ritter Sigvat Kvie, der einst mit Ivar Gjæsling von Sandebu in Fehde lag. Eines Tages stahl der Ritter seinem Kontrahenten sogar die Braut, flüchtete in wilder Hatz bis hierher, und als er hinter sich seine Verfolger gewahrte, nahm er das Mädchen auf den Arm und sprang über den Felsschlund auf die andere Seite hinüber.

Die nächste Station ist **Randsverk,** ein malerisches Dorf mit einer Vielzahl alter Gehöfte und Ausgangspunkt für Raftingfahrten auf der reißenden **Sjøa** 9. Dieser Fluss, dem die R 257 folgt, gilt als eines der besten Rafting- und Wildwasser-Kayaking-Gewässer des Landes, auch die Infrastruktur lässt keinerlei Wünsche offen (s. S. 167).

Nun geht es noch eine Zeitlang am 843 m hoch gelegenen **Lemonsjøen** vorbei, und vom Hüttendorf Mustad aus kann man bei klarer Wetterlage bis zum Glittertind im Südwesten blicken, dem mit 2465 m zweithöchsten Berg Norwegens. Das ist ein würdiges Finale unserer Fahrt, und nachdem unsere Straße bald darauf in Randen auf die R 15 gemündet ist, sind es noch 9 km bis **Vågåmo** bzw. 33 Kilometer bis **Lom** (s. S. 167).

## Infos

**Reisetraffiklaget for Valdres og Jotunheimen:** 2900 Fagernes, Tel. 61 35 94 10, Fax 61 35 94 15, www.valdres.com, Mo–Fr 8.30–16, Juli–Mitte Aug. auch Sa 9–16, So 10–16 Uhr.

**Beitostølen Turistinformasjon:** 2953 Beitostølen, Tel. 61 35 94 20, Fax 61 35 22 01, www.beitostolen.com.

## Übernachten

**... in Fagernes**

Alle Unterkünfte in Fagernes sowie im gesamten Valdres kann man über die oben genannte Website des Touristenbüros online buchen.

Moderner Spitzenkomfort ▶ **Quality Fagernes Hotel:** Jernbanevn., Tel. 61 35 80 00, www.choicehotels.no. Spitzenhotel, u. a. mehrere Restaurants, Bar, Pub, Pool sowie großer Garten, der direkt an den See grenzt. DZ ab 1260 NOK.

## Tipp: Auf Stabkirchen-Suche im Valdres ▶ F 25/26

Der Talbezirk Valdres mit dem Zentrum Fagernes gilt als eine der abwechslungsreichsten Gegenden des Østlands: Auf vergleichsweise kleinem Raum kann man hier alle Landschaftstypen Norwegens durchfahren, gleichzeitig zeichnet sich der aus mehreren Tälern bestehende Bezirk durch ein reiches Kulturerbe aus – so besitzt er beispielsweise mehr Stabkirchen als irgendeine andere Region des Königreichs.

Die meisten dieser Kirchen liegen nahe der Europastraße Nr. 16, so etwa die **Stabkirche von Reinli** 28 km südlich von Fagernes. Bemerkenswert ist an dem Gebäude aus dem 12. Jh., dass Schiff, Chor und Chorapsis gleich breit sind. Der Altar wurde aus einem mittelalterlichen Marienaltar umgearbeitet, die Kanzel ist im Renaissancestil gehalten (Tel. 61 34 85 80, 20. Juni–20. Aug. tgl. 11–17 Uhr, sonst auf Anfrage, 60 NOK).

Nördlich von Fagernes, über dem Westufer des lang gestreckten Sees Vangsmjøsa, thront die kleine **Stabkirche von Øye,** die 1125 erbaut, aber 1747 abgebrochen und durch eine Steinkirche ersetzt wurde. Bei Restaurierungsarbeiten an der neuen Kirche entdeckte man 1935 unter deren Fußboden Teile der ursprünglichen Stabkirche, mit deren Hilfe man das alte Gotteshaus in den 1950/60er-Jahren wieder aufbaute (Tel. 61 35 94 70, 18. Juni–20. Aug. Mo, Do, Sa, So 11–17 Uhr, außerhalb der Saison auf Anfrage, 40 NOK). In **Grindaheim** ist ein 2,5 m hoher Runenstein aus dem 12. Jh. zu betrachten, doch wollte man die Stabkirche besichtigen, die hier bis Anfang des 19. Jh. stand, müsste man bis nach Brückenberg ins polnische Riesengebirge reisen. Dort ließ sie der Preußenkönig Friedrich Wilhelm IV. wieder aufbauen, nachdem er sie in Norwegen für 94 Taler erworben hatte.

Die nächste Station ist Kvismo, wo eine Nebenstraße (2 km) zur auf einer Anhöhe gelegenen **Stabkirche von Høre** abzweigt. Sie wurde im 12. Jh. als dreischiffige Basilika errichtet, ist aber äußerlich nicht mehr als Stabkirche zu erkennen, da sie im 19. Jh. vollständig umgebaut wurde. Erhalten sind nur noch das Mittelschiff sowie zwei reich verzierte Portalsäulen (20. Juni–20. Aug. Di–So 11–17 Uhr, 40 NOK).

Auch die **Stabkirche von Lomen** (Mitte 13. Jh.) ist nur noch in Teilen erhalten. Um 1750 wurden die Apsis abgerissen, der Chor erweitert, das Dach erhöht und das Gotteshaus derart umgebaut, dass es zumindest von außen nur schwer als Stabkirche zu erkennen ist. Im Innern jedoch, 1970 restauriert, zeugen die mit Holzschnitzereien verzierten Portale und Kapitelle vom Mittelalter (Tel. 61 34 50 00, 27. Juni–17. Aug. tgl. 10–16 Uhr, sonst auf Anfrage, 40 NOK).

Ebenso sehenswert wie die Stabkirchen von Høre und Lomen ist die ein Stück weiter an der E 16 in Slidre stehende steinerne **Slidre Kirke,** die gegen Ende des 12. Jh. im ro-

**Camping & Hütten am See ▶ Fagernes Camping:** Tel. 61 36 05 10, Fax 61 36 04 31, www.fagernes-camping.no, an der E 16. Zentrale Lage am Strandefjord, gute Ausstattung, u. a. Boots- und Fahrradverleih, komfortable Hütten ab 450 NOK.

**... am Gjende-See**

**Für Wanderer ▶ Gjendesheim Turisthytte:** Tel.61 23 89 10, Fax 61 23 89 65, www.gjendesheim.no, 17. Juni–7. Okt. Das am Seeufer gelegene Hotel des norwegischen Wandervereins ist ›das‹ Wanderzentrum in diesem Teil Jotunheimens. Insgesamt stehen rund 170 Betten in 1–6-Bett-Zimmern sowie Schlafsäle zur Verfügung. Betten ab 200 NOK, DZ 630 NOK, Zelten auf der Zeltwiese 70 NOK, Frühstück 130 NOK, Hauptgerichte 185–290 NOK.

## Aktiv

**Touren im Valdres ▶** Das Touristenbüro in Fagernes organisiert Wandertouren auf den Gipfel des Galdhøpiggen (1 Tag), Boots- und Rafting-Touren und hält Informationen über

manischen Stil errichtet und seitdem kaum verändert wurde. Aufgrund ihrer beachtlichen Dimensionen ist sie im Volksmund auch als ›Slidredom‹ bekannt. Neben einem Abendmahlkelch (13./14. Jh.) gilt das Deckengemälde, das Jesus und seine Jünger im Himmelreich darstellt, als Highlight (Tel. 61 34 30 00, 10. Juli–15. Aug. tgl. 11–15 Uhr, sonst nach Absprache).

Bleibt schließlich die 22 km nördlich Fagernes gelegene **Stabkirche von Hegge,** die über die R 51 zu erreichen ist. Der achtsäulige Bau stammt aus dem 13. Jh., wurde aber im 19. Jh. stark umgebaut, sodass von der ursprünglichen Architektur nur noch der Mittelbau erhalten ist. Beachtung verdienen das reich mit Schnitzwerk versehene Westportal sowie die mittelalterlichen Holzmasken am oberen Ende der Säulen oberhalb der später eingezogenen Zwischendecke (Tel. 61 35 25 78, 20. Juni–20. Aug. Mo–Do 11–16 Uhr, sonst nach Absprache, 50 NOK).

**Aus der Mitte des 13. Jh. stammt die Stabkirche von Lomen**

aktiv unterwegs

## Aufstieg auf den Galdhøpiggen

### Tour-Infos

**Start:** Juvasshytta (s. S. 178); von hier wird Juni–Sept. mindestens 1 x tgl. (10 Uhr) eine organisierte Wanderung auf den Gipfel angeboten. Sie kostet 200 NOK, mindestens einen Tag zuvor sollte man sich anmelden (Tel. 61 21 15 50).

**Dauer/Länge:** Hin und zurück ca. 6–7 Std., ca. 15 km.

**Wegbeschaffenheit:** Es geht über Erdwege sowie vor allem steinige Pfade, über Geröll sowie im oberen Abschnitt in Seilschaft über Gletschereis.

**Orientierung:** Der Aufstieg erfolgt geführt, eine Karte ist daher nicht erforderlich( ► E 24).

**Ausrüstung:** Grundausstattung, außerdem warme Zusatzkleidung, Handschuhe, Kopfbedeckung, Sonnenbrille sowie starke Sonnenschutzcreme.

Nur etwa 3 bis 3,5 Stunden dauert der geführte Aufstieg auf den Gipfel des Galdhøpiggen, Jahr für Jahr zwischen Juni und Septwmber das Pilgerziel von Tausenden Bergwanderern aus dem In- und Ausland. Die erste bekannte Besteigung erfolgte erst im Jahre 1850, aber schon lange zuvor muss es Menschen auf diese markante Bergspitze getrieben haben, auf der man nämlich u. a. einen Pfeil aus der Eisenzeit finden konnte. Mit 2469 m ist der Galdhøpiggen der höchste Gipfel Norwegens, und seine Besteigung markiert nicht nur in geografischer Hinsicht einen Höhepunkt jeder Norwegen-Reise.

Die Wanderung ist für jedermann problemlos machbar, nur ein gewisses Maß an Kondition ist natürlich mitzubringen. Auch ein wenig Abenteuerlust, denn im oberen Abschnitt führt die Tour über den **Styggebreen,** der seinen Namen (›grausamer Gletscher‹) nicht umsonst trägt und in Vergangenheit aufgrund der lebensgefährlichen Spalten, die bis in den Spätsommer hinein oft von Schneebrücken verdeckt werden, schon viele Opfer gefordert hat.

Aus diesem Grund auch darf der Aufstieg von der Juvasshytta aus nur zusammen mit einem Bergführer erfolgen und wird der Gletscher ausschließlich in Seilschaft gequert. Das ist absolut sicher, außerdem spannend, wie auch die Querung des oberhalb angrenzenden **Piggbreen** (›Stachelgletscher‹) einen Höhepunkt darstellt.

Unvermittelt taucht dann der erst ganz zuletzt ins Bild rückende Gipfel des Galdhøpiggen auf, und von der Höhe aus umfasst der Blick ein Areal von über 35 000 km²: Gipfel um Gipfel von Jotunheimen, Breheimen und auch Dovrefjell sind durch ein Fernrohr mühelos zu erkennen, und damit man auch weiß, was man sieht, wurde eine Orientierungstafel aufgestellt.

Nachdem man sich an diesem wahrhaft atemberaubenden Panorama sattgesehen hat, kann man sich in einer ins Geröll geschmiegten und aus Stein und Glas errichteten Wanderhütte an warmen und kalten Getränken sowie einfachen Gerichten stärken (nur im Hochsommer), bevor es nach einer angenehm langen Pause wieder an den etwa zwei bis drei Stunden währenden Abstieg zur Juvasshytta geht.

**Alternative:** Alternativ kann man auch von der Spiterstulenhytta (s. S. 178) aufsteigen, die aber ›nur‹ auf 1100 m Höhe liegt, weshalb der Aufstieg wesentlich länger und anstrengender ist. Fünf Stunden hinauf und 3–4 Stunden wieder hinab sind anzusetzen, und wenn auch der Weg deutlich sichtbar und markiert ist, kam es in Vergangenheit im oberen Bereich dennoch zu mehreren Unfällen (u. a. wegen plötzlichen Wettersturzes), weshalb Wanderer ohne Alpinerfahrung möglichst an der geführten Tour ab der Juvasshytta teilnehmen sollten.

Rentier- und Elch-Safaris, Pferdetrecks etc. bereit.

**Outdoor-Abenteuer ▶** Das Touristenbüro in Beitostølen bzw. die Organisation Beito-Aktiv (Tel. 61 34 13 60, www.beito-aktiv.com) organisiert zahlreiche Touren, Bergwanderungen, Canyoning, Rafting, Climbing & Rappelling. Auch Kletterschulung gehört zum Programm, im Winter zudem Ski-, Snowboard- und Eiskletterkurse.

**Wandern & Bergsteigen ▶ Am Gjende-See:** Eine Broschüre der Gjendesheim Turisthytte (s. o.) listet ein gutes Dutzend Wanderungen und Bergbesteigungen auf, die man von hier aus unternehmen kann. Von Anfang Juli bis Mitte Aug. werden außerdem zwölf geführte Wanderungen von 4–8 Tagen Dauer zu den Top-Highlights des Jotunheimen-Gebirges angeboten.

### Verkehr

**Bus:** Zuständig ist Jotunheimen og Valdres Bilselskap (Tel. 61 36 59 00, www.jvb.no), es bestehen mehrmals tgl. Verbindungen von allen Orten der Route aus in Richtung Fagernes und Vågåmo, mindestens 2 x tgl. auch mit Oslo. Fagernes ist u. a. bis 6 x tgl. mit Oslo verbunden sowie mindestens 1 x tgl. mit Bergen, im Sommer sowie während der Skisaison verkehren außerdem ›Fjellbusse‹ von Fagernes nach Beitostølen, Bygdin und Gjendesheim über die R 51.

## Über die Sognefjellstraße ins Ottadal ▶ D/E 24/25

Eine Fahrt auf der zum Nationalen Touristenweg ernannten Sognefjellstraße, die von den grünen Ufern des Sognefjords (s. S. 278) aus zwischen den Gipfeln des Jotunheimen-Gebirges zur Rechten und den Gletschermassen des Jostedalsbreen (s. S. 293) zur Linken verläuft, dabei den höchsten Straßenpass Norwegens quert und schließlich wieder hineinführt in farbenfrohe Blumentäler, ist eine der beeindruckendsten Touren, die man mit dem Auto im Norden Europas unternehmen kann. Aufgrund der Wetterverhältnisse ist die 1938 eröffnete und seit 1997 im Rang einer Nationalen Touristenstraße stehende Strecke aber in der Regel nur zwischen Anfang Juni und Mitte Oktober befahrbar. Hunderttausende Fahrzeuge sind es Jahr für Jahr, die sich innerhalb dieser kurzen Zeitspanne auf den rund 83 km langen Weg zwischen Skjolden am Nordende des Lustrafjords und Lom machen.

### Den Pass hinauf

Schon bald hinter **Skjolden** **10** (s. S. 289), dem Ausgangspunkt unserer Route, kann man rechter Hand die ersten schneebedeckten Zweitausender von Jotunheimen ausmachen. Nach 30 km wird sich die Höhendifferenz zwischen uns und den Gipfeln um 1440 m reduziert haben. Unten der immer kleiner werdende Fjord, oben eine von Gletschern, Berggiganten und Seen geprägte Hochgebirgswelt, die oft noch bis in den Juli hinein im Kältegriff des Winters liegt und den Eindruck vermittelt, als befände man sich etliche tausend Meter oberhalb des Meeresspiegels – es gibt nichts Vergleichbares im Norden.

Das extremste Wegstück verläuft zwischen **Fortun** und **Turtagrø,** wo die Straße auf einer Distanz von 11 km fast 900 Höhenmeter bewältigt. Über zehn Kehren und mit bis zu 12 % Steigung geht es bergan, meist gesäumt von meterhohen Schneewänden, bis zum 13 km entfernten höchsten Punkt der Straße, der bei der **Sognefjell Turisthytte** **11** erreicht ist.

Die Aussicht ist überwältigend, und entsprechend groß ist der Andrang hier oben, doch das nimmt man gerne in Kauf, zumal man ja dem Rummel innerhalb weniger Minuten entfliehen kann, wenn man sich in diesem **Sommerskizentrum** ein Paar Skier ausleiht. Wer immer schon mal mit freiem Oberkörper oder im Bikini auf die Loipe gehen wollte – hier ist es möglich. Auch übernachten kann man in dieser luftigen Höhe von 1440 m über dem Meer, denn die Sognefjell Turisthytte bietet etwa 100 Betten. Diese sind allerdings meist über Wochen hinaus ausgebucht.

## Talfahrt nach Lom

Dagegen ist in der etwa 7 km weiter und immerhin noch auf 1267 m Höhe gelegenen **Krossbu Fjellstue** auch im Hochsommer oft das eine odere andere der 75 Betten frei. Das Panorama ist auch hier atemberaubend, im Sommer werden zudem geführte Gletscherwanderungen sowie Gipfelbesteigungen und Höhlenexkursionen angeboten.

Nach weiteren 8 km – die Höhe über dem Meer beträgt nur noch 950 m – geht es, vorbei an der **Bøvertun Fjellstugu,** mit bis über 8 % Gefälle hinab ins malerische Breiseterdal und schließlich in das weit ausladende Leirdal.

34 km hinter der Passhöhe wird **Galdesand** erreicht, das Zentrum des Bøverdal, wo eine Stichstraße zur **Juvasshytta** 12 abzweigt. Die Straße erreicht nach rund 15 km eine Höhe von 1850 m, womit die dort erreichte Wanderhütte der höchste in Nordeuropa mit dem Auto erfahrbare Punkt überhaupt ist. Die Hütte bietet sich als Ausgangspunkt für herrliche Hochgebirgswanderungen an, insbesondere auf den Gipfel des Galdhøpiggen (s. S. 176) sowie in den **Klimapark 2469,** der Wissen über den durch Menschen verursachten Klimawandel vermitteln will und im Bereich des 2469 m hohen Galdhøpiggen eingerichtet wurde (daher der Name »Klimapark 2469«). In der ersten Phase wurde ein Eistunnel fertiggestellt, der zeigt, wie sich das Klima im Zeitverlauf geändert hat. Ausgangspunkt ist die Juvasshytta, wo zwischen Ende Juni und Ende Aug. tgl. um 10.30 Uhr geführte Touren beginnen (3 Std., 300 NOK). Da die Teilnehmerzahl auf 20 begrenzt ist, sollte man frühzeitig reservieren. Weitere Informationen unter Tel. 61 21 16 00, www.oppland.no/Klimapark2469.

**Auf der Sognefjellstraße durch die Gebirgslandschaft des Jotunheimen**

Entlang der R 55 sind es ab Galdesand rund 4 km bis **Røysheim,** dessen gleichnamiges Hotel eines der besten im Lande ist. Hier zweigt eine Stichstraße ins Gebirge ab, die die 18 km entfernte **Spiterstulen Turisthytta** 13 zum Ziel hat. Sie liegt rund 1100 m hoch, ist ebenfalls Ausgangspunkt für die Besteigung des Galdhøpiggen sowie des 5 m niedrigeren Glittertind (2464 m). Eine Fjellschule bietet Wanderungen nach Memurubu am Gjende-See (s. S. 171) an sowie Gletschertouren auf/über den Svellnosbreen. Von Røysheim aus sind es noch 15 km bis **Lom.**

## Infos

Zuständig für die R 55 und das von der Straße aus erreichbare Umland von Jotunheimen sind die Touristenbüros am Sognefjord (s. S. 278) sowie diejenigen in Lom (s. S. 167) und Vågåmo (s. S. 164).

## Übernachten

1440 m hoch ▶ **Sognefjell Turisthytte:** Tel. 61 21 29 34, www.sognefjellet.no, 16. Mai–Ende Sept. Unter Leitung des DNT stehende Herberge mit 80 Betten ab 270 NOK, DZ ab 860 NOK, Komfort-DZ 1240 NOK inkl. Frühstück.

Prächtiges Panorama ▶ **Krossbu Fjellstue:** Tel. 61 21 29 22, www.krossbu.no, Anfang Juni–Ende Sept. Privat geführte Touristenstation mit Bettenpreisen ab 390 NOK (sehr schlichtes Mehrbettzimmer) bis 590 NOK (DZ mit Dusche), Frühstück 110 NOK, 3-gängiges Abendessen 305 NOK.

Dem Himmel nah ▶ **Juvasshytta:** Tel. 61 21 15 50, www.juvasshytta.no. Von der Wandererhütte ist das Galdhøpiggen-Sommerskizentrum nur ein paar Minuten entfernt (s. u.). Betten ab 430 NOK, DZ ab 110 NOK inkl. Frühstück, Zelten 50 NOK/Pers.

Günstig ▶ **Spiterstulen Turisthytta:** Tel. 61 21 94 00, www.spiterstulen.no, März–Anfang Okt. Komfortables Gebirgshotel. Zelten 50 NOK, Betten ab 190 NOK, DZ ab 660 NOK.

## Aktiv

Wandern ▶ Ausgangspunkt für eine Besteigung des Galdhøpiggen (s. S. 176) sind die Krossbu Fjellstue und Juvasshutta (s. o.).

Winterfreuden im Sommer ▶ **Galdhøpiggen Sommerskisenter:** Tel. 61 21 17 50, www.gpss.no. Hier kann man Mitte Mai–Okt. auf die 1400 m lange und 350 Höhenmeter bewältigende Piste gehen. Der Liftpass kostet 370 NOK/Tag, Ski kann man für 250 NOK/Tag ausleihen, Snowboard für 300 NOK, wozu sich Schuhe (150 NOK) sowie Skistöcke (30 NOK) und Helm (30 NOK) addieren.

## Verkehr

**Bus:** Während der Saison (Juni–Aug.) gibt es tgl. mehrere Verbindungen zwischen Sogndal am Sognefjord und Lom im Ottadal.

**Auto:** Mitte Juni–Mitte Aug. verkehrt die NAF-Straßenwacht auf der Strecke zwischen Skjolden und Røysheim. Die R 55 ist problemlos auch von Fahrzeugen mit Anhängern befahrbar, die zu den Wanderhütten führenden Stichstraßen hingegen nur von Pkw.

# Durch das Gudbrandsdal

**Das rund 200 km lange Gudbrandsdal markiert Norwegens klassischen Weg gen Norden und gilt vielen Norwegern als ›Tal der Täler‹. Die Landschaft ist zuweilen furchteinflößend wild, aber immer wieder auch lieblich schön, und sowohl der Natur- als auch der Kulturfreund finden hier genug Abwechslung für einen ganzen Urlaub.**

Nördlich des Mjøsa-Sees öffnet sich das vom Lågen durchzogene und bis Dombås um etwa 500 m ansteigende Gudbrandsdal, durch das der älteste Handels- und Verkehrsweg Norwegens nach Norden verläuft. Auch der ›Königsweg nach Trondheim‹ führte durch diesen rund 200 km langen Talzug, der im Ausland vor allem durch die Nobelpreisträgerin Sigrid Undset bekannt wurde, die in ihrer Romantrilogie »Kristin Lavranstochter« beschreibt, wie die Menschen hier im Mittelalter lebten. Auch Leben und Werk der Literaten Bjørnstjerne Bjørnson und Knut Hamsun sind eng mit dem Tal verbunden, das mal weit ausladende Tröge, dann wieder beklemmend enge Schluchten bildet.

Oft genug muss sich seine Lebensader, der vom Jotunheimen-Gebirge herabströmende Lågen, regelrecht hindurchzwängen. Auch der Europastraße Nr. 6, die durch das Tal führt, verbleibt dann wenig Platz, von Parknischen ganz zu schweigen, sodass oft nur flüchtige Eindrücke im Vorbeifahren vermitteln, was den eigentümlichen Reiz der Landschaft ausmacht: die hoch über dem Talgrund an steile Flanken oder sanfte Wiesenhänge sich klammernden Gehöfte, die als Keimzellen der traditionsreichen und stolzen Bauernkultur des Gudbrandsdals gelten.

## Infos

**Gudbrandsdalen Reiseliv:** c/o Lillehammer Turist, Postboks 44, 2601 Lillehammer, Tel. 61 28 98 00, www.gudbrandsdalen.no.

## Eidsvoll am Mjøsa-See

▶ H 27

Der 100 km lange und durchschnittlich 15 km breite **Mjøsa-See** **1** umfasst eine Fläche von gut 362 km$^2$ und ist damit der mit Abstand größte Binnensee des Landes. In zumeist flache Ufersäume gefasst und von Agrarlandschaften umgeben, erstreckt er sich nördlich der Oslofjord-Region bis hinauf nach Lillehammer. In früheren Zeiten verkürzte er als schiffbare Wasserstraße die Reise zwischen dem eigentlichen Gudbrandsdal und der Hauptstadt Oslo.

An seinem Südzipfel liegt der Ort **Eidsvoll** **2**, der jedem Norweger ein Begriff ist. Hier nämlich wurde am 17. Mai 1814 die norwegische Verfassung beschlossen, weswegen dieser Tag norwegischer Nationalfeiertag ist. Das Gebäude, in dem die auf Montesquieus Gedanken beruhende Verfassung proklamiert wurde, heißt **Eidsvollsbygningen,** es ist in seinem Originalzustand erhalten und als Historisches Museum der Öffentlichkeit zugänglich (www.eidsvoll1814.no, Mai–Aug. tgl. 10–17 Uhr, sonst Di–Fr 10–15 Uhr, 75 NOK). Sehenswerter, zumindest für Nicht-Norweger, ist aber wohl das **Eidsvoll-Bygdetun,** ein 26 historische Gebäude umfassendes Freilichtmuseum (www.eidsvoll.museum.no, Juni–Aug. Di–So 12–16, sonst Mo–Fr 9–15 Uhr, Eintritt frei).

Haupt-Touristenmagnet dieser Region ist jedoch zweifelsohne der Mjøsa-See, der zu

Recht als Familien-Urlaubsparadies gepriesen wird. Unzählige Bade- und Campingplätze, Ferienanlagen und Hotels liegen an seinen Ufern, und bis hinauf ins rund 120 km entfernte Lillehammer ist die tiefblaue und in Wiesen, Felder und Wälder gebettete Wasserweite des Sees nahezu ständiger Begleiter (s. auch Tipp S. 186).

## Hamar ▶ H 26

**Hamar** 3, mit rund 29 000 Einwohnern übrigens die größte Stadt Norwegens, die nicht am Meer liegt, ist die Hauptstadt der Provinz Hedmark und das größte Handels- und Dienstleistungszentrum der Region. Ihre Gründung verdankt die von modernen Allerweltsbauten geprägte Stadt der Errichtung eines Bischofssitzes im Jahre 1152, die eindrucksvollen Ruinen des Doms sind aus jenen Tagen erhalten: Sie liegen heute, geschützt unter einer monumentalen Glaskonstruktion, neben den Überresten der alten Bischofsburg inmitten des **Hedmark-Freilichtmuseums.** Die Anlage umfasst außerdem rund 70 weitere Gebäude (von denen das älteste aus der Zeit um 1600 stammt) sowie ein großes Freizeitgebiet mit Picknickplätzen und guten Bademöglichkeiten am See (Hedmarksmuseet: www.hedmarksmuseet.no, 18. Juni–13. Aug. tgl. 10–17, 29. Mai–17. Juni und 14. Aug.–26. Sept. Di–So 10–16 Uhr, 199 NOK).

Nahebei lädt das **Eisenbahnmuseum** zum Besuch ein, das 1896 gegründet wurde und das größte seiner Art in Skandinavien ist. Es besitzt ein rundes Dutzend Dampflokomotiven – die älteste wurde 1861 von Robert Stephenson gebaut – sowie eine 750-mm-Schmalspurbahn, die im Sommer an bestimmten Tagen zwischen dem Museum und dem 1,5 km entfernten Bahnhof Killingmo verkehrt (Norsk Jernbanemuseum: 22. Juni–Mitte Aug. tgl. 10–17, sonst 11–15 Uhr, www.norsk-jernbanemuseum.no, 75 NOK).

Sehenswert ist auch die einem umgestülpten Wikingerschiff nachempfundene und daher treffend ›Vikingskipet‹ genannte

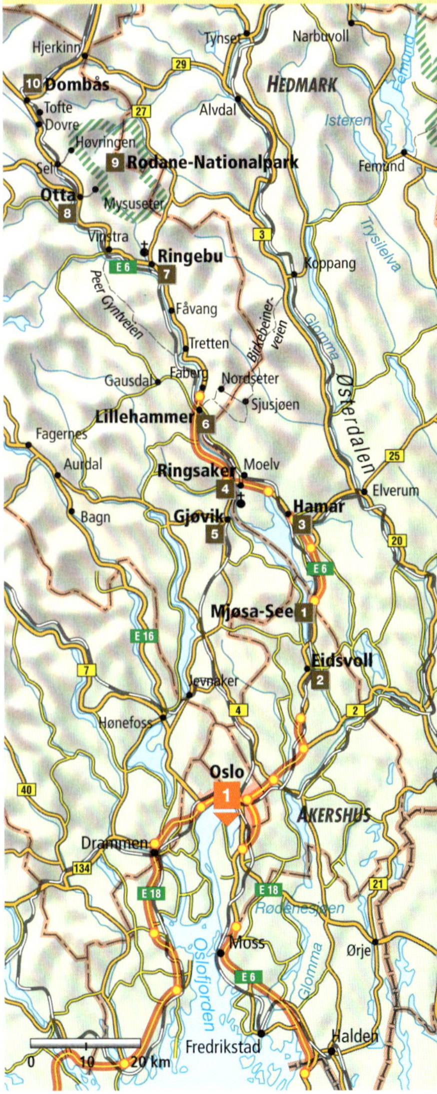


**Olympiahalle** – neben Lillehammer und Gjøvik war auch Hamar Austragungsort der Olympischen Winterspiele 1994. Die größte Sporthalle der Welt ist ein treffliches Beispiel moderner norwegischer Architektur und dient heute als Hauptarena des norwegischen Eissports, insbesondere des Eis-

Einem umgestülpten Wikingerschiff nachempfunden: Die Olympiahalle in Hamar

schnelllaufs (www.hoa.no, 18. Juni–20. Aug. Mo–Fr 8–20, Sa/So 8–17, sonst Mo–Fr 8–16 Uhr, 40 NOK).

### Infos

**Hamar Turistkontor:** Vikingskipet, 2304 Hamar, Tel. 62 51 75 03, www.hedmark.com und www.hamarregionen.no, Mo–Fr 8.30–16 Uhr.
**Hedmark Reiselivsråd:** Furnesveien 81/83, 2318 Hamar, Tel. 62 55 33 20, www.villmarksriket.com.

### Übernachten

Top in town ▶ **Seiersted Pensjonat:** Holsetgt. 64, Tel. 62 52 12 44, www.seiersted.no. Traditionsreiche Pension, zentrumsnah und doch ruhig in einem Gartens gelegen. Schöner Holzkomplex, gemütliche Zimmer, die mit Blick auf das Preis-Leistungs-Verhältnis mehr überzeugen als die Hotels der Stadt. DZ mit Frühstück ab 800 NOK.
Gute Jugendherberge ▶ **Hamar Vandrerhjem:** Åkersvikavn. 10, Tel. 62 52 60 60, www.hihostels.no, ganzjährig. Nur etwa 100 m von der Olympiahalle entfernte moderne Herberge mit schönen Außenanlagen und hellen Zimmern mit Bad. Nur EZ (410 NOK) und DZ (880 NOK).
Zelten am See ▶ **Steinvik Camping:** Moelv, Tel. 62 36 72 28, www.steinvik-camping.net, ganzjährig. Am nördlichen Mjøsa-Ufer in schöner Lage; großes Wiesenareal, gehobene Ausstattung, 40 Hütten in vier Kategorien ab 250 NOK.

### Verkehr

**Bahn:** Mehrmals tgl. Verbindungen nach Oslo, Trondheim via Gudbrandsdal oder via Østerdal sowie über Elverum Richtung Göteborg/Stockholm.
**Busse** fahren in alle größeren Orte der Hedmark sowie nach Oslo und ins Gudbrandsdal.

## Am Mjøsa-See entlang

▶ **H 26**

Nördlich von Hamar verläuft die Europastraße weiter nach Brumunddal, und wer sich einen Gesamtüberblick über den Mjøsa-See und das ihn umgebende Land verschaffen möchte, sollte östlich dieses Städtchens zum Wintersportgebiet **Hosbjør** fahren, von wo aus man in 576 m Höhe ein fantastisches Panorama genießen kann.

Es schließt sich die Ortschaft Moelv an, wo die E 6 zum Westufer des Mjøsa hinüberwechselt, doch zuvor bietet sich ein kurzer Abstecher zur ausgeschilderten **Ringsaker Kirke** 4 an, einer dreischiffigen romanischen Basilika aus dem 12. Jh. mit einem kunstvoll gestalteten Altar. Das Schnitzwerk mit seinen Flügelmalereien entstand um 1520 in Antwerpen und wurde schon in der 1654 herausgegebenen »Norvegia illustrata« als Kunstwerk von einzigartiger Schönheit gepriesen (Mitte Juni–Mitte Aug. tgl. 10–16 Uhr).

Zurück in Moelv geht es nun über die 1420 m lange **Mjøsbrua** auf die andere Seite des Sees. Gleich hinter der Brücke zweigt die R 4, die nach Oslo führt, links ab, und wer die weltberühmte **Olympiske Fjellhall** der Olympischen Winterspiele einmal in natura sehen möchte, sollte dieser Straße bis **Gjøvik** 5 folgen. Das Gebäude gilt mit seinen 10 000 m$^2$ als größte Sporthalle der Welt, die jemals in den Fels gesprengt wurde, bietet Sitzplätze für nahezu 6000 Zuschauer und umfasst u. a. eine Eisbahn, eine Kletterwand sowie eine große Ausstellung zu prähistorischen Felszeichnungen (Fjellhallen: Mo, Di, Do 16–21, Mi/Fr ab 11, Sa/So 10–16 Uhr, www.fjellhallen.no, 20 NOK).

### Infos

**Gjøvik Turistkontor:** Jernbanegt. 2, 2821 Gjøvik, Tel. 61 14 67 10, Fax 61 14 67 01, www.turistinnlandet.no, ganzjährig Mo–Fr 8.30–16 Uhr.

## Lillehammer ▶ H 26

**Lillehammer** 6, am Nordende des Mjøsa-Sees aus dem Marktfleck Litli Hamar (›Klein Hamar‹) entstanden, erhielt erst 1827 die Stadtrechte und zählte damals nur 50 Einwohner – mittlerweile leben rund 26 000 Menschen im Stadtbezirk. Bereits 1894 haben die ersten Urlauber den Weg hierher gefunden und das ausgesprochen reizvolle Tal sowie dessen Umgebung genossen. Auch viele norwegische Maler und Dichter fühlten sich vom Flair dieser Stadt offenbar inspiriert, allen voran Bjørnstjerne Bjørnson, der bis zu seinem Tod im benachbarten Aulestad lebte, und Sigrid Undset, die hier ihre Romantrilogie schrieb. So kann sich die am Eingang zum Gudbrandsdal gelegene Stadt nicht erst seit dem Erfolg der Olympischen Winterspiele als ›das‹ Touristenzentrum des Østlands rühmen. Lillehammer, dessen Stadtwappen übrigens ein Skifahrer ziert, ist zu jeder Jahreszeit einen Aufenthalt wert!

### Freilichtmuseum Maihaugen

Die größte Attraktion von Lillehammer ist das oberhalb des Stadtzentrums am Maihaugvegen gelegene Freilichtmuseum, das mit 185 alten Gebäuden auf einer Fläche von 40 ha eines der größten und attraktivsten des Landes ist. In seinem Aufbau präsentiert es sich als eine Miniaturausgabe des Gudbrandsdals, aus dem auch alle Gebäude sowie die meisten der rund 40 000 Ausstellungsstücke stammen.

Gegründet wurde diese einzigartige kulturhistorische Sammlung von Anders Sandvig (1862–1950), einem Zahnarzt, der von Lillehammer aus einen der größten Distrikte Norwegens betreute und eines Tages beschloss, den ›alten Plunder‹ seiner Patienten aufzukaufen, um ihn vor der Zerstörung zu retten. 1894 kehrte er gar mit einem kompletten, in Einzelteile zerlegten Haus zurück, fünf weitere kamen bald hinzu, und als sein Garten nicht mehr genügend Platz bot, wurden Sandvigs Sammlungen 1904 nach Maihaugen (Maihöhe) überführt, wo sie noch heute zu bewundern sind.

In einem Neubau sind zudem mehrere Dutzend **historische Werkstätten** aus ganz Norwegen zu betrachten, außerdem zahlreiche interessante **Spezialsammlungen.** Kann der Besucher in der Geschichtsausstellung ›Wie das Land langsam unser wurde‹ die Geschichte Norwegens von der Eiszeit bis heute zu Fuß durchwandern, so informiert ›Die alten Werkstätten‹ über die traditionellen Handwerkstechniken. Die Ausstellungen ›Die Post ist unterwegs‹ und ›Norwegische Briefmarken‹ machen mit der spannenden Geschichte des Postwesens im Königreich vertraut

Bauernstube im Freilichtmuseum Maihaugen

(www.maihaugen.no, Juni–Aug. tgl. 10–17, Sept. tgl. 11–16, Okt.–Mai Di–So 11–16 Uhr, 110 NOK, Hochsommer 150 NOK, Kombiticket auch für Besuch des Olympischen Museums).

## Norwegisches Fahrzeugmuseum

Was Hamar für Eisenbahnfans, ist Lillehammer für Auto-Enthusiasten, denn am Maihaugvegen zwischen dem Freilichtmuseum und dem Olympiapark befindet sich Norwegens einziges Fahrzeugmuseum, das die Entwicklung vom Schlitten über Kutschen bis hin zum Auto nachzeichnet. Auch äußerst ungewöhnliche Mobile sind zu betrachten – so ein Fahrzeug, in dem zwei Personen hintereinander Platz fanden und dessen Vorderräder im Winter durch Skier ersetzt werden konnten (Mitte Juni–Mitte Aug. tgl. 10–18, sonst tgl. 10–15 Uhr, 50 NOK).

## Olympiapark

Vom Fahrzeugmuseum sind es nur wenige Schritte zum (vom Stadtzentrum auch per Bus erreichbaren) Olympiapark. Eine Fahrt mit dem **Lift** zur Lysgårdsbakkene-Skisprunganlage ist unvergesslich, vom **Sprungturm** der höchsten Schanze aus genießt man Ausblicke aus der Vogelperspektive. Der am Fuß der Anlage einladende **Bob-Simulator** vermittelt außerordentlich realistische Rennerlebnisse, die an Nervenkitzel nur von einer Fahrt mit dem **Räderbob** der Olympischen Bob- und Rodelbahn überboten werden: Jeweils drei Passagiere rasen mit einem autorisierten Bob-Steuermann mit bis zu 100 km/h über die Bobbahn (während der Saison tgl. 9–17/20 Uhr, sonst tgl. 11–16 Uhr, www.olympiaparken.no).

Weniger aufregend, aber dennoch lohnend ist ein Besuch des **Norwegischen Olympischen Museums** in der Håkon-Halle, wo die Geschichte der Olympischen Spiele seit dem Jahre 776 v. Chr. bis heute nachgezeichnet wird (Öffnungszeiten wie Maihaugen, Kombiticket auch für Besuch von Maihaugen 110 NOK, Hochsommer 150 NOK). Von hier aus ist es nur ein kurzes Wegstück bis **Bjerkebæk,** dem originalgetreu erhaltenen Wohnhaus von Sigrid Undset, die dort von 1919 bis 1949 lebte (Öffnungszeiten wie Maihaugen, 110 NOK).

## Im Stadtzentrum

Von der Europastraße aus betrachtet scheint Lillehammer größer und geschäftiger, als es ist, und selbst im Zentrum der Stadt geht es, weil autofrei, ausgesprochen gemütlich zu. Ein Spaziergang entlang der – im Winter dank einer Fußbodenheizung eisfreien – Hauptgeschäftsstraße **Storgata** mit ihren Restaurants, Straßencafés und feinen Boutiquen hat somit durchaus seine Reize. An dieser Straße liegt auch das **Lillehammer-Kunstmuseum,** das den Anspruch Lillehammers unterstreicht, eine Kulturarena für das ganze Land zu sein. Mit über 1000 Arbeiten norwegischer Maler von J. C. C. Dahl über die Nationalromantiker und Edvard Munch bis zu den Kunstschaffenden unserer Tage gehört es zu den führenden Kunstmuseen im Lande (www.lillehammerartmuseum.com, Juli/Aug. tgl. 11–16, sonst Di–So 11–16 Uhr, 100 NOK).

## Infos

**Lillehammer Turistkontor:** Jernbanetorget 2 (Bahnhof), 2609 Lillehammer, Tel. 61 28 98 00, www.lillehammer.com, Mitte Juni–Mitte Aug. Mo–Sa 9–18, So 12–17, sonst Mo–Fr 9–16, Sa 10–14 Uhr. Für die gesamte Region sowie auch große Teile des Gudbrandsdals zuständiges Büro, sehr gut ausgestattet auch mit Landkarten, Büchern; Zimmervermittlung, Organisation von Aktivitäten jeder Art.

## Übernachten

In Lillehammer und Umgebung stehen viele tausend Gästebetten in Hotels und Pensionen, Gasthäusern und Hüttenanlagen zur Verfügung, auch Ferienhäuser kann man mieten. Zentrale Vermittlungsstelle ist das Lillehammer Turistkontor (s. o.).

Bezahlbarer Luxus ▶ **First Hotel Breiseth:** Jernbanegt. 1, Tel. 61 24 77 77, www.firsthotels.no. Hotel am Bahnhof mit 20 modern gestalteten Zimmern sowie rund 50 Zimmern im Stil des ausgehenden 19. Jh. Eines der besten Hotels der Stadt, und preislich fast ein ›Schnäppchen‹, denn ganzjährig gelten spezielle Webrates. DZ im Sommer ab 1030 NOK, sonst ab 960 NOK.

Wohnen mit Stil ▶ **Mølla Hotel:** Elvegt. 12, Tel. 61 05 70 80, www.mollahotell.no. Mitten in der Stadt am Fluss lädt die umgebaute Mühle aus dem Jahre 1863 als eines der »ungewöhnlichsten Hotels der Welt« ein – 2006 wurde es zum besten Übernachtungsbetrieb der Stadt gewählt. Alle 56 Zimmer des 36 m hohen Hotels sind in Pastellfarben gehalten und mit rustikalen Kiefernmöbeln ausgestattet, angeschlossen sind u. a. ein Spitzenrestaurant und eine Panoramabar im früheren Kornspeicher. Der Preis für das DZ beläuft sich ganzjährig auf 1770 NOK, das EZ kostet 1460 NOK.

Wohnen nach Gutsherrenart ▶ **Øvergaard overnatting:** Jernebanegt. 24, Tel. 61 25 99 99, oevergaard@gmail.com. Nur wenige Gehminuten außerhalb vom Zentrum, dabei ruhig und schön gelegenes Herrenhaus mit insgesamt neun schlichten, aber preislich attraktiven Budgetzimmern (sanitäre Gemeinschaftseinrichtungen). EZ 345 NOK, DZ 590 NOK, Frühstück 65 NOK extra/Pers.

Sehr günstig ▶ **Gjestebu Overnatting:** Gamlevn. 110, Tel. 61 25 43 21, gjestebu@lillehammer.online.no. Recht zentral gelegener Holzbau mit Gemeinschaftsküche, kostenlosem Tee und Kaffee und Bettenpreisen ab 190 NOK/Pers. (Schlafsaal). Günstiger als die Jugendherberge, außerdem werden hier auch Wohnungen vermietet (ab 250 NOK/Pers.).

Herrliche Lage ▶ **Lillehammer Camping:** Dampsagvn. 47, Tel. 61 25 33 33, www.lillehammer-camping.no, ganzjährig. Platz in reizvoller und doch zentrumsnaher Lage am See mit 250 asphaltierten Stellplätzen für Caravans und Wohnmobile (250 NOK) sowie einer eigenen Zeltwiese (175 NOK); auch zahlreiche Apartments (ab 690 NOK) und Hütten (ab 375 NOK).

Hütten auf dem Dach der Stadt ▶ **Nordseter Hyttegrend:** in Nordseter, Tel. 99 43 70 00, www.nordseter.no. Ebenso urige wie komfortable Grasdachblockhütten (ab 890 NOK) in wunderschöner Lage auf über 800 m

Höhe. Verleih von Fahrrädern (auch Mountainbikes) und Kanus; Ausrittmöglichkeiten und Wanderwege beginnen direkt vor der Tür.

## Essen & Trinken

Allerfeinstes aus Norwegen ▶ **Victoriastuen:** Storgt. 84b, Tel. 61 27 17 00. Im Rica Hotel befindliches Gourmetrestaurant im typisch norwegischen Stil mit entsprechenden Gerichten. Eines der besten und elegantesten Restaurants der Stadt. Hauptgerichte 220–350 NOK.

Crossover-Küche ▶ **Egon:** Elevgt. 12, Tel. 61 95 70 90, tgl. ab 11 Uhr. 200 Sitzplätze auf drei Etagen in einer über 130 Jahre alten Mühle (s. S. 185), mit altem Mobiliar nett eingerichtet, schön auch zum Draußensitzen, Speisekarte in fünf Sprachen mit norwegischen und internationalen Gerichten (um 200–320 NOK), außerdem Pizzen ab 139 NOK, gut und günstig, dabei gemütlich.

Für Steak-Liebhaber ▶ **Bryggerikjelleren:** Elvegata 19, Tel. 61 27 06 60, www.bblillehammer.no, Mo–Sa ab 18, So ab 15 Uhr. Rustikal-gemütliches Restaurant im Bierkeller der alten Stadtbrauerei aus dem Jahre 1855, bekannt für das beste á-la-carte-Menü der Stadt, daher extrem populär (Tischbestellung!). Vorspeisen um 100 NOK, Hauptgerichte ca. 215–450 NOK, die Steaks gelten als die besten der Region.

## Einkaufen

Handmade in Norway ▶ **Museumsladen im Kunstmuseum:** Für Schmuck und Glaswaren, Keramikarbeiten und Textilien gibt es in Lillehammer keine bessere Adresse als das Kunstmuseum (s. o.), in dessen Museumsladen im Foyer mehr als 100 norwegische Kunsthandwerker ihre Arbeiten zum Verkauf anbieten.

## Aktiv

Zu Wasser und zu Lande ▶ Das Angebot ist in Lillehammer enorm, es laden u. a. **Wander-, Rad- und Kanutouren** sowie **Ausritte** (www.nordseter.no) und **Elchsafaris** ein. **Quadbike**-Fahrten (www.hafjellevent.no) führen ins ›Outback‹, Norwegens bester **Hochseilpark** (www.hunderfossen.no) führt in ungeahnte Höhen, eine der feinsten **Rollski**-Bahnen ist ebenso zu befahren wie der **Hafjell Bike Park** (www.hafjell.no), einer der härtesten Downhill-Radsportstrecken des

## Tipp: Raddampferfahrt auf dem Mjøsa-See

›Der weiße Schwan des Mjøsa‹, wie der Schaufelraddampfer ›Skibladner‹ in Norwegen liebevoll genannt wird, unternahm am 2. August 1856 seine Jungfernfahrt auf dem Gewässer und gilt damit als die älteste noch in Betrieb befindliche Binnenseefähre der Welt. Damals wie heute verkehrt das weiße, lang gestreckte Schiff auf der Route zwischen Eidsvoll am Südzipfel des Mjøsa-Sees und Lillehammer im Norden.

Für das entspannte Genießen von See und Landschaft gibt es kein geeigneteres Verkehrsmittel als dieses charmante alte Dampfschiff, auf dem man sich dank drei komfortabler Salons sowie einem Restaurant auch bei Regenwetter wohlfühlen kann. Die ›Skibladner‹ verkehrt zwischen dem 26. Juni und 18. August an jedem Mi, Fr und So auf der Strecke Gjøvik (9.30 Uhr)–Hamar (11.15)–Eidsvoll (14.20) und zurück (an Hamar 17.15, an Gjøvik 18.45) sowie an jedem Di, Do und Sa auf der Strecke Gjøvik (9.30)–Hamar (11.15)–Gjøvik (12.40)–Lillehammer (15.00)–Gjøvik (17.30)–Hamar (18.45)–Gjøvik (20 Uhr).

Für die Strecken Gjøvik–Hamar sowie Gjøvik–Lillehammer zahlt man je 180 NOK pro Person, während Gjøvik–Eidsvoll und Hamar–Lillehammer je 220 NOK kosten, bei Retourtickets gibt es gut 50 % Rabatt; die Gerichte an Bord liegen bei 300 NOK. Die Fahrkarten kann man an Bord kaufen, aber auch telefonisch (Tel. 61 14 40 80), per Fax (Fax 61 14 40 81) sowie über www.skibladner.no reservieren.

**Nicht nur Kinder kommen ins Staunen: Der Troll im Vergnügungspark Hunderfossen**

Nordens, bei dem ein Höhenunterschied von 830 m bewältigt wird. – Das Touristenbüro (sowie deren Website) informiert ausführlich.

## Termine

Zu den wichtigsten Festivitäten gehören das alljährlich Mitte März stattfindende, 58 km lange **Birkebeinerrennen** (www.birkebeiner.no), das **Lillehammer Bluesweekend** (www.blueslillehammer.com) Ende März, gefolgt vom **Lillehammer Rock Weekend** (www.rocklillehammer.com) Ende Mai sowie dem **Lillehammer Jazzfestival** (www.dolajazz.no) Mitte Okt.

## Verkehr

**Bahn:** Lillehammer liegt an der Bahnstrecke Oslo–Trondheim mit fünf Verbindungen tgl. in jede Richtung, Richtung Oslo (via Gardermoen-Flughafen, ca. 1,5 Std.) verkehren außerdem mehrere Nahverkehrszüge; der Bahnhof liegt im Zentrum.

**Bus:** Verbindungen in alle größeren Orte Süd-, Ost- und Westnorwegens.

## Rings um Lillehammer

**▸ H 25/26**

Das Umland von Lillehammer bietet ebenfalls zahlreiche Sehenswürdigkeiten, und auch hier gehört eine Fahrt mit dem **Mjøsa-Raddampfer ›Skibladner‹** zu den touristischen Höhepunkten (s. S. 186). Ebenfalls lohnend ist ein Ausflug ins 7 km entfernte **Aulestad,** wo das Wohnhaus des norwegischen Dichters und Nobelpreisträgers Bjørnstjerne Bjørnson (s. S. 51) der Öffentlichkeit zugänglich ist (Öffnungszeiten wie Maihaugen).

14 km außerhalb von Lillehammer liegt auf einer Höhe von 800 m **Nordseter,** das als ›Dach der Olympiastadt‹ bezeichnet wird. Die

Straße zum gut ausgebauten Sommer- und Winter-Touristenzentrum bietet herrliche Ausblicke, ebenso wie die dort beginnende abgabepflichtige Schotterstraße, die zum Sjusjøen führt (Norwegens größter Hütten-›Stadt‹) und auf bis über 1000 m Höhe ansteigt. Von dort kann man noch weiter fahren, nämlich über den historischen **Birkebeinerveien** nordostwärts ins Østerdal. Vom höchsten Punkt der Straße aus umfasst der Blick das gesamte Bergland zwischen den Gebirgszügen Jotunheimen im Westen und Rondane im Norden.

Einen Ausflug nach Nordseter kann man gut mit dem Besuch des bei Fåberg im Gudbrandsdal gelegenen **Hunderfossen Lekeland** verbinden, eine Art norwegische Version von Disneyland, in dem all das geboten wird, was das Herz (nicht nur) des Kindes begehrt. Neueste der über 50 Attraktionen des Vergnügungsparks ist Norwegens größter Hochseilpark, der rund um eine ca. 500 m lange Raftingbahn angelegt ist. Nach wie vor am populärsten ist jedoch der »größte sitzende Troll der Welt«, in dessen Innerem sich eine Abenteuergrotte befindet. Norwegische Volksmärchen werden hier lebendig, und während sich die Kleinen daran erfreuen, können die Großen einen Abstecher ins benachbarte **Norwegische Straßenbaumuseum** (www.vegmuseum.no) unternehmen, in dem anschaulich dargestellt wird, wie mühsam es in Norwegen war und ist, Verkehrswege anzulegen (www.hunderfossen.no, 11. Juni–19. Aug. tgl. 10–17, im Hochsommer bis 18 Uhr, 360 NOK, Kinder unter 95 cm Größe gratis, unter 120 cm 295 NOK, auch Familientickets).

# Von Lillehammer nach Otta

## Zur Stabkirche von Ringebu

▶ G 25

Das Gudbrandsdal nördlich von Lillehammer präsentiert sich als eine Landschaft, die ein wenig an den deutschen Schwarzwald erinnert. Am teilweise seeartig verbreiterten, weil gestauten Lågen entlang geht es zum rund 20 km entfernten **Tretten,** wo die zum Peer-Gynt-Weg (s. S. 190) führende R 254 abzweigt.

Nach weiteren 40 km lohnt ein Besuch der südlich von Ringebu ausgeschilderten **Stabkirche von Ringebu** **7**. Um das Jahr 1200 entstanden, ist sie eine der ältesten Stabkirchen des Königreiches; insbesondere das Portal mit reicher Ranken- und bemerkenswerter Drachenornamentik sowie die Statue des St. Laurentius aus dem 12. Jh. verdienen eingehende Betrachtung (www.stave church.no, Ende Mai–Ende Aug. tgl. 9–17, Mitte Juni–Mitte Aug. tgl. 8–18 Uhr, 50 NOK). **Ringebu** selbst ist Ausgangspunkt des zur nationalen Touristenstraße ernannten **Rondanevegen** (www.nasjonaleturistveger.no), der den Rondane-Nationalpark erschließt (s. S. 193). Er misst 75 km Länge, folgt der Reichsstraße 27, mündet bei Hjerkinn (s. S. 331) wieder in die E 6 ein und bietet sich als spektakuläre Alternative zur Fahrt durchs obere Gudbrandsdal an.

Im weiteren Verlauf der Europastraße durch das nun zusehends enger werdende Gudbrandsdal finden kann man nur vom Autofenster aus vereinzelte Blicke auf die sich hoch oben an die steilen Talflanken schmiegenden Gehöfte werfen kann, die als Keimzellen der traditionsreichen Bauernkultur gelten.

### Infos

**Ringebu Reiseliv:** Skysstasjonen, 2630 Ringebu, Tel. 61 28 47 00, www.ringebu.com, ganzjährig.

## Otta ▶ G 24

**Otta** **8**, das rund 1800 Einwohner große Zentrum des nördlichen Gudbrandsdals, liegt auf rund 300 m Höhe am Kreuzpunkt der E 6 mit der durch das Ottadal (s. S. 296) führenden R 15 und ist somit von alters her wichtiger Verkehrsknotenpunkt Richtung West- und Mittelnorwegen. Im Osten setzen die Gebirgsmassive der Rondane (s. S. 193) alpine Akzente, im Norden schließt sich die Hochfjellregion des Dovrefjells (s. S. 330) an, gen

# Norwegen – Ein Eldorado für Winterurlauber

Thema

**Statt Urlaubshektik und Unterhaltung, Schlangen vor den Skiliften und Loipenstaus bietet ›die Wiege des Skisports‹ Erholung und Entspannung für die ganze Familie in grandioser Natur – und das mit nahezu 100-prozentiger Schneesicherheit den ganzen Winter über und bis in die Mitternachtssonnenzeit hinein.**

Die Olympischen Winterspiele in Lillehammer sind schon lange vorbei, doch geblieben sind die Erinnerungen an tief verschneite Winterlandschaften unter blauem Himmel, an herrliche Pisten und Loipen ganz ohne jeden Rummel, nicht zuletzt auch an gemütliche Unterkünfte und herzliche Gastgeber. Das norwegische Wintermärchen, von Millionen Menschen auf dem Bildschirm verfolgt, hat einen ganzen Kontinent verzaubert, ja dem Winter in Europa einen neuen Namen gegeben: Norwegen!

Mehr als 200 Wintersportorte, darunter drei Dutzend Wintersportzentren mit einer Ausstattung auf internationalem Niveau, werben hier, wo das Skifahren seine Heimat hat und die Winter lang sind, mit Tausenden Loipenkilometern und ungezählten Abfahrtspisten in allen Schwierigkeitsgraden um die Gunst der Besucher. Zu den beliebtesten Ski-Orten zählen Beitostølen (s. S. 171), Geilo (s. S. 157) sowie vor allem Trysil (s. S. 202); über die 60 Top-Abfahrtsski-Destinationen des Landes informiert umfassend die Website www.skiinfo.no.

Zu einer virtuellen Langlauftour durch die atemberaubend schönen Bergregionen, die märchenhaft verschneiten Wälder, die Hochplateaus und Steppen des winterlichen Königreichs lädt die Site www.norskespor.no (auch auf Deutsch) ein, ›das‹ Portal für Cross Country. Sie stellt z. B. die besten Langlaufregionen vor, darunter auch Rondane (s. S. 193), Hardangervidda (s. S. 152), Lillehammer (s. S. 183), das Valdres (s. S. 174) und Hallingdal (s. S. 163).

Rodeln und Schlittschuhlaufen kann man überall, auch Hundeschlittentouren werden von zahlreichen Veranstaltern angeboten, und anstatt mit turbulentem Après-Ski – obwohl auch der zu haben ist – lässt man hier die Tage mit *gløgg,* dem hochprozentigen skandinavischen Glühwein, am behaglichen offenen Kaminfeuer ausklingen. Gebirgs- und Gletschertouren, Skispringen und Biathlon, Hanggliding und Heliski stehen vielerorts ebenfalls auf dem Programm, in den meisten Skigebieten sind zudem spezielle Snowboardbereiche präpariert, die oft auch mit Halfpipes, Boxes, Big Jumps und Quarters ausgestattet sind.

Hoch oben in Nordland, Troms und der Finnmark werden unter einem Himmel, über den während des Winters die Nordlichter tanzen, Hundeschlitten-, Rentier- sowie Schneescooter-Safaris mitsamt Übernachtungen in den traditionellen Koten der Samen angeboten. Die berühmte Lofot-Fischerei ist zwischen Anfang Februar und Ende März eine weitere Attraktion für alle, die das ausgefallene Wintererlebnis suchen. Im April laden auf den Lofoten (siehe www.lofoten.info) zudem die Weltmeisterschaften im Dorschangeln ein, und wer einmal unter der Mitternachtssonne im April auf Spitzbergen mit Skiern, Scooter oder Hundeschlitten zu den Eisbären unterwegs war, den wird die *terra polaris* wohl immer wieder anziehen.

## Tipp: Auf dem Peer Gyntveien nach Norden

Für die Weiterfahrt von Lillehammer gen Norden bieten sich außer der E 6, die dem Gudbrandsdal folgt, zwei außerordentlich attraktive Alternativrouten an, die parallel zur Europastraße verlaufen und bei Vinstra, rund 60 km nördlich, wieder in sie einmünden: Die **R 255** folgt dem wilden Gausdal und Espedal und führt vorbei an den größten Gletschermühlen Skandinaviens (bis zu 30 m Durchmesser und 50 m Tiefe). Entlang dem **Peer Gyntveien** (www.peergyntvegen.no) hingegen, der die Ortschaften Skeikampen, Gålå, Fefor und Dalseter miteinander verbindet, eröffnen sich atemberaubende Panoramen, die vom wildromantischen Rondane-Gebirgszug im Norden zu den hochalpinen Frost- und Reifriesen Jotunheimens (s. S. 164) im Westen reichen. Der Fahrbahnbelag dieser nur im Sommer geöffneten Straße ist größtenteils Schotter, aber das nimmt man ebenso wie die Maut (260 NOK) gerne in Kauf angesichts der Hochgebirgslandschaften, die diese Traumstrecke erschließt.

Die Verlängerung des Gyntveien, der **Peer-Gynt-Seterweg** (in Vinstra gen Osten ausgeschildert), steigt auf der Ostseite des Gudbrandsdals durch typische Almlandschaften hinauf nach Rondablikk (Ausgangspunkt für einen Besuch des Rondane-Nationalparks, s. S. 193), bevor er wenige Kilometer nördlich des Ortes Vinstra wieder in die E 6 mündet.

Das Freizeit- und Sportangebot im ›Reich des Peer Gynt‹ umfasst Kanufahren, Paddeln, Elch-Safaris, Gletscherwanderungen, Rafting, Reiten, Angeln, Radfahren und vieles mehr, zudem kann man hier in traditionsreichen und schönen Hochgebirgshotels übernachten. Nicht zu vergessen ist das **Peer-Gynt-Festival** (www.peergynt.no), das alljährlich Anfang August in Vinstra veranstaltet wird und den Ort zehn Tage lang in eine einzige große Festspielbühne verwandelt.

**Zu Fuß durch das ›Reich des Peer Gynt‹**

Westen ist es nur ein kurzes Stück bis Jotunheimen (s. S. 164) mit den höchsten Gipfeln des Königreiches. Otta bietet sich somit als idealer Ausgangspunkt nicht nur für diverse Touren mit dem Auto an, sondern auch für Outdoor-Aktivitäten wie Wanderungen, Gletschertouren und Bergsteigen, Canyoning und Climbing, Trekking, Rafting und Kayaking an.

## Ein Ausflug in die Bergwelt

**► G 24**

So schön Talfahrten auch sind, so begrenzt ist doch stets die Sicht, und wem der Ausblick aus der Taltiefe zur Bergeshöhe nicht mehr reicht, sollte von Otta aus einen kleinen Abstecher unternehmen. Die nach Mysuseter (8 km) und Raphamn ausgeschilderte Straße bietet während der Fahrt bis auf über 900 m Höhe manch schönen Blick. Beide Bergorte sind heute ganz auf den Fremdenverkehr eingestellt, und wer auf ›Schusters Rappen‹ die herbe Schönheit der Rondane-Gebirgswelt erleben will, findet hier ideale Ausgangspunkte.

Aber noch weiter kann man mit dem Auto in die herbschöne Bergwelt hineinfahren: Die private Schotterpiste (10 NOK Maut) nach **Spranget** markiert den Weg ins Zentrum des Rondane-Nationalparks hinein. Wo sie endet, beginnt ein breit ausgetretener Wanderweg, der nach rund 6 km zur 1173 m hoch gelegenen **Rondvassbu Turisthytte** führt, der mit 128 Betten größten Wanderhütte im Rondane-Gebiet und idealer Startpunkt für kleine und große Wanderungen (Tel. 61 23 18 66, www.turistforeningen.no/rondvassbu, 22. Juni–7. Okt., Betten ab 200 NOK, DZ 530 NOK).

Für den Rückweg von der ehemaligen **Alm Mysuseter** bietet sich – allerdings nicht für Gespanne und größere Wohnmobile – die dort beginnende Privatstraße an (abgabepflichtig), die bei Sel, 3 km nördlich von Otta, wieder auf die E 6 stößt und etwa auf halbem Weg die (von der Straße rund 10 Gehminuten entfernten) **Kvitskriuprestene** passiert: bis zu 6 m hohe Konglomeratsäulen, meist mit einem Steinhut obendrauf, die aus Moränenmaterial entstanden sind. Ihr norwegischer Name spielt auf Ähnlichkeiten mit weiß gekleideten Priestern an, und nirgends sonst in Nordeuropa ist diese äußerst seltene glaziale Erosionsform in solcher Größe zu bestaunen.

## Infos

**Sel-Rondane Reiselivslag:** Ola Dahls gate 1, 2670 Otta, Tel. 61 23 66 50, www.visitrondane.com und www.nasjonalparkriket.no, ganzjährig Mo–Fr 8.30–16, Mitte Juni–Mitte Aug. Mo–Fr 8.30–19, Sa/So 11–18 Uhr.

**Otta nasjonalparksenter:** Johan Nygårdsgt. 17 A, Tel. 61 70 08 70, www.nasjonalparker.org, ganzjährig Mo und Mi 12–19, Di, Do, Fr 10–16, Sa 10–14 Uhr.

**Gausdal Turistinformasjon:** 2651 Ø. Gausdal, Tel. 61 22 44 40, 97 56 20 00, www.gausdal.com, für Gaus- sowie auch Espedal.

## Übernachten

**Ferien- und Aktivzentrum ► Otta Turistsenter:** Ulvolden, rund 2 km nördl. von Otta, Tel. 90 63 60 57, Fax 61 23 03 25, www.ulvolden.com. Große Ferienanlage am Wiesenufer des Lågen mit Motel, Apartments und Ferienhäusern sowie einem Zeltplatz und Stellmöglichkeiten für Wohnmobile. Auch ein kleiner Badesee lädt ein, man kann Kanus und Schlauchboote für Flussfahrten ausleihen, außerdem werden Rafting-Touren angeboten sowie Elch-Safaris. Wohnmobil 200 NOK, Zeltplatz 125 NOK, Motelzimmer inkl. Frühstück 700 NOK, Apartment 700 NOK, Hütten ab 400 NOK.

**Ein Komforthaus für Sportbegeisterte ► Brekkeseter:** Høvringen, Tel. 61 23 37 11, www.brekkeseter.no. 1772 gegründete Almsiedlung mit gemütlichen Häusern und Familienhütten, mehrere der Häuser stammen noch aus der Gründerzeit, sind entsprechend urig anzusehen und rustikal eingerichtet. Das Hauptgebäude beherbergt ein kleines Hotel mit Kaminraum und Bibliothek; da das Freizeitangebot umfassend ist und der Rondane-Nationalpark mit zahllosen Wandermöglichkeiten direkt vor der Tür beginnt, ist die Anlage idealer Standort für alle sportlich motivierten Reisenden. DZ im Hotel ab 850 NOK, Hütten ab 850 NOK.

**Zelten am Fluss ▶ Otta Camping:** südl. von Otta an der E 6, Tel. 61 23 03 09, Fax 61 23 38 19, www.ottacamping.no, Mai–15. Okt. Schöne Lage am Lågen. Zelt 90 NOK, Wohnmobil 130 NOK, Hütten ab 350 NOK, DZ ab 420 NOK.

**Jugendherberge und Outdoor-Zentrum ▶ Sjøa Vandrerhjem:** Sjøa, Tel. 61 23 62 00, www.hihostels.no, 15. Mai–15. Sept. Wunderschöner Blockbau aus dem 18. Jh., dem Heidal-Raftingsenter (s. S. 193) angeschlossen, und ›die‹ Adresse für aktive Urlauber. Die Betten kosten ab 275 NOK, EZ 415, DZ 560 NOK.

## Aktiv

Zusammen mit den ›Almsiedlungen‹ Mysuseter und Høvringen bildet Otta eines der großen Outdoor-Zentren Norwegens. Das nahe gelegene Heidal ist ›die‹ Rafting-Kapitale des Landes und der angrenzende Rondane-Nationalpark das gelobte Land für Trekkingtouristen. Das Angebot ist entsprechend groß, das Touristenbüro informiert ausführlich. – Hier nur eine kleine Auswahl:

**Breites Angebot ▶ Sjoa Raftingsenter NWR:** Tel. 47 66 06 80, www.sjoaraftingsenter.no. Das älteste und größte Wildniszentrum Norwegens bietet vielseitige Outdoor-Aktivi-

Urwüchsig-herb präsentiert sich die Landschaft des Rondane-Nationalparks

täten, die Touren werden in der Regel täglich durchgeführt, wer möchte, kann hier auch übernachten (Tipi-Zelte 100 NOK/Pers., Hütten ab 430 NOK, auch Camping-/ Wohnmobilplatz). U. a. locken Rafting (alle Grade, 575–1300 NOK) und Canyoning (855 NOK).
Reiten ▶ **Brekkeseter Fjellridning:** Høvringen, Tel. 61 23 37 11, www.brekkeseter.no. Ausritte, auch mehrtägige Touren.
Nicht nur Rafting ▶ **Heidal Rafting:** Sjøa, Tel. 61 23 60 37, www.heidalrafting.no, Mitte Mai–Mitte Sept., Rafting-Touren aller Schwierigkeitsgrade (990–1390 NOK für einen Wasserfall-Raft), außerdem Wildnistouren, Riverboarding (ab 790 NOK), Gletscherwanderungen und anderes mehr.
Hoch hinaus ▶ **Upptur:** Tel. 61 23 89 16, www.upp.no. U. a. Klettern, Canyoning, Eisklettern, Gletscherwandern, Bergsteigen, auch geführte Wanderungen.

## Verkehr

**Bahn:** Otta liegt an der Bahnstrecke Oslo–Trondheim, mehrmals tgl. Verbindungen in beide Richtungen.
**Bus:** Verbindungen mehrmals tgl. u. a. innerhalb des Gudbrandsdals sowie nach Vågåmo und Lom, außerdem Richtung Bergen, Trondheim und Oslo.

# Rondane-Nationalpark

▶ **G 23/24**

Zwischen den oberen Abschnitten des Gudbrands- und Atnadals sowie der Hochebene Dovrefjell erstreckt sich der Hochfjellbezirk **Rondane** 9, der mit seinen hohen Gipfeln, tiefen Schluchten und malerischen Tälern eine urwüchsig-herbe Welt für sich bildet. Sein Name leitet sich aus dem Altnorwegischen ab und bedeutet wahrscheinlich so viel wie ›Rand‹ oder ›Streifen‹, was auf die spektakulären Grat- und Gipfelformen des zerklüfteten und vegetationsarmen Gebietes hinweist, dem die Eiszeiten ihren Prägestempel aufgedrückt haben.

Das Kernland des Fjells, eine 560 km² große Hochgebirgsfläche, wurde bereits 1962 unter Naturschutz gestellt und 1970 zum ersten norwegischen Nationalpark erklärt. Zehn Gipfel mit Höhen von über 2000 m befinden sich in diesem Schutzgebiet, das sich – von einem überaus dichten Netz an markierten Wanderwegen durchzogen – heute allergrößter Beliebtheit bei Wanderern erfreut. Zu empfehlen ist es allerdings nur denjenigen, die Gefallen an kargen, oft völlig nackten Felswelten finden. Bäume gibt es, von der Zwergbirke einmal abgesehen, nahezu gar keine, es dominieren Flechten und Moose, und an Gefäßpflanzen fällt vielerorts nur der Gletscherhahnenfuß ins Auge, der hier noch auf fast 1800 m Höhe gedeiht. Auch die Tierwelt – u. a. gibt es hier Vielfraß, Rotfuchs, Hermelin, Wiesel, Nerz und Otter – bleibt dem Touristen meist verborgen, nur Vögel sind zahlreich zu sehen. Die Stelzvögel sind insbesondere mit Regenpfeifer und Goldralle vertreten, auch Turmfalken kann man entdecken, und im Hochgebirge lassen sich recht häufig Schneehuhn, Wiesenpieper und Schneeammer beobachten.

### Infos

Informationen zum Schutzgebiet erhält man über die Webseiten www.visitrondane.com, www.nasjonalparkriket.no, www.nasjonalparker.org und www.dirnat.no/Rondane. Infozentren finden sich in Otta (s. S. 188) und Dombås (s. S. 194).

## Das obere Gudbrandsdal

▶ F 23/24

Nördlich von Otta wird das Gudbrandsdal noch enger und unwegsamer, und bei **Rosten,** wo sich Wasserfälle von 115 m Höhe in den Lågen ergießen, nimmt es ein ausgesprochen wildes Gepräge an. Bald ist **Dovre** erreicht, ein rund 400 Einwohner großes Dorf, das nur insofern von Interesse ist, als hier eine Nebenstraße von der E 6 abzweigt, die hoch oben am Osthang des Talzuges entlang nach Dombås (s. u.) führt und eine ausblickreiche Alternative zur recht befahrenen Europastraße darstellt.

### Über den Kongsveien

Die Strecke folgt dem alten **Kongsveien** (›Königsweg‹), auf dem die Pilger und Könige des Mittelalters über das Dovregebirge (s. S. 330) zum Nidaros-Dom nach Trondheim wanderten, und führt auch am alten **Kongsgård Tofte** vorbei, in dem die Reisenden auf ihrem gefahrvollen Weg zu rasten pflegten. Wie es heißt, sollen hier alle norwegischen Könige von Harald Schönhaar bis hin zu Karl Johan zu Gast gewesen sein. Kurz hinter dem Königshof von Tofte zweigt der historische Königsweg von der Straße ab. Der gut markierte Pfad, der über den 1338 m hohen Hardbakken nach Fokstua an der E 6 führt, ist heute ein beliebter Wanderweg von rund 17 km Länge. Hinter Fokstua führt der Weg 35 km weiter bis Nesdalsvoll auf der Nordseite des Dovrefjells; für diese Strecke sind zwei bis drei weitere Tage anzusetzen.

Früher galt diese Strecke als eine der gefahrvollsten Etappen, und während die Herrscher des Mittelalters sie noch zu Pferd bewältigten, versuchte es König Fredrik IV. im Jahre 1704 erstmalig mit einem zweirädrigen Karren. Der Königsweg musste verbreitert und geebnet werden, und 29 Jahre später mühte sich König Christian VI. mit einer schweren Karosse durch das Bergland. Diese Reise, von zahlreichen Chronisten in Wort und Bild festgehalten, war seinerzeit eine Sensation, und ohne die begleitende Kompanie Soldaten, die mit Schaufeln, Spaten, Brecheisen und Seilen ausgerüstet war, wäre sie wohl zum Scheitern verurteilt gewesen.

Der motorisierte Reisende erreicht von Tofte aus über die E 6 innerhalb weniger Minuten **Dombås** 10, einen wichtigen Verkehrsknotenpunkt. Hier muss man sich entscheiden, ob man nach links, ins Romsdal, weiterreisen will (s. S. 307), um die Welt der Fjorde im Westen zu besuchen, oder ob man auch weiterhin der Europastraße folgen möchte, die ins Hochgebirge des Dovrefjells (s. S. 330) und aus dem Østland hinaus in die Region Trøndelag führt.

### Ausflug nach Lesja

Nur 16 km misst die Distanz von Dombås entlang der E 136 nach **Lesja** und auch, wer das Romsdal (s. S. 307) nicht besuchen will, sollte erwägen, dem landschaftlich überaus reizvollen Talzug zumindest bis hierher zu folgen. Kaum ein anderes Gotteshaus Norwegens wartet nämlich mit einer derartigen Fülle alles überwuchernder Akanthusranken (s. S. 195) auf wie die im Jahr 1749 als Kreuzkirche errichtete **Lesja Kirke,** die zudem auch wunderschöne Beispiele der norwegischen Rosenmalerei zeigt (s. S. 50). Das Kirchlein gehört zum zwölf historische Häuser umfassenden **Lesja Bygdatun,** das sich als

# Akanthusschnitzerei Thema

**Das Akanthusmotiv, ein ursprünglich antikes und in der Kunst häufig verwendetes Stilmittel in Form eines Blattornaments, wurde vor allem im Gudbrandsdal als Schmuckelement in Kirchen, aber auch Bauernstuben verwendet. In dem oftmals überbordenden Rankenschnitzwerk zeigt sich die ganze Fülle des Barocks.**

In Norwegen besitzt die Holzschnitzerei eine lange und formenreiche Tradition. Wie der Oseberg-Fund (s. S. 111) mit seiner kunstvoll verschlungenen Tierornamentik beweist, erreichte diese Kunst bereits im 9. Jh. ihren ersten Höhepunkt. Die Wikinger hofften, mit den Figuren böse Geister abwehren zu können. Auch in den folgenden drei Jahrhunderten kam diese Technik zur Anwendung, wofür der Portalschmuck an den Stabkirchen, insbesondere an der von Urnes (s. S. 289), der die nordische Holzreliefkunst in höchster Vollendung zeigt, als Beispiel stehen mag.

Das Kunstschaffen des Hochmittelalters war eher dürftig, im 15. und 16. Jh. wurden Schnitzwerke aus Lübeck (etwa der Altarschrein in der Marienkirche von Bergen; s. S. 247) und Antwerpen importiert (u. a. der Flügelaltar der Kirche von Ringsaker; s. S. 183). Erst im 18. Jh. erreichte die Holzschnitzerei in Norwegen eine neue Blüte, in der die alte Rankenfülle und Bewegtheit der Reliefs wieder auflebte. Doch deren Hauptmotive wurden nun nicht mehr der nordischen Mythologie entlehnt, stattdessen verwendete man das Akanthusblatt. Es wird seiner Form wegen auch Bärenklau genannt und war als Ornament besonders bei den Griechen ab Mitte des 5. vorchristlichen Jahrhunderts beliebt.

Der Akanthus taucht als Motiv in allen späteren Kunstepochen auf, insbesondere auch in der Renaissance, doch ist es der Barock, in dem die auch heute noch gebräuchliche Ranke ihre höchste Form erreicht. Ende des 17. Jh. fand sie, wahrscheinlich über Holland, ihren Weg nach Norwegen, wo man das neue Schmuckelement zunächst dazu verwendete, die Kirchen zu dekorieren. Als Meilenstein für diese neue Stilart gilt die 1699 in Auftrag gegebene Ausschmückung von Kanzel, Altartafel sowie Orgelfassade der Domkirche zu Oslo, und angesichts dieser geradezu filigranen Schnitzwerke nimmt es nicht wunder, dass der Akanthus Schule machte.

Seine größte Verbreitung fand er insbesondere im Gudbrandsdal (durch den Verkauf der Krongüter an ihre Pächter zu Wohlstand gekommen), und ein besonders gutes Beispiel findet sich in Lesja (s. S. 194): Kaum ein anderes Gotteshaus zeigt eine derartige Fülle alles überwuchernder Akanthusranken. Auch der nachträglich eingebaute ›Lauthimmel‹ der Stabkirche von Lom (s. S. 167) ist prachtvoll mit Akanthus dekoriert. Spätestens seit Mitte des 18. Jh. wirkte sich das dekorative Schnitzwerk dann auch auf die eher volkstümlichen Handwerkskünste der ländlichen Regionen aus. Dort fand das neue Schmuckelement seinen Weg insbesondere in die Bauernstuben, wo es bald Truhen, Schränke, Biergefäße und Butterfässer, ja das gesamte hölzerne Inventar schmückte. Bewundern kann man diesen kunstvollen Zierrat bis heute in den zahlreichen Freilichtmuseen des Gudbrandsdals.

›lebendes‹ Museum versteht (18. Juni–18. Aug. tgl. 10–17 Uhr, 50 NOK für Kirche und Museum).

## Infos

**Nasjonalparkriket Reiseliv AS:** Postboks 172, 2659 Dombås, Tel. 61 24 14 44, www.rondane-dovrefjell.no, 20. Juni–Mitte Aug. Mo–Sa 9–20, So 11–16, sonst Mo–Fr 9–16 Uhr.

**Dombås nasjonalparksenter:** 2659 Dombås, Tel. 61 24 14 44, www.nasjonalparker.org, 20. Juni–Mitte Aug. Mo–Sa 9–20, So 11–16, sonst Mo–Fr 9–16 Uhr. Informationen zum Rondane-Nationalpark (s. S. 193) und Dovrefjell-Sunndalsfjella-Nationalpark (s. S. 330).

## Übernachten

Sehr komfortabel ▶ **Dovrefjellhotel:** in Dombås, Tel. 61 24 10 05, www.dovrefjell.norlandia.no. Hotel mit 91 Zimmern der gehobenen Mittelklasse, angeschlossen sind u. a. Restaurant, Sauna und Swimmingpool. EZ 850 NOK, DZ 1090 NOK.

Preiswert und urig ▶ **Hjelle Seter:** Tel. 61 24 16 95, www.hjelleseter.no. 5 km nördlich Dombås bei der E 6 gelegene Anlage mit zahlreichen Hütten (ab 375 NOK), Zimmern (DZ 500–675 NOK) und gemütlichen Aufenthaltsräumen im Blockbau.

Camping & Hütten ▶ **Camping Bjørkhol:** 6 km südlich von Dombås, Tel. 61 24 13 31, www.bjorkhol.no, ganzjährig. Großes Wiesengelände, Standardausstattung, günstige Preise: 20 Hütten ab 300 NOK, Zeltplatz 120 NOK, Wohnmobil 140 NOK.

Jugendherberge im Grünen ▶ **Dombås Vandrerhjem:** Tel. 61 24 09 60, www.trolltun.no, ganzjährig. Das Dombås Vandrerhjem ist Teil des Trolltun-Gästehauses und liegt rund 2 km oberhalb von Dombås: schöner Ausblick über das Tal und die umgebende Bergwelt. Gästen stehen 78 Betten in gemütlichen Ferienhäuschen und Zimmern (alle mit Dusche/WC) zur Verfügung, dazu Gästeküche und Aufenthaltsräume. Frühstück ist im Übernachtungspreis inklusive. Bett 325 NOK, DZ 895 NOK, Hütten ab 995 NOK, Zimmer im Trolltun-Gästehaus 1150 NOK.

## Aktiv

Eine umfassende Übersicht über alle Aktivitäten im oberen Gudbrandsdal sowie auf dem Dovrefjell bietet die Website www.dovreaktiv.no.

Tier-Safaris ▶ **Moskus Safari Dovrefjell:** Dombås, Tel. 99 70 37 66, www.moskus-safari.no, Reservierung auch über das Touristenbüro sowie Nationalparkzentrum. 20. Juni–Aug. starten tgl. 9 Uhr ab Dombås (Touristenbüro) geführte Moschusochsen-Safaris von 5 Std. Dauer (325 NOK/Pers.). Auch Elch-Safaris werden im Sommer tgl. angeboten (21 Uhr ab Dombås-Touristenbüro, 275 NOK), Fahrradtouren (5 Std., 450 NOK) sowie Fotosafaris (ganztags, 2500 NOK).

Reiten ▶ **Hjerkinn Fjellridning:** 2661 Hjerkinn, Tel. 61 21 51 00, www.hjerkinn.no, Ausritte und Pferdetrecks verschiedener Länge, Halbtagestouren 650 NOK, Tagestouren 850 NOK; auch Kanu-Verleih für Touren auf dem Hjerkinndammen und Kvitdalsvannet (150 NOK/Tag), organisierte Wanderungen.

Wanderungen ▶ Das Touristenbüro informiert über Dutzende Touren in allen Schwierigkeitsgraden, die teilweise auch geführt angeboten werden.

Total aktiv ▶ **Hjerkinnhus:** 2661 Hjerkinn, Tel. 46 42 01 02, www.hjerkinnhus.no. Größter Anbieter von Aktivitäten auf dem Dovrefjell: Vom 18. Juni–21. Aug. geht es tgl. um 10 Uhr per pedes auf Moschussafari (5 Std., 350 NOK), Juli/Aug. außerdem tgl. ab 18 Uhr mit dem Fahrrad auf Moschussafari (2 Std. 450 NOK); Elchsafaris (Juli/Aug.) starten tgl. um 20 Uhr (2 Std., 280 NOK), es werden Fahrräder verliehen (ab 75 NOK/Tag) und vieles andere mehr.

## Verkehr

**Bahn:** Dombås befindet sich an der Strecke nach Åndalsnes durch das Romsdal (s. S. 307) sowie an der Hauptstrecke Oslo–Trondheim mit mehreren Verbindungen tgl. in jede Richtung.

**Bus:** U. a. 2 x tgl. nach Bergen (via Otta, Lom, Stryn) und Trondheim (E 6), außerdem 2–4 x tgl. nach Åndalsnes sowie im 2- bis 4-Stunden-Takt Richtung Lillehammer.

# Entlang der schwedischen Grenze

**Entlang der wald-, seen- und flussreichen Grenze zu Schweden verläuft diese Route vom tiefen Süden bis nach Røros in Mittelnorwegen. Die Strecke, die einige der größten Outdoor-Zentren des Landes passiert, ist wie geschaffen zum entspannten Genießen der Natur. Zudem bietet sie sich für Nordland-Fahrer als verkehrsarme Alternative zur Europastraße Nr. 6 an.**

Von allen Strecken, die in diesem Buch näher beschrieben werden, wird die anstehende, etwa 600 km lange Route am schwächsten von ausländischen Reisenden frequentiert. Das hängt nicht etwa damit zusammen, dass es hier keine kulturhistorischen Sehenswürdigkeiten oder landschaftlichen Höhepunkte zu sehen gäbe – ganz im Gegenteil. Es liegt wohl eher darin begründet, dass die Landschaft nirgendwo ›Norwegen-Typisches‹ wie etwa tiefe Fjorde und imposante Berge zeigt.

Das Grenzgebiet zu Schweden, durch das die Route bis zur ehemaligen Kupferstadt Røros verläuft, ist dank seiner Wasserstraßen, Seen und Flüssen, Wiesen, Feldern und Wäldern wie geschaffen zum Baden, Rad- und Kanufahren. Historisch bedeutende Städte finden sich hier, vor allem der Süden ist mit Runensteinen und Grabhügeln, Felszeichnungen und Festungsstädten reich gesegnet. Die Landschaft präsentiert sich sanft und nimmt erst ab Trysil, einem der beliebtesten Outdoor-Zentren des Landes, das wilde Gepräge der Nordmark an. Die Gegend rund um den Femund-See, einem wahren Kanu-Eldorado, erinnert in ihrer Weite an Lappland. Während der angrenzende Gutulia-Nationalpark eines der letzten Urwald-Gebiete des Landes mit bis zu 500 Jahre alten Bäumen umfasst, besitzt der sich nördlich anschließende Femund-Nationalpark sämtliche Vegetationszonen zwischen Taiga und Oreal.

## Von Halden nach Kongsvinger

### Den Halden-Kanal entlang

▶ H/J 29/30

Die Festungsstadt **Halden** **1** (s. S. 122), erster größerer Ort nach Überquerung der schwedisch-norwegischen Grenze, ist Ausgangspunkt dieser Route, die nicht den Hauptverkehrsadern folgt, sondern auf ›Schleichwegen‹ nach Norden führt und in ihrem ersten Abschnitt entlang der Reichsstraße Nr. 21 verläuft. Ständiger Begleiter der ersten Kilometer ist der Halden-Kanal (s. S. 123): Immer wieder laden Badeplätze dazu ein, die Fahrt zu unterbrechen und ein wenig zu baden. Bei Krusæter, 13 km hinter Halden, bewältigt die **Brekke-Schleuse** einen Höhenunterschied von 26,5 m. Das gilt als Rekord in Nordeuropa, und insbesondere wenn das von Halden her kommende Ausflugsboot die vier Schleusenkammern passiert, kann man hier so manches schöne Foto machen.

In **Ørje** **2**, am Nordende der Wasserstraße gelegen, lohnt ein Halt, um die Aussicht vom 1905 errichteten Fort zu genießen sowie das Kanalmuseum (an der E 18, ausgeschildert) zu besuchen, das die Geschichte des Haldenvassdraget nachzeichnet. Daneben informiert es über die zahlreichen historischen und noch heute fahrtauglichen Dampfboote sowie über Flora und Fauna im

## Entlang der schwedischen Grenze

Kanalbereich (21. Juni–17. Aug. Di–So 12–18 Uhr, www.kanalmuseet.no, 50 NOK).

### Über das Rødenesfjell ► J 28/29

Nördlich der Ortschaft führt die Straße zunächst an den lang gestreckten Rødenes-See heran, bevor sie aufsteigt zum 290 m hohen **Rødenesfjell,** das im Ruf steht, ein besonders gutes Preiselbeeren-Gebiet zu sein. In ständigem Wechsel geht es hügelauf, hügelab an weiteren Seen vorbei und durch Wälder hindurch, die einen der größten Elchbestände des Nordens aufweisen sollen. Vorsichtiges Fahren, insbesondere in den Stunden der Dämmerung, ist also ratsam, denn Begegnungen mit dem bis zu 2,80 m langen und 2,20 m hohen Huftier sind in Skandinavien Unfallursache Nummer eins.

58 km hinter Ørje, nun schon im Bezirk Akershus, macht ein Hinweisschild auf einen besonders empfehlenswerten Badeplatz aufmerksam, und 2 km weiter lohnt ›Goliat‹, eine 40 m hohe Tanne, einen kurzen Stopp. Schließlich wird der ganz im Süden der Provinz Hedmark gelegene Ort **Skotterud** erreicht, wo die R 21 auf die von Karlstadt/Schweden kommende R 2 stößt, die direkt nach Kongsvinger führt sowie, rechts ab, zum Städtchen Mangnor mit einer der größten Glashütten des Nordens (www.magnor-glassverk.no, Mo–Fr 9–17, Sa 10–16 Uhr).

### Kongsvinger ► J 28

**Kongsvinger** 3, an der 1862 eingeweihten Bahnlinie Oslo–Stockholm gelegen, erstreckt sich beiderseits der breit und träge dahinfließenden Glomma (auch Glåma), mit 617 km Norwegens längster Fluss. Er wird von einer mächtigen sternförmigen Festung überragt, der **Kongsvinger Festning:** Das aus dem 17. Jh. stammende Bollwerk ist heute ein Nationalmonument und gewährt einen weiten Blick über das von lang gestreckten Höhenzügen geprägte Land. Neben einer Reihe gut erhaltener Gebäude (sehenswert sind insbesondere die Kommandantur und die Kaserne) bietet sich auch das informative Verteidigungsmuseum, das über die Militärgeschichte dieser Region von der Wikingerzeit bis 1945 informiert, für einen Besuch an (Mitte Mai–Aug. tgl. 11–16 Uhr, 20 NOK).

Unterhalb der Festung lohnt es sich, einen Spaziergang durch die teils unter Denkmalschutz stehende Altstadt **Øvrebyen** mit ihren zahlreichen Holzhäusern aus dem 18. und

19. Jh. zu machen. In diesem malerischen Viertel findet sich auch das in einer Prachtvilla aus dem Jahre 1857 und im Schweizer Stil eingerichtete **Kvinnemuseet,** das 1995 von der Königin persönlich eingeweiht wurde und heute den Status eines nationalen norwegischen Museums innehat. Thema der Sammlung ist die Geschichte der Frau von der Urzeit bis heute, neben den permanenten Ausstellungen steht das Museum außerdem Jahr für Jahr unter einem wechselnden Motto (Mai–Aug. Di–So 11–16 Uhr, www.kvinnemuseet.no, die Website ist leider nur auf Norwegisch, 50 NOK).

### Infos

**Kongsvinger Turistkontor:** Glommengaten 33, 2205 Kongsvinger, Tel. 90 06 64 86, www.reiserogopplevelser.no, Mo–Fr 11–17, Sa 11–15 Uhr.

### Übernachten

Viel schöner als in Kongsvinger, wo ohnehin das Preisniveau arg überzogen ist, übernachtet man ›draußen im Walde‹, wo sich im Finnskogen (s. u.) die urigsten Unterkünfte finden:

Nicht nur für Golfer ▶ **Sigernessjøen Camping:** Tel. 62 82 72 05, www.golfcamping.no, ganzjährig. Idyllisch am Südrand des Sigernessjøen bei Granli (11 km südlich) gelegener Platz mit Kanu-, Boot- und Fahrradverleih sowie einem benachbarten Golfplatz. Großes Wiesenareal, zahlreiche Hütten in mehreren Kategorien. Hütten ab 605 NOK (2 Pers.).

### Aktiv

Für Waldläufer ▶ Das Touristenbüro informiert ausführlich über die zahlreichen Angebote insbesondere im Bereich des Finnskogen, hier, sowie über www.finnskogen-turistforening.no, kann man auch Karten und Wegbeschreibungen zum **Finnskogleden** (s. u.) abrufen, einem über 240 km langen, markierten Wander- und Mountainbike-Weg, der von Kongsvinger nach Trysil führt. Benötigt der Wanderer ca. zehn Tage zur Bewältigung der Strecke, so der Radfahrer vier.

### Verkehr

**Bahn:** Tgl. mehrere Verbindungen Richtung Oslo und Stockholm.

**Bus:** Kongsvinger ist mit allen Orten der Region verbunden, außerdem u. a. mit Oslo und Hamar (je 8 x tgl.).

**Auto:** Mit öffentlichen Verkehrsmitteln ist es nicht möglich, der Strecke Halden–Kongsvinger zu folgen, und auch für die Fahrt durch den Finnskogen nach Elverum muss man ein eigenes Fahrzeug besitzen.

## Durch den Finnskogen nach Elverum

In Kongsvinger verlassen wir die nach Oslo führende R 2 und biegen auf die R 20 ab, die in ihrem Verlauf bis Elverum dem weit ausladenden Muldental der Glomma folgt. Immer wieder finden sich entlang dieser Strecke gute Bademöglichkeiten im Fluss, aber sonst wird wenig Abwechslung geboten, und so sei die Empfehlung ausgesprochen, in **Roverud,** 10 km nördlich von Kongsvinger, auf den **Finnskogvegen** abzuzweigen. Dieser folgt im Wesentlichen den Reichsstraßen Nr. 205 und Nr. 202 und beschreibt eine Schleife durch die ausgedehnten Waldgebiete des **Finnskogen** 4, bevor er bei Flisa wieder auf die R 20 stößt, von wo noch rund 43 km bis Elverum zurückzulegen sind. Der Umweg beträgt rund 40 km, fällt aber angesichts der außergewöhnlichen Landschaftseindrücke, die man auf dieser überaus einsamen Wald- und Seenstrecke genießen kann, überhaupt nicht ins Gewicht.

### Auf dem Finnskogleden

**▶ J/K 27/28**

Auch wandernd und per Mountainbike kann man dieses ausgedehnte Waldgebiet durchqueren, und zwar auf dem rund 240 km langen **Finnskogleden.** Aber auch Pferdetrecks sind möglich, im Winter Ski-, Schneeschuh- sowie Hundeschlitten-Touren, und da in dieser oft unzugänglichen Taiga-Wildnis neben dem Elch sogar noch Bären und Biber leben, gibt es keine bessere Empfehlung für Safaris als den Finnskogen. Auch unter Outdoor-Touristen hat sich die Gegend einen herausragenden Namen erworben, entsprechend gut ist die Infrastruktur.

Die Silbe *finn* deutet übrigens an, woher die Gegend ihren Namen hat. Im 16. Jh. siedelten sich hier zahlreiche Finnen an. Sie betrieben Brandrodungswirtschaft und säten Roggen in die Asche der verbrannten Waldareale. Seit die Norweger hier Fuß fassten (18. Jh.), wurden die finnischen Siedler assimiliert, heute zeugen lediglich ein paar Ortsnamen von der zumindest hier untergegangenen Kultur.

## Übernachten, Essen

Wohnen in der Wildmark ▶ **Dæsbekken Villmarksservice/Vandrerhjem:** Skalbukilen (Finnskogvegen), Tel. 62 95 48 57, www.finnskogene.no. Das Outdoor-Zentrum (s. u.) liegt höchst romantisch eingebettet im Finnskogen und bietet Betten ab 350 NOK sowie zahlreiche Hütten in verschiedenen Kategorien (ab 400 NOK). Angeschlossen ist ein empfehlenswertes, rustikal-gemütliches Restaurant mit einer großen Auswahl an Wildgerichten: Es gibt u. a. Bärengulasch (400 NOK) und Hirschsteak sowie Elchsteak (300 NOK), Wildragout (300 NOK), aber auch Bibergulasch (250 NOK).

Wald- & Wiesencamping ▶ **Finnskogen Turist & Villmarksenter:** Skasenden, Kirkenær, Tel. 62 94 57 50, Fax 62 94 57 75, www.finnskogen.net. Herrliche Wald- und Wiesenlage am Ufer des Skasen-See (Badestrand), mit Kanuverleih (300 NOK/Tag) sowie rund zwei Dutzend Hütten in verschiedenen Kategorien ab 340 NOK. Zelten kostet 150 NOK, Wohnmobil 200 NOK. Angeschlossen ist u. a. ein preisgünstiges Restaurant (Elchsteak 175

**Durch ausgedehnte Waldgebiete führt der Abstecher durch den Finnskogen**

NOK, Rentiergulasch 195 NOK, Bärensteak 375 NOK). – Ideal für Familien.

## Aktiv

Breites Angebot ▶ **Dæsbekken Villmarksservice** (s. o.): Mit über 50 verschiedenen Angeboten gilt Dæsbekken als das größte Outdoor-Zentrum des Nordens. Täglich stehen hier u. a. Bär-, Elch- und Biber- sowie spezielle Foto-Safaris nebst Kletter-, Kanu-, Rafting-, Fahrrad- und Wandertouren auf dem Programm; auch Pferdetrecks werden angeboten, im Winter Hundeschlittentouren, natürlich kann man auch Kanus und Fahrräder ausleihen (300/Tag, 1800 NOK/Woche).

## Verkehr

**Bus:** Öffentliche Verkehrsmittel bedienen den Finnskogen nicht, aber viele Hotels und Outdoor-Zentren bieten einen Transportdienst

von/nach Kongsvinger bzw. an die Hauptstraße an, wo die Busse Richtung Elverum und Kongsvinger halten.

## Elverum ▶ J 26

**Elverum** 5 trägt im Prospekt den Beinamen ›Hauptstadt der Wälder‹, und in der Tat beginnt der Wald direkt vor der Haustür dieses rund 14 000 Einwohner großen Städtchens, das vor allem unter Jägern und Anglern hohes Ansehen genießt. So kommt es auch nicht von ungefähr, dass hier 1954 das **Norwegische Forstmuseum** eingerichtet wurde. Es ist das einzige Spezialmuseum für Forstwirtschaft, Jagd und Süßwasserfischerei des Landes und vorbildlich aufgebaut. Neben dem einzigen Süßwasserfisch-Aquarium Norwegens besitzt es ein eigenes Arboretum mit 80 Baumarten, ein Multimediazentrum (Diashow: ›Die norwegischen Nationalparks‹), eine große ornithologische Abteilung sowie – auf der Glomma-Insel Prestøya – eine 5 ha große Freiluftabteilung, die mehr als 30 Gebäude umfasst (Norsk Skogmuseum: www.skogmus.no, 25. Juni–12. Aug. tgl. 10–17, sonst 10–16 Uhr, 100 NOK, mit Glomsdalsmuseum 130 NOK).

Gar 91 Gebäude auf einer Fläche von 170 ha gilt es im benachbarten **Glomsdalsmuseum** zu besichtigen. Es ist eines der größten Freilichtmuseen Norwegens, und seine historischen Bauwerke sind repräsentativ für das gesamte Glommadal, das nördlich von Elverum Østerdal genannt wird (www.glomdal.museum.no, Öffnungszeiten und Eintritt wie das Forstmuseum).

## Infos

**Elverum Turistinformasjon:** Solørvn. 151, 2403 Elverum, Tel. 62 40 90 45, Fax 62 40 90 50, www.visitelverum.com, Ende Juni–Mitte Aug. Mo–Fr 10–17, Sa 11–14, sonst Mo–Fr 10–16 Uhr.

## Übernachten

Zentrale Buchungsstelle für Unterkünfte in der Elverum-Region ist Bookingskontor Elverum, Barbra Ringsveg 5, Tel. 62 41 55 67, 90 58 45 26, www.elverum.biz sowie www.el

verum-hostel.no. Angeboten werden Betten ab 250 NOK/Pers., Hütten ab 400 NOK sowie Fremdenzimmer ab 375 NOK inkl. Frühstück.

Zelten am Fluss ▶ **Camping Elverum:** An der R 3 (südl. der Stadt), Tel. 62 41 67 16, www.elverumcamping.no, ganzjährig. Schön gelegenes Wiesengelände an der Glomma, gute Ausstattung, rund 35 Hütten ab 500 NOK, Camping 200 NOK.

## Aktiv

Für Verleih von Kanus und Fahrrädern ist Camping Elverum zuständig (s. o.).

In die Lüfte ▶ **Gliding Ole Reistad Senter:** Stamoen Fritidspark, Tel. 62 41 23 98, www.nthf.no, April–Sept. Norwegens Segelflugzentrum, auch Segelkurse und Mitfluggelegenheiten.

Nichts nur für Kids ▶ **Midtskogen Gård:** Tel. 62 41 75 94, www.midtskogen.no, ganzjährig. Bauernhof in einsamer Waldlage, der Ausritte sowie Elch- und Biber-Safaris, Wanderungen und anderes mehr organisiert.

## Termine

**Festspillene i Elverum** (10 Tage Anfang Aug.): Eine der größten Kulturveranstaltungen im Østland, größtenteils im Zeichen klassischer Musikdarbietungen, Infos über die Touristeninformation (www.fie.no).

## Verkehr

**Bahn:** Verbindungen 3 x tgl. in Richtung Trondheim via Røros, außerdem in Richtung Oslo via Hamar.

**Bus:** Tgl. mehrere Verbindungen ab der Busstation an der Torggt. (nördl. vom Zentrum, auf der östl. Flussuferseite), u. a. in Richtung Oslo sowie Trysil und Hamar, Kongsvinger und auch Røros.

# Trysil ▶ K 25

Wir verlassen nun das Tal der Glomma, und entlang der R 25 und R 26 geht es durch ein äußerst dünn besiedeltes Wald- und Fjell-Land nach **Trysil** 6, dem 2500 Einwohner großen (auch Innbygda genannten) Hauptort der gleichnamigen Gemeinde, der zu Füßen des Trysil-Gebirges inmitten eines der größten Waldgebiete des Landes liegt: im sogenannten Siebenmeilenwald. Dieser wiederum breitet sich in einer der am dünnsten besiedelten Regionen Norwegens aus, nur zwei Einwohner teilen sich hier statistisch einen Quadratkilometer. Elche dagegen gibt es in großer Zahl, Bären, Wölfe und Luchse noch vereinzelt, zudem leben hier mehr Biber, Forellen und Äschen als in anderen Regionen des Königreiches. Den Titel ›Hauptstadt der Wildnis‹ trägt Trysil also zu Recht, und dank einer ausgezeichneten Infrastruktur hat der Ort sich mittlerweile auch als bedeutendes Outdoor-Zentrum etabliert.

Obendrein besitzt Trysil ein kulturelles Angebot, das weit über die Gemeindegrenzen hinaus bekannt ist. Auf zahlreichen Veranstaltungen werden im Sommer traditionelle Tänze aufgeführt – etwa der Bärentanz –, die alten Trachten getragen und die alten Weisen gespielt. Zu jeder Jahreszeit kann man sich im Ort an den rund zwei Dutzend historischen Gebäuden des **Trysil Bygdetun** erfreuen, in denen Handwerker wie zu ›Opas Zeiten‹ arbeiten. Es liegt oberhalb vom Zentrum in panoramareicher Lage und umfasst u. a. eine originalgetreu erhaltene Seterhütte (Almhütte). Dieses Museumsdorf wurde bereits 1901 gegründet und ist damit Norwegens ältestes Freilichtmuseum (www.museumssenteret.no, 30. Juni–17. Aug. tgl. 11–16 Uhr, 70 NOK inkl. Führung).

Gleich zwei Nationalparks (s. S. 206) liegen in der Nähe, Schweden ist nur wenige Kilometer entfernt, auch die Hochfjellregionen und Täler im Westen können schnell erreicht werden, und so bietet Trysil selbst für die Dauer eines ganzen Urlaubs mehr als genug Abwechslung. Und dies rund ums Jahr, denn der Winter, der hier von November bis Mai währt, beschert der Region wahre Berge an Schnee und zieht Jahr für Jahr mehr Winterurlauber an. Dutzende markierte Loipen sowie zahlreiche Lifte, eine Vielzahl teils beleuchteter Slalom- und Abfahrtspisten nebst Skischulen machen Trysil, übrigens Heimat des ältesten Skiclubs der Welt (gegründet 1861), zu einer der bestausgebauten Wintersportregionen des Nordens.

## Infos

**Trysil Turistkontor:** Storvegen 3, 2420 Trysil, Tel. 62 45 10 00, www.trysil.com, ganzjährig Mo–Fr 9–16, im Sommer bis 18, dann auch Sa 10–14 Uhr.

## Übernachten

Mehr als zwei Dutzend Hotels, ein Dutzend Pensionen sowie ein Dutzend Campingplätze und Hüttenvermietungen liegen rings um Trysil, Informationen über das Touristenbüro, wo man alle Unterkünfte auch direkt buchen kann, über die Website der Touristeninformation (s. o.) sind Online-Buchungen möglich.

## Aktiv

Breites Angebot ► **Villmarkskompaniet AS:** Tel. 62 45 43 00, www.villmarkskompaniet.no. In Zusammenarbeit mit dem Touristenbüro organisiert Villmarkskompaniet im Sommer rund drei Dutzend unterschiedliche Touren und Kurse, von denen die meisten tgl. angeboten werden, darunter **Biber- und Elch-Safaris, Ausritte** (325 NOK), **Survival-Kurse, Boots- und Angeltouren, geführte Wanderungen;** außerdem **Rafting** (Grad IV–V 995 NOK), **Canyoning** (925 NOK), **Kajakkurse** (1850 NOK für 2 Tage), **Kanutouren** (545 NOK) und auch **Kanu-Verleih** (1 Tag 320 NOK, 1 Woche 1900 NOK).

Radfahren ► Es gibt mehrere reizvolle **Fahrradrouten,** beim Touristenbüro (dort auch Radverleih) liegen Broschüren zu verschiedenen Strecken bereit, die zwischen 16 und 38 km lang sind.

Wintersport ► Im Winter laden Hunderte Kilometer an **Langlaufloipen** sowie Dutzende **Abfahrtspisten** in jedem Schwierigkeitsgrad ein; außerdem werden u. a. **Hundeschlittentouren** und **Schlittenfahrten** angeboten.

## Verkehr

**Bus:** Verbindungen bestehen 5–6 x tgl. nach Oslo via Elverum, außerdem mehrmals tgl. nach Hamar, Kongsvinger sowie in andere Orte der Hedmark, im Sommer bestehen gute Verbindungen hinauf zum Femund-See mit Busanschluss nach Røros.

**Trysil bietet Wintersportmöglichkeiten jeder Art**

## 5 Zum Femund-See

▶ J 22–24

Hinter der Ortsausfahrt von Trysil wird die R 26 wieder vom großen Wald ›verschluckt‹, bis sie, bei Jordet, an den Trysilelv heranführt. Es schließt sich eine Fahrt durch das 35 km lange **Engerdal** an. Dieses Tal, das teils vom Engeren-See ausgefüllt wird, gehört zu den wenigen Regionen Norwegens, in denen heute noch Almwirtschaft betrieben wird. Wer wissen will, wie eine norwegische Alm *(seter)* traditionell bewirtschaftet wird, kann das Seter-Museum in **Engerdalssetra** besuchen und sich dort oder bereits in Trysil informieren, wann welche Alm ihren ›Tag der offenen Tür‹ hat (meist im Juli).

Einige Zeit später passieren wir **Drevsjø,** wo das Blokkodden Wildmarkmuseum besichtigt werden kann. Es vermittelt einen Eindruck von den Lebens- und Arbeitsbedingungen in der Wildnis zu früheren Zeiten und informiert des Weiteren über Rentierzucht und die Volksgruppe der Samen (1. Juli–Mitte Aug. tgl. 11–16 Uhr, Führungen tgl. 12 Uhr, 70 NOK). Zwischen dem 17. und 19. Jh. wanderten mehrere Samenfamilien von der Finnmark bis hierher, um neue Weideplätze zu finden, und heute noch leben ihre Nachfahren bei Elgå, nördlich von Drevsjø, von der Rentierzucht.

Elgå liegt am Ostufer des **Femund,** Norwegens drittgrößtem Binnensee, der sich 4 km hinter Drevsjø öffnet. Der Anblick der rund 67 km langen und rund 200 km$^2$ umfassenden, in Wälder gebetteten und von bis über 1400 m hohen Bergen umgebenen Wasserfläche ist beeindruckend und lässt wohl bei vielen den Wunsch aufkommen, ins Kanu zu steigen (s. S. 205) und sich für mehrere Tage von der Zivilisation zu verabschieden. Aber auch eine Schiffsfahrt über die Wasserweite hinüber ist ein eindrückliches Erlebnis: Die ›M/S Femund II‹ und die ›M/B Svuku‹ verkehren im Sommer täglich im Liniendienst auf der Strecke Femund–Elgå–Jonasvollen–Femundshytta–Synnervika (Busanschluss nach Røros) und zurück, queren somit den See in seiner gesamten Länge und bieten sich auch für all diejenigen an, die den Femundsmarka-Nationalpark (s. S. 206) wandernd erkunden wollen.

Der Femund-See: nicht nur für Kanuten, sondern auch für Angler ein Paradies

## Infos

**Engerdal Reiselivslag:** 2440 Drevsjø, Tel. 62 45 99 00, www.engerdal.info, im Sommer Mo–Fr 8–16 Uhr.

## Übernachten

Zwischen Engerdal und dem Femundsee bieten sich zahlreiche Campingplätze/Hütten an, und auch in der Hochsaison ist es in der Regel kein Problem, eine Unterkunft zu finden.

Nicht nur für Paddler ▶ **Femund Canoe Camp:** Tel. 62 45 90 19, www.femund-canoe-camp.com, ganzjährig. Das naturbelassene Zeltareal erstreckt sich am Ufer des Sorka-Flusses ein wenig vom Haupthaus entfernt, darf nicht mit dem Auto befahren werden und ist u. a. ausgestattet mit Feuerstellen, Grillhaus sowie Windunterständen (s. auch Tipp rechts). Zelten 50 NOK/Pers., Hütten ab 425 NOK.

Camping & Hütten am See ▶ **Drevsjø Camping:** Tel. 62 45 92 03, www.drevsjocamping.no, ganzjährig. Großer Wiesenplatz mit lichtem Kiefernbestand in idyllischer Uferlage am Drevsjø. Zelten 120 NOK für 2 Pers., Wohnmobil 170 NOK, Hütten in verschiedenen Komfortstufen ab 410 NOK.

## Aktiv

Das größte Angebot an Outdoor-Aktivitäten bietet Villmarkskompaniet in Trysil (s. S. 203).

Mit dem Fahrrad ▶ Das Touristenbüro informiert umfassend über zehn Touren zwischen etwa 40 und 300 km Länge; über die Website kann man sich zudem eine Radfahrkarte downloaden.

Wander-Paradies ▶ Im Umland des Femund stehen Dutzende markierter Wald- und Berg-Wanderwege zur Auswahl, darunter u. a. allein zehn Gipfeltouren: Für den Store Svukku (1415 m) muss man etwa 2,5 Std. ansetzen, die Ersteigung des Elgåhogna (1460 m) dauert um die 3,5 Std., den Goloføkkampen (1326 m) erreicht man in rund 2 Std., die Storhøa (1139 m) in etwa 2,5 Std., die Kvitvola (1153 m) in ca. 1,5 Std.

Geführte Touren ▶ Wanderungen sowie Elch- und Biber-Safaris werden vom Touristenbüro organisiert.

## Tipp: Norwegens Kanu-Paradies

Der Femund gilt als ›das‹ Kanu-Paradies von Norwegen, und für Kanuten gibt es keine bessere Adresse als das **Femund Canoe Camp** (s. links), wo man alle erforderliche Ausrüstung ausleihen kann: Kanus inkl. Schwimmwesten werden ab 255 NOK/Tag für 2 Pers. verliehen, ab 385 NOK für 3 Pers. (pro Woche ab 1075 bzw. 1625 NOK), Für das Mieten eines Zeltes berechnet man 260 NOK, Kocher 215 NOK, Schlafsack 175 NOK (alle Preise pro Woche), auch spezielle Kanu-Pakete stehen auf dem Programm.

Zahlreiche Routen bieten sich auf dem Femund sowie in der direkten Umgebung an, für eine Umrundung des Sees selbst (ca. 170 km) muss man etwa 12 Tage einplanen, für den benachbarten Isteren (60 km) rund 4–5 Tage, auch die Flussverbindung zwischen beiden Seen hat ihre Reize (Grad III–IV). Für die ungefähr 40 km lange Umrundung des nahe gelegenen, landschaftlich beeindruckenden Sølensjøen, der von bis über 1700 m hohen Bergen umgeben ist, benötigt man 3–4 Tage. Wer sich genauer über diese sowie viele andere Touren mehr informieren möchte, dem sei das Buch »Kanutouren im Kanuland Femund« (ca. 110 S.) von Gert Kassel empfohlen.

Angeln ▶ Im Touristenbüro erhält man Angelführer und Infos über die besten Angelplätze der Region, die sich mit rund 800 Seen, Teichen, Flüssen und Bächen bei Sportanglern aus aller Welt einen herausragenden Namen gemacht hat; es dominieren Forelle und Saibling, aber auch Flussbarsch und Hecht sind häufig zu finden.

## Verkehr

**Bus:** Busse fahren Richtung Trysil und Røros.

**Schiff:** Zwischen dem 10. Juni und 12. Aug. verkehrt die ›Femund II‹ tgl. auf der Strecke Elgå–Synnervika und retour, vom 14. Aug.–9. Sept. bedient die ›M/B Svuku‹ die gleiche

Strecke 4 x pro Woche (Di/Fr/Sa/So, 220 NOK/Pers., Fahrrad 50 NOK, Kanu 200 NOK), unterwegs wird an fünf Plätzen angelegt; von Synnervika aus am Nordrand des Femund besteht Busanschluss nach Røros. Infos über Tel. 93 69 20 17, www.femund.no.

## Nationalparks in der Hedmark

### Gutulia-Nationalpark ▶ J 23

Nur wenige Kilometer östlich von Femund liegt der 1968 eingerichtete und mit nur 23 km² Fläche recht kleine **Gutulia-Nationalpark** 7, der eines der letzten Urwald-Gebiete des Landes mit bis zu 500 Jahre alten Bäumen schützt. Er erstreckt sich zwischen dem Gutulissjøen und der schwedischen Grenze in einer Höhe von 615 bis 948 m, besitzt also teilweise durchaus Gebirgscharakter. Rings um den namengebenden See wachsen dichte Fichtenwälder, während überall sonst die Kiefer dominiert. Wie die Taiga generell sehr artenarm ist, so auch hier, wo insgesamt nur 230 Gefäßpflanzen vorkommen. Gebirgs- und Stelzvögel bilden den größten Teil des Vogelbestandes, auch Hühnerhabicht, Sperber und Merlin sowie – vereinzelt – Adler kommen vor. Dachse und Biber sowie natürlich Elche und Rentiere leben ebenfalls hier.

Am einfachsten erreicht man das Schutzgebiet über einen ausgeschilderten Waldweg, der von der Straße zwischen Femund und Røstvollen nahe dem Femund-Canoe-Camp (s. o.) abzweigt und bis an den Gutulis-See heranreicht. An seinem Ostufer führt ein schmaler Pfad bis zu einer Brücke über den Gutulis-Fluss (die Grenze des Parks). Unlängst wurde außerdem ein 3 km langer Wanderweg angelegt, der entlang der Westseite des Sees verläuft und die ehemalige Alm Gutulisetra mit mehreren restaurierten Hütten zum Ziel hat. Auch eine allen Besuchern offen stehende Schutzhütte kann man besuchen; ansonsten hat man in dem Park darauf verzichtet, markierte Wege und Infrastruktur einzurichten (www.dirnat.no/gutulia).

### Femundsmarka-Nationalpark ▶ J 22/23

Der 1971 eingerichtete und 2003 erweiterte **Femundsmarka-Nationalpark** 8 umfasst ein Areal von 573 km² (www.dirnat.no/femundsmarka). Die Landschaft umfasst alle Vegetationszonen zwischen Taiga und Oreal (höchste Erhebung: 1415 m), besteht aber zum größten Teil aus ebenem und nur leicht hügeligem Gelände sowie kahlen Hochebenen, die häufig mit Glazialschutt bedeckt sind. Der Boden ist sehr unfruchtbar, ein üppiges Pflanzenkleid trägt nur das Rødal, in dem sich ein idyllisches Seengebiet erstreckt. Insgesamt wurden bisher 302 Gefäßpflanzen registriert, an Tieren kommen insbesondere das Ren vor sowie – in tieferen Lagen – Nerz, Marder und Biber. Die größten Vogelbestände sind gleichfalls im Rødal zu finden, in den nördlich angrenzenden Sümpfen sollen auch noch Kraniche heimisch sein, und in den kahlen Fjellzonen leben u. a. Schneeammer, Schneehuhn und Regenpfeifer.

Da der norwegische Wanderverein zahlreiche markierte Wanderwege und mehrere Übernachtungshütten angelegt hat, zwischen denen die Abstände recht gering sind, eignet sich dieses Schutzgebiet auch für Familien mit Kindern, zumal kaum größere Höhenunterschiede zu überwinden sind.

Den einfachsten Zugang zum Park hat man von Elgå aus (Straße ab Femund, außerdem tgl. Schiffsverbindung mit der ›M/S Femund II‹), von wo eine Straße (11 km) zur bewirtschafteten Svukuriset-Übernachtungshütte führt (Tel. 62 45 98 50, das Bett kostet ab 200 NOK, DZ 540 NOK. Wer wandert, nimmt am besten die Schiffsverbindung bis Revlingen, von wo aus man etwa eine Gehstunde unterwegs ist. Ab Elgå dann geht es nur noch per pedes weiter, z. B. zur vier Stunden entfernten Übernachtungshütte bei Sylen.

### Infos

**Femundsmarka Nationalparkcenter:** Elgå, Tel. 62 45 87 87, www.femunden.no, 19. Juni–Ende Aug. tgl. 11–17 Uhr, 40 NOK. Dieses neu errichtete Zentrum informiert über

Flora und Fauna beider Nationalparks, des Weiteren über Aktivitäten sowie die Kultur der Samen; im angeschlossenen Laden werden Outdoor-Ausrüstung, Bücher sowie Wanderkarten verkauft, rund ums Jahr werden zudem zahlreiche Aktivitäten sowie Kulturerlebnisse organisiert.

## Auf dem Rørosvegen

**▶ H/J 22/23**

Mitte des 18. Jh. begann die Ausbeutung der Wälder insbesondere entlang des Westufers des Femund-Sees, da für die Kupferwerke in Røros (s. S. 208) Unmengen von Holzkohle benötigt wurden. So entstand der Rørosvegen, der heute größtenteils identisch ist mit der Reichsstraße Nr. 26, die den weiteren Verlauf der Route markiert. Ab Femund geht es nur noch ein kurzes Stück am Seeufer entlang, dann wendet sich die Straße landeinwärts und erreicht bald den **Isterfoss,** über den sich der Trysilelv ergießt. Der Wasserfall gilt als hervorragender Angelplatz, aber auch der angrenzende **Isteren-See** ist für seinen Reichtum insbesondere an Hechten und Felchen bekannt. Ebenso fischreich (Äschen und Forellen) ist der Sømåa-Fluss bei Joten, einem ehemaligen Übernachtungsplatz der Holzkohle-fahrer.

Ein Stück weiter nördlich genießt man noch einmal einen schönen Ausblick über den rechts sich erstreckenden Femund hinüber bis Elgå und den darüber aufragenden Store Svuku (1415 m), dann wendet sich die Straße endgültig vom See ab, steigt sacht zum höchsten Punkt der Strecke an, der bei Kvilangen (790 m) erreicht wird, und führt durch eine karge Mittelgebirgslandschaft weiter nach **Narbuvoll**. Der Ort liegt nahe der Grenze zu Sør-Trøndelag und zeigt mehrere Gehöfte im typischen Stil dieser Landschaft (lang gestrecktes, mehrgeschossiges Haupthaus, das mehreren Generationen gleichzeitig hinreichend Platz zum Wohnen bot). Bei **Os** mündet die R 26 auf die von Koppang im Østerdal kommende R 30, der wir nach rechts Richtung Røros folgen.

## 6 Røros ▶ J 22

**Røros,** aus Holz errichtet und entsprechend altersspröde, ist eine Stadt in Dunkelbraun und Kupferrot, denn Kupferschlacke war es, die den Häusern im Laufe der Jahrhunderte ihre markante Farbe gab. Die Stadt, die als einziger Ort Skandinaviens auf der World Heritage List der UNESCO steht, verdankt ihre Existenz der Entdeckung von Kupfererz im Jahre 1644. Erst mit dem Konkurs der Røros-Kupfergesellschaft 1977 ging die 333 Jahre währende Epoche zu Ende, die auch zahlreiche deutsche Bergleute, insbesondere aus Sachsen, hierher lockte.

Aber das Ende des Bergbaus bedeutete keinen unüberbrückbaren finanziellen Einbruch, denn im Verlauf des 20. Jh. waren andere Wirtschaftszweige (u. a. Holzverarbeitung) erschlossen worden. Seit den 1980er-Jahren wird ein Großteil der Einnahmen durch den Fremdenverkehr erzielt, gibt es doch Sehenswürdigkeiten mehr als genug: Der gesamte alte Ortskern der heute 3000 Einwohner zählenden Stadt präsentiert sich mit seiner geschlossenen altertümlichen Bebauung als ein wahres Kleinod und lässt Geschichte im ureigentlichen Sinne des Wortes lebendig werden.

### Stadtrundgang

Blockbauten mit Butzenscheiben und Graspolstern auf den Dächern reihen sich in engen Straßen und Gassen aneinander, und insbesondere die **Bergmannsgata** fasziniert mit einer dichten Sammlung alter Häuser. Die meisten stehen unter Denkmalschutz, sind aber dennoch bewohnt. Das älteste Haus der Straße ist der Rasmusgård (Hausnummer 9), erbaut wahrscheinlich um 1680. Noch ältere Bausubstanz aber bietet der etwas westlich vom Ortskern gelegene **Aasengård.** Er wurde zwischen 1620 und 1644 von jenem Hans Olsen Aasen errichtet, der auch die Erzvorkommen entdeckte, und befindet sich bereits seit elf Generationen in Familienbesitz.

Unterhalb der großen Schlackehalde, die der Stadt ein ganz eigenes Gepräge gibt, liegt

**Alte Bergarbeiterhäuser zeugen von der einstigen Bedeutung der Kupferstadt**

am Malmplassen (Erzplatz) das **Røros-Museum,** das in der alten Schmelzhütte untergebracht ist. Hier sind die alten Gruben- und Verhüttungssysteme als Modell zu betrachten, es wird aber auch eine historische Sammlung der ehemaligen Kupfergrube aufbewahrt (Smelthytta: www.rorosmuseet.no, 20. Juni–15. Aug. tgl. 10–18, 16. Aug.–10. Sept. Mo–Fr 11–16, Sa/So bis 15, sonst Di–Fr 11–15, Sa/So bis 14 Uhr, 70 NOK, im Sommer Führungen auf Englisch um 14 Uhr).

Nur wenige Meter entfernt ragt die barocke **Røros Kirke** auf, die 1779–84 erbaut wurde und Bergmannsschlegel und -hammer als Signum erhielt. Im Volksmund trägt der Steinbau (der einzige der Altstadt) mit dem markanten viereckigen Turm den Beinamen ›Bergstadens Ziir‹. Er ist Wahrzeichen der Stadt sowie Nationalmonument des Reiches und mit 1600 Sitzplätzen eine der größten Kirchen des Landes (Führungen (30 Min.) ab Turistkontor 20. Juni–15. Aug. Mo–Sa 11.30, 13.30, 15.30, So 12.30 und 14, 1. Juni–19. Juni und 16. Aug.–10. Sept. Mo–Sa 12 Uhr, 30 NOK).

## Olavsgrube

Hauptattraktion des Ortes aber ist die **Olavsgrube**, als nationales Bergwerksmuseum 1979 eröffnet und 15 km nordöstlich der Stadt an der R 31 Richtung Schweden gelegen. 1935 wurden dort die bis dahin reichsten Kupfervorkommen entdeckt, bis 1973 konnten mehr als eine Million Tonnen Erz abgebaut werden (was ca. 12 000 t reinem Kupfer entspricht). Im Rahmen zweistündiger Führungen dürfen Besucher heute bis 500 m weit in die 50 m tiefe Grube einsteigen. Ausgeklügelte Licht- und Toneffekte vermitteln den Anschein, als dauerten die Arbeiten unverändert fort, und da die Maschinen noch allesamt vorhanden sind, erfährt man hier einiges über die früheren Abbaumethoden (Olavsgruva: www.rorosmuseet.no, 20. Juni–15. Aug. tgl. 10.30, 12, 14, 15.30, 17 Uhr, 1.–19. Juni und 16. Aug.–10. Sept. Mo–Sa 13 und 15, So 12, sonst nur Sa 15 Uhr nach Voranmeldung über das Touristenbüro, 90 NOK; da die Innentemperatur in der Grube nur um die 5 °C beträgt, sollte man warme Kleidung nicht vergessen).

## Infos

**Røros Turistkontor:** 7361 Røros, Postboks 123, Peder Hiortsgt. 2, Tel. 72 41 00 00, www.rorosinfo.com, 19. Juni–15. Aug. Mo–Sa 9–18, So 10–12, sonst Mo–Fr 9–15, Sa 11–12.30 Uhr. Auch Buchung von Touren, Aktivitäten, Unterkunft.

## Übernachten

Das beste der Stadt ▶ **Rica Bergstadens Hotel:** Oslovn. 2, Tel. 72 40 60 80, www.bergstadenshotel.no. Luxuriöses Hotel, mit Café, Bodega, Pizzeria, Pub, Hallenbad und Sauna. DZ ab 1350 NOK.

Wirtshaus wie anno dazumal ▶ **Vertshuset Røros:** Kjerkgt. 34, Tel. 72 41 93 50, www.vertshusetroros.no. Der Hotelkette ›De Historiske Hotell‹ angeschlossenes Gasthaus mit 17 holzvertäfelten Zimmern und Apartments sowie Restaurant und einer urigen Kellerbar. DZ inkl. Frühstücksbuffet ab 1250 NOK, im Sommer 1450 NOK.

Camping & Hütten ▶ **Idrettsparken Hotell:** Øra 25, Tel. 72 41 10 89, www.idrettsparken.no. Moderne und zentral gelegene Ferienanlage mit Campingplatz (200 NOK) und Hüttenvermietung (500 NOK) sowie 26 DZ mit Bad (1150 NOK) nebst 8 DZ ohne Bad (2007 renoviert, 850 NOK). **Håneset Camping:** Oslovn. (R 30), Tel. 72 41 06 00. 1,5 km vom Zentrum, Spielplatz, Kanu- und Bootsverleih, Angelmöglichkeiten, Badeplatz, neun Hütten (von 250–950 NOK).

## Essen & Trinken

Suppe, Brot & Bier ▶ **Suppestasjonen:** Kjerkgata 7, Tel. 95 83 14 80, Mitte Juni–Mitte Aug. Mo–Sa ab 11.30, So ab 12, sonst Di–Sa ab 11.30 Uhr. Große Auswahl an kalten und warmen Suppen. Dazu gibt es selbstgebackenes Brot und selbstgebrautes Bier. Im Sommer ist der Hinterhof geöffnet mit schönen Sitzplätzen im Freien. Suppen ab 80 NOK.

Der Tradition verpflichtet ▶ **Kaffestuggu:** Bergmanngt. 18, Tel. 72 41 10 33, Mo–Sa ab 10, So ab 11 Uhr. Das älteste Café der Stadt ist auch ihr gemütlichstes. Die Speisekarte listet regionale Spezialitäten auf, gut und günstig sind insbesondere die tgl. wechselnden Lunchgerichte (ab 12 Uhr, ca. 115–165 NOK). Hauptgerichte um 250–300 NOK.

## Aktiv

Ausflüge ▶ **Fahrradtouren, Wanderungen, Kanutouren, Kutschfahrten, Safaris** u. v. m., Infos beim Touristenbüro.

Mit dem Boot unterwegs ▶ Die **Fahrt mit dem Veteranenschiff ›Femund II‹** (s. S. 204) ist auch als Tagesausflug möglich, das Touristenbüro hält Informationen bereit.

Reiten ▶ **Stall Ardenners:** Håneset, Tel. 90 66 92 48. Beim Håneset Camping (s. o.) gelegener Reiterhof, im Sommer tgl. Ausritte zu einem Aussichtspunkt über der Stadt sowie auch ins Hochfjell; außerdem einwöchige Pferdetreks sowie Wochenendtouren.

Schlittenfahrten ▶ Im Winter ist Røros ein Zentrum für **Hundeschlitten-Abenteuer,** Anbieter haben Touren von bis zu mehreren Tagen Dauer im Programm, Infos über das Touristenbüro. Auch **Schneescooterfahrten** zu den Winterweideplätzen der Rentiere werden geboten, ebenso Touren mit **Rentierschlitten** nebst Übernachtungen in traditionellen Gammen, **Kurse im Lassowerfen** und mehr.

## Verkehr

**Bahn:** Røros ist mehrmals tgl. mit Oslo (via Hamar und Elverum) und Trondheim verbunden.
**Bus:** Verbindungen mehrmals tgl. u. a. nach Trondheim, Oslo, Tynset, Femund, Drevsjø.

## Tipp: Geführte Stadtwanderungen

Es gibt viel zu sehen in Røros, doch vieles ist nur im historischen und kulturellen Kontext zu verstehen. Und so ist es keine schlechte Idee, an den geführten Stadtwanderungen teilzunehmen, im Verlauf derer nicht nur die bedeutenden Sehenswürdigkeiten des Zentrums besucht, sondern auch die wichtigsten Hintergründe erläutert werden. Führungen starten zwischen Mitte Juni und Mitte Aug. mehrmals tgl. und kosten 70 NOK; Informationen und Buchung über das Touristenbüro.

Schären vor Risør

Kapitel 3

# Das Sørland

Dieser südlichste Landesteil, mit Sonne, Stränden und Schären sowie malerischen Holzhaus-Städtchen reich gesegnet, ist das unter Norwegern beliebteste Sommerferiengebiet. Je weiter westlich man vom Skagerrak aus fährt, desto wilder präsentiert sich die ›Sonnenküste‹, und erst an der Nordsee erstreckt sich das Land flach hinter kilometerlangen Dünenstränden.

Sørland, der mit rund 16 500 km² kleinste Landesteil, setzt sich aus den beiden Regierungsbezirken Aust- und Vest-Agder zusammen und schiebt sich wie ein Keil ins Landesinnere. Ca. 280 000 Menschen wohnen hier, mehr als 80 % direkt an der stark zerklüfteten Schärenküste, die, Fjorde und Buchten eingerechnet, etwa 2700 km misst. Ihr entlang finden sich kleine, pittoreske Küstenorte und beeindruckend schöne Sandstrände. Landeinwärts schließt sich eine durch Hügel und mäßig hohe Berge modellierte Landschaft an, die von tief eingeschnittenen Taltrögen gegliedert wird.

Der gesamte Großraum, der im Osten an die Oslofjord-Region angrenzt und gen Nordsee hin ins Vestland übergeht, ist ein Feriengebiet par excellence. Dank des milden Klimas mit wenig Regen und vielen Sonnenstunden verbringen hier viele Norweger ihre Sommerferien, und in den Badeorten kann es während der Hochsaison entsprechend eng werden. Auch die Hauptverkehrsadern sind dann mitunter derart überlastet, dass man um eines entspannten Reisens willen wann immer möglich den an der Küste entlangführenden Nebenwegen den Vorzug geben sollte.

Auf einen Blick

# Das Sørland

## Sehenswert

**Risør:** Die ›Perle der Riviera am Skagerrak‹ ist heute der mondänste Badeort der Südküste (s. S. 215).

**Tvedestrand:** Der Schärengarten vor Tvedestrand mit der Insel Lyngør zählt zu den schönsten des Landes (s. S. 217).

**Lillesand:** Das malerische Städtchen gilt als Norwegens Vorzeigeort in puncto Holzarchitektur (s. S. 220).

7 **Kap Lindesnes:** Das Südkap Norwegens gehört zu den meistbesuchten Sehenswürdigkeiten des Königreiches, insbesondere Reisende aus deutschen Landen haben offenbar ein ausgeprägtes Faible für dieses Kap (s. S. 225).

## Schöne Route

**Der Nordsjøveien:** Der rund 270 km lange ›Nordseeweg‹, der die beiden Städte Kristiansand und Stavanger miteinander verbindet, gilt als eine der populärsten Touristenrouten des Landes. Der eindrucksvollste Abschnitt verläuft zwischen Flekkefjord und Stavanger (s. S. 228).

# Unsere Tipps

**Blindleia:** Mit dem Boot von Lillesand aus durch den Schärenkanal Blindleia nach Kristiansand zu fahren, sollte man keinesfalls versäumen (s. S. 220).

**Setesdalbahn:** Norwegens älteste Museumsbahn lädt zu einem kurzen, aber dennoch nicht alltäglichen Abenteuer ein (s. S. 221).

**Draisineradeln:** Mit der Draisine ab Flekkefjord entspannt durch die Küstenlandschaft zu fahren, bietet nicht nur Kindern ein herrliches Urlaubserlebnis (s. S. 226).

# aktiv unterwegs

**Auf dem Telemark-Kanal vom Meer in die Bergwelt:** Eine Fahrt auf dem 105 km langen Kanal von Skien an der Skagerrak-Küste bis nach Dalen im Herzen der Telemark gehört zu den Höhepunkten einer Norwegenreise – egal ob man mit einem der historischen Boote unterwegs ist oder mit dem eigenen Kanu; auch mit dem Fahrrad kann man der landschaftlich schönen Wasserstraße folgen (s. S. 216).

**Mit dem Rad die »Nordsee-Route« entlang:** Diese auch für Familien mit Kindern geeignete Tour führt auf wenig bis gar nicht frequentierten Straßen die erst wilden, dann strandreichen Gestade der Nordsee entlang (s. S. 228).

# Riviera am Skagerrak

**Die Skagerrak-Küste zwischen dem Oslofjord und Kristiansand ist die sonnenverwöhnteste Region des Landes, und die traditionsreichen Küstenorte gelten als die malerischsten Holzbaustädtchen Norwegens. Sonnenhungrige Badegäste finden hier herrliche Sandstrände, ausgedehnte Schärengürtel und unzählige beschauliche Ferienorte.**

Norwegens Klima ist weitaus besser als sein Ruf, und am besten – nämlich am sonnigsten – ist es entlang der Skagerrak-Küste zwischen dem Oslofjord und Kristiansand, ist diese Region doch großenteils vor den von Westen kommenden Regenwolken geschützt. Hier reihen sich alte Küstenorte aneinander, die von der frühen Wikingerzeit bis in das 20. Jh. hinein Norwegens Tore zur Welt waren. Malerisch breiten sich diese ›Weißen Orte‹ hinter lang gestreckten Stränden aus, liegen im Schutz ausgedehnter Schärengürtel oder schmiegen sich in Felsbuchten; mal präsentieren sie sich eng und verwinkelt mit Kopfsteinpflastergassen, dann wieder weit und großzügig. Ihre Promenaden und Parkanlagen, die schmucken Häuser und stolzen Villen zeugen von dem Wohlstand, der hier während Norwegens großer Schifffahrtszeit, der Windjammer-Epoche, herrschte. Nahezu jeder Ort besaß damals eine eigene Handelsflotte, und erst der Siegeszug der Dampfschiffe brachte den Niedergang, der dann vom Tourismus unserer Tage wieder beendet wurde.

## An der Küste entlang

### Kragerø ▸ F 31

Ruhig und beschaulich, aber durchaus auch ein wenig mondän geht es im von malerischen Häusern geprägten und über drei Inselchen hingestreuten Städtchen Kragerø zu, dessen Wappen eine Kogge ziert. Mittlerweile jedoch lebt der Ort schon längst nicht mehr von Schifffahrt und Fischfang, sondern vom nationalen Tourismus, der sich hier bereits in den 1950er-Jahren eine Hochburg geschaffen hat. Entsprechend groß ist das Angebot an Bootsausflügen und Aktivitäten, doch entsprechend hoch ist während des Sommers auch der Andrang, wenn sich Tausende Besucher zu den etwa 5500 Städtern gesellen und zudem Preise verlangt werden, die einen normal betuchten Mitteleuropäer gewaltig ins Schwitzen bringen können.

#### Infos

**Kragerø Turistkontoret:** Torgata 1, 3770 Kragerø, Tel. 35 98 23 88, www.visitkragero.no, ganzjährig Mo–Fr 9–16, im Sommer Mo–Sa 9–17, So ab 11 Uhr.

**www.kragerokystperlene.no:** Diese Website informiert (auch auf Englisch) über die besuchenswertesten Schäreninseln von Kragerø.

#### Übernachten

In und um Kragerø stehen mehr als 4000 **Häuser/Hütten** zur Verfügung, die über das Touristenbüro vermittelt werden. Da im Sommer enorme Nachfrage herrscht, sollte man möglichst früh reservieren.

Charme am Hafen ▸ **Victoria Hotel:** Tel. 35 98 75 25, Fax 35 98 29 26, www.victoria-kragero.no. Das rund 100 Jahre alte ehrwürdige Hotel liegt in allerbester Lage beim Hafen, der rosafarbene Schmuckbau bietet Zimmer vom

Allerfeinsten, die teilweise aufs Meer hinausgehen. DZ ab 1475 NOK.
Elegant und nordisch klar ▶ **Villa Bergland Hotel:** Gamle Kragerøvei, Tel. 35 98 21 00, www.villa-bergland.no. Rund 1 km vom Ortszentrum entfernt nahe der Küste gelegene Jugendstilvilla mit schmucken Zimmern sowie nahebei moderne Ferienwohnungen im skandinavischen Stil. DZ ab 1100 NOK, Ferienwohnungen ab 750 NOK.
Günstig ▶ **Kragerø Sportell:** Lovisenbergvn. 20, Tel. 35 98 57 00, www.kragero sportell.no. Große Anlage in schöner Lage, mit Apartments, Zimmern und einem umfassenden Sport- und Freizeitangebot. DZ ab 650 NOK.
Spitzencamping ▶ **Lovisenberg Camping:** 6 km nördlich an der Zufahrt nach Kragerø ausgeschildert, Tel. 35 98 87 77, www.cam pingplassen.com. Riesiger Drei-Sterne-Platz am Meer mit eigenem Badestrand, großzügigem Schwimmbad, Sportangebot und Hütten ab 690 NOK (Sommer).

## Essen & Trinken

Tafelfreuden am Kai ▶ **Tollboden:** Hafenkai, Tel. 35 98 90 90, www.tollboden.org, im Sommer tgl. ab 11 Uhr, sonst Di–Fr ab 16 Uhr. Urgemütliches Hafenrestaurant in einem Gebäude aus dem 18. Jh., mittags werden bevorzugt Pasta und Pizza serviert (um 130 NOK), aber vor allem lohnt hier die norwegische Küche: Um sie in Vollendung zu genießen, wähle man eines der Feinschmecker-Menüs, die es von 445 NOK (drei Gänge) bis 545 NOK (fünf Gänge) gibt.
Fernost lässt grüßen ▶ **Admiralen:** Ytre Strandvei 24, Tel. 35 98 31 11, tgl. 11–22 Uhr. Norwegische, chinesische und malaysische Spezialitäten zu moderaten Preisen; bis 17 Uhr sehr günstige Tagesgerichte.

## Aktiv

Breites Angebot ▶ Das Touristenbüro informiert über empfehlenswerte **Fahrradtouren** und Verleihstationen, über **Wanderungen** und **Angelplätze, Bootsverleiher** und **Jachtcharter** und natürlich **Schärentouren**, die hier im Sommer tgl. von zahlreichen Veranstaltern angeboten werden. Auch eine Karte, in der alle **Badeplätze** auf dem Festland und den unzähligen vorgelagerten Schären verzeichnet sind, liegt aus.

## Verkehr

**Bus:** Verbindungen u. a. mit Brevik, Porsgrunn, Skien, Arendal und Kristiansand, im Sommer auch mit Oslo.
**Taxi-Boote** fahren zu diversen Küstenzielen nach Wahl (Infos über www.fjordbat.no, Tel. 40 00 58 59), **Badeboote** bedienen im Sommer die größeren Schären.

## Risør ▶ F 31

Risør, über die R 416 zu erreichen, besticht mit einer eleganten Uferpromenade, hinter der sich stilvolle Patrizierhäuser aneinander reihen. Die ›Perle der Riviera‹ gilt nicht nur als der malerischste Ort des Südens, sondern besitzt mit der 1647 errichteten **›Heilig-Geist-Kirche‹** auch eine der typischsten und prachtvollsten Barockkirchen des Königreiches, weshalb Risør auch gerne als ›Barockstadt‹ beworben wird (›Hellige Ånds Kirke‹: geöffnet im Sommer Mo–Sa 12–14 Uhr, So um 11 Uhr zur Messe).

### Tipp: Schärenhopping

Die Schärengärten der Skagerrak-Küste sind die größten Norwegens; und nichts ist beeindruckender, als mit dem eigenen Boot durch diese einzigartige Insellandschaft zu fahren. Boote kann man in allen Orten ausleihen, für Jachten oder auch Seekajaks empfehlen sich Kragerø (s. S. 214) und Risør (s. S. 215). Der **Schärengarten vor Tvedestrand** (s. S. 217) zählt zu den schönsten des Landes. Hier sollte man das auf einer kleinen Schäre gelegene **Lyngør** ansteuern – ein Spaziergang durch dieses Dorf ist vor allem im Licht der späten Abendsonne ein unvergessliches Erlebnis (s. S. 217). Weiterer Höhepunkt eines ›norwegischen Riviera‹-Urlaubs: mit dem Boot von Lillesand aus durch den **Schärenkanal Blindleia** nach Kristiansand zu fahren (s. S. 220).

aktiv unterwegs

## Auf dem Telemark-Kanal vom Meer in die Bergwelt

### Tour-Infos

**Start:** Skien
**Dauer:** bis Dalen 11 Std., bis Lunde 4 Std.
**Saison:** Mitte Mai–Mitte Sept.
**Tickets:** Telemarkreiser, Nedre Hjelleg. 18, Skien, Tel. 35 90 00 20, www.visittelemark.com, www.telemarkskanalen.no, Fahrt nach Dalen 850 NOK (Lunde 550 NOK).
**Für Radler und Paddler:** Fahrräder (ab 150 NOK/Tag) und Kanus (250 NOK/Tag) nebst Ausrüstung kann man ausleihen in Lunde (www.kanalcamping.no, Tel. 91 57 54 21) und Dalen (www.telemarkadventure.com, Tel. 35 07 70 80).

Der 1892 fertig gestellte und 1995 als erhaltenswertes architektonisches Kulturgut ausgezeichnete Telemark-Kanal gehört zu den spektakulärsten Wasserstraßen Europas und führt von Skien aus über acht Schleusen mit insgesamt 18 Kammern bis ins 72 m höher gelegene und 105 km entfernte Dalen im Zentrum der Telemark. Fünf Jahre dauerte es, diesen Verkehrsweg mit nichts als Muskelkraft von mehr als 500 Männern zu errichten. Seine Eröffnung war ein nationales Fest, verband er doch das verkehrstechnisch seinerzeit noch kaum erschlossene Binnenland der Telemark mit der Küste, wodurch überhaupt erst das gewaltige Holzpotenzial der Region genutzt werden konnte. In der Folge entstanden rings um Skien zahlreiche Papiermühlen, deren letzte bis ins Jahr 2006 hinein betrieben wurde.

Ein Fest für die Sinne ist es heute, dem nun ganz im Dienste des Tourismus stehenden Wasserweg zu folgen. Er führt durch fruchtbares Ackerland, dichte Wälder und über liebliche Seen bis ins Herz der Bergwelt, wo der Blick hinauf zu bis über 1400 m messenden Höhen reicht. Alle Schleusenanlagen sind im Original erhalten und die Schleusenwärter traditionell gekleidet. Sie verkörpern ebenso wie die traditionsreichen Veteranendampfer, die teils noch aus den Kindertagen des Kanals stammen, die Nostalgie, die den ganz besonderen Reiz dieser Bootstour ausmacht.

Wer nur wenig Zeit hat, kann etwa auf halber Strecke in Lunde aus- und in den Bus einsteigen, der in den frühen Nachmittagsstunden wieder den Ausgangsort Skien erreicht. Bleibt man bis Dalen (s. S. 146) an Bord, wird man um eine Übernachtung nicht herumkommen und nimmt dann am kommenden Tag entweder das Boot zurück oder den Bus – wenn nicht Kanu oder Rad, die man vor Ort ausleihen kann: In Paddlerkreisen genießt der Telemark-Kanal einen herausragenden Ruf, und auch Radfahrer schwärmen von der insgesamt 115 km langen *kanalruta*, die größtenteils über spezielle Radwege dem Kanalverlauf folgt.

Eine Attraktion nicht nur für Kinder ist das im Ort ausgeschilderte **Risør Aquarium,** das einzige seiner Art an der Südküste. Über 500 Fische mehr als 100 verschiedener Arten sind in der didaktisch vorbildlich aufgebauten Anlage in Dutzenden Großaquarien zu bestaunen (www.risorakvarium.no, Juni–Aug. tgl. 12–16, Mitte Juni–Anfang Aug. tgl. 11–17 Uhr, 95 NOK).

Die Strände auf den vorgelagerten Schären sind berühmt, auch den Möglichkeiten für Bootssport jeglicher Art sind keine Grenzen gesetzt; wer Rang und Namen hat – u. a. auch Mitglieder des norwegischen Königshauses –, pflegt hier seinen Urlaub zu verbringen. Dies schlägt sich leider auch im Preisniveau nieder, sodass sich die meisten ausländischen Touristen hier mit einem Blick auf die Barockkirche und einem kurzen Stadt- und Promenadenbummel auf den größtenteils autofreien Straßen begnügen.

## Infos

**Risør Turistkontor:** Kragsgt. 3, 5950 Risør, Tel. 37 15 22 70, www.risor.no, ganzjährig, im Sommer Mo–Fr 10–18, Sa 10–16, sonst Mo–Fr 11–15 Uhr.

## Aktiv

Das Touristenbüro informiert umfassend über Wanderungen, Fahrradrouten, Fjordfahrten, Bootsverleih und mehr.

Paddeln ▶ **Havpadlern:** Tel. 91 32 71 33, www.havpadlern.no. Verleih von hochwertigen Seekayaks (ab 400 NOK/Tag, 1400 NOK/Woche, Wochenende 900 NOK). Des Weiteren werden Einführungskurse (3 Std. 650 NOK) und zahlreiche geführte Touren angeboten, darunter auch Familientouren.

## Tvedestrand ▶ E 31

Das etwa 2200 Einwohner zählende Holzhaus-Städtchen Tvedestrand zieht sich hügelauf, hügelab von der schmalen Endung des rund 10 km langen Oksenfjords ins Land und blickt auf das, wie es heißt, schönste Schärengebiet des Südens. Vom eleganten Zentrum am Hafen, wo zahlreiche Straßencafés einladen, starten täglich mehrere Schären-Kreuzfahrten sowie Bootsausflüge auf die (autofreie) **Insel Lyngør.**

Der kleine Schärenort, ein rund 90 Einwohner großes autofreies Dorf aus den Glanztagen der Windjammer-Epoche, hat 1991 eine Auszeichnung als Europas bestbewahrter Ort erhalten, und ein Spaziergang durch die schmalen Holzhausgassen mit stetem Blick aufs Meer bleibt unvergesslich. Mit dem Fährboot ab Gjenving (R 411, westlich von Tvedestrand, mehrmals tgl., Tel. 41 45 41 45, www.sorlandetsmaritime.no) sind es von Tvedestrand aus nur wenige Minuten (40 NOK). Der Ort selbst hingegen scheint aufgrund seiner zwar schönen, aber beengten Lage nur bedingt als Ferienort geeignet. Berühmt ist er für das **Strykejernet,** das ›Bügeleisen‹, das als Norwegens schmalstes Haus gilt und den Namen seiner Form verdankt. Zu finden ist es am Anfang der Einkaufspassage, die unterhalb der Kirche verläuft.

## Infos

**Tvedestrand Turistkontor:** Wrold Wroldsensgt. 2, 4902 Tvedestrand, Tel. 37 16 40 30, www.arendal.com, im Sommer Mo–Fr 10–18, Sa/So bis 16, sonst Mo–Fr 9–16 Uhr.

## Arendal ▶ E 32

Die vielen Kanäle und Brücken waren es, denen das rund 33 000 Einwohner große Arendal einst den Beinamen ›Venedig des Nordens‹ verdankte. Im Werbeprospekt schmückt sich das Verwaltungszentrum von Aust-Agder noch immer mit diesem Titel, doch die Wasserstraßen, die der Stadt früher ihren unvergleichlichen Zauber gaben, wurden nach verheerenden Bränden in den 60er-Jahren des 19. Jh. allesamt zugeschüttet. Auch die prunkvollen Holzpaläste, von denen die Chronisten schwärmen, fielen seinerzeit den Flammen zum Opfer, nur das größte und schönste Holzhaus blieb verschont: Das vierstöckige Empire-Palais **Kalleviggård,** seit 1844 als Rathaus genutzt, ist das zweitgrößte Holzgebäude Norwegens und wird nur vom Stiftsgård in Trondheim übertroffen. Es ragt direkt am Hafen auf, in dem zu früheren Zeiten nicht selten Hunderte von Windjammern vor Anker lagen.

Sehenswürdigkeiten im eigentlichen Sinn laden keine ein, aber das gesamte Holzbau-Arrangement am Hafen, vielfarbig bunt gestrichen, wirkt äußerst charmant und ist, ebenso wie der 83 m hohe Kirchturm der Stadt, ein beliebtes Postkartenmotiv.

## Infos

**Arendal Turistkontor:** Sam Eydes plass 1, 4809 Arendal, Tel. 37 00 55 44 Fax 37 00 55 40, www.arendal.com, ganzjährig, im Sommer Mo–Fr 9–16, Sa 11–16 Uhr, auch für Tvedestrand zuständig.

## Grimstad ▶ E 32

Die größte Wahrscheinlichkeit, am ohnehin sonnenverwöhnten Skagerrak auf gutes Wetter zu stoßen, hat man im malerischen Städtchen Grimstad, das statistisch die meisten Sonnentage im Königreich verzeichnet. An der Küste Richtung Arendal liegen obendrein zahlreiche herrliche Sandstände, und so empfiehlt sich ein Besuch des rund 21 000 Einwohner zählenden Ortes mit seinen vielen alten Holzhäusern. Sie sind Zeu-

**Strahlend weiße Holzhäuser prägen den Stadtkern von Grimstad**

gen einer reichen Vergangenheit, denn Grimstad, das schon seit 1812 die Stadtrechte besitzt, war gegen Ende des 19. Jh. der bedeutendste Werftort des Landes.

Der Zweimaster im Stadtwappen erinnert an diese Zeit, während das Backenbartgesicht von Henrik Ibsen, der hier zwischen 1847 und 1851 das Apothekerhandwerk erlernte, die Prospekte schmückt. Der Ort seiner Lehrstelle, die **Stadtapotheke** an der Henrik Ibsensgate, ist entsprechend herausgeputzt, und nebenan, im **Ibsenhuset,** kann man sich mit dem Leben des Künstlers, der hier sein erstes Theaterstück schrieb, vertraut machen (www.gbm.no, Juni–Aug. Mo–Sa 11–16, So ab 12 Uhr, 80 NOK).

Der jenseits der E 18 vor Grimstad gelegene **Naturpark Dømmesmoen** ist mit seiner dichten Bewaldung einer der schönsten des Landes. Er wird von Fußwegen durchzogen, die wie geschaffen sind für entspannte Spaziergänge und an 43 Grabhügeln aus der Zeit von 600–200 v. Chr. vorbeiführen. Auch ein 4 km langer Wanderweg an die Küste nimmt hier seinen Anfang, ein 12 m hoher Aussichtsturm lädt zu Fernblicken ein.

Blumenfreunde sollten unbedingt das ins große Grün integrierte **Norsk Hagebruksmuseet** besuchen. Nicht weniger als 1000 verschiedene Pflanzen, darunter alleine ca. 250 Rosenarten, sind hier zu betrachten (www.gbm.no, 23. Juni–12. Aug. Mo–Sa 11–16 Uhr).

## Infos

**Grimstad Turistkontor:** Storgt. 1A, Sorenskrivergården 3, 4891 Grimstad, Tel. 37 25 01 68, 37 04 93 77, www.visitgrimstad.com, ganzjährig Mo–Fr 8.30–16 Uhr, im Sommer auch Sa/So.

## Übernachten, Essen

Zum Wohlfühlen ▶ **Rica Grimstad Hotel:** Kirkegt. 3, Tel. 37 25 25 25, www.rica.no. Außerordentlich schmucker Holzbau, bestes Hotel der Stadt, u. a. mit Top-Restaurant. DZ ab 1745 NOK, Sommer 1245 NOK.

Nordisch klar ▶ **Grimstad Vertshus:** Frivoldveien 11/13, Tel. 37 04 25 00, www.grimstad-vertshus.no. Angenehmes Gasthaus in einem gepflegten Neubau im dänischen Stil. Zentrale Lage, gepflegte und helle Zimmer, alle mit Bad/WC. DZ 895 NOK.

Stadtcamping ▶ **Bie Feriesenter:** 1 km östlich an der R 420, Tel. 37 04 03 96, www.bieapart.no, ganzjährig. Gehobene Ausstattung, Schwimmbad, auch Hütten in verschiedenen Kategorien.

## Aktiv

Baden ▶ Das große Plus von Grimstad sind seine vielen herrlichen Sandstrände, in Felsen, Wiesen und Wälder gefasst und oft mit wunderschöner Aussicht auf die vorgelagerten Schären. Alle befinden sich östlich von Grimstad an der R 420 Richtung Arendal. Als die schönsten Strände gelten u. a. **Hasseltangen** (12 km östlich, in Fevik auf den Sømsveien abbiegen), **Storesand** (9 km östlich, vielleicht der schönste überhaupt) und **Grefstadvika** (6 km östlich, neben Møysand Camping). – Hin am besten mit dem Miet-Fahrrad, das man im Touristenbüro für 150 NOK/Tag bekommt.

### Verkehr
**Bus:** Grimstad ist mehrmals tgl. mit allen Orten der Region verbunden, der Busstopp befindet sich im Zentrum beim Hafen.

## Lillesand ► E 32
Das nur wenige Kilometer südlich von Grimstad gelegene Lillesand gilt mit seinen zahlreichen alten Häusern aus dem 18. und 19. Jh. als Norwegens Juwel in puncto Holzarchitektur. In seiner Geschlossenheit wirkt es wie ein einziges großes Stadtbaumuseum aus einer Epoche, als Häuser, wie der Dichter Knut Hamsun (s. S. 52) es einmal in seinem Werk »Die Stadt Segelfoss« ausdrückte, noch nicht Feindschaft erzeugende Erfindungen von Menschen waren, sondern jene Logik besaßen, die Gott geschaffen hat. Die schmalen gewundenen Gassen dieses rund 6000 Einwohner zählenden Städtchens entlangzuschlendern, sollte man deswegen keinesfalls versäumen.

## Tipp: Bootstouren

Die von Lillesand aus angebotenen Bootstouren sind die vielleicht schönsten des Südens, am beeindruckendsten ist der Tagesausflug durch das **Schärenparadies Blindleia** mit der ›M/B Øya‹, die zwischen dem 27. Juni und dem 6. Aug. zu einer dreistündigen Fahrt durch den Schärenkanal nach Kristiansand tuckert (Tel. 95 93 58 55, www.lillesand.net, Mo–Sa um 10 Uhr, retour per Bus, hin und zurück 420 NOK).

### Infos
**Lillesand Turistinformasjon:** Røde-korshuset Havnegt. 10, Tel. 99 36 15 00, www.visitkrs.no, Mitte Juni–Mitte Aug. Mo–Fr 10–18, Sa 10–16, So 12–16 Uhr, außerhalb der Saison ist die Touristeninformation (s. S. 221) in Kristiansand zuständig.

### Übernachten
Schmuckstück aus alter Zeit ► **Lillesand Hotel Norge:** Strandgt. 3, Tel. 37 27 01 44, www.hotelnorge.no. Luxuriöse Herberge in einem alten Patrizierhaus von 1838, das seit über 140 Jahren als Hotel dient und einst auch den Schriftsteller Knut Hamsun beherbergte. Sehr edel, traditionsreich und entsprechend teuer. DZ ab 1690 NOK, Hamsun-Zimmer 2690 NOK.

Strandcamping ► **Tingsaker Familiecamping:** nördl. vom Zentrum, Tel. 37 27 04 21, www.tingsakercamping.no, Mai–Aug. Knapp 1 km östlich des Zentrums, direkt am Meer gelegener Vier-Sterne-Platz, auch zahlreiche Hütten zu 850 NOK.

### Termine
**Lillesansda'ene** (Ende Juni/Anfang Juli): Die Lillesand-Tage mit Konzerten, Sommerveranstaltungen und einem abwechslungsreichen maritimen Programm gehören zu den wichtigsten Festen dieser Region, Näheres über www.lillesandsdaene.no.

### Verkehr
**Bus:** Lillesand ist per Bus mit allen Orten der Region verbunden.

## Kristiansand ► D 32

Dass zur Geschichte aus Holz erbauter Städte immer wieder verheerende Brände gehören, zeigt auch Kristiansand, die rund 83 000 Einwohner zählende Metropole des Sørlands, die 1641 von Christian IV. gegründet wurde. Viele Male fraß sich das Feuermeer durch die Reihen der Holzhäuser des zentralen Stadtteils Kvadraturen; erhalten blieb – und dies ist einmalig in Norwegen –

sein dem Ideal der Renaissance verpflichteter quadratischer Grundriss mit rechtwinkligem Straßenraster. Das vereinfacht zwar die Orientierung, macht aber die sehr geschäftige und kaum mit eigener Atmosphäre und Flair aufwartende Stadt nicht unbedingt attraktiver, weshalb sie den meisten ausländischen Touristen in erster Linie als Durchgangsstation dient.

Die einzige wirkliche Sehenswürdigkeit Kristiansands, das **Vest-Agder Fylkemuseum,** liegt denn auch am Stadtrand an der Fernstraße E 18. Unter den 40 historischen Gebäuden, die die Freilichtabteilung dieses bedeutenden kulturhistorischen Museums umfasst, sind wohnliche Stadthäuser mit kompletter Einrichtung, Gehöfte aus dem Setesdal sowie Werkstätten und Kaufläden zu besichtigen, während im Haupthaus insbesondere die Trachten- und Bauern-Ausstellung hervorzuheben ist (www.vestagdermuseet.no, Juni–Aug. Mo–Fr 10–17, Sa/So ab 12, sonst Mo–Fr 9–15, So 12–17 Uhr, 40 NOK).

Der **Sørlandspark,** ein besonders schöner Tier- und Abenteuerpark, liegt ebenfalls nahe der Europastraße (Dyrepark: www.dyreparken.no, tgl. 10–15, im Früh-/Spätsommer bis 17, Hochsommer bis 19 Uhr, Eintritt 399 NOK, Kinder 299 NOK).

Lediglich für die zahlreichen **Bootsausflüge,** die Kristiansand als Ausgangspunkt haben (s. u.), muss man bis zum Zentrum fahren. Angeboten werden u. a. Touren nach Lillesand (durch den Schärenkanal Blindleia), Grimstad, Arendal und Lyngør, auch der Schären-Archipel Hellesund wird angefahren.

## Tipp: Setesdalbahn

Norwegens älteste Museumsbahn, die Setesdalbahn (Spurweite 1067 mm) besticht mit wunderschön restaurierten Waggons, einer über 100 Jahre alten Dampflok und einer abwechslungsreichen, rund 5 km langen Strecke zwischen **Grovane** und **Beihølen.** Grovane liegt nördlich von Kristiansand an der R 405 (Abzweig von der E 39) und ist von Kristiansand aus auch per Nahverkehrszug zu erreichen. Gefahren wird an allen Sonntagen zwischen 12. Juni und 28. August um 11.30, 13.20, 15.10 Uhr, eine Tour hin und zurück kostet 100 NOK, Informationen erteilen das Touristenbüro von Kristiansand und die Stiftelsen Setesdalsbanen, Grovane, N-4700 Vennesla, Tel. 38 15 64 82, www.setesdalsbanen.no.

## Infos

**Kristiansand Turistkontor:** Rådhusgt. 6, 4611 Kristiansand, Tel. 38 12 13 14, www.visitkrs.no, ganzjährig Mo–Fr 9–16, im Sommer bis 18, Sa/So 12–18 Uhr.

## Übernachten

Grandios ▶ **Clarion Ernst Hotel**: Rådhusgt. 2, Tel. 38 12 86 00, Fax 38 02 03 07, www.ernst.no. Traditionsreiches Hotel in allerbester Lage, ausgestattet u. a. mit einem prachtvollen Atrium, 137 Zimmer vom Allerfeinsten. DZ ab 1280 NOK, am Wochenende 1180 NOK.

Neu renoviert ▶ **City Lodge:** Kongensgt. 69 b, Tel. 38 08 73 33, www.krsferie.no, 20. Juni–1. Aug. Einfache/kleine, aber renovierte Zimmer in einem weißen Jugendstilbau, die 500 NOK kosten (DZ ohne Frühstück); mit Gemeinschaftsbad und Küche.

Preishit ▶ **Budgethotel:** Vestre Strandgt. 49 (nahe Bahnhof), Tel. 38 70 15 65, www.budgethotel.no. Eine Art private Jugendherberge für Reisende jeden Alters, die Zimmer sind schlicht (alle mit Bad/WC), dafür aber preislich unschlagbar, Aufenthaltsraum, Gemeinschaftsküche. DZ ab 399 NOK.

Wiesencamping ▶ **Hamresanden Hytter og Camping:** Hamre (11 km östl. Zentrum an der E 18, ausgeschildert), Tel. 38 14 42 80, www.hamresanden.com, ganzjährig. Wiesengelände hinter dem öffentlichen Badestrand, gute Ausstattung, rund zwei Dutzend Hütten ab 625 NOK.

Stadtcamping am Meer ▶ **Roligheden Camping:** Framnesvn. 100, Tel. 38 09 67 22, www.roligheden.no, Juni–Aug. Außerhalb des Stadtzentrums auf der anderen Seite der Otra gelegener Platz, am Fährterminal ausgeschildert, ca. 2 km, im Hochsommer oft überfüllt, dann auch kaum ausreichende sanitäre Einrichtungen. Apartments ab 900 NOK.

## Essen & Trinken

Spitzengastronomie ▶ **Luihn:** Rådhusgt. 15, Tel. 38 10 66 50, Mo–Sa ab 18 Uhr. Elegantes und romantisches Gewölbe-Restaurant, das zu den besten des Südens zählt, norwegische und internationale Gerichte vom Feinsten, Spezialitäten sind u. a. Wildgerichte. Gerichte 305–355 NOK.

Hervorragende Fischgerichte ▶ **Sjøhuset:** Østre Strandgt. 12, Tel. 38 02 62 60, tgl. ab 11 Uhr. Seit mehr als 20 Jahren schon eine Institution in Kristiansand für alles, was aus dem Meer kommt; Spezialität ist u. a. Hummer; herrlich auch zum Draußensitzen. Vorspeisen ab 115 NOK, Hauptgerichte ab 295 NOK, stets zu empfehlen ist die große Meeresfrüchte-Platte für 400 NOK.

Fast Fish Food ▶ **Fiskesalg:** Fiskebrygga, Tel. 38 12 24 03, Mo–Sa ab 11 Uhr. ›Die‹ Adresse in Kristiansand, wenn man draußen Fisch und Meeresfrüchte genießen möchte. Hauptgerichte wie z. B. Makrelenfilet gibt's hier schon ab 139 NOK, auch viele kleine Gerichte werden serviert (etwa Krabbenbrötchen für 89 NOK), auch Fish'n Chips (155 NOK), immer gut ist die Fischsuppe, die 129 NOK kostet. Im angeschlossenen Laden kann man Fisch und Meeresfrüchte kaufen.

## Aktiv

Bootstouren ▶ Die Schiffe legen im Hafenbereich an der Vestre Strandgt ab. Saison herrscht von Ende Juni–Anfang Aug.; die meisten Touren starten morgens gegen 10/11 Uhr, Dauer zwischen 3 und 6 Std. (je nach Tour): Die ›M/B Øya‹ (Tel. 37 27 00 11, www.lillesand.net) startet zwischen dem 27. Juni und 6. Aug. Mo–Sa um 14 Uhr zu einer dreistündigen **Fahrt durch den Schärenkanal Blindleia** nach Lillesand (retour per Bus, hin und zurück 420 NOK), die ›M/B Høllen‹ (Tel. 99 00 69 95) tuckert vom 15. Juni–15. Aug. mehrmals tgl. nach **Ny-Hellesund** und **Borøya** (ca. 1 Std., retour 100 NOK).

Tauchen ▶ Die Gewässer entlang der Küste von Sørlandet sind ein Schiffsfriedhof par excellence, Hunderte Wracks liegen hier auf Grund; das größte Tauchzentrum des Südens ist **One Ocean AS,** Dvergsnestangen Senter (15 km östlich von Kristiansand), Tel. 91 62 85 25, www.oneocean.no (Wracktauchen, Nachttauchen, Schulung, auch Unterkunft für Taucher in Hütten).

Radtouren ▶ Kristiansand ist ein wichtiger Knotenpunkt für Radrouten; Routenbeschreibungen, Adressen von Fahrradverleih-Stationen etc. beim Touristenbüro.

## Termine

**Odderøya Live** (Anfang Juli, 2-tägig): Bei dem norwegenweit bekannten und – bei Mo-

**Bootstouren in das Umland gehören zu den großen Attraktionen Kristiansands**

ralaposteln – berüchtigten Fest steht die ganze Stadt Kopf; Tag und Nacht dröhnen Konzerte nationaler und internationaler Größen in Sachen Rock und Pop, Jazz und Soul, Blues und Folk durch die Straßen ... (www.odderoyalive.com).

**Kirchenfestspiel** (Mitte Aug.): Zahlreiche Konzerte und Theatervorführungen, Infos über Tel. 38 07 70 40, www.kirkefestspill.no.

## Verkehr

**Flugzeug:** SAS (Tel. 054 00) bedient tgl. u. a. die Routen nach Oslo, Stavanger und Bergen, KLM die Route nach Amsterdam, die Flughafenbusse (100 NOK) verkehren ab der Vestre Strandgate, das Flughafen-Taxi kostet 320 NOK für 4 Pers.

**Bahn:** Kristiansand ist mit Oslo und Stavanger verbunden, der Bahnhof befindet sich am Vesterveien beim Hafen nahe Fähranleger und Busbahnhof.

**Bus:** Verbindungen bestehen mit allen Orten der südlichen Landeshälfte. Der Busbahnhof liegt in der Vestre Strandgate nahe Hafen.

**Fähre:** Je nach Saison bis zu 5 x tgl. von/nach Hirtshalts/DK mit Autofähre (4,5 Std.) sowie Schnellboot (2,5 Std.; auch Autos). Der Fährhafen liegt an der Vestre Strandgt. nahe Busbahnhof und Bahnhof; Infos: Color Line, Tel. 81 00 08 11, www.colorline.no.

**Mietwagen:** Mehrere Verleihstationen, u. a. Avis (Tel. 97 47 00 00) und Hertz (Tel. 38 02 22 88), günstig ist Gumpens Utleie, Tel. 24 03 48 10, www.gumpensutleie.no.

# Im Angesicht der Nordsee

**Die Küste zwischen Kristiansand und Stavanger kennt alle Abstufungen zwischen lieblich-schön und wild-zerklüftet. Freundliche Städtchen laden ein, landeinwärts öffnen sich traditionsreiche Täler ins Hochgebirge, und entlang der flachen Küstenlandschaft Jærens erstrecken sich die längsten Strände des Landes.**

So anmutig die Schärenküste mit ihren idyllischen Hafenstädtchen, so wild, einsam und fast melancholisch können andererseits die feinsandigen weißen Gestade der Nordsee sein, auf die sich das Skagerrak westlich von Kristiansand öffnet. Landeinwärts wird das schnell gebirgig werdende Land von tiefen Taltrögen durchschnitten, in denen die Menschen schon seit Jahrhunderten ihre kulturellen Eigenarten entwickeln und pflegen. Das älteste Siedlungsgebiet der Gegend ist die bereits zu Vestland gehörende Region Jæren südlich von Stavanger. Sie präsentiert sich als flacher Landstrich und erinnert mit holsteinischen Milchkühen und lüneburgischen Heidschnucken auf saftig grünen Wiesen zuweilen an Ostfriesland. Diese Gegend ist der am intensivsten kultivierte Agrarraum Norwegens und besitzt außerdem die längsten und breitesten sowie, wie viele finden, schönsten Strände Skandinaviens. Obwohl die Infrastruktur gut ist, steckt der Tourismus noch in den Kinderschuhen. Wer einen geruhsamen Urlaub verbringen will, ist an der Nordsee-

**Dünen und weite Sandstrände prägen die Küstenlandschaft Jæren**

küste ebenso richtig wie derjenige, der auf der Suche nach facettenreichen Landschaftseindrücken ist.

### Infos

**Nordsjøvegen:** Luramyrveien 40, N-4313 Sandnes, Tel. 52 97 35 00, www.nordsjovegen.no. Zuständig für den gesamten Bereich des ›Nordseeweges‹.

## Mandal ► D 33

Westlich von Kristiansand gibt es zur teilweise autobahnartig ausgebauten E 39 keine Alternative, und so gelangt man schnell von der Sørland-Metropole durch eine zunehmend stärker reliefierte und waldreiche Landschaft via Søgne nach Mandal, der südlichsten Stadt Norwegens. Die im 15. Jh. gegründete und durch Holz- sowie Lachsexport zu frühem Reichtum gekommene Ortschaft gilt dank ihrer engen Kopfsteinpflasterstraßen und den weißen, blumengeschmückten Holzhäusern als ›Perle des Sørlands‹. Doch seine außerordentlich große Beliebtheit bei (meist norwegischen) Urlaubern verdankt das Städtchen mit seinen rund 11 000 Einwohnern nicht dem malerischen Altstadt-Ambiente, sondern vielmehr dem fast 1 km langen Sjøsand, der als einer der schönsten Sandstrände Norwegens gilt. Einer der am stärksten frequentierten ist er sicherlich, bei nahezu jedem Wetter herrscht hier im Sommer drangvolle Enge.

### Infos

**Mandal Turistkontoret:** Havnegata 2, 4514 Mandal, Tel. 38 27 83 00, www.lindesnesregionen.com, ganzjährig, im Sommer tgl. 10–19, sonst tgl. 10–16 Uhr.

## 7 Kap Lindesnes ► C 33

Wesentlich spektakulärer als ein Besuch der südlichsten Stadt des Landes ist die Fahrt zu Norwegens südlichstem Festlandspunkt, wohin die in Vigeland von der E 39 abzweigende Reichsstraße Nr. 460 führt. Rund 40 km misst die Distanz von Mandal zum Kap Lindesnes, und diese Halbinsel, an deren äußerstem Zipfel sich ein Leuchtturm erhebt, hat ihre ganz besonderen Naturreize. Felsdurchsetzt und windzerzaust präsentiert sich hier die Landschaft, aber auch herrliche Sandbuchten tun sich auf, und vom Südkap aus, wohin vom Straßenende aus ein Fußweg führt, genießt man ein herrliches Panorama auf die zerklüftete und nahezu vegetationslose Felsküste, an der sich die mächtigen Wellen der Nordsee brechen.

Höhepunkt des Abstechers ist ein Besuch des **Lindesnes Fyr,** dem 1656 erbauten und damit ältesten Leuchtturm des Königreiches. Man befindet sich hier auf 57°58'53'' nördlicher Breite, mithin auf der Höhe des nördlichsten Zipfels von Schottland und doch noch 2518 km vom Nordkap entfernt. Das neu eingerichtete Leuchtturmmuseum informiert umfassend über Historie und technische Ausstattung, in der Berghalle unter dem Turm (auch Touristeninformation für die Halbinsel) finden während der Touristensaison Filmvorführungen statt, auch Teile eines deutschen Forts aus dem Zweiten Weltkrieg können besucht werden; mehrere Wanderwege laden in die Umgebung des Südkaps ein (www.lindesnesfyr.no, April–Mitte Okt. tgl. 11–17, Sommer tgl. 10–20 Uhr, 50 NOK).

## Flekkefjord ► C 32

Westlich von Mandal markiert die E 39 wieder den einzig möglichen Weg weiter gen Westen. Sie führt ab Vigeland durch eine abwechslungsreiche Mittelgebirgslandschaft via Lyngdal und Kvinesdal nach Flekkefjord. Das schöne, am Meer gelegene Städtchen war im 19. Jh. wichtiger Holzexporteur in die Niederlande, woran das Altstadtviertel **Hollenderbyen,** ›die Stadt der Holländer‹, mit schmalen Gassen, malerischen Bootsschuppen und eben auch im ›holländischen‹ Stil erbauten Holzhäusern bis heute erinnert. Die Dr. Kraftsgate führt vom Hafen aus direkt hinein in dieses malerische Viertel mit seinem Architektur-Ensemble aus vergangenen Jahrhunderten. Empfehlenswert sind ansonsten Ausflüge zu mehreren per Boot erreichbaren Badeplätzen sowie zur idyllischen **Schäreninsel Hidra,** die man auch mit dem eigenen Fahrzeug sowie Bus und Fähre erreichen kann. Als Kleinode präsentieren sich die zwei winzigen Inselorte, und herrliche Wanderwege führen durch Wald und Flur sowie an der strandreichen Küste entlang. Das gesamte Gebiet mit seiner vielfältigen Pflanzen- und Vogelwelt und seinen kulturhistorischen Denkmälern ist offiziell zum Schutzgebiet erklärt worden.

## Ausflug in das Sirdal ► C 30–32

Das nördlich von Flekkefjord beginnende Sirdal erfreut sich bei Outdoor-Urlaubern größter Beliebtheit. Es erstreckt sich bis zum Quellgebiet der Sira in den bis über 1000 m hohen Fjellzonen Vest-Agders, wo Findlinge das Landschaftsbild bestimmen und zwischen Frühjahr und Herbst rund 50 000 Schafe grasen. Ein ganz besonderes Erlebnis ist der Abtrieb der Schafe Anfang September, der mehrere Tage dauern kann und den sich niemand entgehen lassen sollte, der gut (aber wirklich gut!) zu Fuß ist. Das Touristenbüro in Flekkefjord informiert über Orte und Termine. Nachdem die blökenden Vierbeiner die tiefer gelegenen Herbstweiden erreicht haben, wird ein zünftiges Volksfest gefeiert, bei dem auch allerlei Spezialitäten wie Sirdals-Schafkäse oder *pinnekjøtt* (auf frisch geschnittenem Birkenreisig geschmorte Lammrippen) serviert werden.

Wer ein Freund extremer Straßenführungen sowie einsamer Hochgebirgswelten ist, sollte der durch das Sirdal führenden R 468 nordwärts bis zur Kreuzung mit der R 45 folgen. Diese Höhenstraße zwischen dem Setesdal (s. S. 242) und der Landschaft Jæren ermöglicht über die extrem kurvenreiche Lysefjord-Straße (s. S. 241) Anschluss an den nördlich von Stavanger verlaufenden Ryfylkevegen (s. S. 243).

## Tipp: Draisineradeln

Auf dem festen Gleis der 1990 stillgelegten Flekkefjordbahn kann man 17 km weit und durch 17 Tunnel hindurch auf einer Draisine in die Pedalen treten, um entspannt über Land zu zuckeln. Zwei Erwachsene oder ein Erwachsener und 1–2 Kinder finden problemlos Platz auf dem Gefährt. Von Mitte Juni bis Mitte August werden tgl. um 11 und 16 Uhr dreistündige Touren arrangiert, die 250 NOK kosten. Aber auch außerhalb der festgelegten Touren kann man auf Fahrt gehen. Informationen sowie Buchung über das Touristenbüro sowie Tel. 97 65 79 33, www.flekkefjordbanen.no.

## Infos

**Turistkontoret Flekkefjord:** Elvegt. 13, 4400 Flekkefjord, Tel. 38 32 80 81, www.regionlister.com, außerdem www.nordsjovegen.no und www.flekkefjord.no, Mitte Juni–Mitte Aug. Mo–Fr 10–18, Sa 10–16 Uhr, sonst Mo–Fr 10–16 Uhr.

**Sirdalsferie:** 4443 Tjørhom, Tel. 38 37 78 00, www.sirdal.no, ganzjährig Mo–Fr 9–16, Mitte Juni–Mitte Aug. tgl. 10–18 Uhr.

## Übernachten

Top-Lage ► **Maritim Fjordhotell:** Sundegaten 9, Tel. 38 32 58 00, www.maritimfjordhotell.no. Am Kai direkt im Zentrum gelegen, 46 renovierte Komfortzimmer, am schönsten, weil panoramareich und mit Terrasse, die Zimmer in der 5. Etage. EZ 850 NOK, DZ 999 NOK.

Komfortcamping ► **Camping Egenes:** Tel. 38 32 01 48, www.egenes.no, ganzjährig. Auf einer strandgesäumten Halbinsel im Selura-See gelegene 4-Sterne-Anlage mit Boots- und Kanuverleih, vielen Wandermöglichkeiten; die Wasserskibahn Rixen (s. u.) ist nur ein paar Gehminuten entfernt. Hütten ab 300 NOK.

## Aktiv

Baden ► Zahlreiche Badeplätze in der nahen Umgebung, populär sind u. a. Grønnes (südlich Flekkefjord) sowie Kirkehamn und

Sandvik auf Hidra, wohin man nach einer kurzen Fährfahrt gelangt.

**Wandern ▶** Auf der Insel Hidra sowie im Kvines- und Sirdal gibt es zahlreiche Wanderwege, Infos sowie Karten bietet das Touristenbüro in Flekkefjord.

**Mit Highspeed übers Wasser ▶** **Rixen:** Tel. 38 32 23 23, www.rixen.no, 18. Juni –17. Aug. tgl. 12–18 Uhr. Neben dem Egenes-Campingplatz (s. S. 226) lädt die einzige Wasserski-Bahn Skandinaviens ein, auf der man auf einer 780 m langen Runde mit bis zu 60 km/h über das Wasser rast. 1 Std. 200 NOK, Tageskarte 450 NOK.

**Angeln ▶** Das Kvinesdal gilt als Angelparadies, vor allem Kvina und Litleåna, die beide durch das Tal fließen, haben sich mit insgesamt 16 km Angelstrecke einen guten Namen als Lachsflüsse gemacht. Die Saison dauert von Juni–Mitte Sept., Tageskarte 100 NOK, Wochenkarte 300 NOK, weitere Infos über das Touristenbüro sowie www.kvina-laksefiske.com.

## Termine

**Flekkefjord Stadtfest** (Mitte Juni).

**Schalentier-Festival** (Ende Juni): Auf Hidra, mit Angelwettbewerben, Bootsrennen und anderen Veranstaltungen sowie einem üppigen Krusten- und Schalentierbuffet.

**Fjellparkfestival** (Mitte Juli): Das älteste Rock-Festival des Landes, lokale, nationale, auch internationale Gruppen (www.fjellparkfestivalen.com).

**Lachsfestival** (Ende Juli): 2-tägiges Fest; www.laksefestivalen.flekkefjord.no.

## Verkehr

**Bus:** Verbindungen mehrmals tgl. in Richtung Kristiansand sowie Stavanger, ins Sirdal, Kvinesdal und nach Hauge, im Sommer auch mehrmals tgl. nach Oslo.

**Kap Lindesnes, der südlichste Festlandspunkt Norwegens**

aktiv unterwegs

## Mit dem Rad die »Nordsee-Route« entlang

### Tour-Infos

**Start:** Flekkefjord
**Ziel:** Stavanger
**Länge/Dauer:** ca. 200 km, ca. 3 Tage
**Wegbeschaffenheit:** nur wenige Steigungsstrecken, meist flaches Gelände, teils entlang autofreier Strecken; der Straßenbelag besteht aus Schotter oder Asphalt.
**Kartenmaterial:** Auf www.bike-norway.com werden unter dem Stichwort »Nordsjøruta« Kartenempfehlungen gegeben. Weiteres Kartenmaterial online unter www.northsea-cycle.com.
**Radverleih:** Verleihstellen gibt es in Egersund und Stavanger; Einwegmiete wird nicht angeboten.

Diese landschaftlich abwechslungsreiche Route bildet die Fortsetzung der »Küsten-Fahrradroute« (s. aktiv unterwegs S. 129) und führt von Flekkefjord (s. S. 225) entlang der wild zerzausten Nordseeküste durch die zu Vestland gehörende Region Rogaland. Sie kennt nur wenige Steigungsstrecken, weshalb sie sich auch bei Familien und Senioren großer Beliebtheit erfreut.

Lediglich in ihrem ersten, ca. 85 km langen Abschnitt von **Flekkefjord** nach Ogna führt sie durch teilweise hügeliges bis stark hügeliges Terrain. Dafür verläuft der Weg ab **Egersund** (s. u.) radlerfreundlich auf einer autofreien Straße. In **Ogna** schließt sich der einstige Königsweg an, der durch die oft brettflache Landschaft Jæren via Brusand, Orre und Sandnes bis nach **Stavanger** (s. S. 234) führt.

Auf diesem letzten Streckenabschnitt geht es stets küstennah an dünengesäumten und feinsandigen Stränden entlang und bietet somit wunderschöne landschaftliche Eindrücke. Aber auch für Kulturinteressierte hat die Route einiges zu bieten. Egersund und Flekkefjord besitzen malerische Altstadtgassen, und auf der Strecke zwischen Ogna und Stavanger zeugen Steinwälle und Grabhügel aus der Eisenzeit (s. S. 229) von einer bewegten Geschichte dieser Küstenregion.

## Egersund ▸ B 31

Dem sicheren Naturhafen im Schutz der vorgelagerten Insel Eigerøy ist es zu verdanken, dass sich Egersund zwischen 1820 und 1830 zu einem der bedeutendsten Fischereihäfen Norwegens entwickeln konnte. Noch heute liegen stets bunte Herings-, Makrelen- und Krabbenkutter im **Hafen** des etwa 11 000 Einwohner großen Städtchens, weswegen Frischfisch hier vergleichsweise günstig ist. Sehenswert sind, außer dem Hafen, vor allem die 1620 errichtete und im 18. Jh. kreuzförmig ausgebaute Stadtkirche sowie die nahe gelegene **Strandgate** mit ihren malerischen Holzhäusern im spätklassizistischen Stil. Interessant ist auch das in einer alten Fabrik untergebrachte **Fayence-Museum** (im Sommer Mo–Sa 11–17, 20 NOK) nördlich des Zentrums beim Bahnhof sowie das **Dalane Folkemuseum** in Slettebø (3 km nördl.), das über Bauern- und Handwerkerkultur im 18. und 19. Jh. informiert (im Sommer tgl. 11–17 Uhr, 40 NOK).

### Infos

**Egersund Turistinformasjon:** Jernbaneveien 2, 4370 Egersund, Tel. 51 20 70 49, www.visitdalane.no, www.reisemal-sydvest.no, Mitte Mai–Mitte Aug. tgl. 10–15.30, sonst Mo–Fr 7–15 Uhr. Weitere Informationen unter www.nordsjovegen.no.

### Übernachten

Der Tradition verbunden ▸ **Grand Hotel:** Johan Feyersgt. 3, Tel. 51 49 60 60, www.

grand-egersund.no. Mit Erkern und Türmchen reich verzierter Altbau, der seit seiner Renovierung auch innen hält, was er außen verspricht: 59 Zimmer ab 1140 NOK.

Urgemütliche Hütten ▶ **Hauen Camping:** Steinbakken 52, Hovland, Tel. 51 49 23 79, ganzjährig. Platz in schöner Hügellage über dem Meer, nur 900 m vom Fähranleger und 7 km vom Zentrum entfernt. Teils aussichtsreiche Stellplätze, auch Blockhütten in verschiedenen Kategorien (ab 390 NOK), außerdem Verleih von Motorbooten (150 NOK/Std., 500 NOK/Tag).

### Aktiv

Wandern ▶ In einer vom Touristenbüro herausgegebenen Karte sind mehrere markierte Wanderungen eingezeichnet, empfehlenswert sind u. a. der Weg zum **Eigerøy Fyr** (Leuchtturm), der ein beliebtes Fotomotiv abgibt, der **Vestlandske Hovedvei** (stillgelegter Abschnitt der alten Küstenstraße, ca. 7 km) sowie der ab Ortsmitte ausgeschilderte Weg zum Aussichtspunkt **Varberg** mit Blick auf das Meer und das Umland.

Baden ▶ **Skadbergsanden auf Nordre Eigerøya:** Der populärste Badeplatz, Sandstrand mit Toiletten.

Angeln ▶ Egersund gilt als Top-Spot für Angler: Für Lachsangeln sind die Flüsse Bjerkreimselv und Tengselv zu empfehlen.

### Termine

**Dalane Bluesfestival** (Ende Mai): Drei Tage im Zeichen des Blues mit nationalen, aber auch internationalen Größen (www.dalane blues.com).

**Fyrfestivalen** (Anfang Juni): Großes Stadt- und Kulturfestival mit Konzerten und vielen Veranstaltungen (www.fyrfestivalen.no).

**Egersund Visefestival** (Anfang Juli): Die ganze Welt der Country-Musik (www.eger sundvisefestival.no).

### Verkehr

**Bahn:** Mehrmals tgl. Verbindungen mit Oslo und Stavanger.

**Bus:** Egersund ist mit allen Orten am Nordsjøveien verbunden, außerdem mit Oslo.

## Der Nordsjøveien

▶ **A–D 30–33**

Der rund 270 km lange ›Nordseeweg‹, der Kristiansand mit Stavanger verbindet, gilt zwar als eine der beliebtesten Touristenrouten des Landes, doch wirklich spektakulär ist eigentlich nur der Abschnitt zwischen Flekkefjord und Stavanger, der von der R 44 erschlossen wird. Während die landeinwärts verlaufende E 39, die ebenfalls Stavanger zum Ziel hat, durch eine schöne Mittelgebirgslandschaft führt, durchschneidet die Reichsstraße, der eigentliche Nordsjøveien, eine Küstenlandschaft, wie man sie ähnlich wild an der Südküste Norwegens nirgends sehen kann. In ständigem Auf und Ab geht es **ab Flekkefjord** (s. S. 225) ungeheuer kurvenreich und auf manchmal nur noch 3 m breiter Straße (daher nicht für große Wohnmobile und Caravan-Gespanne zu empfehlen!) durch eine von Schluchten, Klüften und Fjorden durchzogene und bis 400 m hoch aufragende, grau verwitterte Buckelberglandschaft hindurch, die größtenteils vollkommen unbewohnt ist.

**Ab Egersund** (s. S. 228) dann führt die überwiegend direkt entlang der Küste verlaufende Nordseestraße durch die Landschaft Jæren hindurch, in der mehr als 600 Grabhügel aus der Eisenzeit und über 400 Fundstätten aus der Zeit der Völkerwanderung von der ereignisreichen Vergangenheit früher Zivilisationen zeugen. Entsprechende Hinweisschilder finden sich immer wieder an der Straße (ein Nationaler Touristenweg), wo es – zumindest für Badetouristen – noch wesentlich Interessanteres zu entdecken gibt: herrliche Strände, dünengesäumt und weiß, die sich mal in kleinen Felsbuchten verstecken, mal aber auch kilometerlang dahinziehen. Insbesondere von der mit ›Orre‹ ausgeschilderten R 507 aus, die rund 40 km westlich von Egersund von der R 44 nach links abzweigt, lassen sich herrliche Traumstrände anfahren, die allerdings allesamt offen der Nordsee ausgesetzt sind und eine entsprechend hohe Brandung vorweisen.

Der Oldenvatnet am Rande des Nationalpark Jostedalsbreen

Kapitel 4

# Das Vestland

Als ›Land der Fjorde‹ ist Norwegen weltweit ein Begriff, doch als ›Fjordland‹ im engeren Sinn wird nur die Küste zwischen Stavanger im Süden und Kristiansund im Norden zusammengefasst. Im Norwegischen heißt dieser Landesteil Vestland und umfasst die vier Provinzen Rogaland, Hordaland, Sogn og Fjordane und Møre-Romsdal, die mit über 18 000 km Küstenlinie seit alters her zum Meer hin ausgerichtet sind.

Hier ist es zu finden, das Norwegen der Prospekte, schon seit mehr als 100 Jahren gehen Postkarten des spektakulären Geirangerfjords um die Welt. Unter den Hunderten Fjorden des Vestlands ist der Hardangerfjord der vielleicht schönste; er erstreckt sich zu Füßen des mächtigen Folgefonn-Gletschers, tosende Wasserfälle ergießen sich bis in 860 m Tiefe, und Obstbäume, etwa eine halbe Million an der Zahl, gedeihen an seinen Ufern. Eindrucksvollster Zeuge der pleistozänen Vereisung Norwegens ist jedoch der Sognefjord, der 204 km weit ins Land hineinreicht, und somit der längste und – mit bis zu 1300 m Tiefe – der tiefste Fjord der Welt ist.

Einzigartig sind auch der Trollveggen – Europas höchste senkrechte Felswand – sowie der Trollstigen, der wie kaum eine andere Straße ins luftige Reich der Wolken entführt. Doch auch die Städte dieser Region sind sehenswert: Die Hansestadt Bergen gilt als schönste Stadt des Landes, die Ölmetropole Stavanger war ›Europäischen Kultur-Hauptstadt 2008‹, und Ålesund rühmt sich als ›Stadt des Jugendstils‹. Molde steht im Ruf einer ›Jazzmetropole‹ und Kristiansund ist die Klippfisch-Kapitale Norwegens.

Auf einen Blick

# Das Vestland

## Sehenswert

8 **Bergen:** Die einstige Hansestadt wartet mit einzigartigen Kunstsammlungen und Sehenswürdigkeiten auf, allen voran das zum Welterbe erklärte Hanseviertel Brygge (s. S. 246).

**Hardangerfjord:** Dieser weit verzweigte Fjord gilt als schönster des Landes (s. S. 264).

9 **Sognefjord:** Der längste und tiefste Fjord der Erde zieht sich bis ins Herz der Berg- und Gletscherwelt hinein – ein Inbegriff norwegischer Landschaftsmajestät; seit 2005 ist einer seiner Nebenarme offiziell Weltnaturerbe (s. S. 278).

10 **Geirangerfjord:** Der wohl berühmteste Fjord der Welt wird ebenfalls als Weltnaturerbe auf der World Heritage List der UNESCO geführt (s. S. 300).

## Schöne Routen

**Ryfylkevegen:** Diese etwa 250 km lange Strecke zwischen Stavanger und dem Hardangerfjord ist dank Dutzender Naturattraktionen ein unbedingtes ›Muss‹ (s. S. 243); wer möchte, kann sie mit der Lysefjord-Straße (s. S. 241) kombinieren.

**Die ›Goldene Route‹:** Ob nun Gamle Strynefjellsvegen oder Trollstigen, ›Adlerstraße‹ oder ›Nibbestraße‹, Geirangerfjord oder Romsdal – jeder Streckenabschnitt dieser landschaftlich spektakulären Route bietet einen Höhepunkt (s. S. 296).

**Atlanterhavsveien:** Diese ›Atlantikstraße‹ schlängelt sich von Molde aus am offenen Meer entlang – über Brücken und Dämme, von Insel zu Insel – bis nach Kristiansund (s. S. 321).

# Unsere Tipps

**Nach Utne und Agatunet:** Diese Tour führt zu Norwegens ältestem Hotel, zu einem der besuchenswertesten Freilichtmuseen sowie zu einem denkmalgeschützten Dorf (s. S. 270).

**Stabkirche von Hopperstad:** Das Gotteshaus an der Nordseite des Sognefjords gilt als eines der interessantesten des Landes (s. S. 279).

**Zum Nigardsbreen:** Der Besuch der Gletscherzunge des Jostedalsbreen ist ein unvergessliches Erlebnis (s. S. 291).

**Der Gamle Strynefjellsvegen:** Die speziell für Autotouristen erschlossene ›Grüne Straße‹ führt an Norwegens beliebtestem Sommerskizentrum vorbei (s. S. 301).

# aktiv unterwegs

**Der Preikestolen – Norwegens berühmteste Felskanzel:** Dieser spektakuläre Aussichtspunkt ist immer eine Wanderung wert (s. S. 244).

**›Norwegen in einer Nussschale‹:** Hinter diesem Werbeslogan verbirgt sich der wohl beliebteste Tagesausflug im Fjordland – mit der Bergen- sowie Flåmbahn geht es von Bergen an den Sognefjord nach Flåm, von dort mit dem Schiff nach Gudvangen und per Bus und Zug nach Bergen zurück (s. S. 258).

**Wanderung zur Gletscherzunge Buarbreen:** Dieser Nebenarm des Folgefonn-Gletschers lädt zu einem Besuch in der Eiszeit ein (s. S. 268).

**Fly High! – Luftsport in Voss:** Voss ist ›das‹ Luftsportzentrum des Landes, zum Abheben schön (s. S. 275)!

# Stavanger und Umgebung

**Die ›Ölmetropole Europas‹ ist Norwegens modernste und multikulturellste Stadt, gleichzeitig eine der ältesten des Landes. Die hier beginnenden Fjordfahrten in den landschaftlich imposanten Lysefjord hinein gehören zu den großen Attraktionen des Vestlands.**

## Stavanger ▶ B 30

**Cityplan:** S. 236/237
Modernes und Altes liegen in dieser rund 126 000 Einwohner zählenden Metropole des Bezirks Rogaland denkbar dicht beieinander, und dieser Kontrast zwischen mittelalterlichen Bauten und postmodernen Glastürmen, gepflegt gealterten ›Puppenstubenhäusern‹ und aufwändig gestalteten Shoppingzentren ist es, der neben zahlreichen Sehenswürdigkeiten sowie einem beachtlichen Ausflugsangebot zu Wasser und zu Lande den ganz besonderen Reiz dieser prachtvoll rings um die Hafenbucht ausgebreiteten Stadt ausmacht.

So wie sich die ebenfalls zum Verwaltungsbezirk Rogaland gehörende Landschaft Jæren (s. S. 224) rühmt, das älteste Siedlungsgebiet des Königreiches zu sein, so halten es sich die Bewohner von Stavanger zugute, aus der Stadt der ›echten Norweger‹ zu kommen. Man stützt sich dabei auf die Seeschlacht im nahe gelegenen Hafrsfjord im Jahre 872, als der Wikingerkönig Harald Schönhaar mehrere Kleinfürsten besiegte und sich mit diesem Sieg den Weg zur Herrschaft über ganz Norwegen erkämpfte (s. S. 32). Stavanger selbst, im 8. Jh. erstmalig erwähnt, war seinerzeit nicht mehr als eine Ansammlung von Hütten am ›Fjord mit den steilen Bergen‹ (so der Ursprung des Stadtnamens), erst ab 1125 wurde es Bischofssitz und damit Zentrum geistlicher Macht.

Im Hochmittelalter wuchs Stavanger weiter, verlor aber im 17. Jh. durch die Verlegung des Bischofssitzes nach Kristiansand an Bedeutung und zählte um 1800 nur noch knapp 2400 Einwohner. 1860 hingegen waren es bereits wieder nahezu 15 000, und dieser gewaltige Aufschwung war dem Heringsfang zu verdanken, der von nun an im großen Stil durchgeführt wurde. Die Fischverarbeitung, besonders von Brisling (Sprotte), wurde ein wichtiger Industriezweig, gegen Ende des 19. Jh. waren weit mehr als die Hälfte der seinerzeit rund 30 000 Einwohner in der Fischindustrie tätig. Die Übrigen fanden im Schiffsbau ein Auskommen.

Als beide Wirtschaftszweige zu stagnieren drohten, kam zu Weihnachten 1969 die Rettung, und zwar durch Ölfunde: Stavanger stieg aufgrund seiner Nähe zu den Explorationsgebieten in der Nordsee zum Hauptquartier der nationalen und internationalen Ölkonzerne auf. Mit dem Bau von Pipelines, Bohr-Plattformen und Spezialtankern brach eine neue Ära an. Heute ist Stavanger die viertgrößte Stadt des Landes. Auch kulturell hat sie einiges zu bieten, nicht von ungefähr war sie im Jahr 2008, zusammen mit Liverpool, ›Europäische Kultur-Hauptstadt‹.

### Dom 1

Von den hypermodernen Kaianlagen des neuen Hafenterminals aus, wo sich stets freie Parkplätze finden, sind es nur wenige Gehminuten bis zu Stavangers altem Zentrum, das durch den **Dom** aus dem Jahr 1125 markiert wird. Ursprünglich errichtet im anglonormannischen Stil, wurde die dreischiffige Basilika 1272 durch einen Brand zerstört und hochgotisch wiedererrichtet. Seit dieser Zeit steht sie in ihrer äußeren Gestalt nahezu unverändert da, weshalb sie heute neben dem Nidaros-Dom zu Trondheim (s. S. 335) als Norwegens besterhaltener Kirchenbau des Mittelalters gilt. In der Zeit des Barock erhielt der Dom sein reiches Interieur, das durch eine Broschüre, die im Eingang des Gotteshauses ausliegt, ausführlich erklärt wird (Stavanger Domkirke: Juni–Aug. tgl.11–19, sonst Di–Do und Sa 11–16 Uhr, jeden So um 11 Uhr ist Hochamt, Do von 11.15–11.45 Uhr lädt Orgelmusik zur Messe ein).

## Am Vågen 2

Von altehrwürdigen und modernen Bauwerken gleichermaßen gesäumt, gibt das Hafenbecken des **Vågen** mit seiner bunten Mischung von Booten, Kuttern und Schiffen ein prachtvolles Bild ab. Der Hafen gilt als Keimzelle der Stadt, um die herum sich Stavanger nach und nach vergrößerte. Ringsum laden der Fisch- und Gemüsemarkt sowie zahlreiche Restaurants, Cafés und Kneipen zum Besuch ein, und immer herrscht hier, im Mittelpunkt der Stadt, ein kosmopolitisches Treiben.

## Altstadt

Gegenüber vom Einkaufsviertel, auf der anderen Seite des Vågen, erstreckt sich die Altstadt **Gamle Stavanger** 3, die mit ihren fast durchweg weiß gestrichenen Holzhäusern aus den vergangenen Jahrhunderten als eines der besterhaltenen Stadtviertel seiner Art in Nordeuropa darstellt. Mehr als 170 traditionelle Häuser sind im Bereich der Øvre und Nedre Strandgate erhalten, und vor allem auf einem abendlichen Spaziergang, wenn die Kopfsteinpflastergassen im Schummerlicht der Gaslaternen liegen, fühlt man sich ins 19. Jh. zurückversetzt, aus dem die meisten der schmucken Holzbauten stammen.

In den Fußgängerzonen des angrenzenden Einkaufsviertels sprüht die Stadt vor Lebendigkeit und urbaner Atmosphäre. Beliebte Shoppingmeilen sind Skagen, Valberggata und Kirkegata, die zwischen Dom und Hafen verläuft und u. a. Stavangers Ruf als beste, aber auch teuerste Einkaufsstadt des Landes untermauert.

## Norwegisches Konservenmuseum 4

Mit seinen insgesamt fünf über das ganze Stadtgebiet verteilten Abteilungen ist das 1877 gegründete Stavanger Museum das bedeutendste der Stadt. Aus dem üblichen Museumsrahmen fällt das in der Altstadt gelegene **Norwegische Konservenmuseum.** Durchaus spannend aufbereitet zeichnet es die Geschichte der Konservenindustrie nach, in der noch vor wenig mehr als einem Jahrhundert fast jeder zweite Stavanger sein Auskommen hatte und die bis in die 1960er-Jahre hinein der wichtigste Wirtschaftszweig der Stadt war. Im Sommer werden hier die einzelnen Arbeitsprozesse der Produktion demonstriert, außerdem werden an jedem Dienstag und Donnerstag sowie am ersten Sonntag eines jeden Monats Sprotten geräuchert (Norsk Hermetikkmuseum: www.museumstavanger.no, ganzjährig Di–So 11–16 Uhr, Mitte Juni–Mitte Aug. tgl. 11–16 Uhr, 60 NOK (Einzelticket) bzw. 100 NOK (dieses Ticket gilt am gleichen Tag für alle anderen Abteilungen des Stavanger Museum, s. u.).

## Seefahrtsmuseum 5

Rund 300 m weiter Richtung Torget an der Nedre Strandgate lädt das in einem schön restaurierten Kaufmannshaus eingerichtete **Seefahrtsmuseum** ein, dessen mehr als 7000 Exponate den maritimen Aspekten von Rogaland sowie der Stadtgeschichte zwischen Wikingerhafen und Ölterminal gewidmet sind. Zur Sammlung gehören u. a. sechs traditionelle Holzboote und zwei alte Lastensegler, daneben 150 Gemälde und 15 000 Fotografien (Norsk Sjøfartsmuseum: gleiche Öffnungszeiten/Eintrittspreise wie das Konservenmuseum, s. o.).

## Herrenhäuser

Im etwas außerhalb gelegenen Stadtteil Eiganes finden sich zwei weitere Abteilungen des Stavanger Museum: Die 1881 im sogenannten Schweizer Stil errichtete **Villa Breidablikk** 6 präsentiert sich als das mit Abstand pompöseste Bauwerk der Stadt. Sein Inneres hält, was das Äußere verspricht: Mit seinem

## Stavanger

**Sehenswert**

1 Dom
2 Vågen
3 Gamle Stavanger
4 Norwegisches Konservenmuseum
5 Seefahrtsmuseum
6 Villa Breidablikk
7 Leedal
8 Stavanger Museum
9 Norwegisches Ölmuseum

**Übernachten**

1 Skansen Hotel og Gjestehus
2 Rogalandsheimen Gjestgiveri
3 Stavanger Vandrerhjem
4 Mosvangen Camping

**Essen & Trinken**

1 Straen Fiskerestaurant
2 Sørensens Dampskibs-expedition
3 Sjøhuset Skagen

**Einkaufen**

1 Ostehuset
2 Oleana

**Abends & Nachts**

1 Checkpoint Charlie Hardrock Café
2 Newsman
3 Café Akvariet

**Aktiv**

1 Clipper Fjord Sightseeing
2 Tide Fjordcruise

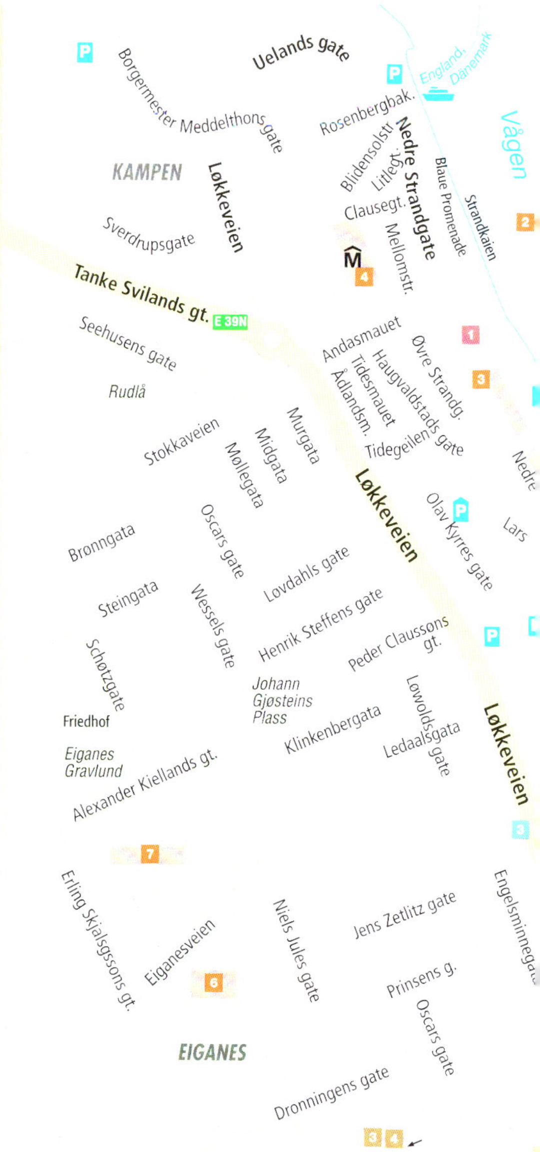


vollständig authentischen Interieur gilt es als eines der bestbewahrten Herrschaftshäuser des Königreichs (Mitte Juni–Mitte Aug. tgl. 11–16, sonst nur So 11–16 Uhr, Eintrittspreis 60 bzw. 100 NOK, s. S. 235). Gegenüber und ebenso wie die Villa von einem prachtvollen Park umgeben, erhebt sich die königliche Stadtresidenz **Leedal** 7, die um die Wende des 18./19. Jh. errichtet wurde und heute sowohl in Hinblick auf ihr äußeres Erscheinungsbild als auch auf ihre Einrichtung als Norwegens Schmuckstück des Empire-Stil gilt (Öffnungszeiten wie Villa Breidablikk, Eintrittspreis 60 bzw. 100 NOK, s. S. 235).

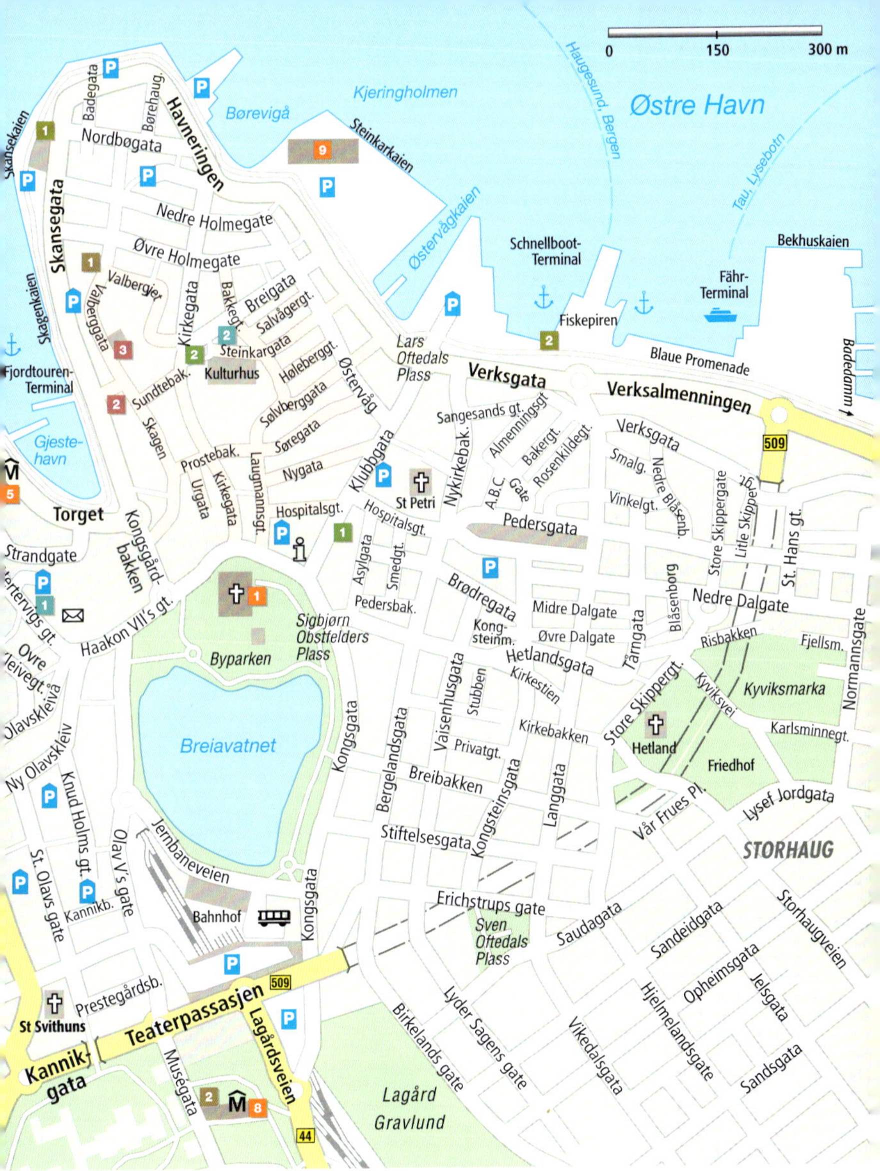


## Stavanger Museum 8

Bleibt zu guter Letzt das eigentliche **Stavanger Museum,** etwa 300 m südlich des Stadtsees Breiavatn in einem klassizistischen Prunkbau untergebracht. Die naturhistorische Abteilung ist u. a. der Flora und Fauna von Rogaland gewidmet, während der kulturhistorische Teil mit elf verschiedenen Sammlungen beeindruckt, darunter auch eine Textilausstellung mit Trachten, eine umfassende Münzsammlung nebst einer beachtenswerten Sammlung zur Rosenmalerei (gleiche Öffnungszeiten wie das Konservenmuseum, Eintrittspreis 60 bzw. 100 NOK, s. S. 235).

SKAGEN
SKAGEN
SKAGEN

## Norwegisches Ölmuseum 9

Seit 1999 erhebt sich am Hafen von Stavanger das einer Ölplattform nachempfundene, fast futuristisch wirkende **Norwegische Ölmuseum,** in dem eine interaktive Ausstellung alle Fragen zur norwegischen Ölindustrie beantwortet. Auch für junge Besucher gibt es hier einiges zu erkunden, so z. B. die Kinder-Ölplattform ›Småtroll‹. Abgerundet wird die Ausstellung durch das sogenannte Petroskop, gewissermaßen der Wissensbrunnen des Museums, in dem von Büchern bis zu Multimediaprogrammen die ganze Bandbreite an Informationsquellen zur Verfügung steht (Norsk Oljemuseet: www.norskolje.museum.no, Juni–Aug. tgl. 10–19, sonst Mo–Sa 10–16, So bis 18 Uhr, 100 NOK).

## Infos

**Stavanger Turistinformasjon:** Domkirkeplassen 3, 4006 Stavanger, Tel. 51 85 92 00 Fax 51 85 92 02, www.regionstavanger.com, Juni–Aug. tgl. 9–20, sonst Mo–Fr 9–16, Sa bis 14 Uhr.

## Übernachten

Die nachfolgenden Preisangaben beziehen sich auf ein Doppelzimmer, in der Regel inkl. Frühstück, in Klammern gesetzt sind die Wochenend-/Sommertarife.

Allerbeste Hafenlage ▶ **Skansen Hotel og Gjestehus 1:** Skansegt. 7, Tel. 51 93 85 00, www.skansenhotel.no. Komplett renovierter Altbau mit 28 modernen und hellen, aber teils etwas kleinen Zimmern; alle mit eigenem Bad/WC. DZ 995 NOK (werktags), 770 NOK (Wochenende).

Nostalgisch und modern zugleich ▶ **Rogalandsheimen Gjestgiveri 2:** Musegt. 18, Tel. 51 52 01 88, www.rogalandsheimen.no. Schöne, zentral gelegene Stadtvilla aus dem 19. Jh., in der sich viele Kunstwerke bewundern lassen, 15 Gästezimmer, die mit Bett, Schreibtisch und Waschbecken ausgestattet sind (WC/Dusche auf dem Flur). Angeschlossen sind ein Frühstücksraum sowie ein TV-Zimmer, angenehme Atmosphäre. DZ generell 825 NOK.

Im stadtnahen Grünen ▶ **Stavanger Vandrerhjem 3:** Tjensvoll, Henrik Ibsengt. 21, Tel. 51 54 36 36, www.hihostels.no, 3. Juni–27. Aug. (zu erreichen mit Bus Nr. 4). Langgestreckter Flachbau im Grünen nahe Camping und Badesee, ca. 1,5 km vom Zentrum entfernt, Bett 225 NOK, DZ 595 NOK, Frühstück inkl.

Camping und Hütten ▶ **Mosvangen Camping 4:** Tjensvoll, Henrik Ibsengt. (etwa 1,5 km südl. vom Zentrum), Tel. 51 53 29 71, www.mosvangencamping.no, ganzjährig. Nahe der Jugendherberge am Badesee gelegener großer Wiesenplatz mit 20 Hütten ab 450 NOK, zelten kostet 150 NOK (Zelt plus 1 Pers.), Wohnmobil 210 NOK.

**An der Hafenpromenade**

## Essen & Trinken

Die internationale Küche ist reich vertreten, die norwegische hingegen macht sich etwas rar. Allen Restaurants gemeinsam ist, dass sie selbst für norwegische Verhältnisse ziemlich teuer sind:

Hervorragender Fisch ▶ **Straen Fiskerestaurant 1:** Nedre Strandgt. 15, Tel. 51 84 37 00, Mo–Sa ab 18 Uhr. Gilt als Stavangers traditionsreichstes Fischrestaurant, feines Interieur, von Seefahrt und Fischerei geprägt, bestes Hafenpanorama obendrein. Kleine Auswahl an Gerichten (4 Vorspeisen um 200 NOK, 4 Hauptgerichte um 310 NOK), aber große Klasse im Geschmack.

Gourmetfreude ▶ **Sørensens Dampskibsexpedition 2:** Skagen 26, Tel. 51 84 38 20, Mo–Sa ab 11, So ab 13 Uhr in der 1. Etage, Mo–Sa ab 18 Uhr in der 2. Etage. In der 1. Etage ein im maritimen Stil mit Sammelstücken aus aller Welt dekoriertes Restaurant mit norwegisch inspirierten internationalen Gerichten (Vorspeisen ab 150 NOK, Hauptgerichte 200–310 NOK), in der 2. Etage ein Gourmet-Tempel in Familie Sørensens ehemaliger guter Stube; wahre Spitzenmenüs, die ab 795 NOK (3 Gänge) kosten.

Urgemütlich ▶ **Sjøhuset Skagen 3:** Skagenkaien 16, Tel. 51 89 51 80, Mo–Sa 11.30–24, So 13–23 Uhr. Aufwendig restauriertes

Speicherhaus aus dem Jahre 1773, mit seinen schweren Dielenböden und dunklen Holzvertäfelungen das wahrscheinlich gemütlichste Restaurant der Stadt. Die Küche genügt auch gehobenen Ansprüchen, Vorspeisen kosten ab 135 NOK, Hauptgerichte 280–350 NOK.

## Einkaufen

Stavanger steht im Ruf, Norwegens Shopping-Paradies zu sein, aber auch die Preise sind top. Die Fußgängerzone liegt nördlich vom Hafen, interessant sind vor allem **Kirkegata** und **Skagen.**

Schlemmereien ▶ **Ostehuset 1:** Klubbgata 3, Tel. 51 86 40 10, www.ostehuset.no, Mo–Fr 9–21, Sa bis 18 Uhr. Das »Käsehaus« ist Stavangers erste Adresse für Feinkost, insbesondere die Käsetheke ist üppig bestückt. Wer das Besondere sucht, koste mal den *brunost*, der hier aus Ziegenmilch hergestellt wird.

Handgestricktes ▶ **Oleana 2:** Kirkegt. 31, Tel. 51 89 48 04, www.oleana.no, Mo–Fr 10–17, Sa bis 16 Uhr. Die Strickkollektionen von Oleana gehören zum Feinsten, was man in Stavanger aus Wolle, und Seide, Alpaka und Kaschmir kaufen kann.

## Abends & Nachts

Rock-Treff ▶ **Checkpoint Charlie Hardrock Café 1:** Lars Hertervigsgt., Tel. 51 53 22 45, www.checkpoint.no, tgl. ab 19 Uhr. ›Der‹ Treff für Rockfreunde, fast jeden Abend ab 20 Uhr Livemusik nationaler wie internationaler Bands.

News-orientiert ▶ **Newsman 2:** Breigata 5, Tel. 51 84 38 80, Mo–Sa ab 12, So ab 15 Uhr. Stavangers Treff für Journalisten und Zeitungshungrige: Es liegen bergeweise Zeitungen aus, und das ganze Lokal ist mit Zeitungen tapeziert.

Kulturzentrum ▶ **Café Akvariet 3:** Studentersamfunnet, Ny Olavskleiv 16, Tel. 51 56 44 44, www.folken.no, tgl. ab 18 Uhr, meist bis 2 Uhr morgens. Treffpunkt der Studentenszene (auch Filmabende, kulturelle Veranstaltungen), Do–Sa gibt es ab 22 Uhr meist Livemusik oder DJ-Sound, aber mehr los ist an den Wochenendabenden in der **Grotten Bar** (im gleichen Gebäude).

## Aktiv

Fjordtouren ▶ Zu dem Schönsten, was man sich in Stavanger gönnen kann, gehören die Fjordtouren, die zwischen April und September (teils auch Jan.–Okt.) angeboten werden. Es gibt sechsstündige Rundtouren (550 NOK) zu den Highlights des Lysefjords, aus dem auch die berühmte ›Kanzel‹ Preikestolen aufragt. Ein anderes Schiff hat nur den Fuß des Preikestolen zum Ziel (3 Std., 380 NOK). Auch zu den Inseln Rennesøy und Finnøy (u. a.) werden Fahrten angeboten. Informationen, Reservierung und Ticketkauf über das Touristenbüro oder **Clipper Fjord Sightseeing 1** (Skagenkai 18, Tel. 51 89 52 70, www.rodne.no) und **Tide Fjordcruise 2** (Tel. 51 86 87 88, www.tidefjordcruise.no), die das größte Angebot haben.

Touren zum Preikestolen ▶ Über das Touristenbüro kann man verschiedene Bus- und Boots- bzw. Kombitouren zum Preikestolen (s. S. 244) buchen. Sie kosten um 400 NOK, Start ist jeweils um 8.30 Uhr, für die Wanderung sind vier Stunden Aufenthalt vorgesehen.

## Termine

**Jazz-Festival** (Mitte Mai): International besetztes Festival, Näheres über www.maijazz.no.

**Gladmat** (Ende Juli): Kulinarisches Festival, Infos unter www.gladmat.no.

**Kammermusikfestival** (1. Aug.-Hälfte): Infos unter www.icmf.no.

## Verkehr

**Flugzeug:** Mehrmals tgl. von/nach Kristiansand, Sandefjord, Trondheim, Bergen, Oslo sowie, international, u. a. nach Frankfurt, München, Hamburg, Berlin und Amsterdam. Es fliegen SAS sowie KLM und Norwegian Air, der Flughafen (Tel. 67 03 10 00) liegt rund 12 km außerhalb (Flughafenbus alle 20 Min., Tel. 08 00 16 00, 100 NOK), auch der Bus Nr. 9 fährt ins Zentrum (27 NOK), das Taxi kostet etwa 400 NOK.

**Bahn:** Mit dem Zug ist Stavanger via Kristiansand an Oslo angebunden (ca. 5 x tgl.).
**Bus:** Verbindungen ab Busbahnhof beim Bahnhof in alle größeren Städte des Südens.
**Fähre:** Stdl. nach Tau (Ryfylkevegen, R 13) und Ende Juni–Mitte Aug. ein- bis mehrmals tgl. nach Lysebotn am Ende des Lysefjords (s. u). Außerdem verkehren die Schiffe der Fjord Line (www.fjordline.no, Tel. 81 53 35 00) auf der Strecke Stavanger–Hirtshals/DK.
**Schnellboote:** Verbindungen gibt es mehrmals tgl. u. a. nach Sauda, Hjelmeland/Suldal (Ryfylkevegen, R 13), Haugesund und Bergen.
**Mietwagen:** Am günstigsten bei bei Rent-a-Wreck (Flughafen, Tel. 51 64 70 50, www.rent-a-wreck.no), außerdem u. a. bei Europcar (Tel. 51 53 82 00) und Hertz (Tel. 51 53 82 02).
**Stadtverkehr:** Die Fahrt ins Zentrum mit dem Auto kostet 20 NOK Mautgebühr.

## Von Stavanger nach Norden

Zwischen Stavanger im Süden und der E 134 im Norden präsentiert sich die Provinz Rogaland als eine wildromantische Landschaft aus Dutzenden Fjordarmen, die sich tief in die bis über 1500 m hohe Bergwelt eingegraben haben. Zwei Straßen bieten sich für eine Reise in den Norden an, und beide sind landschaftlich weitaus spektakulärer als die schnellere Route über die E 39, die von Stavanger aus über Haugesund ins 200 km entfernte Bergen führt.

### Auf der Lysefjord-Straße ins Setesdal ▸ C/D 29/30

Alle Wege aus Stavanger hinaus sind imposant, aber keiner kann sich mit der Lysefjord-Straße messen, die in **Lysebotn,** am inneren Ende des majestätischen Lysefjords, beginnt. Dorthin führt ab Stavanger keine Straße, sondern eine Autofähre. Während der gesamten Passage genießt man Ausblicke, wie man sie eigentlich nur am Geiranger- und Sognefjord erwartet. In Lysebotn angekommen, geht es mit dem Auto über 27 Haarnadelkurven an einer nahezu senkrecht aufragenden Felswand bis in 640 m Höhe hinauf. Oben, beim Øygardstøl Fjellrestaurant (herrliche Aussicht), kann man eine rund drei Stunden währende und teils sehr schwierige Wanderung zum

**Einer Ölplattform nachempfunden: das Norwegische Ölmuseum**

rund 1100 m hohen und landesweit berühmten Panoramagipfel des Kjerag unternehmen.

Nach insgesamt 26 km ist die R 45 erreicht: Rechts geht es zurück nach Stavanger (rund 100 km) bzw. ins Sirdal hinab (s. S. 226), links geht es zum **Setesdal,** und auch diese rund 42 km lange Strecke sucht in puncto Panorama ihresgleichen. In weiten Schleifen zieht sich die Straße bis auf über 1050 m hinauf, um dann schließlich in faszinierender Talfahrt in den mit Seen gesprenkelten grünen Trog des Setesdals hinabzuführen. Dieses Tal zählt wegen seiner Naturschönheiten, seiner zahlreichen Zeugen einer alten Bauernkultur und seines Traditionsreichtums zu den Regionen Südnorwegens, die man als Tourist unbedingt gesehen haben sollte. Erschlossen wird es von der R 9, die zwischen Kristiansand (s. S. 220) im Süden und dem an der E 134 gelegenen Haukeligrend (s. S. 146) im Norden verläuft.

Die touristischen Zentren bilden einerseits der von Sand- und Wiesenufern gesäumte und vor allem für Badefreunde verlockende Byglandsfjord im unteren Setesdal sowie der Ort **Valle,** der als das kulturelle Zentrum des Tals gilt. Das dort gelegene Rygnestadtunet, eine elf Gebäude umfassende Hofanlage aus dem 14. Jh. (!), lohnt vor allem für diejenigen einen Besuch, die sich für Kunsthandwerk begeistern. Das im Norden auf der bis über 1400 m hoch aufragenden Setesdalheia (s. S. 146) gelegene **Hovden** ist während der Sommermonate das Zentrum für

Landschaft bei Sand

Outdoor-Aktivitäten der Region, im Winter hingegen eines der populärsten Skigebiete des Landes.

## Infos

Für Lysebotn ist das Touristenbüro in Stavanger zuständig (s. S. 239), doch die mit Abstand besten Informationen bekommt man (auch auf Deutsch) über die Sites www.visitlysefjorden.no und www.lysefjordeninfo.no, die ausschließlich der Region Lysefjord gewidmet sind.
Für das Setesdal kontaktiere man **Setesdal Reiselivslag:** 4747 Valle, Tel. 37 93 75 29, www.setesdal.com. Für Hovden zuständig ist **Hovden Ferie:** Hovdetun, 4755 Hovden, Tel. 37 93 93 70, www.hovden.com.

## Verkehr

**Fähre:** Die Fähre von Stavanger nach Lysebotn verkehrt Ende Mai–Ende Juni 1 x tgl. um 10 Uhr, außerdem Ende Juni–Ende Aug. 2 x tgl. (9 und 15 Uhr) von Lauvvik aus (am Ryfylkevegen, s. u.); Autoplätze sollte man reservieren (Tel. 51 86 87 80). Weitere Infos über die Touristeninformation.

## Auf dem Ryfylkevegen nach Røldal ►B/C 28–30

Für Naturliebhaber dürfte diese rund 250 km lange Strecke mit ihren Fjorden und Wiesentälern, Wasserfällen und Flüssen ein Highlight einer Norwegenreise sein. Der Preikestolen, Norwegens berühmtester Aussichtspunkt, ist nur eine von Dutzenden Naturattraktionen, und wer einmal auf dieser Nationalen Touristenstraße (www.nasjonaleturistveger.no) gefahren ist, den wird die Ryfylke immer wieder anziehen.

Ab **Sandnes,** direkt bei Stavanger gelegen, führt die R 13 bis ans Ende der Route, und nachdem der Lysefjord gequert ist, bietet sich bald ein Abstecher zur Felskanzel **Preikestolen** (s. aktiv unterwegs S. 244) an. **Hjelmeland** und **Sand** sind weitere Ziele, die für imposante Naturerlebnisse stehen, doch die mit Abstand atemberaubendsten Bilder der gesamten Strecke bietet der letzte Abschnitt, der von Sand nach **Røldal** (s. S. 150) an der E 134 führt: Mal schlängelt sich die Straße an finsteren Felsskulpturen entlang, mal verläuft sie am Ufer blau-grün-schwarz schimmernder Seen, schlängelt sich durch Regionen, die von riesigen Felsblöcken übersät sind, vorbei an den Gischtmänteln unzähliger Wasserfälle, und auf winzigen Vorsprüngen gewahrt man hoch über engen Klüften und Schründen hier und da Gehöfte, die nur zu Fuß erreichbar sind.

## Infos

**Reisemål Ryfylke:** 4130 Hjelmeland, Tel. 51 75 95 10, www.ryfylke.com, Mo–Fr 10–17, Sa bis 15 Uhr.
**Turistinformasjon Strand:** 4100 Jørpeland, Tel. 51 74 31 55, www.strand-turist.com, im Sommer Mo–Fr 11–17, Sa 12–16 Uhr.

aktiv unterwegs

## Der Preikestolen – Norwegens berühmteste Felskanzel

### Tour-Infos

**Start:** Parkplatz am Zufahrtsweg zur Preikestolhytta (▶ B 30).

**Anreise:** Von Stavanger aus verkehrt etwa stdl. eine Autofähre nach Tau (40 Min., rund 11 km nördlich von Jørpeland an der R 13). Von dort verkehren 4 x tgl. Busse zur Preikestolhytta (Fahrplan auf Schiffe abgestimmt). Über das Touristenbüro in Stavanger kann man außerdem Bustouren zum Preikestolen buchen (s. S. 239).

**Dauer/Länge:** hin und zurück ca. 3,5 Std., ca. 11 km.

**Wegbeschaffenheit:** Durchgehend gut präpariert und problemlos zu begehen, auch wenn der Weg mehrmals über Geröll führt.

**Orientierung:** Der Weg ist mit einem roten ›T‹ markiert, Kartenmaterial ist nicht erforderlich.

**Übernachtung:** s. u.

Mit bis zu 300 000 Besuchern pro Jahr ist der ›Predigerstuhl‹ eine der meistbesuchten Naturattraktionen Norwegens. 604 m tief fällt der Blick senkrecht von dem fast quadratischen, etwa 25 x 25 m messenden Plateau in den Lysefjord hinunter, der von über 1000 m hohen Steilwänden flankiert wird. Seine ungewöhnliche Form verdankt der Felsen einer Frostsprengung vor etwa 10 000 Jahren, als die Kanten eines Gletschers bis oberhalb des Felsens reichten. Nur wer absolut schwindelfrei ist, sollte sich bis zum Rand des ungesicherten Felsens vorwagen – gleichsam aus der Vogelperspektive wird man mit einer unvergleichlichen Aussicht belohnt.

Doch auch wer sich im ›Hintergrund‹ hält, kann ein überaus spektakuläres Panorama genießen. Das allerdings bekommt man nicht geschenkt, sondern muss es sich schon durch eine Wanderung erarbeiten: Etwa zwei Stunden währt der teilweise recht steile und durch unwegsames Gelände führende Anstieg, bei dem etwa 350 Höhenmeter bewältigt werden müssen.

Startpunkt der Tour ist ein an der Straße zur Preikestolhytta deutlich ausgeschilderter **Parkplatz,** von wo es durch Wald bergauf zu einem Höhenrücken geht. Zur rechten Seite genießt man immer wieder herrliche Ausblicke auf den in Fels und Wald gefassten **See Revsvatnet.** Hier sind ein paar Feuchtstellen zu queren, dann folgt der Aufstieg durch eine mit Geröll gefüllte und steil ansteigende Rinne, die zu einem mit kleinen Seen gespickten Felsplateau führt. Vereinzelte Wegstellen sind gesichert, man kommt gut voran und erreicht wenig später die eigentliche Kanzel des Preikestolen.

### Übernachten, Essen

Nahe der Felskanzel ▶ **Preikestolhytta:** Tel. 51 74 20 74, www.preikestolhytta.no, Mai –Sept (die Fjellstua ist ganzjährig geöffnet). Auf grüner Wiese gelegener, grasgedeckter Holzbau mit Blick auf die Bergwelt und den Revsvatnet (Bademöglichkeiten). Mit günstigem Restaurant und Kaminzimmer (Gerichte um 120 NOK). Betten kosten hier 280 NOK, DZ ab 740 NOK. Mit zur Anlage gehört die moderne und höchst komfortable **Fjellstua** (DZ ab 1295 NOK).

Mit dem Zelt am Preikestolen ▶ **Preikestolen Camping:** am Zufahrtsweg zum Preikestolen nahe der R 13, Tel. 48 19 39 50, www.preikestolencamping.com, ganzjährig. Landschaftlich schön an einem kleinen Fluss gelegen, gute Ausstattung, auch Restaurant und Laden, im Sommer gibt es jeden Morgen backfrische Brötchen. Wohnmobil 200 NOK, Zelt 160 NOK.

**Viel besuchte Attraktion: die Felskanzel Preikestolen**

# 8 Bergen ► A/B 27

**Die ›Königin der Fjorde‹ gilt als schönste Metropole des Landes sowie als Stadt mit dem meisten Flair. Ihre kosmopolitische Atmosphäre ist einzigartig im Norden, und auch ihre Sehenswürdigkeiten zählen zu den bedeutendsten des Königreiches – allen voran das einstige Hanseviertel Brygge, das von der UNESCO zum Welterbe erklärt wurde.**

Der große Dreiklang von Wasser, Grün und Stein prägt ganz Norwegen, in ihm hat dieses Land seinen Takt und sein Maß. Dies wird man nirgends deutlicher gewahr als im Bezirk Fjordland, dessen Hauptstadt Bergen von sieben Bergzügen umrahmt und mit sieben inselgespickten Fjorden verbunden ist. Wie in einem Amphitheater staffeln sich in der bedeutendsten Hafenstadt der Westküste die stilvollen alten Holzhäuser an gewundenen Kopfsteinpflastergassen die bewaldeten Hänge hinauf. Und schon ein erster Blick auf sie lässt verstehen, warum die ›Königin der Fjorde‹ nicht nur den rund 260 000 Bergensern als die am schönsten gelegene Metropole des Königreiches gilt. Ihre kosmopolitische Atmosphäre ist einzigartig, und als ›Europäische Kulturstadt 2000‹ hat sie ihre Stellung als nach Oslo wichtigstes kulturelles Zentrum des Landes einmal mehr unter Beweis stellen können.

Ein anderer Beiname lautet ›heimliche Hauptstadt Norwegens‹, und in der Tat: Lange Zeit war die als Bjørgvin – das heißt »Weiden zwischen Bergen« – errichtete Stadt die bedeutendste und größte des Nordens. Der um 1070 gegründete Ort wuchs im Verlauf des 12. Jh. zu Norwegens wichtigstem Umschlagplatz für Waren aus aller Herren Länder heran. Als König Håkon Håkonsson der Stadt 1217 zudem die Residenzfunktion von Trondheim übertrug, entwickelte sich Bergen zum Kristallisationspunkt nicht nur wirtschaftlicher, sondern auch politischer Macht im Lande. Obwohl die Verlegung der königlichen Residenz von Bergen nach Oslo im 14. Jh. einen erheblichen Machtverlust bedeutete und eine Umorientierung ankündigte, blieb die Hanse-Metropole im Westen auch weiterhin die glanzvolle ›Hauptstadt des Nordens‹, wie sie bereits im 12. Jh. genannt wurde. Sie war noch bedeutender als Kopenhagen, Stockholm oder Lund und erst recht als Oslo, das erst im 19. Jh., als im Zuge der aufkommenden Industrialisierung Bergens Handelsmonopol gebrochen wurde, die Vormachtstellung als größte und reichste Stadt des Landes übernahm.

## Rund um den Vågen

**Cityplan:** S. 250/251

### Floyen 1

Es war die strategisch günstige sowie vor Naturgewalten schützende Lage des Naturhafens Vågen, die unter König Olaf Kyrre zur Gründung von Bergen führte. Um die einzigartige Lage von Hafen und Stadt angemessen würdigen zu können, sollte man sich, so das Wetter mitspielt, aufmachen, die Stadt aus der Vogelperspektive zu betrachten. Eine Kabelbahn führt in wenigen Minuten zum Aussichtsberg **Fløyen** hinauf, wo man aus 320 m Höhe eine faszinierende Aussicht über die Stadt und die vorgelagerten Inseln bis zum offenen Meer genießen kann (Fløibanen:

www.floibanen.no, ganzjährig Mo–Fr 7.30–23, Sa/So ab 8 Uhr, 40 NOK je Weg).

Wer es stilecht mag, der wird sich zu diesem atemberaubenden Panorama ein Frühstück auf der Panoramaterrasse des Fløyen Folkerestaurants gönnen, bevor es dann per pedes in einer herrlichen, etwa 45-minütigen Wanderung durch Wald und Villenviertel zur Talstation der Kabelbahn zurückgeht.

## Marienkirche 2

Wendet man sich an der Talstation nach rechts, folgt also der Øvregaten Richtung Meer, ist es nur ein kurzes Stück zu der im 12. Jh. errichteten **Marienkirche,** das älteste Bauwerk der Stadt und eine der besterhaltenen romanischen Kirchen des Landes. Von 1408 bis 1776 war das damals Tyskekirken, ›Kirche der Deutschen‹, genannte Gotteshaus im Besitz der Hanse, woran u. a. der Altarschrein erinnert, eine Lübecker Arbeit aus dem späten 15. Jh. Auch die Barockkanzel, die 1676 von hanseatischen Kaufleuten gestiftet wurde, ist wahrscheinlich deutschen Ursprungs. Bis ins 19. Jh. hinein wurden in dieser Kirche die Gottesdienste nicht in norwegischer, sondern in deutscher Sprache abgehalten (Mariakirken: Wegen umfassender Restaurierungsarbeiten bleibt die Marienkirche bis voraussichtlich 2015 geschlossen; Informationen über das Touristenbüro).

## Hanseviertel Tyske Brygge

Erklärtes Ziel der auch als Deutsche Hanse bezeichneten Vereinigung niederdeutscher Kaufleute war die Vertretung gemeinsamer wirtschaftlicher Interessen besonders im Ausland, weshalb die Entwicklung des Transportwesens, vor allem zur See, eine wichtige Grundlage war. So wurde die Kogge zum Symbol für die Hanse, die 1278 die ersten schriftlich fixierten Privilegien in der damaligen Königsstadt Bergen bekam. Von nun an brachte die Gilde der Lübecker ›Bergenfahrer‹ Getreide, Salz, Malz und Bier als Tauschwerte für Wolle, Häute, Felle und sowie die in Europa begehrte und von den Lofoten stammende Fastenspeise Trockenfisch ins Land.

Da sie eine Monopolstellung innehatte, konnte die Hanse innerhalb kürzester Zeit fast den gesamten Handel an sich reißen, aber auch in kultureller sowie politischer Hinsicht war sie bald ein gewichtiger Faktor und bildete einen Staat im Staat. Zur Blütezeit um 1400 machten die deutschen Kaufleute und Handwerker ein Viertel der Stadtbevölkerung Bergens aus und besaßen 300 Handelshäuser. Noch 1668, als die Hanse durch norwegische Gesetze ihre Handelsmacht bereits größtenteils eingebüßt hatte, standen noch 88 deutsche Handelshäuser gegenüber nur fünf norwegischen.

Beim großen Brand im Jahre 1702 wurden fast alle Gebäude, die größtenteils aus Holz gebaut waren, vernichtet, und als 1766 das letzte deutsche Handelshaus in Bergen verkauft wurde, war die Zeit der Hanse vorüber. Ein weiterer Großbrand zerstörte 1955 nahezu den gesamten Rest der alten Bausubstanz, doch erfolgte ein Wiederaufbau im alten Stil.

Wer sich über die Geschichte der Hanse in Norwegen informieren will, ebenso über Handel, Handwerk und Verkehr der bis ins Mittelalter zurückreichenden Stadtgeschichte, sollte das unterhalb der Marienkirche eingerichtete **Bryggens Museum** 3 besuchen, in dem außerdem die größte Runensammlung

## Tipp: Bergen aus der Vogelperspektive

Eine wundervolle Aussicht auf die Fjorde, Schärenküste und Bergwelt rings um Bergen genießt man nicht nur vom **Fløyen** 1 (s. S. 246), sondern auch vom **Ulriken** 25 aus, wohin ganzjährig zwischen 9 und 17 Uhr (Mai–Mitte Sept. gelten längere Öffnungszeiten) alle 7 Min. eine Seilbahn führt (80 NOK je Weg). Zur Talstation geht es mit dem Stadtbus oder mit dem im Sommer halbstündlich ab dem Touristenbüro verkehrenden Doppeldeckerbus im Rahmen einer Mini-Stadtrundfahrt für insgesamt 245 NOK, Infos: Touristeninformation, www.ulriken.no.

**Das alte Hanseviertel Brygge wurde zum Welterbe ernannt**

der Welt zu betrachten ist (www.bymuseet.no, Mitte Mai–Aug. tgl. 10–16, sonst Mo–Fr 11–15, Sa ab 12, So 12–16 Uhr, 60 NOK). Es liegt in unmittelbarer Nähe des **Bergen Meeting Point** (Infozentrum zum Hanseviertel) am Ende des alten Hanseviertels **Brygge** 4 (›Deutsche Brücke‹), das als die bedeutendste Sehenswürdigkeit der Stadt gilt und von der UNESCO in die Liste der erhaltenswürdigen Baudenkmäler aufgenommen wurde. Hier befanden sich einst die Wohnviertel der deutschen Kaufleute, hier herrschte hanseatisches, nicht norwegisches Recht.

Verschlossen wirkt die Holzfassade der alten Hansekontore, die das dahinter liegende Labyrinth von Gässchen, Stiegen, Galerien, Erkern und Kellerhäuschen nicht ahnen lassen, geschweige denn das ›süße Geheimnis‹ des obersten Prinzipals der zölibatär lebenden Männergilde: In dessen Schlafkoje schimmerte die halbentblößte Büste einer Schönen – ein Pin-up aus dem Mittelalter, zu bestaunen im **Hanseatischen Museum** 5, in dem das Leben der deutschen Kaufleute thematisiert wird. Untergebracht ist es im 1704 erbauten Bryggen-Kontor Finnegården, das als einziges Gebäude im Hanseviertel über originales Interieur verfügt und somit authentisch im Stil der Zeit eingerichtet ist; mit zum Museum gehört die **Schøtstuene** an der Øvregaten 50, die als Aufenthaltsraum der Hanseaten diente (Hanseatisk Museum:

www.museumvest.no, 15. Mai–15. Sept. tgl. 9–17, sonst Di–Sa 11–14, So bis 16 Uhr, 60 NOK, im Sommer 50 NOK).

Folgen wir nun der am Hafenbecken verlaufenden Straße seewärts, erreichen wir bald den düsteren **Rosenkrantztårnet** 6. Der Wehrturm, dessen Räumlichkeiten besichtigt werden können, wurde um 1560 im Renaissancestil errichtet und nach dem Lehnsherrn Erik Otteren Rosenkrantz benannt. Dieser setzte der Vorherrschaft der Hanse in Bergen ein Ende, indem er sie norwegischer Gerichtsbarkeit unterstellte und ihre Macht erheblich einschränkte (Mitte Mai–Ende Aug. tgl. 10–16 Uhr, stdl. Führungen, sonst nur So 12–15 Uhr, 60 NOK).

Ein Stückchen weiter liegt die 1247/48 errichtete **Håkonshalle** 7. Insbesondere die breit geöffneten spitzbogigen Fenster der 36 m langen und 16 m breiten Halle, heute ein eindrucksvoller Konzertsaal, erinnern an britische Gebäude (Mitte Mai–Ende Aug. tgl. 10–16 Uhr, stdl. Führungen, sonst Fr–Mi 12–15, Do bis 18 Uhr, 60 NOK).

### Torget 8

Imposanter als der von einer weitläufigen Parkanlage umgebene Bau der Håkonshalle ist der Blick von dort auf die zu den Fjellhöhen ansteigende Stadt sowie das Hafenbecken Vågen, das von den hohen Kaihäusern der Brygge gesäumt wird und mit seinem Nebeneinander von Ausflugsbooten, Segel- und Motorjachten, Schiffen und Kuttern ein buntes Bild abgibt.

Zentrum des Treibens ist der direkt an die Stirnseite der Bucht grenzende **Torget** (Marktplatz), früher wie heute Mittelpunkt der Stadt und Standort der überlebensgroßen Bronzestatue des Bergenser Dichters Ludvig Holberg (1684–1754) von 1884. In unmittelbarer Nähe erinnert das Seemannsmonument mit Skulpturen und Reliefs an die Entdeckung Nordamerikas durch die Wikinger, die Reise nach Grönland sowie den Transport von Getreide und Öl.

Hauptattraktion des charmanten, von zahlreichen Straßencafés gesäumten Platzes aber ist der Fischmarkt, auf dem – zu allerdings stattlichen Preisen – all das wohlfeil ist, was das Meer zu bieten hat; insbesondere an jenen Ständen, wo Schilder verkünden »Wir sprechen deutsch«, sind die Preise oft vollkommen überzogen (Juni–Aug. tgl. 7–19, sonst Mo–Sa 7–16 Uhr).

## Bergens Kunstgate

**Cityplan:** S. 250/251

### Die Kong Oscars gate entlang

Am Südufer des östlich vom Torget gelegenen Stadtsees Lille Lungegårdsvann verläuft die Rasmus Meyers allé, entlang derer sich

Gutenbergs vei
Persenbakken
Øvre Sandviksveien
Sophus Pihls gate
Fjellveien
Hestebergveien
Tartargaten
Gjeble Pedersønsgt.
Fløyveien
Fjellveien
N.Hertzbergs gt.
Martin Vahls gt.
Prof. Arentzgt.
Beyers gt.
Skanselien
Skansebakken
Krohnengsgaten
Edvardsens gt.
Ladegårds terassen
Ladegårds gaten
Ladegårds gaten
SAND-VIKEN
Arbeidergt.
Claus Fastingsgt.
Prof. Dahls gate
Tordenskjoldsgt.
Fløygate
Skansegt.
Promsgt.
Pothaugsgt.
Hans Hauges gt.
Reipslager gt.
Henrik Wergelands gate
Øvre Blekeveien
N. Blekevn.
Fjellgt.
Langevn.
B.Meyersv.
N. Fjellsm.
N. Skutev.v.
Lambertsv.
Nye Sandviks-veien
Bakkegt.
Helgesen gt.
Stølegaten
S. Kl. sm.
N. Stølen
Steinkjellergt.
Lindeb.sm.
Vetrlidsalm.
N. Hamburg.sm.
Ø. Korsk.sm.
Bøkkergt.
Bøkkersm.
Skutev.gt.
Skute viks
585
E 39
Sverresborggr.
Kroken
Wibergspl.
Øvregaten
Finne-gårdsgt.
Nikolaikirke-alm.
Rosen-krantz-gt.
L. Leppsgt.
Hollender-gt
Skuteviken
Sverresborg
Bryggestr.
Bryggen
Torget
Ø. Dreggsalm.
H. Dreegen
Sandbrugt
Dreggsalm.
Terminal für Ausflugsboote
Skutevikstorget
Schnellboot-terminal
Strandkaien
Vågen
Strandgaten
Valkendorfsgat
Valken
C. Sundts gate
Strandgaten
Henneby sm.
Ø. Mur-alm.
Jon Smørs gate
Fährterminal (Island/Shetland)
Lille Markeveien
Klostergt.
Fährterminal (England/Dänemark)
Holbergsalm.
Kipperm.
Ø. Dynnersm.
N.
Kjellersm.
Kalmarsgt.
V. Muralm.
Nykirken
Nykirkesm.
Klosteret
Kroasm.
Jonsvollsgt.
Tollboden
Markev.
Munkel. gt.
Skottegt.
C. Sundts gate
Strand-gaten
Nykirke-alm.
Ytre
Strangehagen
Munkebekksm.
V.Holbergsalm.
Strangeh.
St. Hans str.
Skottesalen
Nøstegt.
Nøs
NORDNE
Trangesm.
Strangebk.
Nedre Strangepl.
Haugeveien
Galgebk.
Verftsgaten
Nøstebryggen
Tide-mandsgt.
Nordnesbk.
Nordnesveien
Obs.gt.
Sparresgt.
Abelsgt.
Verftsgaten
Hurtigruten
Nordnes sjøbad
N
0
150
300 m

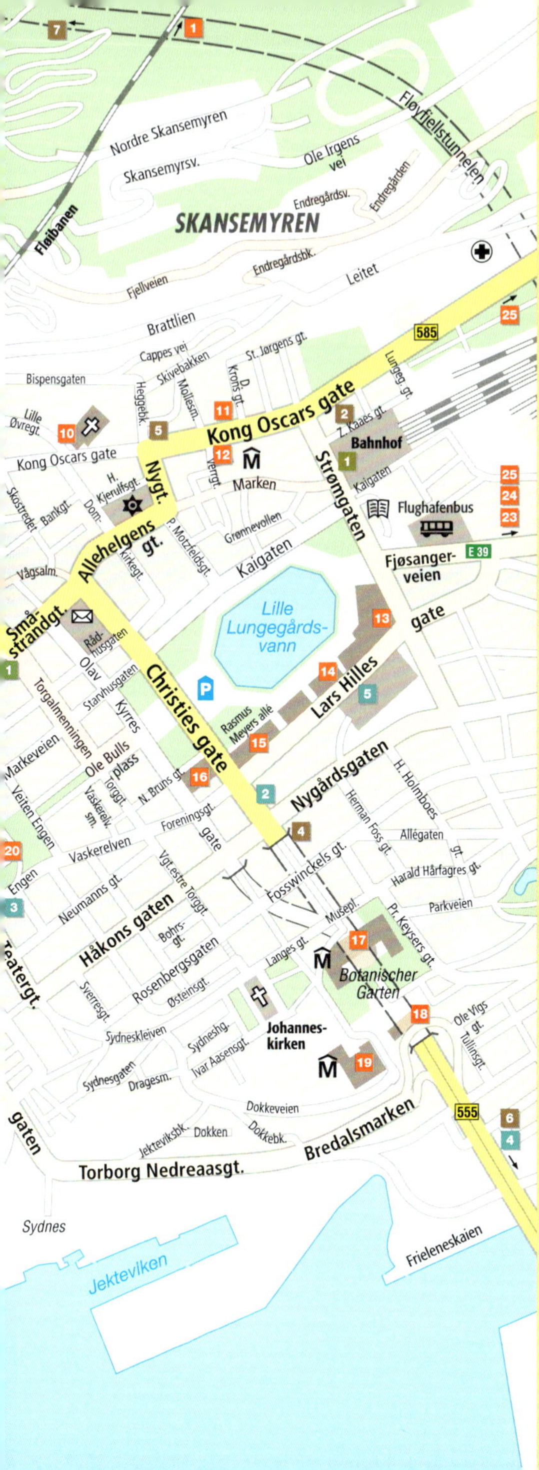


# Bergen

**Sehenswert**

1 Fløyen
2 Marienkirche
3 Bryggens Museum
4 Hanseviertel Brygge
5 Hanseatisches Museum
6 Rosenkrantztårnet
7 Håkonshalle
8 Torget
9 Kreuzkirche
10 Dom
11 Dankert Krohns Stiftelse
12 Lepramuseum
13 Lysverket
14 Rasmus Meyers Samling
15 Stenersen Samling
16 Kunstgewerbemuseum
17 Naturhistorische Sammlungen
18 Kulturhistorische Sammlungen
19 Bergens Seefahrtsmuseum
20 Den Nationale Scene
21 Bergen Aquarium
22 Gamle Bergen
23 Stabkirche von Fantoft
24 Troldhaugen
25 Ulriken

**Übernachten**

1 Clarion Admiral Hotel
2 Hotel Terminus
3 Strand Hotel
4 Gullaksen Gjestehus
5 Bergen Vandrerhjem/ YMCA
6 Bergen Caravan Senter
7 Bergen Campingpark

**Essen & Trinken**

1 Finnegårdstuene
2 Enhjørningen
3 Bryggeloftet
4 Pygmalion Økokafe

**Einkaufen, Abends & Nachts**
sowie **Aktiv** siehe S. 252

## Bergen

**Einkaufen**
1 Galleriet
2 Oleana Bergen
3 Juhl's Silver Gallery
4 Julehuset
5 Elg

**Abends & Nachts**
1 Zachariasbryggen
2 Garage
3 Café Opera
4 Hulen Rock Club
5 Grieghallen
6 Bergen Internationale Theater
7 Carte Blanche
8 Kulturhuset USF

**Aktiv**
1 Fjord Tours
2 Skolten Cruiseship Terminal

bedeutende Kunstsammlungen aneinander reihen, die Bergens Ruf als Kulturmetropole untermauern. Dieser Straßenzug wird entsprechend auch Bergens Kunstgate (›Bergens Kunststraße‹) genannt, und der direkte Weg vom Torget dorthin führt vorzugsweise durch die Fußgängerzonen Vågsalmenningen und Marken. Zuvor jedoch lohnt ein kleiner Umweg entlang der am Marktplatz beginnenden Kong Oscars gate zu der aus dem 12. Jh. stammenden und später im Renaissancestil umgebauten **Kreuzkirche** 9 (Korskirke: ganzjährig Mo–Sa 11–15, Do bis 18 Uhr).

Ein Stückchen weiter erhebt sich der **Dom** 10, dessen ältester, romanischer Teil bereits im 12. Jh. entstand. Der Chor dieses über 60 m langen und ursprünglich dem Heiligen Olav geweihten Sakralbaus ist im Stil der Gotik errichtet, als besonders beachtenswert gelten die an die Nordseite des Chors angebaute Kapelle aus dem 13. Jh. sowie der prunkvolle Altar, der zwar erst gut 100 Jahre alt ist, aber die Form eines mittelalterlichen Reliquienschreins aufweist (Domkirke: 18. Juni–17. Aug. Mo–Fr 11–16, sonst Di–Fr 11–12.30 Uhr).

Wiederum etwa 200 m weiter sollte man bei einem der schönsten Holzbauten, die das heutige Bergen zu bieten hat, einen kurzen Stopp einlegen: Die dreiflügelige Anlage der **Dankert Krohns Stiftelse** 11 wurde Mitte des 18. Jh. nach dem Vorbild eines dänischen Herrensitzes erbaut und in den 1970er- Jahren vollständig restauriert. Auf der gegenüber liegenden Straßenseite befindet sich die fast baugleiche Zander Kaaes Stiftelse von 1765. Nebenan im **Lepramuseum** 12 kann man sich einen Überblick über die von der UNESCO unterstützte norwegische Lepraforschung verschaffen – es war der Bergenser Arzt Armauer Hansen, der 1873 den Leprabazillus entdeckte. Besonders sehenswert ist die dem Spital angeschlossene mittelalterliche Holzkirche (www.bymuseet.no, 15. Mai–Ende Aug. tgl. 11–15 Uhr, 60 NOK).

### Bergen Kunstmuseum

Vom Lepramuseum aus sind es nur noch wenige Schritte um den kleinen See Lille Lungegårdsvann herum bis zur Rasmus Meyers allé, die wir beim Bergen Kunstmuseum erreichen (auch bekannt als ›Bergens Billedgalleri‹), das aus drei separaten Sammlungen besteht (www.bergenartmuseum.no, tgl. 11–17 Uhr, 15. Sept.–14. Mai nur Di–So, die 100 NOK Eintritt gelten für alle drei Sammlungen sowie das Kunstgewerbemuseum):

Der weiße Ziegelbau des **Lysverket** 13 an der Rasmus Meyers allé 9 präsentiert sich von außen als neogotischer Bau und ist deutlich von Einflüssen des Art déco geprägt. Sein stilvoll-elegantes Innere lädt mit über 9000 Kunstwerken zu einer kulturhistorischen Wanderung durch die Jahrhunderte vom Mittelalter bis in unsere Tage ein.

Angrenzend zeigt der 1924 fertig gestellte Prachtbau der **Rasmus Meyers Samling** 14 rund 1000 Exponate meist norwegischer Künstler des 20. Jh., aber auch J. C. Dahl und die Nationalromantik sind vertreten, außerdem Edvard Munch, Nikolai Astrup, Harriet Becker und viele andere mehr. Besonders sehenswert ist darüber hinaus der mit Wand- und Deckengemälden verzierte Blumenthal-Saal. Bleibt schließlich die **Stenersen Samling** 15, die der modernen internationalen Malerei des 20. Jh. gewidmet ist. Sie beherbergt u. a. eine große Sammlung mit Werken von Pablo Picasso und Paul Klee und bietet außerdem den Rahmen für ständig wechselnde Ausstellungen.

### Kunstgewerbemuseum 16

Nahebei lädt noch eine weitere Kunstinstitution zum Besuch ein: das an der Nordahl Brunsgt. 9 gelegene Kunstgewerbemuseum, eingerichtet im klassizistischen Schmuckbau **Permanenten.** Es zeigt eine einzigartige Sammlung norwegischer, europäischer und chinesischer Kunst- und Kunstgewerbegegenstände und umfasst zudem die größte Sammlung buddhistischer Skulpturen in Skandinavien. Größter Schatz jedoch ist die aus dem Jahre 1562 stammende und einst vom ›Teufelsgeiger‹ Ole Bull gespielte Geige, die weltweit zu den ältesten und wertvollsten Violinen zählt (Vestlandske Kunstindustrimuseum: www.kunstmuseene.no, Mitte Mai–Mitte Sept. tgl. 11–17, sonst Di–So 12–16 Uhr, 100 NOK; der Eintritt gilt auch für das Kunstmuseum).

## Über die Nordnes-Halbinsel

**Cityplan:** S. 250/251

### Bergen-Museum

Entlang der am Kunstgewerbemuseum vorbeiführenden Christies gate sind es nur etwa 500 m bis zum Botanischen Garten der Stadt, in dessen Zentrum sich die **Naturhistorischen Sammlungen** 17 des Bergen-Museums befinden. Es ist der Flora und Fauna sowie Geologie Norwegens mit dem Schwerpunkt Fjordland gewidmet, auch eine große Mineralien-Sammlung und eine Abteilung, die sich mit der norwegischen Öl-Exploration befasst, sind zu besichtigen (Naturhistoriske samlinger: www.uib.no/universitetsmuseet, Juni–Aug. Di–Fr 10–16, Sa/So ab 11, sonst Di–Fr 10–15, Sa/So bis 16 Uhr, 50 NOK).

Hinter dem Botanischen Garten liegen die **Kulturhistorischen Sammlungen** 18 des Bergen-Museums mit umfangreichen archäologischen, kunst- und kulturhistorischen sowie ethnografischen Sammlungen zu Westnorwegen. Herausragende Exponate sind u. a. eine Madonna aus der Stabkirche von Urnes (s. S. 289), eine aus dem 12. Jh. stammende Kreuzigungsgruppe und das älteste norwegische Königsporträt (König Øystein). Zu sehen sind außerdem eine Sammlung von 19 Altarvorderseiten, Gemälde aus dem 13. Jh. und eine Ausstellung zur Rosenmalerei (Kulturhistoriske samlinger: gleiche Zeiten wie oben, das Ticket gilt nur am selben Tag für beide Ausstellungen).

### Zum Aquarium

Am nahe gelegenen Dokkeveien dokumentiert **Bergens Seefahrtsmuseum** 19 die Entwicklung der norwegischen Seefahrt von den Anfängen bis in unsere Tage, auch Modelle spektakulärer Funde aus der Wikinger- sowie Hansezeit sind ausgestellt (Bergens Sjøfartsmuseum: www.bsj.uib.no, tgl. 11–15, 30 NOK).

Rund 1,5 km sind nun zu bewältigen, um den eigentlichen Bereich der zwischen dem Puddefjord und der Vågenbucht gelegenen Nordnes-Halbinsel zu erreichen. Der Weg wird aber kaum lang erscheinen, denn es geht vorbei an zahlreichen kleinen, bunt gestrichenen Holzhäusern sowie einigen Villen im Stil der Neorenaissance und schließlich

### Tipp: Ermäßigungen mit der Bergenskortet

In der Turistinformasjon ist die Bergenskortet (›Bergen-Karte‹) erhältlich, mit der man zahlreiche Ermäßigungen (u. a. bei Automiete, im Parkhaus) und freien Eintritt in viele Museen und Schwimmbäder bekommt. Auch die Kabelbahn zum Aussichtsberg Fløyen kann man damit kostenlos benutzen. Die Karte kostet für 1 Tag 200 NOK bzw. 75 NOK (Kinder), für 2 Tage 260 NOK bzw. 100 NOK.

**Villa Troldhaugen, das Domizil des Komponisten Edvard Grieg, ist heute ein Museum**

auch am Gebäude von **Den Nationale Scene** 20 (Ole Bulls Plass), dem ältesten Theater Norwegens und zugleich einem der Hauptwerke des norwegischen Jugendstils.

Hier biegen wir Richtung Nordwesten ein und finden in dem von steilen Gässchen durchzogenen Viertel südlich der **Klostergate** ein pittoreskes Ensemble alter Holzhäuser. Auch am Weg zur Nordspitze der Halbinsel, der via **Klosteret** und **Strandgaten** verläuft, nimmt der Charme von liebevoll gepflegten Häusern den Betrachter gefangen.

Als Belohnung für die ›Strapazen‹ des Spaziergangs bieten sich ein Besuch des **Nordnes-Seebades** oder des **Aquariums** 21 an, das mit seinen rund 70 Becken europaweit über die größte Sammlung von Salzwasserfischen verfügt (Akvariet: www.akvariet.no, Mai–Aug. tgl. 9–19, sonst 10–18 Uhr, Fütterung der Schlangen um 13 Uhr, Seehunde 12 und 15, im Sommer auch 18 Uhr, Pinguine 14 und 17 Uhr, 150 NOK, Juni/Aug. 200 NOK).

# Weitere Sehenswürdigkeiten

**Cityplan:** S. 250/251

## Im Norden der Stadt

Am nördlichen Rand des Zentrums und mit dem Bus ab dem Torget in 7 Minuten erreicht, befindet sich das Freilichtmuseum **Gamle Bergen** 22, das auch erklärte Museumsmuffel begeistern wird: Die über 40 aus ganz Bergen hierher versetzten Häuser aus dem 17.–19. Jh. bilden eine kleine Stadt am Meer und vermitteln eine Vorstellung davon, wie das alte Bergen einmal aussah. Nicht nur das Äußere der Häuser ist originalgetreu erhalten, sondern auch die Inneneinrichtungen sind authentisch; neben Wohnungen wurden hier u. a. ein Fotoatelier, ein Friseursalon, eine Zahnarztpraxis und eine Bäckerei rekonstruiert (www.bymuseet.no, Mitte Mai–Anfang

Sept. Mo–Sa 11–15, So ab 10 Uhr im Rahmen von Führungen, 70 NOK).

## Im Süden der Stadt

Zwei weitere Sehenswürdigkeiten liegen südlich des Zentrums und sind per Stadtbus vom Busbahnhof aus miteinander kombinierbar. Erstes Ziel ist die **Stabkirche von Fantoft** 23, die vom 12. Jh. bis 1884 in Forum am inneren Sognefjord stand. Ein reicher Bergenser erwarb sie und ließ sie auf seinem Privatgrundstück wieder aufbauen. 1992 brannte sie bis auf die Fundamente ab, wurde aber inzwischen wieder rekonstruiert (Fantoft Stavkirke: www.fantoftstavkirke.com, Mitte Mai–Mitte Sept. tgl. 10.30–18 Uhr, 45 NOK).

Nicht weit davon entfernt liegt **Troldhaugen** 24, 22 Jahre lang das Zuhause des Komponisten Edvard Grieg (s. S. 47) und seiner Frau Nina. Zu weltweiter Berühmtheit gelangte die 1885 im viktorianischen Stil errichtete und von einem Park umgebene Villa durch Griegs Komposition ›Hochzeitstag auf Troldhaugen‹. Das landschaftlich reizvoll am Nordås-See gelegene Haus, in dem zahlreiche Gegenstände an das Leben und die Arbeit des norwegischen Komponisten erinnern, ist heute ein Museum; im Sommer werden an jedem Mi, Sa und So Konzerte aufgeführt (www.troldhaugen.com, Mai–Sept. tgl. 9–18, sonst tgl. 10–16 Uhr, 80 NOK).

## Infos

**Turistinformasjon i Bergen:** Mathallen, Torget, 5014 Bergen, Tel. 55 55 20 00, www.visitbergen.com, Juni–Aug. tgl. 8.30–22 Uhr, Mai und Sept. tgl. 9–20 Uhr, sonst Mo–Sa 9–16 Uhr. Vorbildliches Informationszentrum mit Unterkunftsvermittlung (auch Pensionen und Privatzimmer), Geldwechsel, Verkauf von Tickets für Sightseeing und Fjordfahrten sowie Bahn, Gepäckaufbewahrung und viele andere Dienstleistungen.

## Übernachten

Alle nachfolgenden Preisangaben beziehen sich stets auf ein Doppelzimmer, in der Regel inkl. Frühstück, in Klammern gesetzt sind die Wochenend-/Sommertarife.

Tradition am Meer ▶ **Clarion Admiral Hotel** 1: C. Sundtsgt. 9–13, Tel. 55 23 64 00, Fax 55 23 64 64, www.clarionadmiral.no. Aufwendig restauriertes Speicherhaus am Ufer des Vågen mit Blick auf die Tyske Brygge. Rustikal und elegant zugleich, von seiner Lage her unvergleichlich. Ab 1430 NOK (ab 1330 NOK)

Charme aus alter Zeit ▶ **Grand Hotel Terminus** 2: Zander Kaaesgt. 6, Tel. 55 21 25 00, www.ght.no. Traditionsreiches wie charmantes Spitzenhotel mit 130 Zimmern im klassischen Stil. Ab 995 NOK (1290 NOK).

Tolle Aussicht ▶ **Strand Hotel** 3: Strandkaien 2B, Tel. 55 59 33 00, www.scandichotels.no/strand. Frisch renoviertes Haus, das damit wirbt, die beste Aussicht auf den Torget mit Fischmarkt, die Tyske Brygge sowie den Fløyen zu haben, komfortable Zimmer, Restaurant, Bar und Sonnen-Dachterrasse. Ab 1894 NOK.

Preishit ▶ **Gullaksen Gjestehus** 4: Olav Kyrresgate 32, Tel. 55 96 43 73 und 92 02 17 37, www.gullaksen-gjestehus.no. Nur etwa zwei Gehminuten vom Torget mitten im Zentrum gelegene Herberge mit Gästeküche und modernen, zweckmäßig eingerichteten und dabei preislich unschlagbaren Zimmern. Billigste Pension im Zentrum, DZ mit/ohne Bad ab 545 NOK, EZ ab 440 NOK.

## Tipp: Unterkunft in Bergen

Die Turistinformasjon ist gegen eine Vermittlungsgebühr von 30 NOK (Vorausbuchung: 50 NOK) bei der **Reservierung** der Unterkunft behilflich (auch online). Vom 18. Juni–31. Aug. gewähren viele Hotels günstige **›Last-Minute‹-Preise** bei Buchung von 48 Stunden oder weniger vor der Ankunft. Außerhalb der Saison gibt es ähnlich günstige Wochenendtarife. Am günstigsten wohnt man in ebenfalls über die Touristeninformation vermittelten Privatzimmern, die etwa ab 350 NOK für ein EZ, ab 500 NOK für ein DZ kosten (Extrabett 100 NOK) bzw. ab 350 NOK/Pers. für ein Apartment.

Jugendherberge ▶ **Bergen Vandrerhjem/ YMCA** 5: Nedre Korskirkealm. 4, Tel. 55 60 60 50, www.bergenhostel.com, ganzjährig. Zentrale Lage, ausgestattet mit Gästeküche, Internetzugang, einer eigenen Dachterrasse mit Grill und Aussicht über den Fjord. Bett 190 NOK, DZ ab 500 NOK.

Nur für Wohnmobile ▶ **Bergen Caravan Senter** 6: Damsgårdsveien 99, Tel. 55 34 05 00, www.bgpark.com, Mitte Mai–Aug. Tag und Nacht geöffnet, mit Stromanschluss, Dusche, Toiletten ausgestatteter Wohnmobil-/Caravan-Platz nahe dem Zentrum, 200 NOK, Parken 20 NOK/Std.

Nahe dem Sørfjord ▶ **Bergen Campingpark** 7: Travparksvn. 65, Breistein (an der E 39, 13 km nördlich Bergen), Tel. 55 24 88 08, www.bcp.no, ganzjährig. Schöne und ruhige Lage mit 80 Zelt-, 40 Caravan-/Wohnmobil-Stellplätzen, 14 Doppelzimmern (sehr einfach, Gemeinschaftsbad, 300 NOK) und 29 Hütten in drei Komfortstufen ab 400 NOK.

## Essen & Trinken

Exzellente Küche ▶ **Finnegårdstuene** 1: Rosenkrantzgt. 6, Tel. 55 55 03 00, Di–Sa ab 17 Uhr. Im Bryggenviertel gelegenes Traditionsrestaurant der Spitzenklasse, das im Ruf steht, eine der hochkarätigsten Gourmetadressen des Landes zu sein. Es stehen mehrere Menüs mit 3 Gängen (595 NOK) sowie 5 Gängen (695 NOK) auf der Speisekarte, die Empfehlung des Hauses sind die Gourmet-Menüs mit 7 Gängen (825 NOK).

Fisch vom Feinsten ▶ **Enhjørningen** 2: Bryggen, Tel. 55 32 79 19, im Sommer tgl. ab 16, sonst Mo–Sa ab 16 Uhr. Das älteste Fischrestaurant der Stadt, in traditionsreichen eleganten Räumen aus der Hansezeit, ist eines der besten Restaurants Norwegens. Die Menüs (3 Gänge ab 535 NOK, 4 Gänge ab 595 NOK) gehören zum Besten, was man in puncto Fisch und Meeresfrüchte in Bergen bekommen kann, à la carte muss man etwa 130 NOK für eine Vorspeise und 330 NOK für ein Hauptgericht ansetzen.

Historisches Ambiente ▶ **Bryggeloftet** 3: 2, Tel. 55 30 20 70, Mo–Sa ab 11, So ab 13 Uhr. Rustikal-gemütlich eingerichtete Räumlichkeiten auf zwei Etagen, in unterschiedlich große Separées unterteilt. Teils beeindruckende Aussicht auf den Hafen, ausgezeichnete norwegische Küche, und die Lutefisk-Partys sind stadtbekannt – populär, gerade auch bei Bergensern, Gerichte um 250–300 NOK.

Feine Ökoküche ▶ **Pygmalion Økokafé** 4: Nedre Korskirkeallmenning 4, Tel. 55 32 33 60, www.pygmalion.no, tgl. 9–23 Uhr. Gemütlich und zugleich urban eingerichtetes Ökocafé mit Galerie (und meist sehr guter Stimmung) am Platz vor der Kreuzkirche. Preiswerte Gerichte der internationalen Küche, darunter viel Vegetarisches.

## Einkaufen

Die wichtigsten Einkaufsstraßen mit Hunderten von Geschäften sind **Gåten, Torgalmenning** und **Marken;** sucht man Souvenirs, bieten sich u. a. die kleinen, in die **Tyske Brygge** integrierten Geschäfte an, die zwar nicht unbedingt günstig sind, aber teilweise Waren von herausragender Qualität bieten.

Alles unter einem Dach ▶ **Galleriet** 1: Torgalmenningen 8, Mo–Fr 9–21, Sa bis 18 Uhr. Mit über 70 Einzelgeschäften das größte (und modernste) Einkaufszentrum der Stadt.

Handgestricktes ▶ **Oleana Bergen** 2: Strandkaien 2, www.oleana.no, Mo–Fr 10–17, Sa bis 16, im Sommer werktags bis 19 Uhr. Preisgekrönte Strick-Kollektionen aus Wolle, Seide, Alpaka und Kaschmir; grundsätzlich ›handmade in norway‹.

Schmuck aus der Finnmark ▶ **Juhl's Silver Gallery** 3: Bryggen (neben SAS-Hotel), Mo–Sa 9–20 Uhr. Laden der berühmten Silberschmiede aus Kautokeino/Finnmark, das Feinste und Ausgefallenste, was man sich an Schmuck nur vorstellen kann, auch Bilder und Kunstgewerbeartikel.

Alles für das Weihnachtsfest ▶ **Julehuset** 4: Bryggen. Norwegischen Weihnachtsschmuck, echt norwegische *Nisser* (Weihnachtsmänner) und andere Weihnachtssachen bietet ganzjährig dieses ›Weihnachtshaus‹.

Rund um den Elch ▶ **Elg** 5: Bryggen. Souvenirs rings um den »König der Wälder«

**Auf dem Fischmarkt in Bergen**

auf 14 qm – hier sind sie u. a. zu bekommen, die beliebten Elch-Aufkleber.

## Abends & Nachts

Während des Sommers trifft man sich, zumindest an schönen Abenden, am Torget bzw. in den umliegenden Gassen, wo Dutzende Straßencafés und Kneipen einladen und stets ein kosmopolitisches Durcheinander von Besuchern aus aller Herren Länder herrscht.

Treff am Torget ▶ **Zachariasbryggen** 1: Torget. Die herrlich direkt am Fjord beim Fischmarkt gelegene Zachariasbrygge ist mit ihren zahlreichen Lokalen ›der‹ Treff in Bergen. Im Sommer ist kein Platz so populär wir das Flaaten (Mai–Sept. tgl. ab 12 Uhr), wo man draußen sitzt. Mit einer üppig bestückten Bar wartet das **Havariet** (Mo–Fr ab 16, Sa/So ab 13 Uhr) auf, im **Wave Pub** (tgl. Stimmung ab ca. 21 Uhr) geht an den Wochenenden dank der Livemusik die Post ab, in der **Zachen Piano Bar** lädt So und Mo Karaoke, ansonsten Live-Pianomusik ein.

Rock-Tempel mit Renommee ▶ **Garage** 2: Christiesgt.14, Tel. 55 32 19 80, www.garage.no, Altersgrenze 21 Jahre. Das Garage, Kneipe und Rock-Keller in einem, ist einer der ältesten Musikclubs von Norwegen. Allabendlich ab 21 Uhr gibt's Livemusik (Eintritt), die Abende gehen bis 3 Uhr morgens, und die Getränkepreise sind moderat.

Livemusik & DJ-Sound ▶ **Café Opera** 3: Engen 18, Tel. 55 23 03 15. Tagsüber ist die zweigeschossige Holzvilla beliebter Café-Treff, doch abends, insbesondere Do, Fr und So geht in diesem ›In‹-Treff der Bergenser Musikszene mit Livemusik und auch DJ-Sound ›die Post ab‹. Das Publikum setzt sich vorwiegend aus Studenten zusammen, die Preise sind entsprechend moderat.

Heißer Sound ▶ **Hulen Rock Club** 4: Olav Ryesvei 48, Tel. 55 33 38 30, www.hulen.no, Do–Sa ab 21 Uhr. In einem ehemaligen Luftschutzbunker untergebracht, gute Musik, meist live, außerdem ›der‹ Billigbierplatz in Bergen.

Grieg & Co. ▶ **Troldhaugen** 24: Im ehemaligen Wohnsitz des Komponisten Edvard Grieg, werden Mitte Juni–Mitte Aug. an jedem So (18 Uhr) Konzerte veranstaltet, 7. Juni–30. Sept. außerdem an jedem Sa/So um 13 Uhr.

aktiv unterwegs

## ›Norwegen in einer Nussschale‹

### Tour-Infos

**Start und Ziel:** Bergen
**Dauer:** 1 Tag
**Tickets und Preise:** In der Standardversion kostet die (nicht geführte) Tagestour 975 NOK. In diesem Preis sind alle Tickets (auch Museumsbesuch) sowie Infomaterial enthalten; buchbar im Touristenbüro von Bergen sowie online unter www.norwaynutshell.com.
**Hinweis:** Wer die Tour in Oslo oder Voss beginnen bzw. auf mehrere Tage ausdehnen will, findet unter der Website ebenfalls alle wesentlichen Infos.

›Norwegen in einer Nussschale‹ – mit diesem Slogan wird vielerorts im Fjordland ein Tagesausflug angeboten, auf dessen Programm üblicherweise eine Bootsfahrt auf dem Sognefjord steht, die mit einer Fahrt mit der Flåm- und der Bergenbahn kombiniert ist. Bergen ist der reizvollste Ausgangspunkt dieser Tour, die zu den Highlights des Landes zählt und organisiert wesentlich preiswerter ist als individuell gebucht.

In ihrer Standardversion führt die Tour von **Bergen** aus um 8.40 Uhr mit der Bergenbahn (s. S. 162) innerhalb von zwei Stunden nach **Myrdal,** auf 866 m Höhe inmitten der Kältesteppe der Hardangervidda gelegen. Die Fahrt dorthin ist ungemein reich an spektakulären Anblicken, wie auch die sich anschließende Reise mit der **Flåmbahn** (s. S. 283) in puncto Panoramen kaum zu überbieten ist. Innerhalb von einer Stunde steigt sie steil ans Ufer des Sognefjords hinunter, das bei **Flåm** (s. S. 282) erreicht wird.

1,5 Stunden hat man nun Zeit, die traumhafte Lage des Ortes zu genießen sowie auch das Flåmsbahn-Museum zu besuchen, bevor es um 13.20 Uhr aufs Schiff geht, das über den auf der World Heritage List der UNESCO geführten **Nærøyfjord** (s. S. 279) nach **Gudvangen** (s. S. 279) fährt.

Es schließt sich eine wiederum spektakuläre Busfahrt entlang der **Stalheimskleivi-Straße** nach **Voss** (s. S. 274) an, wo man um 17.53 Uhr wieder in die Bergenbahn einsteigt und gegen 19 Uhr den Ausgangspunkt Bergen erreicht.

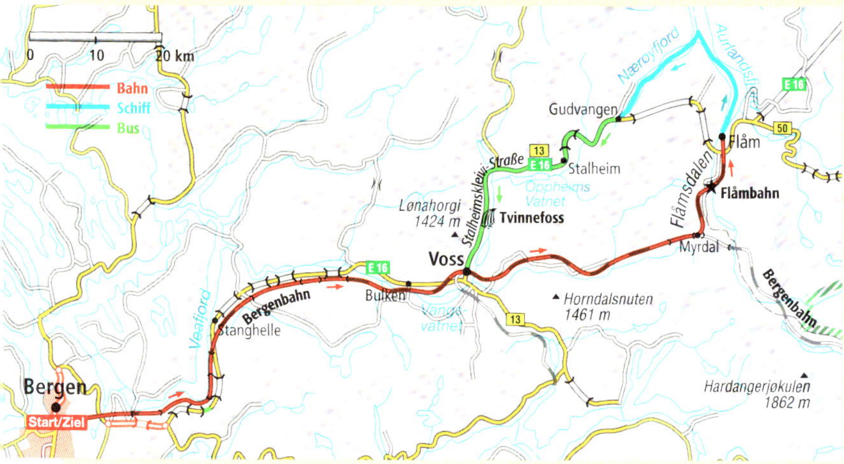

Weitere Informationen und Eintrittskarten (220 NOK) über das Touristenbüro, von wo um 17 Uhr die Extrabusse (im Preis inkl.) für die Abendkonzerte starten; die An-/Abfahrt für die Lunchkonzerte muss man selbst organisieren.

Kulturarena ▶ **Grieghallen** 5: Edvard Griegs Plass 1, Tel. 55 21 61 00, www.grieghallen.no. Größte Kulturhalle der Stadt für Konzerte, aber auch für Tanz und Theater.

Musicals und Boulevardtheater ▶ **Den Nationale Scene** 20: Tel. 55 54 97 30, www.dns.no. Norwegische Stücke, auch Musicals, leichtere Unterhaltung; vom 22. Juni–Anfang Sept. herrscht Sommerpause.

Internationale Bühnenkunst ▶ **Bergen Internationale Theater** 6: Tel. 55 23 22 35, www.bit-teatergarasjen.no. Norwegische und internationale Aufführungen: Theater, Tanz; vom 24. Juni–Ende Sept. herrscht Sommerpause.

Ballett und Tanz ▶ **Carte Blanche** 7: Studio Bergen, Nøstegt. 119, Tel. 55 30 86 80, www.carteblanche.no.

Kulturzentrum ▶ **Kulturhuset USF** 8: Georgernes Verft 12, Tel. 55 30 74 10, www.usf-verftet.no, Café tgl. ab 11 Uhr, sonst wechselnde Zeiten. Theateraufführungen und Ausstellungen, auch Jazz- und Blueskonzerte (Schwerpunkt Sept.–Mai), außerdem gibt es Kunsthandwerkstätten und eine Cinemathek sowie Bergens größtes Restaurant im Freien, das Kafe Kippers.

## Aktiv

Organisierte Fjordreisen ▶ **Fjord Tours** 1: Strømgt. 4, Tel. 81 56 82 22, www.fjord-tours.com. Eine Tochtergesellschaft der Norwegischen Staatsbahn und schon seit über 20 Jahren im Geschäft, ist größter Anbieter von ein- und mehrtägigen Fjord-Rundreisen z. B. in den Geirangerfjord (4 Tage, 4680 NOK), Sognefjord (1 Tag, 1250 NOK), den Hardangerfjord (1 Tag, 1250 NOK), den Lysefjord (4 Tage, 3570 NOK) und andere mehr. Die Website (auch deutschsprachig) ist sehr übersichtlich aufgebaut, enthält Fahrpläne und Preise, man kann dort direkt online buchen.

An kürzeren Touren lohnen sich neben ›Norwegen in der Nussschale‹ (s. S. 258) auch die Hafenrundfahrten (Mitte Juni–Mitte Aug. tgl. 14.30 Uhr, 130 NOK) und die 4-stündigen Fjordfahrten mit der ›White Lady‹ (Mai–Aug. tgl. ab 10 sowie 15.30 Uhr, 480 NOK).

Auf den Spuren der Hanse ▶ **Das Bryggens Museum** 3 organisiert vom 1. Juni bis 31. Aug. Stadterkundungen durchs Hanseviertel von 1,5 Std. Dauer. Die Führungen auf Deutsch beginnen tgl. um 10 Uhr (11 und 12 Uhr auf Englisch), Treffpunkt und Verkauf der Tickets (120 NOK) beim Museum; das Ticket gewährt am gleichen Tag Zutritt zum Bryggens Museum, dem Hanseatischen Museum (s. S. 248) und den Schøtstuene.

Sightseeing organisiert ▶ **Citysightseeing:** Tel. 22 78 94 00, www.citysightseeingbergen.com, Mai–Sept. Wenn Zeit ein Problem ist, bietet es sich an, auf geführte Sightseeing-Touren zurückzugreifen. Es finden sich zahlreiche Veranstalter, das Touristenbüro informiert umfassend; dort, wo die meisten Touren beginnen, kann man zudem alle Tickets kaufen. Populär sind zudem die Fahrten mit den offenen ›Cabriolet‹-Bussen sowie den Doppeldeckerbussen von Citysightseeing, die ab dem Skolten Cruiseship Terminal 2 hinter der Festung Bergenhus im Halbstundentakt (9–16 Uhr) eine bestimmte Route via dem Torget zu den Highlights der Stadt abfahren. Insgesamt werden 13 Stopps eingelegt, der Preis beträgt 225 NOK, man kann an allen Stationen immer wieder zu- und aussteigen.

Wanderungen ▶ Es gibt Dutzende von Wanderwegen, die panoramareichsten nehmen auf den Aussichtsbergen **Fløyen** 1 und am **Ulriken** 25 ihren (markierten) Anfang, nähere Infos über das Touristenbüro.

## Termine

**Bergenfest** (Ende Juni): Blues-Festival (www.bergenfest.no).

**Festspillene i Bergen** (Ende Mai/Anfang Juni): Kultureller Höhepunkt des Jahres, 12 Tage lang finden rund 200 verschiedene Musik-, Ballett-, Theater- und Folklore-Vorstellungen statt, wer dabei sein will, sollte unbedingt mehrere Wochen im Voraus buchen,

## Tipp: Ein Muss für Eisenbahn-Fans

Die alte Vossbahn, 1883 eröffnet und 1964 stillgelegt, wurde 1993 zur Museumsbahn erklärt und verkehrt seitdem, direkt vor der Haustür Bergens, auf dem 18 km langen Abschnitt Garnes–Midttun. Gezogen wird sie von einer Dampflok (Baujahr 1913), auch die Waggons stammen aus alter Zeit. Mitte Juni–11. Sept. jeden So um 11.30 und 14.30 Uhr ab Garnes und um 12.30 sowie 15.40 Uhr ab Midtun; die Fahrzeit beträgt 50 Min., der Preis beläuft sich auf 150 NOK. Die An- und Rückfahrt ist problemlos mit Bus und Zug, Informationen über das Touristenbüro von Bergen sowie NJK – Gamle Vossebanen, Postboks 638 Sentrum, 5807 Bergen, Tel. 55 91 77 80, www.njk.no.

entweder über das Touristenbüro (s. o.) oder über die Festspielleitung: Festspillene i Bergen, Postboks 183, 5804 Bergen, Tel. 55 21 06 36, www.fib.no.

**Nattjazz** (Ende Mai/Anfang Juni): Internationales Jazzfestival mit etwa 60 Konzerten (www.nattzjazz.no).

**Bergen Internationales Kammermusik Festival** (Ende Aug.)

**Gourmetfestival** (Mitte. Sept.): www.matfest.no.

**Bergen Filmfestival** (Okt./Nov.): www.biff.no.

### Verkehr

**Flugzeug:** Tgl. mehrere Verbindungen zu allen größeren Städten Norwegens mit SAS, Widerøe, Norwegian; mit SAS und Norwegian außerdem u. a. von/nach Berlin, München, Hamburg, Kopenhagen, Stockholm. Der Flughafen (Tel. 67 03 11 00) liegt rund 20 km südlich bei Flesland, Buszubringer ab SAS Royal Hotel/Bryggen sowie ab Busbahnhof (s. u., alle 20 Min. zu 100 NOK/Pers., Taxi kostet 300–350 NOK je Tageszeit).

**Bahn:** Die Bergenbahn fährt 5 x tgl. nach Oslo, der Hauptbahnhof liegt nahe dem Zentrum an der Strømgt. Informationen über Tel. 177 und 81 50 08 88.

**Bus:** Mehrere Verbindungen tgl. mit allen größeren Städten des Landes. Innerhalb von Hordaland sehr gute Verbindungen, auch das gesamte Fjordland wird bestens bedient. Der Busbahnhof befindet sich beim Bahnhof an der Strømgt., wo es auch ein Auskunftsbüro gibt, ins Stadtzentrum kommt man kostenlos mit dem ab der Rückseite des Busbahnhofes Richtung Sentrum verkehrenden ›P Bus‹.

**Fähre:** Mehrmals pro Woche nach Hirtshals/DK: Fjord Line, Skoltegrunnskaien, Tel. 81 53 35 00, www.fjordline.no.

**Hurtigruten:** Bergen ist Anfangs- bzw. Endpunkt der Hurtigruten (Postdampfer), tgl. um 20 Uhr bzw. 22.30 Uhr (Winterhalbjahr) legt ein Schiff Richtung Kirkenes ab. Infos über Tel. 81 03 00 00, www.hurtigruten.no.

**Schnellboot:** Hochgeschwindigkeitskatamarane fahren etwa 2–3 x tgl. ab Strandkaiterminal u. a. nach Haugesund und Stavanger, nach Flåm und Sogndal, Selje und Årdalstangen, Sunnhordaland, Nordfjord, es werden nur Personen und Fahrräder befördert. Infos über das Touristenbüro sowie Fjord1 Fylkesbaatane, Tel. 57 75 70 00, www.fjord1.no.

**Mietwagen:** Dutzende Mietwagen-Firmen sind niedergelassen, u. a. Budget (Tel. 55 32 60 00) und Avis (Tel. 55 55 39 55). Am günstigsten ist es bei Rent-a-Wreck (www.rent-a-wreck.no, Tel. 98 83 45 75).

**Stadtverkehr:** Das Busnetz ist dicht und effektiv, alle Sehenswürdigkeiten auch außerhalb des Zentrums lassen sich per Bus erreichen (Fahrpläne im Touristenbüro, Infotel. 177). Der ›P-Bus‹ verkehrt kostenlos zwischen dem Torget und dem Bus-/Hauptbahnhof.

Wer mit dem eigenen Fahrzeug anreist: Jede Einfahrt in den inneren Stadtbereich ist mautpflichtig (15 NOK).

**Taxi:** Vorbestellungen über Tel. 07 000.

**Dem Naturhafen Vågen verdankt Bergen seine Gründung und auch spätere Machtentfaltung**

# Hurtigruten – Die schönste Seereise der Welt

**Sie gilt als die schönste Seereise der Welt – die hin und zurück rund 2500 Seemeilen lange Hurtigruten-Fahrt zwischen der alten Hansestadt Bergen und Kirkenes, dem entlegenen Ort an den grauen Gestaden der Barents-See. 34 Häfen werden innerhalb der zwölftägigen Passage angelaufen, denn nach wie vor ist die Postdampfer-Fahrt eine Mischung aus Seereise und alltäglichem Transportmittel für die Küstenbewohner.**

Wir sitzen im Klappstuhl auf dem Panoramadeck der ›Nordlys‹, die Beine gegen die vibrierende Reling gestemmt, und von hier aus gesehen stimmen die Requisiten gängiger Kreuzfahrerträume. Aber die Realität hinter der Bordwand, schwarzblaues Wasser mit Schaumkronen, kahle Felsbastionen und nur vereinzeltes Grün, zeigt sofort, dass sich das Schiff keinem der üblichen Kreuzfahrtreviere nähert, sondern eher raue Gestade am Rande der bewohnbaren Welt ansteuert: Die an Russland angrenzende subpolare Landschaft der Ost-Finnmark liegt in ihrer archaischen Schönheit vor uns.

Doch die Dampferfahrt über den in die Barents-See sich öffnenden Varangerfjord steht nicht am Anfang der Begegnung mit Küsten-Norwegen. Vielmehr markiert sie den mittleren Abschnitt der elftägigen Reise von Bergen nach Kirkenes und zurück, die unter dem Namen Hurtigruten in der Welt des internationalen Reiseverkehrs einen ganz besonderen Stellenwert innehat, ja als »schönste Seereise der Welt« gerühmt wird. Ob sie es ist, sei dahingestellt, aber sicher hat keine andere Strecke durch Norwegen einen solch einzigartigen Reiz wie diese, die für 5410 km am äußeren Rand Norwegens entlang verläuft: Mal geht es durch Schärengärten, mal durch Fjorde und enge Sunde, dann wieder aufs offene Meer hinaus, bald an majestätischen Bergen und Gletschern, aber auch an lieblichen Feld- und Wiesenlandschaften vorbei. Im Sommer beziehen die Tage die Nächte ein, und die Farben des Himmels, die sich im Meer spiegeln, sind von unbeschreiblicher Schönheit. Im Winter, wenn es nördlich des Polarkreises nicht hell wird, erleuchten Mond und Sterne die eisklare Welt. Im Frühling und Herbst wird die Fahrt zu einer Reise durch die Jahreszeiten, denn während im Süden die Bäume blühen bzw. rot-gelb-golden aufleuchten, herrscht im Norden noch bzw. schon der Winter.

Selbstverständlich kann man in jedem der 34 Häfen auch an Land gehen, wenn man sich nicht damit zufrieden geben möchte, das lebhafte Treiben an den Kaianlagen von Bord aus zu betrachten. Wer besonders interessante Streckenabschnitte auf dem Landweg zurücklegen möchte, kann an Bord organisierte Touren buchen. Da die elf zurzeit in Dienst stehenden Dampfer der Hurtigrute zunächst einmal Verkehrsmittel für die örtliche Bevölkerung sind, kann man auch einzelne, beliebige Abschnitte buchen.

Eingerichtet wurde die Postschifflinie 1893. Am 2. Juli verließ das Dampfschiff ›Vesteraalen‹ den Hafen von Trondheim mit Kurs auf Hammerfest. War ein Brief zwischen diesen beiden Orten bis dato zwischen drei Wochen (im Sommer) und fünf Monaten (im Winter) unterwegs, verkürzte sich diese Zeit nun auf wenige Tage. Die Hurtigrute, was so viel

Thema

wie Schnellroute bedeutet, wurde als Revolution im Verkehrs- und Kommunikationswesen gefeiert und bald ausgeweitet: 1898 kam Bergen als südlichste Station hinzu, ab 1907 fuhren die Schiffe über Hammerfest hinaus bis Vadsø, ab 1914 wurde auch Kirkenes angelaufen. Verkehrte zu Beginn die Linie nur einmal pro Woche, fährt seit den 30er-Jahren täglich ein Schiff ab Bergen Richtung Norden und zurück. Die Pünktlichkeit der Linie ist legendär, lediglich bei Sturm kann es mitunter zu Verspätungen kommen – dank ihrer speziellen Konstruktion können die Schiffe auch bei schwerster See auslaufen.

Weil die Hurtigruten-Schiffe keine luxuriösen Kreuzfahrtschiffe mit Ballsaal und Casino sind, kann man die elegante Garderobe getrost zu Hause lassen. Die Kombischiffe sind umso mehr auch auf die Bedürfnisse von komfortgewohnten Touristen ausgerichtet, je jünger ihr Baujahr ist. Die ›MS Nordstjernen‹, das älteste Schiff – schwarz-weiß gestrichen und nostalgisch anmutend – wurde 1956 auf Werft gelegt; es ist 80 m lang, eher bescheiden eingerichtet, macht diesen ›Mangel‹ aber mit seinem Charme mehr als wett. Die nächstjüngere Generation (Baujahr 1982/83) wird von der ›Vesterålen‹ repräsentiert (40 Autoplätze). Die ›Kong Harald‹, ›Richard With‹, die ›Nordlys‹, ›Polarlys‹, ›Finnmark‹, ›Nordkapp‹ und ›Nordnorge‹ gehören mit 122 m Länge sowie einem umfassenden Komfortangebot (und 50 Autoplätzen) der neuen Generation an. 2002/03 kamen die Luxusliner ›Finnmarken‹ (u. a. mit Pool), ›Trollfjord‹ und ›Midnatsol‹ hinzu. Sie fassen bis zu 1000 Passagiere und sind kaum noch von mondänen Kreuzfahrtschiffen zu unterscheiden.

**Eine Kreuzfahrt entlang der norwegischen Küste – mit der Hurtigruten-Linie**

# Der Hardangerfjord

**180 km tief reicht der Hardangerfjord ins Bergland der Hardangervidda hinein. Über seine mächtigen Felsflanken ergießen sich einige der höchsten und berühmtesten Wasserfälle des Landes, seine Ufer sind mit Obstbäumen gesäumt und traditionsreiche Ferienstädtchen laden zum Verweilen ein.**

Im Fjordland gibt es Hunderte Fjorde, und alle haben ihren ganz besonderen Reiz, doch der weit verzweigte Hardangerfjord, der mit seinen zahlreichen Seitenarmen ein regelrechtes Fjordsystem bildet, gilt vielen als der schönste. Seine Gesamtlänge von der Insel Bømlo an der Fjordöffnung zur Nordsee bis hin nach Odda am inneren Sørfjord beträgt rund 180 km, womit er nach dem Sognefjord (s. S. 278) der zweitlängste Fjord Norwegens ist. Wird er in den äußeren, küstennahen Abschnitten von einer eher sanft hügeligen Wiesen- und Waldlandschaft geprägt, so ist er in den mittleren und inneren Regionen von schmalen Ufersäumen flankiert, die über steile Felswände hin zum Hochfjellplateau der Hardangervidda ansteigen, die ihrerseits die östliche Begrenzung des Fjords bildet. Seine Flanken werden von der Eiskrone des Folgefonn-Gletschers dominiert, tosende Wasserfälle, darunter einige der imposantesten des Königreiches, ergießen sich in bis 860 m

**Der ›Obstgarten Norwegens‹ zeigt sich im Mai und Juni in seiner schönsten Form**

Tiefe, und Obstbäume, gut eine halbe Million an der Zahl, gedeihen an seinen Ufern.

Der Fjord liegt im Hordaland, und er dominiert den rund 16 000 km² großen Bezirk derart, dass dieser oft auch als Hardangerland bezeichnet wird. Hier kommen sie her, die berühmten Segler vom Hardangertyp, auch Norwegens Nationalinstrument, die Hardangerfidel (s. S. 270), ist hier zu Hause, und in den Werken vieler Künstler hat die Schönheit der so außerordentlich kontrastreichen Natur gleichfalls tiefe Spuren hinterlassen.

## Sørfjord ▸ C 27/28

Der über 50 km lange, dabei durchschnittlich aber nur 3 bis 4 km breite Nebenarm des Hardangerfjords wird nicht von Felsen, sondern von grünen Hängen flankiert. Zwar kann man von der zur Nationalen Touristenstraße erklärten R 13 aus (www.nasjonaleturistveger.no) immer wieder durch Quertäler Blicke auf die Eiszungen der bis über 1600 m hoch aufragenden Folgefonn-Halbinsel sowie auf die Berghauben der Hardangervidda erhaschen. Doch bei alledem dominiert das Liebliche, das seinen prächtigsten Ausdruck Ende Mai/Anfang Juni findet, wenn die mehr als 500 000 Apfel- und Pflaumen-, Birnen- und Kirschbäume in voller Blüte stehen. Zur Erntezeit im August/September werden die Früchte im Straßenverkauf feilgeboten, aber schon im Juni/Juli sind vielerorts ›Frukt‹-Schilder zu sehen: Dann nämlich stehen hier überaus aromatische Erdbeeren zum Verkauf. Eingeführt wurde dieser Erwerbszweig vor rund 900 Jahren von irischen Mönchen, die außer Gottes Wort auch die süßen Früchte mitbrachten.

Heute zieht bereits die Obstbaumblüte eine große Zahl vorwiegend norwegischer Touristen an den Sørfjord, während ausländische Besucher meist der landschaftlichen Sensationen wegen anreisen. Und dies bereits seit über 100 Jahren: Der deutsche Kaiser Wilhelm II. beispielsweise kreuzte mit seiner Jacht nahezu jeden Sommer im Sørfjord, der seinerzeit schon von bis zu 80 Kreuzfahrtschiffen jährlich befahren und von über 14 000 ausländischen Gästen besucht wurde.

## Odda ▸ C 28

Der an der südlichen Stirnseite des Sørfjords gelegene Ort **Odda** **1** galt Anfang des 20. Jh. als größtes Ferienzentrum Norwegens, doch dann wurden, ab 1906, zahlreiche Industriebetriebe angesiedelt (u. a. Zinkhütten, Aluminiumwerke), und seitdem ging es, zumindest in touristischer Hinsicht, bergab mit dem Ort. Ein Aufenthalt aber kann sich dennoch lohnen, denn insbesondere die Lage des heute rund 5000 Einwohner zählenden Städtchens, das sich nicht nur sein freundliches Gesicht bewahrt, sondern auch schier unbegrenzte Wander- und Ausflugsmöglichkeiten bietet, ist beeindruckend.

### Norsk Vasskraft- og Industristadmuseum

Kulturhistorisches macht sich rar, einzige Sehenswürdigkeit im engeren Sinn ist das 6 km außerhalb an der R 13 bei Tyssedal gelegene **Norwegische Wasserkraft- und Industriemuseum,** das im ›Tysso I‹-Kraftwerk eingerichtet ist. Hier können sich Besucher über die norwegische Wasserkraft-Geschichte sowie über das ›Abenteuer Industrie‹ informieren (www.nvim.no, Ende Mai–Anfang April tgl. 10–17, sonst Di–Fr 10–15 Uhr, 90 NOK).

### Mågelitopp-Schienenbahn

Von Tyssedal bietet sich ein Abstecher zum 6 km entfernten **Ringedalsvatn** an, der im wilden Skjeggedal liegt. An seiner 32 m hohen Staumauer befindet sich die Talstation der **Mågelitopp-Schienenbahn,** die als offene Pendelbahn (ein Wagen fährt nach oben, ein anderer nach unten) im Lorenstil die 42 Grad steile Bergkante auf die fast 1000 m hohe Hochebene Hardangervidda hinauffährt. Von oben genießt man nicht nur ein gigantisches Panorama, sondern kann auch zu verschiedenen Wanderungen aufbrechen, von denen die zur Aussichtskanzel ›Trollzunge‹ (rund 7 Std.) wohl die mit Abstand spektakulärste ist (s. Abb. S. 60/61). Wer die letzte Bahn zu Tal verpasst hat, kann dem fast endlos langen Stiegenweg hinab zum Ausgangspunkt folgen (zuletzt fanden aufwendige Renovierungsarbeiten statt, weshalb man sich im Touristenbüro informieren sollte, ob und wann die Bahn verkehrt).

## Wasserfälle und Gletscherblick

Kein Besuch in Odda, ohne nicht einen Ausflug in das südlich an den Sørfjord sich anschließende Oddadal gemacht zu haben, das auch als ›Tal der Wasserfälle‹ bekannt ist und von der R 13 erschlossen wird. Allein auf den ersten 15 km ab Odda passiert man den Tjørnadalsfoss, Strandsfoss, Vidfoss und Espelandsfoss sowie den zweiarmigen **Låtefoss** **2**, der sich aus 165 m Höhe ins Tal ergießt und der Straße einen ständigen ›Regenschauer‹ beschert. Der ›König‹ unter den Wasserfällen ist eine international bekannte Attraktion (s. a. S. 151).

Folgt man der R 13 über den Låtefoss hinaus, ist es nur eine kurze Fahrt bis zur Kreuzung mit der E 134, die Richtung Haugesund zum etwa 35 km entfernten und ungemein monumentalen **Langfoss** **3** führt, der sich mit einer Fallhöhe von gut 500 m direkt neben der Fahrbahn in die Kluft des **Åkrafjords** ergießt. Da das letzte Straßenstück mautpflichtig ist (40 NOK), parken viele Besucher vor der Mautstelle und legen den letzten Kilometer zu Fuß zurück.

Aber auch von der Richtung Røldal führenden E 134 aus tun sich grandiose Ausblicke auf, allerdings weniger auf Wasserfälle als auf die Eismassen des **Folgefonn-Gletschers.** Laut Werbeprospekt gehört dieses im Verlauf der Fahrt mehrfach zu genießende Panorama »zu den schönsten Sehenswürdigkeiten von Westnorwegen«.

## Buarbreen

Einen Gletscher aus der Ferne zu sehen oder aber ihn direkt vor Augen zu haben sind zweierlei Dinge, und wer direkte Tuchfühlung mit einem Gletscher aufnehmen möchte, ist in Odda richtig: Bilderbuchgleich ›fließt‹ die vom Folgefonn herabkommende **Gletscherzunge** des Buarbreen bis nahezu Meeresniveau in das Oddadal hinunter. Im Rahmen einer einfachen Wanderung kommt man bis an die Gletscherkante heran (siehe aktiv unterwegs S. 268).

## Infos

**Odda Turistinformasjon:** Postboks 114, 5751 Odda, Tel. 53 65 40 05, www.hardangerfjord.com, Mo–Fr 9–15, Mitte Juni–Mitte Aug. Mo–Fr 9–19, Sa/So 11–17 Uhr.

## Übernachten

Markante Lage ▶ **Vasstun Gjestehus & Opplevelser:** Vasstun 1, Tel. 40 00 44 86, www.vasstun.no. Das ehemalige Altersheim, umfassend renoviert, liegt panoramareich inmitten einer Gartenanlage am Sandvinsvatnet über Odda. Die 27 Zimmer bieten teilweise eine herrliche Aussicht. Angeschlossen sind eine Gästeküche und ein Restaurant (Hauptgerichte ab 135 NOK) sowie eine gemütliche Kaffeebar, es werden Boote und Kanus sowie Fahrräder verliehen, des weiteren Wanderungen und Gletschertouren organisiert. DZ ab 720 NOK.

Unprätentiös ▶ **Hardanger Hotel:** Eitrheimsveien 13, Tel. 53 64 64 64, www.hardangerhotel.no. Mehrgeschossiger Bau in zentraler Lage, der von innen viel mehr hermacht, als man von außen glauben möchte. Komfortable Zimmer, teils mit herrlichem Fjordblick. DZ ab 950 NOK inkl. Frühstücksbüffet.

Camping mit Blick ▶ **Odda Camping:** An der Straße nach Buar, Tel. 41 32 16 10, www.oddacamping.no, Mitte Mai–Aug. Dem Vasstun Gjestehus angeschlossener Panoramaplatz in idyllischer Wiesenlage am Sandvinsvatnet. Gute Ausstattung, Hütten ab 690 NOK, Betten ab 195 NOK.

Am Flussufer ▶ **Hildal Camping:** 13 km südlich Odda an der R 13, Tel. 53 64 50 36. Einfacher Platz mit günstigen Hütten (ab 350 NOK).

## Aktiv

Das Touristenbüro informiert über die unerschöpflichen Wandermöglichkeiten auf der

## Hardangerfjord

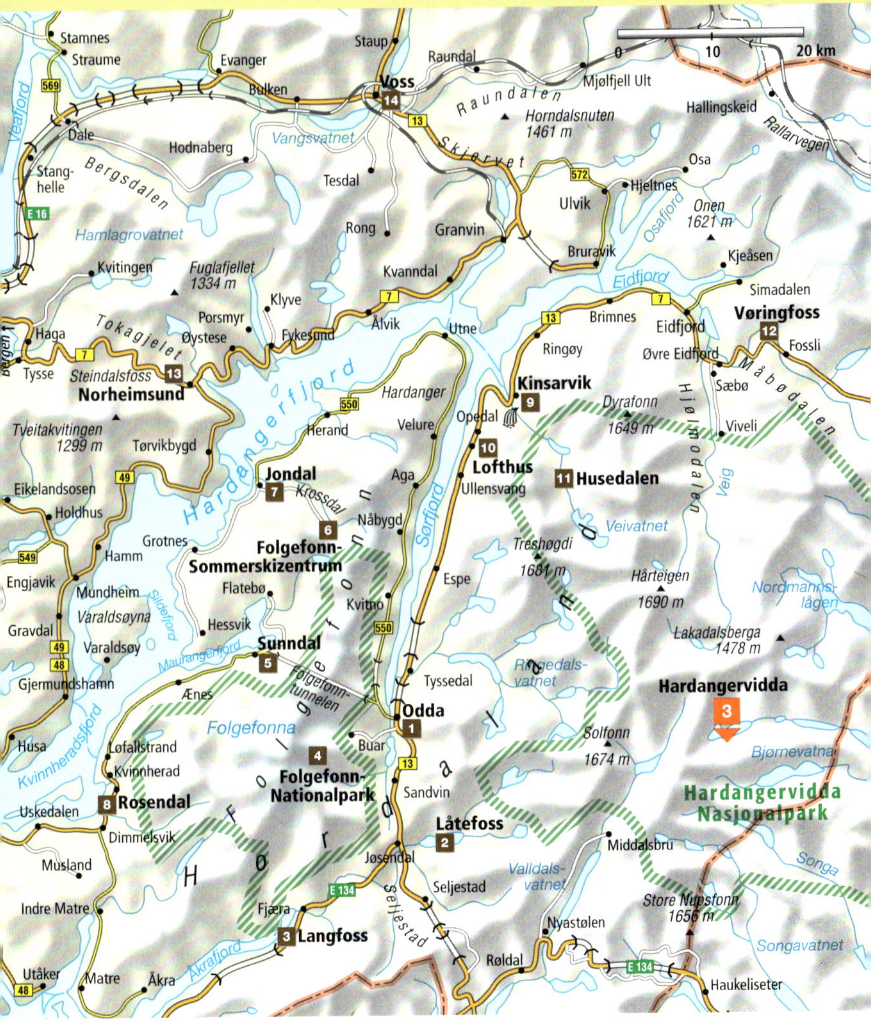


Hardangervidda sowie über Fahrradrouten, Kletterstiege und andere Aktivitäten mehr. ›Das‹ Erlebnis ist eine Wanderung an die Eiswalze des Buarbreen (s. S. 268).

**Wandertouren ▶ Opplev Odda:** Tel. 53 64 32 88, www.opplevodda.com. Auch Kanu-, Fahrrad- und Gletschertouren.

**Gletschertouren ▶ Folgefonni Breførerlag:** Tel. 55 29 89 21, www.folgefonni-breforarlag.no. Geführte Gletscherwanderungen, Gletscherkurse und Eisklettern, im Juli die Gletscherquerung von Odda nach Sunndal.

### Verkehr

**Bus:** Mehrere Verbindungen tgl. Richtung Bergen via Utne und Oslo entlang der E 134, außerdem Verbindungen mit der Kvinnherad-Halbinsel bis Rosenheim (mit Anschluss an das Schnellboot nach Bergen), Haugesund, Stavanger und anderen Städten.

aktiv unterwegs

## Wanderung zur Gletscherzunge Buarbreen

### Tour-Infos

**Start:** Parkplatz am Ende der (ausgeschilderten) Straße im oberen Buardal.
**Dauer/Länge:** ca. 3 Std. hin und zurück, ca. 10 km
**Wegbeschaffenheit:** Teils etwas rutschiger Erd- und Felsweg
**Orientierung:** Der Weg ist ausgezeichnet markiert, Kartenmaterial nicht erforderlich.
**Geführte Gletschertouren:** Die Wanderung zur Gletscherzunge kann man problemlos allein unternehmen, doch wer dann auf das Gletschereis hinauf will, muss an einer geführten Tour teilnehmen. Von Mitte Juni–Mitte Aug. organisiert das Touristenbüro tgl. geführte Blaueistouren (Mindestalter 12 Jahre), die 7 Std. dauern und 650 NOK/Pers. kosten. Anmeldung spätestens ein Tag im Voraus.

Besuch in der Eiszeit gefällig? Der Buarbreen, ein Nebenarm des Folgefonn-Gletschers und im Rahmen einer einfachen Wanderung von Odda aus schnell erreicht, macht es möglich.

Ein Schild mit Aufschrift »Buar 6 km« weist ab der Hauptstraße den Weg am Odda-Camping (s. S. 266) vorbei und ins üppig grüne Buardal hinein, das für seinen Vogelreichtum bekannt ist. Die schmale Straße mit Schotterbelag zieht sich bis zu einem kleinen Parkplatz hin.

Hier beginnt der eigentliche Wanderweg, der von nun an durchgehend mit einem roten ›T‹ markiert ist. Bald schon führt der Weg in einen wahren Trollwald aus alten und krumm gewachsenen Bäumen hinein, von Moosen und Flechten umhüllt. Kleine Holzstege bzw. Brücken führen über Feuchtstellen und Bäche hinweg, und dank eines Seils lassen sich auch die wenigen steilen Abschnitte problemlos meistern.

Nach insgesamt zwei Stunden Wanderung geht es eine Leiter hinunter – und da liegt er voraus bzw. oberhalb am Hang, der Buarbreen: Angesichts des tiefblau schimmernden Eissturzes, in der lavendelfarbene Grotten und Spalten klaffen, ist der Vergleich mit einem surrealistischen Kristallpalast durchaus stimmig.

## Folgefonn-Nationalpark

▶ B/C 27/28

2005 erklärte das norwegische Parlament die Region rings um den Folgefonn-Gletscher für besonders schützenswert. Der **Folgefonn-Nationalpark** 4, ein 545 km² großes Refugium am Bondhusgletscher, ist der bislang einzige, der vom Meeresspiegel bis hinauf zu den Gletschern reicht, deren höchste Erhebung 1662 m misst. Der Folgefonn (auch: Folgefonna) selbst ist mit einer Fläche von rund 212 km² der drittgrößte Gletscher Norwegens und besteht aus den drei Plateaugletschern Nordfonna, Midtfonna und Sørfonna. Er ist der größte und kompakteste und kann am einfachsten von Odda aus erkundet werden.

### Gletscherquerung

Von **Sunndal** 5 aus verläuft ein als ›Turistvegen‹ oder auch ›Keisarstien‹ bekannter und schon seit 1896 genutzter Wanderweg auf den Gletscher hinauf sowie über das Gletscherfeld hinüber, an dem drei Wanderhütten einladen. Die erste, die der Wanderer passiert, ist die **Breidablik-Hütte** auf 1322 m Höhe, wohin man ab dem Sunndal rund sechs Wanderstunden benötigt. Von dort aus ist es eine weitere Stunde bis zur **Fonnabu-Hütte** (die direkt am Eisrand auf 1449 m Höhe liegt). Weiter geht es für etwa 1–2 Stunden über das Eisfeld hinweg zur **Holmaskær-Hütte,** die auf 1565 m Höhe direkt unterhalb

## Tipp: Ein Ausflug von Kinsarvik nach Utne und Agatunet ▶ C 27

### Utne Hotel

Von Kinsarvik aus verkehrt rund 10-mal täglich auf einer panoramareichen Strecke ein Fährschiff (10 Min.) nach **Utne** am Westufer des Sorfjords. Das Dorf präsentiert sich als pittoresker Ort im Holzbaulook, und als der malerischste Prachtbau gilt das aus dem Jahre 1772 stammende Utne Hotel, das älteste Hotel Norwegens. Es ist einfach herrlich, hier im festlichen Speisesaal zu tafeln oder auch im Garten auf der Terrasse eine Tasse Kaffee zu trinken, was auch für Nicht-Hotelgäste möglich ist. Wer hier wohnen will, muss so früh wie möglich reservieren, denn es stehen nur 15 (2004 renovierte) Zimmer zur Verfügung, die, allesamt stilecht möbliert und ungemein gemütlich eingerichtet (und mit Absicht ohne TV und Radio), sehr begehrt sind. Der Preis für ein DZ liegt ab 1390 NOK, Reservierungen über Tel. 53 66 64 00, www.utnehotel.no.

### Freilichtmuseum Hardanger

Eine weitere Sehenswürdigkeit von Utne ist das Freilichtmuseum Hardanger, das als Regionalmuseum die Geschichte des gesamten Hardangerraums aufarbeitet – ein absolutes ›Muss‹ für jeden kulturhistorisch interessierten Reisenden! Hier gibt es Ausstellungen zu Volkstanz und Volksmusik, zu Volkstrachten und Trachtenzubehör, zum Obstanbau, zur Stellung der Frau in der traditionellen Bauerngesellschaft sowie zu den lokalen Hochzeitsbräuchen. Auch die Werkstatt von Olav Vindal (geb. 1951), dem zurzeit wohl berühmtesten Hardangerfidel-Bauer von Norwegen, ist hier zu besichtigen (man kann auch Fideln bestellen). Die Freilichtabteilungen zeigen Dutzende Bauten aus vielen Jahrhunderten, und an besonderen Tagen kommt Leben in die alten Gehöfte: Dann werden die traditionellen Handwerkstechniken demonstriert, Fladenbrot und Kuchen gebacken (Hardanger Folkemuseum: www.hardangerogvossmuseum.no, Mai–Aug. tgl. 10–17, sonst Mo–Fr 10–15 Uhr, 70 NOK).

### Zum Dorf Agatunet

17 km südlich von Utne lädt das unter Denkmalschutz stehende Haufendorf Agatunet zu einem Besuch ein. Rund 40 Häuser vom Mittelalter bis in unsere Zeit hinein sind hier erhalten, die ›Richterstube‹ etwa, die auf das 13. Jh. datiert wird, gilt als einzigartig in Norwegen. Es gibt eine Mittelalter-Ausstellung, Trachten werden gezeigt und Kunstgewerbe steht zum Verkauf. Ein Café bietet lokale Spezialitäten und jeden Freitag traditionelles Backwerk (www.hardangerogvossmuseum.no, Juni –Mitte Aug. tgl. 10–17 Uhr, 70 NOK).

des höchsten Gletschergipfels liegt und ein atemberaubendes Panorama bietet.

Der Abstieg in Richtung **Odda** dauert etwa vier Stunden. Dieser ist angeblich auch ohne Führer möglich, doch da in Vergangenheit mehrere Unfälle zu beklagen waren und eine Gletscherquerung stets ein Risiko birgt, wird dringend empfohlen, zumindest den letzten Abschnitt mit Führer zu begehen (s. u.).

### Folgefonn-Sommerskizentrum

Wer weniger aktiv ist, aber dennoch einzigartige Eindrücke erleben möchte, sollte den Weg zum **Folgefonn-Sommerskizentrum** 6 (Anfang/Mitte Mai–Mitte Aug., tgl. 9–16 Uhr, Tel. 46 80 59 66, www.folgefonn.no) einschlagen, der in **Jondal** 7 (s. S. 274) von der R 550 abzweigt und in seinem 19 km langen mautpflichtigen Verlauf bis auf 1200 m ansteigt, wo er direkt unterhalb der Gletscherzunge endet. Der Blick auf den Fjord hinunter sowie auf die hochalpinen Berge hinüber sind umwerfend und lohnen auch dann die Fahrt, wenn man nicht die Sommer-Rodelbahn (1,5 km lang) und/oder die Skipisten nutzen möchte (s. u.).

### Aktiv

Gletschertouren ▶ **Folgefonni Breførarlag:** Tel. 55 29 89 21, www.folgefonni-breforarlag.no. Man bietet Mitte Juli–Mitte Aug. tgl. eine ganztägige Überquerung des Folgefonn-Gletschers von Fonnabu aus bis Odda hinunter an (400 NOK/Pers.). Im Programm sind auch Mountainbike- und Kajak-Touren.
Sommerski ▶ Die Folgefonn-Anlage ist Anfang/Mitte Mai–Mitte Aug. tgl. 9–16 Uhr geöffnet, zwischen Mitte Juni und Mitte Juli verkehrt ab Jondal um 9.45 Uhr zudem ein Gletscherbus zum Skifeld hinauf (retour 15.50 Uhr), wo die erforderliche Ausrüstung ausgeliehen werden kann: Ski 350 NOK/Tag, Snowboard 350 NOK, Liftfahrt 75 NOK, Tageskarte 380 NOK.

## Halbinsel Kvinnherad

**▶ B/C 27/28**

Die Kvinnherad-Halbinsel, die sich zwischen Sørfjord und den eigentlichen Hardangerfjord schiebt, ist geprägt durch einen selbst für Westnorwegen außerordentlich großen Reichtum an ganz und gar unterschiedlichen Landschaften. Hier finden sich auf kleinstem Raum steilste Fjorde ebenso wie kiefernbedeckte Schären und idyllische Sunde; malerische Wiesentäler führen in wildromantische Schluchten mit gischtsprühenden Wasserfällen, und in ausgedehnten Laub- und Nadelwäldern sind die größten Hirschrudel des Landes zu Hause.

Die Ortschaften, die nahezu alle entlang des Ufers liegen, sind ebenso klein wie malerisch, ja scheinen oft den Anschluss an die heutige Zeit verpasst zu haben. Auch in puncto Tourismus hinkt die Region noch ein wenig hinterher, da sie, durch das Folgefonn-Massiv isoliert, bis Juni 2001 nur per Fähre erreicht werden konnte. Doch nun führt von Odda der 11 km lange Folgefonn-Tunnel (mautpflichtig, 65 NOK/Pkw) hinüber. Wo er endet, erstreckt sich der schmale Arm des steil umrandeten Maurangerfjords, dem die panoramareiche Uferstraße gen Süden folgt.

Zumindest bis **Rosendal** sollte man diese Strecke nehmen, denn das von mächtigen Bergen umgebene Städtchen bietet als Attraktion die **Baronie Rosendal** **8**, die einzige des Landes und zugleich das kleinste Schloss Skandinaviens. Es wurde 1665 errichtet und wartet mit einer historisch originalen Ausstattung auf. Ebenso sehenswert wie das Schloss ist der große Park, der nach strengen Vorgaben der Renaissance angelegt wurde und jahrhundertealte, beeindruckend große und schöne Laubbäume besitzt (Baroniet Rosendal: www.baroniet.no, 14. Mai–Juni stdl. Führung von 11–15 Uhr, bis 7. Aug. jede halbe Std. von 10–18 Uhr, bis 11. Sept. stdl. 11–15 Uhr, 75 NOK, während der Hochsaison 100 NOK).

### Infos

**Rosendal Turistinformasjon:** 5470 Rosendal, Tel. 53 48 42 80, www.visitsunnhordland.no, Mitte Mai–Sept. befindet sich die Infostelle am Kai in Rosendal (tgl. 10–18 Uhr), sonst im Rathaus.

### Verkehr

**Bus:** Von Rosendal aus bestehen mehrmals tgl. Verbindungen nach Odda.
**Fähre:** Ab dem kleinen Ort Løfallstrand nördlich von Rosendal verkehren Fähren nach Gjermundshamn (gut 20 x tgl., 25 Min.), von wo aus man mit dem Auto nach Bergen weiterfahren kann.
**Schnellboot:** 1–3 x tgl. Direktverbindung von/nach Bergen (330 NOK, www.rodne.no).
**Auto:** Der 11 km lange Folgefonn-Tunnel, der die Kvinnherad-Halbinsel erschließt, kostet 65 NOK Maut, 130 NOK für Wohnmobile.

## Kinsarvik und Lofthus

**▶ C 27**

Am Kreuzungspunkt des Sørfjords mit dem Eidfjord sowie dem Hauptarm des Hardangerfjords erstreckt sich an einer malerischen Wald- und Wiesenbucht **Kinsarvik** **9**, das knapp 1000 Einwohner zählende Zentrum der Ullensvang-Gemeinde, das zusammen mit dem benachbarten **Lofthus** 10 ›das‹ Ferienzentrum der Region bildet. Gegründet wurden beide Siedlungen im 11. Jh. von Mönchen des Zisterzienserordens, und durch das ganze Mittelalter hindurch blieb der Doppelort ein äußerst bedeutender Kirch- und Handelsort. Die wichtigsten Zeugnisse aus dieser Zeit sind die im romanischen Stil errichtete **Kinsarvik-Kirche** aus dem 12. Jh. (Mitte Juni–Mitte Aug. tgl. 10–19 Uhr) sowie die gotische **Ullensvang-Kirche** aus dem 13. Jh. südlich von Lofthus (Juni–Mitte Aug. tgl. 10–19 Uhr).

In Lofthus lohnt ein Besuch des zum Hardanger Volksmuseum gehörenden **Skredhaugen-Freilichtmuseums**, das eine Sammlung alter Hofgebäude, die Privatsammlung des Künstlers Bernhard Greve sowie eine Kollektion norwegischer Gemälde zeigt (www.hardangerogvossmuseum.no, 24. Juni–5. Aug. Sa/So 12–17, Mi 18–20 Uhr, 70 NOK). Im Garten des Hotels Ullensvang (s. u.) befindet sich die Komponistenhütte Edvard Griegs, in der der Musiker mehrere seiner Werke komponiert hat.

## Wasserfälle im Husedal ► C 27

Die Hauptattraktion der Gemeinde sind jedoch nicht die Sehenswürdigkeiten des Ortes, sondern das ›Wasserfall-Quartett‹ im von Kinsarvik aus Richtung Hardangervidda verlaufenden, rund 11 km langen **Husedal** 11: 103 m tief stürzt der Tveitafoss über mehrere Stufen in die Tiefe, der Nyastolfoss misst schon um 200 m, es folgt der ›nur‹ etwa 80 m hohe Nykkjesoyfoss sowie schließlich der Sotefoss mit 273 m (davon 176 m in senkrechtem Fall). Alle Wasserfälle dieses Tals sind auf markierten Wanderpfaden innerhalb von ca. 2 bis 3 Stunden zu erreichen.

## Vøringsfoss und Hardangervidda ► D 27

Kein Aufenthalt am Hardangerfjord, ohne nicht auch den von Kinsarvik aus rund 40 km entfernten **Vøringsfoss** 12 (s. S. 160) besucht zu haben. Dieser meistbestaunte Wasserfall des Nordens ergießt sich nahe Eidfjord direkt an der nach Geilo ausgeschilderten R 7 ins 182 m tiefer gelegene Måbodal. Im Rahmen einer Wanderung kann man bis an den Rand

**Nicht nur Touristen nutzen zuweilen die Straßen des Hardangerfjord-Gebiets**

des Gischtmantels herangehen, auch das Måbødal und dessen Seitentäler sind sehr sehenswert.

### Infos

**Ullensvang Turistinformasjon:** 5782 Kinsarvik, Tel. 53 66 31 12, www.visitullensvang.no, Mitte Juni–Mitte Aug. tgl. 9–19, sonst Mo–Fr 9–15.30 Uhr. Zweigstellen außerdem in Lofthus (Tel. 53 66 11 90, turistinfo@lofthus.no, nur 21. Juni–13. Aug. tgl. 11–19 Uhr) und Utne (Öffnungszeiten wie Lofthus).

### Übernachten

Crème de la Crème ▶ **Hotel Ullensvang:** Lofthus, Tel. 53 67 00 00, www.hotel-ullensvang.no. Familienhotel in der vierten Generation direkt am Fjord, das Nonplusultra in Sachen Eleganz und Stil, 150 moderne Zimmer. DZ ab 1890 NOK.

Schlicht ▶ **Ullensvang Gjesteheim:** Lofthus, Tel. 53 66 12 36, www. ullensvang-gjesteheim.no. Schöne Lage am Bach, kleine Zimmer mit Bad auf dem Flur. DZ ab 710 NOK inkl. Frühstück.

Campen am Fjord ▶ **Kinsarvik Camping:** Kinsarvik, Tel. 55 66 32 90, www.kinsarvikcamping.no, ganzjährig. Mit reizvollem Ausblick auf einer Anhöhe über dem Ort gelegen, gute Ausstattung, großes Angebot an guten, vergleichsweise günstigen Hütten in verschiedenen Kategorien (ab 495 NOK), Zelten kostet 145 NOK, Wohnmobil 150 NOK.

### Aktiv

Rundflüge über den Hardangerfjord können im Touristenbüro gebucht werden, dort auch Informationen über Fjordfahrten und Angeltouren.

Für Kids ▶ **Hardangertun Familiepark:** www.hardangertun.no, 20. Juni–15. Aug. tgl. 10.30–18.30 Uhr, 210 NOK. Schwimmbecken, Wasserrutschen etc. machen den Park zum Highlight für die Kleinen.

Wanderungen ▶ Eine der attraktivsten Touren verläuft von Lofthus hinauf nach Nosi auf 950 m Höhe an die Abbruchkante der Hardangervidda, von wo aus sich viele weitere Touren anbieten. Eine andere Tour, etwa 2 Std. lang, führt ab Lofthus ins Elvadalen, wo sich der Opo-Fall über 650 m in die Tiefe stürzt und der Skrikjo-Fall 400 m senkrecht bewältigt.

### Verkehr

**Bus:** Mehrmals tgl. Verbindungen zu den Orten der Region, auch mit Bergen.

**Schnellboot:** Mai–Okt. tgl. von Lofthus/Kinsarvik via Utne nach Norheimsund (195 NOK) mit Busanschluss nach Bergen; Infos über www.tide.no.

**Fähre:** Tgl. 6–22 Uhr Fahrten (auch Autos) zwischen Kinsarvik und Kvanndal (50 Min.) sowie zwischen Kinsarvik und Utne (25 Min.).

## Nach Bergen

Drei verschiedene Wege führen von Kinsarvik aus, dem Zentrum der Hardanger-Region, nach Bergen, und ein jeder hat seinen besonderen Reiz. Doch welchen Weg man auch nimmt, ohne Fähren geht es nicht.

### Entlang der R 7 ▶ A–C 27

Die schnellste Route führt von Kinsarvik nach **Kvanndal** (rund zehn Fährverbindungen tgl., 50 Min.), von wo es entlang der Nationalen Touristenstraße R 7 (www.nasjonaleturistveger.no) rund 50 km am Nordufer des Hardangerfjords entlang nach **Norheimsund** 13 geht. Unterwegs genießt man immer wieder Ausblicke auf die mit Wiesen und Wäldern, Erdbeerfeldern und Obstbaumplantagen lieblich zu nennende Fjordlandschaft.

Rund 2 km hinter Norheimsund herrscht plötzlich drangvolle Enge, weil anscheinend alle Urlauber, die hier unterwegs sind, einen Parkplatz suchen. Der Grund dafür ist der **Steinsdalsfoss,** dessen Popularität ausnahmsweise einmal nicht von seiner eindrucksvollen Fallhöhe herrührt, sondern sich dem Umstand verdankt, dass man unter seinem Wasserschwall hindurchgehen kann, ohne nass zu werden.

Die Straße steigt nun an, führt nach 3,5 km in den Snauhaugen-Tunnel hinein, und wer Lust auf einen lohnenden Spaziergang hat, sollte den Parkplatz direkt links vor dem Tunnel anfahren. Hier beginnt die alte Trasse, die am Hang der tief eingeschnittenen Toka-Schlucht verläuft, bevor sie nach rund 3 km wieder auf die neue Streckenführung stößt, die durch insgesamt vier Tunnel führt.

Oberhalb der Schlucht erstreckt sich das Gebirgsplateau von **Kvamskogen.** Dann geht es durch eine Schlucht wieder hinunter, an den Samnangerfjord heran und nun in ständigem Bergauf und Bergab bis nach Bergen.

## Über die Folgefonn-Halbinsel ▶ A–C 27

Die zeitaufwendigste – und doch abwechslungsreichste und schönste – Route nach Bergen führt entlang der Nationalen Touristenstraße R550 (www.nasjonaleturistveger.no) über die Folgefonn-Halbinsel: Mit der rund 10 x tgl. verkehrenden Fähre von Kinsarvik gelangt man zunächst nach **Utne** (s. S. 270) und sodann über die R 550 am pittoresken Südufer des Hardangerfjords entlang nach **Jondal,** einem malerischen Ort mit prächtiger alter Bausubstanz und Ausgangspunkt für einen Besuch des Folgefonn-Sommerskizentrum (www.folgefonn.no). Von hier fährt eine Fähre (alle 30 Min., Dauer ca. 20 Min.) nach **Tørvikbygd,** das südlich von **Norheimsund** gelegen ist (weitere Routenführung s. o.).

## Entlang der R 13 ▶ A–C 26/27

Die preiswerteste Route nach Bergen folgt von Kinsarvik der R 13 bis zum 19 km entfernten **Brimnes,** von wo aus die Fähre nach **Bruravik** auf der anderen Seite des Eidsfjords nur 10 Minuten benötigt. Sie ist entsprechend billig und auch die einzige Fähre der gesamten Strecke. Die Schilder weisen ab Bruravik den schnellsten, weil durch einen Tunnel führenden Weg (wesentlich schöner ist allerdings die in Bruravik mit »Ulvik« ausgeschilderte R 572), der sich nach 8 km, bei **Granvik,** gabelt: Nach links geht es entlang der R 7 weiter nach Kvanndal (s. o.), geradeaus verläuft die R 13, die nach **Voss** führt und ab dort als Schnellstraße weiter nach Bergen.

# Voss ▶ C 26

**Voss** 14 , das rund 14 000 Einwohner große Zentrum der gleichnamigen Gemeinde, liegt nicht direkt am Hardangerfjord, sondern ein Stück nördlich an der R 13. Es ist Westnorwegens größtes Wintersportzentrum und wird von Touristen schon seit fast 200 Jahren besucht. Das in alten Reisebeschreibungen noch wegen seiner Baulichkeiten vielgelobte Städtchen wurde von den Deutschen während des Zweiten Weltkrieges gründlich zerstört, später in Beton wieder aufgebaut, sodass es sich heute nicht gerade als Schmuckstück präsentiert. Ein Besuch sei dennoch empfohlen, denn wenige Orte im Fjordland bieten derart viele und abwechslungsreiche Naturerlebnisse wie Voss, das sich in den letzten Jahren zu einem regelrechten Outdoor-Zentrum des Vestlands entwickelt hat.

Einige Sehenswürdigkeiten gibt es dennoch: Am schönsten ist das weite Panorama auf die Stadt, den angrenzenden See Vangsvatn und das umgebende Bergland vom 660 m hohen ›Hausberg‹ Hanguren aus, auf den man mit einer **Seilbahn** fahren kann (5. Juni–5. Sept. tgl. 11–17 Uhr, alle 15 Min., 120 NOK). Oben lädt ein Café ein und nehmen zahlreiche Wander- und Radwege ihren Anfang. Kulturhistorisch lohnt ein Besuch des **Voss-Folkemuseum,** das u. a. die 16 Gebäude des 400 Jahre alten und bis 1927 benutzten Gehöfts von Mølstertunet umfasst (Mitte Mai–Aug. tgl. 10–17, sonst Mo–Fr 10–15, So ab 12 Uhr, 60 NOK).

## Infos

**Voss Promotion:** Evangervegen 6, 5700 Voss, Tel. 56 51 94 90, www.visitvoss.no, Juni–Aug. Mo–Fr 8–19, Sa ab 9, So ab 12 Uhr, sonst Mo–Fr 9–15.30 Uhr.

## Übernachten

Belle Époque ▶ **Fleischer's Hotel:** Evangervn. 13, Tel. 56 52 05 00, Fax 56 52 05 01, www.fleischers.no. Prachtbau aus alten Tagen, elegant und stilvoll (eines der Spitzenhäuser der ›Historiske Hoteller‹), am prunk-

## aktiv unterwegs

### Fly High! – Luftsport in Voss

**Infos**

**Ort:** Voss

**Anbieter:** Nordic Ventures: Tel. 56 51 00 17, www.nordicventures.com; Skydive Foss: Tel. 56 51 10 00, www.skydivevoss.no; Fonnafly AS: Tel. 88 00 13 13, www.fonnafly.no.

Voss hat sich in den letzten Jahren zu einem ganzjährigen Outdoor-Zentrum gemausert, und dies nicht nur im Winter, sondern auch im Sommer, wenn tgl. Dutzende Sportaktivitäten zu Luft, Wasser und Land angeboten werden. Vor allem in puncto Luftsport steht Voss ziemlich einzigartig da:

Einen auch für Einsteiger zu bewältigenden Höhenflug bietet **Tandem-Paragliding,** bei dem man, von einem Motorboot gezogen, bis auf über 900 m hoch hinauskommt (ca. 1 Std., 15–25 Min. Flug, 1500 NOK). Eine ebenso sichere Alternative bietet der **Tandem-›Sprung‹** von der Bergstation der Seilbahn aus (1 Std., tgl. ab 11 Uhr, 1500 NOK, Paragliding), und auch **Parasailing** (575 NOK, Tandem 1500 NOK, tgl. ab 9 Uhr), verspricht den gewünschten Nervenkitzel (alles buchbar bei Nordic Ventures).

Das gilt erst recht für das **Fallschirmspringen,** den Skydive Voss anbietet (Tandemsprung mit Video 3990 NOK, für Studenten 3500 NOK; auch Freifallkurs (13 750 NOK inkl. Unterkunft). In dieser Hinsicht wohl noch extremer dürfte **Bungee-Jumping** sein: Gesprungen wird aus rund 115 m Höhe, doch der Preis von 1800 NOK (Nordic Ventures) ist nicht zuletzt im internationalen Vergleich ganz schön happig.

Bleiben schließlich noch die Höhenflüge mit Fonnafly AS, die u. a. spezielle **Gletscherflüge** über den Folgefonn anbieten.

vollsten sind die Zimmer im Altbau (DZ 2290 NOK), am günstigsten die Zimmer mit Bergblick (1690 NOK).

Komfort-Hostel ▶ **Voss Vandrerhjem:** Evangervn. 68, Tel. 56 51 20 17, www.hihostels.no, ganzjährig. Modernes, 700 m außerhalb vom Zentrum am Vangsvatn gelegenes Haus, u. a. mit Fernsehzimmer, Kaminstube, Gästeküche und Panoramaterrasse, es werden Kanus/Kajaks verliehen. Bett ab 325 NOK, DZ ab 800 NOK inkl. Frühstück.

Am See ▶ **Voss Camping:** Im Ort ausgeschildert, Tel. 56 51 15 97, www.vosscamping.no. Schönes Wiesenterrain mit lichtem Kiefernbestand am Ufer des Vangsvatn, wenige Gehminuten von Voss entfernt. Auch schlichte Hütten für 600 NOK.

### Aktiv

Das Touristenbüro informiert über **Rafting** und **Kajak**, **Pferdetrecks** und **Ausritte**, **Klettertouren** und **Canyoning**, es hält zudem Broschüren über **Wanderungen** und **Fahrrad-Routen** bereit.

### Termine

**Vossajazz** (Ostern): Das seit rund 40 Jahren stattfindende Fest gilt als Nonplusultra in puncto verjazzter Folk bzw. folkiger Jazz (Tel. 56 52 99 11, www.vossajazz.no).

**The Extreme Sports Week** (2. Juni-Hälfte): Eine Woche lang dreht sich alles um Fallschirmspringen und Freeclimbing, Skysurfing und Freeride, Rafting, Kayaking und Hanggliding, außerdem zahlreiche Konzerte (www.ekstremsportveko.com).

### Verkehr

**Bahn:** Voss ist per Bergenbahn mit Bergen und Oslo verbunden.

**Bus:** Zahlreiche Verbindungen nach Bergen und Oslo, Aurland, ins Hallingdal, Kristiansand, Haugesund, Sogndal, Fagernes und Lillehammer.

Der Hardangerfjord bei Fykesund

# 9 Der Sognefjord

**Der mit 204 km längste Fjord der Erde zieht sich bis ins Herz der Berg- und Gletscherwelt hinein und gilt als Inbegriff norwegischer Landschaft. Seit 2005 steht einer seiner Nebenarme als Weltnaturerbe auf der World Heritage List der UNESCO. Zum Welterbe gehört auch die Stabkirche von Urnes, die an seinem Ufer steht.**

Der Sognefjord, für viele Inbegriff norwegischer Landschaft, führt als längster Fjord der Welt von der schärenreichen Westküste nördlich von Bergen 204 km tief ins Herz der Bergwelt von Jotunheimen, Hardangervidda und Jostedalsbreen hinein, wo er sich astförmig aufteilt. Mal bildet er mächtige Weiten, mal regelrechte Schluchten und kann dabei von Felswänden umgeben sein, die ihn regelrecht einschnüren und bis 1308 m tief ins grünblaue Wasser reichen. Bis über 1000 m über den Fjordspiegel recken sich die Wände zuweilen zu den Gebirgsmassiven hoch, die ihrerseits von den größten Gletschern Europas gekrönt werden.

Jeder Fjordarm hat seinen eigenen Charakter, und jeder von ihnen besticht durch eine schier unbeschreibliche Schönheit. Man muss sie gesehen haben, diese steinernen Zeugen des Fimbulwinters, muss sich darum auch per Boot durch die Landschaft bewegen, wie ja eine Fahrt auf dem Sognefjord ohnehin zu den ganz großen Erlebnissen einer Skandinavien-Reise gehört. Dies um so mehr, als an seinen Ufern auch einige der berühmtesten Stabkirchen Norwegens stehen. Gerade die Kombination von atemberaubender Natur und beeindruckenden Zeugnissen einer jahrhundertealten Kultur verleiht dieser Landschaft ihren ganz besonderen Reiz.

Vor allem im mittleren und östlichen Abschnitt von Sogn, wie die Tal- und Fjellregionen beiderseits des Sognefjords genannt werden, ist die Landschaft spektakulär, und diese Gegend ist es, die den Fjord weit über Norwegen hinaus bekannt gemacht hat. Sie erstreckt sich östlich einer gedachten Linie von Vangsnes (Südufer) nach Hella (Nordufer), und um lange Umwege oder teure Fährpassagen zu vermeiden, bietet es sich an, zuerst die eine, dann die andere Fjordseite zu erkunden.

## Am Südufer

Die Südseite des Sognefjords wird in ihrem imposantesten Abschnitt von der Europastraße Nr. 16 erschlossen, die Oslo mit Bergen verbindet. Wer von Bergen aus anreist, wird über die bis Voss (s. S. 274) stellenweise autobahnähnlich ausgebaute Schnellstraße in wenig mehr als einer Stunde den Ort **Vinje** 1 erreichen, wo sich die Straße teilt: Die E 16 führt über Stalheim, Gudvangen, Flåm und Aurland nach Lærdalsøyri nahe dem Fähranleger zur Nordseite des Sognefjords und bietet in ihrem Verlauf Landschaftsbilder, wie man sie ähnlich in Norwegen kein zweites Mal zu sehen bekommt.

### Stalheim ► C 26

Erster Fjordort an der E 16 von Bergen aus ist Gudvangen, doch bevor man von Vinje aus dorthin gelangt, liegt das zur Kette der ›Historiske Hoteller‹ gehörige **Stalheim-Hotel** 2 am Weg, das als Motiv in nahezu jedem Bildband über Norwegen zu finden ist und dem Künstler J. C. C. Dahl in seinem Gemälde

›Ausblick von Stalheim‹ (1842, Nationalgalerie Oslo) ein beeindruckendes Denkmal gesetzt hat. Auch Kaiser Wilhelm II. weilte auf seinen Kreuzfahrten durchs Fjordland Jahr für Jahr an diesem Ort, der heute freilich als fester Programmpunkt aller geführten Touren entsprechend überlaufen ist. Das Herkommen lohnt sich dennoch, denn der Blick aus dem auch für Besucher zugänglichen Garten des Hotels in den 550 m tiefen Abgrund, auf den zuckerhutähnlichen Jordalsknut und nicht zuletzt ins enge Nærøydal, das sich zum Fjord hin öffnet, ist umwerfend.

## Übernachten, Essen

Historisches Ambiente ► **Stalheim Hotel:** Tel. 56 52 01 22, www.stalheim.com. Große, elegante Zimmer mit spektakulärem Panorama. Im Restaurant, von dem sich ebenfalls ein fantastischer Ausblick bietet, werden erlesene Speisen serviert; Vorspeisen kosten 105–135 NOK, Hauptgerichte 225–300 NOK. DZ ab 1700 NOK.

## Gudvangen und Nærøyfjord

**► C/D 26**

Nur mit Superlativen ist auch die Talfahrt von Stalheim entlang der alten **Stalheimskleivi-Straße** zu beschreiben, die sich, vorbei am 126 m hohen Stalheimfoss (linker Hand) über 2 km in 13 Kehren in die Tiefe zieht, dabei bis zu 20 % Gefälle überwindet und als ein bautechnisches Meisterwerk gilt (1849 nach siebenjähriger Arbeit fertig gestellt; größere Wohnmobile und Gespanne müssen die neue Straße nehmen). Dort wo die Talsohle erreicht wird, erstreckt sich das von steilen Felswänden umgebene Nærøydal, das so eng ist, dass der kleine Ort **Gudvangen** **3** selbst im Sommer erst ab etwa 12 Uhr die Sonne sieht.

Urlaub machen wird man hier entsprechend wohl kaum, aber eine Fahrt über den seit 2005 auf der World Heritage List der UNESCO als Weltnaturerbe geführten **Nærøyfjord** **4** sollte sich niemand entgehen lassen: Die Fahrt über diesen schönsten, weil wildesten Seitenarm des Sognefjords gehört zu den Top-Highlights nicht nur Norwegens, sondern ganz Europas. Angesichts dieser 17 km langen, aber an der schmalsten Stelle nur 250 m breiten, dabei von bis zu 1200 m hohen Felswänden umstandenen Kluft kann man sich ein ungefähres Bild von der Gewalt der eiszeitlichen Gletschererosionen machen, die diese ›Fjordklamm‹, übrigens die schmalste der Welt, herausmodelliert hat.

## Übernachten

Edel ► **Gudvangen Fjortell:** Tel. 57 63 39 29, Fax 57 63 39 80, www.gudvangen.com, nur Mai–Okt. Zwölf Zimmer mit Glasdach, stilvoll in Anlehnung an die Wikingerzeit eingerichtet, ansprechendes Restaurant, herrlich auch zum Draußensitzen. DZ ab 1240 NOK.

## Tipp: Stabkirche von Hopperstad ► C 25

Bevor man sich von **Vinje** aus auf den Weg macht, entlang der E 16 die Südseite des Sognefjords zu entdecken, bietet es sich im Rahmen eines Abstechers an, der zum Fjord führenden R 13 bis ans Ufer bei Vik zu folgen, wo es eine der interessantesten Stabkirchen des Landes zu besichtigen gibt.

In beherrschender Lage thront die um 1130 errichtete **Stabkirche von Hopperstad** auf einem Hügel, wo sie nahezu 700 Jahre lang unverändert stand, bis sie im 19. Jh. nach dem Vorbild der Stabkirche von Borgund (s. S. 285) umfassend restauriert wurde. Bemerkenswert sind die Dachreiter mit den Drachenköpfen und die reichen Schnitzereien am Westportal. Im Innern, das Einflüsse der Romantik zeigt, sind es vor allem die drei Altäre sowie der reich verzierte Holzbaldachin (über dem linken Altar), die, neben der kunstvollen Dachkonstruktion, die Blicke auf sich ziehen (www.stavechurch.com, Tel. 57 67 88 40, 18. Mai–18. Sept. tgl. 10–17 Uhr, 19. Juni–13. Aug. tgl. 9–18 Uhr, sonst nach Absprache, 60 NOK).

## Der Sognefjord

Camping & Hütten ▶ **Gudvangen Camping:** Tel. 99 38 08 03, www.visitgudvangen.com, ganzjährig. Ebene Wiese mit Blick auf den Wasserfall Kjelsfoss, auch Hütten (ab 370 NOK).

## Aktiv

Geführte Touren ▶ Während der Saison (21. Juni–20. Aug.) werden tgl. zahlreiche Touren organisiert, in die stets eine Fahrt über den Aurlandsfjord nach Flåm und/oder Aurland integriert ist. Ausgangspunkt ist Gudvangen, Flåm oder Aurland; zu empfehlen ist, Aurland (s. u.) als Ausgangs- und Gudvangen als Endpunkt (Busverbindung retour) zu wählen, weil dann die spektakuläre Passage durch den Nærøyfjord das krönende Finale bildet.

## Verkehr

**Bus:** Verbindungen alle 2–3 Std. Richtung Bergen (via Stalheim und Voss) sowie Oslo (via Flåm, Aurland und Lærdal).

**Fähren** (auch Autos): Mai–Sept. 4 x tgl. nach Kaupanger (Nordufer) und Lærdal (www.fjord1.no, Tel. 57 75 70 00).

**Schnellboot:** 1–5 x tgl. nach Flåm und Aurland sowie Lærdal (www.fjord1.no, Tel. 55 90 70 70).

## Undredal ▶ D 26

Der einzige Weg aus dem engen Nærøydal hinaus führt durch einen 11 km langen Tunnel. An seinem Ende zweigt die 6 km lange R 601 nach links ab, die **Undredal** 5 zum Ziel hat (Parkplätze am Ortseingang). Sehenswert in diesem kleinen Fjordort, der bis 1988 nur per Boot zu erreichen war, ist die **Stabkirche von Undredal,** mit nur 40 Sitzplätzen die kleinste Norwegens. Der lediglich 3,5 m breite Bau geht auf eine Stabkirche aus dem Jahre 1147 zurück, die 1722 aber grundlegend umgebaut wurde, sodass ihr Ursprung heute nur noch im Innern zu erkennen ist, wo alte Malereien sowie ein mit geschnitzten Rehköpfen verzierter Leuchter zu bewundern sind (Undredal Stavkirke: Tel. 57 63 31 00, 15. Mai–31. Aug. tgl. 10–18 Uhr, sonst nach Absprache, 60 NOK).

## Sognefjord

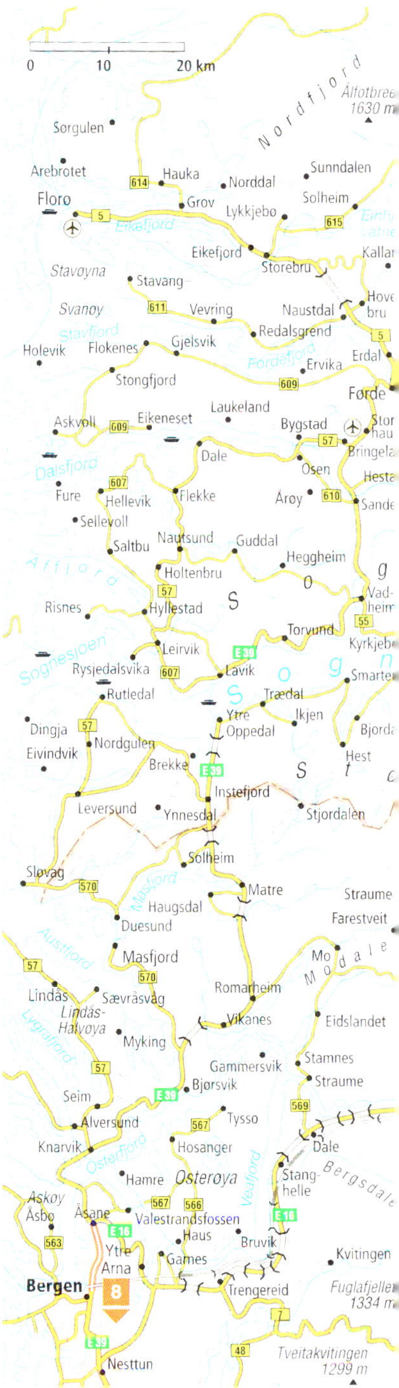

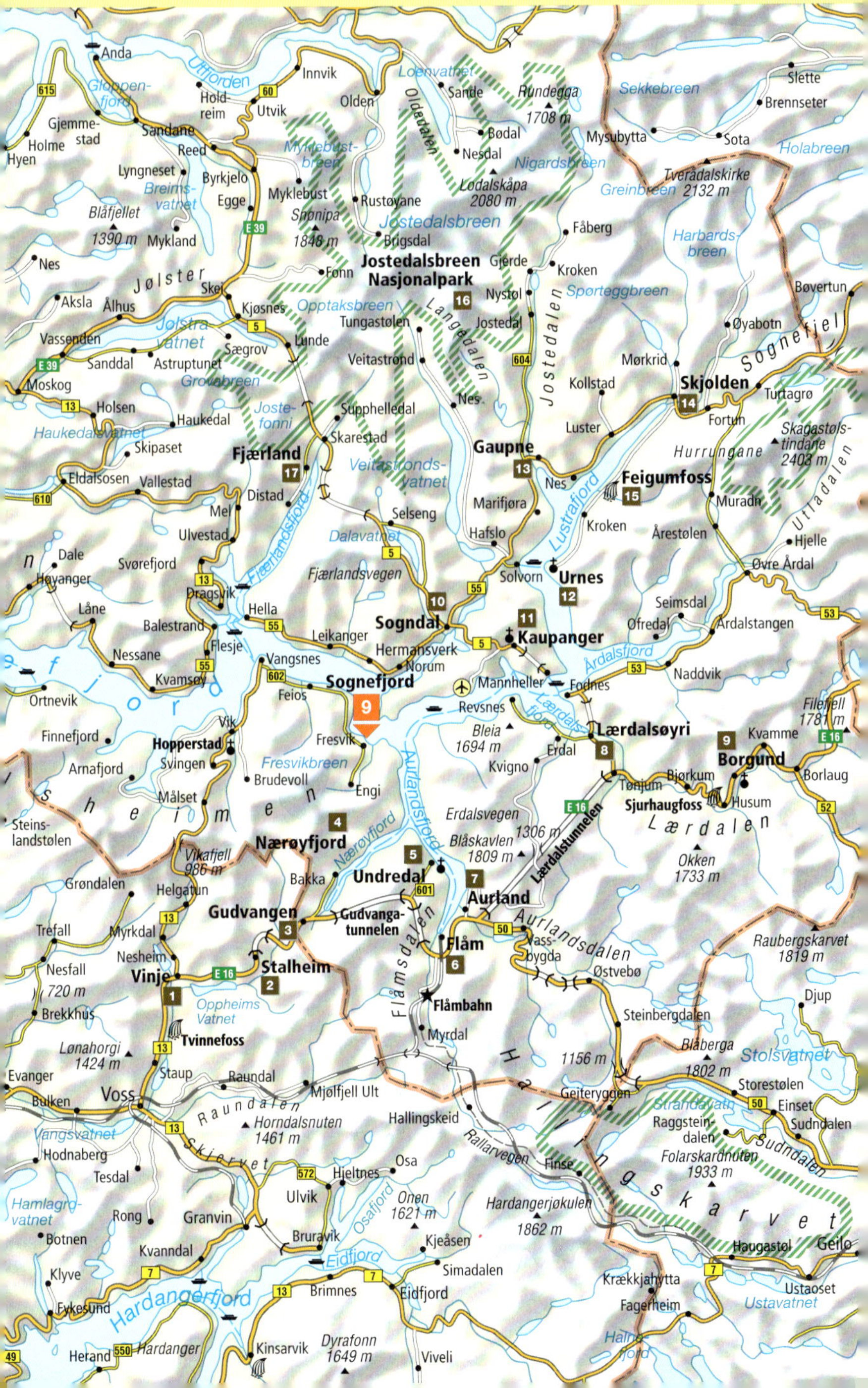

Anda
Gloppen-fjord
615
Utfjorden
60
Innvik
Hold-reim
Utvik
Olden
Loenvatnet
Sande
Oldedalen
Rundegga
1708 m
Sekkebreen
Slette
Brennseter
Gjemme-stad
Holme
Hyen
Sandane
Reed
Myklebust-breen
Bødal
Nesdal
Nigardsbreen
Mysubytta
Sota
Holabreen
Lyngneset
Byrkjelo
Breims-vatnet
Egge
Myklebust
Rustøyane
Lodalskåpa
2080 m
Greinbreen
Tverådalskirke
2132 m
Blåfjellet
1390 m
E 39
Mykland
Snønipa
1848 m
Jostedalsbreen
Brigsdal
Fåberg
Harbards-breen
Nes
Jølster
Skei
Fonn
Jostedalsbreen
Nasjonalpark
16
Gjerde
Kroken
Sporteggbreen
Bøvertun
Aksla
Ålhus
Kjøsnes
Opptaksbreen
Tungastølen
Langedalen
Nystøl
Jostedal
Jostedalen
Øyabotn
Sognefjell
Vassenden
Jølstra-vatnet
5
Lunde
Sægrov
Veitastrond
604
Mørkrid
E 39
Sanddal
Astruptunet
Grovabreen
Moskog
Kollstad
Skjolden
Turtagrø
14
Fortun
13
Holsen
Jostefonni
Supphelledal
Nes
Luster
Skagastøls-tindane
2403 m
Haukedalsvatnet
Haukedal
Skarestad
Gaupne
Hurrungane
Skipaset
Fjærland
17
Veitastronds-vatnet
13
Feigumfoss
Eldalsosen
Vallestad
Nes
15
Utladalen
610
Distad
Marifjøra
Muradn
Mel
Fjærlandsfjord
Selseng
Lustrafjord
Kroken
Årestølen
Ulvestad
Dalavatnet
Hafslo
Hjelle
Dale
Svørefjord
5
Urnes
Øvre Årdal
Høyanger
Fjærlandsvegen
Solvorn
13
Dragsvik
55
12
10
Låne
Hella
Seimsdal
Balestrand
55
Sogndal
11
Ofredal
Ardalstangen
53
Leikanger
Kaupanger
Flesje
Nessane
5
Hermansverk
Årdalsfjord
55
Vangsnes
Norum
53
Naddvik
Kvamsøy
602
Sognefjord
Mannheller
Fodnes
Ortnevik
Feios
9
Revsnes
Filefjell
1781 m
Vik
Lærdalsfjord
Lærdalsøyri
Finnefjord
Hopperstad
Fresvik
Bleia
1694 m
Kvamme
E 16
9
Arnafjord
Svingen
Fresvikbreen
Erdal
8
Borgund
Brudevoll
Engi
Kvigno
Borlaug
Målset
Aurlandsfjord
Tønjum
Bjørkum
Steins-landstølen
Sjurhaugfoss
Husum
E 16
52
4
Erdalsvegen
Lærdalen
Nærøyfjord
Nærøyfjord
1306 m
Vikafjell
986 m
5
Blåskavlen
1809 m
Lærdalstunnelen
Okken
1733 m
Grøndalen
Bakka
Undredal
Helgatun
601
7
Aurland
Gudvangen
Gudvanga-tunnelen
Trefall
13
3
50
Aurlandsdalen
Raubergskarvet
1819 m
Myrkdal
Flåm
Vass-bygda
Nesheim
Nesfall
Vinje
E 16
Stalheim
6
Østvebø
720 m
2
Flåmsdalen
1
Djup
Oppheims Vatnet
Flåmbahn
Brekkhus
Steinbergdalen
Tvinnefoss
Lønahorgi
1424 m
Myrdal
Blåberga
1802 m
13
Stolsvatnet
Hallingskarvet
Evanger
Staup
Raundal
1156 m
Mjølfjell Ult
Storestølen
Bulken
Voss
Raundalen
Geiteryggen
Strandavatn
50
Einset
Hallingskeid
Vangsvatnet
13
Horndalsnuten
1461 m
Raggstein-dalen
Sudndalen
Hodnaberg
Skjervet
Rallarvegen
Finse
Sudndalen
Tesdal
Osa
Folarskardnuten
1933 m
Hamlagro-vatnet
572
Hjeltnes
Ulvik
Onen
1621 m
Rong
Granvin
Osafjord
Hardangerjøkulen
1862 m
Botnen
Bruravik
Kjeåsen
Kvanndal
Eidfjord
Haugastøl
Geilo
Klyve
7
7
Simadalen
7
13
Brimnes
Eidfjord
Krækkjahytta
Ustaoset
Fykesund
Hardangerfjord
Fagerheim
Ustavatnet
Halnefjord
49
Herand
550
Hardanger
Kinsarvik
Dyrafonn
1649 m
Viveli

## Flåm ▸ D 26

Der Name ›Flåm‹ bedeutet soviel wie ›kleiner Ort zwischen steilen Bergen‹, und er ist sprechende Bezeichnung für das schon seit dem 19. Jh. in großem Maßstab von (meist deutschen und britischen) Kreuzfahrt-Touristen besuchte Dorf **Flåm** 6, das außerordentlich malerisch am Südzipfel des vom Sognefjord abzweigenden Aurlandsfjord gelegen ist. Seine Beliebtheit verdankt der rund 400 Einwohner große Ort aber weniger seiner herrlichen Lage als vielmehr der **Flåmbahn** (1922–1940 erbaut), die hier startet bzw. endet.

Auf ihrer 20 km langen Strecke hinauf zur Hochebene Hardangervidda bis zum 865 m hohen Myrdal passiert der Zug nicht weniger als 21 Tunnel und bietet während der gesamten rund 45 Minuten dauernden Fahrt Aussichten (aufs Flåmsdal und den Fjord), die – laut Werbeprospekt – zu den größten Sehenswürdigkeiten Norwegens zählen. Ob es so ist, sei dahingestellt, aber diese Bahnfahrt ist unbedingt zu empfehlen, zumal unterwegs angehalten wird, um den 225 m hohen Kjossfoss bestaunen zu können.

Wer sich über den Bau der Bahnstrecke informieren will, sollte das **Flåmsbahn-Museum** besuchen, das auch dem Leben in Flåm gewidmet ist (Flamsbana museet: www.flamsbana-museet.no, Mai–Sept. tgl. 9–17, sonst Mo–Fr 13.30–15 Uhr, Eintritt frei). Sonstige Sehenswürdigkeiten laden zwar keine ein, da man aber von hier aus viele Ausflüge unternehmen kann und zudem zahlreiche Sport- und Freizeitaktivitäten geboten werden, bietet es sich an, mindestens ein bis zwei Tage zu bleiben.

### Infos

**Turistinformasjon Flåm:** 7543 Flåm, Tel. 57 63 14 00, www.alr.no und www.visitflam.no, Mai sowie Sept. tgl. 9.30–16 Uhr, Juni–Aug. tgl.

**Bis zu 1200 m hohe Felswände umgrenzen den schmalen Nærøyfjord**

bis 20 Uhr. Hier kann man u. a. auch alle Fjordfahrten buchen.

## Übernachten

Schöne Ausblicke ▶ **Flåmsbrygga Hotel:** Tel. 57 63 20 50, www.flamsbrygga.no. 2008 im Zentrum eröffnetes Hotel im rustikalen Holzstil mit gemütlichen Komfortzimmern sowie recht einfachen kleinen Zimmern im Flügel Furukroa aus den 1980er-Jahren. Die DZ im Neubau haben alle Fjordblick und kosten 1990 NOK, die DZ im Furukroa gibt es ab 1290 NOK.

Für Backpacker ▶ **Flåm Vandrerhjem:** Tel. 57 63 21 21, www.hihostels.no, April–Sept. Am Stadtrand gelegen, gute Ausstattung. Bett 275 NOK, DZ ab 500 NOK.

Camping & Hütten ▶ **Flåm Camping:** Der Jugendherberge angeschlossen, weitläufiges, sanft ansteigendes Wiesenareal am Waldrand, gute, aber zu wenige sanitäre Anlagen, 15 Hütten (ab 650 NOK).

## Aktiv

Per Boot zum Weltnaturerbe ▶ **Sognefjord Fjordsightseeing:** Tel. 57 63 32 00, Fax 57 63 31 99, www.sognefjorden-as.no: Größter Anbieter, u. a. Mini-Fjord-Safari über den Aurlandsfjord in den Nærøyfjord (3 Std., mehrmals tgl., 335 NOK), ›Standard-Safari‹ nach Gudvangen und Undredal (3 Std., tgl. 10.30 Uhr), 650 NOK.

Organisiert ans Blaueis ▶ Von Flåm aus werden Boot-/Bus-Kombitouren zum Nigardsbreen (s. S. 291) angeboten, Infos erteilt das Touristenbüro.

Mit dem Kajak unterwegs ▶ Flåm ist eines der großen Kajak-Zentren des Sognefjords, zwischen Mitte Juni und Aug. werden tgl. unterschiedliche Touren über die Fjorde unternommen (von 490 NOK für 3 Std. bis 6990 NOK für 6 Tage). Natürlich kann man auch allein auf Tour gehen, Anbieter ist **Njord Kajak** (Tel. 97 19 45 11, www.njord.as).

Wandern & Radfahren ▶ Flåm ist Ausgangspunkt zahlreicher Wanderungen (z. B. mit der Bahn nach Myrdal, per pedes zurück ins Tal) sowie End- bzw. Startpunkt des Fahrradweges **Rallarvegen** (s. S. 158); im Touristenbüro bekommt man den ›Sykkelguide Rallarvegen‹ (Radführer), Fahrrad-Vermietung wird organisiert.

## Verkehr

**Bahn:** Per Flåmbahn nach Myrdal, ab dort Anschluss Richtung Oslo und Bergen.

**Flåmbahn:** Tel. 57 63 21 00, www.flaamsbana.no, zwischen 8.35 und 19.45 Uhr im Sommer tgl. 9–10 Abfahrten, im Winter tgl. 4 Abfahrten, 260 NOK je Weg, 360 NOK hin und zurück.

**Bus:** Alle 2–3 Std. nach Bergen (via Stalheim und Voss) und Oslo (via Lærdal), im Sommer verkehren mindestens 1 x tgl. Busse entlang dem Aurlandsvegen nach Ål, Geilo und weiter nach Oslo.

**Schnellboot:** 2–8 x tgl. nach Gudvangen und Aurland, Mai–Sept. auch mehrmals tgl. nach Balestrand sowie Fjærland, Infos über das Touristenbüro sowie www.fjord1.no.

## Aurland ▶ D 26

Es ist eine Frage des persönlichen Geschmacks, ob man Flåm zum Ausgangspunkt für Fjell-und-Fjord-Entdeckungen machen will oder aber das nur rund 8 km entfernt liegende **Aurland** 7, dem am Ostufer des Aurlandsfjords an der Öffnung des dramatisch schönen Aurlandsdals gelegenen Zentrum der gleichnamigen Gemeinde. Beide Orte sind in etwa gleich groß, doch Aurland bietet mehr Platz, ist nicht so beengt, auch nicht ganz so populär und daher entsprechend günstiger.

Sehenswürdigkeiten im klassischen Sinn besitzt der Ort selbst nicht, aber auf halber Strecke zwischen Flåm und Aurland lohnt ein Besuch des **Otternes-Freilichtmuseums** mit einem 27 Gebäude umfassenden Gruppengehöft aus dem 16. Jh, dessen Ursprünge bis ins 3. Jh. zurückreichen. Den ganzen Sommer über werden in diesem Zentrum für alte Handwerkstechniken und traditionelles norwegisches Essen verschiedene Aktivitäten wie Spinnen, Weben, Backen, Wollefärben und Bierbrauen angeboten (www.otternes.no, Juni–15. Sept. tgl. 10–17 Uhr, 80 NOK/Pers.).

## Infos

**Aurland Reiselivslag:** Heradshuset, 5745 Aurland, Tel. 57 63 33 13, Juni–Aug. Mo–Fr 8.30–17, sonst Mo–Fr 8.30–15.30 Uhr, www.alr.no, die Website fungiert u. a. als Unterkunfts- und Aktivitäts-Buchungssystem.

## Übernachten, Essen

Für jeden Bedarf ▶ **Vangsgaarden:** Tel. 57 63 35 80, www.vangsgaarden.no. Der Vangsgaarden besteht aus dem gepflegten Vangen Motel (auch Gemeinschaftsküche), dem Aabelheim Pensjonat (schöne alte Holzvilla) sowie neuen Rorbuhütten (für bis zu 6 Pers.) direkt am Fjordufer, ein Restaurant und Pub ist angeschlossen (Hauptgerichte um 200 NOK, Pizzen um 160–220 NOK). DZ ab 950 NOK inkl. Frühstück, Apartments und Rorbuer 1250 NOK.

Wohnen am Fjord ▶ **Aurland Fjordhotel:** Tel. 57 63 35 05, www.aurland-fjordhotel.com. Moderner Terrassenbau mit 30 komfortablen Zimmern, die vor allem auch wegen der Fjordsicht gefallen. Mitte Juni–Ende Aug. DZ 1370 NOK inkl. Frühstück, sonst 990 NOK.

Campen am Fluss ▶ **Camping Lunde:** Aurlandsdal, Tel. 99 70 47 01www.lunde-camping.no, ganzjährig. Rund 1,5 km von Aurland und 8 km von Flåm entfernter Wiesenplatz am Ufer des Aurland-Flusses. Wiesenareal zwischen Straße und Fluss mit neuem Sanitätsblock und 80 Stellplätzen; 17 Hütten (500 NOK).

## Aktiv

Wanderungen ▶ Eine Broschüre des Touristenbüros listet ein rundes Dutzend Wanderungen auf, die allein im Aurlandsdal einladen, außerdem werden geführte Wanderungen vermittelt. Eine populäre Tour führt von Vassbygdi (etwa 10 km von Aurland via R 50) hinauf zur Hütte Østerbo; der Pfad ist gut ausgebaut und etwa 6 Std. lang.

Geführte Touren ▶ Über Fjordfahrten und Bootsverleih informiert ebenfalls das Touristenbüro. Außerdem werden Boot-/Bus-Kombitouren zum Nigardsbreen (s. S. 291) angeboten.

## Verkehr

**Bus:** Busse fahren etwa alle 2–3 Std. nach Lærdal, Flåm sowie Stalheim und Voss, seit Fertigstellung des Tunnels zwischen Aurland und Lærdal verkehren die Expressbusse auf der Strecke zwischen Oslo und Bergen via Aurland, sodass der Ort 4–6 x tgl. an die beiden Städte angeschlossen ist, im Sommer außerdem 1 x tgl. Verbindungen mit Geilo über den Aurlandsvegen (s. S. 160) sowie nach Lærdal über den Lærdalsvegen (s. u.).
**Schnellboot:** 1 x tgl. nach Sogndal, außerdem 2 x tgl. (im Sommer 8 x tgl.) nach Flåm und Gudvangen, Mai–Sept. auch nach Balestrand und Fjærland.

# Lærdal

## Lærdalsøyri ▶ D 25

Zwei Wege führen von Aurland ins östlich gelegene Lærdal, und beide sind gewissermaßen extrem: Geleitet der (nicht mautpflichtige) Lærdal-Tunnel als längster Straßentunnel der Welt (24,3 km) unter den Bergen hindurch, führt der ebenso serpentinen- wie aussichtsreiche Lærdalsvegen bis 1306 m hoch über diese hinweg zum Fjordort **Lærdalsøyri** 8 (auch: Lærdal), der insbesondere im alten Ortsteil, dem Gamle Lærdalsoyri, besticht: Dort nämlich finden sich nicht weniger als 160 unter Denkmalschutz stehende Häuser aus dem 18. und 19. Jh., und es ist einfach schön, durch die alten Gassen zu schlendern, in Antiquitätengeschäften zu stöbern, an Führungen teilzunehmen (über das Touristenbüro) oder den im Sommer samstags einladenden Markt zu besuchen.

Das am Fluss Lærdalselv eingerichtete **Norwegische Lachszentrum** informiert u. a. über das Leben dieser Fischart sowie die traditionellen und historischen Fangmethoden. Ein preisgekrönter Film lädt ebenso ein wie ein Angelsimulator und eine Fliegenbinde-Werkstatt, ein Shop und ein Naturlehrpfad sind ebenfalls angeschlossen (Norsk Villakssenter: www.norsk-villakssenter.no, 15. Mai–31. Juni und 15. Aug.–15. Sept. tgl. 10–17, 1. Juli–14. Aug. 10–18 Uhr, 75 NOK). Der Platz ist trefflich gewählt, gilt doch der Lærdalselv als ›König der norwegischen Lachsflüsse‹ – oder besser: galt, denn seit hier 2008 durch die Lachslaus und ihre Bekämpfung die Wildlachsbestände nahezu vollständig vernichtet wurden, besteht nun bis ins Jahr 2013 hinein ein absolutes Angelverbot für Lachs und Forelle.

## Stabkirche von Borgund

**▶ D/E 25/26**

Die um 1180 errichtete **Stabkirche von Borgund** **9**, rund 25 km von Lærdalsøyri entfernt an der Europastraße gelegen, gilt nicht nur als das besterhaltene Beispiel norwegischer Holzbaukunst, sondern (zusammen mit der Stabkirche von Urnes, s. S. 289) auch als der älteste Holzbau Europas. Mit ihren sechsfach gestaffelten Schindeldächern, ihren mit Drachenköpfen versehenen Firstenden und der turmgezierten Spitze mutet sie wie das Abbild einer Pagode an. Das Portal ist mit magischen Schutzzeichen versehen, über eine ›Geisterschwelle‹ gelangt man ins Innere, und auch dort, wo geschnitzte Menschenköpfe und Fabelwesen eine geheimnisvoll düstere Stimmung vermitteln, ist es kaum vorstellbar, dass man sich in einem christlichen Gotteshaus befindet.

Gerne würde man hier die Atmosphäre und die Details in Ruhe genießen, aber während der Hochsaison ist dies nur äußerst selten möglich, strömen doch Massen an Besuchern in diese bedeutende Stabkirche, und oft muss man mit einer halben Stunde Wartezeit rechnen. Diese kann man sich seit 2005 im neu errichteten Besucherzentrum vertreiben: Eine Ausstellung informiert ausführlich über die Geschichte der Stabkirchen, ihre Bauweise sowie ihre Bedeutung innerhalb der Architekturgeschichte. Des Weiteren wird das religiöse Leben im mittelalterlichen Norwegen beleuchtet, außerdem sind ein Restaurant und ein Geschenkladen angeschlossen (Borgund Stavkirke: www.stavechurch.com, Mai–Sept. tgl. 10–17, 11. Juni–21. Aug. tgl. 8–20 Uhr, 75 NOK; außerhalb der Saison auf Anfrage über Tel. 57 66 81 09, borgund@fortidsminneforeningen.no).

## Infos

**Lærdal Turistkontor:** 6886 Lærdal, im Lachszentrum, Tel. 57 66 67 71, www.alr.no, Juni–Aug. tgl. 11–19 Uhr. Auch Buchung von Unterkunft, Fjordfahrten, Aktivitäten sowie Fahrradverleih.

## Übernachten

**Der Tradition verbunden ▶ Sanden Pensjonat:** Øyragt. 9, Tel. 57 66 64 04, www.sandenpensjonat.no. Unlängst renoviertes Haus aus dem frühen 19. Jh. in pittoresker Lage im historischen Ortsteil Gamle Lærdalsøyri, sieben sehr gemütliche Zimmer mit/ohne Bad, deren Einrichtung von traditionellen Elementen geprägt ist, Gemeinschaftsküche ist angeschlossen. DZ 450–1050 NOK.

**Preiswert ▶ Borlaug Vandrerhjem:** Steinklepp, Tel. 91 10 99 46, www.hihostels.no, Febr.–Okt. Naturschöne Lage, einfache Zimmer, aber günstige Preise. Bett im 4-Bett-Zimmer 265 NOK, DZ 580 NOK Frühstück inkl.

**Ferienzentrum der Spitzenklasse ▶ Lærdal Ferie og Fritidspark:** Tel. 57 66 66 95, www.laerdalferiepark.com, ganzjährig. Direkt am Fjord gelegener Fünf-Sterne-Platz mit großer Campingwiese, Apartments (ab 575 NOK), Hütten (ab 775 NOK) und Zimmern (DZ ab 425 NOK). Auch ein Restaurant ist angeschlossen, Fahrräder und Boote werden vermietet.

## Essen & Trinken

**All inclusive ▶ Lindstrøm Hotel:** Lærdalsøyri, Tel. 57 66 69 00, Mai–Sept., tgl. 19–20.30 Uhr. Im Haupthaus dieses Traditionshotels wird ein Buffet serviert, das mit 10–15 kalten sowie 1–2 warmen Fischgerichten sowie 2–3 Fleischgerichten und einer unglaublichen Auswahl an Kuchen, Gebäck, Puddings, Obst und Käse keine Wünsche offen lässt (370 NOK).

## Aktiv

**Fjordfahrten und Wanderungen ▶** Außer Fjordfahrten (vom Touristenbüro organisiert) sind es insbesondere Wanderungen auf historischen Wegen, um die sich hier alles dreht.

Im Touristenbüro wird eine Broschüre herausgegeben, in der alle Routen ausführlich beschrieben sind. Der rund 2,5 km lange Sverrestigen beispielsweise verläuft zwischen Husum und der Stabkirche von Borgund und ergibt zusammen mit dem Vindehellavegen, der auf einer Passroute nach Husum zurückführt, eine perfekte Rundtour. Der Galdane-Pfad zieht sich rund 5 km am Lærdalselv entlang, der Seltåsen-Weg bietet herrliche Aussichten.

### Verkehr

**Bus:** Verbindungen mehrmals tgl. Richtung Bergen (via Aurland, Flåm, Stalheim, Voss) und Oslo (via Borgund, Gol, R 52, außerdem via E 16/Fagernes), außerdem 3–4 x tgl. via Sogndal und Fjærland nach Førde, des Weiteren zum Nigardsbreen (s. S. 291); im Sommer gibt es auch Busse nach Aurland.
**Fähre:** Die Autofähre über den Sognefjord hinweg verkehrt vom nahen Fodnes aus bis zu 40 x tgl. nach Manheller (nahe Kaupanger) am Nordufer des Sognefjords.
Zwischen Mai und Sept. verkehrt die ›M/F Sognefjord‹ bis zu 4 x tgl. auf der spektakulären und rund 3 Std. langen Strecke Gudvangen–Kaupanger–Lærdal und retour. Da im Sommer die Nachfrage groß ist, sollte man reservieren (insbesondere für Fahrzeuge): über das Touristenbüro oder www.fjord1.no, Tel. 57 75 70 00.
**Auto:** Für den 24,3 km langen Tunnel zwischen Lærdal und Aurland ist keine Mautgebühr zu bezahlen.

## Am Nordufer

Die Nordseite des Sognefjords wird in ihrem mittleren und östlichen Abschnitt noch wesentlich stärker durch weit ins Land greifende Fjordarme zergliedert als die Südseite. Türmt sich im Nordosten der weit verzweigten Wasserstraße mit dem Jotunheimen die alpine Sensation des Landes mit den höchsten Bergen ganz Skandinaviens auf, so erstreckt sich im Norden mit dem Jostedalsbreen Europas größter Festlandgletscher.

**Die Stabkirche von Borgund erinnert an eine asiatische Pagode**

### Sogndal ► D 25

»Wir nahmen die Aussicht von verschiedenen Punkten aus in Augenschein, aber in alle Himmelsrichtungen ist sie weich und malerisch und formt sich zu einem herrlichen Kontrast mit der gewaltigen Bergkette, die sich hinter den Fjorden erhebt, und ihren schneebedeckten Gipfeln.« – Mit diesen Worten wusste der Bischof J. Neumann im Jahre 1823 den Anblick von **Sogndal** 10 zu umschreiben, und auch heute noch ist dieses Bild des 3500 Einwohner großen Zentralorts der gleichnamigen Gemeinde unbedingt stimmig. Mit gut 2000 Gästebetten ist Sogndal darüber hinaus das touristische Zentrum der gesamten Region, Ausgangspunkt für zahllose Aktivitäten, bietet aber selbst keine Sehenswürdigkeiten im eigentlichen Sinn. Die finden sich im benachbarten Kaupanger, rund 11 km entfernt.

Auf halber Strecke zwischen Sogndal und Kaupanger liegt das 1909 gegründete **Sogn Folkemuseum,** dessen 35 historische Gebäude, darunter auch ein teilweise bewirtschafteter Großhof, ein anschauliches Bild vom Leben der Menschen am Sognefjord ab dem 16. Jh. vermitteln; auch Folkloreveranstaltungen stehen häufig auf dem Programm, im Hauptgebäude ist eine kulturhistorische Sammlung mit Trachten, Werkstätten, Möbeln und Werkzeugen zu sehen (www.dhs.museum.no, Mai und Sept. tgl. 10–15, Juni–Aug. tgl. 10–17 Uhr, 70 NOK, das Ticket gilt auch für das Sogne Fjordmuseum, s. u.).

### Kaupanger ► D 25

Hauptsehenswürdigkeit der Region ist die **Stabkirche von Kaupanger** 11, die um 1180 in Form einer Basilika erbaut wurde und die größte am Sognefjord ist. In nachreformatorischer Zeit wurde sie stark erweitert, im 19. Jh. dann aber völlig verfremdet, sodass sie trotz umfassender Restaurierungsarbeiten (1965) heute von außen kaum noch als Stabkirche zu erkennen ist. Sehenswert ist der Innenraum, dessen Einrichtung teils noch aus dem Mittelalter, teils aus dem 17. Jh. stammt (www.stavechurch.com, 7. Juni–Mitte Aug. tgl. 9.30–17.30 Uhr, 50 NOK).

Ein Stückchen weiter lohnt das **Sogn Fjordmuseum** einen Besuch. Hier sind zahlreiche historische Boote ausgestellt, auch der Arbeitsplatz eines Bootsbauers wurde rekonstruiert. Eine große Sammlung an Fotografien, Zeichnungen, Werkzeugen und Gerätschaften vervollständigt diese lohnende Ausstellung (Juni–Aug. tgl. 10–17 Uhr, 70 NOK, das Ticket gilt auch für das Sogn Folkemuseum, s. o.).

## Infos

**Turistinformasjon Sognefjorden:** Hovevegen 2, 6852 Sogndal, Tel. 97 60 04 43, www.sognefjord.no, Mitte Juni– Mitte Aug. Mo–Sa 9–18, sonst Mo–Fr 10–16 Uhr.

**Destinasjon Sogndal & Luster:** Pyramiden Kontorfellesskap, N-6868 Gaupne, Tel. 97 60 04 43, www.sognefjord.no und www.sfr.no, ganzjährig Mo–Fr 10–15 Uhr. Für das gesamte Sognefjord- und Jostedalsbreen-Gebiet zuständig.

## Übernachten

Top in town ▶ **Quality Hotel Sogndal:** Gravensteinsgt. 5, Tel. 57 62 77 00, www.qualityhotelsogndal.no. Aus den 1960er-Jahren stammendes Hotel der gehobenen Mittelklasse mit elegant-modernen Zimmern, schmucken Holzmöbeln, es gibt drei Restaurants (auch ein Gartenrestaurant), Sauna sowie Swimmingpool. DZ ab 1280 NOK.

Komfort am Fjord ▶ **Hofslund Fjord Hotel:** Stadtzentrum, Tel. 57 62 76 00, www.hofslund-hotel.no. Mittelklassehotel in Grünanlage mit beheiztem Pool direkt am Fjordufer. Rund 50 modern eingerichtete Zimmer, sehr empfehlenswert sind die mit Fjordblick. DZ ab 1090 NOK.

Budgetgerecht mit Blick ▶ **Sogndal Bed & Breakfast:** Eskestrand, Tel. 91 30 09 46, www.stayinnorway.com. Rund 5 km vom Zentrum entferntes Gästehaus in einer umgebauten Scheune aus dem 19. Jh. Zum Fjord (herrlich zum Schwimmen) sind es 40 m, die Aussicht ist grandios und die fünf Zimmer (ab 600 NOK, Frühstück 75 NOK extra) gemütlich.

Jugendherberge ▶ **Sogndal Vandrerhjem:** Richtung Kaupanger, Tel. 57 62 75 75, www.hihostels.no, 15. Juni–14. Aug. Die zentral gelegene, recht einfach eingerichtete Jugendherberge bietet 68 Betten (225 NOK) in 1- bis 4-Bett-Zimmern, DZ gibt es ab 520 NOK, Frühstück 70 NOK.

Camping & Hütten am Fjordufer ▶ **Kjørnes Camping:** an der Straße nach Kaupanger, 3 km außerhalb, Tel. 57 67 45 80, www.kjornes.no, Juni–Aug. Weitläufige Wiese am Fjord mit 1 km Küstenlinie, ruhige Lage, sehr empfehlenswert! Hütten (in einem Obstbaumhain) 350–750 NOK, Ferienwohnungen 800 NOK.

## Aktiv

Wandern & Radfahren ▶ Im Touristenbüro kann man Fahrräder ausleihen und sich über Wanderungen informieren (Broschüren zu Bergwanderungen und historischen Wanderungen).

Organisierte Touren ▶ **Brebus:** Zwischen dem 20. Juni und 28. Aug. fährt tgl. der Gletscherbus (www.jostedal.com) von Sogndal (8.35 und 13.40 Uhr) zum Nigardsbreen (s. S. 291) und zurück (Ankunft 17.05 bzw. 20 Uhr), der Zeitrahmen lässt Gletscherwanderungen zu, außerdem stoppt der Bus in Solvorn, wo man die Stabkirche von Urnes (s. u.) besichtigen kann, Ticket 350 NOK. **Fjordfahrten** und **Fjordflüge** kann man im Tourismusbüro buchen.

Angeln ▶ Der nahe gelegene **Arøyelv** ist einer der berühmtesten Lachsflüsse des Landes, Angellizenzen kosten hier bis zu mehrere tausend Kronen pro Tag!

## Verkehr

**Flugzeug:** Der Flughafen liegt südlich von Sogne (Buszubringer 60 NOK), Direktverbindungen tgl. mit Sandane, Førde, Floro und Bergen sowie Oslo.

**Bus:** Mehrmals tgl. Verbindungen mit allen Orten der näheren Umgebung, außerdem mit Fjærland, Balestrand, Lom, Otta sowie Richtung Oslo via Gol und auch Geilo. Auch die Stabkirche von Urnes ist problemlos per Bus (plus Fähre) erreichbar; **Brebus:** siehe unter Aktiv.

**Schnellboot:** 2 x tgl. ab Sogndal nach Bergen via Leikanger, Vangsnes und Balestrand.

**Fähre:** Ab Kaupanger mehrmals tgl. nach Lærdal (45 Min.), ab Mannheller (südl. von Kaupanger) 40 x tgl. nach Fodnes (15 Min.), von wo es nur ein kurzes Wegstück nach Lærdal ist.

# Lustrafjord

## Stabkirche von Urnes ▶ D 25

In Sogndal markiert die mit ›Lom‹ ausgeschilderte R 55 den Weg Richtung Lustrafjord, der am Fluss Arøyelv vorbei zur 15 km entfernten Abzweigung nach **Solvorn** führt. Hier sollte man einbiegen, denn zum einen liegt in dem kleinen Fjordort das berühmte Walaker Hotel, zum anderen starten von hier aus Bootstouren zur Ostseite des Lustrafjords, die u. a. zum Feigumfoss (s. u.) sowie zur **Stabkirche von Urnes** 12 führen.

Zumindest die Stabkirche ist ab Solvorn aber auch per Fähre zu erreichen, und wer diesen Weg wählt, steht 20 Minuten später vor dem wahrscheinlich bereits Mitte des 11. Jh. entstandenen Sakralbau. Neben Borgund (s. S. 285) ist sie die berühmteste Stabkirche des Landes und gehört wie diese auch zu Norwegens ältesten. Ihre Schnitzereien, insbesondere am Nordportal, gelten als einzigartig und führten zur Aufnahme der Stabkirche in die World Heritage List der UNESCO. Auch im Innern dominiert das Schnitzwerk, beachtenswert sind die Würfelkapitelle der Säulen, die mit fantastischen Motiven geschmückt sind (www.stavechurch.com, 2. Mai–30. Sept. tgl. 10.30–17.30 Uhr, sonst nach Absprache über Tel. 57 67 88 40, 60 NOK).

## Abstecher zum Austerdalsbreen ▶ D 25

Von Solvorn aus ist es entlang der R 55 nur ein kurzes Stück bis zur kleinen Ortschaft **Hafslo,** dem Ausgangspunkt für einen Abstecher zum **Austerdalsbreen.** Laut Prospekt präsentiert sich der Austerdalsbreen als »Europas schönstes Eisschauspiel«, und wie die drei Gletscherfälle Loke, Odin und Tors aufeinander bzw. zum Austerdalsgletscher hinabstürzen, ist in der Tat ein überwältigender Anblick. Zwei Wanderstunden sind ein geringer Preis für den ungemein reichen Lohn, Ausgangspunkt der gut markierten und mittelschweren Tour ist die bewirtschaftete Touristenhütte **Tungastølen,** die von der R 55 bei Hafslo aus über eine 35 km lange Stichstraße zu erreichen ist. Der Pfad, über den man sich auch in der Hütte informieren kann, verläuft nach Überquerung einer Brücke auf der Westseite des Austerdalselv direkt bis an die Gletscherzunge heran und überwindet dabei etwa 150 m Steigung. Zurück geht es zwar schneller, doch alles in allem sollte man mindestens fünf Stunden für diesen Ausflug ansetzen.

## An den Fuß der Sognefjellstraße ▶ D 24/25

13 km nördlich von Hafslo wird **Gaupne** 13 erreicht, das Zentrum der Gemeinde Lustra, deren Fläche zu 89 % von Gebirge, Seen und Gletschern bedeckt ist. In den Straßen kann im Hochsommer Gedränge herrschen, denn der Ort gehört, weil von hier aus der **Nigardsbreen** (s. S. 291) leicht zu erreichen ist, bei den meisten Reiseveranstaltern zum festen Bestandteil ihres Programms.

In **Nes,** rund 5 km außerhalb von Gaupne an der R 55, genießt man über den Fjord hinweg einen imposanten Ausblick auf den Feigumfoss (s. S. 290). Bald darauf ist der Ort **Skjolden** 14 erreicht, wo der Lustrafjord, bereits rund 200 km von der Küste entfernt, endet. Hier starten empfehlenswerte Fjordtouren, auch der von nun an Sognefjellstraße genannte Hochgebirgs-Abschnitt der R 55 nimmt hier seinen Anfang (s. S. 177).

## Das Ostufer ▶ D 25

Anstatt von Skjolden aus wieder auf gleicher Strecke zurückzufahren, bietet es sich an, der Ostuferstraße des Lustrafjords zu folgen; besonders reizvoll wird die Fahrt durch die stete Aussicht über den Fjord hinweg auf die Breheimen genannte Gletscherlandschaft. Ein weiteres Highlight ist der auf etwa halber Strecke gelegene **Feigumfoss** 15, einer der höchsten Wasserfälle des Nordens: Aus 275 m Höhe, davon 218 m in freiem Fall, stürzt er in die Tiefe. Den spektakulärsten Blick auf den gewaltigen Gischtmantel genießt man von einem unterhalb des Falls gelegenen Aussichtspunkt aus, der markierte sowie leicht zu begehende Weg (ca. 30 Min.) zweigt etwa 300 m hinter einem bei Ornes gelegenen Parkplatz von der Straße ab. Bei der Stabkirche von Urnes ist das Ende der Straße erreicht; von hier aus geht es im Sommer per Autofähre über den Fjord hinweg zurück nach **Solvorn.**

## Infos

**Turistkontor:** 6868 Gaupne, Tel. 97 60 04 43, www.sognefjord.no, 22. Juni–23. Aug. Mo–Fr 10–17 Uhr.

Ein weiteres Touristenbüro findet sich in Skjolden in der **Fjorstuva** (Tel. 57 68 67 44, www.skjolden.com, 21. Juni–10 Aug. tgl. 11–19 Uhr.).

## Übernachten

Schöner Wohnen ▶ **Walaker Hotel:** Solvorn, Tel. 57 68 20 80, www.walaker.com, auch www.dehistoriske.com. Über 300 Jahre altes Traditionshotel in traumhafter Fjordlage und mit elegant-modernen Komfortzimmern sowie rund zwei Dutzend Zimmern, die im Empire-, Louis-XVI.-, Barock- oder Rokoko-Stil gehalten und alle mit urgemütlichen Himmelbetten ausgestattet sind. Eine der feinsten und besten Adressen des Landes, schon seit neun Generationen in Familienbesitz, frühzeitige Reservierung unabdingbar. Die modernen Zimmer kosten ab 1700 NOK, die Traditionszimmer ab 2250 NOK.

Landlust ▶ **Urnes Gard og Hjortefarm:** Urnes, Tel. 91 53 27 84 und 90 76 82 84, www.urnes.no. Der historische Hof, der teils bis auf das 14. Jh. zurückgeht, liegt nur einen Katzensprung von der Stabkirche entfernt. Mehrere voll ausgestattete Hütten (650 NOK), Apartments (850 NOK), B&B-Zimmer (800 NOK) sowie Zimmer im Gästehaus (500 NOK) mit Gemeinschafts-Bad/WC). Angeschlossen sind eine Hirschfarm und Obstfarm, deren Produkte auch im angeschlossenen Sommercafé (Juni–Sept. tgl. 10.30–17.30 Uhr) serviert werden: so etwa Apfelmost und Blaubeer- sowie Himbeersaft, köstliche Marmeladen, Honig und anderes mehr. Wer's üppig mag, sollte das Frühstücksbuffet bestellen, das seine 95 NOK unbedingt wert ist.

Der Tradition verbunden ▶ **Nes Gard:** Hoyheimsvik, Tel. 57 68 39 43, www.nesgard.no. Gegenüber vom Feigumfoss über dem Fjord gelegenes Gästehaus aus dem Jahr 1859, das durch seine traditionelle Architektur und geschmackvolle Innenausstattung Landesgeschichte mit modernem Service verbindet. Es werden geführte Wanderungen angeboten (tgl. wechselndes Programm) und Apartments vermietet; nach Vorbestellung kann man hier auch zu Abend essen (190–320 NOK). DZ 1200 NOK inkl. Frühstück, Apartments 1360 NOK.

Fjordcamping ▶ **Dalsøren Camping:** Luster, Tel. 57 68 54 36, www.dalsoren.com. Am Fjord gelegene, sehr gepflegte Anlage, nette Grasdachhütten in mehreren Kategorien von 400–1200 NOK.

## Aktiv

Tourenangebote ▶ Vom **Gletscher-Sightseeing** abgesehen, sind besonders die dreistündigen **Bootsfahrten** auf dem Lustrafjord reizvoll, von Solvorn sowie Skjolden starten während der Saison tgl. **Ausflugsboote,** die auch den Feigumfoss sowie die Stabkirche von Urnes anfahren (Buchung über das Touristenbüro).

Wanderungen ▶ Eine Broschüre des Touristenbüros beschreibt 30 Spaziergänge und Wanderungen in verschiedenen Schwierigkeitsgraden, auch die Website informiert umfassend über das vielseitige Wanderangebot der Region.

Mit dem Kajak unterwegs ▶ Wer auf eigene Faust den Lustrafjord erpaddeln will, kann sich bei **Skjolden Aktiv Utleige** (Skjolden Hotel, Tel. 57 68 23 80, www.skjolden.

## Tipp: Zum Nigardsbreen ▸ D 24/25

Rund 74 km (hin und zurück) beträgt der Abstecher von Gaupne an der R 55 aus (s. S. 289) an diesen Seitenarm des Jostedalsbreen, und schon die Fahrt durch das Jostedal mit dem reißenden Jostedalselv und zahlreichen Wasserfällen ist beeindruckend. Das letzte, gebührenpflichtige Wegstück (30 NOK/Pkw) führt durch ein 4 km langes Moränenfeld auf die Gletscherzunge zu.

Herrliche Bilder auf den in eleganten Kurven zu Tal fließenden Eiskoloss tun sich hier auf, und das Moränenfeld gibt beredte Kunde davon, wie weit der Nigardsbreen zum Zeitpunkt seiner größten Ausdehnung um die Mitte des 18. Jh. reichte. Zahlreiche Gehöfte mussten damals wegen der ständig näher kommenden Eiswalze aufgegeben werden, auch die Siedlung Nigard, die dem Nigardsbreen seinen Namen gab, wurde 1743 ein Opfer des Gletschers. Seit 1750 etwa ist er wieder auf dem Rückzug, mehr als 5 km hat er seitdem verloren. Auch der 1,5 km lange Eisstausee unterhalb der Gletscherzunge begann sich erst in den 1930er-Jahren zu bilden.

Am Südostrand des Nigardsbreen endet die Straße, wo das **Jostedalen-Breheimsenteret** über Natur- und Kulturgeschichte des Gletschers informiert. Von hier aus werden außerdem Touren in allen Schwierigkeitsstufen auf den eisigen Koloss organisiert. Vom Fuß der Gletscherzunge, wohin zwischen dem 10. Juni und 1. Sept. ständig Boote verkehren (10–18 Uhr, 40 NOK hin und zurück), werden während der Saison mehrmals täglich einstündige Spaziergänge auf den Gletscher geführt, außerdem bis zu sechs Stunden dauernde Touren.

com/skjoldenhotel) ein Kajak zu 150 NOK/Tag ausleihen. Geführte Kajaktouren von Marifjøra südl. Gaupn nach Solvorn bietet **Fjord-Seal** (Marifjøra, Tel. 95 77 41 96, www.fjordseal.com): Mai–Sept. tgl. um 9 Uhr, 4 Std., 500 NOK alles inkl. Die Tour ist auch für Kinder (ab 7 Jahre) geeignet, es stehen auch Tandemkajaks zur Verfügung; über die Website kann man Videos betrachten, die u. a. aufzeigen, wie man paddelt, welche Kleidung zu tragen, was es zu beachten gilt etc.

### Verkehr

**Bus:** Verbindungen bestehen in Richtung Lom (nur Sommer), Oslo und Bergen, im Sommer sind zusätzlich spezielle Fjellbusse im Einsatz.

In den von Sogndal zum Nigardsbreen verkehrenden **Brebus** kann man auch in Solvorn, Hafslo sowie Gaupne zusteigen.

**Fähre:** Im Sommer (2. Mai–30. Sept. zwischen 7.10 und 16.50 Uhr) fahren Fähren zwischen Solvorn und Urnes 9 x tgl. (ca. 20 Min.); außerhalb der Saison verkehrt die Fähre 4 x tgl., 32 NOK, Pkw 87 NOK, Info über Tel. 91 79 42 11, www.urnesferry.com.

## Nationalpark Jostedalsbreen ▸ D 24

Westlich von Jotunheimen (s. S. 164) erstreckt sich die Landschaft Breheimen, die im Süden vom Sogne- und im Norden vom Nordfjord begrenzt wird und neben dem **Jostedalsbreen** 16 mehr als 30 weitere Gletscher umfasst. Der rund 100 km lange Jostedalsbreen ist mit einer Ausdehnung von etwa 1000 km² und einer bis zu 500 m dicken Eisdecke der größte Plateaugletscher des europäischen Festlandes. Er präsentiert sich als ein gleißend weißes Meer aus ewigem Eis und Schnee, das mit insgesamt 24 Gletscherzungen von bis zu 2038 m Höhe tief in die angrenzenden Täler hineinreicht. Von diesen Zungen gilt der Tunsbergdalsbreen als die längste, der Nigardsbreen (s. o.) als die populärste, der Austerdalsbreen (s. S. 289) als die am meisten zerklüftete und angeblich schönste und der Bøyabreen (s. S. 294) als die am leichtesten erreichbare.

Entstanden ist der Gletscher nicht etwa während der letzten Eiszeit, sondern erst seit ungefähr 500 v. Chr. im Zuge einer Klimaverschlechterung. Die Größe entspricht heute in etwa derjenigen um 1700. Danach allerdings dehnten sich die Eismassen gewaltig aus, um dann zwischen 1850 und 1880 ebenso schnell wieder zurückzuweichen. Dieses Abschmelzen hält noch heute an, und die wechselvollen Vorgänge, die das Phänomen der Gletscherzungen zwischen Warm- und Kaltzeiten charakterisieren, kann man nirgends so anschaulich verfolgen wie am Beispiel des **Nigardsbreen** (s. Tipp S. 291), der ebenso wie der allergrößte Teil von Breheimen zum 1230 km$^2$ großen Jostedalsbreen-Nationalpark gehört. Dieser wurde 1991 eingerichtet und ist mit über 600 000 Besuchern jährlich eines der großen touristischen Highlights des Nordens. Erreichen kann man diese Naturattraktion entweder über Stichstraßen von der R 55 aus, die ab Sogndal dem Lustrafjord folgt (s. S. 289), oder vom ebenfalls in Sogndal beginnenden Fjærlandsvegen (R 5).

## Infos

**Jostedalen Breheimsenteret:** Tel. 57 68 32 50, www.jostedal.com, Mai–Sept. tgl. 10–17 Uhr, 21. Juni–20. Aug. 9–19 Uhr. Museum, In-

**Gewaltige Eismassen erheben sich im Jostedalsbreen-Nationalpark**

fostelle und Buchungszentrale für Aktivitäten. Nach einem Brand wird das Zentrum 2013 neu eröffnet (bis dahin ein Provisorium).

## Übernachten, Essen

**Dem Gletscher nah ▶ Jostedal Hotel:** Gjerde (im Jostedal am Weg zum Gletscherzentrum), Tel. 57 68 31 19, www.jostedalhotel.no. Ein Neubau im ›Alpenstil‹, praktisch-moderne Zimmer, mit angeschlossenem Restaurant, auch Küche; ideal für den Gletscherbesuch, den man hier buchen kann. DZ 930–1030 NOK.

**Top-Lage ▶ Jostedal Camping:** Gjerde (im Jostedal, ca. 5 km vor dem Nigardsbreen), Tel. 57 68 39 14, www.jostedalcamping.no, ganzjährig. Spektakuläre Lage am Fluss, idealer Ausgangspunkt für Wanderungen, ordentliche Hütten zu günstigen Preisen (330–1150 NOK).

## Aktiv

**Ice-Walks ▶** Im Gletscherzentrum (siehe Infos) starten während der Hochsaison (1. Juli–25. Aug.) mehrmals tgl. Familien-Gletscherwanderungen (für Kinder ab 6 Jahren, 1 Std.,

250 NOK) sowie Blaueis-Touren in den Varianten kurz (15. Mai–25. Sept., 2 Std., 445 NOK), lang (1. Juni–15. Sept., 3 Std., 540 NOK) und sehr lang (10. Juli–25. Aug., 5 Std., 760 NOK).

Traumtouren für Paddler ▶ **Icetroll:** Breheimsenteret, Jostedalen, Tel. 97 01 43 70, www.icetroll.com. Icetroll bietet Gletschersee-Kayaking im Jostedal an. Die Seen sind leicht erreichbar und daher ideal für Tagesausflüge in einer atemberaubenden Eislandschaft. Die Touren sind leicht und für jeden zu bewältigen, die Ausrüstung wird gestellt; die Tagestour (8 Std.) kostet 950 NOK, die Übernachtungstour 1400 NOK, eine Zweitagestour 2500 NOK alles inkl. Auch Raftingtouren von 400–1300 NOK.

### Verkehr

**Brebus:** Der vom 20. Juni bis 28. Aug. verkehrende Brebus (Gletscherbus) startet tgl. um 8.35 und 13.40 Uhr in Sogndal zum Nigardsbreen, 17.05 bzw. 20 Uhr ist man wieder zurück (hin und zurück 305 NOK), im Juli evtl. zusätzlich weitere Bustouren. Auch ab Fjærland ist ein Gletscherbus im Einsatz sowie ab Flåm und Lærdal (auf Fährzeiten abgestimmt). Infos: jostedal.com/brebussen.

## Fjærland ▶ C 25

In Sogndal beginnt die 1994 eingeweihte R 5, die als Fjærlandsvegen eine der gletscherreichsten Landschaften Norwegens erschließt und nach rund 33 km voller einzigartiger Traumpanoramen **Fjærland** 17 erreicht. Dieser malerische Ort am Nordzipfel des Fjærlandfjords (einst einer der Lieblingsfjorde von Kaiser Wilhelm II.) wurde erst 1986 an das norwegische Straßennetz angeschlossen und damit jäh aus seinem Dornröschenschlaf erweckt.

### Norwegisches Gletschermuseum

Einen wichtigen Schritt auf dem Weg Fjærlands vom verschlafenen Dorf zum Touristenzentrum bedeutete 1991 die Fertigstellung des Norwegischen Gletschermuseums, das alle Fragen, die man in Bezug auf Eiszeiten und Gletscher nur haben kann, erschöpfend beantwortet. Seine Hauptattraktion ist ein fantastischer Film über die Gletscherwelt des Jostedalsbreen, des Weiteren kann man durch einen künstlichen Miniatur-Gletscher hindurchspazieren und sich u. a. auf einem Monitor ansehen, welche Wanderungen in welchem Schwierigkeitsgrad von hier aus machbar sind (Norsk Bremuseum: www.bre.museum.no, Juni–Aug. tgl. 9–19, April/Mai und Sept./Okt. tgl. 10–16 Uhr, 120 NOK).

### Gletscherwanderungen

Die andere Attraktion des Dorfes am Rande des ewigen Eises sind die Gletscherwanderungen, die von hier aus schon seit 1883 durchgeführt werden, als die ersten Touristen aus Großbritannien und Deutschland eintrafen. Die Länge der Touren variiert zwischen wenigen Stunden und mehreren Tagen, auch Gletscherkurse werden angeboten.

Startpunkt ist jeweils die **Flatbrehytta** am Flatbreen, wohin eine rund dreistündige Wanderung führt. Ausgangspunkt dafür ist Øygård, rund 7 km von Fjærland entfernt und auch mit dem Auto erreichbar (Richtung Suphelledal, dann ausgeschildert). Wer nicht an solchen mehr oder weniger anstrengenden Touren teilnehmen will, sollte aber zumindest auf Gletscher-Sightseeing gehen, denn nirgendwo ist der Weg zum Jostedalsbreen kürzer als hier:

Als spektakulärste Gletscherzunge gilt die des **Bøyabreens** (Fahrt Richtung Skei, vor dem Tunnel ausgeschildert). Sie fließt außerordentlich fotogen einen steilen Berghang hinab, an dessen Fuß sich ein kleiner See erstreckt. Hier kann man bis dicht an das Eis heranwandern, wohingegen man sich beim **Suphellebreen** (rund 4 km, dann am ausgeschilderten Abzweig nach rechts, noch ca. 6 km) mit dem Anblick der oben am Hang endenden Gletscherzunge begnügen muss.

### ›Bücherstadt‹

Fjærland ist in Norwegen nicht nur als Brebyen (›Gletscherstadt‹), sondern auch als

Bokbyen bekannt, übersetzt ›Bücherstadt‹, was daraus resultiert, dass hier seit 1996 in zwölf Antiquariaten, die sich zusammengeschlossen haben, sowie in alten Ställen, Scheunen und Bootshäusern sage und schreibe 250 000 Secondhand-Bücher aller möglichen Sprachen ausgestellt und verkauft werden (genaue Informationen über www.bokbyen.no). Das gilt als Rekord, nicht nur in Norwegen! Alle zwei Jahre (2014, 2016) lädt das **Booktown Festival** ein, das im Juni ganz im Zeichen von Buch und Literatur steht und an dem auch Delegationen der acht anderen weltweit bekannten Bücherstädte teilnehmen.

## Infos

**Fjærland Turistinformasjon:** 6848 Fjærland, Tel. 57 69 32 33, www.fjaerland.org, außerdem www.sognefjord.no, Mai–Sept. tgl. 10–18 Uhr.

## Übernachten, Essen

Schmuckstück aus alter Zeit ▶ **Hotel Mundal:** Tel. 57 69 31 01, www.hotelmundal.no, Mai–Sept. Am Fjordufer gelegenes Prachthotel aus dem 19. Jh. im Schweizer Stil, das auch von innen hält, was das Äußere verspricht. Die Gemeinschaftsräume und Zimmer sind mit Originalmobiliar aus dem Jahr 1891 ausgestattet, schöner und traditionsreicher kann man kaum noch wohnen; wer sich etwas Gutes gönnen will, sollte hier das 3-gängige Menü ordern (Vorbestellung), das seine 490 NOK wert ist. DZ ab 1700 NOK inkl. Frühstück, auch Halbpension wird geboten.

Vom Feinsten ▶ **Fjærland Fjordstue:** Tel. 41 00 02 00, Fax 57 69 31 61, www.fjaerland.no, Mai–Sept. Schöne alte Holzvilla in herrlicher Panoramalage am Fjordufer. Die Zimmer sind außerordentlich gepflegt, jedes in anderen (hellen) Farben gehalten, teils mit Fjordblick. Es wird auch Halbpension angeboten, das Restaurant (mit Fjordveranda) präsentiert sich als ein Schmuckstück norwegischer Tradition. Ein Haus zum Wohlfühlen! DZ 1195 NOK, mit Fjordblick 1360 NOK inkl. Frühstück.

Campen ▶ **Bøyum Camping:** Tel. 57 69 32 52, www.fjaerland.org/boyumcamping, Mai–Sept. Großes Wiesenareal, sehr gute Ausstattung, Hütten, (570–1030 NOK), schlichte DZ (ab 280 NOK) sowie Betten im Schlafsaal (175 NOK).

## Aktiv

Ins Eis und auf die Berge ▶ **Gletscher-Touren** organisieren DNT (in Zusammenarbeit mit dem Touristenbüro) sowie Gletschermuseum (s. o.) und Breogfjell (Tel. 41 14 60 70, www.breogfjell.no). Startpunkt ist jeweils die Flatbrehytta (s. o.), wo man auch übernachten kann (18 Betten, im Sommer Reservierung empfohlen: Tel. 57 69 32 29), von dort geht es zum 1000 m hoch gelegenen Flatbreen (Dauer: 6–8 Std.), geführte Tour 650 NOK/Pers., Gletscherkurse rund 2400 NOK, auch zu weiteren Gletschern werden Touren durchgeführt (250–650 NOK), des weiteren werden Bergbesteigungen angeboten (ab 700 NOK), Gletscherkurse (ab 5500 NOK) und Kletterkurse (ab 4300 NOK).

Eisgucken ▶ Wer nur an Gletscher-Sightseeing interessiert ist, sollte den Gletscherbus nehmen, der zwischen Mai und Sept. tgl. um 9.45 und 13.25 ab Mundal (Fährkai) via Gletschermuseum zum Suphellebreen und Bøyabreen verkehrt.

Wanderungen ▶ In Fjærland gibt es elf markierte Wanderungen, das Touristenbüro informiert umfassend.

Auf eigenem Kiel ▶ **Fjærland Kayak & Glacier:** www.kayakandglacier.com, Tel. 57 20 01 78, Mai-Sept. geführte Touren 400/950 NOK, Paddelkurs 700 NOK, Kayakverleih 450 NOK/Tag. Ein schöneres Paddelrevier als der Fjærlandsfjord ist kaum denkbar!

## Verkehr

**Bus:** Fjærland ist 2–4 x tgl. mit Skei (an der E 39), Sogndal, Lærdal, Gol und Oslo verbunden.

**Fähren:** Sie fahren im Sommer 4 x tgl. zwischen Vangsnes und Fjærland via Hella und Balestrand.

**Schnellboot:** Mai-Sept. mehrmals tgl. von/nach Flåm und Aurland.

# Auf der ›Goldenen Route‹

**Die ›Goldene Route‹, die die beiden Täler Ottadal und Romsdal miteinander verbindet, ist die wohl schönste Autoroute des Fjordlands: Ob Gamle Strynefjellsvegen oder Trollstigen, ›Adlerstraße‹ oder ›Nibbestraße‹, Geirangerfjord oder Romsdalen – jeder Streckenabschnitt und jedes Etappenziel bildet einen Höhepunkt für sich.**

Westnorwegen als Augenweide, das Fjordland der Prospekte – entlang dieser Strecke, die das Ottadal mit dem Romsdal verbindet, kann man die unterschiedlichen Landschaften der Region in jeweils vollkommener Ausprägung genießen. Norwegens kühnste Serpentinenstraße – der Trollstigen – liegt ebenso am Weg wie der weltberühmte Geirangerfjord, der seit 2005 auf der World Heritage List der UNESCO steht.

Von der ›Adlerstraße‹ und der ›Nibbestraße‹ aus – zwei weiteren Touristenattraktionen – hat man die vielleicht schwindelerregendsten Ausblicke des Nordens. Allerdings nicht vor Mitte Juni (zuvor sind Teile der Strecke wegen Schnee und Eis noch gesperrt), außerdem nicht mit Wohnwagengespannen und bis Ende August auch ganz und gar nicht in Ruhe, denn neben der Sognefjellstraße (s. S. 177) und der E 6 gibt es keine Straße im Königreich, die derart stark frequentiert wird wie die Reichsstraße Nr. 63, die das Kernstück der ›Goldenen Route‹ bildet und zur Nationalen Touristenstraße (www.nasjonaleturistveger.no) ernannt wurde.

## Durch das Ottadal

▶ D/E 23/24

### Von Lom nach Dønfoss bru

Von **Lom** 1 aus, dem ›Tor zum Jotunheimen‹ (s. S. 164), folgen wir der R 15 Richtung Westen durch das Ottadal, das den klassischen Verbindungsweg vom Gudbrandsdal (s. S. 180) ins Fjordland bildet. Mit weniger als 400 mm Niederschlag pro Jahr ist es eine der trockensten Regionen des Landes. Grund für die Regenarmut des vom Fluss Otta durchströmten Talzuges ist seine Lage im Schatten der umliegenden Gebirgsmassive, der es heute jedoch zugleich seinen touristischen Stellenwert verdankt.

Vorbei an dem lang gestreckten See Ottavatn und durch den Ort Bismo hindurch kommt man nach **Dønfoss bru** 2, wo die Straße den Fluss an einem schäumenden Katarakt überspannt. Diese Stromschnellen (Dønfoss) sind zwar nach allem, was man bislang schon zu sehen bekommen hat, nicht ›so‹ spektakulär, aber ein Stopp sei dennoch empfohlen. Zum einen, weil auf dem angrenzenden Campingplatz ein wunderschön über dem Strom gelegenes Schwimmbad zum Baden einlädt, zum anderen, weil hier ein Aussichtsweg am Katarakt vorbei zu mehreren sogenannten ›Riesentöpfen‹ führt, die im Strudel entstehen, sobald das Wasser bei seinen kreisenden Bewegungen Steine schleifend am Flussgrund bewegt.

### Infos

Für das Ottadal ist das Touristenbüro in Lom zuständig (s. S. 167).

**Der Geirangerfjord: eine der berühmtesten Sehenswürdigkeiten der Welt**

## Übernachten

Blockhütten & Camping ▶ **Dønfoss Camping:** Tel. 61 21 48 98, www.donfosscamping.no, ganzjährig. Außerordentlich gepflegter Platz mit urig-rustikalen Blockhütten in verschiedenen Preisstufen von 550 NOK über 725 NOK bis 950 NOK sowie einem großen Campingareal; ein Kiosk ist angeschlossen, ein Supermarkt liegt 200 m entfernt.

## Aktiv

Schwimmen ▶ Im beheizten Schwimmbad von Donfoss (15. Juni–20. Aug. tgl. 10–19.30 Uhr, 70 NOK, Gäste des Campingplatzes zahlen 30 NOK).

## Grotli

Die Baumgrenze wird überschritten, das Hochgebirge rückt wieder imposant ins Bild, und dann wird **Grotli** 3 erreicht, ein alter Rastplatz am Verkehrsweg nach Bergen. Der Name leitet sich vom Altnorwegischen ›Grjot‹ ab, was so viel wie ›Stein‹ bedeutet und sich auf einen steinernen Unterstand bezieht, der hier den Reisenden jahrhundertelang Schutz vor den Unbilden der Witterung bot.

Im Jahr 1870 wurde dieser einfache Unterstand zur Berghütte ausgebaut und zur ›Staatlichen Herberge‹ ernannt, die seitdem viele berühmte Gäste aufgenommen hat. So u. a. Bjørnstjerne Bjørnson, der hier 1896 weilte und sich von der Hochgebirgslandschaft ebenso begeistert zeigte wie der König von Siam neun Jahre später. An diesem Panoramablick auf ein »hohes Gebirge mit Gletscher im Gürtel«, um es mit Bjørnsons Worten zu sagen, hat sich nichts geändert, und noch immer bietet sich Grotli als Rast- und Übernachtungsplatz an.

## Infos

**Reisemål Stryn & Nordfjord AS:** Tingata 3, 6782 Stryn, Tel. 57 87 40 40, www.nordfjord.no, 9. Juni–31. Aug. Mo–Fr 9–18, Sa/So 10–17, sonst Mo–Fr 9–15.30 Uhr.

**Straßeninformation zum Gamle Strynefjellsvegen:** Beim Grotli Høyfjellhotel in Grotli finden sich mehrsprachige Infotafeln zur Strecke.

## Übernachten

Traumhaus aus alter Zeit ▶ **Grotli Høyfjellhotel:** Tel. 61 21 74 74, www.grotli.no. Aus dem Unterstand bzw. der späteren Steinhütte der ›Staatlichen Herberge‹ hervorgegangenes Haus, das urgemütlich im alten Stil eingerichtet ist. DZ ohne Bad 395 NOK/Pers., DZ mit Bad 480 NOK inkl. Frühstück, auch Halbpension wird geboten (ab 655 NOK/Pers.).

Herrliche Panoramalage ▶ **Høyfjellhotel Videseter:** Tel. 57 87 60 50, www.videseter.com, Mai–Sept. Gepflegtes Haus mit rund 60 komfortablen Zimmern in verschiedenen Preisstufen (je nach Aussicht); außerdem ein umfassendes Aktivitätsangebot. DZ ab 1290 NOK.

## Aktiv

Wintersport im Sommer ▶ **Stryn Sommerski:** Tel. 91 53 10 61, www.strynsommerski.no, Mai–Juli , tgl. 10-16 Uhr. Nordeuropas populärstes Sommerskizentrum, auf 1065 m Höhe gelegen, bietet Snowboarding, Telemark, Alpinski sowie Langlauf (mehr als 10 km Loipen), mehrere Skilifte führen auf bis über 1600 m, der Tagespass kostet 370 NOK, alle erforderliche Ausrüstung kann man ausleihen; es werden auch geführte Skitouren angeboten (2000 NOK/Gruppe und Tag).

## Verkehr

**Bus:** Grotli ist mit öffentlichen Verkehrsmitteln von Lom aus zu erreichen, von dort verkehren Mitte Juni–Ende Aug. 1–2 x tgl. Busse nach Geiranger via Geirangervegen, die weiter über den Trollstigen nach Åndalsnes fahren.

# Auf dem Geirangervegen

▶ D 23

## Hinauf zur Dalsnibba 4

Von Grotli aus sind es entlang der R 15 nur wenige Kilometer bis **Langevatn,** wo die nach Geiranger führende R 63 abzweigt (Zur Alternativroute s. Tipp S. 301). Auf dem 24 km langen Geirangervegen, 1900 in Paris wäh-

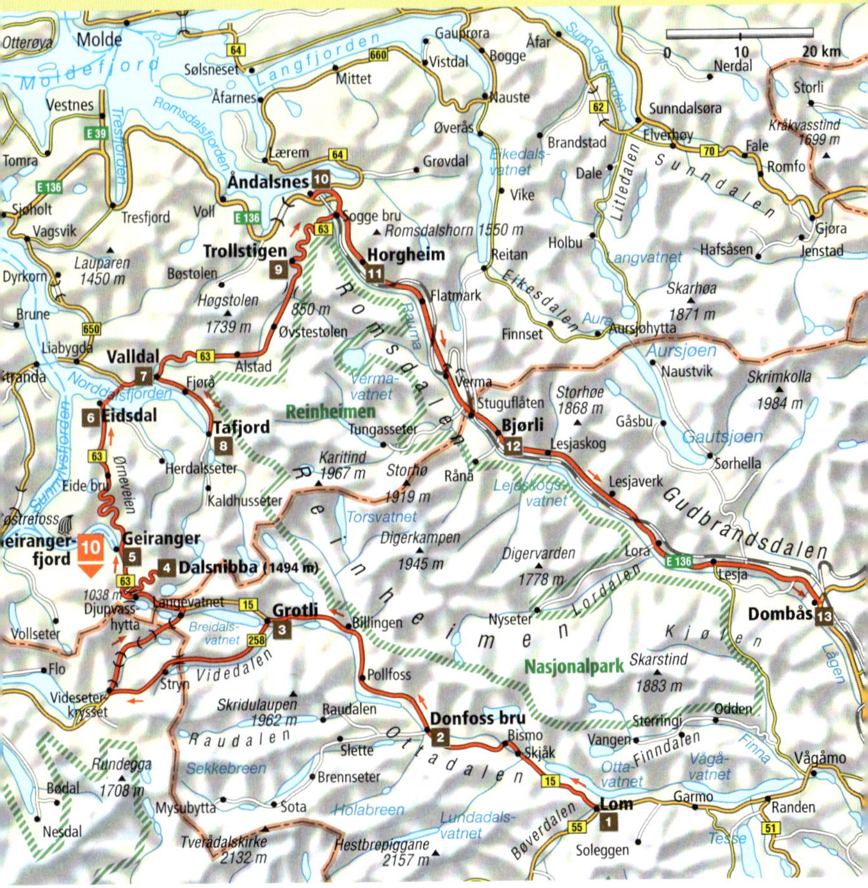


rend der Weltausstellung als Meisterwerk der Straßenbaukunst preisgekrönt, ist bereits nach 8 km der mit 1038 m höchste Punkt der Strecke erreicht: die am Ostufer des (oft ganzjährig vereisten) Djupvatn gelegene **Djupvasshytta** (www.djupvasshytta.no). Hier sieht man allerdings zuweilen vor lauter Touristen die Landschaft nicht, vor allem dann, wenn Kreuzfahrtschiffe im Geirangerfjord vor Anker liegen, deren Passagiere mit Dutzenden von Reisebussen hierher gefahren werden.

Nächstes Ziel ist der 1494 m hohe Gipfel **Dalsnibba**, wohin ab der Djupvasshytta eine mautpflichtige Straße (80 NOK) abzweigt. Vom Befahren mit Gespannen wird dringend abgeraten, denn in elf Serpentinen zieht sich der schmale Weg zum rund 5 km entfernten Aussichtspunkt hinauf. Dort herrscht in aller Regel ein noch weitaus größeres Gedränge als unten an der Hytta, dies jedoch nimmt man zumindest bei klarer Wetterlage gern in Kauf: Die Aussicht hinunter auf den Geirangerfjord mit den stecknadelkopfgroßen Kreuzfahrtschiffen ist spektakulär und gilt als Höhepunkt einer Norwegenreise. Ein Besucherzentrum mit riesigen Glasfronten lädt ein, angeschlossen ist außerdem ein Souvenirladen sowie ein Café. Zwischen dem 22. Juni und 1. Sept. verkehrt nun 3 x tgl. (9.30, 12.40,

**Am höchsten Punkt der Route gelegen: die Djupvasshytta**

14.40 Uhr) ein Bus von/nach Geiranger (250 NOK je Weg); Infos und Tickets über das Touristenbüro. Taxi kostet 1200 NOK (hin und zurück) für bis zu 4 Pers.

### Hinunter nach Geiranger

Hinunter ins Tal Richtung Geirangerfjord verläuft nun die 16 km lange Fahrt, während derer man all die Landschaftsbilder genießen kann, die zu den Lieblingsmotiven der zahlreichen Norwegenbücher zählen. Doch sollte man vor lauter Schauen nicht die Konzentration am Lenkrad vernachlässigen, denn die Straße mit ihrem äußerst starken Gefälle schlängelt sich in über 20 Haarnadelkurven scharf am Abgrund vorbei. Verzweifeln Sie nicht, wenn man nicht überall, wo sich fantastische Ausblicke bieten, auch parken kann: Das berühmteste Motiv am Geirangerfjord, **Flydalsjuvet,** wird erst 4 km vor Geiranger passiert, und hier gibt es reichlich Parkplätze.

## 10 Geiranger und Geirangerfjord ► D 23

»Die Landschaft ist so schön, dass es innerlich schmerzt«, schrieb Liv Ullmann in den ›Wandlungen‹ über ihr Heimatland, und wo könnte dieser Schmerz größer sein als dort, wo die Natur in ihrer ›norwegischsten‹ Erscheinungsform auftritt? In der Welt der Fjorde, insbesondere des Geirangerfjords, der als Top-Highlight ganz Skandinaviens gilt und seit 2005 auch als Weltnaturerbe die World Heritage List der UNESCO schmückt. Man steht, schaut und staunt, und auch der Anblick von **Geiranger** 5, einem idyllischen Dorf am Wiesenufer im Saum steilster Berge, ist kaum in Worte zu fassen.

Im Ort angekommen, erscheint Geiranger, das mit seinen rund 250 Einwohnern gut 5000 Gästen Unterkunft bieten kann, ebenso überdimensioniert wie die Preise, die hier ver-

## Tipp: Gamle Strynefjellsvegen ▶ D 23

In dem kleinen Ort Grotli (s. S. 296) muss man sich entscheiden, ob man auch weiterhin der R 15 folgen will, die am selbst im Sommer noch oft zugefrorenen Breidalsvatn vorbei zum Abzweig nach Geiranger führt, oder aber den Umweg über die nach links abzweigende **R 258** nehmen möchte. Diese Alternative bietet sich an, denn die insgesamt 27 km lange Strecke folgt der Alten Strynefjellstraße, die vor mehr als 100 Jahren von den Einwohnern der Region sowie von schwedischen Wanderarbeitern mit nicht viel mehr als Spitzhacken und Schaufeln errichtet wurde. Die sorgfältig von Hand aufgeschichteten Steinmauern sowie die an ›Hinkelsteine‹ gemahnenden Randsteine erinnern an diese Zeit, und bis in die 1950er-Jahre hinein wurde hier der Schnee im Frühjahr von mehr als 200 Helfern kilometerweit von Hand geräumt.

Heute sorgen Schneefräsen dafür, dass die Strecke innerhalb kürzester Frist wieder befahrbar ist, aber im Winter (Anfang Okt.–Anfang Mai) bleibt sie dennoch geschlossen, denn 1978 wurde die neue, auch im Winter befahrbare Straße über das Strynefjell eröffnet, und seitdem ist die R 15 die Hauptverkehrsader zwischen dem östlichen Binnenland und dem nördlichen Westnorwegen.

Der Gamle Strynefjellsvegen ist zur Nationalen Touristenstraße ernannt (www.nasjonaleturistveger.no) und in den Rang einer ›Grünen Straße‹ erhoben worden, die die Staatliche Straßenverwaltung besonders im Hinblick auf die Bedürfnisse der motorisierten Urlauber ausgebaut hat. Es geht ihr um die Erschließung landschaftlich besonders schöner Strecken für den Autotouristen, und die R 258 führt in der Tat durch eine Landschaft von extremer Schönheit.

Zunächst fährt man von **Grotli** aus durch immer lichter werdende Birkenwälder hinauf auf das karge Fjell mit seiner arktischen Vegetation am Rande gletscherbedeckter Zweitausender. Nach rund 12 km wird der mit 1139 m höchste Punkt der Strecke (gleichzeitig Grenze zwischen Østland und Vestland) erreicht, bevor man kurz danach das Sommerskizentrum **Stryn** passiert, das sich im Verlauf der letzten 50 Jahre zu einem europaweit bekannten Sommer-Wintersportort entwickelt hat.

Im folgenden Streckenabschnitt genießt man immer wieder wunderschöne Aussichten auf die beiden Gletscher **Skålabreen** und **Breifonn,** am imposantesten vom Høyfjellhotel Videseter aus. Vorbei am 60 m hohen Wasserfall Buldrefoss führt die Straße dann hinunter nach **Videseterkrysset,** wo sich eine gewaltige Bogenbrücke aus Granitgneis bis 60 m hoch über den Fluss spannt. Von hier sind es noch 14 km bis nach **Langevatn** an der Kreuzung R 15/R 63.

**Hinweis:** Auf der R 258 verkehren keine Busse bzw. vom 21. Juni–16. Juli nur der Skibus von Stryn aus zum Sommerskizentrum, weitere Infos unter www.nordfjord.no.

langt werden. Wer unter Platzangst leidet, kann hier während der Saison durchaus einmal Probleme bekommen, denn es ist brechend voll. Es ist jedoch durchaus möglich, den Massen zu entkommen (z. B. im Rahmen herrlicher Wanderungen, unvergesslicher Kajak- oder Bootsfahrten), und auch wenn man Schlange stehen muss, sollte man auf eine der größten Attraktionen des Ortes, eine Fjordfahrt, nicht verzichten.

Ein weiteres ›Muss‹ ist ein Besuch des neu eröffneten Geiranger Fjordsenter, das grundlegende Informationen über das zum Welterbe erklärte Gebiet vermittelt. Es locken Ausstellungen sowie eine Galerie, und die Multimediashow ›Von den Bergen bis zum Fjord‹ bietet fantastische Naturbilder (www.verdsarvfjord.no, Mai–Aug. tgl. 10–18, sonst tgl. 10–15 Uhr, 100 NOK).

### Infos

**Geiranger Turistkontor:** 6216 Geiranger, Tel. 70 26 30 99, www.geiranger.no, ganzjährig, tgl. 10–17 Uhr.

## Tipp: ›Norwegens schönste Fährenfahrt‹

In Geiranger begegnet man dem Superlativ auf Schritt und Tritt, und auch diese Verheißung eines Werbeprospekts trifft den Kern der Sachlage genau, verkehrt doch die ›M/F Voksa‹ zwischen dem 20. Juni und 20. Aug. 2 x tgl. in jede Richtung auf der dem Geirangerfjord folgenden Traumstrecke zwischen Geiranger und Valldal (s. S. 303) – preiswerter kann man nicht in den Genuss einer Fjordfahrt kommen! Abfahrt von Geiranger ist tgl. um 12 und 17.15 Uhr, von Valldal um 9.15 und 14.45 Uhr; die einfache Strecke kostet 230 NOK, hin/zurück 350 NOK, Autos 420 NOK. Reservierung empfohlen (Tel. 55 90 70 70, www.fjord1.no).

**Destinasjon Geirangerfjord Trollstigen:** 6216 Geiranger, Tel. 70 26 38 00, www.visitalesund-geiranger.com. Für den Bereich des Geirfangerfjord-Umlandes und den Trollstigen zuständig; man kann auch online Unterkünfte buchen.

## Übernachten

Wundervolle Lage ▶ **Union Hotel:** Tel. 70 26 83 00, www.hotelunion.no. Die Lage des traditionsreichen Hotels ist ein Traum, der Garten herrlich und die Ausstattung (u. a. mit verglaster Schwimmhalle) sowie die Balkonzimmer vom Feinsten. DZ ab 1600 NOK/Pers., mit Fjordblick ab 2000 NOK/Pers.

Gehobene Ausstattung ▶ **Grande Fjord Hotel:** Ortsausgang Richtung Ørneveien, Tel. 70 26 94 90, Fax 70 26 94 91, www.grandefjordhotel. com. Mehrstöckiges Hotel in herrlicher Panoramalage mit sehr gepflegten Balkonzimmern, auch Touren und Aktivitäten werden geboten. DZ mit Fjordblick und Balkon 1290 NOK, DZ nach hinten raus ab 1090 NOK.

Direkt am Fjord ▶ **Camping Grande:** 2 km nördl. von Geiranger, Tel. 70 26 30 68, www.grande-hytteutleige.no, Mai–Okt. Herrliche Fjordlage, im Hochsommer teils recht beengt. Hütten in verschiedenen Kategorien ab 520 NOK in der Hochsaison, sonst ab 420 NOK. Zelten/Wohnmobil 145 NOK plus 30 NOK/Pers. Mit Kayak/ und Bootsverleih.

Rund ein halbes Dutzend weitere **Campingplätze** und **Hüttenvermietungen** im Umkreis von Geiranger.

## Essen & Trinken

All inclusive ▶ Im Sommer bieten die meisten Hotels üppige **Dinner-Buffets** (auch für Nicht-Gäste), die ca. 275 NOK/Pers. kosten (so u. a. im Grande Fjord Hotel, s. o.).

Tafeln mit Traumblick ▶ Das allerschönste Panorama zum Essen bietet die **Nina-Grieg-Terrasse** des Union Hotels (s. o., Frühstück ab 7.30, Lunch ab 12, Dinner ab 19 Uhr). Sie öffnet sich aus luftiger Höhe auf den Fjord hinaus, sodass jeder Kaffee und Aperitif, jedes Tapahäppchen und Sandwich von herrlichsten Augen-Blicken verfeinert wird. Gleiches gilt für das à-la-carte-**Restaurant Julie** des Hotels und auch die Lobbybar (ab 10 Uhr).

## Aktiv

Wanderungen und Bootstouren ▶ Das Touristenbüro informiert über Bootsverleih (ein kleines Motorboot mit 10 PS kostet ab 300 NOK/Std., 1100 NOK/Tag, Ruderboot 90/400 NOK) und gibt eine Broschüre/Karte heraus, die zwölf markierte Wanderungen im Umland von Geiranger beschreibt.

Mit dem Kajak unterwegs ▶ **Coastal Odyssey:** Tel. 95 11 80 62, www.coastalodyssey.com. Im Sommer geführte Touren (Start 11 Uhr, vier verschiedene Routen, 650/1250 NOK) sowie Verleih aller erforderlichen Ausrüstung (Single/Tandem: 1 Std. 150/300 NOK, 1 Tag 800/1400 NOK, 2 Tage 1400/2400 NOK).

Fjord-Touren ▶ **Geiranger Fjordservice AS:** Tel. 70 26 30 07, Fax 70 26 31 41, www.geirangerfjord.no, u. a. mehrmals tgl. 1,5-stündige Ausflugsfahrten (130 NOK) auf dem Geirangerfjord zu den Wasserfällen De Syv Sostre (›Die Sieben Schwestern‹), Friaren (›Der Freier‹) und Brudesløret (›Der Brautschleier‹). Auch **Fahrrad-Verleih, geführte Wanderungen, Rafting-, Gletscher** und **Bustouren.**

### Verkehr

**Bus:** Infos über Tel. 177. Von/nach Hellesylt sowie Langevatn in alle Landesteile, außerdem tgl. nach Åndalsnes sowie Ålesund, im Sommer zusätzlich 1–2 x tgl. Busse über den Trollstigen nach Åndalsnes und entlang dem Geirangervegen nach Lom im Ottadal.
**Fähre** (auch Autos): Mit den Fähren von MRF (Tel. 71 21 95 00, www.fjord1.no/mrf) von Mai–Okt. 4–8 x tgl. nach Hellesylt sowie von Eidsdal nach Linge.
**Hurtigruten:** Zwischen April und Sept. legt das Richtung Norden fahrende Schiff tgl. auch in Geiranger an, Abfahrt um 13.30 Uhr, Buchung über Tel. 81 00 30 30.

## Auf Panoramastraßen nach Åndalsnes

### Ørneveien ▶ D 23

Der spektakuläre Weg aus dem Geirangerfjord hinaus folgt dem Ørneveien (›Adlerstraße‹), der 1952 eröffnet wurde und mit seinen zahlreichen Kehren von 13 m Radius das Herz eines jeden passionierten Autofahrers höher schlagen lässt. Er führt bis auf 625 m hinauf, einen geradezu atemberaubenden Ausblick genießt man bei **Ørnesvingen,** der 5 km nördlich von Geiranger gelegenen ›Adlerkurve‹, von wo aus sich der ganze Fjord sowie der Wasserfall ›Sieben Schwestern‹ aus der Vogelperspektive betrachten lassen.

Es schließt sich die Fahrt über eine karge Hochebene an, bevor es wieder hinunter zum Ort **Eidsdal** 6 geht, wo die Straße am Ufer des Norddalsfjords endet. Mit der Autofähre erreicht man in 15 Minuten den gegenüberliegenden Ort **Linge.** Er ist der nördlichste des Landes, in dem Obstanbau betrieben wird, hier reifen sogar Pfirsiche und Aprikosen.

Von hier aus gibt es zwei Alternativstrecken nach Åndalsnes: die R 650/R 9 und die R 63. Erstere bietet sich an, wenn man einen Abstecher nach Ålesund (s. S. 310), der ›Stadt des Jugendstils‹, machen möchte. Sie folgt dem Norddalsfjord, bietet aber unterwegs kaum Höhepunkte, wohingegen die R 63 auf der 60 km langen Strecke bis Åndalsnes den Reisenden mit zahlreichen Highlights verwöhnt.

### Valldal ▶ D 22/23

Das nächste Ziel ist **Valldal** 7, das touristische Zentrum der Region, das zwar nicht mit Spektakulärem aufwartet, aber dennoch einen Aufenthalt lohnen kann. Insbesondere Wanderer werden hier auf ihre Kosten kommen, eine Broschüre des Touristenbüros listet mehr als zwei Dutzend mögliche Touren auf. Auch organisierte Wanderungen (u. a. zu verlassenen Einöd-Berghöfen) werden durchgeführt, darüber hinaus kann man Kanus und Fahrräder ausleihen. Von hier aus lässt sich außerdem ein Ausflug nach **Tafjord** 8 unternehmen, das 1934 durch eine Naturkatastrophe völlig zerstört wurde. 7 Mio. $m^3$ Gestein stürzten damals in den Fjord, und die Flutwelle, in der 41 Menschen den Tod fanden, hatte selbst im inneren Fjord noch eine Höhe von über 15 m (an der Absturzstelle war sie mehr als 60 m hoch). Heute ist diese Tragödie in den Hintergrund getreten, und es locken ein temperiertes Schwimmbad, ein Gang über die Dammkrone des Zakariasdamms (mit 96 m einer der höchsten Staudämme Europas) sowie die Weiterfahrt durch eine urwüchsige Felslandschaft nach **Kaldhusseter** hinauf ins Hochgebirge, wo wiederum zahlreiche markierte Wanderwege ihren Anfang nehmen.

### Der Trollstigen ▶ D/E 22

Die R 63 passiert bald die 5 m breite Klamm **Gudbrandsjuvet,** bevor sie in weiten Schleifen zum Rasthaus Trollstigheimen ansteigt, dem mit 850 m höchsten Punkt der Route. Die vielen Besucher, die aus Richtung Geiranger kommen, sind hier enttäuscht, weil sie das erwartete Landschaftsdrama nicht vorfinden. Sie verwechseln Trollstigheimen mit dem Aussichtspunkt **Trollstigen** 9, der erst nach weiteren 3 km am Weg liegt. Verpassen kann man ihn nicht, unzählige geparkte Autos, Reisebusse und Souvenirbuden markieren die Stelle.

Das **Trollstig-Wegmuseum** (Ende Juni–Anfang Aug. tgl. 11–15.30 Uhr) dokumentiert die Geschichte dieser spektakulären Straße, die ab 1925 gebaut wurde (zuvor verlief ein halsbrecherischer Saumpfad ins Isterdal). Elf Jahre später eröffnete König Håkon VII. den Trollstigen, eine der extremsten Gebirgsstraßen Europas. Schon bald nach dem Zweiten Weltkrieg avancierte er zur populärsten Touristenattraktion des Landes, und noch heute gehört die Straße, die zwischen Mai/Juni und Sept./Okt. Jahr für Jahr zuweilen von über 600 000 Touristen befahren wird, zu den Top-Highlights des Landes.

Nicht zu Unrecht, wie jeder zugeben muss, der einmal auf der **Aussichtsplattform Utsikten** hinter den Souvenirbuden gestanden hat: Der Blick hinunter ins 852 m tiefer gelegene Tal, hinüber auf die Bergketten des Trolltindan (1795 m), Bispen (1450 m), Kongen (1614 m) und Dronningen (1568 m) sowie auf die direkt in die nahezu senkrecht abfallende

**Norwegens bekannteste Straße: der Trollstigen**

Felswand gesprengte Straße mit ihren elf Kehren ist einfach überwältigend.

Auf dem nun folgenden Gefälle der Straße (bis 12 %) wird man wohl mehrmals ins Schwitzen geraten. Zwar wurde die Strecke ab 2004 für rund 16 Mio. NOK umgebaut und gesichert, doch hat sich deswegen an der Dramatik der Serpentinen und am ästhetischen Gesamteindruck (wie's im offiziellen Statement heißt) nichts geändert.

Unterwegs wird ein Knie des rund 180 m hohen **Wasserfalls Stigfoss** gequert, dann ist die Talsohle des Isterdals erreicht. Nach insgesamt 18 km mündet die R 63 bei Sogge bru in die E 136, auf der es nur noch 5 km bis **Åndalsnes** sind.

## Infos

Für die Strecke von **Geiranger bis zum Trollstigen** ist die Website www.visitalesund-geiranger.com zuständig, die für den **Trollstigen** zuständigen Websiten lauten www.romsdal.com und www.visitandalsnes.com.

## Verkehr

**Bus:** Verbindungen bestehen im Sommer (15. Juni–31. Aug.) auf der Strecke nach Åndalsnes via Trollstigen 1–2 x tgl., ebenfalls 2 x tgl. wird Geiranger angefahren.

**Fähre:** Sie verkehrt zwischen Linge und Valldal im Sommer bis zu 40 x tgl. (10 Min.), außerdem, 2 x tgl. nach Geiranger.

**Auto:** Der Trollstigen ist im Winter geschlossen, wann er im Frühsommer öffnet, wird von der Wetterlage bestimmt (Mai/Juni). Nähere Infos über die Touristenbüros.

## Åndalsnes ▶ E 22

An **Åndalsnes** 10, der ›Alpenstadt‹ an der Mündung der Rauma in den Romsdalsfjord, ist nur die landschaftlich beeindruckende Lage herausragend, denn alles, was einstmals sehenswert war in dieser rund 3000 Einwohner zählenden Stadt, wurde im Verlauf des Zweiten Weltkriegs größtenteils zerstört. Doch laden im Hochgebirgsumland zahlreiche Wanderungen und Bergtouren, Boots- und Kanufahrten auf dem Fjord sowie eine Vielzahl interessanter Ausflugsziele ein.

Außerdem ist Åndalsnes das ›Gelobte Land‹ für Bergsteiger, Kletterer und Anhänger des Fjellsports. Wer sich einen Überblick über die Berge und ihre ›Bezwinger‹ verschaffen möchte, sollte hier das **Norsk Tindemuseum** besuchen, das die Geschichte des Klettersports von den Pioniertagen bis heute nachzeichnet. Dominiert wird die Ausstellung von den Fotografien und Ausrüstungsgegenständen des norwegischen Kletterpioniers Arne

Randers Heens, der allein das Romsdalshorn 233 Mal bestiegen hat, das letzte Mal als 80-Jähriger (www.tindemuseet.no).

## Infos

**Åndalsnes og Romsdal Reiselivslag:** Postboks 133, im Stadtzentrum beim Bahnhof, 6300 Åndalsnes, Tel. 71 22 16 22, www.visitandalsnes.com, Juni–Sept. Mo–Fr 9–19, Sa/So ab 11, sonst Mo–Fr 9–15 Uhr.

## Übernachten

Gutbürgerlich ▶ **Rauma Hotel:** Vollan 16, Tel. 71 22 32 70, www.raumahotel.no. Ordentliche Zimmer mit Dusche, Bad/WC und TV, im angeschlossenen Restaurant wird leckere Hausmannskost serviert. DZ 925 NOK, im Sommer 1125 NOK.

Jugendherberge vom Feinsten ▶ **Åndalsnes Vandrerhjem:** Setnes, Tel. 71 22 13 82, www.hihostels.no, 20. Mai–1. Sept. Das Åndalsnes Vandrerhjem ist im ehemaligen Gutshof Setnes Gård rund 1,5 km außerhalb des Stadtzentrums gelegen – ein herrlicher Bau, grasgedeckt und von innen so gemütlich, wie man von außen vermutet. Platz für 87 Gäste. Bett 290 NOK inkl. Frühstück, DZ 710 NOK.

Top-Campingplatz ▶ **Camping Åndalsnes:** 2 km vom Zentrum (dort ausgeschildert), Tel. 71 22 16 29, www.andalsnes-camping.com, Mai–Mitte Sept. Riesiges Wiesengelände, durch Baumreihen aufgelockert, z. T. schöne Stellplätze am Fluss, gute Ausstattung, großer Spielplatz, während der Saison stark frequentiert, zahlreiche Hütten in verschiedenen Kategorien ab 375 NOK, Stellplatz für 2 Pers. inkl. Zelt 165 NOK.

## Aktiv

Höhentouren ▶ Das Touristenbüro bietet geführte Wanderungen an und hält mehrere Broschüren bereit. Außerdem vermittelt es Kletter- und Bergführer (Norgesguidene, Tel. 92 05 40 57, www.norgesguidene.no) für all die berühmten Berge im Romsdal (ca. 950–2400 NOK), auch komplette Kletterkurse (5 Tage 5500 NOK), geführte Bergwanderungen (ab 950 NOK).

Paddelspaß ▶ **Romsdal Aktiv:** Tel. 98 49 33 45, www.romsdalaktiv.com. Halb- und ganztägige Kanutouren (600/1000 NOK) entlang der Rauma sowie auch geführte Kajaktouren und Höhlenwanderungen (3 Std., 400 NOK).

Paragliding ▶ Das Romsdal bzw. die es säumenden Bergriesen sind ein hervorragender Spot für diesen Sport, es werden auch Kurse abgehalten (internationales Zertifikat, 8000 NOK). Auch Neugierige ohne Vorkenntnisse können mitfliegen (Tandem), Infos gibt es über das Touristenbüro sowie www.rpk.no.

Bike & Boot ▶ Für Fahrrad- (ca. 200 NOK/Tag) und Kanu-Verleih (250 NOK/Tag) ist u. a. der Campingplatz (s. o). zuständig.

## Termine

**Norsk Fjellfestival** (Anfang/Mitte Juli): eine Woche lang, www.norsk-fjellfestival.no.

**Rauma-Rock-Festival** (Anfang Aug.): zweitägige Veranstaltung, www.raumarock.com.

## Verkehr

**Bahn:** 4 x tgl. mit der sogenannten Raumabahn nach Dombås, ab dort Anschluss in Richtung Oslo sowie Trondheim.

**Bus:** Verbindungen u. a. in Richtung Oslo, Bergen, Dombås, Ålesund (tgl. 2–4 x), Mitte Juni–Mitte Aug. zudem 1–2 x tgl. (morgens und spätnachmittags) ein Bus via Trollstigen nach Geiranger (mit Anschluss am kommenden Morgen entlang der Goldenen Route via Grotli nach Otta), weitere Infos hierzu bietet www.fjord1.no sowie das Touristenbüro.

## Tipp: Am Atlantik entlang

Åndalsnes ist nicht nur Ausgangspunkt für eine Fahrt durch das Romsdal zur E 6, sondern auch Startpunkt für eine Alternativroute entlang der Atlantikküste Richtung Trondheim (oder Bergen). Auf dem größtenteils der E 39 folgenden Weg Richtung Norden laden mit Ålesund (s. S. 310), Molde (s. S. 319) und Kristiansund (s. S. 323) drei interessante Städte zu einem Besuch ein, und auch an landschaftlichen Attraktionen herrscht kein Mangel.

**Die Straße durch das Romsdal führt auch an der ›Trollwand‹ vorbei**

## Durch das Romsdal

▶ **E/F 22/23**

Von Åndalsnes aus bietet sich die Weiterfahrt auf der **E 136** Richtung Dombås an. Diese Straße einmal zu befahren, sei jedem Freund grandioser Landschaften dringend angeraten, denn das Romsdal präsentiert sich als eine stellenweise extrem schmale Schlucht, durch die sich der Fluss Rauma seinen Weg bahnt. Auf beiden Seiten wird es von bis zu 1800 m hohen Bergen begrenzt, an deren Steilflanken unzählige Wasserfälle hinabstürzen.

Auf dem spektakulärsten Streckenabschnitt zwischen Sogge bru und Bjørli gibt es so viel zu sehen, dass man sich einen halben Tag Zeit nehmen sollte. Kurz hinter **Sogge bru** genießt man linker Hand eine großartige Aussicht auf das fast senkrecht aus dem Tal emporsteigende **Romsdalshorn,** bevor man bei **Horgheim** **11** die höchste senkrecht aufsteigende bzw. überhängende Felswand Europas bestaunen kann: die ›**Trollwand**‹, die sich rund 1000 m am Trolltind hinaufzieht und am besten vom Trollveggen Besøkssenter (www.visit-trollveggen.com, Tel. 95 89 80 45, Juni–Aug. tgl. 9.30–19 Uhr) aus bestaunt werden kann; mit Cafeteria, Aussichtsplattform und einem historischen Film über die Geschichte der Trollveggen-Besteigung.

Es folgen Ausblicke auf weitere Wasserfälle, immer wieder fasziniert die wildromantische Tallandschaft,und erst ab **Bjørli** **12**, von wo aus noch 54 km bis **Dombås** **13** (s. S. 194) zurückzulegen sind, verliert die Landschaft ihren schroffen Charakter.

## Tipp: Rauma-Bahn

Man kann die 114 km lange Strecke von Åndalsnes nach Dombås auch mit der 1924 eröffneten Rauma-Bahn befahren. An besonders sehenswerten Abschnitten wie etwa gegenüber der Trollwand werden vom 26. Mai–26. Aug. **Sightseeing-Stopps** eingelegt. Nimmt man die Verbindung gegen 9.33 Uhr, ist man um 10.55 Uhr in Dombås und kann von dort um 12.15 Uhr wieder nach Åndalsnes zurückfahren (Ankunft 13.32 Uhr). Weitere Informationen erhält man über das Touristenbüro sowie www.nsb.no/raumabanen.

# Das ›Jedermannsrecht‹ – Freiheit in der Verantwortung

**Behutsam mit der Natur umgehen und Rücksicht gegenüber Mitmenschen und Tieren walten lassen – so lautet die schlichte Regel des norwegischen ›Jedermannsrecht‹, das für Einzelpersonen den Aufenthalt in der Natur regelt. Das ungeschriebene Recht gilt auch für sich in der Natur aufhaltende Touristen, nicht jedoch für motorisierte Urlauber.**

Das ungeschriebene *Allemannsrett* (›Jedermannsrecht‹), das in Norwegen den Aufenthalt und die Fortbewegung in der Natur regelt, wird insbesondere von ausländischen Besuchern zunehmend interpretiert als ›das Recht, in Norwegen tun und lassen zu können, was man möchte‹. So müssen immer wieder Bäume als Brennholz herhalten, landwirtschaftliche Kulturflächen als Picknickplätze, werden Einsaaten zertrampelt, Heuwiesen, ja sogar Volksparks und Gärten bezeltet und Privatwege befahren. Unter Wohnmobil-Touristen herrscht zudem die (strafbare!) Unsitte, Chemie-WCs in öffentliche Klos und Müllcontainer zu entleeren, so der stinkende Inhalt nicht gleich auf die Straße oder in einen See geschüttet wird. Angesichts dieser Fehldeutung des Jedermannsrecht ist es kaum verwunderlich, dass immer mehr Norweger eine Einschränkung oder gar den Wegfall dieses Rechts für ausländische Gäste fordern. Was erlaubt und was verboten ist, regeln die folgenden Bestimmungen:

**Betreten von fremdem Grund und Boden** ist – auch wenn er umzäunt ist – zu Fuß, auf Skiern oder mit dem Fahrrad erlaubt, solange dabei kein Schaden entsteht. Zauntore und Gatter sind zu schließen bzw. offen zu lassen – je nachdem, wie man sie vorgefunden hat; Einzäunungen von Privatgrundstücken darf man nicht übersteigen und man darf sich nicht ohne Erlaubnis auf einem Hausgrundstück aufhalten oder es durchqueren.

**Aufenthalt auf fremdem Grund und Boden** ist nichtmotorisierten Reisenden erlaubt, sofern sich der Standort nicht auf landwirtschaftlicher Nutzfläche oder in der Nähe eines Wohn-/Ferienhauses befindet. Dies gilt nicht für Gruppen. Sie müssen die Erlaubnis des Eigentümers einholen, aber auch für Einzeln-Zeltende gehört es sich, um Erlaubnis zu bitten – insbesondere dann, wenn man mehr als eine Nacht zu bleiben gedenkt. Für motorisierte Reisende hat das freie Übernachtungsrecht in der Natur keine Gültigkeit (eben weil sie mobil genug sind, z. B. einen Campingplatz anzufahren), und streng genommen ist es ihnen nicht erlaubt, nahe von Straßen zu zelten oder auf Rast- sowie Parkplätzen die Nacht im Wohnmobil bzw. Caravan zu verbringen. Dass dies dennoch häufig geduldet wird, hängt schlicht vom guten Willen der Gastgeber ab.

**Baden und Bootfahren** ist auf allen Gewässern gestattet; ferner darf man einige Nächte anlegen und an Land gehen, sofern das Ufer nicht zu einem Hausgrundstück gehört oder behördliches Zutrittsverbot besteht.

**Pflanzen in Wald und Fjell** wie wild wachsende Beeren, Pilze und Kräuter sowie Trockenreisig und totes Holz dürfen gesammelt werden, ebenso dürfen Blumen, die nicht unter Naturschutz stehen, gepflückt werden. Das Mitnehmen von lebenden Bäumen und Sträuchern, Reisig, Zweigen und Ästen, Baumrinde, Laub, Eicheln oder Harz von lebenden Bäumen ist verboten, wie auch das

Thema

Fällen lebender Bäume oder das Abbrechen von Zweigen unter Strafe steht.

**Lagerfeuer** sind zwischen dem 15. April und dem 15. September in ganz Norwegen offiziell verboten. Feuerstellen sind so anzulegen, dass hinterher keine Spuren davon zurückbleiben, was man z. B. durch das Ausstechen von Grassoden erreicht, die man später wieder einsetzt. Auf Felsplatten darf niemals Feuer entfacht werden, weil die Hitze den Stein platzen lässt. Jegliches Feuer ist sorgfältig zu löschen. Wenn sich ein Feuer ausbreitet, wird derjenige dafür haftbar gemacht, der es entzündet hat.

**Jagen und Fischen:** Das Recht zum Gemeingebrauch berechtigt nicht zur Jagd und zum Angeln an Binnengewässern, wohl aber an den Meeresküsten. Das Plündern von Vogelnestern und das Mitnehmen von Vogeleiern ist ebenso verboten wie das Zerstören von Bauen, Nisthöhlen und Nestern.

**Abfallbeseitigung:** In Wald und Flur dürfen keinerlei Abfälle (auch keine Essensreste) zurückgelassen oder vergraben werden. Auch das Abstellen von Abfalltüten neben (vollen) Abfallbehältern ist verboten. Exkremente sind zu vergraben; Chemie-WCs dürfen nur in die dafür vorgesehenen Tanks entleert werden (zu finden auf den Campingplätzen sowie zahlreichen Entsorgungsstationen, die auf einer Übersichtskarte des Norwegischen Fremdenverkehrsamts, s. S. 63, verzeichnet sind), keineswegs aber in öffentliche Toiletten.

**Die schönen Vorteile des ›Jedermannsrechts‹: Zelten dort, wo es gefällt**

# Ålesund ▸ C 22

**Ålesund präsentiert sich seinen Besuchern als städtebauliches Denkmal des Jugendstils. Ebenso bekannt ist die Stadt wegen des herrlichen Panoramas, das man vom ›Hausberg‹ Aksla genießt, sowie wegen der Postdampfer-Fahrten in den Geirangerfjord. Ålesund ist außerdem Ausgangspunkt für einen Ausflug nach Runde, einer der größten Vogelinseln des Nordens.**

**Cityplan:** S. 312
Auf die drei, durch Brücken miteinander verbundenen Inseln Nørvøy, Apsøy und Heissa konzentriert sich die Bebauung des etwa 46 000 Einwohner zählenden Ålesund, und der zwischen Norvoy und Apsøy verlaufende Sund war es, der dem 1848 mit den Stadtrechten versehenen Ort seinen Namen gab. Im Verlauf des 19. Jh. wuchs Ålesund zu einem der größten Fischereihäfen Norwegens sowie zum größten Exporthafen der Welt für Trockenfisch heran. Doch der kometenhafte Aufstieg der Stadt wurde in der Schicksalsnacht vom 22. auf den 23. Januar 1904 abrupt unterbrochen, als eine Feuersbrunst nahezu den gesamten Stadtkern zerstörte. Rund 800 Häuser wurden Opfer der Flammen, 10 000 Menschen waren obdachlos. Von nah und fern traf bald Hilfe ein, am schnellsten aus Deutschland, wo auf Befehl des Nordland-Enthusiasten Kaiser Wilhelm II. schon am Abend des 23. Januar Schiffe in Hamburg und Bremerhaven mit Lebensmitteln, Medizin und Kleidung sowie Baumaterial beladen wurden.

Die Hilfe war willkommen und wurde nie vergessen – noch heute trägt hier eine Straße den kaiserlichen Namen. Nach nur drei Jahren war die Stadt wieder aufgebaut, und zwar ganz im Stil der Architekturrichtung jener Zeit, dem Jugendstil, der hier eine eigene, weil mit nationalen Elementen gemischte Variante entwickelte. Der Beiname Ålesunds – ›Stadt des Jugendstils‹ – besteht also zu Recht, denn obwohl auch hier im Bauwahn unserer Zeit so manches alte Gebäude der Abrissbirne zum Opfer fiel, präsentiert sich die Stadt doch nach wie vor als einzigartiges städtebauliches Denkmal dieses Kunststils.

## Im Zeichen des Jugendstils

Jede erste Bekanntschaft mit Ålesund sollte im **Jugendstilzentrum** 1 an der Apotekergate 16 beginnen. Die Ausstellung befindet sich in einem der schönsten Jugendstilbauten der Stadt, der ehemaligen Svane-Apotheke am Brosundet, und vermittelt einen faszinierenden Einblick in den Ablauf des Stadtbrandes 1904, in die Geschichte des Wiederaufbaus sowie die Historie des Jugendstils (Jugendstilsentrum: www.jugendstilsenteret.no, Juni–Aug. tgl. 10–17, sonst Di–S0 11–16 Uhr, 70 NOK).

Reichste Bausubstanz des Jugendstils bietet insbesondere die parallel zur Uferstraße Skansegata verlaufende Fußgängerzone **Kongensgate** 2. Sie zeigt in ihrem etwa 300 m langen Verlauf ein eindrucksvolles Ensemble schmucker Häuser und macht den Besucher dabei mit den für diese Architekturrichtung so typischen Jugendstilelementen wie Giebeln und Erkern, Stuckfassaden und Türmchen vertraut.

Wo die Straße im Süden endet, erstreckt sich der in seiner Anlage stilistisch ebenfalls dem Jugendstil verpflichtete **St. Olavsplass,** und nur einen Steinwurf von diesem Platz entfernt liegt an der Rasmus Rønnebergsgate das **Ålesund-Museum** 3. Dessen Schwerpunkte sind in erster Linie der Stadtbrand und der Jugendstil, behandelt werden aber auch andere Themen wie die Seefahrt, verschiedene Handwerkstraditionen der Region und der Fischfang. Highlight ist ein originalgetreu eingerichteter Kaufmannsladen aus alter Zeit (www.aalesunds.museum.no, Mitte Juni–Aug. Mo–Fr 9–16, Sa 11–15, So 12–16, sonst nur Mo–Fr 11–15 Uhr, 50 NOK, das Kombiticket für den Besuch des Sunnmøre- sowie Fischereimuseums kostet 120 NOK).

## Im Stadtpark

### Stadtpark 4

Folgt man der von der Kongensgate abzweigenden Lihauggata bis zu ihrem bald erreichten Ende, so gelangt man an den Fuß des Stadtbergs Aksla. Bevor man sich aber an den Weg hinauf macht, sei ein kurzer Rundgang durch den hier gelegenen **Stadtpark** empfohlen, in dem sich ein Gedenkstein an den deutschen Kaiser Wilhelm II. findet – ein Dank für seine Hilfe nach dem verheerenden Stadtbrand. Außerdem steht hier das Denkmal für den Wikinger Gange-Rolv, der im Jahre 911 die Normandie gründete und – als Vorfahr Wilhelm des Eroberers, der 1066 England eroberte – auch als Stammvater des englischen Königshauses gilt.

### Aksla

Nun aber hinauf zum 189 m hoch über Ålesund aufragenden ›Hausberg‹ **Aksla** 5, der vom Stadtpark aus über genau 418 Treppenstufen zu erreichen ist. Alternativ kann man über die Straßen Borgundveien/Fjelltunveien mit dem Auto oder Taxi hochfahren, und auch die ›Stadtbahn‹ passiert auf ihrer Rundschleife durch die Stadt den Gipfel, der mit seinen beiden **Aussichtspunkten Fjellstua und Kniven** zu den herausragendsten Attraktionen der Stadt gehört. Angesichts des Postkarten-Panoramas, das auf und über ganz Ålesund hinweg bis hin zu den Alpen von Sunnmøre reicht, ist die Beliebtheit mehr als verständlich, denn was könnte schöner sein, als hier im Sommer unter freiem Himmel zu sitzen und die Aussicht mit Apfelkuchen und Eis zu versüßen.

## Weitere Sehenswürdigkeiten

### Sunnmøre Museum 6

Rund 4 km außerhalb vom Zentrum Richtung Festland lädt mit dem 1931 gegründeten **Sunnmøre Museum** das größte und bedeutendste Museum zwischen Bergen und Trondheim ein. Es ist in einem weitläufigen Park von über 120 ha Fläche untergebracht und beeindruckt mit mehreren Abteilungen: Das Freilichtmuseum zeigt einige Dutzend historischer Häuser, die Bootsausstellung fasziniert mit Nachbauten von Wikingerschiffen, doch Publikumsliebling ist die Mittelalter-Abteilung (www.sunnmore.museum.no, Mitte Juni–Mitte Aug. Mo–Sa 11–17, So ab 12, sonst Di–Fr 11–15, So 12–16 Uhr, die Mittelalter-Abteilung ist nur 9. Juni–12. Aug. Di–Fr und So 12–15 Uhr geöffnet, 80 NOK, Kombiticket s. o. unter Ålesund-Museum).

### Fischereimuseum 7

Mehr als ein Drittel aller norwegischen Hochseetrawler sind im Bezirk Møre og Romsdal registriert, und Ålesund ist das größte Fischereizentrum dieser Region, was die Stadt geradezu dafür prädestinierte, ein **Fischereimuseum** einzurichten. Der geeignete Ort dafür fand sich in einem zu diesem Zwecke restaurierten Speicherhaus aus dem Jahre 1861. Dieses Gebäude, das den Namen Holmbua trägt, gehört zu den wenigen Gebäuden, die den Stadtbrand überstanden haben. Es erzählt die Geschichte der Fischereistadt Ålesund und widmet sich insbesondere der Herstellung und dem Export von Klippfisch und Tran. Darüber hinaus bietet es die Möglichkeit, etwas über heutzutage so gut wie aus-

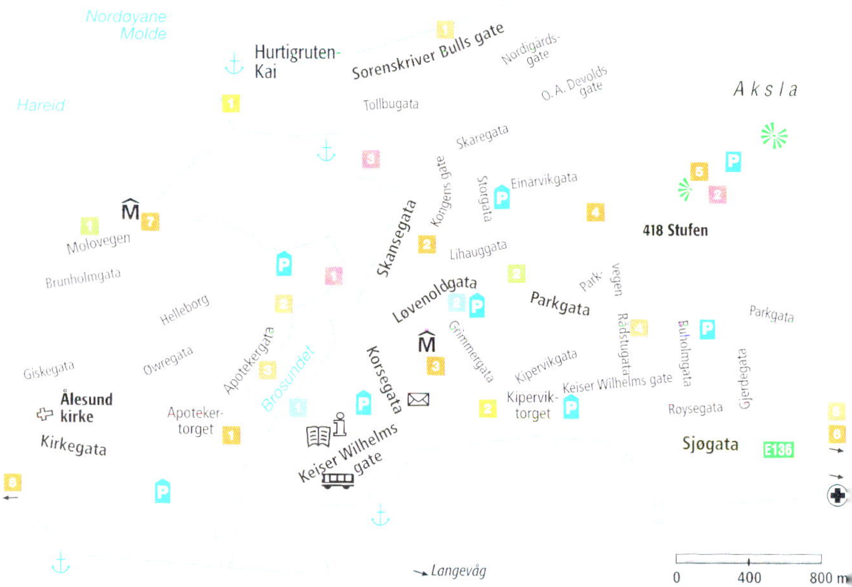


gestorbene Berufe wie das Böttcher- und Blockmacherhandwerk zu erfahren (Fiskerimuseet: www.aalesunds.museum.no, 22. Juni–22. Aug. Mo–Sa 11–16, So ab 12 Uhr, 50 NOK, Kombiticket für Ålesund-Museum und Sunnmøre Museum 120 NOK).

## Atlantikpark 8

Der rund 3 km außerhalb des Zentrums auf der Landzunge Tueneset gelegene Atlanterhavsparken gilt als eines der größten Aquarien Nordeuropas. Große Tanks informieren über das Leben im Meer und in den Fjorden, zudem kann man Tauchern beim Füttern der Fische zusehen, eine Tauchshow anschauen oder sich im Krabbenfischen versuchen. Daneben gibt es noch große Freiflächen mit Bade- und Angelplätzen, Wanderwegen und Tauchgebieten (Atlanterhavsparken: www.atlanterhavsparken.no, Juni–Aug. So–Fr 10–19, Sa 10–16, sonst tgl. 11–16 Uhr, 140 NOK).

## Infos

**Destinasjon Ålesund:** Skateflukaia, 6002 Ålesund, Tel. 70 15 76 00, www.visitalesund.com, Juni–Aug. Mo–Fr 9–19, Sa 9–17, So 11–15 Uhr, in der Nebensaison Mo–Fr 9–15 Uhr. Auch Buchung von Unterkünften, Fjordfahrten, Aktivitäten, Geldwechsel.

## Übernachten

Das Nonplusultra ▶ **Radisson SAS Hotel 1:** Sorenskriver Bullsgt. 7, Tel. 70 16 00 00, www.radissonblu.com. Das Top-Hotel der Stadt, die 131 Zimmer haben eine erlesene Ausstattung, sind aber gar nicht so teuer. DZ im Sommer ab 956 NOK.

Stilvoll am Sund ▶ **Clarion Collection Hotel Bryggen 2:** Apotekergt. 1–3, Tel. 70 10 33 00, www.choicehotels.no. Schmucker Jugendstilbau am Brosund mit Blick auf den Hafen und die Stadt. Die 85 Zimmer sind ebenso stilvoll wie das gesamte Interieur, im Zimmerpreis ist nicht nur das Frühstück, sondern auch ein Abend-Buffet inbegriffen. Die beste Adresse der Stadt, wenn es nicht nur um höchsten Komfort, sondern auch um ein entsprechend stilvolles Ambiente geht. DZ 1775 NOK, im Sommer ab 1420 NOK, am Wochenende 1020 NOK.

Alt & neu vereint ▶ **Hotel Brosundet 3:** Apotekergt. 5, Tel. 70 11 45 00, www.brosundet.no. Ein weiterer (unter Denkmalschutz stehender) Jugendstil-Schmuckbau am Bro-

# Ålesund

**Sehenswert**
1 Jugendstilzentrum
2 Kongensgate
3 Ålesund Museum
4 Stadtpark
5 Aksla
6 Sunnmøre Museum
7 Fischereimuseum
8 Atlanterhavsparken

**Übernachten**
1 Radisson SAS Hotel
2 Clarion Collection Hotel Bryggen
3 Hotel Brosundet
4 Ålesund Vandrerhjem
5 Volsdalen Camping

**Essen & Trinken**
1 Sjøbua Fiskerestaurant
2 Fjellstua
3 XL Diner

**Einkaufen**
1 Trankokeriet
2 Husfliden AS

**Abends & Nachts**
1 Metz
2 Lille Løvenvold

**Aktiv**
1 62° Nord
2 Ålesund-Sunnmøre Turistforening

sund, aufwendig restauriert sowie von innen stilvoll renoviert. Die 44 Zimmer sind alle mit Bad/WC, Kabel-TV und Kühlschrank ausgestattet, werden von hellen Farben und großen Fensterfronten dominiert und sind sehr geschmackvoll im modernen ›Designer‹-Stil eingerichtet. DZ im Sommer ab 1590 NOK, sonst ab 1390 NOK.

Stilvoll ▶ **Ålesund Vandrerhjem 4**: Parkgt. 14, Tel. 70 11 58 30, www.hihostels.no, ganzjährig. Die Jugendherberge befindet sich in einem Jugendstil-Steinbau vom Beginn des 20. Jh. Bett ab 300 NOK inkl. Frühstück, DZ 750 NOK, Lunchpaket 55 NOK.

Camping mit Ausblick ▶ **Volsdalen Camping 5**: Volsdalsberga, Tel. 70 12 58 90, www.volsdalencamping.no, Mai– Mitte Sept. Etwas außerhalb Richtung Sunnmøre Museum am Fjord gelegener Platz mit herrlicher Aussicht aufs Meer und die Berge, auch Hüttenvermietung (ab 375 NOK).

## Essen & Trinken

Für Gourmets ▶ **Sjøbua Fiskerestaurant 1**: Brunholmgt. 1, Tel. 70 12 71 00, Mo–Fr 16–1 Uhr. Top-Restaurant der Stadt in einem alten Speicherhaus direkt am Brosund; was hier an Fisch und Meeresfrüchten serviert wird, gehört mit zum Besten in Norwegen. Vorspeisen ab 115 NOK, Hauptgerichte 250–320 NOK.

Mit Panoramablick ▶ **Fjellstua 2**: auf dem Aksla, Tel. 70 10 74 00, Juni–Aug. tgl. 11–20, sonst 12–16 Uhr. 1903 errichtet, ist die mehrfach umgebaute Fjellstua auf dem ›Hausberg‹, die sich jetzt als ein moderner Glaskuppelbau präsentiert, das älteste Restaurant der Stadt, und definitiv ist es das Restaurant mit dem schönsten Stadt-Panorama. Vorspeisen kosten ab 93 NOK, Hauptgerichte ab 180 NOK, doch geradezu Kultstatus genießt der exzellente Apfelkuchen mit Eis, den es für 85 NOK gibt.

Kreolisch-norwegischer Mix ▶ **XL Diner 3**: Skaregt. 1, Tel. 70 12 42 53, Mo–Sa ab 18 Uhr. Die, wie es heißt, schönste Aussicht über den Hafen bietet den Rahmen für dieses Spezialitätenrestaurant der norwegisch inspirierten kreolischen Küche, man kann auch draußen direkt am Hafen sitzen. Hauptgerichte um 300 NOK.

## Einkaufen

Antiquitäten, Trödel & Kunst ▶ **Trankokeriet 1**: Moloveien 16b, www.trankokeriet.no, Mo–Fr 11–17, Sa 10–15 Uhr. Die mehr als 100 Jahre alte Trankocherei von Ålesund, am Kai gelegen und trefflich restauriert, lädt zu einem entspannten Einkaufsbummel ein. Auf über 500 $m^2$ Fläche, auf zwei Etagen verteilt, beeindrucken große Ansammlungen an Antiquitäten, Kitsch und Kunst. Und damit es stressfrei abläuft, lädt ein ebenso gemütliches wie uriges **Café** zu Kaffee und Kuchen, Tageszeitung und Meerblick ein.

Norwegentypisches ▶ **Husfliden AS 2**: Parkgata 1, Tel. 70 12 16 68, Mo–Fr 9.30–17, Sa 9.30–15 Uhr. Größter Anbieter von quali-

Die ›Jugendstilstadt‹ Ålesund erstreckt sich über drei Inseln

tativ hochwertigen Woll- und Holz-, Eisen-, Silber- und Keramikwaren sowie auch von traditionellen Trachten.

## Abends & Nachts

Perfekte Lage ▶ **Metz** 1: direkt an der Sundbrücke. An warmen Sommerabenden gibt es nichts Schöneres als auf der Sundterrasse dieses Pubs zu sitzen und die Jachten und Boote vorbeiziehen zu sehen.

Café & Nachttreff ▶ **Lille Løvenvold** 2: Lovenvoldgt. 2, Tel. 70 12 54 00, Mo–Mi 11–24, Do–Sa 11–3, So 14–22 Uhr. Tagsüber ein angenehmes und mit viel Kunst aufgelockertes Café, abends ein populärer Treff; freitags laden meist Rotweinnächte ein, samstags Konzerte (Folk, Jazz und Blues).

## Aktiv

Zu Wasser und zu Lande ▶ **62° Nord** 1: Tel. 70 11 44 30, www.62nord.net. Ausflüge zur Vogelinsel Runde (s. S. 315: 25. Juni–19. Aug. tgl. 14 Uhr, 795 NOK; außerdem Boots- und Angeltouren, Outdoor-Abenteuer und vieles mehr.

Wandern ▶ **Ålesund-Sunnmøre Turistforening** 2: Tel. 70 12 58 04, www.aast.no. Organisiert zahlreiche Wanderungen im Gebiet der Sunnmøre-Alpen.

## Termine

Mehrere Dutzend Veranstaltungen laden rings ums Jahr ein, die herausragenden sind:

**Bootfestival** (Anfang Juli): 3-tägiges Fest mit Bootsrennen und Regatten, Vorführungen

und Warenmesse, Kirmes und Konzerten (www.batfestivalen.no).

**Norwegisches Gourmetfestival** (Ende Aug.): Alles dreht sich um Lebensmittel und was man daraus machen kann (www.matfes tivalen.no).

### Verkehr

**Flugzeug:** Vom rund 20 Fahrminuten außerhalb der Stadt gelegenen Flughafen aus werden insbesondere Oslo, Bergen und Trondheim bedient, nach Ankunft einer Maschine gibt es stets einen Buszubringer ins Zentrum (25 Min., 80 NOK) bzw. auch direkt zu den Spitzenhotels der Stadt; Taxi 340 NOK.

**Bus:** Verbindungen bestehen bis hinunter nach Bergen sowie hinauf nach Trondheim, auch Geiranger ist mit dem Bus erreichbar. Zuständig ist NOR-WAY Bussekspressen sowie Nettbuss Ålesund (Tel. 81 50 05 35, www.nettbuss.no).

**Hurtigruten:** Im Sommer Abfahrt des Schiffes Richtung Norden um 18.45 Uhr (Richtung Molde), im Winter um 15 Uhr, das Schiff nach Süden legt ganzjährig um 0.45 Uhr ab, im Sommer fährt das Schiff Richtung Norden von Ålesund aus um 9.30 nach Geiranger (Ankunft 13.30 Uhr), von wo es gegen 14 Uhr wieder nach Ålesund zurückkehrt (Ankunft gegen 18 Uhr und direkt Weiterfahrt Richtung Molde).

**Taxis:** Meist am Kai zu finden bzw. ein Stück weiter stadteinwärts.

**Mietwagen:** U. a. Budget (Tel. 70 12 21 16) und Hertz, Tel. 70 15 80 10), am günstigsten über Rent a Wreck (Storevågen 37, Tel. 70 15 10 00, www.rent-a-wreck.no).

## Ausflug zur Vogelinsel Runde ► B 22

»Hier achtet man nur noch auf die Vögel, auf die hunderttausend Vögel, die auf der Südwand des Inselklotzes sitzen, sich von ihr abstoßen, in Schwärmen auf das Meer gleiten,

### Tipp: Fjordfahrt

Spektakulär ist die während des Sommers tgl. um 9 Uhr beginnende Fjordfahrt mit einem Hochgeschwindigkeitskatamaran in den Geirangerfjord (s. S. 300) hinein. Bei diesem Ausflug werden kurze Stopps in den Fjordorten Sykkylven, Stordal, Stranda und Hellesylt eingelegt (Aus- und Zusteigen möglich), gegen 18 Uhr legt das Boot wieder in Ålesund an, Fahrpreis insgesamt 995 NOK. – Alternativ und wesentlich stilvoller bietet es sich an, mit einem Schiff der im Sommer in den Geirangerfjord kreuzenden Hurtigrute nach Geiranger zu fahren. Diese Fjordfahrt ist eine der schönsten in Norwegen und die beste Möglichkeit, den berühmten Geirangerfjord vom Wasser aus kennenzulernen.

# Ordnung im Chaos – Die Vogelberge

**Die 22 großen Vogelfelsen des Landes besitzen mit die größten Seevogelkolonien der Welt, und der Anblick der steil aus dem Meer ragenden Vogel-›Hochhäuser‹, auf denen oft Hunderttausende von Seevögeln brüten, gehört nicht nur für erklärte Vogelfreunde zu den beeindruckendsten Erlebnissen einer Norwegen-Reise.**

Die norwegische Küste bietet mit einer Fülle geschützter Nistplätze auf Klippen und Felstürmen gewaltigen Seevogelkolonien eine Heimat; die See ist reich an Plankton und ernährt riesige Fischschwärme, die wiederum den Vögeln als Nahrung dienen. Kaum eine andere Region kann sich so vieler Seevogelarten rühmen, und ein Besuch einer der 22 Vogelfelsen des Landes (die mit Ausnahme von Runde alle in Nord-Norge liegen) gehört nicht nur für Ornithologen zu den spektakulärsten Erlebnissen einer Norwegen-Reise.

Das heisere Gekreische der zankenden Vögel hallt von den steilen Klippen wider und übertönt sogar das Donnern und Rauschen des Nordmeers, das gegen die Felsen brandet. Doch trotz des unaufhörlichen Lärms halten die Bewohner dieser Vogel-›Hochhäuser‹ im Zusammenleben in überraschendem Maße Ordnung, was sie weitgehend dadurch erreichen, dass sie sich nach Arten absondern. Manche nehmen gleich ganze Klippen in Beschlag, andere suchen zumindest getrennte Teile einer Klippe auf, und über allem herrscht eine Art Verhaltenskodex, der verhindert, dass der Zank um die Nistplätze zwischen Artgenossen in Blutvergießen gipfelt.

Die größte Kolonie im Fels bilden die **Papageitaucher** *(Fratercula arctica)*, welche die Grashänge im oberen Bereich der Klippen bevölkern und dort in selbst gegrabenen Erdhöhlen von bis zu 3 m Länge brüten. Eng an eng liegen die von den Männchen mit weithin hörbarem Zusammenschlagen der Schnäbel verteidigten Nistkammern, in denen das Weibchen ein einziges Ei ausbrütet, aus dem nach rund fünf Wochen das Junge schlüpft. Nach weiteren fünf Wochen endet die Nestlingszeit, und das possierliche Tierchen beginnt mit dem Flügeltraining, indem es springend, laufend und fliegend dem Meer zustrebt, seinem eigentlichen Lebensraum, den es von Ende August, jetzt flügge geworden, bis in den Frühling bewohnen wird. Die an traurige Clowns erinnernden Vögel gehören nämlich zur großen Familie der Alken *(Alcidae)*, die in der nördlichen Hemisphäre die Pinguine vertreten und ganz ähnlich wie diese leben. Daher ist ihr Flugapparat wesentlich besser zum Tauchen als zum Fliegen geeignet.

Im nächsttieferen ›Stockwerk‹ brüten **Trottellummen** *(Uria aalge)* und **Tordalke** *(Alca torda)* unter Felsvorsprüngen. Beide tragen ein schwarzes Ober- und ein weißes Unterkleid, sehen den Pinguinen ähnlich und können anhand ihrer Schnabel- und Halsformen voneinander unterschieden werden. Beide gehören ebenfalls zur Familie der Alken, sind also schlechte Flieger, aber gute Taucher und verbringen, mit Ausnahme der Brutzeit, das ganze Jahr auf hoher See.

Der **Basstölpel** *(Sula bassana)*, mit einer Flügelspannweite von fast 2 m der größte Seevogel der Nordhalbkugel, legt seine Nester direkt unterhalb derer der Alken so dicht beieinander an, dass keine Handbreit Fels frei bleibt. Nichts ist aufregender, als einem Basstölpel bei der Jagd zuzuschauen, denn der

Thema

über 3 kg schwere Vogel gleitet wie ein Adler Hunderte von Metern über dem Meer dahin, durchdringt mit Argusaugen die Fluten und schießt – hat er einen Fisch entdeckt – mit angelegten Flügeln wie eine Rakete auf die Wasseroberfläche zu, in die er senkrecht eintaucht, um schon Sekunden später mit der Beute im Schnabel wieder aufzusteigen.

Die nächste Etage der Vogelfelsen wird von den **Dreizehenmöwen** *(Larus tridactylus)* kolonisiert. Dieser langflügelige, perlgraue Seevogel brütet in winzigen Felsnischen und auf Vorsprüngen, wo die Weibchen jeweils drei Eier in kleine Nester legen. Nach 22 Tagen schlüpfen die Küken aus, und die folgenden fünf Wochen, bis sie flügge sind, markieren den gefährlichsten Zeitraum ihres Lebens: Ständig liegen die großen Verwandten, die Raubmöwen, mit unverhohlener Gefräßigkeit auf Lauer, um bei der geringsten Unachtsamkeit der Eltern (die die Jungvögel mit ihren Körpern schützen) wie Sturzbomber herabzustoßen.

Gefährlich ist auch der ›Herrscher der Lüfte‹, der gewaltige **Seeadler** *(Haliaetus albicilla)*, der in puncto Flügelspannweite in Europa nur noch vom Steinadler überboten wird und von seinen hoch gelegenen Horsten herabgleitet, um für sich und seine Jungen die reich gedeckte ›Vogelbergtafel‹ zu plündern.

**Jeder noch so kleine Felsvorsprung wird von den unzähligen Seevögeln ›bewohnt‹**

wieder auffliegen, Fische in den Schnäbeln … Die Felsen leben …, eine Wand aus weißen Flügeln, aus Schreien, aus Vogelkot …, eine Mythe des Nordmeeres …« – So wusste Alfred Andersch in seinen »Wanderungen im Norden« Runde, die drittgrößte Vogelinsel des Königreiches, zu beschreiben. 230 verschiedene Seevogelarten, insgesamt etwa 250 000 Paare, leben auf diesem Eiland.

Papageitaucher sind die am häufigsten vorkommenden Vögel auf Runde, die Dreizehenmöwe bildet die zweitgrößte Seevogelkolonie, und die Basstölpelkolonie ist gar die größte und älteste Norwegens und dabei eine von lediglich 40 Kolonien, die es weltweit überhaupt noch gibt. Aber auch die einzige Trottellummenkolonie südlich des Polarkreises befindet sich auf Runde, ebenso die größte und älteste Eissturmvogelkolonie nebst der zweitgrößten Krähenscharbenkolonie. Außerdem gibt es Tordalken und Gryllteisten, Eider- und Brandenten, Adler, Falken und Habichte und viele andere Arten mehr.

## Infos

**Runde Tustinformasjon:** 6096 Runde, Tel. 70 08 08 07, www.rundecentre.no, Mai–Aug. tgl. 9–16 Uhr.

**Im Internet:** Weitere Informationen bieten die Websites www.runde.no sowie www.inselrunde.de; auch Wanderkarten kann man online downloaden.

## Übernachten

Das Beste ▶ **Runde Miljøsenter:** Tel. 70 08 08 07, www.rundecentre.no. Wohnen beim Touristenbüro in modern eingerichteten Wohnungen (mit Küche, Bad, Schlaf- und Wohnzimmer) sowie Zimmern. Hoher Standard, Lage und Aussicht sind beeindruckend. Wohnung 2000 NOK, DZ 1500 NOK, EZ 1000 NOK.

Am Meer gelegen ▶ **Goksøyr Camping:** Tel. 70 08 59 05, Fax 70 08 59 60, www.inselrunde.de, ganzjährig. Beim gleichnamigen Ort gelegener Campingplatz mit Vermietung von Hütten (ab 300 NOK) in verschiedenen Komfortstufen und Größen, außerdem stehen auch Ferienhäuser (1100 NOK) und ein altes Lotsenhaus (450 NOK) in exponierter Lage zur Vermietung.

## Aktiv

Den Seevögeln auf der Spur ▶ Auf Runde dreht sich nahezu alles um die Vogelkolonien, doch wer auf Vogelbeobachtung gehen will, muss an einer Bootstour teilnehmen oder wandern. Oder besser beides, denn gut von Land aus zu beobachten ist eigentlich nur der Papageitaucher. Das Schild Fyglefjellet weist ab Goksøyr (mit dem Anlegesteg über eine Straße verbunden, rund 3 km) den Wanderweg zum Vogelberg; steil führt der Pfad von der Küste aus ins Inselinnere hinauf und sodann über Schafwiesen hinweg zum Aussichtspunkt Kaldekloven, nach insgesamt etwa 30 Gehminuten erreicht. Beide genannten Unterkünfte bieten organisierte Bootstouren zu den Vogelkolonien an (die Skipper sprechen auch Deutsch), Mai–Aug. finden, je nach Wetterlage und Nachfrage, drei Touren ab Runde-Hafen statt (11, 13, 16 Uhr, Dauer 2 Std., 200 NOK). Man sollte man mindestens einen Tag im Voraus reservieren (über die o. g. Infostelle sowie die Unterkünfte).

Angeln & Safaris ▶ **Angeltouren** werden Mai–Sept. tgl. um 19 Uhr durchgeführt, und auch **Seehund-Safaris** zu den grasbewachsenen Grasoyane (tgl. 19 Uhr, 200 NOK) stehen auf dem Programm.

Wandern ▶ Runde ist ein kleines Wanderparadies, fünf Wanderungen von 3–8 Std. Dauer laden ein. Die beiden Unterkünfte informieren, dort sind auch Karten erhältlich, die man über www.runde.no sowie www.insel-runde.de auch downloaden kann.

## Verkehr

Die Brutzeit währt von März bis August, in dieser Zeit bieten mehrere Tourveranstalter Tagesausflüge an (s. a. S. 314). Individuell per Bus oder eigenem Fahrzeug nach Runde-Dorf sowie Goksøyr von Ålesund aus via Fosnåvag durch einen 2008 eröffneten Tunnel (mit 285 m Tiefe der tiefste Unterseetunnel der Welt). Infos über das Touristenbüro in Ålesund sowie Buss Møre AS (Tel. 70 07 47 00, www.fjord1.no).

# Von Molde nach Kristiansund

**›Jazzmetropole des Nordens‹ lautet die Bezeichnung für die von 222 Gipfeln umgebene Fjordstadt Molde. Von hier aus verläuft der Atlanterhavsveien, ein spektakulärer Küstenweg, Richtung Norden bis zur Klippfisch-Kapitale Kristiansund, der Stadt mit dem sichersten Naturhafen Norwegens.**

## Molde ▸ D 22

Draußen vor der oft so wilden Küste reihen sich idyllische Fischerinseln wie Perlen auf einer Schnur aneinander, landeinwärts erhebt sich das weiße Bollwerk der majestätischen Romsdals-Alpen, und zwischen diesen beiden Extremen, am Ausgang des weiten Romsdalsfjordes und zu Füßen des 407 m hohen Varden, erstreckt sich die etwa 20 000 Einwohner zählende Stadt Molde. Gegründet wurde der Ort als Handelsplatz für Holzexporte nach England und in die Niederlande bereits im 14. Jh., 1742 erhielt er die Stadtrechte, und von da an ging es bergauf mit der Handels-, Fischerei- und später auch Industriestadt. In ihrem stetigem Wachstum wurde sie erst im April 1940 unterbrochen, als sie im Verlauf schwerer deutscher Bombardements teilweise dem Boden gleichgemacht wurde.

Was die deutschen Bomben nicht zerstören konnten, ist die faszinierende Lage der Stadt, der sie ihren heutigen Stellenwert als Touristenattraktion zu verdanken hat. In Werbeprospekten rühmt sie sich als ›Jazzmetropole‹, denn seit 1960 findet hier alljährlich im Juli das Molde International Jazz Festival statt.

### Zum ›Hausberg‹ Varden

Nur 10 Minuten mit dem Auto oder etwa eine Stunde zu Fuß dauert es, den 407 m hohen, von einem Restaurant gekrönten ›Hausberg‹ Varden zu erreichen, von dem aus man das viel gerühmte **Molde-Panorama** genießen kann. 222 Berggipfel sollen es sein, die von hier aus zu betrachten sind, und 87 dieser Gipfel ragen bis über 1000 m Höhe hinaus. Dass der Fernblick, der Richtung Westen bis weit aufs inselgespickte Meer reicht, in der Tat von einzigartiger Schönheit ist, davon zeugt auch ein Ausspruch des britischen Bergsteigers W. C. Slingsby: »Ich kenne kein einziges Alpenland in Norwegen, in der Schweiz oder in den Alpen, das solch eine großartige Schönheit besitzt, wie man sie hier in Sunnmøre findet.«

### Romsdalsmuseum

Alte Bausubstanz ist in Molde kaum zu finden bzw. nur etwas außerhalb, wo das Romsdalsmuseum als eines der größten und ältesten (gegründet 1912) Volksmuseen des Landes einlädt. Rund 50 alte Bauwerke aus Stadt und Land sind hier im Original zu besichtigen, darunter auch Rauchlochstuben, Speicherhäuser, Räucherkammern und eine Kapelle. Als Highlight der Anlage gilt die malerische Bygata, die eine Altstadtzeile von Molde aus der Zeit vor dem Zweiten Weltkrieg darstellt. Im Sommer stehen auch Folklore-Darbietungen auf dem Programm und ist ein Café geöffnet. Während des ›Moldejazz-Festivals‹ im Juli ist das Freilichtmuseum Austragungsort für die großen Open-Air-Konzerte (www.romsdal.museum.no, Mitte Juni–Mitte Aug. Mo– Sa 11–15, So ab 12, Juli tgl. bis 17 Uhr, 70 NOK).

## Das Fischereimuseum

Aus alter Zeit herübergerettet sind auch die Fischerhäuser und Rorbuer (s. S. 409), die Tranbrennerei und das Schulhaus, eine Werkstatt sowie eine Sammlung von Schiffen und Booten, die zusammen das Fischereimuseum bilden. Es liegt auf der Molde vorgelagerten Insel Hjertoya. Nach einem Rundgang bietet es sich an, mit einem Ruderboot (Verleih) auf den Fjord hinauszufahren oder auch zu baden, was hier im Sommer sehr beliebt ist – ›so‹ kalt ist das Wasser gar nicht (Hjertoya Fiskerimuseet: 24. Juni–5. Aug. tgl. 12–17 Uhr, der Museumspark ist tgl. 11–22 Uhr geöffnet, Eintritt 70 NOK, zur Insel kommt man mit dem Zubringerboot M/S Hjertøy ab dem Anlegesteg beim Torget, das tgl. um 11, 12, 14 und 16 Uhr verkehrt (hin und zurück 50 NOK).

## Infos

**Molde Turistinformasjon:** Torget 4, 6413 Molde, Tel. 71 20 10 00, Fax 71 20 10 01, www.visitmolde.no, 20. Juni–21. Aug. Mo–Fr 9–18, Sa bis 15, So 12–17, sonst Mo–Fr 9–15 Uhr.

## Übernachten

Sehr schön ▶ **Rica Seilet Hotel:** Gideonvn. 2, Tel. 71 11 40 00, Fax 71 11 40 01, www.rica.no. Dieser 2002 eröffnete, in seiner Architektur einem Segel nachempfundene und am Fjord errichtete Glas- und Betonbau ist das auffälligste Gebäude von Molde, dem extravaganten Äußeren entspricht auch das Innere. DZ 1545 NOK.

Billig mit Blick ▶ **Molde Vandrerhjem:** Raumaveien 2–4, Tel. 71 25 94 70, www.hihostels.no, 1. Juni–10. Aug. Jugendherberge am Stadtrand mit Berg- und Fjordblick, guter Ausstattung und 68 Betten in 32 Zimmern. Bett 250 NOK, DZ ab 680 NOK.

Am und über dem Fjord ▶ **Kviltorp Camping:** Fannestrandvn. 142, Tel. 71 21 17 42, Fax 71 21 10 19, www.kviltorpcamping.no. Rund 3 km außerhalb vom Zentrum am Fannefjord nahe der E 39 gelegener Platz mit modernen Einrichtungen und gemütlichen Holzhütten (450–800 NOK) sowie mehreren Sjøhus, die auf Pfählen direkt über dem Fjord liegen (1275 NOK).

## Essen & Trinken

Tolles Panorama ▶ **Vardestua:** Varden, Tel. 71 25 10 86, März–Dez. tgl. 11–18 Uhr. Dieses Restaurant ist wohl nicht das beste der Stadt, in puncto Ausblick aber unschlagbar: Oben auf dem Varden gelegen, 407 m über dem Meer, genießt man von dem grasgedeckten Blockbau aus das schönste Panorama, das man sich vorstellen kann. Die Gerichte folgen der norwegischen, teils auch internationalen Küche, sind schlicht, aber reichhaltig und preislich moderat: Es stehen zehn Gerichte zur Auswahl, die Preise liegen zwischen 80 und 200 NOK, sehr empfehlenswert ist das Traditionsgericht ›Rommegrot med spekematkuvert‹, das 175 NOK kostet.

## Aktiv

Breites Angebot ▶ Molde bzw. die Umgebung ist ein Eldorado für **Bergsport** jeder Art sowie für **Wanderungen, Fahrradtouren** und **Wassersport** (insbesondere Tauchen und Seekajaktouren). Großer Beliebtheit erfreuen sich auch **Hochsee-Raftingtours** mit PS-starken Rennbooten oder **Angeltouren.** Nähere Informationen erteilt das Touristenbüro in Molde.

## Termine

**Molde International Jazz Festival** (Mitte Juli): Zu Europas ältestem Jazz-Festival kommen alljährlich bis zu 100 000 Jazz-Enthusiasten aus aller Welt. Infos: Tel. 71 20 31 50, www.moldejazz.no.

## Verkehr

**Flugzeug:** Vom wenige Kilometer außerhalb gelegenen Flughafen aus fliegt SAS mehrmals tgl. von/nach Oslo, Bergen und Trondheim; es verkehren Flughafenbusse vom/zum Rica Seilet Hotel.

**Bahn:** Der nächste Bahnhof ist in Åndalsnes (per Bus erreichbar), von dort aus 4 x tgl. Verbindungen nach Dombås mit Anschluss Richtung Oslo sowie Trondheim.

**Auf dem Varden, dem ›Hausberg‹ von Molde**

**Bus:** Es existieren sehr gute Verbindungen bis hinunter nach Oslo und Bergen sowie hinauf nach Trondheim.

**Hurtigruten:** Das Schiff nach Norden verlässt Molde im Winter um 18.30 Uhr, im Sommer um 22 Uhr, jenes nach Süden legt ganzjährig um 21.30 Uhr ab.

**Mietwagen:** u. a. über Hertz (Tel. 71 20 14 44) und Budget (Tel. 71 20 14 25), am günstigsten über Rent a Wreck am Flughafen (Tel. 71 21 30 10, www.rent-a-wreck.no).

## Über den Atlanterhavsveien nach Kristiansund

Wer von Molde aus nach Norden möchte, kann entweder die schnelle E 39 Richtung Trondheim nehmen oder aber die zweifelsohne sehr viel schönere ›Atlantikstraße‹ (R 64/R 664), die sich nördlich von Molde weit draußen am Meer entlang über Brücken und Dämme von Insel zu Insel bis hinauf nach Kristiansund schlängelt. Die Fahrrinne durch die berüchtigte Meeresstrecke Hustadvika (Hustadbucht), auf deren Grund unzählige Schiffswracks liegen, ist stets nur ein paar Steinwürfe entfernt. Dieser extrem exponierten Lage ist es auch zu verdanken, dass die nach sechs Jahren Bauzeit 1989 als R 664 eröffnete und 2005 als »technische Meisterleistung des Jahrhunderts« preisgekrönte Strecke nun in den Rang einer ›Nationalen Touristenstraße‹ erhoben wurde (www.nasjonaleturistveger.no).

Dementsprechend wurden zahlreiche Rast- und Aussichtsplätze sowie Wanderwege und Anglerstege angelegt. Auch bei schlechter Wetterlage übrigens hat die Strecke ihre Reize, ja vielleicht gerade dann – nicht wenige Touristen reisen gezielt zur Zeit der Herbststürme an, wenn riesige Wellen über die Uferfelsen rollen und nicht selten auch die Straße selbst in einen weißen Gischtmantel hüllen.

## Aktiv

**Mit dem Rad unterwegs ▶** Das Touristenbüro Molde (s. S. 319) gibt die Fahrrad-Broschüre »Oyhopping på sykkel« zur Atlantikstraße heraus; nähere Infos unter www.atlanterhavsveien.no.

## Bud ▶ D 21

Von Molde aus geht es zunächst am Moldefjord entlang und mit Blick weit hinein in den Romsdalsfjord auf der E 39 bis zur Kreuzung mit der R 64/R 664. Über die ist es nur ein kurzes Fahrstück bis Bud, einem am Südzipfel der Hustadvika gelegenen Fischerdorf, das im 16. Jh. der größte Handelsplatz zwischen Bergen und Trondheim war. Hier war es auch, wo 1533 der letzte Erzbischof von Norwegen den Reichsrat zu einer Königswahl einberief. Dieser Versuch, die Selbstständigkeit gegenüber den Dänen zu behaupten, schlug fehl, und in der Folge begann die bis 1814 währende Zeit der dänischen Regierung Norwegens, während derer das Land praktisch zu einem Vasallenstaat des südlichen Nachbarn wurde.

Herübergerettet aus der ›goldenen‹ Zeit von Bud wurde zwar nichts, aber der Ort gefällt und genießt wegen seiner Fisch-Restaurants einen guten Ruf in norwegischen Gourmet-Kreisen. Eine Sehenswürdigkeit ist die **Kreuzkirche:** Sie wurde 1717 aus Holz errichtet, und weil ihre Kuppel in der Schusslinie des Ergan Kystfort (s. u.) lag, wurde sie im Zweiten Weltkrieg demontiert und anschließend dem Turm wieder aufgesetzt.

## Ergan Kystfort ▶ D 21

Die weitere Fahrt, dank der reichen (und von zahlreichen Küsten-Rastplätzen in Vollkommenheit zu genießenden) Meer- und Inselblicke voller Höhepunkte, verläuft stets entlang der Hustadvika. Sternchenverdächtige Sehenswürdigkeit auf dieser Strecke ist das Ergan Kystfort, bei dem es sich um eine deutsche Wehranlage aus dem Zweiten Weltkrieg handelt, in der rund 350 deutsche Soldaten (sowie etwa 150 russische und polnische Kriegsgefangene) stationiert waren. Die Kommandozentrale mit Kanonenstellungen kann besichtigt werden, auch ein kleines Museum

**Über Brücken und Dämme, von Insel zu Insel führt die Atlantikstraße**

ist eingerichtet (www.romsdalsmuseet.no, 1. Juni–23. Aug. tgl. 10–18 Uhr, 70 NOK).

Kulturelles Highlight der Fahrt ist sicherlich die aus dem frühen 13. Jh. stammende **Kvernes-Stabkirche.** Sie liegt auf der Insel Averøya, die seit 2009 durch den rund 5,7 km langen und bis 250 m tief unter dem Wasser verlaufenden Atlantiktunnel mit Kristiansund verbunden ist (20. Juni–20. Aug. tgl. 11–17 Uhr, 70 NOK).

## Kristiansund ▸ E 21

Terrassenförmig steigt die auf den drei Inseln Kirkelandet, Innlandet und Nordlandet ausgebreitete Stadt vom namengebenden Sund in die Höhe. Wer vom Meer kommt, der erkennt schon bei der Einfahrt in die Wasserstraße, warum der von den drei Inseln eng umschlossene Naturhafen im Ruf steht, der geschützteste des ganzen Landes zu sein. Einer der lebhaftesten ist er obendrein, und Dutzende Motive von Sundbooten und Frachtern, Kuttern und Trawlern vor Kaianlagen, Werften und Speicherhäusern bieten sich den Blicken dar. Aber auch auf Land tun sich prächtige Bilder auf, doch leider kann man heute nur noch erahnen, wie malerisch die Stadt in früheren Jahren ausgesehen haben muss, als die Bebauung ganz aus farbenfroh getünchten Holzhäusern bestand, zwischen denen enge und gewundene Kopfsteinpflastergassen verliefen.

Doch all dies ging im deutschen Bombenhagel von 1940 in Flammen auf, sodass man beim Wiederaufbau nur versuchen konnte, zumindest den Charakter der 1692 von Jappe Ippes als Handelsplatz gegründeten Stadt zu bewahren. Der Niederländer gilt als »Vater des Trockenfisch«, und in den folgenden Jahren erlebte die nun aufstrebende Siedlung durch den ›Import‹ des Trockenfischs von den Lofoten und den anschließenden Export nach Spanien, Italien und Portugal, aber auch Brasilien und Cuba einen regelrechten Boom. Lebten hier 1830 weniger als 3000 Menschen, so waren es 1890 schon mehr als 10 000. Heute hat Kristiansund etwa 23 000 Einwohner, die meisten von ihnen leben vom Schiffsbau und der Offshore-Technik, partizipiert Kristiansund doch mittlerweile auch in stärkerem Maße an den reichen Öl- und Gasvorkommen in der Nordsee.

### Stadtrundgang

Wie die erst seit 1992 mit dem Festland verbundene Stadt nahezu alles dem Meer verdankt, so steht auch Sightseeing in Kristiansund größtenteils im Zeichen der Küstenkultur. Hauptsehenswürdigkeit ist das mehrere Abteilungen umfassende **Nordmøre-Museum**, zu dem auch das an der inneren Vågenbucht der Stadtkerninsel Kirkelandet eingerichtete **Norsk Klippfiskmuseum** gehört. Es dokumentiert die mit dem Trockenfisch eng verknüpfte Geschichte des Ortes und informiert über dessen Herstellung sowie über die Unterschiede zwischen Stockfisch und Klippfisch, der ursprünglich mit portugiesischen und baskischen Fischern im 16. Jh. nach Norwegen kam. Für Hobbyköche interessant: Auch leckere Bacalao-Rezepte sind hier zu bekommen (www.nordmore.museum.no, 16. Juni–19. Aug. tgl. 12–17 Uhr, 50 NOK).

Ebenso spannend ist ein Besuch der **Mellemværftet** am Kranaveien: Bei dieser Ausstellung handelt es sich um eine authentisch eingerichtete Werft aus der Zeit der Windjammer, die noch heute in Betrieb ist und in der vor allem historische Segelschiffe restauriert werden. Ziel ist es, die alten Techniken und Handwerkstraditionen zu bewahren und weiterzuführen (16. Juni–19. Aug Di–Fr 12–17 Uhr, Führung zu jeder vollen Stunde).

Zum Nordmøre-Museum gehört u. a. das Klippfischlagerhaus (mit Böttcherei) **Hjelkrembrygga og Woldbrygga,** doch eindrücklicher ist ein Besuch des als **Knudtzondalen** bekannten Hauptgebäudes des Museums an der Storgata 19. Neben der Fischerei und traditionellen Handwerksberufen widmet sich das Museum der Stadt- bzw. Insel-Geschichte, die um mehr als 9000 Jahre zurückreicht und mit der Fosna-Kultur (ca. 7000–2500 v. Chr.) ihren Anfang nahm (ganzjährig Di–Fr 10–14 Uhr, 40 NOK).

Kristiansund an der geichnamigen Meerenge

## Infos

**Kristiansund Reiselivslag:** Kongens plass 1, Tel. 71 58 54 54, www.visitkristiansund.com, ganzjährig Mo–Fr 8.30–15.30, Mitte Juni–Mitte Aug. Mo–Fr 9–18, Sa 10–15, So 11–17, sonst Mo–Fr 9–15.30 Uhr.

## Übernachten

Komfort am Hafen ▶ **Rica Hotel Kristiansund:** Storgt. 41, Tel. 71 57 12 00, www.rica.no. Der Glas- und Betonbau liegt am Hafen, auch ein Hallenbad ist angeschlossen, außerdem Restaurant und Bar, die Zimmerpreise spiegeln den hohen Komfort dieses Hauses wider. DZ ab 1645 NOK (Wochenende ab 1245 NOK).

Mittelklasse ▶ **Quality Hotel Grand:** Bernstorrfstredet 1, Tel. 71 57 13 00, www.choicehotels.no. Lang gestreckter Steinbau in Rosarot, die Zimmer bieten gehobenen Komfort. DZ ab 1330 NOK.

Für den kleinen Geldbeutel ▶ **Atlanten Motel og Camping:** Dalavn. 22, Tel. 71 67 11 04, www.atlanten.no. Nur 1,5 km vom Stadtzentrum entfernte Anlage, in der man nicht nur zelten, sondern auch einfache, günstige Zimmer (DZ 695 NOK) und Hütten (ab 395 NOK) mieten kann; mit Cafeteria, 300 m bis zum Hallenbad.

## Essen & Trinken

Klippfischtempel ▶ **Smia Fiskerestaurant:** Fosnagaten 30, Tel. 71 67 11 70, www.smia.no, Mo–Fr ab 16, Sa/So ab 14, 15. Juni–20. Aug. tgl. ab 13 Uhr. Restaurant in einer alten Schmiede mit urgemütlicher Einrichtung und einer großen Auswahl an Fischgerichten. 2008 wurde die ›Schmiede‹ zum besten Res-

taurant der Region gekürt, preisgekrönt ist der Klippfisch. Vorspeisen ab 95 NOK, Hauptgerichte ca. 170–280 NOK.

Norwegische Küche ▶ **Dødeladen Cafè:** Skippergata 1 A, Tel. 71 67 50 30, Mi–Fr ab 15, Sa ab 13 Uhr. Das von außen ziemlich schief und scheel dastehende Café ist sowohl als Restaurant als auch als Kulturtreff eine Institution in Kristiansund. Das Innere ist urgemütlich, die Gerichte sind mit Liebe zubereitet, und mehrmals die Woche werden abends Konzerte und andere Events arrangiert. Vorspeisen um 100 NOK, Hauptgerichte zwischen 175 und 245 NOK.

## Einkaufen

Klippfisk-Shopping ▶ Klippfisch, in Mitteleuropa selbst in gut sortierten Feinkostläden meist kaum zu finden, und wenn, dann nur zu sehr hohen Preisen, ist Bestandteil vieler köstlicher Gerichte. In Kristiansund ist es kein Problem, im Supermarkt Klippfisch zu kaufen, er ist in der Regel geruchssicher verpackt und mehrere Monate lang haltbar.

## Verkehr

**Flugzeug:** Der Flughafen liegt 7 km außerhalb (Taxi ca. 180 NOK) und ist u. a. mit Oslo, Bergen und Trondheim verbunden.

**Bus:** Gute Verbindungen bis hinunter nach Oslo und hinauf nach Trondheim.

**Schnellboot:** Tgl. bis zu drei Verbindungen nach Trondheim, 3,5 Std., 525 NOK, weitere Informationen über Tel. 73 89 07 00, www.kystekspressen.no.

**Hurtigruten:** Das nach Norden fahrende Schiff verlässt Kristiansund im Winter um 23 Uhr, im Sommer um 1.45 Uhr, das nach Süden fahrende legt ganzjährig um 17 Uhr ab.

**Mietwagen:** Alle internationalen Firmen haben Niederlassungen in Kristiansund, so u. a. Avis (Flughafen, Tel. 71 58 38 15) und Hertz (Tel. 71 58 11 88).

**Eigenes Fahrzeug:** Die neu fertig gestellte Festlandsverbindung von Kristiansund (E39/R70) kostet 75 NOK Mautgebühr pro Pkw.

## Tipp: Zum Archipel von Grip ▶ E 21

Ein schöner Ausflug führt von Kristiansund zum etwa 14 km vom Festland entfernten und aus rund 80 Inseln und Schären bestehenden Archipel von Grip. Bis zu 100 Menschen haben auf der kleinen Hauptinsel seit dem Mittelalter rings um eine winzige Stabkirche gelebt. Doch das Eiland war zu flach und wurde in der Folge mehrmals völlig überflutet, weshalb 1974 der letzte Insulaner aufgab und nach Kristiansund umzog. Heute erfreut sich Grip großer Beliebtheit als Wochenend- und Ferieninsel. Zwischen dem 27. Mai und 11. Sept. verkehrt ab dem Sundbootkai in Kristiansund mindestens 1 x tgl. ein Bootszubringer um 10.30 (hin/retour 295 NOK, Infos über Tel. 48 11 99 73, www.gripexpressen.no).

Weite Ackerlandschaften prägen das Gebiet Trøndelag im ›geografischen Herzen Norwegens‹

Kapitel 5

# Trøndelag

Viele Gebiete Norwegens erheben den Anspruch, innerhalb ihrer Grenzen alle Vorzüge der norwegischen Naturlandschaft zu vereinen, und auch Trøndelag, das rund 41 000 km² große ›geografische Herz Norwegens‹, macht da keine Ausnahme. Es erstreckt sich von den seenreichen Wald- und Hochfjellflächen an der Grenze zu Schweden über weite Taleinschnitte bis hin zur wild zerklüfteten Fjordküste vor dem Schärenhof im Westen, von den alpinen Tundraweiten des Dovre-Gebirges im Süden bis hin zum *limes norrlandicus* an der Taiga-Grenze. Trotz der hohen nördlichen Breite, die derjenigen von Island und Südgrönland entspricht, sind die Böden dank klimatisch günstiger Bedingungen überaus ertragreich; hier gedeihen Obst, Gemüse und Getreide.

Traditioneller Mittelpunkt über Jahrhunderte hinweg war das Ende des 10. Jh. gegründete Trondheim, seinerzeit Zentrum der kirchlichen und weltlichen Macht in Norwegen. Heute ist die drittgrößte Stadt des Landes Verwaltungssitz der Provinz Sør-Trøndelag, zugleich wichtigster Ort der ganzen Region und – nach Oslo und Bergen – auch die sehenswerteste Stadt des Königreichs. Als Geheimtipp für ›Waldläufer‹ und ›Petrijünger‹ gilt das nördlich gelegene Namsdal, dem die Europastraße Nr. 6 folgt, und auch das Küstengebiet von Nord-Trøndelag mit seinem Fjord- und Inselgewirr ist landschaftlich einzigartig. Der berühmte Kystriksveien, der bis weit über den Polarkreis hinauf nach Bodø führt, erschließt diese Landschaft, die immer reizvoller wird, je weiter man nach Norden vorstößt.

Auf einen Blick

# Trøndelag

## Sehenswert

**Fokstumyra:** Dieses Hochmoor, in dem mehr als 70 teils seltene Vogelarten brüten, ist ein überaus beliebtes Reiseziel für Ornithologen (s. S. 331).

**Oppdal:** Der Wintersportort bietet auch im Sommer ein beachtliches Programm für Aktivurlauber (s. S. 333).

11 **Trondheim:** Norwegens historische Hauptstadt, einst ein berühmter Wallfahrtsort, ist noch immer eine der sehenswertesten Metropolen des Königreichs. Besonderes Architekturdenkmal ist der Dom, ist er doch das größte skandinavische Monument des Mittelalters (s. S. 335).

## Schöne Route

**Von Dombås nach Oppdal:** Diese Route folgt der Europastraße Nr. 6 vom oberen Gudbrandsdal aus über das Gebirge Dovrefjell, das ausgedehnteste Naturschutzgebiet des Landes und Heimat wild lebender Moschusochsen (s. S. 331).

# Unsere Tipps

**Moschusochsen beobachten:** Das Dovrefjell ist die Heimat der urtümlichen Moschusochsen. Die ungewöhnlichen Tiere kann man im Rahmen individueller Touren sowie auch bei geführten Foto-Safaris beobachten (s. S. 334).

**Olavsfestdagene:** Dieses Festival zu Ehren von ›Olav dem Heiligen‹ ist nicht nur die größte Festivität von Trondheim und der Region Trøndelag, sondern auch eines der bedeutendsten Kulturspektakel des Landes (s. S. 341).

## aktiv unterwegs

**Lachsangeln in der ›Königin der Flüsse‹:** Für Lachsangler gibt es in Norwegen kaum ein besseres Revier als den Namsen mit seinen Nebenflüssen. Er gilt als eines der lachsreichsten Gewässer von Skandinavien und wurde vor etwa 200 Jahren von englischen Sportfischern ›entdeckt‹ (s. S. 343).

# Das Dovrefjell

**Das durchweg waldlose und durch zahlreiche Moorflächen geprägte Bergmassiv mit dem Dovrefjell-Sunndalsfjella-Nationalpark ist eines der größten Wildnisgebiete des Nordens. Es gilt als letztes intaktes Hochgebirgsökosystem Europas und ist außerdem Heimat einiger Moschusochsen, die man im Rahmen von Safaris näher beobachten kann.**

Die mächtige Gebirgsregion des Dovrefjells war für mehr als 1000 Jahre das bekannteste Fjellmassiv des Landes und letztes Hindernis auf dem historischen Königs- und Pilgerweg nach Trondheim. Es erstreckt sich in Höhen zwischen 900 m und 2286 m am Übergang von Süd- nach Mittelnorwegen, an der Wasserscheide zwischen Ost und West. Das Dovrefjell präsentiert sich als ein von Mooren und kleinen Seen durchzogenes und von kegelförmigen Erhebungen, Kämmen und Karen geprägtes Hochfjellplateau, das als Symbol für die ›Ewigkeit‹ Norwegens steht und daher gewissermaßen den Rang eines Nationalheiligtums innehat: »Einig und treu werden wir sein, bis das Dovregebirge einstürzt«, so gelobten es die Väter der norwegischen Verfassung 1814 in Eidsvoll.

## Dovrefjell-Sunndalsfjella-Nationalpark ► F/G 22/23

Der Dovrefjell-Nationalpark wurde 1974 ausgewiesen, um die großartige alpine Tundralandschaft mit ihrer besonders reichen Pflanzen- und Tierwelt zu bewahren. Bald schon zeigte sich aber, dass das durch militärische Aktivitäten sowie den Straßen- und Gleisverkehr gestörte Refugium zu klein war, um diesem Anspruch wirklich gerecht zu werden, und so war es eines der vorrangigen Projekte der Nationalparkverwaltung, die unter Schutz stehende Fläche zu vergrößern. Passend zum Internationalen Jahr der Berge war es so weit, und kein Geringerer als der König leitete am 1. Juni 2002 die Eröffnung des nunmehr ›Dovrefjell-Sunndalsfjella‹ genannten neuen Nationalparks, der eine Fläche von 1693 km$^2$ umfasst und seitdem zusammen mit den angrenzenden Landschaftsschutzgebieten das größte zusammenhängende Schutzgebiet Norwegens bildet. Seine Gesamtfläche beträgt 4367 km$^2$, und für die Zukunft ist sogar geplant, auch den Rondane-Nationalpark (s. S. 193) derart zu erweitern, dass ein zusammenhängendes Schutzgebiet von 7000 km$^2$ entsteht.

Durch die Erweiterung soll der Fortbestand dieses, wie es heißt, letzten intakten Hochgebirgsökosystems Europas gesichert werden, in dem 350 Moos- und Flechtenarten sowie 439 höhere Pflanzen registriert werden konnten, darunter auch mehrere endemische Arten, also solche, die weltweit nur hier vorkommen. Diese Entdeckung warf die Frage nach dem Ursprung der Fjellpflanzen auf, denn bis dato hatte man angenommen, dass nach dem Abschmelzen des Inlandeises die Arten vom schon früher eisfrei gewordenen Mittel- nach Nordeuropa sozusagen zurückgewandert waren. Datierungen ergaben schließlich aber, dass nicht das gesamte Pflanzenleben durch die letzte große Eiszeit vernichtet worden war, sondern manche Arten ›überwintert‹ hatten, und zwar wahrscheinlich auf der Nordre und Søndre Knutshøy, zwei Bergen von rund 1700 m Höhe, die sich östlich von Kongsvoll (s. S. 331) erheben. Diese Erkenntnis war von so herausragender Bedeutung, dass das Dovrefjell auch als ›Wiege der norwegischen Pflanzengeografie‹ bezeichnet wird.

### Infos

Umfassende Informationen über die Pflanzen- und Tierwelt sowie die vielfältigen Wandermöglichkeiten im Nationalpark geben die vorbildlich ausgestatteten Nationalparkzentren von Dombås (s. S. 194) und Oppdal (s. S. 333); siehe auch www.nasjonalparker.org sowie www.dirnat.no/dovrefjell.

## Von Dombås nach Oppdal

Auf die Europastraße Nr. 6 ist jeder angewiesen, der nicht wandernd oder per Bus und Zug unterwegs ist. In ihrem 80 km langen Verlauf von Dombås im oberen Gudbrandsdal nach Oppdal im zum Trøndelag gehörenden Sunndal ist sie die einzige Straße, die das Dovrefjell durchquert.

### Im Hochmoor Fokstumyra
▶ F 23

Die Route folgt der steil ansteigenden E 6, die auf den 11 km hinter **Dombås** (s. S. 194) einen Höhenunterschied von mehr als 300 m bewältigt und ab **Fokstua,** wo der historische Königsweg einmündet, parallel zum westlich angrenzenden **Fokstumyra** verläuft. Dieses Hochmoor, das seit 1923 unter Naturschutz steht, wird trotz seiner geringen Größe (rund 23 km²) von einer außerordentlich vielfältigen Vogelwelt besiedelt und ist daher beliebtes Reiseziel für Ornithologen aus ganz Europa. Mehr als 70 brütende Arten sind registriert – darunter Kraniche, Moorfalken, Lappensperlinge und andere seltene Arten –, weshalb zwischen dem 1. Mai und 1. Aug. hier nur speziell markierte Pfade benutzt werden dürfen, entlang derer die Vögel zu beobachten sind. Rund 2–3 Stunden muss man für den 6 km langen und gut ausgebauten Rundweg inklusive Beobachtungspausen ansetzen, dessen ausgeschilderter Startpunkt bei der Bahnstation nahe der Fokstua Fjellstugu liegt. Wer die Wanderung unternehmen will (Fernglas nicht vergessen, möglichst Gummistiefel tragen), muss sich zuvor beim Fokstua Gård, an der E 6 am Abzweig zum Reservat gelegen, registrieren lassen (kostenlos); hier bekommt man auch eine Informationsbroschüre und kann im Sommer an ornithologischen Führungen teilnehmen.

### Hjerkinn ▶ G 23

Die E 6 steigt weiter an und passiert bald den mächtigen Holzbau **Dovregubbens hall** (›Halle des Dovretrolls‹), ein aus dem Jahr 1938 stammendes Gebäude, das heute als Gebirgsgasthof dient. Einen Sitzplatz zu ergattern kann im Sommer schwierig werden, denn dank einem Riesentroll, der auf dem Vorplatz aufgestellt ist, erfreut sich der Gasthof besonders vieler Besucher. Auch an der nahe gelegenen **Arnfinnsbru,** einer zum Königsweg gehörenden Steinbrücke aus dem Jahre 1825, herrscht oft reger Trubel.

Immer karger wird das Land, immer höher geht es hinauf, bis 1 km hinter **Hjerkinn,** einem Ausgangspunkt für einige markierte Wanderwege, der mit 1026 m höchste Punkt der Strecke erreicht wird. Die Aussicht über die baumlose Fjellweite des Dovre, aus der im Westen die beiden Zweitausender Snøhetta (2286 m) und Svanåtind (2215 m) herausragen, ist – so die Wettergötter gnädig sind – schlicht fantastisch.

### Kongsvoll und Umgebung
▶ G 23

Von dieser Höhe aus, die auch die Wasserscheide markiert, geht es abwärts. Bald wird die Grenze zum Bezirk Sør-Trøndelag überschritten, und nach insgesamt 12 km ist man am **Kongsvoll** angelangt, einem Gebirgsgasthof mit jahrhundertealter Tradition. Der aus 29 Gebäuden bestehende Komplex ist heute mit seiner urig-rustikalen Gaststube und seinen behaglichen Fremdenzimmern ein beliebter Übernachtungs- und Ferienort, und auch wer in Eile ist, sollte hier einkehren.

Neben dem Gasthof Kongsvoll lohnt der **Fjellhagen** (›Fjellgarten‹) einen Besuch. Er dokumentiert die Vielfalt der norwegischen Gebirgsflora und die einzelnen hier vorkommenden Arten (auch auf Deutsch). Ein **Informationszentrum** berichtet über Flora und Fauna des Nationalparks, und eine kleine Ausstellung ist dem Vårstigen (s. u.) gewidmet.

Hier erhält man zudem den Schlüssel für die fünf Wanderstunden entfernte Reinheim-Turisthytta, Ausgangspunkt für die **Besteigung der Snøhetta** (3 Std. Auf-, 2 Std. Abstieg), wofür man weder eine besondere Ausrüstung noch spezielle Kenntnisse benötigt. Wer diesen Weg nimmt, wird unterwegs vielleicht einen der Moschusochsen sehen, die hier seit 1950 wieder leben. Wer dem Zufall nicht traut, kann auch an geführten Foto-Safaris teilnehmen (Juni–21. Aug., tgl. 10 Uhr, 325 NOK).

Eine zweistündige Wanderung führt auf den **Vårstigen,** den einst meistgefürchteten Teil des alten Königsweges. Er wurde im Jahr 1700 zur ›Fahrstraße‹ erklärt, war kaum breiter als 2 m und wies extreme Steigungen auf. Vorbei an Klüften, steilen Felswänden und zahlreichen Aussichtspunkten windet sich der markierte Wanderweg über dem Drivdal dahin.

## Übernachten

Behaglich ▶ **Kongsvoll Fjellstue:** Dovrefjell/E 6, Tel. 72 40 43 40, www.kongsvold.no.

**Am Rande des Hochfjellplateaus Dovrefjell**

Uriger Gebirgsgasthof mit 74 Betten in teils traditionell-rustikalen, teils modern-komfortablen und stets sehr gemütlichen Zimmern, die mit Frühstück ab 675 NOK/Pers. kosten; Lunch 325 NOK, Dinner 495 NOK.

## Verkehr

**Bus:** Verbindungen u. a. mehrmals tgl. in/aus Richtung Trondheim, Røros, Gudbrandsdal und Molde.

## Oppdal ► G 22

Entlang der wild zu Tal schäumenden Driva geht es von Kongsvoll aus weiter Richtung **Oppdal.** Der Ort, der noch 119 relativ langweilige Straßenkilometer von Trondheim entfernt liegt, verzeichnet als wichtigstes Winter-Skigebiet des Trøndelag hohe Übernachtungszahlen, bietet aber auch während des Sommers für sportlich interessierte Urlauber ein beachtenswertes Programm.

Wer auf schöne Ausblicke aus ist, sollte sich eine Fahrt mit der **Seilbahn** auf den 1150 m hohen Skjærshovden mit seinem Panorama-Restaurant nicht entgehen lassen (Gondolen: 19. Juni–Anfang 10. Okt. Sa/So 11–17, 3. Juli–Mitte Aug. tgl. 11–17 Uhr, 100 NOK).

## Infos

**Oppdal Turist- og Informasjonskontor:** Postboks 60, 7341 Oppdal, Tel. 72 40 08 00, Fax 72 40 08 01, www.oppdal.com, ganzjährig Mo–Fr 9–16, 20. Juni–20. Aug. auch Sa 10–15, So 11–17 Uhr.

**Oppdal Nasjonalparksenter:** Dem Touristenbüro angeschlossene Ausstellung zum Dovrefjell-Sunndalsfjella-Nationalpark, www.nasjonalparker.org, Eintritt 40 NOK.

## Übernachten

Top-Hotel ► **Hotel Nor:** Aunevn. 6, Tel. 72 40 47 00, www.oppdalbooking.no. Hervorragendes Hotel – mit Kaminzimmer, Pub und Nachtclub – sowie zugleich Treffpunkt der Stadt. Außerordentlich komfortable Zimmer. DZ ab 1150 NOK.

Schöne Lage ► **Sletvold Hotell og Apartments:** Gamle Kongevei, Tel. 72 40 40 90, www.norlandia.no/sletvold. Zur Norlandia-Kette gehöriges Alpinhotel in landschaftlich schöner Lage und mit gemütlichen Komfortzimmern sowie Wohnungen. Der Sommerpreis liegt bei 1350 NOK/DZ (frisch renoviert) bzw. 950 NOK.

Komfort-Camping ► **Camping Halsetløkka:** 3 km nördl. an der E 6, Tel. 72 42 13 61, www.halsetløkka.no, ganzjährig. Recht großer Vier-Sterne-Platz in einem Birkenwald mit zahlreichen Hütten in verschiedenen Kategorien.

## Aktiv

Breites Outdoor-Programm ► **Oppdal Booking:** Postboks 38, 7341 Oppdal, Tel. 72

40 08 00, www.oppdal-booking.no. Informations- und Buchungsbüro für zahlreiche Aktivitäten. Auf dem Programm stehen u. a. **Moschus-Safaris** auf dem Dovrefjell (325 NOK), mehrstündige **Rafting-Touren** (750 NOK), **Canyoning-Abenteuer** (verschiedene Schluchten, teils extrem, Tagestour 890 NOK), geführte **Kanutouren,** auch **Kanu-Verleih** nebst **Klettertouren** und **Kletterkursen, Angelausflüge.**

Fallschirmspringen ▶ Angeboten werden Tandem-Sprünge (auch für Anfänger geeignet, ab 3450 NOK) und Fallschirmsprung-Kurse (7950 NOK). Nähere Infos über das Touristenbüro sowie Tel. 90 50 73 23, www.fallskjermhopp.no.

Mit dem Schiff unterwegs ▶ **Trollheimen II:** 1. Juli–31. Aug. tgl. 13–17 Uhr, Buchung über das Touristenbüro, Ticket 300 NOK. Eine Fahrt mit dem Boot auf dem Gjevilvatn durch die Trollheim-Bergwelt ist ein besonderes Erlebnis.

Wandern und radeln ▶ Oppdal ist Ausgangspunkt für Dutzende reizvolle Wanderungen über das Dovrefjell, über die Website des Touristenbüros kann man 40 Tourbeschreibungen mit Karten downloaden. Auch für Fahrradtouren ist Oppland ideal (Radmiete um 150 NOK/Tag), unter www.oppland-booking.no findet man elf beschriebene Routen.

Wintersport ▶ Mit 39 Abfahrtspisten (darunter fünf schwarze) und 18 Schleppliften ist Oppdal das größte Alpinski-Zentrum Norwegens. Natürlich gibt es eine Skischule sowie Ski-Verleih, es laden Dutzende gespurte Loipen ein; weitere Infos erhält man über das Oppdal Skisenter, Tel. 72 40 44 80, www.oppdalbooking.no; die Skisaison dauert hier in den Regel von Dezember bis April.

## Verkehr

**Bahn:** Kongsvoll und Oppdal liegen an der Bahnstrecke Oslo–Trondheim, die mehrmals tgl. bedient wird.

**Bus:** Verbindungen u. a. mehrmals tgl. in/aus Richtung Trondheim, Roros, Gudbrandsdal und Molde.

## Tipp: Moschusochsen beobachten

Nicht nur in puncto Flora, sondern auch hinsichtlich der Fauna bietet der Dovrefjell-Sunndalsfjella-Nationalpark Einzigartiges, nämlich eine Großwild-Art, die ursprünglich während der Eiszeit auf dem europäischen Festland ausgestorben war: den Moschusochsen. Die ersten Berichte über diese urtümlichen Tiere, die bis zu 2,50 m lang und 400 kg schwer werden können, drangen Mitte des 18. Jh. aus Nord-Kanada nach Europa, und auch in Grönland fand man Exemplare dieses Verwandten der Ziege. Einmal entdeckt, waren die ohnehin nicht großen Bestände jedoch bald vom Aussterben bedroht. Daher stellte man die Moschusochsen 1917 unter Schutz und versuchte – mit Erfolg –, sie in anderen Gebieten anzusiedeln.

Im norwegischen Dovrefjell wurden die ersten Tiere in den 1930er-Jahren eingeführt. Sie vermehrten sich zunächst, doch Ende der 40er-Jahre war der Versuch gescheitert. Zwischen 1947 und 1953 startete der zweite Versuch mit 16 aus Grönland importierten Exemplaren, die den Grundstock der heutigen, mittlerweile wieder etwa 100 Tiere umfassenden Herde bildet. Sie lebt in Gruppen von etwa 6 bis 15 Tieren in den Hochregionen des Dovrefjells.

Von Dombås (s. S. 194), Oppdal (s. S. 333) und Kongsvoll (s. S. 331) aus werden zwischen Juni und August tgl. ca. 5-stündige Foto-Safaris angeboten (325 NOK/Pers.), die keinerlei besondere Anforderungen an die Kondition stellen. Auch im Rahmen individueller Wanderungen kann man die wiederkäuenden Paarhufer beobachten, bester Ausgangspunkt dafür ist Kongsvoll. Gefährlich übrigens sollen die zotteligen, an Bisons erinnernden Tiere nicht sein, stets vorausgesetzt, man kommt ihnen nicht zu nahe – wie es heißt, liegt die ›Schmerzgrenze‹ bei etwa 200 m.

# 11 Trondheim ▸ G/H 20

**Das Zentrum Trondheims, einst Hauptstadt des Landes und berühmtester Wallfahrtsort des Nordens, ist reich an historischer Bausubstanz. Imposanter Zeitzeuge der ruhmreichen Vergangenheit ist der Nidaros-Dom, der größte Sakralbau Skandinaviens; und auch die Speicherhäuser von Bryggene sind beliebte Fotomotive.**

Die Stadt an der inneren Bucht des in Wälder, Felder und Wiesen gefassten, sanft konturierten Trondheimfjords ist die drittgrößte des Landes und besitzt ein modernes Allerweltsgesicht. Lediglich rings um den Dom, der mit seinem hohen Vierungsturm von allen Richtungen als Ziel ausgemacht werden kann, hat sich die historische Bausubstanz erhalten. Hier, wo König Olav Tryggvason (Olav I.) um 997 seine Residenz Nidaros (›Mündung des Nid-Flusses‹) errichten ließ, hat das heutige Trondheim seinen malerischen Reiz: auf der durch die ›Schlinge‹ des Nidelv gebildeten Halbinsel Øra, deren Geschichte als Thingstätte der Wikinger sich im Nebel der Frühzeit verliert.

Hier war es, wo einst die Pilger nach monatelanger Wanderschaft in die Knie sanken, um die Reliquien von Olav Haraldsson, Sohn Olavs I., zu ehren, der 1030 in der Schlacht bei Stiklestad für ein christliches Norwegen gefallen war. Kurz nach seinem Tode, so berichtet die Sage, wurden im Umfeld seines Grabes wundersame Dinge beobachtet, und so grub man die Leiche wieder aus, fand sie unversehrt vor und nahm dies als Beweis von Olavs Heiligkeit. Er wurde als Märtyrer heilig gesprochen und in einer Kapelle auf Øra beigesetzt. Aus dieser ging später der Nidaros-Dom hervor, der größte und prachtvollste Sakralbau Skandinaviens, errichtet von seinerzeit berühmten Baumeistern aus ganz Europa. Nidaros selbst stieg zum berühmtesten Wallfahrtsort des Nordens auf, bald auch zur größten und reichsten Stadt des Landes.

Durch Pest, Feuersbrünste, die Erstarkung der hanseatischen Kaufleute in Bergen sowie die Union mit Dänemark (ab 1380) geriet Nidaros ins Abseits. Dass die Stadt, die nun den dänischen Namen Tronthjem bekam, nicht in Bedeutungslosigkeit versank, verdankte sie ihrer günstigen Lage am Fjord nahe der Grenze zu Schweden sowie dem lukrativen Handel mit Holz aus den Wäldern des Hinterlandes. Selbst zu Anfang des 19. Jh. lebten hier fast 10 000 Einwohner – weit mehr als im damaligen Christiania (Oslo) –, und mit der Industrialisierung begann schließlich eine neue Phase des Wachstums. Von ihrer verkehrsgünstigen Lage profitiert die Stadt noch immer. Sie steht heute im Trio der Großen mit rund 176 000 Einwohnern zwar an letzter Stelle, gilt aber nach Oslo und Stavanger als die am schnellsten expandierende.

## Stadtrundgang

**Cityplan:** S. 336

Nahezu alle bedeutenden Sehenswürdigkeiten der Stadt liegen dicht beieinander auf bzw. am Rand der Halbinsel Øra und können problemlos zu Fuß besichtigt werden. Einen freien Parkplatz im Bereich des Bahnhofs und Busbahnhofs zu ergattern ist in aller Regel kein Problem, und dort auch sollte man den Stadtrundgang beginnen.

# Trondheim

**Sehenswert**
1 Bahnhof
2 Vestre Kanalhavn
3 Seefahrtsmuseum
4 Olavshalle
5 Bryggene
6 Møllenberg
7 Festung Kristiansten
8 Gamle Bybrua
9 Nidaros-Dom
10 Erzbischöfliches Palais
11 Kunstmuseum
12 Kunstindustriemuseum
13 Torget
14 Stiftsgården
15 Munkholmen
16 Musikhistorisches Ringve-Nationalmuseum
17 Trøndelag Folkemuseum

**Übernachten**
1 Rica Nidelven Hotel
2 Britannia Hotel
3 City Living Schøller Hotel
4 Vandrerhjem Rosenborg
5 Trondheim InterRail Centre
6 Vikhammer Camping

**Essen & Trinken**
1 Havfruen
2 Grenaderen

**Einkaufen**
1 Modern Art Gallery
2 Møllers
3 Ravnkloa Fiskhall

**Abends & Nachts**
1 Den Gode Naboen
2 Krambua

## Zu den Speicherhäusern von Bryggene

Direkt gegenüber vom **Bahnhof** 1 breitet sich der lang gestreckte **Vestre Kanalhavn** 2 aus, der heute als Jachthafen dient und von zahlreichen alten Speicherhäusern gesäumt wird. Die Boote vor der Kulisse der vielfarbig gestrichenen Holzbauten bieten einen überaus malerischen Anblick, sind aber durchaus noch nicht der Höhepunkt des Spaziergangs. Wir folgen der am Bahnhof entlangführenden Straße bis zum Ufer des Flusses Nidelv und biegen hier rechts auf die Havnegate ein.

Das linker Hand gelegene ehemalige Zuchthaus beherbergt heute das **Seefahrtsmuseum** 3: es zeigt über 200 Schiffsmodelle sowie eine große Sammlung historischer Seekarten (Sjøfartsmuseum: 15. Juni–15. Aug. tgl. 12–16 Uhr, 55 NOK). Weiter geht es entlang der Kjøpmannsgate, und nach Passieren der **Olavshalle** 4 – ein hier deplatziert wirkendes Gebäude aus Glas und Beton – biegen wir auf die Bakke bru ein, die den Fluss überspannt.

Vom gegenüberliegenden Ufer eröffnet sich ein wunderbarer Ausblick auf die auf Pfählen im Wasser stehenden hölzernen Speicherhäuser von **Bryggene** 5, die neben dem Nidaros-Dom wohl die beliebtesten Fotomotive der Stadt sind. Frisch renoviert und prächtig bunt gestrichen, bieten sie zwar einen herrlichen Anblick, wirken aber mit all den Edel-Restaurants, Pubs, Atelierwohnungen und Architekturbüros, die sie heute beherbergen, kaum mehr authentisch.

## Zur Festung Kristiansten

Wir biegen nun nach rechts in die Nedre Bakklandet ein und genießen auf dem folgenden Wegabschnitt, der parallel zum Nidelv verläuft, immer wieder schöne Aussichten auf Bryggene. Aber auch das Stadtviertel **Møllenberg** 6, durch das sich die mit Kopfstein gepflasterte Straße windet, bietet Sehenswertes, etwa die historischen, teilweise altersschiefen Holz-Wohnhäuser; dort ein kleiner Tante-Emma-Laden, da eine Eckkneipe, ein mit Plunder voll gestopftes ›Antiquitätengeschäft‹. Hier wurde ganz nach dem Maß des Menschen gebaut, man fühlt sich wohl und wird vielleicht Lust verspüren, sich von oben einen Überblick über das Gassen- und Stiegengewirr des Viertels zu verschaffen.

Zu diesem Zweck biegt man am Ende der Nedre Bakklandet in die mit ›Kristiansten Festning‹ ausgeschilderte Straße Brubakken ein. Sie führt steil (und in ihrem unteren Abschnitt von einem kuriosen ›Fahrrad-Schlepplift‹ gesäumt) zur 72 m hoch aufragenden und rund 300 Jahre alten Festung **Kristiansten** 7. Den von hier aus zu genießenden Blick auf die Stadt sollte man sich keinesfalls entgehen lassen (Kristiansten Festning: die eigentliche Festung ist stets geöffnet, Eintritt frei).

Über die hölzerne **Gamle Bybrua** 8 wird nun der Nidelv erneut überquert; diese 1861 im neugotischen Stil errichtete Brücke war früher der einzige Zugang zur inneren Stadt, die sich auf der Halbinsel Øra befindet. Von ihrer Mitte aus genießt man eine letzte und vielleicht schönste Aussicht auf Bryggene, während man Richtung Süden über die malerischen Schilf- und Wiesenufer des Flusses hinweg auf die Universität im Stadtteil Gløshaugen blickt, in der rund 20 000 Studenten eingeschrieben sind.

## Nidaros-Dom 9

Wir halten uns links, biegen in die Bispegate ein und gehen nun direkt auf den gotischen **Nidaros-Dom** zu, der von einem Park umrahmt wird. Um sich einen Überblick zu verschaffen, sollte man in die Grünanlage einbiegen und dem Weg entlang der südlichen Längsseite folgen. Er führt zum reich skulptierten Hauptportal, das – wie übrigens der gesamte Dom – noch vor 100 Jahren in einem vollkommen desolaten Zustand war:

Mehrere Brände im 14., 15., 16. und 18. Jh. hatten das Gebäude weitgehend zerstört, ein Sturm im Jahre 1689 den 110 m hohen Vierungsturm gekappt, vom Hauptschiff standen nur noch die Außenmauern, von den ehemals 28 Altären waren nur noch zwei vorhanden. Das einst so bedeutende Wallfahrtsziel war zu einer Ruine verfallen, und erst dem erstarkten Nationalbewusstsein ist es zu verdanken, dass der Domschließlich umfassend restauriert werden konnte. 1869 wurden die Arbeiten aufgenommen – neben anderen Berühmtheiten war hier auch der Bildhauer Gustav Vigeland (s. S. 112) jahrelang engagiert –, doch erst 1930 konnte das Gotteshaus wieder eingeweiht werden. Heute gilt der Dom

**Einst ein bedeutendes Wallfahrtsziel: der Nidaros-Dom**

als Norwegens schönster Sakralbau, ist Nationalheiligtum und Krönungskirche der Norwegischen Könige.

Im Inneren liegen zehn Könige und die meisten Erzbischöfe des Landes begraben, wahrscheinlich auch die Gebeine des Heiligen Olav. Doch der 20 m hohe Raum, so prachtvoll er heute auch erstrahlt, wirkt kalt und künstlich, irgendwie unbeseelt. Einen Blick hinein wird man dennoch werfen wollen, und sei es auch nur, weil man die 172 Stufen erklimmen möchte, die zum Turm hinaufführen, von dem aus man eine faszinierende Aussicht über die Stadt genießen kann (Nidaros domen: www.nidarosdomen.no, tgl. 9–14, So bis 16, 15. Juni–15. Aug. So–Fr 9–15, Sa bis 18 Uhr; von Mai–Sept. werden ganztägig Führungen auch auf Deutsch durchgeführt; Kirchturm 1. Juni–15. Aug., Besteigung jede halbe Stunde Mo–Fr 10–16.30, Sa bis 12.30, So 13–16.30 Uhr; Orgelkonzerte Mitte Juni–Mitte Aug. Mo–Fr 13 Uhr, ganzjährig Sa 13.30 Uhr, außerdem zur Messe 17.40–18 Uhr, 60 NOK, Kombiticket (Dom, Erzbischöfliches Palais und Reichsinsignien 120 NOK).

## Das Erzbischöfliche Palais 10

In unmittelbarer Nachbarschaft des Doms steht das **Erzbischöfliche Palais**, das teilweise noch aus den Jahren 1160–70 stammt und der älteste aus Stein errichtete Profanbau Norwegens ist. Die beiden Gebäude im gotischen Stil präsentieren sich heute als ein Museumskomplex mit sehr sehenswerten Sammlungen.

Das **Erzbischöfliche Palastmuseum,** 1997 neu eröffnet, bietet eine ebenso stimmungsvolle wie reich mit Exponaten ausgestattete Ausstellung, die u. a. die größte und repräsentativste Sammlung mittelalterlicher Steinskulpturen ganz Skandinaviens umfasst. Auch zahlreiche archäologische Funde sind zu bewundern, ebenso die erzbischöfliche

Münzanstalt und die erzbischöflichen Repräsentationsräume.

Ein anderer Bereich des ehemaligen Palastes ist wechselnden Ausstellungen gewidmet, eine dritte Abteilung zeigt die **Reichsinsignien** mitsamt den königlichen Kronjuwelen. Darüber hinaus gibt es noch ein **Waffenmuseum** und ein **Widerstandsmuseum,** das der Stadtgeschichte im Zweiten Weltkrieg gewidmet ist (Erkebispegården/ Palastmuseum: www.nidarosdomen.no, 4. Mai–14. Juni und 16. Aug.–14. Sept. Mo–Sa 10–15, So 12–16, 15. Juni–15. Aug. Mo–Fr 10–17, Sa bis 15, So 12–16, sonst Mo–Sa 11–14, So 12–16 Uhr; Eintritt 560 NOK Palastmuseum, Abteilung mit den Reichinsignien 85 NOK, das Kombiticket für beide Bereiche plus Nidaros-Dom kostet 120 NOK).

## Zur Ravnkloa Fiskhall

Ebenfalls ganz in der Nähe des Domes, an der Bispegate 7b, befindet sich das **Kunstmuseum** 11, das der norwegischen Bildkunst des 19. und 20. Jh. gewidmet ist. Die drittgrößte Kunstsammlung in Norwegen präsentiert neben Werken der Nationalromantik (u. a. J. C. Dahl, Hans Fredrik Gude) Arbeiten von Edvard Munch, Harald Sohlberg, Christian Krogh und vielen anderen mehr (Trondheim Kunstmuseum: www.tkm.museum.no, Di–So 11–16 Uhr, 50 NOK).

Das nur wenige Minuten entfernte **Kunstindustriemuseum** 12 zeigt Kunsthandwerk aus mehreren Jahrhunderten, darunter Arbeiten aus Glas, Keramik, Porzellan und Silber sowie Bildteppiche, Textilien und Möbel (Kunstindustrimuseet: www.nkim.museum.no, 1. Juni–20. Aug. Mo–Sa 10–17, So ab 12, sonst Di–Sa 10–15, Do bis 17, So 12–16 Uhr, 80 NOK). Es liegt an der gegenüber dem Dom abzweigenden und von mehreren schönen Holzhäusern gesäumten Munkegate, der unsere Besichtigungsroute nun zum **Torget** 13 folgt. Dieser zentrale Marktplatz, an dem auch das Touristenbüro zu finden ist, markiert den Mittelpunkt der Altstadt; er wird von einer hohen Granitsäule dominiert, auf der eine den Stadtgründer Olav Tryggvason darstellende Skulptur thront.

Nördlich angrenzend, an der Munkegate 23, lohnt ein Blick auf den **Stiftsgården** 14, ein im 18. Jh. im Rokokostil errichtetes Gebäude, das mit seinen 70 Zimmern als das größte Holzbauwerk Nordeuropas gilt und Norwegens Königsfamilie bei Besuchen als Residenz dient. Die Festsäle und andere Räume können im Sommer im Rahmen von stündlichen Führungen besichtigt werden, sofern nicht gerade ein Mitglied des Königshauses anwesend ist (Juni–20. Aug. Mo–Sa 10–16, So ab 12 Uhr; Besuch nur im Rahmen von Führungen jede volle Stunde, Eintritt 60 NOK).

Zwei Blöcke weiter steht man wieder am Ufer des Vestre Kanalhavn, von wo aus die Fjord- und Søndregate zum Bahnhof zurückführen. Zuvor aber sollte man nicht versäumen, der **Ravnkloa Fiskhall** 3 einen Besuch abzustatten: In dem modernen Flachbau gibt es ein großes Angebot an Fisch (auch Klipp- sowie Stockfisch) und Meeresfrüchten, ein angeschlossenes Café lädt zum Probieren ein; die Preise sind moderat.

## Insel Munkholmen 15

Von hier aus kann man im Sommer mit einem der regelmäßig verkehrenden Boote innerhalb weniger Minuten zur im Trondheimsfjord gelegenen Insel **Munkholmen** gelangen, wo einst das Nidarholm-Kloster stand, das nach einem Brand im Jahr 1531 zur Festung umgebaut wurde. Heute ist Munkholmen ein beliebtes Ausflugsziel der Städter, neben dem Café und einem vielbesuchtem Badeplatz lohnt insbesondere die Aussicht auf die Stadt und den Fjord den Abstecher (Fahrzeiten der Boote: 20. Mai–18. Sept. tgl. 10–16/14 Uhr, 70 NOK).

# Weitere Sehenswürdigkeiten

Direkt vor den Toren der Stadt und problemlos mit dem Bus erreichbar (Busbahnhof beim Bahnhof) laden weitere Sehenswürdigkeiten ein; unbedingt besuchenswert sind die nachfolgend kurz vorgestellten.

### Musikhistorisches Ringve-Nationalmuseum 16

Das Musikhistorische Ringve-Nationalmuseum befindet sich rund 3 km außerhalb vom Stadtzentrum in einem der ältesten Herrensitze der Region. Der Nachwelt erhalten sind hier u. a. mehr als 1800 verschiedene Musikinstrumente aus aller Welt, rund 25 000 Manuskripte und Veröffentlichungen sowie Pianola- und Phonographen-Rollen, Schallplatten und andere Tonträger. Auch eine umfangreiche Musikbibliothek ist eingerichtet; präsentiert werden die Exponate in verschiedenen Gebäuden.

Wer sich weniger für Musik, sondern mehr für Natur interessiert, wird den **Botanischen Garten** lieben, der den Herrensitz umgibt. Mehr als 2000 verschiedene Pflanzen prägen das Bild dieser 1973 nach den strengen Vorgaben der englischen ›Park-Etikette‹ eröffneten Anlage. Für Liebhaber von Kräutern bietet sich ein Gang durch den sogenannten Renaissancegarten an, in dem mehr als 120 verschiedene Pflanzen gedeihen, während das Arboretum eine Kollektion der 80 meistvertretenen Baumarten der nördlichen Hemisphäre präsentiert (www.ringve.no, zu erreichen mit Bus Nr. 3 und Nr. 4, Mitte Mai–Mitte Sept. tgl. 11–16, im Hochsommer bis 17 Uhr, sonst nur So 11–16 Uhr, 90 NOK).

### Trøndelag Folkemuseum 17

Das etwas außerhalb nahe den Ruinen der mittelalterlichen Sverre-Burg gelegene **Sverresborg-** oder auch **Trøndelag Folkemuseum** ist ein kulturhistorisches Freilichtmuseum, das mit über 60 traditionellen und aus dem gesamten Trondelag zusammengetragenen Stadthäusern und Herrensitzen, Gehöften und Speicherhäusern eines der größten und sehenswertesten seiner Art in Norwegen ist. Highlight der kulturhistorischen Ausstellung ist die aus dem 12. Jh. stammende **Haltdalen-Stabkirche,** die 1937 aus dem Haltdalen hierhin überführt wurde. Vom Originalinterieur ist zwar nichts mehr bewahrt, aber viele Originalteile der Konstruktion haben sich durch mehr als 800 Jahre erhalten. Des Weiteren laden mehrere feste Ausstellungen ein, u. a. ein Skimuseum, und nicht zuletzt empfiehlt sich ein Besuch in der angrenzenden Vertshuset Taverne (s. S. 341), wo Gerichte nach traditionellen Rezepten serviert werden (www.sverresborg.no, Juni–Aug. tgl. 11–18, sonst Mo–Fr 10–15, Sa/So 12–16 Uhr, 100 NOK).

## Infos

**Visit Trondheim AS:** Munkegt. 19 (nahe Torget), 7411 Trondheim, Tel. 73 80 76 60, www.visittrondheim.no, ganzjährig Mo–Fr 9–16, Sa 10–14, Juni–Aug. Mo–Fr 9–18/20, Sa/So 10–16/18 Uhr. Während der Hochsaison Stadtrundfahrten, Hafen- und Angeltouren; Fahrradverleih.

**Im Internet:** Die Website www.trondheimguide.com führt zu einem (downloadbaren) Stadtführer (auch auf Deutsch).

## Übernachten

Die Preisangaben beziehen sich auf ein Doppelzimmer inkl. Frühstück, in Klammern stehen die Wochenend-/Sommertarife.

Komforthotel am Fluss ▶ **Rica Nidelven Hotel** 1: Havnegaten 1, Tel. 73 56 80 00, www.rica.no. Teilweise in den Fluss Nidelva hineingebautes Hotel mit Restaurant und Bar. DZ ab 2045 NOK (1295 NOK).

Die beste Wahl ▶ **Britannia Hotel** 2: Dronningensgt. 5, Tel. 73 80 08 00, www.britannia.no. Das älteste, charmanteste und eleganteste Hotel der Stadt wurde unlängst komplett renoviert und gilt als ›die‹ Adresse in Trondheim. Dabei relativ günstig, wenn man online bucht. DZ ab 1352 NOK.

Gut & günstig ▶ **City Living Schøller Hotel** 3: Dronningens gt. 26 (nahe Stiftsgården), Tel. 73 87 08 00, www.cityliving.no. Im inneren Stadtzentrum mit sehr geringem Serviceangebot, aber dafür günstigen Preisen. Von außen recht unschöner Block, aber die 50 Zimmer sind alle mit Bad/WC, TV, Kühlschrank und Kaffeekocher ausgestattet und sehr hell gehalten. EZ ab 630 NOK, DZ ab 765 NOK, Apartments ab 1035 NOK.

Jugendherberge ▶ **Vandrerhjem Rosenborg** 4: Weidemannsvn. 41, Tel. 73 87 44 50, www.trondheimvandrerhjem.no. 15 Mi-

## Tipp: Olsok oder die Olavsfestdagene

Jedes Jahr Ende Juli erinnern die ›Olavsfesttage‹, die größte Festivität der Region, an jenen Olav Haraldsson, der zu Beginn des 11. Jh. zum *rex perpetuus Norvegiae,* zum ›ewigen König Norwegens‹, erklärt wurde (s. S. 335). Von den speziellen Gottesdiensten einmal abgesehen, die dann mehrmals tgl. im Dom abgehalten werden, ist die Kathedrale stimmungsvolle Bühne für Dutzende klassischer Konzerte. Aber auch die Anhänger anderer Musikrichtungen kommen auf ihre Kosten; so locken z. B. Abend für Abend zahlreiche Jazzkeller mit anspruchsvoller Unterhaltung. Viele Sonderausstellungen laden zum Besuch in Museen und Galerien, und auf dem Domplatz findet ein prächtig-bunter Mittelaltermarkt mit Jahrmarkt, Reiterspielen, Musik und Tanz statt.

Da die Nachfrage nach Karten enorm ist, sollte man so früh wie möglich bestellen. Das ist problemlos auch online über die Infoseite www.olavsfestdagene.no (auch auf Englisch) möglich; wer Fragen hat, kann sich schriftlich wenden an St. Olavsfestival, Postboks 2045, 7410 Trondheim, Tel. 73 84 14 50, Fax 73 84 14 51.

nuten vom Zentrum entfernter Neubau mit Blick auf Stadt und Fjord, 53 Zimmer mit 1–6 Betten, davon zwölf mit eigener Dusche/WC. Bett 245 NOK, EZ 500 NOK, DZ 660 NOK.

Extrem günstig ▶ **Trondheim InterRail Center** 5: Elgesetergt. 1, Tel. 99 21 59 09 (nur in der Saison), www.tirc.no, nur während der Sommerferien (1. Juli–13. Aug.), der Flughafenbus und der von Bergen kommende Bus stoppen vor dem Haus, ebenso die Stadtbusse Nr. 2, 3, 44, 49, 52 und 63. Von der Trondheimer Studentenvereinigung aufgezogene Schlafsaal-Herberge mit den billigsten Betten der Stadt, entsprechend ist das Haus Treff der Rucksackreisenden und Studenten. Bett 180 NOK inkl. Frühstück.

Camping und Hütten ▶ **Vikhammer Camping** 6: Vikhammer (R950, 14 km vom Stadtzentrum), Tel. 73 97 61 64, www.vikhammer.no, ganzjährig. Naturschön und küstennah an der alten Trasse der E 6 gelegen (Lokalzug bis Vikhammer, auch Lokalbus); gute Ausstattung. Mit großer Zeltwiese (150 NOK), Wohnmobilplätzen (210 NOK), Hütten (500–1350 NOK) und Zimmern (ab 675 NOK). Zum Badeplatz sind es ca. 100 m.

## Essen & Trinken

Intim & elegant ▶ **Britannia Hotel** 1: s. o., tgl. 11–23 Uhr. Die Restaurants dieses Hotels – Palmehavn und Jonathan – gehören zu den besten des Landes, beide besitzen ein elegantes Interieur, aber am angenehmsten speist man im Kellergewölbe des ›Jonathan‹. Vorspeisen liegen hier um 140 NOK, Hauptgerichte um 275–365 NOK; im Palmehavn (tgl. ab 11 Uhr) wird auch Lunch serviert (um 150 NOK).

Für Feinschmecker ▶ **Havfruen** 1: Kjøpmannsgt. 7, Tel. 73 87 40 70, Mo–Sa ab 16 Uhr, So geschl. In einem der alten Speicherhäuser am Nidelv untergebracht, es gilt als das beste und eleganteste Fischrestaurant der Stadt, die Speisekarte wird jeden Monat neu kreiert. Menüs ab 495 NOK.

Gutes Preis-Leistungs-Verhältnis ▶ **Grenaderen** 2: Kongsgårdsgata 1, Tel. 73 51 66 80, www.grenaderen.no, Di–Sa ab 12 Uhr, So ab 13 Uhr. Die Speisekarte bietet traditionelle Gerichte zu moderaten Preisen: Vorspeisen ab 129 NOK, Hauptgerichte ab 242 NOK, sehr günstiges Lunch-Buffet (12–16 Uhr) zu 175 NOK (So 205 NOK).

Nach Omas Rezepten ▶ **Vertshuset Tavern** 17: Sverresborg allé 7, Tel. 73 87 80 70, Mo–Fr 16–24 Uhr, Sa/So ab 14 Uhr. Oberhalb der Stadt beim Trøndelag Folkemuseum gelegenes Haus, das schon seit 1739 als Gasthof fungiert, das besondere Flair ist den niedrigen Stuben und der rustikalen Einrichtung zu verdanken. Bei den Speisen pflegt man die traditionellen Gerichte der Region, sehr empfehlenswert sind die tgl. wechselnden Tagesgerichte (110–175 NOK). A la carte kann man aus Dutzenden Spezialitäten wählen, darunter auch *Rommegrøt* (75 NOK), *Bråttsjø* (Matjesfilet, 190 NOK) oder Rentiersteak (335 NOK), Trondelag-Klöße und Erbsensuppe mit Salzfleisch (270 NOK).

## Einkaufen

Haupteinkaufsstraßen mit unzähligen Geschäften und Boutiquen sind in der Altstadt u. a. die Dronningens-, die Munke- und Nordregt. sowie die davon abzweigenden Straßen.

Gegenwartskunst ▶ **Modern Art Gallery** 1: Olav Tryggvasonsgt., www.modernartgallery.no, Mo–Fr 10–18, Sa bis 16 Uhr. Große Gallerie für Gegenwartskunst (Malerei, Aquarelle, Grafiken, Keramik und Glaskunst).

Schmuck mit Tradition ▶ **Møllers** 2: Munkegt. 3, Mo–Fr 10–17, Sa bis 15 Uhr. Norwegens ältestes Goldschmiedegeschäft (gegründet 1770), untergebracht in einem schönen Holzhaus.

Fisch & Meeresfrüchte ▶ **Ravnkloa Fiskhall** 3: www.ravnkloa.no, Mo–Fr 10–17, Sa bis 16 Uhr. Siehe S. 339.

## Abends & Nachts

Im alten Stil ▶ **Bryggene** 5: Die am Fluss gelegene alte Speicherhauszeile bietet mehrere Cafés und Pubs, in denen man teilweise auch draußen auf schwimmenden Plattformen über dem Fluss sitzen kann.

Tolle Kneipe ▶ **Den Gode Naboen** 1: Øvre Bakklandet 66, Tel. 40 61 88 09, tgl. ab 16 Uhr. An der alten Stadtbrücke gelegener ›In‹-Treff mit dem größten Fassbier-Angebot der Stadt. Im Sommer herrlich zum Draußensitzen auf einer schwimmenden »Bierplattform«.

Populär ▶ **Krambua** 2: Krambugt. 12, Tel. 73 53 52 53. Eines der beliebtesten Abendlokale der Stadt, besonders begehrt sind die 50 Sitzplätze im Weinkeller.

## Termine

Das Touristenbüro gibt einen jährlich aktualisierten Veranstaltungskalender heraus. Es lohnt sich, schon vor der Anreise genauc Informationen abzurufen.

**Nidaros Bluesfestival** (Ende April): www.nidarosbluesfestival.com.

**Trondheim Jazzfestival** (Mai): www.jazzfest.no.

**Olavsfesttage** (Juli/Aug.): www.olavsfestdagene.no (s. Tipp S. 341).

**Trondheim Kammermusikkfestival** (Sept.): www.kamfest.no.

## Verkehr

**Flugzeug:** Der Flughafen liegt 35 km nordöstlich der Stadt in Værnes an der E 6. SAS und Norwegian bedienen von hier aus zahlreiche Strecken innerhalb Norwegens und fliegen u. a. auch nach München, Hamburg und Berlin; Wideroe ist nur für Inlandflüge zuständig. Man fährt mit der Bahn (ca. 40 Min., 63 NOK) oder dem Flughafenbus: zwischen 5 und 21 Uhr (Sa nur bis 17 Uhr) alle 15 Min. (Sa alle 30 Min.), Fahrtdauer ca. 40 Min., 90 NOK. Taxi ab 320 NOK/Pers., 570 NOK/Fahrzeug.

**Bahn:** 4 x tgl. via Dovrefjell und Gudbrandsdal nach Oslo, mindestens 2 x tgl. via Røros nach Oslo, 2 x tgl. bis hinauf nach Bodø.

**Bus:** Verbindungen in alle größeren Orte Sor- und Nord-Trondelags, auch der Bezirk Møre og Romsdal ist gut angebunden. Es gibt Expressbusse nach Oslo via Røros und Gudbrandsdal sowie nach Bergen. Richtung Oslo verkehrt auch ein preiswerter Bus (einfache Strecke ab 100 NOK), Online-Buchung über Lavprisekspressen, Tel. 67 98 04 80, www.lavprisekspressen.no.

**Fähre:** Wer die R 715 von Trondheim aus Richtung Namsos/Kystriksveien nehmen möchte, folge der im Zentrum ausgeschilderten Straße bis zum etwa 10 km westlich gelegenen Flakk, von wo aus 1–2 x stdl. eine Autofähre über den Trondheimsfjord nach Rørvika verkehrt: Fosen Traffiklag, Tel. 73 89 07 00, www.fosennamsos.no.

**Schnellboot:** Verbindungen u. a. mit dem ›Kystekspressen‹ (Tel. 73 89 07 00, www.kystekspressen.no) 2–3 x tgl. nach Kristiansund, außerdem zu den dem Trondheimsfjord vorgelagerten Inseln mit Fosen Traffiklag (s. o.).

Richtung Norden gibt es keine durchgehende Verbindung, erst ab Namsos kann man per Boot weiter nach Norden reisen.
**Hurtigruten:** Die Schiffe legen tgl. um 12 Uhr Richtung Kirkenes ab sowie tgl. um 10 Uhr gen Bergen, der Hurtigrutenkai befindet sich hinter dem Bahnhof am Hafen.
**Mietwagen:** U. a. über Rent a Wreck, Tel. 73 90 70 00, www.rent-a-wreck.no.

**Stadtverkehr:** Im gut ausgeschilderten Zentrum gibt es mehrere Parkhäuser, einen Parkplatz findet man meist auch rund um den Hafen und am Bahnhof. Innerhalb des Zentrums kann man alle Sehenswürdigkeiten zu Fuß erreichen, auch an Taxen herrscht kein Mangel. Ansonsten gibt es ein sehr gut funktionierendes Busnetz, über das man sich bei Trafikanten am Bahnhof informieren kann.

aktiv unterwegs

## Lachsangeln in der ›Königin der Flüsse‹

### Tour-Infos

**Anfahrt:** Grong (▶ K 18), das Zentrum der Lachsangler, liegt rund 200 km nördlich von Trondheim an der E 6; tgl. zahlreiche Bus-/Zugverbindungen ab Trondheim.
**Lachssaison:** Juni–August; Juni bietet die beste Zeit in puncto Durchschnittsgewicht, in der zweiten Saisonhälfte ist der durchschnittliche Fang pro Angler größer.
**Grong Turistinformasjon:** Tel. 74 31 27 00, www.grongfri.no, Mo–Fr 8–15.30 Uhr. Ausführliche Infos zum Thema Lachsangeln, hier kann man auch die *fiskekort* für die verschiedenen Angelplätze erhalten.
**Termin:** Am ersten August-Wochenende lädt das Lachsfestival zum Wettangeln und anderen Veranstaltungen.

Für Lachsangler gibt es in Norwegen kaum ein besseres Revier als den im Norden des Trøndelag verlaufenden Namsen mit seinen Nebenflüssen. Er gilt als eines der lachsreichsten Gewässer von Skandinavien und wurde im 19. Jh. von englischen Sportfischern ›entdeckt‹. Von ihnen stammt der Ausdruck »The Queen of the Rrivers«, und noch heute werden hier jährlich rund 20–25 t Wildlachs von Hobbyanglern gefangen. Aber nicht nur in puncto Fischmenge, sondern auch in puncto Gewicht gebührt dem Namsen ein erster Rang unter den norwegischen Lachsflüssen: 1924 wurde hier ein wahres Monstrum von 31,5 kg Gewicht gefangen. 2011 lag das Durchschnittsgewicht immerhin bei rund 4,2 kg, aber jedes Jahr sind auch ein paar 20-kg-Brocken dabei.

Anfänger versuchen ihr Lachsglück in Grong gerne an den Wasserfällen **Tømmeråsfoss** (am südlichen Ortsrand), **Formofoss** (an der Abzweigung der R 74 von der E 6) sowie **Fiskumfoss** (12 km nördlich Grong an der E 6), wo eine 291 m lange Lachstreppe und ein Lachsaquarium einladen (Juni/Aug tgl. 10–17, Juli bis 18 Uhr, 80 NOK).

Die erfahrenen Fliegenfischer bevorzugen die oft großen Pools des Namsen, wo man von vielen Stellen, die zum Ufer- und Watfischen prädestiniert sind, gut mit dem Überkopfwurf auf Weite und damit zu den Lachsen kommt. Neben den vielen ruhigen Strecken sorgen aber auch einige Stromschnellen und weitere Wasserfälle für vielseitige und abenteuerliche Angelerlebnisse. Alternativ bietet sich das Schleppen mit der Fliege vom Boot aus an, wofür sich professionelle Ruderer anbieten, die ihre Reviere genau kennen und die Angler ins Reich der Riesenlachse bringen.

Wer auch den Spey- oder Unterhandwurf beherrscht, versucht sein Petriglück gern an der **Bjøra,** einem 18 km langen und durchschnittlich 25 m breiten Nebenfluss, der aufgrund seiner Wassertiefe aber nur zum Uferfischen taugt und wegen dichter Bewaldung nicht für Überkopfwürfe geeignet ist.

Rorbue-Hä[illegible]
auf de[illegible]

Kapitel 6

# Nord-Norge

Nord-Norge, bestehend aus den drei Bezirken Nordland, Troms und Finnmark, ist in mancherlei Hinsicht einzigartig. Als das hervorstechendste Merkmal dieses Landesteils gilt bei Touristen wohl die Tatsache, dass hier im Sommer der Tag die Nacht mit einbezieht. Jenseits des Polarkreises geht die Sonne dann innerhalb eines bestimmten Zeitraums bekanntlich nicht unter, weshalb Nordnorwegen auch ›Land der Mitternachtssonne‹ genannt wird.

Weit und einsam, so stellt man sich diesen entlegensten Teil Europas vor, und dass diese beiden nicht selten überstrapazierten Begriffe hier durchaus der Wahrheit entsprechen, zeigt ein Blick in die Statistik: Auf einer Fläche von rund 113 000 km² (zum Vergleich: Österreich 84 000 km²) leben hier weniger Menschen als beispielsweise in Dresden oder Nürnberg, nämlich nur rund 470 000. Teilen sich in Nordland statistisch betrachtet im Durchschnitt noch rund 6,3 Einwohner einen Quadratkilometer, so sind es in der Finnmark nur noch 1,5.

Ist es die Einsamkeit, die man im Urlaub sucht, dann lassen einen diese Zahlen aufhorchen. Ebenso die Tatsache, dass hier – dank des Golfstroms – Sommertemperaturen von 20 °C im Schatten keine Seltenheit sind und die Landschaft das gesamte Spektrum zwischen arktischen Kältesteppen und nahezu südländisch anmutenden Ackerbaugebieten umfasst. Was Norwegen insgesamt an Landschaftsformen eigentümlich ist, das kann man auch hier oben erleben, auf dem ›Dach Europas‹, das am Nordkap endet, der äußersten Spitze unseres Kontinents.

Auf einen Blick

# Nord-Norge

## Sehenswert

**Hammerfest:** Ein Besuch der nördlichsten Stadt der Welt gilt für viele Touristen als ein ›Muss‹ (s. S. 367).

12 **Das Nordkap:** Das ›Ziel der Ziele‹ markiert den nördlichsten auf Erden erreichbaren Straßenpunkt (s. S. 371).

13 **Die Lofoten:** Die ›Alpen im Nordmeer‹ stellen zu allen Jahreszeiten ein Traum-Reiseziel dar (s. S. 398).

14 **Whale Watching:** Die Pottwal-Safaris vor den Vesterålen stehen im Ruf, die besten Wal-Safaris der Welt zu sein – die ›Trefferquote‹ liegt bei etwa 90 % (s. S. 415).

15 **Kautokeino:** Das Zentrum der Bergsamen bietet rund ums Jahr ungewöhnliche Kultureindrücke (s. S. 429).

## Schöne Routen

**Von Trondheim zum Nordkap:** Die ›Via Scandinavia‹ ist die populärste Route in den hohen Norden (s. S. 348).

**Der Kystriksveien:** Der »schönste Küstenweg auf Erden« präsentiert sich als eine 600 km lange ›Traumstraße ins Land der Mitternachtssonne‹ (s. S. 376).

**Die ›Wal-Route‹:** Über die Lofoten und die Vesterålen nach Senja (s. S. 414).

**Die ›Arktische Route‹:** Diese ›Straße in die Einsamkeit‹ führt u. a. an die Gestade der an Russland grenzenden Barents-See (s. S. 426).

# aktiv unterwegs

**Wanderung zum Alta-Canyon:** Diese nicht ganz unbeschwerliche Fjelltour führt über das Plateau der Finnmarksvidda zu der gewaltigen Felskluft des Alta-Canyons – mit 15 km Länge und rund 500 m Tiefe der größte Nordeuropas (s. S. 365)!

**Knivskjellodden – Zu Fuß ans Ende der Welt:** In einer ca. zweistündigen, einfachen Wanderung gelangt man zu dem wahrhaftig nördlichsten Punkt unseres Kontinents (s. S. 375).

**Inselhüpfen mit dem Fahrrad:** Nur beim langsamen Reisen kann die Seele Schritt halten, und die Kombination von Schiff und Rad ist dafür ideal. Ein passende Traumroute finden Radfahrer zwischen Brønnøysund und Sandnessjøen (s. S. 378).

**Aufstieg zum Gipfel des Tromsdalstind:** Die Wanderung zum 1238 m hohen Hausberg Tromsøs stellt zwar hohe Anforderungen an die Kondition, doch wer durchhält, wird mit einem hochalpinen Traumpanorama belohnt (s. S. 423).

**Das Pasviktal – Stippvisite in der Taiga:** Nirgends im Land gibt es mehr Bären und Wölfe als im Pasviktal im Grenzland zu Russland und Finnland (s. S. 436).

# Von Trondheim zum Nordkap

**Die ›Via Scandinavia‹, wie die Europastraße Nr. 6 auch genannt wird, präsentiert dem Reisenden in ihrem rund 1600 km langen Verlauf von der historischen Hauptstadt Norwegens bis zur *finis terrae* wunderschöne Wald-, Fjord- und Bergwelten und führt zugleich an zahlreichen kulturhistorisch bedeutsamen Stätten vorbei.**

Wer über Trondheim hinausfährt, gelangt bald in die Weite und Einsamkeit des hohen Nordens, von der man sich in der dicht besiedelten Mitte Europas kaum eine Vorstellung machen kann. Mehr als 1600 km, die zahlreichen Abstecher nicht mitgerechnet, muss man zurücklegen, um von der früheren Hauptstadt des Nordens zum Nordkap zu gelangen.

Dorthin, zur *finis terrae*, dem nördlichsten per Straße erreichbaren Punkt der Welt, soll die hier skizzierte Haupttouristenroute durch Nordnorwegen führen, und angesichts solch enormer Entfernungen haftet der Reise etwas vom Abenteuer einer Expedition an. Dabei zeigt sich der Entdeckergeist der Touristen nicht nur in Steinschlaggittern vor den Scheinwerfern, Reservekanistern und Ersatzstoßdämpfern auf den Dächern mancher Autos – alles Dinge, auf die man verzichten kann –, sondern man sieht auch immer wieder Fahrzeuge, die mit Aufschriften wie »Nordkap-Expedition« versehen sind oder als Trophäe Rentiergeweihe auf der Stoßstange tragen.

Insbesondere auf der E 6 wird Sommer für Sommer eine ›Nordkap-Ralley‹ gefahren, weshalb die Touristen, die sie benutzen, von manchen verlacht werden. Wer die E 6 nehme, heißt es, fahre an Norwegen vorbei, viele überflüssige Kilometer lang. Viel fahren muss man – zweifellos –, aber auch das kann ja Freude bereiten, und außerdem führt die Europastraße durch Landschaften, wie man sie ähnlich abwechslungsreich nur selten erleben kann.

## Durch Nord-Trøndelag

### Trondheimsfjord ► G–J 19/20

Wir beginnen unsere Fahrt in **Trondheim** 1 (s. S. 335), folgen den Hinweisschildern »Narvik« und gelangen so auf die nach Norden führende Europastraße Nr. 6, die als Autobahn entlang dem Südufer des Trondheimsfjords und vorbei am Flughafen verläuft, der in etwa die Grenze zu Nord-Trondelag markiert. Mit ihrer sanften Mittelgebirgslandschaft, reich an Feldern und Wäldern sowie üppig grünen Wiesen, erinnert die vom Fjord dominierte Region stark an den Süden des Landes. Der größte Teil des vergleichsweise dicht besiedelten Landes ist hier von der Agrarkultur geprägt, angebaut wird überwiegend Getreide, und erst hinter **Steinkjer** 2, dem rund 21 000 Einwohner großen Verwaltungszentrum von Nord-Trondelag, ändert sich die Landschaft wieder.

### Blåfjella-Skjækerfjella- und Lierne-Nationalpark ► J–L 18/19

Die Europastraße führt nun bald an den lang gestreckten und waldumsäumten Snåsavatn heran, von dessen Nordrand aus es nur ein kurzes Stück bis zum **Formofoss** ist, wo der Fluss Sanddola einen über 30 m hohen Wasserfall bildet. Dort zweigt die Reichsstraße 74 Richtung Gäddede (Schweden) ab, über die man innerhalb einer halben Stunde **Sibirien** erreicht. Straßenarbeiter haben einst diesen ausgefallenen Ortsnamen geprägt, und ganz unpassend erscheint er nicht, wenn man die Landschaft an der Grenze zu Schweden betrachtet: Taiga-Wälder mit windzerzausten Bäumen, wildromantischen Schluchten und schroffen Hochfjellzonen.

In dieser menschenleeren Region wurden 2004 die beiden Nationalparks **Blåfjella-Skjækerfjella** 3 (1924 km²) und **Lierne** 4 (333 km²) eingerichtet, die mittlerweile auch das 180 km² große Gebiet des ehemaligen Gressåmoen-Nationalparks mit umfassen. Durch ein Naturreservat verbunden sowie von weiteren Schutzgebieten umgeben, markiert dieses Refugium eines der größten zusammenhängenden Wildnisgebiete Skandinaviens. Eingerichtet wurden die beiden Nationalparks zum Schutz der unberührten Taiga und ihrer Bewohner sowie der subalpinen Birkenwaldregion in dieser Gegend, die durch mehrere Gebirgszüge mit bis zu 1400 m hohen Gipfeln gegliedert wird. Zahlreiche Wanderwege durchschneiden die Schutzgebiete, doch die meisten sind nicht markiert und damit eher den erfahrenen ›Waldläufern‹ vorbehalten. Übernachtungshütten gibt es keine.

### Infos

**Lierne Nasjonalparksenter:** Lierne, 65 km östl. der E 6 an der R 74, www.nasjonalparken.no, ganzjährig Mo–Fr 8–15.30, Sa 11–14 Uhr. Infos über Wanderpfade und Anbieter von Wildnistouren sowie über Flora und Fauna beider Nationalparks.
Hilfreich ist auch die Webseite der Nationalparkverwaltung (www.dirnat.no).

### Verkehr

**Auto:** Die E 6 ist mautpflichtig (drei Zollstationen, zusammen 60 NOK/Pkw).

### Namsdal ► K 17

Nördlich des Snåsavatn verläuft die Europastraße bald ins zunächst tief in die Berge eingeschnittene Namsdal hinein, durch das sich der lachsreiche Namsen seinen Weg bahnt. Mehrere imposante Wasserfälle liegen am Weg, der eindrucksvollste ist sicher der **Fiskumfoss,** 12 km nördlich von Grong (siehe auch aktiv unterwegs S. 343).

Die steilen Talflanken treten bald zurück, tiefe Wälder, in der Ferne von hohen Bergen gerahmt, bestimmen nun die Landschaft. Wer sich mit deren Tierwelt vertraut machen möchte, kann den Namsskogan-Familienpark besuchen, der ein paar Kilometer südlich von **Namsskogan** 5 an der E 6 liegt. Über 200 Tiere, darunter auch die großen Säugetiere des Nordens, sind in diesem insbesondere für Kinder interessanten Freizeitpark zu sehen (Namsskogan Familiepark: www.namsskogan-familiepark.no, 26. Mai–23. Juni und 6.–26. Aug. tgl. 10–18, 24. Juni –5. Aug. tgl. 10–19 Uhr, 240 NOK, Familien 720 NOK).

### Infos

Im Hochsommer lädt ein **Infokiosk beim Namsskogan Familiepark** ein, Tel. 74 33 37 00, die zuständige Website ist www.trondelag.com.

### Verkehr

**Bahn:** Mindestens 2 x tgl. Richtung Bodø und Trondheim.
**Bus:** Verbindungen u. a. mit Grong, Steinkjer, Majavatn, Mo i Rana.

## Zum Polarkreis

Nord-Norges südlichster Teil heißt Nordland. Er ist länger (rund 500 km) und schmaler (an der schmalsten Stelle nur 6,3 km) als alle anderen Bezirke des Landes und umfasst dabei eine Küstenlinie von stolzen 14 000 km. Keine andere Provinz des Königreiches hat einen derart ausgeprägten Küstencharakter, landeinwärts jedoch, wo sich das rund 38 000 km² große Nordland als eine einzige Symphonie in Stein und Eis präsentiert, glaubt man sich schnell mitten in den höchsten Alpen oder Rocky Mountains.

Bei Namsskogan aber ist man noch mitten in der Taiga, und wenig später wird in 290 m Höhe die Grenze zum Bezirk Nordland gequert, was durch einen monumentalen Holzbogen, der die Straße überspannt, deutlich angezeigt wird. Hier, wo auch in etwa der *li-*

# Von Trondheim zum Nordkap

*mes norrlandicus* verläuft (s. S. 21), nimmt Nord-Norge also seinen Anfang, auch wenn die wichtigste Touristenmarke auf dem Weg zum Kap – der Polarkreis – noch rund 280 km auf sich warten lässt.

## Entlang Namsen und Vefsna

**▶ K/L 16/17**

Auf der weiteren Fahrt gen Norden weht Hochgebirgsluft durch das Namsdal, denn mächtig wölben sich baumlose Berge zu beiden Seiten der Straße, die immer wieder durch ausgedehnte Wälder führt und unzählige Seen passiert. Der schönste von allen ist vielleicht der Store Majavatn, der beim gleichnamigen Ort erreicht wird. **Majavatn** 6 ist ein uralter Versammlungsplatz der Samen (s. S. 41) mit einem erhaltenen Lebensmittelspeicher, mehreren Torfhütten *(Kotas)* sowie einer samischen Kirche aus dem Jahre 1915. Viele Namen von Bergen und Seen, insbesondere im Bereich des östlich angrenzenden Borgefjells, verdeutlichen die enge Beziehung der Samen zu dieser Region, und auch heute betreiben im Umland noch mehrere Samenfamilien die Rentierzucht.

Die E 6 steigt nun konstant zum Kappfjell an, dem mit 375 m höchsten Punkt der bisherigen Strecke. Nördlich dieser Landmarke wird der Vefsna-Fluss zum ständigen Begleiter, der sich bei Sefrivatn schäumend durch das Styggdal ergießt, was von der E 6 aus allerdings nicht einsehbar ist (100 m nördlich des Bahnhofs beginnt linker Hand ein zur Schlucht führender Pfad). Der Anblick ist imposant, aber in ihrer ganzen Fülle zeigt sich die geballte Wasserkraft erst am 54 km nördlich gelegenen **Laksfors** 7, wo der Fluss in einer Wolke von Wasserstaub und Gischt in die Tiefe hinabstürzt.

## Børgefjell-Nationalpark

**▶ L 16**

Mit rund 1450 $km^2$ Fläche ist der **Børgefjell-Nationalpark** 8, der sich beiderseits der Grenze zwischen den Distrikten Nord-Trondelag und Nordland erstreckt, einer der größten des Landes. Gegliedert wird das 1970 eingerichtete und zuletzt 2003 erweiterte Schutzgebiet von bis zu 1700 m hohen Bergzügen, zwischen denen sich ausgedehnte Hochebenen spannen. Die Gipfel haben alpinen Charakter, und die Schneelasten, die sie tragen, speisen zahlreiche, zumeist reißende Flüsse. Diese bilden immer wieder Seen und haben sich teils tief in den Boden eingegraben, sodass auch gewaltige Schluchten und Wasserfälle die Landschaft prägen.

## Infos

Infos erhält man im **Touristenbüro Namsskogan** (s. S. 349), beim **Rørvik Fjellstyre** (Tel. 74 33 57 45, www.royrvik-fjellstyre.no) und unter www.dirnat.no/borgefjell.

Über Laksforsen informiert das beim Wasserfall einladende **Laksforsen Turistkafè** (Tel. 41 54 40 93, www.laksfors.no).

## Aktiv

**Angeln ►** Die im Schutzgebiet erforderliche Fiskekort (70 NOK/Tag) erhält man beim Rørvik Fjellstyre (s. o.).

**Wandern ►** Wanderhütten gibt es keine in diesem urwüchsigen Gebiet, auch markierte Wanderwege sucht man vergebens, doch sind über besonders reißende Flüsse Brücken gespannt. Straßen, die bis an den Parkrand reichen, gibt es ebenfalls nicht. Wanderer beginnen ihre Touren üblicherweise in Majavatn (an der E 6), in Kroken (an der R 804, die von der R 73 in Hattfjelldal abzweigt) sowie insbesondere am Namvassgårdan (zu erreichen ab Røyrvik an der R 773), von wo aus man per Boot übersetzt.

## Zum Saltfjell ► K/L 13–15

Das nächste Etappenziel ist die am Vefsnfjord gelegene Industriestadt **Mosjøen** **9**, die dank ihrer Aluminiumhütte und einer Sägemühle von der Straße aus wenig attraktiv wirkt. Ein Abstecher ins Zentrum lohnt sich dennoch, denn die unter Denkmalschutz stehenden Wohn- und Speicherhäuser, Boots- und Lagerschuppen der Sjøgata bilden ein ›lebendes Museum‹. Die Uferstraße umfasst die längste bewahrte zusammenhängende Holzhäuserzeile ganz Nordnorwegens, ein Großteil der Bauten stammt noch aus dem 18. und 19. Jh.

Nördlich von Mosjøen wird das Land wieder zunehmend gebirgiger. In kühnen Schlingen und Kehren mühte sich die Europastraße noch bis ins Jahr 2006 aus der Enge des Tales zum 550 m hohen Korgfjell hinauf. Dann wurde der neue Korgfell-Tunnel eingeweiht, der in seinem 8600 m langen Verlauf das Hochfjell unterquert. Damit ist nun die E 6 zwar um ein Nadelöhr ärmer, die Strecke jedoch um ein Highlight beraubt, denn von der alten Höhenstraße aus umfasste der Blick ringsum die alpinen Welten des 1916 m hohen Okstindan-Gebirges, das sich mit beschneiten Pyramiden und Kegelstümpfen in den Himmel reckt.

Von alldem ist heute von der Straße aus nichts mehr zu sehen, und nur kurze Zeit, dann muss man wieder bis auf Meeresniveau nach **Mo i Rana** 10 hinabfahren. Die Stadt ist der wichtigste Industriestandort Nordnorwegens und bietet im Vergleich eher wenige Reize. So geht es weiter ins **Dunderlandsdal** hinein, das sich zum Saltfjell hin öffnet.

## Svartisen-Gletscher

▶ L 13

Nach einiger Zeit gelangt man nach **Røssvoll/Skonseng.** Am Abzweig zum etwa 24 km entfernten **Svartisen** 11 sollte niemand vorbeifahren, der sich schon einmal gewünscht hat, die Welt so zu erleben, wie sie in ihrer Glazialzeit ausgesehen hat. Der mit rund 370 km² Fläche zweitgrößte Gletscher Skandinaviens windet sich als über 100 m dickes, blaukristallenes Eisband talwärts, bricht über Steilkanten ab und berührt schließlich den milchig grünblauen See Svartisvatn. Vom Ende der Stichstraße verkehrt ein Boot bis nahe an das Eisfeld des Østerdalsisens heran (20 Min.), den letzten Abschnitt, rund 3 km lang, muss man allerdings wandernd bewältigen (www.svartiskongensrike.no, ca. 15. Juni–Ende Aug. zu jeder vollen Std. zwischen 10 und 16 Uhr, 90 NOK/Weg; s. auch S. 389).

## Seter- und Grønligrotte ▶ L 13

Der Gletscherbesuch nimmt ungefähr einen halben Tag in Anspruch, doch da in diesem Gebiet auch das **Marmorslottet** (naturgeschaffene Marmor-Skulpturen in einer Fluss-Schlucht) sowie mehrere Höhlen zu besichtigen sind (an der Straße zum Gletscher ausgeschildert), kann ruhig ein ganzer Tag für den Abstecher einplant werden. Die **Setergrotte** ist eine der größten des Nordens, rund 2,4 km sind bislang erforscht, und im Rahmen von 2-stündigen Führungen geht es durch schmale Passagen und große Hallen hindurch, an Gletschermühlen sowie einem unterirdischen Fluss entlang (www.setergrotta.no, 16. Juni–19. Aug. tgl. um 15, im Juli auch 11.30 Uhr, 290 NOK, Reservierung über Tel. 95 97 44 97).

Die **Grønligrotte** ist die einzige beleuchtete Höhle Skandinaviens, außerdem die meistbesuchte des Landes. Von Mitte Juni bis Mitte August werden zwischen 10 und 18 Uhr zu jeder vollen Stunde Führungen organisiert, die u. a. zu einem unterirdischen Wasserfall führen (www.gronligrotta.no, Tel. 75 13 25 86, 125 NOK).

## Saltfjell-Svartisen-Nationalpark

▶ L/M 12/13

Der **Saltfjell-Svartisen-Nationalpark** 12, der Anfang der 1990er-Jahre eingerichtet wurde, ist mit einer Fläche von über 2100 km² einer der größten des Landes und umfasst, grob gesagt, das gesamte Bergland zwischen Mo i Rana im Süden und Fauske im Norden. Im Osten reicht er bis an Schweden heran, im Westen bildet das Meer seine Grenze. Unter Schutz gestellt wurde dieses Gebiet hauptsächlich, weil es ein typisches Beispiel der unberührten Nordland-Landschaft mit ihrer charakteristischen Flora und Fauna darstellt. Es umfasst gewaltige ›Urstromtäler‹ ebenso wie unzählige Schluchten, Höhlen und Wasserfälle. Von ausgedehnten Hochplateaus aus blickt man hinunter in waldreiche Täler und hinauf auf die strahlend weiße Eishaube des Svartisen-Gletschers, der sich im Westen bis an den Kystriksveien nahe dem Meer erstreckt. In den verschiedenen Regionen ist das gesamte Spektrum der Flora zwischen Taiga und Oreal anzutreffen, und die reiche Tierwelt ist ein Spiegelbild dieser Vielfalt.

Auch die touristische Infrastruktur kann man nur mit einem Superlativ beschreiben, denn von allen Parks Nordnorwegens ist dieser vielleicht am besten erschlossen. Hunderte Kilometer markierter Wanderwege in allen Schwierigkeitsgraden führen durch die spektakuläre Landschaft, auch Übernachtungshütten finden sich in großer Zahl.

## Infos

Informationen bietet die Website www.dirnat.no/saltfjellet und das Nordland-Nationalparkzentrum (s. S. 354).

## Am Polarkreis ▶ M 13

Die E 6 führt aus dem grünen Tal heraus in die baumlose, felsige Öde des Saltfjells, die unserer Vorstellung von Weite und Einsamkeit neue Dimensionen eröffnet. Polare Dimen-

**Als dickes, blaukristallenes Eisband windet sich der Svartisen-Gletscher talabwärts**

sionen – so darf man mit Fug und Recht behaupten, denn inmitten dieser Gegend aus Tundrasteppen, platt gehobelten Bergrücken und Wasserläufen, die silbrig blitzende Schleifen ins Gelände zeichnen, trennt eine unsichtbare Linie die gemäßigte Zone von der polaren und, in touristischer Hinsicht, die ›echten Nordlandfahrer‹ von den ›Normalurlaubern‹ …

**Polarkreis** 13 wird diese magische Schwelle genannt, die – um genau zu sein – bei 66° 33' 51" nördlicher Breite verläuft und der an der E 6 ein im Dienste der Vermarktung stehendes Denkmal gesetzt wurde, das **Polarkreiszentrum.** Das einer Samenhütte nachempfundene Gebäude ist wirklich gelungen, und die meisten Besucher sehen es den Betreibern nach, dass im Café und in der Souvenirabteilung teilweise völlig überzogene Preise verlangt werden. Auch das Polarkreiszertifikat, das man erwerben kann, ist überteuert, nur die Briefmarken des angeschlossenen Sonderpostamtes kosten dasselbe wie üblich. Sehenswert ist vor allem die Multivisionsshow ›Nord-Norge‹ (Polar Sirkelsenteret: www.polarsirkelsenteret.no, 20. Mai–1. Sept. tgl. 8–22 Uhr, 50 NOK Eintritt für die Multivisionsshow).

Ganz in der Nähe stehen die Polarkreissäule sowie ein Gedenkstein zu Ehren der jugoslawischen Kriegsgefangenen, die auf dem Saltfjell zwischen 1942 und 1945 unter der Fron der Deutschen ihr Leben ließen. Solche Mahnmale wird man auf dem Weg nach Norden noch oft passieren, denn nicht nur die das Fjell querende Nordlandbahn, sondern auch große Teile der heutigen Europastraße wurden seinerzeit mit dem Blut Tausender Kriegsgefangener erbaut, weshalb sie, sogar offiziell, abschnittsweise auch den Namen ›Blutstraße‹ trägt.

## Infos

**Helgeland Reiseliv:** Austerbygdveien 20, 8657 Mosjøen, Tel. 75 01 80 00, www.visithelgeland.com, ganzjährig. Für die Binnenregion Nordlands von der Südgrenze bis einschließlich Korgfjell zuständig.

**Polarsirkelen Reiseliv:** O. T. Olsensgt 3, 8602 Mo i Rana, Tel. 75 13 92 00, www.visit

helgeland.com, ganzjährig. Für die gesamte Region zwischen dem Korg- und Saltfjell.

## Saltdal

### Junkerdal-Nationalpark

► M/N 12

Der über unzählige Felsterrassen talwärts stürzende Lonselv ist ständiger Begleiter auf dem steilen Weg vom 707 m hohen Saltfjell hinab ins fast auf Meeresniveau gelegene Saltdal. Wo es sich öffnet, zweigt rechter Hand die R 77 nach Arjeplog in Schweden ab. Auch sie ist eine Traumstraße, und zumindest für 10 km, bis zum Junkerdal Turistsenter, sollte man ihr einmal folgen, denn von dort aus genießt man, blickt man zurück, ein eindrückliches Panorama auf den 1561 m hohen Solvågtind, der mit seiner Monolithform sofort ins Auge fällt. Er erhebt sich im Zentrum des 2004 eingerichteten und 682 $km^2$ großen **Junkerdal-Nationalparks** 14, der den größten Teil des Junkerdals bis hin zur schwedischen Grenze mit umfasst und deswegen unter Schutz gestellt wurde, da das gesamte Tal sowie das umgebende Bergland Heimat höchst seltener Pflanzen ist. Die Landschaft sowie die Tierwelt präsentieren sich ähnlich wie im angrenzenden Saltfjell-Svartisen-Nationalpark (s. o.), und die Infrastruktur ist mit markierten Wanderwegen und Übernachtungshütten vorbildlich.

### Infos

Beste Infoquelle für dieses Schutzgebiet ist neben dem Internet (www.dirnat.no/junkerdal) das Nordland-Nationalparkzentrum.

### Nordland-Nationalparkzentrum

► M 12

Nur ein kurzes Fahrstück nördlich der Abbiegung Richtung Junkerdal führt die E 6 zum Saltdal Turistsenter mit dem benachbarten **Nordland-Nationalparkzentrum** 15. Die Einrichtung wurde 2005 eröffnet und informiert anhand von Dauer- und Sonderausstellungen, Filmen und Bildern vorbildlich über alle Nationalparks und sonstigen Schutzgebiete Nordlands. Darüber hinaus erfährt man Interessantes über die Kultur der Samen. Der angeschlossene botanische Garten zeigt die Vielfalt der Pflanzen im Gebirge, und nicht zuletzt ist das architektonisch ausgefallene, nämlich kreisrunde Zentrum idealer Ausgangspunkt für Wanderungen in die nahe gelegenen Nationalparks Junkerdal und Saltfjellet-Svartisen (Nordland nasjonalparksenter: www.nordlandnasjonalparksenter.no, Mai–15. Juni und Sept. Mo–Fr 10–16, 16. Juni–19. Aug. tgl. 10–18, 20. Aug.–1. Sept. tgl. 10–16 Uhr, 60 NOK).

Auf keinen Fall versäumen sollte man einen Spaziergang durch das vom Saltdal Turistsenter (s. u.) aus zugängliche **Junkerdalsura-Naturreservat,** eine über eine Hängebrücke zu erreichende Klamm von mehreren Kilometern Länge, die in ihrer Urwüchsigkeit kaum zu überbieten ist. Sie sieht genauso aus, wie man sich als Kind wohl Rübezahls Reich vorgestellt hat; beträgt ihre durchschnittliche Tiefe etwa 800 m, so ihre Breite um 20–50 m, wobei ihr Felsbett völlig vom wild tosenden und über Katarakte schäumenden Junkerdalselv ausgefüllt wird. Neben der Klamm ist eine schmale Trasse in den Fels geschlagen, ihr folgt der Wanderweg (bis 1958 verlief hier entlang sogar die Straße nach Arjeplog/Schweden).

### Nach Rognan ► M 11

Das Saltdal selbst, durch das es nun weiter Richtung Norden geht, gefällt mit tiefen Wäldern und alten Gehöften auf weiten Wiesen, wovon man entlang der 1994 fertig gestellten neuen Trasse der E 6 allerdings nicht gar so viel zu sehen bekommt. Dafür entschädigen zahlreiche großzügig angelegte Rastplätze und hinter dem Abzweig nach **Rognan** 16 herrliche Ausblicke auf die Wasserweite des von Felsmassiven umgebenen Saltfjords. Nahe Rognan befindet sich das an der E 6 ausgeschilderte sogenannte **Blutweg-Museum,** das dem Alltag der Kriegsgefangenen unter dem Kommando der Wehrmacht in den Jahren 1942–45 gewidmet ist (Blodveimuseet: www.saltenmuseum.no, 18. Juni–14. Aug. tgl. 11–17 Uhr, 40 NOK).

## Infos

Unter www.saltdal.kommune.no kann man eine umfangreiche Broschüre downloaden; auch auf Deutsch.

## Übernachten

Komfortabel ▶ **Norlandia Rognan Hotel:** Rognan, Tel. 75 69 00 11, www.rognanhotell.no. 1993 eröffnetes Mittelklassehotel in zentraler, aber ruhiger Lage am Fjord, 2 km abseits der E 6. DZ 1490 NOK.

Zimmer & Hütten ▶ **Saltdal Turistsenter:** Røkland, Tel. 75 68 24 50, www.saltdal-turistsenter.no. Neben dem neuen Nationalparkzentrum gelegene Ferienanlage mit Blockhütten (990 NOK), Campinghütten (410 NOK) und Zimmern (1400 NOK für 2 Pers. inkl. Frühstück).

## Aktiv

Outdoor-Abenteuer ▶ **67°Nord:** Sundby, Rognan, Tel. 90 66 70 67, www.67nord.no. **Raftingtouren** und **Riverboarding** auf dem Saltdalselva, außerdem **Höhlentouren** und **Bergwanderungen, Klettertrips,** im Winter **Hundeschlittenfahrten** und anderes mehr.

Wanderungen ▶ Der Bodø-Wanderverein (Tel. 75 52 14 13, www.bot.no) organisiert im Sommer geführte Wanderungen ab dem Saltdal sowie auch im Junkerdal- und im Saltfjell-Svartisen-Nationalpark.

## Verkehr

**Bahn:** Ab Rognan 2 x tgl. Richtung Trondheim und Bodø.

**Bus:** Verbindungen bestehen ab Rognan und dem Saltdal Turistsenter mehrmals tgl. Richtung Mo i Rana und Richtung Fauske.

# Entlang der ›Wespentaille‹ Norwegens

Hoch über dem Saltfjord verläuft ab Rognan die Europastraße, ein Panorama ist reicher noch als das andere, und so kommt man nach **Fauske** 17, dem steril wirkenden Verwaltungszentrum der Region. Man fährt hindurch und folgt entweder der R 80 nach Bodø (Endpunkt des Kystriksveien, s. S. 392, und Fährstation für die Lofoten) oder weiterhin der E 6, die an den Marmorbrüchen von Fauske vorbei – der hier abgebaute Marmor wurde u. a. zur Verkleidung des UN-Gebäudes in New York verwendet – von nun an bis hinauf nach Narvik durch steiles Bergland führt, das von den titanischen Kräften des Eises zu einem bizarren ›Skulpturenpark‹ geformt wurde. Als eine einzige Festung voll mythischer Gestalten präsentiert sich dieser 244 km lange Streckenabschnitt; wer hier je bei grauem Zwielicht oder gar im Winter unterwegs war, der weiß, warum die Nordländer diesen Teil der Europastraße, der Dutzende Tunnel besitzt, auch scherzhaft als ›längste Geisterbahn der Welt‹ bezeichnen.

## Rago-Nationalpark ▶ N 11

Rund 26 km hinter Fauske passiert man bei Tengselbro die zum **Rago-Nationalpark** 18 (www.dirnat.no/rago) ausgeschilderte Straße, die nach 6 km in Laksholа endet. Von dort führt ein Wanderweg zur 7 km entfernten **Storskogvasshytta** mitten im 171 km² großen Schutzgebiet. Diese Übernachtungshütte steht allen Wanderern offen, am nahen See liegen außerdem zwei Ruderboote bereit. Von dort aus erreicht man nach 8 km eine andere kleine Übernachtungshütte (Ragohytta).

Diese Tour bietet einen faszinierenden Querschnitt durch die unberührte Nordland-Landschaft. Um sie zu erhalten, wurde 1971 das Schutzgebiet ausgewiesen: Wasserfälle, Schluchten und Klammen, Seengebiete, Wildflüsse und Kiefern-Urwälder, aber auch monumentale Karlinge und Gletscher prägen diese Region, die im Osten an die großen schwedischen Nationalparks Stora Sjöfallet, Sarek und Padjelanta grenzt und eine reiche Tierwelt aufweist: Elche und Rentiere, aber auch Vielfraße und Luchse kommen vor, selbst Bären und Wölfe sollen schon gesichtet worden sein.

## Nach Narvik ▶ N/O 8–10

Im weiteren Verlauf führt die E 6 nun durch ihren vielleicht spektakulärsten Abschnitt überhaupt, der sich bis zum rund 65 km entfernten **Kråkmo** hinzieht. Die winzige Ortschaft besteht aus kaum mehr als dem Einödhof, in dem einst Knut Hamsun literarisch tätig war. Der Berg über dem Ort, der 924 m hohe Kråkmotind, erinnert an einen biblischen Riesen; für die Samen hatte er früher eine kultische Bedeutung, befand sich doch auf ihm ein Opferplatz. Auch Felszeichnungen *(helleristninger)* finden sich an vielen Stellen, die Bilder beim 16 km entfernten Ort **Tømmerneset** sollen (je nach Schätzung) zwischen 4000 und 8000 Jahre alt sein.

An Fjorden und Seen entlang erreicht man schließlich den Ulsvågskaret. Von hier aus reicht der Blick über den Vestfjord hinweg bis zu den Lofoten hinüber, wohin man ab **Ulsvåg** 19 am Fuße des Passes abbiegen kann: Die R 81 führt über die Insel Hamarøy, wo Knut Hamsun seine Jugend verbrachte. Am Weg liegt auch das **Hamsun-Senteret,** das 2009 nach vierjähriger Bauzeit eröffnet wurde und umfassend über den Dichter (s. S. 52) informiert (www.hamsunsenteret.no, Juni–Mitte Aug. tgl. 11–18, sonst Di–Fr 10–15, Sa/So 11–17 Uhr, 90 NOK). Alljährlich ab dem 4. August laden hier die Hamsun-Tage ein, ein fünftägiges Volksfest für jung und alt (Informationen über www.knuthamsun.no).

Endstation der R 81 ist der Fährhafen **Skutvik,** von wo aus es im Sommer tgl. bis zu zwölf Verbindungen nach Svolvær (Lofoten) gibt. Auch auf der folgenden Strecke entlang der Europastraße setzt die sogenannte Lofotenwand imposante Akzente, und während der Fährfahrt über den Tysfjord von **Bognes nach Skarberget** (rund 24 Verbindungen rund um die Uhr, 25 Min.) kann man das Panorama noch einmal in aller Ruhe genießen.

2 km weiter hat die E 6 bereits wieder 255 Höhenmeter bewältigt. Vom Skjellesvikskaret aus fällt der Blick auf eine von glazialen Erosionsformen geprägte Bergwelt. Felsskulpturen mit Türmen, Spitzen und Buckeln, Tropfen und Stümpfen bestimmen das Bild, das im Nordwesten vom Eidetind (846 m), im Osten vom Kuglhornet (979 m) und im Süden vom markanten Stortind (783 m) umrahmt wird. Durch solch bizarre Landschaft hindurch verläuft nun die Straße via Efjord und Ballangen nach Narvik.

### Infos

Zuständig ist **Reiseliv i Hamsuns Rike** (8294 Hamarøy, Tel. 95 87 63 06, www.hamsuns-rike.no) sowie die Hauptzentrale des Nordland-Tourismus:

**NordNorsk Reiseliv AS:** Storgata 4 A, 8006 Bodø, Tel. 90 17 75 00, www.nordnorge.com.

## Narvik ▸ O 8

Noch vor wenig mehr als 100 Jahren ein unbedeutendes Fischerdorf, ist **Narvik** 20 heute eine Stadt aus Stein und Beton, wodurch es sich wesentlich von den meisten anderen norwegischen Orten unterscheidet. Seine Geschichte begann mit dem Bau der 1902 eröffneten Erzbahn, mit deren Hilfe das Erz von Kiruna und Gällivare in Schweden hierher an einen eisfreien Hafen gebracht werden konnte. Seitdem bildet die Verschiffung des Erzes die ökonomische Grundlage der rund 14 000 Einwohner zahlenden Stadt.

### Die Erzverladeanlage

Die Erzverladeanlage ist die weltweit größte und modernste ihrer Art und hat eine Kapazität von bis zu 11 000 t stündlich. Rund 15 Mio. t Eisenerz werden jährlich auf über 1000 Schiffe verteilt, die vollautomatische Anlage kann Schiffe bis zu 350 000 BRT Größe beladen (LKAB: im Sommer tgl. Führungen, 180 NOK, Infos über Tel. 76 96 56 00). Die wichtige Ressource Eisenerz war es auch, worauf die Nationalsozialisten aus waren, als das Kriegsministerium am 9. April 1940 ein Expeditionskorps unter General Dietl hierher entsandte, das Narvik angriff und einnahm. Kurze Zeit später, am 28. Mai, gelang es den Alliierten allerdings, die Stadt wieder zurückzuerobern. Dies war die erste größere Niederlage Hitler-Deutschlands, und der Ausspruch »Look to Narvik« ging als Hoffnungsbotschaft um die Welt. Aber nicht für lange Zeit, denn die Situation der Alliierten an der Westfront war mittlerweile katastrophal geworden: Man konnte keine großen Streitkräfte mehr in Narvik belassen, und nur 14 Tage später wurde die Stadt aufgegeben. Nun konnten die Deutschen, die sich auf das Bjørnfjell zurückgezogen hatten, kampflos einziehen.

## Weitere Sehenswürdigkeiten

Fünf Jahre währte die deutsche Herrschaft, während derer Narvik in Schutt und Asche gelegt wurde. Wer sich über diese Ereignisse informieren will, findet dazu im **Kriegsgedenkmuseum** Gelegenheit, das vom Roten Kreuz eingerichtet wurde und ein historisch ausgewogenes Bild jener Zeit vermittelt (Krigsminnemuseet: www.warmuseum.no, 6. Juni–21. Aug. Mo–Sa 10–21, So 12–18, 25. April–5. Juni und 22. Aug.–11. Sept. Mo–Sa 10–16, So ab 12, sonst Mo–Fr 11–15 Uhr, 75 NOK).

Schräg gegenüber, auf der anderen Seite der E 6, findet sich eines der meistfotografierten Motive im hohen Norden: ein übergroßer **Wegweiser,** der u. a. zur Kenntnis bringt, dass der Nordpol von hier aus 2420 km entfernt ist, Hamburg 2007 km, Rom 3719 km …

Hier, wo es im Sommer von Besuchern nur so wimmelt, gibt sich Narvik ein wenig urban, laden Restaurants und Straßencafés zu einem Besuch ein. Aber der Verkehr dröhnt, und auch die Erzverladeanlage tut das ihrige dazu, den Stadtbummel nicht in die Länge ziehen zu wollen. Wesentlich relaxter und ungleich schöner sitzt man im Restaurant (mit Panoramabalkon) auf dem **Fagernesfjell,** 650 m über der Stadt. Eine 1000 m lange **Seilbahn** führt innerhalb von 13 Minuten hinauf in die luftige Höhe, von der aus der Blick auf Narvik, die gigantische Erzverladeanlage, den Ofotfjord und die Bergwelt faszinierend schön ist (Fjellheisen: www.narvikfjellet.no, Tel. 76 94 16 05, Juni–Mitte Sept. tgl. 13–21, im Juli bis 1 Uhr, 110 NOK).

## Infos

**Destination Narvik:** Stasjonsveien 1 (Bahnhof), 8515 Narvik, Tel. 76 96 56 00, www.destinationnarvik.com, ganzjährig. Das Büro organisiert auch Wanderungen, Angel-, Bootssowie Besichtigungstouren.

**Ein beliebtes Fotomotiv: Der Wegweiser in Narvik**

## Übernachten

Ein Highlight ▶ **Rica Hotel Narvik:** Kongensgate 33, Tel. 76 96 14 00, www.rica.no. Das 2012 eröffnete Hotel präsentiert sich als ein Glaspalast und beeindruckt mit reichem Panorama ebenso wie mit höchstem Komfort; Restaurant und Bar sind angeschlossen. Das 18-stöckige Hotel gehört zu den höchsten Gebäuden von Nord-Skandinavien. DZ Sommer/Wochenenden ab 1245 NOK, sonst ab 1645 NOK.

Panorama-Pension ▶ **Breidablikk Gjestgiveri:** Tore Hundsgt. 41, Tel. 76 94 14 18, www.breidablikk.no. Rund fünf Gehminuten vom Busstopp/Zentrum aus am Hang über der Stadt gelegene Pension mit sehr schöner Aussicht von der Veranda sowie von den meisten Zimmern aus, die 2008 komplett renoviert wurden und nun modern und zweckmäßig eingerichtet sind. DZ 1150 NOK inkl. einem opulenten Frühstückbuffet.

Backpacker-Treff ▶ **Spor1 Gjestegård:** Brugata 2a, Tel. 76 94 60 20, www.spor1.no. Zentrumsnahe Herberge in einer ehemaligen Bahnstation. Die Zimmer (mit Gemeinschafts-Bad/WC) sind einfach, bieten aber einen guten Gegenwert für den Preis. Voll ausgestattete Gästeküche, Sauna, Aufenthaltsraum mit TV, WLAN, schöner Garten. DZ 600 NOK, Betten zu 300 NOK.

Ohne Alternative ▶ **Narvik Camping:** nördlich der Stadt, Tel. 76 94 58 10, www.narvikcamping.com, ganzjährig. An der E 6 über dem Fjord gelegen, daher recht laut, einfache, während der Hochsaison oft unzureichende sanitäre Einrichtungen, kaum Stellplätze (120 NOK) für Zelte, aber 32 empfehlenswerte Hütten (300–850 NOK); außerdem Sauna, Minigolf und Bootsverleih.

## Essen & Trinken

Gutbürgerlich ▶ **Astrupkjelleren:** Kinobakken 1, Tel. 76 96 04 02. Rustikal-gemütliches Kellerlokal mit historischen Stadtfotos, gute, günstige Tagesgerichte, abends beliebter Treffpunkt.

**Der Ofotfjord nördlich von Narvik**

## Aktiv

**Wandern ▶** Die Wandermöglichkeiten im Umland von Narvik sind schier grenzenlos, die beliebtesten Routen führen ins Bjørnfjell hinauf (Grenzland zu Schweden), von wo aus Anschluss an die schwedischen Fernwanderwege besteht (u. a. Kungsleden), weitere (Hochgebirgs-)Routen, teilweise ebenfalls markiert, nehmen an der Bergstation des Fjellheisen (Seilbahn) ihren Anfang. Über alle Möglichkeiten informiert das Touristenbüro.

**Aktivitäten rund ums Jahr ▶** Die Infostelle beantwortet sämtliche Fragen zu **Fjord- und Angeltouren,** Fahrten mit der **Erzbahn** aufs Bjørnfjell, **Drachen- und Gleitschirmfliegen** (auch Tandem), **Grotten-** und **Klettertouren** sowie **Schwertwal-Safaris** (Okt./Nov.), **Seekajak-Verleih** und **Winteraktivitäten** (u. a. Ski-Trecks, Hundeschlitten- und Schneescooter-Touren).

**Wracktauchen ▶** Seit das Tauchverbot im Fjord in der Nähe der 46 auf Grund liegenden deutschen Kriegsschiffe aufgehoben wurde, gilt Narvik als einer der weltweit besten Spots. Autorisierte Tauchführer stehen zur Verfügung. Infos über das Touristenbüro.

## Verkehr

**Flugzeug:** Vom auf halber Strecke nach Harstad gelegenen Evenes-Flughafen aus (an der E 10 Richtung Lofoten) bedienen SAS und Widerøe die Routen nach Tromsø, Oslo, Trondheim sowie innerhalb Nordland, Norwegian Air fliegt günstig nach Oslo, Bergen und Stavanger. Es gibt einen Flughafentransfer (www.flybussen.no, 70 Min., 220 NOK).

**Bahn:** Narvik ist per Schiene nur mit Schweden verbunden, tgl. gibt es zwei kostengünstige Verbindungen via Abisko (Start des Kungsleden) und Kiruna nach Stockholm (320 NOK; Infos über Tel. 0046 771 75 75 75, www.sj.se). Weitere Züge sind tgl. auf der Strecke Richtung Kiruna im Einsatz, Infos über die NSB (Tel. 81 50 08 88), wo man auch alle Tickets kaufen kann. – Der Bahnhof liegt wenige Gehminuten außerhalb des Zentrums (Richtung Norden).

**Bus:** Verbindungen mehrmals tgl. mit Fauske (Nordpunkt der durch Norwegen führenden Eisenbahnstrecke) und Tromsø, außerdem auf die Vesterålen (u. a. Sortland, Harstad) und die Lofoten (bis hinunter nach Å).

# Von Narvik nach Alta

**▶ O–S 4–8**

Wenige Kilometer nördlich von Narvik wird die Abzweigung der E 10 nach Schweden (Abisko, Kiruna) passiert, und entlang dem Ofotfjord geht es weiter nach **Bjerkvik** **21**, wo die E 10 in Richtung Vesterålen (s. S. 414) und Lofoten (s. S. 398) abzweigt. Die E 6 hingegen steigt nun steil bis auf 330 m an, und von der Höhe aus, die auch gleichzeitig die Grenze zwischen Nordland und Troms markiert, genießt man rückblickend ein weites Panorama über den Ofotfjord hinweg auf Narvik und die hinter der Stadt aufragenden, teils vergletscherten Berge.

Vorbei an der Gratangen-Turiststasjon steigt der Weg bis zum unwirtlichen Bykkemyra-Pass wiederum auf 428 m Höhe an. Jenseits dieser Landmarke öffnet sich das waldgesäumte Bardudal. Hauptsehenswürdigkeit ist hier der **Polar-Zoo,** in dem Bären und Wölfe, Luchse und Vielfraße, Elche, Rentiere, Moschusochsen und andere arktische Arten in natürlicher Umgebung zu beobachten sind (www.polarzoo.no, Salangsdalen, Tel. 77 18 66 30, Juni–Aug. tgl. 9–18, sonst Mo–Fr 9–16, Sa/So 11–15 Uhr, 215 NOK, Familienticket 600 NOK, tgl. um 13 Uhr Fütterung der Raubtiere).

Zentrum der Region ist der 25 km weiter erreichte Ort **Setermoen** 22 (2400 Einwohner). Er ist einer der wichtigsten militärischen Standorte in Norwegen, und angesichts des Stadtbildes kommt man kaum umhin, die ›gute alte Zeit‹ zu preisen, über die im **Freilichtmuseum Bardu Bygdetun** informiert wird (25. Juni–15. Aug. Di–So 11–17 Uhr, 70 NOK).

Je weiter man dem Tal nach Norden folgt, desto schöner wird es und desto dramatischer präsentieren sich die das Tal flankierenden Berge, von denen der 1490 m hohe Istindan mit seiner Gletscherkrone der imposanteste ist. Den schönsten Ausblick auf das blauweiß schimmernde Eisfeld genießt man vom **Målselvfoss** aus, zu dem die R 87 führt. 3 km sind es von der E 6 bei Elverum bis zu dieser gewaltigen Stromschnelle, die rund 600 m lang ist und sich über Dutzende Katarakte ergießt. Ein Panoramapfad führt nahe an die tosenden Wasser heran, auch Europas längste Lachsleiter ist hier zu bestaunen (450 m), der Fluss selbst wird als hervorragendes Lachsgewässer gepriesen.

Die R 87 führt in ihrem weiteren Verlauf am Øvre-Dividal-Nationalpark (s. u.) vorbei und bietet sich als Alternative zur E 6 an, in die sie nach 78 km hinter **Nordkjosbotn** 23 am Weg nach Alta wieder einmündet. Große Wälder erstrecken sich beiderseits dieser Route, und nur wer **Tromsø** 24 besuchen will (s. S. 416), sollte ab Elverum der nun relativ stark befahrenen Europastraße den Vorzug geben.

## Infos

**Visit Bardu BA:** Postboks 160, 9365 Bardu, Tel. 90 97 56 30, www.visitbardu.no (Infokiosk auch im Bardu Bygdetun): nur Mitte Juni–Mitte Aug. Mo–Fr 10–16 Uhr, Sa bis 15 Uhr, für den Großraum zuständig.

## Aktiv

Outdoor-Zentrum ▶ **Huskyfarm Innset:** Bjørn Klauer: Innset (in Setermoen auf die R 847 abbiegen), 9250 Bardu, www.husky-adventure.com, ganzjährig. In unberührter Natur gelegene Anlage, in der man auch übernachten kann (Bett ab 220 NOK). Ab hier kann man zahlreiche **Wanderungen** unternehmen, auch geführt; im Winter organisiert Bjørn Klauer (er spricht auch deutsch) die wohl anspruchsvollsten **Hundeschlittentouren** Lapplands, auch Hundeschlittenkurse. **Schlittschuh-, Kanu-, Fahrrad-** und **Zeltverleih** sowie **Ausritte** sind im Angebot, des weiteren Abenteuerausflüge für Familien.

## Abstecher zum Øvre-Dividal-Nationalpark ▶ Q 7/8

Das 770 km² große Schutzgebiet des **Øvre-Dividal-Nationalparks** 25 besteht im Wesentlichen aus Hochebenen, die sich bis zum Horizont erstrecken und von bis zu 1700 m hohen Buckelbergen und Karlingen überragt werden. Sie sind durchzogen von tiefen Schluchten, die sich ein ums andere Mal in breite Taltröge öffnen, in denen sich uralte Wälder mit teilweise jahrhundertealten Kiefern erstrecken. Als Norwegens ›wildeste Wildnis‹ gilt dieser wahre Urwald, der bis an Schweden grenzt. Luchs, Vielfraß, Elch und Auerhahn sind in dieser Gegend noch zu Hause, auch die Vogelwelt ist reich vertreten. Zudem ist die Region angestammter Platz der Samen (s. S. 41, 432), die die Weidegründe der Dividal-Hochebenen schon seit vielen Jahrhunderten nutzen und deren Rechte durch die Einrichtung des Parks nicht beeinträchtigt wurden.

Øvre Dividal – das ist das ›Gelobte Land‹ für den Wandertouristen, denn der durch das Schutzgebiet führende ›Grenzpfad von Troms‹ ist gut markiert, teils sogar regelrecht ausgebaut und wurde so angelegt, dass er auch von relativ unerfahrenen Wanderern mit einem Minimum an Ausrüstung begangen werden kann; in bequem zu bewältigenden Abständen stehen zudem Übernachtungshütten zur Verfügung.

## Infos

Informationen erhält man in Tromsø (s. S. 416) und bei der Touristeninformation in Setermoen (s. S. 360), außerdem über www.dirnat.no.

## Entlang dem Lyngenfjord

► Q 6

Über die E 6 ist es von **Nordkjosbotn** aus nur ein kurzes Stück bis an den Südarm des Lyngenfjords, an dem entlang nun für die nächsten 100 km die Fahrt verläuft. Das sind über 100 km ›Alpenpanorama‹, denn jenseits der lang gestreckten Wasserstraße bildet die teilweise vergletscherte Kette der zerklüfteten **Lyngen-Alpen** die großartige Kulisse. Bis über 1800 m hoch und oft nahezu senkrecht ragen die Berge hier aus dem Meer, eine Landschaft von solch ursprünglicher Schönheit, dass alle Superlative nicht ausreichen. Nachts übrigens, wenn der Himmel orangefarben strahlt und die Berge eine Komposition aus Rot und violetten Schatten bilden, sind die Eindrücke noch einmal um ein Vielfaches spektakulärer.

Großzügig angelegte Rastplätze finden sich an dieser Strecke in großer Zahl, auch an Campingplätzen sowie Hüttenvermietungen herrscht kein Mangel. Insbesondere in **Skibotn** 26, wo die E 8 zum 50 km entfernten, von Kilpisjärvi aus erreichbaren **Dreiländereck** (Norwegen, Schweden und Finnland) abzweigt, ist alles auf die Bedürfnisse der Touristen abgestimmt.

## Abstecher zum Reisadal-Nationalpark ► R/S 5/6

Bei Rotsund verlassen wir den Lyngenfjord, um zum Reisafjord zu wechseln, und kommen bald zum 1700 Einwohner zählenden Städtchen **Storslett** 27, in dem sowohl Finnisch und Samisch als auch Norwegisch gesprochen wird. Neben dem Fischfang und der Landwirtschaft spielt hier der Fremdenverkehr eine große Rolle. Es werden Bootsausflüge zu den Lyngen-Alpen angeboten, insbesondere aber stehen Langbootfahrten auf dem Fluss Reisaelv, der hier ins Meer mündet, auf dem Programm.

Wer einen guten halben Tag erübrigen kann, der sollte daran teilnehmen, denn der **Reisadal-Nationalpark** 28, durch den die Tour verläuft, umfasst eines der eindrucksvollsten Wildnisgebiete des Nordens sowie – mit dem 269 m hohen **Mollisfoss** – auch den zweithöchsten naturbelassenen Wasserfall des Landes. Tiefe Schluchten, steil aufragende Berge, Wildwasser sowie eine überreiche Flora und Fauna sind weitere Höhepunkte dieses 1986 eingerichteten, 803 km² großen Schutzgebietes, das über die in Nordreisa abzweigende R 865 auch mit dem Auto zu erreichen ist.

Das Tal selbst, vom Reisaelv durchströmt, präsentiert sich als tiefer Canyon, auf beiden Seiten durch steile und dunkel bewaldete Bergflanken bedrängt, die fast von Meeresniveau zu teilweise über 1000 m hohen, zuweilen noch im Sommer verschneiten Felsregionen aufsteigen. Ebenso spektakulär wie die Landschaft stellen sich Flora (rund 520 verschiedene Pflanzen wurden registriert) und Fauna dar (u. a. Bären, Vielfraße, Luchse, Otter sowie 137 Vogelarten).

## Kvænangsfjell ► R 4/5

32 km östlich von Storslett wird mit dem **Kvænangsfjell** der höchste Punkt der Strecke erreicht. Von diesem 402 m hohen Punkt aus (mit Fjellhotel und Restaurant, s. u.) fällt der Blick auf das Nordmeer und auf die gleißende Gletscherhaube des 1166 m hohen Øksfjordjøkel im Nordosten, der als einziger Gletscher Nord-Norges ins Meer kalbt.

Dieses Panorama gilt – wieder einmal – als unübertroffen, und ähnlich dramatisch wird es auf der Fahrt nach Alta nicht wiederkehren. Noch 143 km sind es bis dorthin, unterwegs wird bei Langfjordbotn die Grenze zur Finnmark überschritten, und so schön die der Nordmeerküste folgende Strecke auch ist: Wirkliche Höhepunkte bietet sie dem nunmehr schon arg verwöhnten Reisenden nicht mehr.

## Infos

**Skibotn Turistinformasjon:** Troll-Kafé, Skibotn, Tel. 77 71 41 75, www.gittschau.de, Juni–Sept. tgl. 10–20 Uhr. Von einem deutschen Ehepaar geführtes Café, gute Infos zur gesamten Region.

**Halti Nasjonalparksenter Turistinformasjon:** Hovedvn. 2, 9151 Storslett, Tel. 77 77 05 77 und 77 77 05 56, www. reisa-nasjonalpark.no, 15. Juni–15. Aug. tgl. 9–18, sonst Mo–Fr 9–16 Uhr. Diese Infostelle ist auch für den Nationalpark zuständig, weitere Parkinfos über www.dirnat.no.

## Übernachten

Bei Skibotn sowie im zum Dreiländereck führenden Skibotndal finden sich mehrere Campingplätze mit Hüttenvermietungen, ebenso in/um Storslett sowie im Reisadal, wo zudem Dutzende Hütten in verschiedenen Größen und Komfortkategorien vermietet werden. Das Touristenbüro vermittelt, ebenso die Anbieter von Bootstouren, die teils auch eigene Hütten vermieten.

Der Aussicht wegen ▶ **Kvænangsfjell Gildetun:** Kvænangsfjell, Tel. 77 76 99 58, www.gildetun.no, nur Juni–Aug. 402 m hoch mit freier Sicht auf das Nordmeer gelegenes Fjellhotel an der E 6 mit 29 Zimmern (ab 820 NOK) sowie 26 Hütten in verschiedenen Größen (700 NOK für 2 Pers.), Frühstück kostet 75 NOK extra; auch Hauptmahlzeiten werden serviert, Spezialität sind Lachs und Rentier. Da das Haus von Künstlern ausgeschmückt wurde, hat es ein besonderes Gepräge.

## Aktiv

Das Touristenbüro sowie das Nationalparkzentrum informieren umfassend über Sommer- und Winteraktivitäten.

Kanutouren ▶ ›Der‹ Tipp im Reisadal sind Kanutouren auf dem leicht zu befahrenden Reisaelv, der nur wenige und relativ unproblematische Stromschnellen aufweist und alles in allem auf einer Strecke von rund 80 km befahrbar ist. Als die beste Zeit gilt Juni–Sept. bzw., eingedenk der nicht unerheblichen Mückenprobleme, Mitte August–Ende Sept. Es werden organisierte Kanutouren angeboten, aber man kann auch Kanus (250 NOK/Tag) und alle erforderliche Ausrüstung ausleihen, Anbieter sind u. a. Sappen Ferie og fritidssenter (Storslett., Tel. 77 76 55 01, www.sappenleirskole.no) nebst dem Elvebåtsenteret (Veslebo, Tel. 93 03 83 84, www.elvebaat.no), das im oberen Reisadal beim Straßenende zu finden ist und auch gleichzeitig größter Anbieter für **Bootstouren auf dem Reisaelv** ist (auch das Touristenbüro vermittelt).

Reiten ▶ **Lyngshestlandet:** Flatvoll, Tel. 77 76 55 04 und 91 89 15 78, www.lyngshestlan

Herbstlandschaft nahe Tromsø

det.no. Einer der wenigen Anbieter im Norden für **Pferdetrecks** und Ausritte, mehrere Touren auf sowie über die Finnmarksvidda von bis über eine Woche Dauer stehen im Programm.

Wandern ► Wanderungen sind ein weiteres Highlight im Reisadal, u. a. kann man auf markierten Pfaden und vorbei an Schutzhütten bis auf und über die Finnmarksvidda gehen.

Wintersport ► Winteraktivitäten umfassen u. a. **Schneescooter-Touren, Hundeschlitten-Fahrten, Schneeschuh-** und **Ski-Trecks, Eisangeln.**

## Verkehr

**Flugzeug:** Widerøe bedient die Routen von Tromsø, Kirkenes sowie Hammerfest von/nach Sørkjosen, dem 4 km außerhalb Storslett gelegenen Flughafen, das Taxi in die Stadt kostet 100 NOK.

**Bus:** Sowohl Skibotn als auch Storslett werden mehrmals tgl. von Bussen der Strecke Tromsø–Alta bedient.

## Alta ▸ S/T 4

Mit über 15 000 Einwohnern ist **Alta** 29 mit Abstand die größte Stadt der Finnmark und versorgt als Zentrum für Handel und Dienstleistungen die gesamte West-Finnmark sowie auch einen Großteil von Nord-Troms. In touristischer Hinsicht bietet sich die weit auseinander gezogene und eigentlich aus mehreren kleinen Ortschaften zusammengesetzte Küstenstadt als hervorragender Ausgangspunkt für Ausflüge nicht nur in die nähere Umgebung an, sondern auch für Fahrten in die Tundrasteppe der Finnmarksvidda, nach Kautokeino (s. S. 429) und Karasjok (s. S. 427), Hammerfest (s. S. 367) sowie zum Nordkap, das von hier noch 217 km entfernt ist. Neueste Attraktion von Alta ist das an der E 6 gelegene **Tirpitz Museum,** das an die Schlacht im Kåfjord erinnern will und u. a. mit der größten Fotosammlung über die Schlachtschiffe Tirpitz und Scharnhorst aufwartet (www.tirpitz-museum.no, Juni–Aug. tgl. 10–17 Uhr, 60 NOK).

Eine Bootsfahrt in den **Alta-Canyon,** dem mit 14 km Länge und 425 m Tiefe größten Canyon Nordeuropas, sollte man sich nicht entgehen lassen (Juni–Sept. tgl. 12 Uhr, 2 Std., 650 NOK). Eine Wanderung an die Abbruchkante der imposanten Schlucht ist ebenfalls ein unvergessliches Erlebnis (s. aktiv unterwegs S. 365), auch Fisch-Safaris aufs Nordmeer sind von hier aus möglich, und Lachsangler können u. a. am Altaelv ihr Traumrevier finden. So bietet sich der Ort, der über eine ausgezeichnete touristische Infrastruktur verfügt und wegen seiner teils lieblich anzuschauenden Sommerlandschaft auch ›Finnmarks Italia‹ genannt wird, zu allen Jahreszeiten auch für längere Aufenthalte an.

### Felsbilder von Hjemmeluft

Ein anderer Beiname der Stadt lautet ›Wiege der Menschheit‹, und auch der hat durchaus seine Berechtigung. Kurz vor Alta, aus Richtung Tromso kommend, befinden sich nämlich an der E 6 die berühmten Felsbilder von Hjemmeluft, die ca. 3000 Figuren (überwiegend Tiermotive) im Alter von 3000 bis 6200 Jahre umfassen und damit das größte Areal dieser Art in Nordeuropa bilden. Seit 1985 steht es auf der World Heritage List der UNESCO; ein 5 km langer Pfad führt vorbei an den meisten dieser Felszeichnungen, deren ausgefeilte Symbolik sachkundige Führer erläutern.

In direkter Nachbarschaft findet sich das der Kulturgeschichte der Finnmark gewidmete **Alta-Museum,** zu dessen Freilichtbereich auch das Gebiet von Hjemmeluft gehört. 1993 erhielt das Museum den renommierten Preis als bestes Museum des Jahres (www.alta.museum.no, Mai–Mitte Juni tgl. 9–17, Mitte Juni–Aug. tgl. 8–20, sonst Mo–Fr 9–15, Sa/So 11–16 Uhr, 90 NOK (im Winter freier Eintritt).

### Infos

**Turistinformasjon Alta:** Bjorn Wirkolasvei 11, 9510 Alta, Tel. 78 44 50 50, www.visitalta.no, ganzjährig Mo–Fr 9–16, Sa 10–14 Uhr. Besucheradresse im ausgeschilderten Parksenter im Zentrum von Alta. Versand von per Post angefordertem Material, Buchungen u. a. von Aktivitäten.

Während der Sommersaison (Juni–Aug.) findet sich ein weiteres **Infobüro** in Alta Boossekop: tgl. 10–18/20 Uhr.

**Internet:** Auch die mehrsprachige Website www.nordnorge.com bietet zahlreiche Informationen zu Alta.

### Übernachten

Top in town ▸ **Rica Hotel Alta:** Lokkevn. 61, Tel. 78 48 27 00, www.rica.no. Moderner Betonbau, größtes und bestes Hotel der Stadt. DZ ab 1410 NOK, im Sommer ab 1560 NOK.

Am Rande der Wildnis ▸ **Gargia Fjellstue:** 25 km außerhalb Richtung Alta-Canyon (Gargia), Tel. 78 43 33 51, www.gargia-fjellstue.no. Gemütliches Fjellhotel am Rande der Vidda und nahe dem Canyon in schöner, einsamer Lage, gutes Restaurant, Sauna, auch Hütten, umfassendes Aktivitätsangebot. DZ 1195 NOK inkl. Frühstück.

Campen am Fluss ▸ **Alta Camping:** Øvre Alta, Tel. 78 43 43 53, www.alta-camping.no,

aktiv unterwegs

## Wanderung zum Alta-Canyon

### Tour-Infos

**Start:** Gargia Fjellstue (s. S. 364)
**Anfahrt:** Von Alta auf die R 93 Richtung Kautokeino, nach etwa 8 km den Schildern »Gargia« folgen; an der Gargia Fjellstue vorbei, weiter für etwa 4,5 km bis zu einem linkerhand gelegenen Parkplatz.
**Dauer/Länge:** hin und zurück ca. 4 Std., ca. 16 km
**Wegbeschaffenheit:** Schmale Pfade über Hochheide, teils morastig (Frühsommer), teils felsig; zwei Bäche sind zu queren, im Frühsommer auch mehrere Schneebrücken.
**Orientierung:** Der Pfad ist sporadisch markiert, aber stets gut sichtbar; Kartenmaterial ist unnötig.
**Ausrüstung:** im Frühsommer bis ca. Mitte Aug. Gummistiefel, sonst Trekking- oder Turnschuhe.

In der am Weg zum Ausgangspunkt der Wanderung gelegenen Gargia Fjellstue stimmen zahlreiche Fotos auf die Fjelltour ein, und auch eine topografische Wanderkarte hängt aus. Die hinter der Fjellstue beginnende Schotterstraße ist steil und schmal, aber von Pkws und kleinen Wohnmobilen durchaus befahrbar. Sie führt aus dem Gargia-Tal heraus und nach etwa 4,5 km zu einem linkerhand gelegenen und mit einer Mülltonne markierten Parkplatz. Hinweisschilder oder Markierungen gibt es keine, aber der von hier Richtung Osten ins Fjell verlaufende Weg ist nicht zu verfehlen.

Nach etwa 30 Minuten endet die mit Steinen bedeckte und konstant sanft ansteigende Spur vor dem Ablauf eines linkerhand auftauchenden Sees. Auf den folgenden Metern kann man sich schnell nasse Füße holen, und entsprechend vorsichtig sind die Feuchtstellen zu queren, die in einen deutlich sichtbaren Trampelpfad übergehen. Ein niedriger Buckel schließt sich an, und oben öffnet sich ein weites Panorama über das von den Gletschern der Eiszeit glattgehobelte Plateau der Finnmarksvidda. Erst auf den zweiten Blick gewahrt man voraus, Richtung Osten, den steil abfallenden Rand einer gewaltigen Furche: den Alta-Canyon. Ein paar Minuten später gabelt sich der Weg, der links abzweigende Pfad hat den Fluss Altaelva selbst zum Ziel. Wir aber gehen weiter geradeaus, erreichen nach insgesamt etwa 45 Minuten einen zu querenden Bach, und wer hier vor Mitte Juli unterwegs ist, wird nicht umhin kommen, die Schuhe auszuziehen und für etwa 5 m durch das bis zu knietiefe Schmelzwasser zu waten. Später im Jahr lässt sich das Hindernis auf Steinen überwinden. Vom jenseitigen Bachufer aus ist der sporadisch markierte Weg breit und ausgetreten und beim besten Willen nicht zu verlieren.

Ein paar Feuchtstellen müssen noch umgangen werden, nach etwa 10 Minuten (ab der Bachquerung) geht es linkerhand um einen kleinen See herum, und nach insgesamt etwa 90 Wanderminuten ist die ca. 20 m breite und 4 m tief eingeschnittene Felskluft des **Cap'pesjåkka** erreicht, über die sich bis Mitte Juli eine (vorsichtig zu querende) Schneebrücke spannt. Auf der anderen Seite fällt das Land bald steil in die voraus klaffende Canyon-Furche ab.

Nachdem man etwa 70 m tief abgestiegen ist, schlängelt sich der Weg in einen Birkenhain, in dem er abrupt vor einem Lattenzaun endet: Man steht am Rand des gewaltigen Alta-Canyons. Mehrere hundert Meter tief fällt der Blick nach unten auf das Band des Altaelva, der hier von senkrecht aufragenden Schluchtwänden ummantelt ist. Dieser Anblick ist schon einen langen Blick wert, und wer ein wenig sucht, kann mehrere überhängende Felsnasen ausmachen, die herrliche Panoramabalkone abgeben.

## Tipp: Ein Bett aus Eis

Wer ein ausgeprägtes Faible für das ganz und gar Außergewöhnliche hat, der muss im Winter einfach nach Alta reisen, denn dann, konkret Mitte Januar gegen Ende der Polarnacht, eröffnet seit 1999 Jahr für Jahr das vielleicht ausgefallenste Hotel der Welt seine eisigen Pforten: das Alta Igloo Hotel, seinem Namen getreu in Iglu-Form erbaut und eben ganz und gar aus Eis errichtet. Die Wände, die Zimmer, das Mobiliar, sogar die Betten bestehen aus dem blau schimmernden frostigen Material, in der Eisbar werden die Eiswürfel gleich aus der Wand geschnitten, und damit es nicht ›zu‹ kalt wird, sind die Räume und Gänge auf ›behagliche‹ -4 °C erwärmt.

Die Gesamtfläche dieses mit Eisskulpturen geschmückten Frost-Arrangements beläuft sich auf immerhin über 2000 m², und nicht weniger als 30 Zimmer laden ein, bis dass die Strahlen der wärmenden Frühlingssonne den glitzernden Eispalast zum Schmelzen bringen. Angst vor Bettkälte übrigens ist unbegründet, denn in weiche Rentierfellberge gekuschelt, liegt man sogar auf einer Eismatratze in wohliger Wärme.

**Sorrisniva Igloo Hotel,** Sorrisniva AS, Sorrisniva, Tel. 78 43 33 78, Fax 78 43 34 65, www.sorrisniva.no, Sightseeing-Besuch 125 NOK, Übernachtung inkl. Abendessen und Frühstück, Sauna sowie Transport 1995 NOK/Pers.

ganzjährig. Große Zeltwiese direkt am Fluss, 26 Hütten in verschiedenen Kategorien (300–1560 NOK), der Platz ist bei Lachsanglern sehr beliebt.

### Essen & Trinken

Nordisch-exotisch ▶ **Gargia Fjellstue:** s. Unterkunft, Mitte Juni–Mitte Aug. tgl. ab 11 Uhr. Holzvertäfeltes und gemütliches Restaurant mit Wald- und Wiesenblick, geboten werden traditionelle Finnmark-Hausmannskost und Speisen aus der samischen Küche. Hauptgerichte kosten ab etwa 180 NOK, für ein samisches Gourmet-Menü (z. B. Lachsmousse, Rentiergeschnetzeltes in Rahmsauce, Waldbeerkuchen plus Tee oder Kaffee) muss man etwa 450 NOK ansetzen.

Bei Bergsamen zu Besuch ▶ **Boazo Sami Siida:** beim Alta Camping, Tel. 41 47 34 06, www.sami-siida.no, Mitte Juni–Mitte Aug. tgl. 11–23 Uhr. Samische Spezialitäten, in einer traditionellen *Lavvu* (Samenkote) serviert; das Bergsamenpaar Berit Anne und Johan Eira haben hier eine typisch samische *Siida* im traditionellen Stil aufgebaut, Besuch mit Führung 80 NOK, ein Essen kostet 250 NOK.

### Aktiv

Geführte Touren ▶ Das Touristenbüro organisiert im Sommer u. a. Wanderungen in den Alta-Canyon (s. S. 365) sowie auch Bus-/Bootstouren in den Alta-Canyon und zum Alta-Staudamm (4 Std., 575 NOK).

Breites Angebot ▶ **Alta Adventure:** Markedsgt 3, Tel. 78 43 40 50, www.alta-adventure.no. Angel- und Gletschertouren, Wanderungen, Winterabenteuer.

Ins Rentier-Land ▶ **Boazo Sami Siida:** beim Alta River Camping (s. o.). Von dieser *Siida* aus werden zu allen Jahreszeiten Aktivitäten rund ums Rentier angeboten, z. B. Besuch von Rentierscheidungen, auch Touren zu den Weideplätzen und vieles andere mehr.

Outdoor-Abenteuer ▶ **Glød Naturopplevelser:** Trygve Nygård, Tel. 99 79 42 56, www.glod.as, ganzjährig. Kanutouren, Fahrradtouren, geführte Wanderungen, Bergtouren, Angeltouren und andere Aktivitäten, im Winter Skitreks sowie Hundeschlitten-Safaris und Nordlicht-Abenteuer. Alle Touren stehen unter dem Motto »Keine Spuren hinterlassen«, weshalb u. a. auch keine motorisierten Transportmittel benutzt werden.

Wildmark-Erlebnisse ▶ **Gargia Fjellstue:** s. o., Ausritte, Pferdetrecks, Boots- und Angeltouren, geführte Wanderungen, im Winter Hundeschlitten- und Schneescootertouren sowie Schneeschuh-Wanderungen; auch Jacuzzi-Becken stehen zur Verfügung.

### Verkehr

**Flugzeug:** Verbindungen mit Widerøe innerhalb der Finnmark, mit SAS innerhalb von

Norwegen; nach Oslo mit Norwegian Air. Taxi ins Zentrum 120 NOK; auch Bustransfer.
**Bus:** Verbindungen bestehen 2–4 x tgl. u. a. in Richtung Tromsø, Hammerfest sowie Honningsvåg und Kirkenes, Karasjok und Kautokeino.
**Mietwagen:** Am günstigsten über Rent a Wreck, Tel. 78 43 39 45, www.rent-a-wreck.no.

## Von Alta nach Hammerfest ► T 3/4

Alta ist auch das ›Tor zum Nordkap‹, und nur noch 240 km sind von hier bis zum nördlichsten per Straße erreichbaren Punkt der Welt zurückzulegen. Eingedenk dieses berühmten Zieles und der geringen Bevölkerungsdichte in der Finnmark nimmt es nicht wunder, dass die E 6 im Sommer nahezu ausschließlich von Touristen befahren wird. Lange Wohnmobil-Konvois bestimmen zu dieser Zeit das Bild der Straße, die schon längst zur erschütterungsfreien Rollbahn ausgebaut ist.

Man reiht sich ein, umrundet den Altafjord und steigt steil hinauf aufs Hochplateau der Finnmarksvidda, womit nun endgültig jene Landschaften zurückbleiben, die man mit ein bisschen gutem Willen noch als lieblich bezeichnen kann. Schnurgerade führt die Straße in den Horizont, und die Zelte von historisch gekleideten Samen, die aus dem Nomadentum der Vergangenheit eine Schau für die Touristen inszenieren, sind die einzigen Zeugen menschlichen Lebens in diesem leeren Tundraland von nahezu sibirischer Weite.

Nach insgesamt 32 km wird Sennaland, der höchste Streckenpunkt, erreicht, und aus 385 m Höhe geht es am zunehmend reißender werdenden Reppafjordelv entlang zu Tal, wo der vollkommen vom Tourismus geprägte Ort **Skaidi** 30 liegt, der sich gerade bei Lachsanglern großer Beliebtheit erfreut. Hier gabelt sich die Straße: Führt der rechte Abzweig via Olderfjord zur Nordkap-Insel, so der linke nach Hammerfest.

## Hammerfest ► T 3

Der Slogan ›On Top of the World‹, der fast jedes Hammerfest-Prospekt ziert, gibt die geografische Wirklichkeit trefflich wieder, denn **Hammerfest** 31, fast 1000 km nördlich vom Polarkreis und damit auf der Höhe von Mittel-Grönland gelegen, ist die nördlichste Stadt der Welt. Ultima-Thule-Gefühle liegen hier in der Luft, und die umgebende Tundra-Landschaft fügt sich so recht in dieses Bild vom ›Weltenende‹ ein. Es kommt nicht von ungefähr, dass die Insel, auf der Hammerfest liegt, Kvaløya heißt, also ›Insel der Qual‹: Wer immer hier im Winter weilt, wenn sich die *finis terrae* bei Kälte und Nacht zum »Land eines furchtbaren Ernstes« wandelt, der kann verstehen, warum eine Stadt dieser Lage selbst im Hochsommer kaum Anmut und Leichtigkeit ausstrahlen kann.

Dass Hammerfest – was so viel bedeutet wie ›an die Felswand geschmiedet‹ (altnord. *hamar* = ›Berggipfel‹ und altnord. *festr* = ›Tau‹) – trotz seines hohen Alters von mehr als 200 Jahren ein modernes Kleid trägt, ist ausschließlich den Deutschen geschuldet: hat doch die deutsche Wehrmacht in ihrem Kriegswahn vor dem Rückzug im Jahre 1944 auch diese Stadt in Schutt und Asche gelegt. Kein Haus, keine Hütte und kein Fischerboot blieben von der verheerenden Doktrin der ›verbrannten Erde‹ verschont (siehe auch S. 370), allein die Grabkapelle überstand die gelegte Feuersbrunst. Heute haben die rund 7100 Einwohner von Hammerfest wieder ein normales Verhältnis zu den Deutschen gefunden, was nicht zuletzt dem Tourismus zu verdanken ist, neben Fischerei, Erdgas-Exploration/Verarbeitung (Hammerfest ist Standort der größten Erdgasverflüssigungsanlage der Welt) und Schifffahrt der Haupterwerbszweig der Stadt.

### Stadtrundgang

Der **Hafen** ist mit einem Gewirr von bunten Booten und Trawlern, Küstenwacht- und Fracht- sowie zunehmend auch Kreuzfahrtschiffen eine bunt-lebendige Sehenswürdigkeit und bietet im Hochsommer ein wenig

**Im Winter gern gebucht: Hundeschlitten-Touren über die Finnmarksvidda**

›südländische‹ Atmosphäre. Man spaziert zwischen Parkbänken und nascht dabei Garnelen, wirft einen Blick auf den mit der Skulptur ›Mutter und Kind‹ geschmückten Brunnen und wendet sich dann zielstrebig dem Fotomotiv der Stadt zu: dem vor dem Eingang zum Eisbärenclub aufragenden **Ishavsportalen.** Die Meridiane dieses holzgeschnitzten ›Eismeerportals‹ streben Richtung Norden und werden vom Stadtwappen mit dem Eisbären gekrönt.

Und dann geht es hinein in den exklusiven und weltbekannten **Eisbärenclub,** eine von der ›Royal and Ancient Society of Polar Bears‹ eingerichtete Museumsausstellung, die die Geschichte und Tradition der Stadt bei Jagd und Fischfang in der Arktis veranschaulichen will. Den meisten Besuchern ist es ein Bedürfnis, hier Mitglied zu werden, wofür der Besuch des Clubs sowie eine einmalige Zahlung der Aufnahmegebühr (180 NOK) die einzige Voraussetzung sind. Der Lohn der Mitgliedschaft sind Mitgliedsausweis, Urkunde und Aufkleber sowie die beliebte Eisbärennadel aus Silber und Emaille (Isbjornklubben: www.isbjornklubben.no, Juni/Juli Mo–Fr 6–18, Sa/So 6–16, sonst Mo–Fr 9–16, Sa/So 10–14 Uhr, Eintritt frei).

Über die angrenzende Kirkegata ist es nur ein kurzes Stück bis zum **Wiederaufbaumuseum,** das anschaulich über die Zwangsevakuierung der Bevölkerung, das Niederbrennen und vor allem den Wiederaufbau der Stadt sowie der gesamten Finnmark und Nord-Troms während und nach dem Zweiten Weltkrieg informiert (Gjenreisningsmuseet: www.gjenreisningsmuseet.no, Mitte Juni–Mitte Aug. tgl. 9–19, Sa/So 10–14, sonst tgl. 11–14 Uhr, 50 NOK).

Weiter geht es entlang der Kirkegata zur nahe gelegenen **Hammerfest-Kirche,** die zwar nüchtern eingerichtet ist, aber mit einem dreieckigen Fenster (Glasmalereien) von 8 m Kantenlänge beeindruckt, das den Chor abschließt (Juni–Aug. Mo–Sa 8–19, sonst Mo–Fr 9–15 Uhr). Direkt gegenüber erstreckt sich der Friedhof mit der **Grabkapelle;** folgt man von hier aus der Straße Øvre Hauen sowie deren Verlängerung (Gammelveien), hat man bald eine schöne Aussicht auf den Ort und den Fjord.

Über die Uferstraße ist es nur ein kurzes Stück zurück, und wer ein wenig Zeit hat, sollte den am Ende des Gammelveien beginnenden **Hammerfest-Panoramaweg** auf die Höhe des 86 m über der Stadt gelegenen **Aussichtspunkts Salen** nehmen. Dort kann man in ein Restaurant sowie eine traditionelle Samen-Kota (s. S. 432) einkehren, doch vor allem hat man von dem Weg aus einen herrlichen Blick über die Stadt mit dem Hafen, den Sørøysund und die darin eingebetteten Inseln. Ins Zentrum zurück führt von hier aus der etwas steile, aber dafür kurze **Sikk-Sakk Veien,** der schon im Jahr 1891 errichtet wurde und seinem Namen entsprechend verläuft.

## Infos

**Hammerfest Turistinformasjon:** Havnegt. 3, 9615 Hammerfest, Tel. 91 82 48 44 sowie 78 41 21 85, www.hammerfest-turist.no (man kann u. a. einen Stadtführer downloaden), Juni–Mitte Aug. Mo–Fr 9–17, Sa/So 10.30 –13.30, sonst Mo–Fr 9–15 Uhr. Das Büro befindet sich im gleichen Gebäude wie der Isbjørnklubben.

## Übernachten

Top im Zentrum ▶ **Thon Hotel Hammerfest:** Strandgt. 2-4, Tel. 78 42 96 00, www.thonhotels.no. Direkt im Zentrum mit Blick aufs Meer und den Stadtpark gelegenes Hotel mit 63 geschmackvoll eingerichteten, hellen Zimmer. Das Frühstücksbuffet ist die Wucht. DZ ab 1590 NOK, Sommer/Wochenenden ab 1290 NOK.

Zweite Wahl ▶ **Rica Hotel:** Sørøygt. 15, Tel. 78 42 57 00, www.rica.no. Großer Backsteinbau mit hohem Rica-Komfort. DZ ab 1845 NOK, Wochenenden ab 1050 NOK.

Campen am See ▶ **Storvannet NAF-Camping:** Stadtnah an einem See gelegener Platz, Tel. 78 41 10 10, storvannet@yahoo.no, Mai–Mitte Sept. Ruhige Seeuferlage, gute Ausstattung, insgesamt 25 Betten in Hütten ab 370 NOK.

## Essen & Trinken

Nach Samen-Art ▶ **Mikkelgammen:** Salen, Sommersaison. Auf dem Stadthügel gelegene Samenkote, in der nach Vorbestellung *Bidos* serviert wird, ein traditionelles Rentiergericht, das am Lagerfeuer zubereitet und gegessen wird, während der Bergsame Mikkel über die Kultur der Samen berichtet und den Joik demonstriert. – Ein nicht alltägliches Erlebnis, das über das Touristenbüro gebucht werden kann; weitere Infos auch über www.mikkelgammen.no.

## Aktiv

Das Touristenbüro organisiert **Hochsee-, Angel-** und **Wandertouren,** Besuch von **Vogelfelsen** und **Fischerdörfern** sowie **Rentierscheidungen** (Herbst), vermittelt **Bootsverleih** und führt im Winter **Schneescooter-Safaris** durch.

## Termine

**Hammerfest-Tage** (Mitte Juli): 9-tägiges Fest mit Musikveranstaltungen.

**Mørktid Festival** (Mitte Nov.): Festival der dunklen Tage mit Musik- und Theaterveranstaltungen.

## Verkehr

**Flugzeug:** Vom Flughafen gegenüber der Stadt bestehen gute Verbindungen nach Tromsø und Oslo sowie in die Orte der Finnmark, Taxi ins Zentrum 130 NOK.

## Tipp: Hurtigbåt-Fahrten

Die Boreal Transport Nord (Tel. 78 40 70 00, www.boreal.no) bedient ganzjährig von Hammerfest aus im regelmäßigen Schnellbootdienst Dutzende Inseln, Städte und Einöddörfer entlang der wild zerklüfteten westlichen Finnmarkküste (so u. a. die Nordkapinsel, Alta, Øksfjord, Måsøy, Hasvik, den Sørøyund), auch die Tana-Route in der Ost-Finnmark wird befahren. Den bislang so populären Bootspass gibt es nicht mehr, Ermäßigungen nur noch für Studenten, Jugendliche, Senioren sowie Familien.

# ›Weserübung‹ – Norwegen im Zweiten Weltkrieg

Thema

**Dem Überfall der deutschen Wehrmacht auf »das artverwandte Norwegen« folgten fünf Jahre brutaler Besatzung des neutralen Königreiches, und als das ›Herrenvolk‹ zu verlieren drohte, zerstörte es im hohen Norden in einem einzigartigen Akt der Barbarei jedwede Infrastruktur und hinterließ nichts als ›Verbrannte Erde‹.**

Als 1938 in Europa die Zeichen auf Sturm standen und sich der Zweite Weltkrieg am Horizont abzeichnete, beschloss das Storting (Parlament) in Oslo einstimmig, neutral zu bleiben, und so gelang es dem Land bis zum 9. April 1940, nicht in den Krieg verwickelt zu werden. Dann aber begann unter dem Namen ›Weserübung‹ eine »Operation zur Sicherung der Neutralität der nordischen Staaten«, wie Hitler den Überraschungsangriff Nazi-Deutschlands auf das Königreich nannte.

Schon am 10. Juni mussten auch die letzten norwegischen Truppen kapitulieren, bereits drei Tage zuvor hatte sich der König, der zunächst nach Tromsø geflohen war, nach England eingeschifft, um den Kampf für die Freiheit seines Volkes von dort aus fortzusetzen. Tausende von Norwegern folgten ihm ins Exil und führten den Krieg mittels der norwegischen Handelsmarine weiter, die von nun an für die Versorgung der Alliierten eingesetzt wurde. Das kostete 4000 Seeleuten das Leben und der Handelsmarine die Hälfte ihrer Schiffe.

Aber auch im Land war der Widerstand der »arischen Blutsverwandten«, wie Hitler die Norweger propagandistisch zu umarmen versuchte, keineswegs gebrochen: Den 3900 Norwegern, die sich für die Waffen-SS anwerben ließen, standen bis zu 40 000 Untergrundkämpfer der geheimen Militärorganisationen MILORG und SOE gegenüber, deren wichtigster Schlag die Zerstörung der Produktionsanlage für schweres Wasser bei Rjukan 1943 war sowie die darauffolgende Versenkung eines mit 600 kg Schweres-Wasser-Lauge beladenen Schiffes, wodurch es dem Dritten Reich praktisch unmöglich wurde, den Bau der Atombombe zu realisieren (s. S. 143).

Die Besatzer reagierten gereizt auf den Widerstand der »artverwandten Wikinger«, die jetzt insbesondere unter dem Terror der Gestapo schwer zu leiden hatten: Bis zur deutschen Kapitulation am 8. Mai 1945 wurden 40 000 Norweger arrestiert (von denen 260 in den Lagern starben), 6000 in deutsche Konzentrationslager deportiert, 363 Männer und Frauen hingerichtet und 700 Norweger jüdischen Glaubens ermordet.

Und auch die deutsche Wehrmacht machte sich unermesslicher Barbarei schuldig: Als im Herbst 1944 russische Truppen die deutschen Besatzer aus der Finnmark vertrieben, wandte die Wehrmacht auf Befehl Hitlers auf ihrem Rückzug das Prinzip der ›Verbrannten Erde‹ an: Die Menschen in den Bezirken Finnmark und Nord-Troms wurden gezwungen mit anzusehen, wie die Kranken aus den Hospitälern, die Gebrechlichen aus den Altersheimen getrieben, die Viehherden im Maschinengewehrfeuer getötet wurden, wie man Brücken zerstörte, Straßen aufriss, Strommasten fällte, ihre Häuser anzündete und wie nahezu alle Dörfer und Städte dem Erdboden gleichgemacht wurden. So blieb in Hammerfest einzig die Grabkapelle stehen, und nur ganz wenige Orte (z. B. Tromsø, s. S. 416) wurden verschont …

**Bus:** Mind. 2 x tgl. mit Alta (in Skaidi umsteigen für Nordkap) sowie mind. 1 x tgl. mit Kirkenes via Lakselv, Karasjok und Tana.
**Hurtigruten:** Die Postdampfer legen tgl. 6.45 Uhr Richtung Kirkenes ab (via Nordkapp-Insel) und tgl. 12.45 Uhr Richtung Bergen, Infos Tel. 81 03 00 30, www.hurtigruten.no.
**Mietwagen:** U. a. über Hertz (Tel. 76 94 45 55) und Avis (Tel. 75 64 00 56), am günstigsten über Hammerfest Bruktbilutleie (Seilskuteveien 45, Tel. 48 09 84 71).

## Nordkap-Insel Magerøya ►U 1/2

Zurück nach Skaidi führt ab Hammerfest die Fahrt, die wenig später entlang der Felsgestade des Porsangerfjords verläuft, an dessen Mündung ins Nordmeer auch die Nordkap-Insel **Magerøya** liegt. Wer hier, so nahe am geografischen Ende der Erde, eine dramatische Kulisse erwartet hat, sieht sich bitter enttäuscht, denn nackt und baumlos präsentiert sich die arktische Ödnis. Nur im Herbst, wenn sich die Tundraflora rot einfärbt, haftet der Strecke etwas Imposantes an. Dann auch hat man den Meerestunnel zur Insel hinüber fast für sich allein, wohingegen man im Sommer oft in einer langen Schlange durch die 6,8 km lange und bis 212 m unter den Meeresspiegel führende (mautpflichtige) Röhre zuckeln muss.

### Honningsvåg ►U 1

**Honningsvåg** 32, die Metropole der Nordkap-Insel, präsentiert sich als ein rund 2400 Einwohner zählendes Örtchen, und vor allem anderen fällt das lebhafte Treiben im Hafen auf, der jährlich von mehreren tausend Schiffen angelaufen wird. Insbesondere natürlich von Fischerbooten, denn Honningsvåg ist die bedeutendste Fischereisiedlung der westlichen Finnmark, wovon auch all die Fabriken für Fischverarbeitung, Werftbetriebe etc. zeugen, die die Kaianlagen säumen.

Die Stadt selbst präsentiert sich – wie die allermeisten Orte der Finnmark – im Architekturkleid der Nachkriegszeiten, was wiederum der deutschen Wehrmacht zu verdanken ist: Blieb in Hammerfest nur die Grabkapelle stehen, so in Honningsvåg die **Kirche,** die auch besucht werden kann (Juni–Mitte Sept. tgl. 8–22 Uhr). Eigentliches Highlight der Stadt ist jedoch das **Nordkap-Museum** am Fiskeriveien (beim Touristenbüro), das u. a. über die Geschichte und die regionale Kultur entlang der Küste von der Steinzeit bis heute informiert. Weitere Schwerpunkte sind der Walfang und die Fischerei sowie der Nordkap-Tourismus früherer Zeiten. Ebenfalls thematisiert wird die Verwüstung der Stadt durch die deutsche Wehrmacht (Nordkappmuseet: www.nordkappmuseet.no, Juni–Mitte Aug. Mo–Sa 10–19, So ab 12 Uhr, sonst Mo–Fr 12–16 Uhr, 60 NOK).

Neueste Attraktion der Stadt ist die direkt am Hafen gelegene **Artico Ice Bar,** bei der es sich neben ›Magic Ice‹ auf den Lofoten um die zweite Bar Norwegens handelt, in der absolut alles aus purem Eis besteht. Dieses Rohmaterial wurde nicht hier geschaffen, sondern von einem 240 km entfernten See geholt, und nicht weniger als 123 Kubikmeter Eis wurden verbaut. – Ein wahrhaft cooles Erlebnis, hier auf einen Drink (im Eintrittspreis enthalten, ebenso auch der Thermoanzug) vorbeizuschauen (www.articoicebar.com, Juni–Mitte Aug. tgl. 10–21, sonst 11–16 Uhr, 130 NOK).

### 12 Das Nordkap ►U 1

34 km entlang der Europastraße Nr. 69 trennen Honningsvåg vom Kap, und im Verlauf der Fahrt geht es bald steil zu einem Pass auf 312 m Höhe ins **Innere der Insel** hinein, die genauso ›mager‹ ist, wie ihr Name Magerøya (›magere Insel‹) vermuten lässt. Wohin man auch blickt: Steine, nichts als Steine, dazwischen schüttere Krautvegetation, Flechten und Moose und natürlich Schnee, oft bis in den Juli hinein ganze Berge davon. Auch Rentiere sind immer wieder zu sehen, und nicht mehr lange, so blickt man über kahle Weiten auf das ›Ziel der Ziele‹, schon von weitem an den Hunderten von Autos zu erkennen, die vor dem ›Ende der Welt‹ wie eine Armee Aufstellung genommen haben.

*Finis terrae* – am nördlichsten Punkt des Abendlandes

Das **Nordkap-Plateau** ist erreicht, und Minuten später befinden wir uns auf einer ausgedehnten, oft windumtosten Fläche, spähen von der 307 m senkrecht ins Meer fallenden Schieferklippe auf 71°10'21" nördlicher Breite in Richtung Nordpol, der noch immer 2090 km entfernt ist, und wähnen uns am nördlichsten Punkt des Abendlandes. Freilich liegt noch Spitzbergen davor, und außerdem – so haben spätere Messungen ergeben – ist nicht dieses Kap, vom englischen Seefahrer Richard Chancellor im Jahre 1553 auf seinen heutigen Namen getauft, sondern das 3 km westlich davon auf 71°11'0" nördlicher Breite gelegene **Kap Knivskjellodden** (siehe aktiv unterwegs S. 375) der nördlichste Punkt Mageroyas.

Aber solche geografischen Details sind jetzt nebensächlich, kann man sich doch an dieser Stelle der Unendlichkeit stellen und sich emporgehoben fühlen wie einst Giuseppe Acerbi, ein italienischer Reisender, der hier 1789 voller Stolz ausrief: »Nun fühle ich mich nicht nur als menschliches Wesen, sondern als Schöpfer.« Wer diesen hohen Anspruch nicht hat, hält es vielleicht eher mit Francesco Negri, der an dieser Stelle 1664 meinte: »Hier, wo die Welt endet, nimmt meine Neugier ein Ende, und ich kehre zufrieden nach Hause zurück.«

Doch mit der Rückkehr hat es noch ein wenig Zeit, und so sollte man sich aufmachen, die Pfade zu beschreiten, die zwischen dem 1978 aufgestellten **Modell der Weltkugel** und einem weiter östlich angelegten **Skulpturenpark** zum Thema ›Frieden auf Erden‹ verlaufen. Dieser Park beeindruckt mit sieben Reliefs, die 1988 von sieben Kindern unterschiedlicher Nationen angefertigt wurden. Auch von dieser Stelle aus lassen sich herrliche Aussichten genießen.

Und dann nichts wie hinein in die 1988 eröffnete und rund 5000 m² große **Nordkap-Halle,** in der man über und unter der Erde wohltuende Wärme nebst einem umfassenden Service-Angebot findet: Es gibt u. a. ein Touristenbüro (auch Vermittlung von Führern, Buchung von Anschlusstouren), einen Postschalter (wo man seine Post speziell abstempeln lassen kann), zahlreiche Souvenirgeschäfte, ein Café nebst Restaurant sowie einen exotisch anzusehenden Thai-Pavillon (zur Erinnerung an den Kap-Besuch des Thailändischen Königs), auch die nördlichste ökumenische Kapelle der Welt (beliebt für Trauungen) ist zu besichtigen. Kein Weg führt an dem Nordkap-Panoramafilm vorbei, der einzigartige Bilder der arktischen Natur auf eine 180°-Leinwand projiziert. Bleibt schließlich, und meist zuletzt besucht, die durch einen Tunnel erreichbare Grotten-Bar, wo man von einem in den Fels eingelassenen Panoramafenster sowie einer Aussichtsterrasse aus den Nordkap-Blick zu Champagner (120 NOK/Glas) und Kaviar (110 NOK) genießen kann. Diese Tradition wird am Kap schon seit über 100 Jahren gepflegt, und mit zur Zeremonie gehört die Übergabe eines Nordkap-Zertifikats (50 NOK, im Winterhalbjahr bekommt man das Zertifikat in der Touristeninformation in Honningsvåg; www.visitnordkapp.net, 18. Mai–17. Aug. tgl. 11–1, 18. Aug.–31. Aug. tgl. 11–22, sonst tgl. 11–15 Uhr, Eintritt 245 NOK, Kinder 80 NOK, Familien 550 NOK).

## Infos

**Nordkap Reiseliv AS:** Fiskerivn. 4, 9750 Honningsvåg, Tel. 78 47 70 30, www.nordkapp.no, 15. Juni–15. Aug. Mo–Fr 9–20, Sa/So ab 12, sonst Mo–Fr 9–16 Uhr.

## Übernachten

Hotels gibt es in Honningsvåg (teuer) und in Skarsvåg (günstig) am Weg zum Nordkap. Außerhalb von Honningsvåg am Weg zum Kap liegen Hüttenanlagen und Campingplätze. Zimmer sollte man möglichst früh reservieren, schon im April ist für den Sommer oft alles ausgebucht.

**... in Honningsvåg**

Erste Wahl ▶ **Rica Bryggen Hotel:** Vågen 1, Tel. 78 47 72 50, www.rica.no, ganzjährig. Dreigeschossiger Langbau an der Hafenmole, etwa 700 m vom Hurtigrutenkai entfernt, bestes Haus der Stadt, 42 Zimmer, alle mit TV, Radio, Telefon etc. ausgestattet, mit Restaurant und Bar. DZ ab1445 NOK.

Jugendherberge ▶ **Nordkapp Vandrerhjem:** Kobbhullveien 10, Tel. 9 1 82 41 56, www.hihostels.no, ganzjährig. Relativ unschöner Bau aus den 1950er-Jahren (ehemaliges Fischerheim), aber die Zimmer (Gemeinschaftsbäder) sind ok und, für Nordkapp-Verhältnisse, relativ günstig. Bett zu 330 NOK inkl. Frühstück, DZ ab 760 NOK.

Treff der Backpacker ▶ **Northcape Guesthouse:** Elvebakken 5a, Tel. 92 82 33 71, www.northcapeguesthouse.com, 15. Mai–Aug. Nahe dem Ortszentrum gelegenes Haus mit schlichten kleinen, aber preislich unschlagbar günstigen Zimmern (Gemeinschaftsbäder). Angeschlossen ist ein netter Aufenthaltsraum sowie eine Gästeküche. Bett im Schlafsaal 250 NOK, DZ 700 NOK.

**... in Skarsvåg**

Nördlichster Campingplatz der Welt ▶ **Kirkeporten Camping:** Tel. 78 47 52 33 und 90 96 06 48, www.kirkeporten.no, ganzjährig. Schön nahe dem Kap gelegen, rund 20 Hütten (ab 485 NOK) sowie 10 DZ (ab 350 NOK).

## Einkaufen

Beim Weihnachtsmann ▶ **Nordkapp Jule- og vinterhus:** Skarsvåg (am Weg zum Nordkap), Tel. 78 47 52 89, www.julehuset.no, Juni–Okt. tgl. 9–18 Uhr, sonst tgl. 12–18 Uhr. Dieses ›Weihnachts- und Winterhaus‹ will ganzjährig mit norwegischen Weihnachtstraditionen vertraut machen; deswegen ist die Stube stets festlich geschmückt, und es erklingt feierliche Weihnachtsmusik. Außerdem findet man eine reiche Auswahl lokal gefertigter Kunstgewerbeartikel wie Strickwaren, Kleidung, Produkte aus Fischhaut, Keramik, Glas, Weihnachtsschmuck und anderes mehr.

## Aktiv

Nordkap für Aktive ▶ Das Touristenbüro bietet spezielle Sommer- und Winterprogramme. Erstere umfassen u. a. zahlreiche geführte **Wanderungen** und **Deep Sea Rafting Tours** (Zodiac-Fahrten, bis über 50 Knoten schnell) sowie **Hochsee-Angeltrips.** Auch **Vogelbeobachtungs-Ausflüge** zum Gjesværtappan (mit etwa 600 000 Papageitauchern) werden geboten, des Weiteren Königskrabben-Safaris und Busfahrten zu Fischerdörfern.

Abenteuer-Touren ▶ **North Cape Adventures** (Tel. 78 47 22 22, www.nordkapp.com). Skitouren und Jagdausflüge, Seekajak- und Mountainbike-Touren, Aufenthalte bei samischen Familien, Tauch-Expeditionen etc.

## Termine

**Nordkap-Festival** (um Sommersonnenwende): mit dem Nordkap-›Marsch‹ von Honningsvåg zum Kap, der mit 70 km Länge zu den anstrengendsten Volksläufen der Welt zählt (www.nordkappfestivalen.no).

## Verkehr

**Flugzeug:** Der Flugplatz liegt rund 4 km außerhalb Honningsvåg (Taxi ca. 120 NOK), Verbindungen mit den Orten der Finnmark sowie mit Tromso (Wideroe) und Oslo (SAS).

**Bus:** Verbindungen mit allen größeren Orten der Finnmark.

**Schnellboot:** Verbindungen zwischen Honningsvåg und Hammerfest.

**Hurtigruten:** Die Schiffe legen tgl. gegen 15.30 Uhr Richtung Kirkenes sowie 7 Uhr Richtung Bergen ab.

**Auto:** Mautpflichtige Tunnelstrecke zum Festland: 145 NOK je Weg für Pkw, 460 NOK für Fahrzeuge, die länger sind als 6 m, Motorräder 70 NOK, plus 47 NOK/Pers., über die Gebühren informieren das Touristenbüro sowie www.nordkappbompengeselskap.no.

**Inselverkehr:** Alle Orte auf Magerøya sind per Bus mit Honningsvåg verbunden. In der Hochsaison fahren mehrmals tgl. Busse zwischen Honningsvåg und dem Nordkap, ansonsten nimmt man das Taxi zum Kap (Tel. 78 47 22 34, hin und zurück ca. 1200 NOK für 4 Pers. inkl. 1 Std. Wartezeit am Kap) oder einen Mietwagen (Tel. 78 47 62 22). Im Winter ist das Kap nur im Rahmen einer über das Touristenbüro gebuchten Tour von 4 Std. Dauer (1 Std. am Kap) zu erreichen.

aktiv unterwegs

## Knivskjellodden: Zu Fuß ans Ende der Welt

### Tour-Infos

**Start:** Parkplatz an der E 69, von Honningsvåg Richtung Nordkap, 7 km vor Straßenende. Man kann sich auch vom Bus absetzen lassen oder Taxidienste in Anspruch nehmen.

**Länge/Dauer:** Hin und zurück ca. 4 Std., ca. 14 km

**Wegbeschaffenheit:** Einfach zu begehende Erdwege, teils durch Feuchtstellen hindurch, Abstieg zum Meer teils etwas rutschig.

**Orientierung:** Der Wanderweg ist mit roten Farbklecksen gut markiert, Kartenmaterial ist nicht erforderlich.

Wie die Landschaft eines fernen Planeten in einem Fantasy-Film, so liegt das Tafelland des Nordkaps über dem Eismeer. 307 m hoch steigt die Schieferklippe senkrecht auf, die gerade zur Mitternachtssonnenzeit oft in den unglaublichsten Farben illuminiert wird. Kein Gerede, kein Lärm, schlicht nichts stört den ebenso erhabenen wie unwirklichen Anblick, und noch die Schreie der Möwen und das Donnern der anbrandenden Wellen wirken wie ein Echo aus Lichtjahre entfernten Welten ... Doch der Schein trügt, denn wie das GPS anzeigt, befindet man sich auf 71° 11'8" nördlicher Breite und damit lediglich eine Bogenminute nördlicher als das Nordkap, das 1380 m weiter südlich den Himmel verstellt.

Knivskjellodden ist die sprechende Bezeichnung dieser in der Tat mit scharfen Muscheln besetzten Landzunge (*kniv* = Messer, skjell = Muschel, *odde* = Landspitze), und wer wirklich am alleräußersten Nordrand unseres Kontinents stehen will, der muss sich auch an den alleräußersten, flach ins Meer hinausragenden Rand dieser Landzunge vorwagen. Der Preis sind einzigartige ›Augen-Blicke‹ – sowie meistens auch nasse Schuhe.

Rund 2,5 Stunden währt die Wanderung vom Parkplatz an der E 69 bis zu dieser Landmarke, und zuerst einmal zieht sich der durchgehend mit einem roten ›T‹ markierte Wanderweg für etwa 5 km über die Kahlsteppe der Tundra hin. So eintönig diese Landschaft aus der Ferne wirkt, so vielfältig präsentiert sie sich aus der Nähe und so unvergleichlich farbenprächtig im Herbst, wenn sich hier alle Pflanzenkleider rot einfärben. Als etwas beschwerlich kann man in diesem leicht abfallenden Wegabschnitt lediglich die Feuchtstellen bezeichnen, die einem hier und da den Weg versperren und ein mitunter großräumiges Umgehen erfordern. Aber das kommt ganz aufs Jahr und die Jahreszeit an – doch vom Frühling bis in den Herbst hinein sind es allermeist viele Rentiere, die hier aufhalten, weil man sie in bestem Winkel und möglichst nah vor die Kameralinse bekommen möchte.

Für etwa zwei Stunden ist man so auf ausgetrampeltem Pfad unterwegs, bis plötzlich der Blick auf das rund 200 m tiefer gelegene Meer vor der grün begrasten und bemoosten Knivskjellbukta fällt. Diese Bucht markiert das nächste Etappenziel, und steil, auch etwas rutschig, geht es dort hinunter und ans Meer heran, sodann nach links, gen Norden zu zur Knivskjellodden, der ›Landzunge am Ende der Welt‹.

Dort steht man dann, genießt den Anblick und die Stille sowie das Wissen darum, welch exponierten Punkt man hier doch mit eigener Körperkraft erreicht hat. Hier, wo im 18. Jh. bereits die ersten Touristen auf ihrem Weg zum Nordkap an Land gebracht wurden und wo im Jahre 1795 auch der französische Prinz Philippe mitsamt seinem Gefolge zu stehen kam. Später, zu Beginn des 19. Jh., wurde die Hornvika als Landungsplatz benutzt, bis dann schließlich 1956 die Nordkapstraße eröffnet wurde.

# Der Kystriksveien

**Der Kystriksveien zieht sich gut 600 km die ›Wespentaille‹ Norwegens entlang über den Polarkreis hinweg vom Trøndelag bis hinauf nach Bodø. Auf der ›Traumstraße ins Land der Mitternachtssonne‹ erwarten den Reisenden Berg- und Küstenlandschaften von einzigartiger Schönheit.**

Die Provinz Nordland, durch die die nachfolgende Route hauptsächlich führt, wird lediglich durch zwei Straßenverbindungen erschlossen: zum einen durch die größtenteils im Binnenland verlaufende Europastraße Nr. 6 (s. S. 348) sowie zum anderen durch die Reichsstraße Nr. 17, die entlang der Küste nach Norden führt. Diese auch unter dem Namen Kystriksveien bekannte Variante präsentiert sich als eine wahre ›Traumstraße ins Land der Mitternachtssonne‹.

Unsere Route beginnt in Namsos, rund 180 km nördlich von Trondheim, und zieht sich entlang der ›Wespentaille‹ Norwegens bis zum etwa 600 km entfernten Bodø hinauf. Die Strecke ist – zumindest im Vergleich zur Europastraße – relativ wenig befahren, führt durch ein landschaftlich außerordentlich reizvolles und abwechslungsreiches Gebiet und bietet sich deshalb als lohnende Alternative zur E 6 an. Voraussetzung ist allerdings, dass man mindestens 4–5 Tage Zeit mitbringt, denn es müssen nicht weniger als sechs Fähren genommen werden. Die Straße ist zudem sehr reich an Kurven, aber auch einzigartigen Landschaftserlebnissen.

## Verkehr

Ideales Transportmittel sind die Schiffe der Hurtigruten, die am Kystriksveien die Orte Rørvik, Brønnøysund, Sandnessjøen, Nesna und Ørsnes bedienen. Im Süden des Kystriksveien kann man mit Schnellbooten von Namsos nach Rørvik fahren, und auch nördlich Brønnøysund empfehlen sich wieder die Schnellboote, denn eine durchgehende Busverbindung entlang der R 17 gibt es nicht; man fährt von Ort zu Ort, was teils recht zeitraubend und auch teuer ist.

# Von Namsos nach Brønnøysund

## Namsos ▶ J 18

**Namsos 1**, im 19. Jh. als Holzumschlagplatz gegründet, lebt noch heute vor allem von der Forstwirtschaft, wovon ein riesiges Sägewerk Kunde gibt. Moderne Bauten prägen dieses etwa 10 000 Einwohner zählende Industriestädtchen am Namsfjord, das im Zweiten Weltkrieg durch deutsche Bombardements dem Erdboden gleichgemacht wurde. Auch wenn das Stadtbild wenig verlockend wirkt, gibt es dennoch triftige Gründe für einen kurzen Aufenthalt.

Da ist zum einen **Oasen,** eine der weltweit größten Schwimmhallen, die je in einen Berg hineingesprengt wurden (mit Sauna, Solarium, Wellenbad, Riesenrutsche, Mo–Fr 9–20, Sa/So bis 16 Uhr, 110 NOK). Empfehlenswert sind auch die **Boots- und Angeltouren,** die an der Hafenmole im Zentrum angeboten werden, und die beliebten **Draisinefahrten** (250 NOK). Haupt-Touristenmagnet ist jedoch das **Namdalsmuseum** mit 7500 Exponaten und 15 historischen Gebäuden (bis zu 300 Jahre alt) sowie vor allem einem vollständig intakten *fembøring* (zwölfruderiges Nordlandboot, s. S. 384), das eines von weltweit fünf erhaltenen Booten seiner Art ist (22. Juni–21. Aug. Di–So 12–16 Uhr, 50 NOK).

### Infos

**Namsos Turistinformasjon:** Skysstasjonen, Dampskipskaia,7801 Namsos, Tel. 74 22 66 04, Fax 74 22 66 01, www.namsosinfo.no und

**Ein Schmuckstück aus vergangenen Tagen – der einstige Handelsort Kjerringøy**

aktiv unterwegs

## Inselhüpfen mit dem Fahrrad

### Tour-Infos

**Start:** Brønnøysund ▶ K 15
**Ziel:** Sandnessjøen bzw. Brønnøysund
**Länge:** 90 km bzw. 160 km (lange Version: 190 km)
**Dauer:** 2–3 Tage bzw. 4–5 Tage (lange Version: 6 Tage)
**Wegbeschaffenheit:** Auf den Inseln teils Schotterstraßen, kaum frequentiert, auf dem Festland Asphalt, mittelstark frequentiert.
**Info-Material:** Über die Websites der Touristenbüros in Brønnøysund (s. S. 381) und Sandnessjøen (s. S. 386) kann man eine 24 Seiten umfassende Radbroschüre auf Englisch downloaden. Auch alle erforderlichen Karten und Adressen sind enthalten. Infos auch auf Deutsch gibt www.bike-norway.com.
**Radverleih:** Die Touristenbüros in Brønnøysund und Sandnessjøen sind für Radverleih zuständig, auch Einwegmiete ist möglich.
**Übernachtung:** Entlang der gesamten Strecke laden radlerfreundliche Unterkünfte ein, außerdem ist ›wildes‹ Zelten nirgendwo ein Problem.

Nur beim langsamen Reisen kann die Seele Schritt halten, und wenn es ein Fortbewegungsmittel gibt, mit dem man an der Helgelandsküste den Reisegenuss zur höchsten Tugend erhebt, ist es das Fahrrad, mit dem man zwischen Brønnøysund und Sandnessjøen auf Insel-Hüpf-Tour gehen kann. Die Verkehrsdichte ist gering, die Straßen sind super, und da die Fahrt meist am Wasser entlangführt, gibt es kaum nennenswerte Steigungen.

›Inselhüpfen mit dem Fahrrad‹ ist im hohen Norden nirgends so abwechslungsreich und populär wie an der Helgelandsküste, die mit Tausenden Inseln und Inselsplittern gespickt ist. Die Radler-Traumroute führt ab **Brønnøysund** nach **Vega** sowie weiter zu den Nachbarinseln **Herøy** und **Dønna**, von deren höchster Erhebung aus man alle bekannten Gipfel der Helgelandsküste ausmachen kann. Nächstes Ziel ist **Sandnessjøen,** und bis hierhin hat man radelnd 90 km zurückgelegt, wofür man im Sinne des Reiseerlebnisses zwei bis drei Tage ansetzen sollte.

Wer Lust auf mehr hat, beschreibt entlang der Bergkette der »Sieben Schwestern« via **Tjøtta** und **Forvik** eine Rundfahrt entlang der R 17 ins 71 km entfernte **Brønnøysund** zurück. Hierfür sind zwei weitere entspannte Tage anzusetzen, und wem auch das noch nicht genug ist, der nimmt zuvor ab Sandnessjøen das Schnellboot nach Stokkvågen und erreicht nach zwei bis drei Tagen auf 102 km langer, aber teils etwas anspruchsvoller Tour entlang der Reichsstraße 17 via **Nesna** und **Levang** wieder den Ausgangspunkt.

www.kystriksveien.no, ganzjährig. Unter der letzten Web-Adresse sollte man die kostenlose Broschüre zum Kystriksveien bestellen, die eine Fülle wertvoller Informationen und Tipps enthält.

### Übernachten

Wohnen und baden ▶ **Børstad Gjestgiveri:** Karl Gudbransonsgt. 19, Tel. 74 21 80 90, www.borstadhotel.no. Modernes Haus, komfortable Zimmer, unlängst renoviert, der Preis schließt den Besuch des Oasen-Schwimmbads ein, auch Fahrradverleih. DZ ab 1050 NOK.

Camping, Hütten & Draisinen ▶ **Namsos Pluscamp:** 3 km östl. der Stadt zwischen der Straße und dem Namsenelv, Tel. 74 27 53 44, Fax 74 27 53 93, www.namsos-camping.no, ganzjährig. Von Bäumen umgebene Wiese, Badestrand, gute Ausstattung, sehr großes

Angebot an Hütten von 400–1050 NOK, hier starten die Draisinefahrten (s. o.).

## Verkehr

**Bus:** Verbindungen 4–5 x tgl. in Richtung Trondheim (via Grong, Steinkjer und Levanger), nach Rørvik und in andere Küstenorte sowie nach Grong. Der R 17 gen Norden mit dem Bus zu folgen ist von hier aus mühsam, problemlos hingegen ist es von Brønnøysund aus, wohin man z. B. ab Grong gute Busverbindungen hat.

**Schnellboot:** Ganzjährig Mo–Fr um 11.45 Uhr nach Rørvik (Ankunft 13.15 Uhr) via Leka, Abelvær und Seierstad, Tel. 73 89 07 00, www.fosennamsos.no.

**Hurtigruten:** Von Rørvik aus fahren die Postschiffe tgl. um 21.15 Uhr gen Norden (Brønnøysund) sowie tgl. gegen 21.30 Uhr nach Trondheim.

## Auf Schleichwegen über die Nordland-Grenze ► J 17/18

Für die Weiterfahrt nach Norden bieten sich ab Namsos zwei Strecken an: Entweder man folgt der nun letztmalig durch das wald- und seenreiche Binnenland verlaufenden R 17 oder aber – und diese Variante ist zu empfehlen – einem verzweigten Netz an Nebenstraßen, die das zerklüftete Küstenland erschließen und nach 121 km wieder in die R 17 einmünden: Die R 769, die am Kreisverkehr in Namsos-Zentrum Richtung Rørvik ausgeschildert ist, entpuppt sich schon wenige Kilometer westlich von Namsos als Traumstrecke, die an Buchten und Sunden, Fjorden, Mooren und Seen vorbei über zahlreiche Brücken hinweg nach **Lund** führt, wo sie direkt vor dem Fähranleger endet.

Auf der anderen Seite des Foldfjords liegt der Ort **Hofles,** von wo es entlang der R 770 via **Kolvereid** an schmalen Fjordarmen mit teils herrlich gelegenen Rastplätzen vorbeigeht. Schließlich kommt der markante Gipfel des 1036 m hohen Heilhornet in den Blick, an dessen Fuß die Straße die Grenze von Nord-Trøndelag nach Nordland überquert und wieder in die R 17 einmündet.

## Am Lysfjord ► J/K 15/16

Folgt man der Reichsstraße nach rechts, erreicht man bald den schön gelegenen Svaberget-Campingplatz am Simlestraum, durch den der Sørfjord bei Ebbe und Flut sein Wasser austauscht. Dieser ›Mahlstrom‹ erfreut sich bei Anglern großer Beliebtheit, während sich der **Heilhornet,** auf dessen Spitze gut markierte Pfade führen, für Wanderer anbietet. Über beide Aktivitäten kann man sich auf dem Kjelleidet-Campingplatz informieren. Hier, am malerischen Lysefjord, sollte man vielleicht die Nacht verbringen, denn der ›Lichtfjord‹ trägt nicht ohne Grund seinen Namen: Ab 23 Uhr etwa lassen sich während des Mittsommers von der Küstenstraße aus faszinierende ›Lichtspiele‹ erleben – zumindest, wenn das Wetter mitspielt.

Wenig später erreicht man **Holm,** und während der 20-minütigen Fährfahrt nach **Vennesund** genießt man eine herrliche Aussicht auf den Fjord, den Heilhornet und die vorausliegende Halbinsel Sømna, die in ihrer gesamten Länge zu überqueren ist. Unmittelbar neben dem Anleger in Vennesund liegt ein ansprechender Campingplatz, hinter dessen Wiesenareal die ›**Olavsquelle**‹ sprudelt. Sie erinnert an den Heiligen Olav (s. S. 335), der hier einmal Halt gemacht haben soll; der Sage nach soll sie niemals versiegen und ihr Wasser eine heilende Wirkung haben.

Über **Vik,** Zentrum eines der agrarwirtschaftlich ertragreichsten Gebiete Nordnorwegens, erreicht man Berg, von wo aus man bei klarer Sicht den linker Hand hinter dem Torgfjord aufragenden **Torghatten** erkennen kann. Den Namen verdankt er seiner Hutform (*hatten* = Hut), doch berühmt ist er wegen des gewaltigen Lochs inmitten dieses 260 m hohen Bergs (von hier ist es allerdings noch nicht zu sehen). An den Rand des Lochs werden wir später hinaufsteigen (s. S. 380), doch bis dahin ist noch ein 40 km langes Wegstück zurückzulegen, und etwa auf halber Strecke gelangt man zunächst nach **Brønnøysund.**

## Übernachten

Der Lage wegen ► **Svaberget Camping:** Bindalseidet, Tel. 75 03 17 23, Fax 75 03 16

76. Campingplatz in schöner Lage mit Hütten zu 450 und 650 NOK, auch Bootsverleih (300 NOK/Tag).

Am Fuße des Heilhornet ▶ **Kjelleidet Camping:** Bindalseidet, Tel. 47 04 15 33, www.kjelleidet.no. Zentrale Lage an der R 17 in Kjelleidet, 19 km südlich vom Holm Fährenkai. Nette Hütten am Strand (ab 350 NOK). Beliebter Ausgangspunkt zur Besteigung des Heilhornet, außerdem Bootsverleih sowie geführte Angeltouren auf den fischreichen Kjellafjord.

Am und über dem Meer ▶ **Vennesund Camping:** Somna, Tel. 75 02 73 75, www.vennesund.no. Am Fähranleger gelegene Anlage mit einem Dutzend Hütten (490–750 NOK), teils auf Pfählen über dem Meer, sehr beliebt bei Anglern, Bar/Restaurant sind angeschlossen.

## Termine

**Nordlandboot-Regatta** (letztes Juni-Wochenende): Die Bindal-Gemeinde, zu der der Lysfjord gehört, ist eines der letzten großen Zentren für den Bau von Nordlandbooten (s. S. 384) in Norwegen, jedes Jahr im Juni findet in Terråk eine Regatta für diese Boote statt. Das Segelereignis ist das größte Treffen von Nordlandbooten im Königreich, Informationen über die Touristenbüros in Namsos (s. o.) und Bronnoysund (s. u).

## Verkehr

**Fähre: Lund–Hofles:** Zwischen 6.25 und 22 Uhr 10 x tgl. (im Sommer), 25 Min. Fahrzeit, 105 NOK/Pkw, 36 NOK/Pers.; **Holm–Vennesund:** Zwischen 6.25 und 22.40 Uhr 15 x tgl. (Sommer), 20 Min., 81 NOK/Pkw, 31 NOK/Pers.

## Brønnøysund ▶ K 15

Bei dem etwa 4700 Einwohner großen Fischerei- und Dienstleistungszentrum **Brønnøysund** 2, das auch von den Schiffen der Hurtigrute angelaufen wird, handelt es sich im kartografischen Sinn um die ›Küstenstadt in der Mitte Norwegens‹. Das nach Süden fahrende Postschiff fährt täglich in den durch einen schmalen Sund gebildeten Hafen ein,

## Der Kystriksveien

und wer sich in der Stadt aufhält, sollte es sich nicht nehmen lassen, auf die 550 m lange Bogenbrücke zu gehen, die sich südlich vom Stadtzentrum über die Meerenge wölbt und am deutlich ausgeschilderten Weg zum Torghatten (s. u.) liegt. Kurz vor der Auffahrt zur Brücke kann man sein Auto abstellen, von oben genießt man eine fantastische Aussicht auf die Stadt, den Torghatten sowie zur gegebenen Zeit eben auch auf den Küstendampfer, der den schmalen Bronnoysund nahezu völlig ausfüllt und gegen 17.05 Uhr unter der Brücke hindurchfährt.

Das Motiv des Hurtigruten-Schiffes im Sund ist auf unzähligen Postkarten ebenso wiederzufinden wie der **Torghatten** 3, bis an dessen Fuß die Straße reicht. Am Parkplatz unterhalb des Berges ist eine große Infotafel aufgestellt, auf der die verschiedenen Wanderwege verzeichnet sind, u. a. kann man auf markierten Pfaden einmal um den Berg herumlaufen (Dauer ca. 2 Std., unterwegs finden sich schöne Sandstrände) oder innerhalb einer halben Stunde zum Loch hochwandern, das einen Durchmesser von rund 35 m und eine Tiefe von 169 m hat. Man kann leicht verstehen, warum der Torghatten und sein Loch von Sagen und Legenden umwoben sind, obwohl der moderne Mensch dessen Entstehung nüchtern erklären kann: Die nor-

wegische Landmasse wurde vom Glazialpanzer der letzten Eiszeit tief in den Erdmantel gedrückt, und zwar so tief, dass sich das heute auf 112 m Höhe gelegene Loch auf Meeresniveau befand. Steter Tropfen höhlt den Stein, und in diesem Fall höhlte die Meeresbrandung den Fels aus.

## Infos

**Helgeland Reiseliv:** Sømnaveien 92, 8900 Brønnøysund, Tel. 75 01 80 00, Fax 75 01 80 01, www.visithelgeland.com, Informationen zur gesamten Helgelandküste, dem Kystriksveien sowie zu Nordland.

## Übernachten

Komfort am Kai ▶ **Galeasen Hotel:** Havnegt. 34, Tel. 75 00 88 50, Fax 75 00 88 51, www.galeasen.com. Direkt am Hurtigrutenkai gelegenes Mittelklassehotel im Stil eines alten Speicherhauses mit 22 komfortablen Zimmern. DZ 1330 NOK, Wochenende/Sommer 1010 NOK.

Schöne Lage ▶ **Torghatten Camping:** am Fuße des Torghatten gelegen, Tel. 75 02 54 95, www.visittorghatten.no, ganzjährig, Bauernhof-Wiesencamping am Meer hinter einem herrlichen weißen Sandstrand, auch Bootsverleih sowie Ausritte, auch Zimmer/Hütten (1150/995 NOK).

## Aktiv

Das Touristenbüro ist für **Kanu-** und **Fahrradverleih** zuständig und gibt Informationen über **Fjordtouren** und **Wanderungen** sowie **Angel-** und **Inselausflüge.**

## Verkehr

**Bus:** Die Strecke gen Norden nach Sandnessjøen wird 5 x tgl. bedient, gen Süden wird mindestens 2 x tgl. Grong an der E 6 angefahren, 3 x tgl. geht es nach Mosjøen an der E 6.
**Schnellboot:** Verbindungen u. a. zur vorgelagerten Insel Vega sowie nach Sandnessjøen, zuständig sind Torghatten Trafikkselskap (Tel. 75 01 81 00, www.tts.no) und Boreal Transport (Tel. 75 06 41 00, www.boreal.no).
**Hurtigruten:** Die Schiffe legen tgl. gegen 1 Uhr nachts ab (Richtung Norden) bzw. gegen 17 Uhr (Richtung Süden), Infos über Hurtigruten ASA, Tel. 81 03 00 30, www.hurtigruten.no, das Ticket für die Minikreuzfahrt nach Rørvik (s. S. 382) kann man an Bord kaufen, Reservierung ist nicht erforderlich.

## Vega-Archipel ▶ J 15

Rund 15 km nordwestlich von Brønnøysund erstreckt sich der über 6000 Inseln, Schären und Holme umfassende **Archipel von Vega** 4 (www.verdensarvvega.no und www.visit

## Tipp: Mit dem Postschiff nach Rørvik ▸ J/K 15–17

Die Helgelandsküste von draußen betrachtet, ist ein Erlebnis, und **Brønnøysund** ist idealer Ausgangspunkt für solch eine Minikreuzfahrt: Jeden Tag um 17 Uhr legt hier ein Schiff der Hurtigrute Richtung Bergen ab, das um 21 Uhr in **Rørvik** wieder anlegt. Hier trifft man auf das nach Norden fahrende Schiff, das sich um 21.15 Uhr auf den Weg nach Brønnøysund begibt, wo man gegen 0.30 Uhr wieder an Land geht. Der gesamte Weg kostet hin und zurück 682 NOK, Kosten, die gut investiert sind, bedenkt man die Vielzahl der unvergesslichen Eindrücke, die man unterwegs genießen kann.

Damit auch die Passagiere der Hurtigruten-Schiffe in den Genuss des ›Durch-Blickes‹ durch das Loch im **Torghatten** (s. S. 380) kommen, beschreibt das Schiff nach Ablegen eine Schleife nach Westen und fährt auf Idealroute nah am Berg vorbei. Später passiert man die Mündung des **Bindalsfjord,** dann wird die Grenze zwischen Nord-Norge und dem Trøndelag überschritten. Bald darauf kann man die Insel **Leka** und deren Wahrzeichen sehen, die schöne Lekamøya, die der Legende nach hier zu Stein erstarrte und seitdem auf dem Südzipfel der insgesamt nur rund 15 km langen Insel aufragt.

Nun erreichen wir die **Vikna-Kommune,** die einen einzigartigen Schärengarten mit insgesamt mehr als 6000 Inseln und Inselchen umfasst. Vom Schiff aus genießt man herrliche Ausblicke auf diese wahrhaft ›amphibische‹ Landschaft. Höhepunkt der Etappe ist die Fahrt durch den ebenso schmalen wie stark von Frachtern und Booten frequentierten **Nærøysund,** der als das ›Tor zu Nordland‹ bekannt ist und direkt nach **Rørvik** geleitet, Handelszentrum und Verkehrsknotenpunkt der gesamten Region.

**Der Torghatten: Für diesen Anblick fahren die Hurtigrutenschiffe sogar eine Schleife**

vega.no), der die ältesten nachgewiesenen Siedlungen in Nord-Norwegen besitzt (etwa 10 000 Jahre alt) und 2004 als Welterbe in die Heritage-List der UNESCO aufgenommen wurde. Der Grund für diesen höchsten Schutzstatus liegt im harmonischen Zusammenspiel von menschlichen und tierischen Bewohnern auf Vega: Schon seit über 1500 Jahren legen die Menschen Nistplätze für die Eiderenten an, wofür sie von den Enten mit allerfeinster Daune ›beschenkt‹ werden. Ein Dokumentationszentrum informiert ausführlich (10. Juni–15. Aug. Di–So 12–16 Uhr), und ein 3 km langer Naturlehrpfad gibt Auskunft über das Leben in der Steinzeit. Außerdem laden 18 markierte Wanderwege ein.

### Verkehr

**Schiff:** Die Hauptinsel Vega ist mehrmals tgl. von Horn aus (11 km nördl. Brønnøysund) per Fähre (50 Min.) erreichbar.

## Von Brønnøysund nach Sandnessjøen

Nur 11 km trennen Brønnøysund von **Horn** und damit von der nächsten Fährstrecke (ca. 15 Min.), die nach **Anndalsvågen** führt. 17 km geht es nun durch eine einsame, spröde Landschaft entlang dem Vevelstadsund zum Fähranleger von **Forvik.** Das Schiff nach Tjøtta hinüber legt hier jeweils rund 50 Minuten nach Ankunft der Fähre in Anndalsvågen ab, und während der 60-minütigen Passage genießt man wieder einmal herrliche Ausblicke auf die an Schären und Inseln so ungeheuer reiche Küstenlandschaft. Im Osten öffnet sich der Vistenfjord, im Süden erhebt sich die schon seit der Steinzeit bewohnte Insel Hamnøya und voraus ragt die unübersehbare Landmarke der ›Sieben Schwestern‹ (s. S. 386) mit ihren Gipfeln rund 1000 m hoch aus dem Atlantik.

### Tjøtta ▶ K 15

An diesem Bergzug entlang wird später die Route weiter verlaufen, doch erst einmal gelangen wir nach Tjøtta, wo sich nicht weniger als 90 Grabhügel, 12 Hausfundamente und vier Bautasteine (Gedenksteine) aus der Wikingerzeit finden. Auch Nordnorwegens größtes Gehöft, das schon mindestens seit dem 9. Jh. bestehende Gut Tjøtta, liegt hier. Nahebei befindet sich links der Straße ein großer Soldatenfriedhof, auf dem 7551 russische Soldaten begraben sind, die in deutscher Kriegsgefangenschaft umkamen. Angeschlossen ist das sogenannte Rigelfeld mit 1011 Gräbern von Norwegern, Tschechen und Polen, Russen sowie Deutschen, die 1944 ihr Leben verloren, als das deutsche Gefangenenschiff ›Rigel‹ von Flugzeugen der Alliierten versenkt wurde.

### Alstahaug ▶ K 14

Durch eine wunderschöne Wald-Wiesen-Moor-und-Strandlandschaft, in der äußerst viele Elche leben, geht es weiter zum rund 16 km von Tjøtta entfernten **Alstahaug** **5**, wo ab 1689 der Geistliche Peter Dass (1647–1707) lebte. Damit ihn sein Volk auch im Alltag verstehe, übersetzte er die Martin-Luther-Bibel. Um das Leben im hohen Norden auch den Südländern verständlich zu machen, verfasste er zudem »Nordlands Trompet«, das heute als eines der ersten Werke der norwegischen Literatur große Beachtung findet. Dem dichtenden Pfarrer zum Gedenken wurde 2007 das **Peter-Dass-Museum** eröffnet, das sich als ein architektonisches Kleinod aus Stahl, Beton und Zinkplatten präsentiert und von der renommierten Architekturfirma Snøhetta entworfen wurde, die u. a. auch für die Bibliothek in Alexandria und die neue Oper in Oslo verantwortlich zeichnet. Diesem ›Kulturleuchtturm‹ angeschlossen ist u. a. auch das alte Pfarrhaus aus dem frühen 18. Jh., dessen Inneneinrichtung und Exponate teils noch dem 17. Jh. stammen (www.petterdass.no, 1. Juni–15. Aug. tgl. 10– 19, sonst Di–Fr 10–15.30, Sa/So 11–17 Uhr, 75 NOK).

Die um 1200 erbaute **romanische Kirche** steht neben dem Museum und gehört zu den ältesten des Nordens, das südöstlich der Kirche gelegene Grab von Sjeggeneset gilt wiederum mit seinem Durchmesser von 30 m

# Vom Nordlandboot zum Trawler

**In Norwegen, wo das Meer, die Sunde und die Fjorde bis in unsere Tage hinein oft die Straßen ersetzen, wurden jahrhundertelang die unterschiedlichsten, doch alle auf die Langschiffe der Wikinger zurückgehenden ›Nordlandboote‹ benutzt, bevor auch hier Motoren und damit andere Boote in Mode kamen.**

Mehr als 1000 Jahre lang bedienten sich die Fischer in Nordnorwegen kleiner, offener Ruder- und Segelboote, die in puncto Konstruktion und Proportion zum gleichen Bootstyp wie die Langschiffe der Wikinger gehören und als außerordentlich seetüchtig gelten. Sie wurden, so viele unterschiedliche Typen es auch gab, generell als *nordlandsbåten* bezeichnet und beherrschten bis weit ins 19. Jh. hinein unangefochten die Fischerei.

All diesen ›Nordlandbooten‹ war gemeinsam, dass sie aus Fichten- (wenn in Mo i Rana oder Bindal gebaut) oder Kiefernholz (wenn aus Salten) gezimmert und oft viele Generationen lang im Einsatz waren. Als Imprägniermittel wurde Teer (meist mit Harz gemischt), später auch Leinöl verwendet. Von äußerster Wichtigkeit war das richtige Platzieren des Mastes für das *råsegl* (›Rahsegel‹), das hauptsächlich einen Raumschotkurs zuließ, zum Kreuzen und Am-Wind-Fahren jedoch nur sehr bedingt geeignet war. Da alle Nordlandboote grundsätzlich tief im Wasser lagen, konnten schnell die Wellen überschlagen, und um sie zu zähmen, ihnen ihre Wucht zu nehmen, wurde Tran oder Paraffin aufs Meer geschüttet. Lief das sehr elastische Schiff dennoch voll, kam es auf die Fähigkeiten des Skippers an, das Wasser durch geschickte Manöver ›herauszusegeln‹.

Erst ab etwa 1870 gelang es moderneren Schiffstypen, die als wichtigste Errungenschaft das Schrägsegel trugen, sich gegen die starke Traditionsverbundenheit der Nordnorweger durchzusetzen. Knapp 20 Jahre später dann kamen die Vorläufer der Trawler auf, die *kutteren* (›Kutter‹), die im sogenannten Krawlee-Verfahren – die Bretter des Rumpfes sind Kante an Kante gefügt – gefertigt und somit wesentlich stabiler und sicherer waren als die nach der traditionellen Klinkertechnik gezimmerten. Zum Leinen- und Handangelfischen nahmen die ansonsten mit Netzen ausgestatteten Segelkutter (Fock-, Sturm- und Toppsegel sowie Klüver und Besan) bis zu sechs flachbodige Boote mit an Bord. Diese allein waren schon eine Neuerung, doch als der letzte Schrei jener Jahre galten *garnspelet* und *linespelet*, handbetriebene Spills, die das Leinen- und Handangelfischen zwar effektiv machten, sich aber erst viele Jahrzehnte nach ihrer Einführung durchsetzen konnten. Bei den sturen Fischern waren sie als *uvesenet* (›Unwesen‹) verschrien.

*Dampffiskebåtar* hatten sich schon 1890 ihren Weg ins Nordmeer erstampft, und diese aus Eisen gefertigten Dampfschiffe waren bereits bis zu 30 m lang. Sie qualmten und stanken wie die Pest und konnten niemals zu einer echten Konkurrenz für die Nordlandboote und Kutter werden. Anders die mit Motor ausgestatteten Schiffe, deren erstes man im Jahre 1903 im Norden sichten konnte. Es wurde von einem dänischen Viertakter Marke ›Dan & Alpha‹ angetrieben, der aber nur 5 PS brachte und lediglich als Hilfsmotor sowie zum Ziehen von Garn- und Leinenspill gedacht war. Die Alten ließen natürlich kein gu-

Thema

tes Haar an dem knatternden Gefährt und machten sich einen Spaß daraus, ihm wegzurudern oder weg zu segeln. Aber die junge Fischergeneration kam schnell auf den Geschmack, und als die stärkere Marke ›Gideon & Thor‹ auf den Markt kam, baute schon manch einer sein Nordlandboot zum motorisierten Fischkutter *(sjark)* um, der zusätzlich mit einem Deck versehen wurde. Als auch Steuerhaus und Logis dazukamen, wechselte der Name zu *sjøldragar,* aus dem sich Mitte der 1940er-Jahre ein mit kombiniertem Steuerhaus und Logis versehener Typus entwickelte, der auch zum Netzfischen tauglich war.

Schon um 1930 hatte ein findiger Ingenieur den *kryssar* entworfen, einen ›Kreuzer‹, bei dem der Vordersteven schräg zum Kiel steht. Diese Version konnte sich durchsetzen und ist noch heute die dominierende bei den größeren Bootstypen. Die kleineren wurden ab 1950 hinten abgeschrägt, was sie zu *gavlebåten* machte bzw. – seit sie auch aus Kunststoff gefertigt werden – zu *plastsjarken,* die heute rund ein Drittel aller anmeldepflichtigen Boote an der Nordmeerküste ausmachen. Die Hälfte entfällt auf kleine Boote ohne Deck, den Rest bilden moderne, stählerne Trawler, die mit bis zu 15 Mann Besatzung ausgestattet sind und eine Ladekapazität von durchschnittlich 300 BRT haben.

Doch egal mit welchem Bootstyp man zum Fischen aufs Meer hinausfährt: Stets heißt es – heute wie vor 1000 Jahren – *ro feske,* was so viel wie ›Fisch rudern‹ bedeutet. Entsprechend sagt der, der vom Fischen zurückkommt: *i dag va' eg roen* – »Heute habe ich gerudert«.

**Die Nordlandboote gehen in ihrer Form auf die Langschiffe der Wikinger zurück**

## Tipp: Lovund und Træna – Traumwelten am Polarkreis

Wer hätte nicht schon einmal geträumt, allein auf einer kleinen Insel zu weilen, sich im Ruderboot der Unendlichkeit des Meeres zu stellen, Seeadler zu beobachten und hinaufzusteigen auf steile Höhen, um das Mitternachtslicht zu genießen? Auf den beiden Archipelen **Lovund** (► K 13) und **Træna** (► J 13), bestehend aus weit über tausend Holmen, Schären und bis über 600 m hohen Inseln, von denen nicht einmal eine Hand voll bewohnt ist, kann man sich diese Träume und noch viele andere mehr erfüllen.

Dort draußen, zwischen 30 und 60 km vom Festland entfernt, kann man Wanderer und Fischer sein, ›Entdecker‹ von Steinzeithöhlen, Beobachter von Vögeln und unberührten Landschaften und sich eine unvergessliche Weile lang auch dem Gedanken hingeben, wie es wäre, nicht dorthin zurückzukehren, woher man gekommen ist …

Und dies, ohne auf die von dort gewohnten Annehmlichkeiten wie Hotelzimmer, gemütliches Häuschen, Restaurant und Lebensmittelladen sowie verlässliche Verbindungen zur Außenwelt verzichten zu müssen. Zumindest einen Abstecher (von mindestens 2–3 Tagen, sonst lohnt es sich nicht) auf diese knapp unter dem Polarkreis gelegenen Inselgruppe sollte man sich einmal gönnen.

Zu erreichen sind beide Inseln mit der **Fähre** von Stokkvågen (s. S. 388) sowie auch Sandnessjøen aus, **Schnellbootverbindungen** bestehen 1–3 x tgl. (je nach Wochentag) mit Sandnessjøen, außerdem 1 x tgl. mit Bodø (Unterkunft s. u. Sandnessjøen, s. u.).

und einer Höhe von 8 m als das größte **Hügelgrab** von Nordland.

### Die ›Sieben Schwestern‹

Die weitere Strecke bis Sandnessjoen führt an der Bergkette der ›Sieben Schwestern‹ entlang, deren höchster Gipfel sich 1072 m hoch erhebt und, wie alle anderen auch, von Wanderern mit durchschnittlicher Kondition problemlos bestiegen werden kann. Markierte Pfade geleiten von ›Schwester‹ zu ›Schwester‹, und alle zwei Jahre wird hier ein Gebirgslauf über alle sieben Gipfel abgehalten. Der Rekord liegt momentan bei 3 Stunden und 54 Minuten … Idealer Ausgangspunkt für die überaus empfehlenswerte Bergtour ist der direkt vor dem Stokka-Flughafen (12 km vor Sandnessjoen) nach links ausgeschilderte Sandnessjoen-Camping, wo auch Hütten und Zimmer sowie Ruderboote vermietet werden und Informationsmaterial über den Wanderweg zur Verfügung steht.

### Sandnessjøen ► K 14

Das rund 5800 Einwohner zählende **Sandnessjøen** 6 ist wichtigster Verkehrsknotenpunkt des gesamten Großraumes, sichtbares Zeichen dieser Stellung ist die nördlich vom Ort aufragende Helgelandsbru. Die 1991 fertiggestellte Brücke gilt mit 1073 m Länge und 45 m Höhe als Meisterwerk der Ingenieurskunst. Mehr als 300 Mio. Kronen und über 30 000 m³ Beton hat das hängende Monstrum verschlungen, das nur zu dem Zweck geschaffen wurde, die Fahrzeit auf dem Kystriksveien um einige wenige Minuten zu verkürzen.

### Infos

**Helgelandskysten Reiseliv:** Postboks 414, 8801 Sandnessjøen, Tel. 75 04 45 00, Fax 75 04 64 94, www.helgelandskysten.com, www.kystriksveien.no, ganzjährig.

### Übernachten

**… in Tjøtta:**

Mit Bergblick ► **Offersøy Camping:** Tel. 75 04 64 11, www.kystferie.no, 15. Juni–20. Aug. Schöne Fjorduferlage mit Aussicht auf die ›Sieben Schwestern‹, zehn Hütten von 450–1000 NOK, auch Bootsverleih.

**… in Sandnessjøen:**

Ohne Alternative ► **Napoli Motel:** Øyvind Lambesvn. 4, Tel. 75 06 40 80, www.napoli

motell.no. Moderner Flachbau, gutes Restaurant. DZ 900 NOK.
Schöne Lage ▶ **Sandnessjøen-Camping:** Steiro (direkt hinter dem Flughafen, 12 km südl. an der R 17), Tel. 75 04 54 40, www.ssj.no. Großes, durch Hecken und Bäume aufgeteiltes Wiesen- und Fjellgelände direkt am Meer, einfache, aber ausreichende sanitäre Einrichtungen sowie eine Küche, teilweise sehr romantisch gelegene Hütten ab 470 NOK; gute Angel- und Bademöglichkeiten sowie Bootsverleih.

**... in Lovund:**
Erste Wahl ▶ **Lovund Rorbu Hotel:** Tel. 75 09 20 30, www.lovund.no. Vermietung von Zimmern und Hütten (ab 1210 NOK), auch Zeltplätze. Bootsverleih, Organisation von Angeltouren und Wanderungen zu den Vogelkolonien.

**... in Træna:**
Urig & komfortabel ▶ **Træna Rorbuferie:** Tel. 75 09 53 80, Fax 75 09 51 11, www.rorbuferie.com. Auf Pfählen direkt am Meer stehende kleine und große Rorbuer, 950–1200 NOK.

## Aktiv

Das Touristenbüro informiert über **Ocean-Rafting und Seeadler-Safaris, Angel-, Berg-, Gletschertouren** sowie **Verleih von Booten** und **Seekajaks.**

## Verkehr

**Flugzeug:** Vom südlich der Stadt gelegenen Flughafen aus fliegt Widerøe u. a. tgl. nach Bodø und Brønnøysund; Taxi 200 NOK.
**Bus:** Mehrmals tgl. insbesondere nach Brønnøysund sowie Mo i Rana.
**Schnellboot:** 1–2 x tgl. in Richtung Brønnøysund sowie Bodø (via Nesna und Ørnes), außerdem nach Vega und Træna via Lovund sowie zu weiteren der Küste vorgelagerten Inseln (Boreal Transport, Tel. 75 06 41 00, www.boreal.no).
**Fähre: Horn–Anndalsvåg:** zwischen 6 und 22.15 Uhr 12 x tgl. (Sommer), 20 Min., 75 NOK/Pkw, 29 NOK/Pers.; **Forvik–Tjøtta:** zwischen 6.50 und 21.30 Uhr 11 x tgl. (Sommer), 1 Std., 139 NOK/Pkw, 46 NOK/Pers.
**Hurtigruten:** Die Schiffe legen tgl. um 4.15 Uhr Richtung Kirkenes ab, um 13.30 Uhr Richtung Bergen.

# Von Sandnessjøen nach Bodø

## Nesna ▶ K 14

Die Strecke von Sandnessjøen über die Helgeland-Brücke bis Levang führt durch agrarwirtschaftlich genutzte Landschaft, und während der sich anschließenden 20-minütigen Fährfahrt ist wieder einmal eine grandiose Aussicht zu bewundern. Der nach Mo i Rana (s. S. 352) führende Ranafjord wird hier gequert, dunkel bewaldete Inseln kommen ins Bild, das schließlich von **Nesna** 7 ausgefüllt wird.

Der Ort ist eine hübsche Kleinstadt mit vielen farbenfroh getünchten Holzhäusern sowie einem empfehlenswerten Campingplatz (mit Hüttenvermietung und einem Touristenbüro) und blickt direkt auf die Inseln Hugla, Tomma sowie Handnessøya. Jedes Eiland (alle mit Fähren von Nesna aus zu erreichen) hat seinen ganz besonderen Reiz, vor allem Tomma sollte kein Wanderfreund auslassen: Vom fast 1000 m hohen Tomskjevelen aus kann man bei schönem Wetter nicht nur nach Lovund und Træna (siehe Tipp S. 386) hinüberblicken, sondern sogar die fast 200 km entfernte Lofotenkette aus dem Meer steigen sehen.

## Infos

**Turistinformasjon:** Im Gemeindehaus, Tel. 75 06 70 00, www.visithelgeland.com, www.rv17.no, www.arctic-circle.no.

## Übernachten

Für jeden etwas ▶ **Nesna Feriesenter:** Tel. 75 05 65 40, www.nesnaferie.no, ganzjährig. Am Ortsrand gelegenes Wiesenareal am Fjord, gehobene Ausstattung, neben Camping auch Hütten (ab 400 NOK) sowie kleine Wohnungen (ab 800 NOK). Außerdem Bootsverleih, Informationen über Aktivitäten jeder Art.

## Aktiv

Paddeltouren ▶ **Hav og Fritid:** Tel. 91 59 43 40, havogfritid.no. Sehr großes See-Kajakzentrum, zahlreiche geführte Touren, u. a. über den Polarkreis hinweg. Ausgesucht gutes Material, das auch verliehen wird (300–500 NOK/Tag, 1500–3000 NOK/Woche – je nach Kajak), außerdem Kurse von 3 Std. (500 NOK) bis 16 Std. (2000 NOK).

## Verkehr

**Bus:** Verbindungen u. a. in Richtung Mo i Rana, Mosjoen, Sandnessjoen; entlang der R 17 gen Norden schlechte Verbindungen.

**Schnellboot:** Tgl. ein Katamaran Richtung Bodo via Ørnes etc. (morgens) sowie ein Katamaran Richtung Sandnessjøen (nachmittags), auch die vorgelagerten Inseln werden bedient.

**Fähre: Levang–Nesna:** zwischen 6 und 23 Uhr 14 x tgl. (Sommer), 25 Min., 92 NOK/Pkw, 46 NOK/Pers.

**Hurtigruten:** Die Schiffe legen in Nesna tgl. um 5.30 Uhr Richtung Kirkenes ab sowie tgl. gegen 11.15 Uhr Richtung Bergen.

## Über den Polarkreis ▶ K 13/14

Nördlich von Nesna steigt die R 17 konstant an, beschreibt schließlich ein paar Serpentinen und führt dann hinauf auf den beim **Sjonfjell** erreichten höchsten Punkt der Straße, von dem aus der Blick 365 m tief in den Sjonafjord fällt. Am gegenüberliegenden Ufer sehen wir wie Spielzeugautos dahinkriechende Fahrzeuge, dort wo wir später selbst entlangfahren werden. Diese Strecke markiert einen weiteren Höhepunkt, denn nach der soeben durchquerten Fjellweite kurvt man bald darauf durch wildromantische Waldschluchten, fährt ein in lange Tunnelröhren, findet sich in Wiesen und Feldern wieder, um schon wenig später an vollkommen kahlen Bergflanken entlang auf den nächsten Tunnel zuzusteuern.

Schließlich, 70 km hinter Nesna, zweigt ein Weg nach links zum Fähranleger **Stokkvågen** ab: Wer die insulare Traumwelt von Lovund und Træna (s. S. 386) kennenlernen möchte, hat hier letztmalig Gelegenheit, das Boot zu besteigen. Von nun an und bis hinauf nach Storvik steht die R 17 unter dem Namen *verdens vakreste kyst* (›die schönste Küste der Welt‹) im Rang einer Nationalen Touristenstraße. Erste Sehenswürdigkeit am weiteren Weg sind die Überreste des **Grønsvika kystfort** (Küstenfestung Grønsvika), das als eine der am besten erhaltenen deutschen Befestigungsanlagen aus dem Zweiten Weltkrieg gilt. Informationstafeln und Schaubilder geben einen Einblick in dieses Kapitel der Geschichte.

Von hier bis zum Fähranleger Kilboghamn erstreckt sich die Gemeinde Luroy, zu der auch die Insel Lovund gehört und die mit Landschaften von außerordentlich wildem, teils sogar alpinem Gepräge überrascht. Die Berge, an denen vorbei nun die Fahrt verläuft, heißen entsprechend auch die **›Lurøy-Alpen‹**, und wer es einrichten kann, dem sei empfohlen, sich für die rund 25 km lange Strecke bis Kilboghamn einen ganzen Tag Zeit zu lassen.

Ein paar Kilometer weiter ist **Kilboghamn** erreicht. Wer die letzte Fähre verpasst, findet an der vor dem Anleger nach links führenden Straße einen empfehlenswerten Campingplatz (mit Hüttenvermietung) am Fjord. Die Fähren benötigen rund 60 Minuten nach Jektvik, bei starkem Verkehrsaufkommen pendelt außerdem eine zusätzliche Fähre hin und her.

Und dann so schnell wie möglich hinauf aufs Panoramadeck, denn diese Passage, während derer auch der **Polarkreis** 8 gequert wird (auf dem Festland mit Hilfe eines Modells der Weltkugel markiert), ist vielleicht die schönste im gesamten Verlauf der R 17. Wild und vollkommen unberührt präsentieren sich hier die weitgehend vegetationslosen Küstenlinien, und nur ganz vereinzelt kann man mit einem Fernglas an den Öffnungen der Fjorde, in deren Hintergrund sich schwarzgraue Gebirge auftürmen, einen Einödhof ausmachen.

Wenig später gelangt man nach **Jektvik** (Campingplatz und Lebensmittelgeschäft), und auf außerordentlich gut ausgebauter Straße geht es an der kahlen Granitflanke des monumentalen Blokktind in die Höhe und sodann in einen Tunnel hinein, der sich nach

**Von nahezu 1600 m hohen Bergen fließt der Svartisen hinunter bis nahe ans Meer**

mehreren Kilometern in ein Kesseltal öffnet. Auch die weitere Fahrt um dieses Tal herum bietet puren Landschaftsgenuss; an der herrlichsten Panoramastelle hat man einen Rastplatz eingerichtet, der vorbildlich ausgestattet ist und sich mit seinen grasgedeckten Aussichtspavillons zugleich für einen längeren Stopp empfiehlt.

## Verkehr

**Fähre Kilboghamn–Jektvik:** Zwischen 8.30 und 21.30 Uhr 11 x tgl. (Sommer), 60 Min., 158 NOK/Pkw, 50 NOK/Pers.

## Svartisen ▶ L 12

Von Jektvik aus ist schnell der Fähranleger **Ågskaret** erreicht (unterwegs liegt ein kleiner Waldsee mit Badestrand links am Weg). Lediglich 10 Minuten dauert es, den Holandsfjord nach **Forøy** zu queren, und auf der rechten Seite, doch noch nicht einsehbar, fließt das gewaltige Eisfeld des **Svartisen-Gletschers** 9 von den nahezu 1600 m hohen Bergen hinunter ans Meer.

Ungefähr 9 km weiter, beim Rastplatz Brasetvik, ist es dann so weit: Die blau schimmernde Eiswalze des **Engabreen** (Nebenarm des Svartisen) präsentiert sich in ihrer ganzen Pracht. Drohend und majestätisch hängt sie wie ein Denkmal der Glazialzeit über dem grünblau schimmernden Engabreenvatn. Das ist ein treffliches Motiv, aber der Fotograf wird, wenn er mit dem Boot Richtung Eisfeld übersetzt und an die Gletscherzunge herangeht oder an einer organisierten Gletscherwanderung teilnimmt, noch viel dramatischere Einstellungen finden.

Das Schiffchen fährt zur gegenüberliegenden Fjordseite hinüber, von wo aus man zu Fuß oder per Fahrrad, das man dort ausleihen kann, zum rund 1 km entfernten **Svartisen-Turistsenter** gelangt. Hier lädt eine Diashow zum Besuch ein, und man kann Gletscherwanderungen buchen. Doch da das Zentrum täglich von Tausenden Touristen besucht wird, fühlt man sich gelegentlich wie in Disneyland und geht bzw. radelt vielleicht gleich weiter zum 2 km entfernten Gletscher.

## Infos

Zuständig für die Region sind das Touristenbüro in Glomfjord (s. u.) sowie der Informationskiosk an der R 17 in Holand (Juni–Aug.), von wo auch das Boot zum Turistsenter verkehrt.

**Svartisen Turistsenter:** 1 km vom Bootssteg, 2 km vom Gletscher entfernt, Tel. 75 75 11 00, www.svartisen.com, Juni–Aug., Infos zu Gletscherwanderungen und Kurse.

## Übernachten

Gletschernah zelten ▶ **Svartisen Turistsenter:** s. o. Näher als auf der Zeltwiese des Touristenzentrums kann man nicht am Gletscher wohnen (150 NOK für 2 Pers. inkl. Zelt).

Fisherman's friend ▶ **Kvitbrygga Fiskecamp:** Furoy (ca. 500 m vom Fährpier entfernt), Tel. 75 75 00 80, www.kvitbrygga.no. Neue Anlage mit eigenem Bootssteg und komfortablen Hütten direkt am Meer; Zimmer im Haupthaus; auch Verleih von Motorbooten (ab 3200 NOK/Woche), Angelausrüstung (700 NOK/Woche) sowie Seekayaks (350 NOK/Tag). DZ ab 600 NOK.

Ferienzentrum ▶ **Furøy Camping:** Forøy, rund 15 km südlich des Svartisen beim Fähranleger, Tel. 75 75 05 25, Fax 75 75 03 36, www.furoycamp.no, ganzjährig. Sehr gute Ausstattung, Verleih von Rädern und Booten (teils mit Echolot), mit Badeplatz, rund 20 Hütten in verschiedenen Kategorien (550–900 NOK).

## Aktiv

Gletscherwanderungen ▶ Anmeldung über das Svartisen Turistsenter (s. o.), Beginn 12 Uhr, Dauer 4 Std., 800 NOK; Anmeldung spätestens am Vortag.

Mit dem Rad zum Gletscher ▶ Am Bootssteg kann man Fahrräder ausleihen (40 NOK/3 Std.), um zum Svartisen Turistsenter (1 km) und weiter zum Gletscher (plus 2 km) zu radeln.

## Verkehr

**Fähre Ågskaret–Forøy:** Zwischen 5.30 und 00.15 Uhr bis zu 24 x tgl. (Sommer), 10 Min., 63 NOK/Pkw, 26 NOK/Pers.

**Boot:** Ab Holand zum Engabreen, 24. Mai–7. Sept., tgl. 7.45–21 Uhr, alle 30–60 Min., je nach Nachfrage (110 NOK/Pers.).

## Von Ørnes zum Saltstraum

▶ L 12

Im weiteren Verlauf der R 17 geht es am Holandsfjord entlang und sodann durch zwei lange Tunnel hindurch via Glomfjord nach **Ørnes** **10**. Dieser 1600 Einwohner große Küstenort ist Ausgangspunkt mehrerer Bootstouren, die vom Touristenbüro organisiert werden: Eine Foto-Safari zur Insel Stott steht ebenso auf dem Programm wie eine Angel- und Badetour zur weit draußen gelegenen Insel Bolga. Auch große Küsten-Bootsfahrten werden angeboten, und wer sich einmal wie Robinson fühlen möchte, kann hier für relativ wenig Geld unbewohnte Schären mit einem Häuschen darauf und einem Boot am Ufer mieten.

Geht es ab Ørnes erst noch am Ufer des Ørnesfjords dahin (rückblickend letzte Aussicht auf den Svartisen-Gletscher), so überblickt man bald schon die nahezu liebliche Feld- und Wiesenlandschaft bei **Reipå**, wo ein schneeweißer und sanft ins Meer übergehender Strand zum Baden einlädt.

**Grensen** ist ein bei Einheimischen wie auch Touristen gleichermaßen beliebter Ort, um die Mitternachtssonne zu beobachten (mit einem Denkmal für das im Zweiten Weltkrieg hier untergegangene U-Boot ›Uredd‹). Die Landschaften der gesamten weiteren Strecke bis zum Storviks-Tunnel sind eine einzige Augenweide; steile Berge, sattgrüne Wiesen und weiße Sandstrände vor dem türkisfarbenen Meer gehen hier nahtlos ineinander über.

Hier einfach nur hindurchzufahren wäre eine Schande, zumal man in Mevik direkt am Meer prächtig übernachten kann (s. S. 391). Das naturschöne Hinterland ist für zahlreiche Wanderungen und Fahrradtouren gut, die mit Schären gespickte Küste bietet sich für Kajak- und Boots- sowie Angeltouren an, und zum Baden und sich Sonnen locken kilometerlange Strände.

## Infos

**Meløy Turistkontor:** Postboks 132, 8161 Glomfjord, Tel. 75 75 48 88, Fax 75 75 48 08, www.meloyinfo.no, ganzjährig. Auch Vermittlung von Privatzimmern und Infos über den Svartisen.

## Übernachten

Ferienidyll ▶ **Meløy Skjærgårdsferie:** Mevik, Tel. 75 75 12 02, www.meloyferie.no, ganzjährig. Sandstrände nahebei, komfortable Hütten (ab 675 NOK), Verleih von Fahrrädern (200 NOK/Tag), Kayaks (500 NOK) und Motorbooten (ab 275 NOK).

Strand-Camping ▶ **Camping Reipå:** Reipå, Tel. 75 75 57 74, www.reipacamping.com, Mitte Mai–Mitte Sept. Campingplatz in schöner Wiesenuferlage, außerdem ein Badestrand, Hütten von 400–1200 NOK.

## Verkehr

**Bus:** Verbindungen bestehen ab Ørnes Richtung Bodø und Nesna, aber es ist mühsam, so zu reisen.

**Schnellboot:** 1 x tgl. von Ørnes Richtung Bodø (10.20 Uhr) und Sandnessjøen (17.30 Uhr).

**Hurtigruten:** Die Schiffe legen in Ørnes tgl. Richtung Kirkenes (9.30 Uhr) und Richtung Bergen (7.15 Uhr) ab.

## Saltstraum ▶ L/M 11

Der **Saltstraum** **11**, angepriesen als »stärkster Mahlstrom der Welt«, präsentiert sich als eine Art Vergnügungspark mit Restaurants (überteuert), Campingplätzen (überfüllt), Hotel und Souvenirbuden an beiden Köpfen der 770 m langen Brücke, die sich in 41 m Höhe über den Gezeitenstrom zieht. Sicher: Die Aussicht auf die waldreichen Ufer des Skjerstadfjords, auf die hohen Berge dahinter und vor allem auf die zum Gezeitenwechsel tosenden Wassermassen in der Tiefe ist beeindruckend (Gezeitentabelle über die Touristeninformation sowie www.destinasjon-saltstraumen.com, auch zum Downloaden). Aber man hat auf dem bislang schon zurückgelegten Weg sicherlich viele Male ebenso schöne Landschaften gesehen, ohne dass ein solches Spektakel seitens findiger Touristenstrategen gestört hätte.

Auch unten, am Ufer des Straum (über die Brücke, links auf den Parkplatz, dann dem Pfad folgen), kann einem schnell die Freude vergehen, denn anscheinend muss jeder, der eine Angel besitzt, sie hier einmal ausgeworfen haben. Auf dem Strom demonstrieren mehrere Touristenkutter immer wieder aufs Neue, dass gegen die viermal täglich mit bis zu 20 Knoten Geschwindigkeit durch die Enge gepressten Wassermassen (rund 400 Mio. $m^3$) kein Motor ankommt …

## Infos

Zuständig ist **Destinasjon Bodø:** s. S. 394. Weitere Informationen über www.destinasjon-saltstraumen.com sowie das **Saltstraum Erlebniszentrum:** Juni–Aug. tgl. 10–18 Uhr, 50 NOK, alles über den Gezeitenstrom: Multimediashow, Gezeitenmodell, Aquarium, Seehundbecken, Wanderwege, Souvenirs.

## Übernachten

Ohne Alternative ▶ **Saltstraumen Hotel:** Tel. 75 50 65 60, Fax 75 58 75 70, www.saltstraumenhotel.no, ganzjährig. Großer Hotel- und Hüttenkomplex beim Erlebniszentrum, hoher Komfortstandard. DZ 1475 NOK, Hütte 1500 NOK.

Camping am ›Mahlstrom‹ ▶ **Saltstraumen Camping:** Tel. 75 58 75 60, www.saltstraumen-camping.no, ganzjährig. Großzügiger Wiesenplatz mit angemessenen Einrichtungen, Vermittlung von Bootsverleih und Angeltrips, auch Tiefkühl-Möglichkeiten für Fisch, überhaupt ›der‹ Platz für Angler. 24 Hütten ab 650 NOK.

## Aktiv

Angeln ▶ Sowohl das genannte Hotel als auch der Campingplatz (und alle anderen Campingplätze am Straumen) vermieten Boote und organisieren Angeltrips; ein 17 Fuß langes Boot mit einem 25 PS starken Motor kostet ab 900 NOK/Tag.

Raftingtouren ▶ Das Saltstraumen Hotel (s. o.) organisiert im Sommer Schlauchboot-Raftingtouren über den Mahlstrom, die 390 NOK kosten, doch größter Anbieter für solche (sowie andere Touren) ist **Saltstraumen Naturopplevelser** (Tel 99 42 76 06, www.saltstraumen-adventure.com).

Blick auf den Saltstraum, der »stärkste Mahlstrom der Welt«

Sightseeing-Tour ▶ **Von Bodø zum Saltstraum:** Destinasjon Bodo organisiert im Sommer tgl. geführte Bustouren (auch auf Deutsch) ab Bodø (12.30 Uhr, 2,5 Std.).

### Verkehr

**Bus:** Regelmäßige Verbindungen von/nach Fauske (E 6) und Bodo.

## Bodø ▶ L/M 11

**Bodø** 12, die rund 48 000 Einwohner zählende Hauptstadt von Nordland, ist Sitz des Militäroberkommandos für Nord-Norge. Häufig machen hier am Himmel NATO-Jäger und -Bomber lautstark von sich hören bei dem Versuch, einen imaginären feindlichen Angriff abzuwehren. Der letzte Angriff freilich ist glücklicherweise lange her, er wurde im Mai 1940 von der Deutschen Wehrmacht geführt. 420 der damals 760 Häuser fielen den schweren Bombardements zum Opfer, und so darf man sich nicht weiter wundern, dass die Stadt heute weitgehend ein Stein- und Betonkleid trägt. Idylle ist in dieser wichtigen Verwaltungs-, Handels- und Industriestadt folglich nicht zu erwarten. Dass sich hier im

2005 wurde hier mit Infotafeln der erste Teil einer Ausstellungsserie über Seeadler eröffnet, denn, wie es heißt, weist keine Stadt der Welt einen größeren Bestand an Seeadlern auf als Bodø. In der Tat ist es mit ein bisschen Ausdauer kein Problem, einen der majestätischen Greifvögel im Gleitflug über der Stadt zu beobachten. Wem dies geglückt ist, hat damit die Aufnahmebedingung für den Havørnklubb (›Seeadlerclub‹) erfüllt und kann im Touristenbüro die kostenlose Mitgliedschaft beantragen. Erstes Mitglied war übrigens König Harald, weitere Informationen über den Club bietet die Website www.havornklubben.no (leider nur auf Norwegisch).

## Salten Museum

Das an der Prinsensgate 116 zu findende Salten Museum, untergebracht im ältesten erhaltenen Gebäude der Stadt (1903), berichtet ausführlich über die Geschichte der Region und informiert über den Alltag der ›Fischerbauern‹ (früher waren die meisten Nordland-Fischer auch als Bauern tätig). Außerdem zeigt es den sogenannten Silberschatz von Bodø, der 1919 gefunden wurde. Er enthält Schmuckstücke und Münzen aus Arabien und gilt heute als der größte Fund aus der Eisenzeit in Nordnorwegen (www.saltenmuseum.no, Juni–Aug. Mo–Fr 11–18, Sa/So bis 16 Uhr, sonst Mo–Fr 9–15 Uhr, 40 NOK).

Sommer dennoch stets viele Touristen aufhalten, hat vorrangig damit zu tun, dass hier die Nordlandbahn endet und für viele Reisende das ›Abenteuer Lofoten‹ mit einer Fährpassage nach Moskenes beginnt.

## Rønvikfjell

Das 150 m hohe und rund 3 km vom Stadtzentrum entfernte Rønvikfjell bietet eine schöne Aussicht auf die Stadt und ihre vorgelagerte Inselwelt bis hin zu den Lofoten. Vom 2. Juni bis zum 10. Juli ist dieser per Straße erreichbare Gipfel Treffpunkt der Mitternachtssonnen-Anbeter.

## Norwegisches Luftfahrtmuseum

Das 1,5 km außerhalb des Zentrums gelegene Luftfahrtmuseum informiert auf über 10 000 m² Fläche ebenso umfassend wie spannend über die Geschichte der zivilen und militärischen Luftfahrt und ist damit die größte Ausstellung ihrer Art in Nordeuropa. Rund drei Dutzend Flugzeuge – von der AVRO 504 (1913) über die U 2 bis hin zum modernsten Kampfjet – sind hier ausgestellt, und nicht nur Kinder geraten schier aus dem Häuschen, wenn sie an einem Flug in den Simulatoren teilnehmen – sei dies im Düsenjäger vom Typ F-16 oder im Harriet, wenn nicht gar in der Weltall-Achterbahn Astro Canyon

Coaster (Norsk Luftfartsmuseum: www.luftfart.museum.no, 15. Juni–14. Aug. tgl. 10–18, sonst Mo–Fr 10–16 und Sa/So 11–17 Uhr, 110 NOK, die Simulatoren kosten 70 NOK).

## Infos

**Destinasjon Bodø:** Tollbugata 13, 8001 Bodo, Tel. 75 54 80 00, www.visitbodo.com und www.bodoe.com, Juni–Aug Mo–Fr 9–20, Sa 10–18, So 12–20 Uhr, sonst Mo–Fr 9–15.30 Uhr.

**Nordnorsk Reiseliv:** Storgata 4 A, 8006 Bodo, Tel. 90 17 75 00, www.nordnorge.com, für den gesamten Bezirk zuständig.

## Übernachten

Minimalistisch bis exotisch ▶ **Radisson SAS Hotel Bodø:** Storgt. 2, Tel. 75 51 90 00, www. radissonblu.com. Mit 190 Zimmern das größte Hotel am Ort, auch das höchste und das mit der weitesten Aussicht, die Zimmer haben internationalen Standard und sind im skandinavischen, chinesischen, japanischen und englischen Stil ausgestattet. Gäste benutzen Sauna, Solarium und Fitnessraum kostenlos; Bowling, Spitzenrestaurant, mehreren Bars. DZ ab 1365 NOK, im Sommer ab 795 NOK.

Billig und zentral ▶ **Bodø Vandrerhjem:** Sjogata 57, Tel. 75 50 80 48, www.hihostels.no, ganzjährig. Langgestreckter Backsteinbau beim Bahnhof mit frisch renovierten und modern möblierten Zimmern (22 Stück, alle mit Bad/WC). Bett 325 NOK, DZ ab 840 NOK inkl. Frühstück.

Preiswert ▶ **City Hotel:** Storgata 39, Tel. 75 52 04 02, www.cityhotellbodo.no. Nur ca. 100 m vom Bahnhof entferntes Budgethotel mit 22 renovierten Zimmern, die während der Hochsaison 750 NOK (DZ) kosten; Frühstück im angeschlossenen Café 75 NOK/Pers. extra; abends günstige Gerichte.

Camping & Hütten ▶ **Bodøsjøen Camping:** Båtstovn. 1, Tel. 75 56 36 80, www.bodocamp.no, ganzjährig. Rund 3 km vom Zentrum entfernter, recht großer Platz mit 130 Caravan- und 30 Zelt-Stellplätzen nebst 45 Hütten in verschiedenen Kategorien von 250 bis 840 NOK.

## Essen & Trinken

Gute Pizzen ▶ **Egon Bodø:** Molovn. 14,Thon Hotel, Tel. 75 53 19 90, Mo–Sa ab 11, So ab 12 Uhr. Gemütliches Restaurant der landesweit beliebten Egon-Kette am Kleinboothafen mit großer Auswahl an Mittagsgerichten. Tellergerichte um 115 NOK, Hauptgerichte 199–299 NOK, auch Pizzen (ab 140 NOK).

Crossover ▶ **Kafé Kafka:** Sandgt. 5 B, Tel. 93 40 60 03, Mo–Sa ab 11 Uhr. Bodos Kultur-Café, recht originell und stadtbeliebt, recht origineller Laden, Dutzende Kaffesorten (ab 28 NOK) sowie günstige Gerichte der sogenannten New World Cuisine (um 160 NOK).

## Einkaufen

Traditionsverbunden ▶ **Bodø Husfliden:** Storgt. 13, Tel. 75 54 43 00. Strickwaren und Keramik, Holz-, Stein- und Metallarbeiten.

Steinzeit ▶ **Bertnes Geo Senter:** R 80, 9 km außerhalb Richtung Fauske, Tel. 75 51 83 03, www.bertnesgeosenter.no, im Sommer tgl. 9–20 Uhr, sonst Mo–Fr 9–18 Uhr, Sa 9–15 und So 12–18 Uhr. Nordnorwegens größter Steinladen ist eine Fundgrube für Steine und Mineralien, Gold- und Silberschmuck, Trophäen und anderes mehr, auch ein Restaurant ist angeschlossen.

## Aktiv

Breites Angebot ▶ Das Touristenbüro informiert über **Bootsausflüge** in die Inselwelt vor Bodo und über Bootsverleih, organisiert **Stadtrundfahrten** (Mitte Juni–Mitte Aug.), **Mittsommernacht-Sightseeingtouren** (Juni– Mitte Juli), bietet **Seeadler-Bootssafaris** und **Tagesausflüge zum Saltstraumen** (Sommer) an.

Auf Berge und Gletscher ▶ **Nordland Turselskap:** Tel. 90 63 60 86, www. nordlandturselskap.no. Wildniscamps und Gletscherkurse sowie Gletscherwanderungen, Climbing und Bergsteigen, Elch-Safaris, Kanutouren.

Am und auf dem Wasser ▶ **Stella Polaris:** (Tel. 75 52 85 08, www.stella-polaris.no. Angeltrips, Open Ocean Rafting, Seeadler-Safaris, Bootsfahrten zu vorgelagerten Inseln,

Außerdem Ausflüge nach Kjerringøy (s. u.) und zum Saltstraum sowie recht abenteuerliche Schlauchbootfahrten quer über den Vestfjord hinweg zu den Lofoten in seinem Programm.

## Termine

**Nordland Musikfestwoche** (10 Tage in der ersten Aug.-Hälfte): Eines der größten Kulturfestivals in Nordnorwegen mit Musik aller Gattungen von Pop und Rock über Jazz und Folk bis hin zu klassischer Musik und Kirchenmusik. Informationen über Tel. 75 54 90 40 sowie www.nmfu.no.

**Weltmeisterschaft im Seelachs-Angeln** (Ende Aug.): Informationen über das Touristenbüro.

## Verkehr

**Flugzeug:** Der Flughafen liegt rund 2 km außerhalb vom Zentrum (Taxi 100 NOK, Bustransfer 25 NOK), es gibt Verbindungen zu allen größeren Städten des Landes, außerdem u. a. zu den Lofoten. SAS und Norwegian bedienen außerdem u. a. die Strecken von/nach Berlin, Hamburg und München.

**Bahn:** Der Bahnhof liegt beim Hafen im Zentrum, 2 x tgl. verkehrt ein Zug nach Trondheim mit Anschluss nach Oslo.

**Bus:** Vom Busbahnhof (nahe Touristenbüro am Hafen) fahren Busse u. a. tgl. nach Narvik, Tromsø, die Lofoten und die Insel Hamarøy; außerdem im Sommer 1 x tgl. nach Schweden (Skellefteå).

**Fähre:** Bodø ist Ausgangspunkt der Autofähre zu den Lofoten (Moskenes, Værøy und Røst). Zuständig für alle Verbindungen ist Torghatten Nord AS (Tel. 906 20 700, www.torghatten-nord.no).

**Schnellboot:** 1 x tgl. verkehrt ein Schnellboot nach Svolvær (17.15 Uhr, 344 NOK), auch entlang der gesamten Helgelandsküste bis hinunter nach Sandnessjøen fahren tgl. Schnellboote; Torhatten Nord AS (s. o.).

**Hurtigruten:** Die Postdampfer legen tgl. um 15 Uhr Richtung Kirkenes ab (nächstes Ziel sind die Lofoten) sowie tgl. um 4 Uhr Richtung Bergen (über Ørnes).

**Mietwagen** gibt es u. a. über Avis (Tel. 75 54 10 00) und Hertz (Tel. 75 54 84 00), am günstigsten über Rent a Wreck (Burøyveien 26, Tel. 45 42 16 00, www.rent-a-wreck.no).

## Tipp: Kjerringøy – Schmuckstück aus alter Zeit ▸ M 10

Rund 40 km nördlich von Bodø, über die R 834 und eine anschließende zehnminütige Fährfahrt zu erreichen, erstreckt sich die Ortschaft **Kjerringøy,** der ehemals reichste Handelsplatz des hohen Nordens. Mit seinen 15 historischen und authentisch im Stil des 19. Jh. eingerichteten Gebäuden gilt der Ort heute als eines der wichtigsten baulichen Denkmäler Nordnorwegens.

1879 ging hier der noch junge Schriftsteller Knut Hamsun (s. S. 52) an Land und fand Unterstützung und Anregungen für sein dichterisches Schaffen, weshalb hier später auch mehrere seiner Romane verfilmt wurden: So »Rosa und Benoni«, »Der Telegrafist« (nach dem Roman »Schwärmer«) und zuletzt »Pan« (1994); im Sommer 2001 war Kjerringøy außerdem Drehort für die Verfilmung von Herbjørg Wassmos Roman »Dinas Buch«. Wer einen Einblick in die nordnorwegische Kulturgeschichte nehmen und den Alltag der Herrschaften und ihrer Bediensteten im alten Nordland kennenlernen möchte, muss einfach einmal diesen malerisch anzusehenden und wunderschön gelegenen Ort besucht haben.

Die sehenswerten Gebäude gehören zum Nordlandmuseum und sind vom 21. Mai–26. Aug. tgl. 11–17 Uhr geöffnet. Der Eintritt beträgt 90 NOK, geführte Rundgänge kosten 35 NOK, weitere Infos finden sich unter www.saltenmuseum.no, www.ekteeventyr.no und www.kjerringoy.no (Die Fähre zwischen Festvåg und Misten verkehrt zwischen 6.15 und 23.30 Uhr ca. 18 x tgl., auch per Bus kann man den Ort 2 x tgl. erreichen).

Direkt ans Wasser gebaut:
Hamnøy auf den Lofoten

# 13 Die Lofoten

**Die großartige Landschaft mit ihren alpinen Bergformen, den traditionellen Fischerdörfern und den weißen Sandstränden hat den ›Archipel über dem Polarkreis‹ weltberühmt gemacht – die Norweger selbst preisen die Lofoten als schönstes Ferienziel des Königreichs.**

›Inseln der Götter‹, ›Alpenkulisse, die aus Wogen steigt‹, ›Trauminseln über dem Polarkreis‹ – schon die leicht zu ergänzenden Kurzcharakterisierungen für die rund 1200 $km^2$ große Inselgruppe der Lofoten, die sich etwa 100 bis 250 km nördlich des Polarkreises über zwei Breitengrade erstreckt, machen eines unmissverständlich klar: Hier geht es um Natur in ihren spektakulärsten Erscheinungsformen. Die vertrauten alltäglichen Naturphänomene wirken auf den Lofoten ins scheinbar Verrückte übersteigert, die Landschaft wird zum surrealen Traumbild und ist derart eindrucksvoll, dass im Vergleich viele andere Gebiete des hohen Nordens nahezu langweilig wirken.

So geht es auf dieser Inselgruppe, die übrigens das liebste Reiseziel der Norweger im eigenen Lande ist, in allererster Linie um elementare Naturerlebnisse. Aber auch das Kulturelle kommt nicht zu kurz, nehmen doch die Inseln, die mit zu den am längsten bewohnten Regionen des Nordens zählen, auch in dieser Hinsicht eine Sonderstellung ein. Aus diesem Grunde wird erwogen, sie entweder in ihrer Gesamtheit oder einzeln sowohl als Welt- als auch Kulturerbe der Menschheit für die World Heritage List der UNESCO vorzuschlagen (www.verdensarvlofoten.no).

## Infos

**Destination Lofoten:** Torget, 8301 Svolvær, Tel. 76 07 05 75, www.lofoten.info, ganzjährig Mo–Fr 9–15.30 Uhr, 4.–17. Juni Mo–Fr 9–20, Sa 10–14, So 16–20, 18. Juni–5. Aug. Mo–Fr 9–22, Sa 9–20, So 10–20, 6.–26. Aug. Mo–Fr 9–20, Sa 10–14 Uhr. Informationen über die gesamten Lofoten sowie Buchungsmaschine.

**www.lofoten-online.de:** Privat gepflegte und mit viel Liebe gemachte, nicht kommerzielle Homepage eines deutschen Lofotenfans.

**www.lofoten-startside.no:** Kommerzielle Website, die das ganze Inselreich abdeckt; auch auf Deutsch.

**www.viewlofoten.no:** Mehr als 250 Panoramabilder in HD-Qualität.

## Verkehr

Auf der Website www.lofoten.info finden sich unter dem Stichwort ›An-/Abreise‹ Infos zu Bussen, Zügen und Fähren. Folgende Angaben gelten für den gesamten Archipel:

**Festlandsverbindung:** Seit 2007 ist LOFAST fertiggestellt, die Festlandsverbindung zwischen Gullesfjordbotn (an der E 10 westlich Lodingen) und Fiskebol (E 10, ganz im Norden von Austvågoy). Rund 53 km beträgt die Distanz, die Strecke verläuft über drei Brücken und durch sechs Tunnel, teils unter Fjordarmen entlang.

**Flugzeug:** Wideroe bedient 2–6 x tgl. die Strecken zwischen Svolvær/Austvågoy und Leknes/Vestvågoy sowie zwischen diesen beiden Orten und Bodo; auch Rost ist mit Bodo verbunden, Svolvær darüber hinaus mit Stokmarknes/Vesterålen und Tromsø.

**Bahn:** Anschluss ab Narvik (Bus) Richtung Stockholm (s. S. 359) sowie ab Fauske (Fähre/Bus) und Bodø (Flug, Fähre, Schnellboot, Hurtigrute) Richtung Trondheim.

**Bus:** Für den gesamten Archipel ist Boreal Transport zuständig. In den Bussen und in den Touristenbüros erhält man kostenlose Fahrpläne, die Verbindungen entlang der E 10 sind ausgezeichnet (im Sommer mindestens 6 x tgl. entlang des gesamten Lofot-›Highways‹). Mehrmals tgl. geht es zudem auf die Vesterålen, nach Narvik und Harstad mit Anschluss nach Tromsø sowie nach Fauske mit Bahnanschluss gen Süden.
**Fähre:** Verbindungen (www.torghatten-nord.no) bestehen zwischen Moskenes, Værøy, Røst und Bodø (3–4 x tgl., 168 NOK/Pers., 604 NOK/Pkw), zwischen Svolvær und Skutvik auf Hamarøy (Anschluss an die E 6, 4 x tgl., 89 NOK/Pers., 394 NOK/Pkw) sowie mit Boreal zwischen Fiskebøl und Melbu/Vesterålen (etwa stdl., 35 NOK/Pers., 98 NOK/Pkw).
**Schnellboot:** Verbindungen (nur Personen- und Fahrradtransport) zwischen Svolvær und Bodø (1 x tgl., 344 NOK, www.torghatten-nord.no).
**Hurtigruten:** Die Schiffe legen tgl. Richtung Norden und Süden in Svolvær (22/19.30 Uhr) sowie Stamsund (19.30/21.30 Uhr) an bzw. ab.
**Mietwagen:** Mit Abstand am günstigsten (ab 600 NOK/Tag alles inkl.) über Lofoten Rent a Car im Fährcafé, Anleger der Skutvik-Fähre in Svolvær (Tel. 47 64 35 60, www.rentacar-lofoten.com), ansonsten u. a. über Avis (Tel. 76 07 11 40) und Hertz (Tel. 76 07 07 20).

## Austvågøy ▶ L/M 8/9

»Das Lofotengebirge beginnt sich blau zu färben. Ich weiß nicht, was schöner ist – entweder wenn du es in der Ferne liegen siehst wie eine einzige tiefblaue Mauer mit tausend Türmen darauf ... oder wenn du dich ihm näherst und siehst, wie die Mauer sich öffnet, wie jeder Gipfel ein eigener Berg wird, einer wilder als der andere.« – Mit diesen Worten beschrieb einst der norwegische Dichter Bjørnstjerne Bjørnson seine Eindrücke, als er die Lofoten zum ersten Mal sah. Auch der mit der Fähre über den Vestfjord gen Lofoten Reisende unserer Tage wird diese rund 100 Jahre alte Schilderung stimmig finden, denn die Kulisse von Austvågøy, der mit 477 km² größten und nördlichsten Insel des Archipels, hat nichts von ihrer Dramatik verloren.

Rund 9000 Menschen leben in diesem bis nahezu 1200 m hoch aus dem Meer ragenden ›Marin-alpinen Märchenreich‹, wo sich mit Henningsvær das berühmteste Fischerdorf der Inselgruppe findet, mit Kabelvåg ihre einstige und mit Svolvær ihre heutige Metropole. Hier starten die Bootstouren in den berühmten Trollfjord, und hier findet auch der kulturbeflissene Reisende einige äußerst lohnenswerte Besichtigungsziele. Da man auf dieser Insel zudem die beste Infrastruktur des Archipels vorfindet, bietet sich Austvågøy wie keine andere Lofoten-Insel für einen Aufenthalt an.

### Tipp: Malerische Lofotendörfer

Das Lofot-Museum in **Storvågan** auf Austvågøy zeigt die traditionelle Lebensweise der Fischer (s. S. 400). Mit seinen bunten Trawlern im Hafen ist **Henningsvær** der Prototyp eines Fischerortes (s. S. 402). Das prächtig renovierte **Nusfjord** auf Flakstadøy präsentiert sich als ›Hoteldorf‹ (s. S. 409). Auf Moskenesøy sind **Hamnøy** und **Reine** malerisch anzusehen und schön gelegen, und in Å stehen originalgetreue Gebäude des 19. Jh. im **Norwegischen Fischereisiedlungs-Museum** (s. S. 413). Auf den Lofoten kann man auch wohnen wie einst die Fischer: in Rorbu-Hütten (s. Tipp S. 409).

### Svolvær

Die 1918 mit den Stadtrechten ausgestattete Inselmetropole Svolvær, begrenzt durch über 700 m hohe Berge, ist mangels Fläche auf die Schären hinausgewachsen. Das verleiht ihr eine gewisse Größe – obwohl sie nur rund 4200 Einwohner zählt – und auch etwas ›Amphibisches‹. Dieser Eindruck wird im Zentrum am **Torget** verstärkt, einem großen Platz, der sich direkt an den prächtigen **Na-**

**turhafen** anschließt. Hier, wo es gute Einkaufsmöglichkeiten gibt (auch die Touristeninformation) und eine stattliche Anzahl von Restaurants und Kai-Cafés einlädt, legen die Schiffe der Hurtigrute an sowie die Schnellboote nach Bodo. Wer das schönste Hafenpanorama genießen will, folgt am besten der vom Torget aus parallel zum Kai verlaufenden Vestfjordgata rund 500 m bis zur großen Bogenbrücke nach Svinoya hinüber. Von ihrer Höhe aus bietet sich auf beiden Seiten ein faszinierendes Bild auf die lang gestreckten Hafen- und Werftanlagen mit Hunderten Booten und Kuttern, Trawlern und Frachtern.

Faszinierend ist auch **Magic Ice,** die am Kai nahe Torget einladende Attraktion, bei der es sich um eine der ersten Galerien und Bars Norwegens handelt, die ganz und gar, mitsamt Gläsern und Tischen, aus durchsichtigem Eis bestehen. Mit ihren kristallklaren Kunstwerken, prächtig beleuchtet und akustisch untermalt, will Magic Ice laut Eigenwerbung »in einem Ambiente aus Eiskristallen, Echtheit und Reinheit die Beziehungen zwischen Mensch und Natur eindrucksvoll zum Ausdruck bringen« (www.magic-ice.no, tgl. 18–22 Uhr, Mitte Juni–Mitte Aug. 12–23 Uhr, Dez.–Febr. nur nach Voranmeldung über das Touristenbüro, 95 NOK).

## Kabelvåg

Mal gerade 5 km beträgt die Distanz über die E 10 von der heutigen zur einstigen Inselmetropole Kabelvåg, die aus Vågan, der ersten größeren Siedlung nördlich des Polarkreises (von den Wikingern im 9. Jh. gegründet), hervorgegangen ist. Bis Anfang des 20. Jh. war sie nicht nur die Kapitale der Lofoten, sondern auch Drehscheibe des Fischfangs und des Stockfisch-Exports. Dann versandete der Hafen, Svolværs Stern ging auf und der Kabelvågs unter.

Das Erste, was man vom rund 1800 Einwohner großen Ort zu sehen bekommt, ist die **Vågankirche,** die, direkt an der E 10 aufragend, 1898 fertiggestellt wurde und 1200 Menschen Platz bietet. Damit ist sie die größte Holzkirche nördlich von Trondheim und wird entsprechend auch ›Lofoten-Kathedrale‹ genannt (Vågan kirke: Mitte Juni–Mitte Aug. Mo–Sa 10/11–18, So ab 12 Uhr geöffnet, 30 NOK). Ein paar Meter weiter, ebenfalls auf der dem Meer zugewandten Seite der Straße, erhebt sich der **Oskar-Skaret,** ein Felsen, auf den alle Könige Norwegens seit 1873 ihre Namenszüge in Gold geschrieben haben.

Das sich an der E 10 zum Meer hin erstreckende Zentrum von Kabelvåg präsentiert sich eher enttäuschend, denn die meisten der schönen alten Holzhäuser, von denen die Chronisten berichten, sind 1991 und 1992 während zweier Großbrände vernichtet worden. Besuchenswert ist eigentlich nur der große, vom Meer umrahmte **Marktplatz.** Im Sommer laden hier mehrere Veranstaltungen ein, von denen die Kabelvåg-Woche, die um Mittsommer stattfindet, die bekannteste ist. Immer lohnt sich auch ein Besuch im Café & Restaurant **Prestengbrygga,** das auf Stelzen im Meer steht. Dort treffen sich Fischer und Künstler, kann man außerordentlich günstig typische Gerichte der Inselgruppe essen und sogar gezapftes Bier genießen.

An jener Stelle, an der sich nach archäologischer Erkenntnis der historische Ort Vågan befunden hat, erstreckt sich der an der E 10 ausgeschilderte **Ortsteil Storvågan** mit dem **Lofot-Museum.** In mehreren Gebäuden werden Unterkünfte, Boote und Geräte der Lofot-Fischer des 19. Jh. gezeigt, eine Abteilung ist den Wikingern gewidmet, und im Haupthaus dokumentiert eine Ausstellung das Leben der einst so allmächtigen *værkonger*, wie die ›Fischgrund-Könige‹ genannt wurden (Lofotmuseet: www.lofotmuseet.no, Juni–Mitte Aug. tgl. 10–18, Mai/2. Augusthälfte Mo–Fr 9–15, Sa/So 11–15 Uhr, sonst nur Mo–Fr 9–15 Uhr, 70 NOK, ein Kombi-Ticket für alle drei Sehenswürdigkeiten in Storvågan kostet 180 NOK).

Nebenan lockt die norwegenweit bekannte **Galleri Espolin** mit ca. 100 Werken des Malers Kaare Espolin Johnson (1907–1994), der zu den größten Malern des Landes zählt. Wie kein anderer Künstler hat er es verstanden, das Leben der Lofoten-Bevölkerung zu schildern (www.galleri-espo

# Die Entstehung der Lofoten

Thema

**Was die millionen Jahre währende Erosion mit den Lofoten angerichtet hat, findet auf der Welt kein Gegenstück, wie der sagenhafte Archipel, der zu den ›Erstgeborenen‹ auf Erden zählt, überhaupt in vielerlei Hinsicht ganz einzigartig dasteht.**

Tagelang haben wir uns dem Archipel genähert, vor zwei Stunden erst rollten wir an Bord der Lofot-Fähre, und nun endlich steigt sie aus dem Meer, die tausendfach beschriebene Lofoten-Wand, die wie ein gigantisches Bollwerk aus uralten Zeiten den Horizont verdeckt. In der Tat gehört sie zu den ›Erstgeborenen‹ auf diesem Planeten und ist fast so alt wie die Erde selbst. Als der flüssige Glutball abkühlte, bildete sich über dem noch glühend heißen Mantel eine Kruste, aus der vor ca. 3,5 Mrd. Jahren die ersten Berge emporstiegen. Die Ur-Lofoten waren geboren, und noch fast 3 Mrd. Jahre sollten bis zur Entstehung des ›Mutterlandes‹ Norwegen vergehen. In dieser unvorstellbaren Zeitspanne sanken die Lofoten mehrfach ins Erdinnere zurück, wurden dort gefaltet und zusammengestaucht, bis sie vor ca. 1 Mrd. Jahren erneut gehoben wurden. 600 Mio. Jahre später faltete sich das Kaledonische Gebirge auf (s. S. 18), und im Quartär erfolgten die Angriffe der Eiszeit (s. S. 16), der die Inselgruppe weitgehend ihre heutige Topografie verdankt.

Jeder Berg, so will es scheinen, ist Metapher für eine Sage, und man versteht, warum die Wikinger, die hier im 9. Jh. einen Stützpunkt errichteten, dem Archipel den Beinamen ›Insel der Götter‹ gegeben haben. Die Ersten aber waren sie nicht im Inselreich, denn schon aus der älteren Steinzeit (vor ca. 7000 Jahren) wurden hier Spuren menschlicher Existenz gefunden. Bereits im 3. Jt. v. Chr. wurden Ackerbau und Viehzucht betrieben, während der Eisenzeit bildeten sich Häuptlingssitze, und im 9. Jh. wurde vermutlich Vågan, die erste Stadt nördlich des Polarkreises, gegründet. Im 12. Jh. bekam sie eine Kirche, und spätestens seit dieser Zeit fuhren von hier aus große Schiffskonvois bis hinunter nach Bergen, um Stockfisch gegen andere Waren zu tauschen.

›Archipel des Kabeljau‹ ist die Inselgruppe bis heute geblieben, auch wenn der Vestfjord, der sich wie ein Keil zwischen Lofoten und Festland schiebt, heute nur noch Bruchteile jener Dorschmengen hergibt, die früher gefangen wurden. Seit 1978 ging es konstant bergab mit der Lofot-Fischerei, und der Archipel schien der Entvölkerung geweiht. Doch konnte damals niemand ahnen, dass einmal der Tag kommen würde, an dem die Einbußen durch Einkünfte aus dem Tourismus mehr als wettgemacht werden würden.

Heute stehen die Lofoten als ›Trauminseln über dem Polarkreis‹ wieder glanzvoll da und rühmen sich, zusammen mit dem Nordkap und dem Geirangerfjord, ganz oben auf der Beliebtheitsskala aller norwegischen Reiseziele zu stehen. Das schafft gewaltige Veränderungen. Schon sind alle Inseln untereinander mittels Brücken und Tunneln verbunden, wurde die Hauptverkehrsverbindung, noch vor wenigen Jahren eine wüste Piste, zur Europastraße erklärt, wurde Ende 2007 sogar eine Festlandsverbindung fertiggestellt und geht schließlich schon die bange Frage um, ob diese Entwicklung eigentlich gewünscht ist.

Im Februar und März werden die Dorsche zum Trocknen aufgehängt

lin.no, geöffnet wie Museum, 70 NOK bzw. 180 NOK fürs Gruppenticket).

Angrenzend erstreckt sich das ringsum verglaste **Lofot-Aquarium,** dessen teils offene Becken insbesondere die Kinder erfreuen, die hier von keinem gestrengen Wächter zurückgepfiffen werden, wenn sie einmal ins Wasser greifen. Ergänzt wird das Angebot durch eine naturgeschichtliche Ausstellung sowie zwei Multimedia-Shows mit den Themen ›Lofot-Fischerei‹ und ›Jahreszeiten auf den Lofoten‹ (www.lofotakvariet.no, geöffnet wie Museum, 110 NOK bzw. 180 NOK für das Gemeinschaftsticket; Fütterung der Seehunde während der Hauptsaison tgl. um 12 und 18 Uhr).

## Henningsvær

Rund 20 km beträgt die Distanz vom ältesten Fischerort der Lofoten zum berühmtesten Fischerdorf nicht nur der Inselgruppe, sondern vielleicht des Nordens überhaupt, und schon die Anfahrt nach Henningsvær bietet einen Höhepunkt für sich: Zunächst geht es auf der Europastraße am sagenumwobenen, nahezu 1000 m hohen Vågakallen vorbei, sodann durch einen Tunnel nach **Rørvik,** wo sich ein schneeweißer feinsandiger Halbmondstrand öffnet. An warmen Sommertagen tummeln sich hier oft zahlreiche Einheimische beim Bad im verführerisch grün-blau schimmernden Meer.

Weiter geht es entlang der R 816 bis zum Südzipfel von Austvågoy, dem der Henningsvær-›Archipel‹ vorgelagert ist. Im Verlauf der Strecke genießt man ein grandioses Berg-, Meer- und Schären-Panorama, denn jenseits des mit unzähligen Inselscherben gespickten Henningsværstraumen steigt die zerrissene Küste von Vestvågoy aus dem

Vestfjord, den man bei klarem Wetter bis hinunter nach Værøy (s. S. 407) überblickt. Die Straße ist entweder in den nackten Fels gesprengt oder windet sich zwischen haushohen Bergtrümmern hindurch, bevor sie, über drei Bogenbrücken hinüber, in den rund 400 Einwohner zählenden Ort führt, wo sie endet.

Rechts angrenzend und dem Henningsvær Bryggehotel angeschlossen, lädt **Ocean sounds** ein, eine nichtstaatliche Organisation, die sich insbesondere der Erforschung von Meeressäugern und dem Schutz der marinen Umwelt verschrieben hat. Geleitet von der deutschen Wissenschaftlerin Heike Vester, bilden Biologie und Akustik von Meeressäugern den Schwerpunkt der Forschung – und dabei besonders die Laute und Kommunikation der Wale. Für Besucher sind neben einer Ausstellung mit fundierten Hintergrundinformationen, Fotogalerie und Kunstprojekten vor allem die Vorträge zur Meeresbiologie sowie eine neue 30-minütige Multimediashow über Wale und die Lofoten-Landschaften von Interesse (www.ocean-sounds.com, Juli–Mitte Aug. tgl. 14–18 Uhr, Multimediashow (80 NOK) tgl. um 16 Uhr, um 17 Uhr Vortrag zur Meeresbiologie; sonst nach Voranmeldung über Tel. 91 84 20 12).

Zwischen Januar und März, der Zeit des Lofot-Fischfangs, liegen im Hafen oft Hunderte Trawler vor Anker, aber auch im Sommer ist das von Landungsbrücken und Bohlenstegen, Holzspeichern und -häusern eng umschlossene Rechteck des natürlichen Hafenbeckens ein faszinierendes Bild, in dem stets einige Fischkutter für bunte Farbtupfer sorgen. Hauptattraktion des Ortes ist die **Galleri Lofotens Hus,** die umfangreichste Kunstsammlung Nordnorwegens. Hunderte Werke von Karl Erik Harr und Otto Sinding, Even Ulving, Ole Juul und vielen anderen Künstlern sind hier zu betrachten. Es stehen auch Bilder zum Verkauf, des Weiteren lassen prachtvolle Fotografien, geschichtliche Darstellungen, Publikationen und anderes mehr die Vergangenheit des Ortes lebendig werden. Die beiden Diashows ›Das magische Inselreich‹ und ›Seeadlerland‹ beeindrucken mit faszinierenden Aufnahmen (Tel. 76 07 15 73, www.galleri-lofoten.no, Mai–Aug. tgl. 9/10 –19 Uhr, 80 NOK).

Im Anschluss sollte man wenigstens einmal auf den Bohlenstegen am Hafen entlangschlendern, wo man auch die beim Torget gelegene **Engelskmannsbrygga** passiert. Sie vereint eine Keramikwerkstatt, eine Glasbläserei und eine Fotogalerie unter einem Dach (Mitte Juni–Mitte Aug. tgl. 10–20, sonst Di–Sa 10/12–16 Uhr, www.engelskmannsbrygga. no).

## Infos

In **Henningsvær** existiert zwar kein eigenes Touristenbüro, aber die Hauptanbieter touristischer Dienstleistungen haben sich im Internet zusammengetan: www.henningsvar.com (auch englischsprachig).
Siehe auch S. 398.

## Übernachten

Im Sommer kann es mit Unterkünften auf den gesamten Lofoten sehr eng werden, insbesondere Hotelzimmer und Rorbu-Hütten sind oft auf Monate ausgebucht, weshalb man stets so früh wie möglich reservieren sollte.

**... in Svolvær**

Im Glashaus ▶ **Thon Hotel Lofoten:** Torget, Tel. 76 04 90 00, www.thonhotels.no. Der 10-stöckige Glasturm dieses 2009 direkt neben dem Hurtigrutenkai eröffneten Hotels ist das höchste Gebäude der Lofoten sowie auch das umstrittenste. Man mag es oder man mag es eindeutig nicht, das Baumilieu und die umgebende Landschaft zumindest hätten nach Meinung vieler Lofoter architektonisch Anspruchsvolleres verdient. Die Einrichtung freilich ist top, die Aussicht eine Wucht. DZ ab 1695 NOK, Sommer ab 1495 NOK.

Einzigartige Lage ▶ **Rica Hotel Svolvær:** Tel. 76 07 22 22, www.rica-lofoten.no. Modern-stilvoller Holzbau mit riesiger Glasfront zum Hafen, Top-Ausstattung – das geschmackvollste Hotel der Inselgruppe. DZ ab 1260 NOK, im Sommer ab 1560 NOK.

Feinste Fischerhütten ▶ **Svinøya Rorbuer:** Gunnar Bergsvn. 2, Svinøya, Tel. 76 06 99 30, www.svinoya.no. 31 Rorbuer auf einer Insel im Hafenbecken von Svolvær, urig-rustikal, doch komfortabel eingerichtet, angeschlossen sind das Spitzenrestaurant Børsen (tgl. ab 18 Uhr, Vorspeisen ab 99 NOK, Hauptgerichte um 300 NOK) und ein Aktivzentrum. Rorbuer ab 1250 NOK.

Preishit ▶ **Svolvær Sjøhuscamp:** Parkgt. 12, Tel. 76 07 03 36, www.svolver-sjohuscamp.no. Am Hafen von Svolvær gelegenes Sjohus mit holzvertäfelten Doppelzimmern, die zwar alle Gemeinschaftsbad haben, aber mit Preisen ab 540 NOK unschlagbar günstig sind. Angeschlossen ist eine Gemeinschaftsküche sowie Aufenthaltsraum und Hafen-Terrasse.

**... in Kabelvåg**

Budgetgerecht ▶ **Kabelvåg Vandrerhjem:** Finnsvn. (an der E 10 ausgeschildert), Tel. 76 06 98 80, www.hihostels.no, 1. Juni–9. Aug. Ruhige Ortsrandlage über dem Hafen, Zimmer im Studentenwohnheim der Volkshochschule, einfach, aber gut und extrem günstig, mit Gästeküche. Bett zu 275 NOK, DZ 650 NOK, Frühstück inkl.; man kann auch sein Zelt aufbauen (100 NOK).

**Sommerliche Badefreuden auf den Lofoten**

**Fest in Anglers Hand ▶ Lofoten Rorbuferie:** Vikabakken 25, Tel. 76 08 47 48, www.visitlofoten.as. In schöner, ruhiger und dennoch zentraler Lage am Ortsrand, die Rorbuer verstehen sich als ein ›lebendes‹ Museum mit modernem Komfort, ›der‹ Tipp unter deutschen Anglern: große Auswahl an Booten (auch hochseegängig, mit Fishfinder etc., auch Vermietung mit Skipper), auch Filetier- und Tiefkühlraum, Verleih von kompletten Angelausrüstungen. Rorbuer ab 1200 NOK.

**Hervorragender Campingplatz ▶ Sandvika Fjord og Sjøhuscamp:** neben Lofoten Turist- og Rorbusenter, Tel. 76 08 47 48, www.visitlofoten.as, ganzjährig. Hochburg der deutschen Touristen auf dem Archipel, insbesondere der Angler, sehr große Zeltwiese, kleiner Badestrand, vorbildliche Ausstattung, Bootsverleih, die Hütten (ab 950 NOK) haben alle Meerblick.

**... in Henningsvær**

**Rustikal am Meer ▶ Henningsvær Rorbuer:** Tel. 76 06 60 00, www.henningsvar-rorbuer.no, ganzjährig. Eine der größten Anlagen in Henningsvær, dennoch urgemütlich, teils recht authentisch eingerichtete Rorbuer, großes Komfortangebot, u. a. Sauna, Whirlpool, Solarium, Verleih von Angelutensilien, Booten (auch mit Skipper), Organisation von Hochsee-Rafting-Touren. Rorbuer ab 1150 NOK.

**Geschmackvoll und preiswert ▶ De Siste Viking:** Tel. 90 57 42 08, www.nordnorskklatreskole. no. Der Kletterschule (s. u.) angeschlossene Herberge am Hafenbecken, junges Publikum, viele Interrailer, auch nettes Café/Restaurant, Treff im Ort und billig obendrein. Bett im 2- bis 6-Bett-Zimmer 300 NOK.

**... außerhalb**

**Am offenen Nordmeer ▶ Skippergården Camping:** In Laukvik, an der E 10 zwischen Svolvær und Fiskebøl ausgeschildert, dann noch 20 km, Tel. Tel. 97 10 66 36, www.skippergaarden.no, ganzjährig. Kleiner Wiesenplatz an der Außenseite der Lofoten, ideal zur Beobachtung der Mitternachtssonne, Bootsverleih. Hütten ab 550 NOK.

**Idyllische Fjord- und Tallage ▶ Sandsletta Camping:** In Sandsletta, an der E 10 zwischen Fiskebøl und Svolvær ausgeschildert, Tel. 90 91 52 30, www.camping-lofoten.com, ganzjährig. Große Wiese am Fjordufer, Kiosk, Hütten in verschiedenen Versionen von 350–1100 NOK.

## Essen & Trinken

**... in Svolvær**

**Kulinarisches am Kai ▶** Beim Torget bzw. dem rechts angrenzenden Kai finden sich mehrere Cafés und Restaurants, hervorzuheben sind das **Du Verden** (www.duverden.net, tgl. ab 11 Uhr, modernistische Einrichtung;

kulinarisch dreht sich hier alles um Gourmet-Menüs, die ab 545 NOK kosten) und **Bacalao Sjømat & Pub** (tgl. ab 10.30 Uhr; günstige und gute Tellergerichte um 140 NOK, empfehlenswert u. a. Bacalao).

**... in Kabelvåg**

Für Jung und Alt ▶ **Præstengbrygga:** Marktplatz, Tel. 76 07 80 60, tgl. ab 10 Uhr. In einem alten Speicherhaus eingerichtetes Restaurant mit Kneipe und Café, auch zum Draußensitzen am Marktplatz und über dem Meer; sehr gemütlich, am Wochenende treten oft Jazz-, Blues- und Folk-Gruppen auf. Billige Gerichte wie Pizzen (ab 135 NOK), freitags mittags gibt es traditionell Fischsuppe (120 NOK). ›Der‹ Treff in Kabelvåg.

**... in Henningsvær**

International ▶ **Den Siste Viking:** am Hafenbecken, ausgeschildert, Tel. 76 07 49 11. Der Kletterschule angeschlossenes Bryggen-Café/Pub in traumhafter Lage am Hafenbecken, abends oft Livemusik, ebenso schmackhafte wie günstige Gerichte ab 120 NOK.

Fisch und Meeresfrüchte ▶ **Fiskekrogen:** Henningsvær Feriebrygge, links der Hauptstraße am Hafenbecken, ausgeschildert, Tel. 76 07 46 52, im Sommer tgl. ab 12 Uhr. Exzellente Fischgerichte – auch der norwegische König war hier schon zu Gast, 185–285 NOK.

## Tipp: Bootstour in den Trollfjord

Der nur wenige hundert Meter breite und auf beiden Seiten von Bergen eng umgebene Raftsund trennt auf einer Länge von rund 30 km die Insel Austvågøy von der zu den Vesterålen gehörenden Insel Hinnøy. Er ist Fahrrinne nicht nur für die Schiffe der Hurtigrute, sondern während des Sommers auch vieler Ausflugsboote, die im Rahmen 2–4 stündiger Touren (um 600 NOK) den berühmten Trollfjord zum Ziel haben. Rund 2 km ist er lang, dabei aber streckenweise gerade einmal 100 m breit, und seine nackten Felsflanken erheben sich oft senkrecht aus dem Meer, das Richtung Fjordende von bis zu 1156 m hohen und oft noch vergletscherten Bergriesen überragt wird. Die Ausflugsboote starten tgl. zwischen 10 und 16 Uhr im Hafen von Svolvær.

## Aktiv

Bergsteigerschule ▶ **›Den siste Viking‹:** Henningsvær, Tel. 90 57 42 08, www.nordnorskklatreskole.no. Verleih von Ausrüstungen (keine Kletterseile), Kletterkurse (5800 NOK inkl. VP/Unterk.) sowie fünf geführte Klettertouren (Juni–Mitte Aug.) von Grad 4 bis Grad 6, 4–12 Seillängen, 1800–2500 NOK; darunter auch die Besteigung der Nordwand des Vågakallen (s. S. 402).

Breites Outdoor-Angebot ▶ **Lofoten Kajakk:** Postboks 136, Kabelvåg, Tel. 99 23 11 00, www.lofotenkajakk.no, ganzjährig. Jann Engstad, der Teamchef dieses Outdoor-Zentrums, spricht fließend Deutsch und organisiert Wander-,Trekking- und Fahrradtouren, Ski-, Schneeschuh- und Polarlichttouren sowie Kajaktouren und -kurse. Auch Nordlandboot-Segeln kann man hier lernen, des Weiteren werden Fahrräder (210 NOK für 1 Tag, 1 Woche 1365 NOK) und Seekajaks (1 Tag 450 NOK, 1 Woche 3040 NOK) der deutschen Marke ›Prijon‹ verliehen, auch komplette Campingausrüstungen..

Golfen ▶ **Lofoten Golfbane:** Tel. 76 07 20 02, www.lofoten-golf.no, Mai–Mitte Nov., Mai–Aug. rund um die Uhr, sonst 9/10–16/18 Uhr. Auf der südlich an Austvågøy angrenzenden Insel Gimsøy, einer der nördlichsten Golfplätze der Welt und der einzige, auf dem man im Sommer 24 Stunden lang von der Sonne begleitet wird.

Angeln ▶ Wer eine Rorbuhütte mietet, erhält meist gleich ein Ruderboot dazu (Motor mit Aufpreis), aber in nahezu jedem Dorf, über jede Unterkunft und jeden Campingplatz werden ebenfalls Boote vermietet, und auch organisierte Angeltouren stehen überall auf dem Programm.

Radtouren ▶ In den letzten Jahren haben sich die Lofoten zu einem überaus populären Radler-Revier entwickelt, der Radverleih ist problemlos (auch Einwegmiete wird angeboten, z. B. über Lofoten Kajakk, s. 406), über www.bike-norway.com kann man eine Lofoten-Radroute abrufen. Empfehlenswert ist zudem der ›Sykkel Guide Lofoten‹, der rund 275 km Radlerstrecken im Archipel beschreibt und ebenfalls mit Kartenmaterial ausgestattet ist (u. a. über das Touristenbüro in Svolvær zu beziehen).

### Termine

Während der Sommersaison (15. Mai–15. Aug.) gibt es auf Austvågøy ein dichtes Veranstaltungsprogramm, u. a. **Codstock Festival** in Henningsvær Ende Mai, **Mittelaltermarkt** in Kabelvåg Ende Juni, **Lofoten Internasjonale Kammermusikkfest** in Svolvær Anfang Juli.
Doch auch im März/April, während der Lofotfischerei, werden zahlreiche Veranstaltungen geboten, so z. B. die **Weltmeisterschaft im Skrei-Fischen, Lofoten Freeride (Ski-/ Snowboardcup);** Informationen über das Touristenamt in Svolvær.

## Vestvågøy ▸ L/M 8–10

Der Name ›Lofoten‹ leitet sich ab vom altnordischen *Lofotr,* was so viel wie ›Luchsfuß‹ bedeutet und ursprünglich nur die sprechende Bezeichnung für Vestvågøy war, die mit 422 $km^2$ Fläche zweitgrößte Insel des Archipels. Während alle anderen Teile der Inselgruppe eigentlich nur aus der Lofoten-Wand und einem schmalen Uferstreifen ringsherum bestehen, besticht Vestvågøy mit einem über 900 m hohen, zackenstarrenden Felskranz, der ein weites Zentraltal umgibt, in dem Kühe, Bauernhöfe und Butterblumenwiesen das Bild bestimmen. Schon in der Eisenzeit war diese Insel, wie zahlreiche Funde belegen, dicht besiedelt, ja man nimmt an, dass hier im Mittelalter bereits ebenso viele Menschen lebten wie gegen Ende des 19. Jh. Heute sind es knapp 11 000, von denen die meisten im Großraum Leknes wohnen, dem weitläufigen und steril wirkenden Verwaltungszentrum von Vestvågøy, das, außer Geschäften, nicht viel bietet.

### Wikingermuseum

Hauptattraktion der Insel ist das bei Borge an der E 10 nördlich von Leknes gelegene Wikingermuseum, das als eines der bedeutendsten seiner Art in Skandinavien gilt. Hier haben Wissenschaftler aus Tromsø das mit 83 m Länge größte je gefundene Langhaus aus der Wikingerzeit (um 1000 n. Chr.) ausgegraben und originalgetreu nachgebaut. Von innen ist es ebenso authentisch wie von außen, und in Wikingertrachten gekleidete Führer geleiten die Besucher durch die festliche Gildehalle, den Wohnraum, die Stallungen etc.

Eine Ausstellung mit einzigartigen Originalfunden gehört ebenso zu diesem meistbesuchten Museum von Nordland wie eine rekonstruierte Schmiede aus der Eisenzeit. Eine weitere Rarität ist das Wikingerschiff ›Lofotr‹, bei dem es sich um den originalgetreuen Nachbau des Gokstadschiffes handelt, das im Osloer Wikingermuseum ausgestellt ist (www.lofotr.no, Juni–Aug. tgl. 10–19 Uhr, Mai sowie 1.–10. Sept. tgl. 11–17 Uhr, 140 NOK im Hochsommer, sonst 120 NOK).

### An die Nordmeer-Seite

Zwei Straßen erschließen im Prinzip die Insel: Folgt die R 815 der viele Traummotive bietenden Vestfjord-Küstenstraße via Stamsund nach Leknes, so führt die E 10 durch das ›Herz‹ der Insel dorthin; in ihrem Verlauf lädt sie zu zahlreichen Abstechern ans offene Nordmeer ein. ›Der‹ Treffpunkt für Mitternachtssonnen-Anbeter ist das nördlich von Borge ausgeschilderte **Eggum**. Hier beginnt ein rund 9 km langer Küstenwanderweg, der nach etwa drei Stunden in Unstad endet.

**Unstad** kann man auch von der E 10 aus erreichen: Südlich von Borge geht es durch einen Tunnel erst an den felsgesäumten Steinsfjord heran, von wo aus ein weiterer Tunnel in das Wiesen-Trogtal von Unstad selbst führt, das sich keilförmig zum Meer hin öffnet und dort von einem langen Sandband begrenzt wird, vor dem sich oft herrliche Surf-Wellen aufbauen. Im Wiesengrund finden sich einige pastellfarbene Bauernhäuser sowie ein kleiner Campingplatz – Idyll pur.

Die nächste Möglichkeit, von der E 10 aus einen Abstecher zu unternehmen, bietet sich kurz vor Leknes, wo ein Schild auf ›Haukland/Utakleiv‹ hinweist. Wer ihm folgt, erblickt 11 km später, nach Passieren zahlreicher Fjordarme und Seen, den fast 2 km langen, bis zu 300 m breiten und durch eine Klippe zweigeteilten Halbmondstrand von **Haukland.** Landeinwärts geht die strahlend weiße Fläche ins satte Grün eines weit ausladenden Wiesentroges über, Richtung Nordmeer öffnet sich ein Fjord, der von 500 m hohen, grün bemoosten Steilwänden flankiert wird. Von Norden her kommt das gewaltige Massiv des 965 m hohen Himmeltinds ins Bild, ein herrlich gelegener Rastplatz (mit Kiosk, Toilette und Trinkwasser) findet sich ebenfalls.

Der direkt nebenan durch den Berg führende Tunnel hat das Einöddorf **Utakleiv** zum Ziel, wo die Straße endet. Auch dort erstreckt sich ein Traumstrand, der im Sommer 2005 von der englischen ›Times‹ sogar als schönster Strand Europas bezeichnet wurde und den Surf-Freaks als Wellenreiter-Eldorado gilt.

## Stamsund

Am Vestfjord, den man über die Küstenstraße R 815 sowie auch ab Leknes schnell erreicht (15 km), liegt das Städtchen Stamsund, das mit rund 1000 Einwohnern eine der größten Ortschaften der Insel ist, außerdem der führende Fischverarbeitungsplatz der Westlofoten. Bedeutende Sehenswürdigkeiten gibt es keine, aber der auch von den Schiffen der Hurtigrute angefahrene Ort besitzt eine gute Infrastruktur und bietet sich viel besser für einen Aufenthalt an als etwa Leknes.

## Infos

**Turistinformasjon Leknes:** Storgata 31, 8376 Leknes, Tel. 76 08 75 53, www.lofoten.info, ganzjährig Mo–Fr 10–16 Uhr.

## Übernachten

**... am Vestfjord**

Fischermanns Stil ▶ **Skjærbrygga:** Tel. 76 05 46 00, Fax 76 05 46 01, www.skjaerbrygga.no. 19 urgemütliche Rorbuer (1250 NOK für 2 Pers.) direkt am Meer nahe dem Hurtigrutenkai, nahezu 100 Jahre alt, aber vor wenigen Jahren komplett renoviert. Dazu ein Restaurant, das 2001/2002 als eines der besten Norwegens ausgezeichnet wurde; außerdem ein umfassendes Aktivitätsprogramm, auch Bootsverleih.

Backpackertreff ▶ **Justad Vandrerhjem:** Stamsund, Tel. 76 08 93 34, www.hihostels.no, März–Mitte Okt. Im Rorbustil am Meer errichtet, ›der‹ Treff für Interrailer und nichts für komfortgewohnte Reisende. Bett 160 NOK, DZ 460 NOK.

Fjordcamping ▶ **Brustranda Sjøcamping:** an der R 815, rund 10 km nördlich von Stamsund, Tel. 90 47 36 30, www.brustranda.no, ganzjährig. Sehr schön in einer Bucht am Vestfjord gelegener Wiesenplatz mit zahlreichen, gemütlich eingerichteten Hütten ab 400 bis 1250 NOK; ein kleines Café/Restaurant mit Außenterrasse sowie ein Steinladen sind angeschlossen; es werden Boote vermietet, und im Hinterland laden mehrere Wanderungen ein.

**... auf der Nordmeer-Seite**

Bei Surfern beliebt ▶ **Unstad Camping:** An der E 10 südlich von Borge, Tel. 76 08 64 33 sowie 91 86 04 94, www.unstadcamping.com, ganzjährig. Kleine Zeltwiese inmitten des Einöddorfes im Bereich der ehemaligen Schule, nur einige Gehminuten zum Nordmeer. Es werden auch drei Hütten (650 NOK) sowie zwei große, bis 12 Personen Platz bietende Rorbuer vermietet (ab 1700 NOK).

## Essen & Trinken

Preisgekrönt ▶ **Skjærbrygga:** Stamsund, Tel. 76 05 46 00, www.skjaerbrygga.no, tgl. ab 12 Uhr. Am Hafen beim Hurtigrutenkai in einem Speicherhaus aus dem 19. Jh. untergebrachtes Restaurant mit Bar (und Kaminzimmer), eine Institution der Insel, Treffpunkt der Lokalbevölkerung und der Touristen, nahezu jede Woche werden hier abends Konzerte aufgeführt. Gemütlich im rustikalen Stil eingerichtet, die Speisekarte listet zwar nicht viel, aber stets Gutes auf: Vorspeisen um 135 NOK, Hauptgerichte ab 225 NOK.

## Tipp: Rorbuferie – Ferien in einer ›Wohnstätte für Ruderer‹

Einer der ersten Chronistenberichte von den Lofoten vermeldet, dass König Øystein im Jahre 1120 beim heutigen Kabelvåg Rorbu-Hütten errichten ließ. Diese Wohnstätten (bu) für Ruderer (ror) waren winterfest und beheizbar und sollten den von weither gekommenen Fischern als Quartier dienen. Heute, wo deren Zahl extrem gesunken ist, werden die Rorbu-Hütten in erster Linie von Touristen als beliebte Übernachtungsmöglichkeiten genutzt.

Rot gestrichen sind sie fast alle, grundsätzlich auch aus Holz, aber längst müssen sie nicht mehr auf Pfählen im Meer stehen, wie es noch vor wenigen Jahren Usus war. Damals roch es überall nach Meeresgetier, und im (einzigen) Wohnraum lagen die Nylonleinen für den Dorschfang und Fischergerätschaften herum. Man schlief in einer mit einem Vorhang abgeteilten Ecke, die Toilette war ein Plumpsklo, fließendes Wasser gab es nicht.

Solche Hütten findet man nur noch selten, denn Touristen haben andere Vorstellungen von ihrem Urlaubsdomizil: Die meisten Rorbuer sind mittlerweile mit WC, Dusche und Küche ausgestattet und können zudem in Bezug auf Größe, Komfort und Preis durchaus mit Ferienhäusern konkurrieren. Insbesondere die Sjøhus (Seehäuser) genügen oftmals höchsten Ansprüchen.

Da Rorbu-Urlaub sich allergrößter Beliebtheit bei in- und ausländischen Touristen erfreut, kann die Nachfrage in der Saison größer sein als das Angebot. Rechtzeitiges Reservieren ist ebenso angebracht wie das ›Feilschen‹ um den Preis in der Nebensaison, wenn Rabatte bis zu 50 % möglich sind.

### Aktiv

**Wandern & Angeln ▶** Es gibt unzählige Wanderwege, Infos über das Touristenbüro und die Unterkünfte. Angeln ist auch hier beliebteste Aktivität, insbesondere von Stamsund aus, wo man Boote ausleihen kann.

**Top-Spot für Wellenreiter ▶** In Surferkreisen ist Unstad bekannt als der nördlichste Surfspot auf Erden und auch der beste Norwegens. Auf dem Unstad-Campingplatz kann man sich die Ausrüstung ausleihen (komplett: 700 NOK/Tag), außerdem werden im Juli dreitägige Surfcamps (2990 NOK inkl. VP und Unterkunft) angeboten.

## Flakstadøy ▶ K/L 9/10

Südwestlich von Vestvågøya, durch den rund 1,8 km langen und unter dem Meer verlaufenden Nappstraumtunnel erreichbar, schließt sich die nicht einmal 100 km$^2$ große und nur etwa 1450 Einwohner zählende Insel Flakstadøy an. Die Berge sind noch gewaltiger, die Felsformationen noch bizarrer als alles, was man bislang schon zu sehen bekommen hat. Tief eingeschnittene Fjorde geben ihr entfernt das Aussehen einer Pfote, weshalb angenommen wird, dass sich der alte Inselname *Vargfot,* was so viel wie ›Wolfsfuß‹ bedeutet, darauf bezieht.

### Nusfjord

Schon die Fahrt nach Nusfjord entlang eines verführerisch grün schimmernden, in weiße Sandbänder gefassten und von wahrhaft monumentalen Bergen überragten Fjordes ist ein einzigartiges Erlebnis. Aber auch der Ort selbst, der sich an die Ufer einer engen Fjordkerbe schmiegt, ist überaus sehenswert. Hier gab es schon im 19. Jh. eine Post nebst Café, Bäckerei, Krämerladen und Gefängnis, bald auch ein Telegrafenamt, schließlich eine Dampfschifffahrtsgesellschaft sowie – man staune – ab 1907 ein eigenes Kraftwerk.

Mit dem Niedergang der Lofot-Fischerei geriet der Ort ins Abseits und fiel in einen Dornröschenschlaf, aus dem er erst in unserer Zeit vom Tourismus wieder wachgeküsst wurde: Ganz Nusfjord, originalgetreu erhalten und prächtig renoviert, ist eigentlich ein einziges Museum, und heute strömen die Urlauber in ›Massen‹ herbei, um im Dorf Quartier zu nehmen. Das aber ist in Privatbesitz, und Einlass findet nur, wer 50 NOK Eintrittsgeld bezahlt.

## Flakstad und Ramberg

Alle Wege auf den Lofoten sind von einzigartiger Schönheit, so auch derjenige entlang der E 10 nach **Flakstad,** dem früheren Hauptort der Insel, der vom feuerroten Kreuzbau der im Jahre 1783 gezimmerten Dorfkirche dominiert wird. Sie wurde 1938 restauriert und beherbergt als besonderen Schatz eine Altartafel und Kanzel aus dem 18. Jh. Die Berge treten hier weit zurück, und vor der ausgedehnten Wiesenebene, über die der Ort verstreut liegt, erstreckt sich ein kilometerlanges und bis zu mehreren hundert Metern breites Sandband im Saum von Felsen und Dünen. Am angrenzenden Parkplatz befindet sich ein kleiner Informationskiosk.

Auch im Insel-Hauptort **Ramberg,** ebenfalls an der E 10 gelegen, lädt ein schneeweißer Sandstrand ein; wer hier Quartier nehmen will, findet einen Campingplatz mit Hüttenvermietung sowie einem sehr empfehlenswerten Panoramarestaurant.

## Fredvang

Von Ramberg aus ist es nur ein kurzer Weg über die Kåkersundbrua zur Nachbarinsel hinüber. Zuvor aber genießt man ein um das andere Mal herrliche Blicke auf wild skulptierte ›Mondberge‹, die die Bucht von **Fredvang** säumen. Dieser winzige Ort, über zwei Bogenbrücken von der E 10 aus zu erreichen, schaut über weite Sandstrände auf das offene Nordmeer hinaus und ist in klaren Sommernächten beliebtes Ziel von Sonnenanbetern. Der Ozean leuchtet dann in einem kräftigen Orange, die Berge bilden eine wahre Farbsymphonie von Ocker, Rot und Violett. Den schönsten Platz, diese ›Lightshow‹ zu genießen, findet man im Bereich des Campingplatzes, der sich auf einer großen Wiese direkt am Meer hinter einem langen Sandstrand erstreckt.

## Infos

**Flakstad Turistkontor:** 8380 Ramberg, Tel. 90 82 94 95, www.lofoten-info.no, Juni–Aug. tgl. 9–19 Uhr.

## Übernachten

**... in Nusfjord**

Im Fischerstil ▶ **Nusfjord Rorbuanlegg:** Tel. 76 09 30 20, Fax 76 09 37 49, www.nusfjord.no, ganzjährig. Die Anlage umfasst das gesamte Dorf, nirgendwo sonst wohnt man lofotentypischer und dennoch komfortabel. 36 traditionelle Rorbuer in drei Komfort-Kategorien. Ab 1300 NOK für 2 Pers.; auch Verleih von Fahrrädern (185 NOK/Tag), Kajaks (420 NOK), Angelausrüstung (100 NOK) sowie Motorboote (100 NOK/Std., 500 NOK/Tag).

**... in Ramberg**

Für jeden etwas ▶ **Ramberg Gjestegård:** E 10, Tel. 76 09 35 00, Fax 76 09 31 40, www.

**Die Rorbu-Hütten des Örtchens Nusfjord schmiegen sich an die Ufer des Fjords**

ramberg-gjestegard.no, ganzjährig. Von der norwegischen Umweltschutzbehörde ausgezeichneter Campingplatz am schönen Ramberg-Strand und damit mitten im Dorf, die Einrichtungen sind vorbildlich, Boots-, Seekajak- und Fahrradverleih, das Restaurant ist top, auch die Hütten sind schön (780–1200 NOK).

**... in Fredvang**

Traumhafte Lage ▶ **Fredvang Strandcamping:** Fredvang, an der E 10, Tel. 76 09 42 33, 20. Mai –15. Sept. Riesiges Wiesenareal am langen Sandstrand, von der Lage her einer der schönsten Plätze, keine Hüttenvermietung, im Hochsommer sind die sanitären Einrichtungen schon einmal überlastet. Motorboot-Verleih (ab 80 NOK/Std.).

## Essen & Trinken

Tafeln mit Blick ▶ **Ramberg Gjestegård:** Ramberg, Tel. 76 09 35 00, im Sommer tgl. ab 7 Uhr. À la carte gibt es hier Ausgefallenes zu günstigen Preisen, die Einrichtung ist modern, durch große Glasfronten blickt man auf das Meer und den Strand. Vorspeisen ab 100 NOK, Hauptgerichte 190–280 NOK.

## Moskenesøy ▶ K 9/10

Bizarr geformte Berge gelten im Allgemeinen als schöne Berge, und diejenigen, die man auf der südwestlichsten der großen Lofoten-Hauptinseln zu sehen bekommt, sind bizarrer, als man sich dies in seinen kühnsten Träumen vorstellen kann. Doch auch malerische Fischerorte laden ein, es herrscht die größte Dichte an traditionellen Rorbu-Hütten auf dem ganzen Archipel, und um den Südzipfel der bis über 1 km hoch aufragenden und an der schmalsten Stelle kaum 1 km breiten Insel herum rauscht der Moskenestraumen, der mit einer Geschwindigkeit von bis zu 10 Knoten als der gefürchtetste aller Gezeitenströme auf Erden gilt.

## Am Kirkefjord

Die in den Felsen gesprengte Straße bietet immer wieder atemberaubende Sicht auf eine Küstenlinie im Urzustand und ist doch nur Vorgeschmack auf das, was die zwei benachbarten Fischerorte **Hamnøy** und **Reine** auszeichnet. Extrem malerisch breiten sie sich auf mehreren, mittels Brücken mit dem ›Festland‹ verbundenen Schären an der Mündung des weit verzweigten Kirkefjords in den Vestfjord aus; sie bestehen aus roten, ockerfarbenen, weißen und blauen Holzhäusern, die sich an jedes freie Stückchen Stein klammern und oft genug bis zu den ›Knien‹ im Wasser stehen, auf dem Hunderte bunte Fischerboote schaukeln. Stundenlang möchte man in diesen Orten verweilen, hinter denen sich über türkisfarbenen Fjorden die eigenartigsten Landschaftsgebilde aus Stein erheben, die man je gesehen hat.

## Å

Eine vergleichbar boomende touristische Entwicklung wie Reine erlebte auch Å, das Dorf am Südende des ›Lofot-Highways‹, in dem es im Sommer ein wenig wie in Ro-

**Blick hinunter auf Reine und die umliegende Gebirgslandschaft**

thenburg ob der Tauber zugeht. Touristen aus aller Herren Länder werden hier in Gruppen durchgeführt, und erst, wenn man oberhalb des großen Parkplatzes eine kleine Anhöhe erklommen hat, kann sich der erhoffte Genuss einstellen. Im Rücken türmt sich die Lofot-Wand, voraus erstreckt sich der Vestfjord bis zum fernen Festland, im Süden ragen die Felstürme von Værøy und Røst in den Himmel, und unten liegt das Dorf mit seinen bunten Holzhäusern auf abgerundeten Klippen. Die Panoramasicht über Å umfasst den Hafen, die Filetierfabrik, unzählige *hjelter* (zeltförmige Stangengerüste, an denen im Februar/März die Dorsche zum Trocknen aufgehängt werden) sowie – nahezu jedes rot gestrichene Haus betreffend – das **Norwegische Fischereimuseum.** Es umfasst 23 Gebäude aus dem 19. Jh., darunter auch Schmiede, Trankocherei, Bootshaus, Salzerei und Bäckerei; eine Broschüre (auch auf Deutsch) informiert umfassend (Norsk Fiskeværsmuseum: www.lofoten-info.no/nfmuseum, 20. Juni–20. Aug. tgl. 10–18, sonst Mo–Fr 10–15 Uhr, 60 NOK).

Der über tausendjährigen Geschichte des Stockfisches als Handelsware ist das **Trockenfischmuseum** gewidmet. Es beantwortet alle Fragen bezüglich Geschichte, Herstellung und Verkauf von Trockenfisch (Lofoten Tørrfiskmuseum: Mitte Juni–Mitte Aug. tgl. 10–17 Uhr, 50 NOK).

Nicht weniger interessant als diese viel besuchten Ausstellungen sind die zahlreichen **Bootstouren,** die von hier aus täglich durchgeführt werden und u. a. den Moskenestraum, verlassene Fischersiedlungen an der Außenseite der Insel, den Kirke- bzw. Reinefjord und die Revsvik-Höhle am Südwestrand der Insel zum Ziel haben – eine imposante Naturkathedrale von ca. 11 m Länge und 50 m Höhe, in der sich 3000 Jahre alte Steinzeitzeichnungen von ›Ur-Lofotern‹ finden.

## Infos

**Turistkontor Flakstad og Moskenes:** 8392 Sørvågen/Moskenes-Hafen, Tel. 98 01 75 64, www.lofoten-info.no, ganzjährig Mo–Fr 10–14, Mai–Mitte Juni 10–17, Mitte Juni–Mitte Aug. tgl. 9–19 Uhr, für Moskenesøy und Flakstadøy zuständig.

## Übernachten

**... in Reine**

**Rorbu-Hütten ▸ Reine Rorbuer:** Tel. 76 09 22 22, www.reinerorbuer.no, ganzjährig. Größte Auswahl an herrlich gelegenen Rorbu-Hütten, komfortabel und sehr gemütlich; da sie im Sommer sehr begehrt sind, sollte man so früh wie möglich reservieren. Ab 1400 NOK für 2 Pers.

**... in Å**

**Für jeden Geschmack ▸ Å Hamna Rorbuer:** Tel. 76 09 12 11, www.lofotenferie.com, ganzjährig. Rund zwei Dutzend Rorbu-Hütten (für 2–4 Pers. ab 900 NOK) auf Pfählen über dem Meer, alle komfortabel eingerichtet und teils mit malerischer Aussicht. Im Dorf Sorvågen werden ebenfalls Häuser (5500 NOK/Woche für 4–5 Pers.) und Zimmer (ab 470 NOK) vermietet, auch im Hennumgården, einem 150 Jahre alten Nordlandhaus (Bett 180 NOK).

Billig und typisch ▶ **Å Vandrerhjem:** Tel. 76 09 11 21, www.hihostels.no, ganzjährig. Schöner alter Holzbau im pittoresken Fischerdorf, die Zimmer sind ebenso wie die Gästeküche und Aufenthaltsräume holzvertäfelt, gemütlich und günstig. Bett 180 NOK, DZ ab 400 NOK.

### Essen & Trinken

Urgemütlich ▶ **Gammelbua:** Reine, Tel. 76 09 22 22, Mai– Aug. tgl. ab 10/11 Uhr, sonst nur sporadisch an Samstagabenden. Umgebaute Rorbuhütte, über 200 Jahre alt und entsprechend urig, auch zum Draußensitzen, Hauptgerichte um 260–280 NOK; nachmittags werden leckere Kuchen serviert.

### Aktiv

Breites Angebot ▶ Das Touristenbüro in Moskenes organisiert Juni–Aug. tgl. zahlreiche **Touren:** so etwa ›Fischer für einen Tag‹ (600 NOK; dabei lernt man das Alltagsleben der Fischer kennen), ›Im Nordland-Boot auf Fischfang‹ (rudernd/segelnd mit einem *åttring*), auch **Open Ocean Rafting** über den Moskenestraum, **Wanderungen** sowie **Fischkutterfahrten** zur Revsvik-Höhle mit ihren Steinzeitmalereien (6 Std., 950 NOK).

## 14 Die ›Wal-Route‹

Der Name ›Wal-Route‹ ist nicht etwa inhaltsleere Erfindung der Fremdenverkehrswerbung, sondern sprechende Bezeichnung für die zwischen Å auf den Lofoten über die Vesterålen nach Finnsnes auf Senja führende Küstenstraße, die sich als verkehrsarme Alternativstrecke zur E 6 anbietet und insgesamt 382 km misst. Es sind 382 km voller ständig wechselnder und einzigartiger Eindrücke.

### Vesterålen ▶ L–N 6–8

Von dem Lofot-Ort **Fiskebøl** aus, der ganz im Norden von Austvågoy gelegenen ›Pforte zu den Vesterålen‹, kann man sich aufmachen, den **Vesterålen-Archipel** zu erkunden, der mit einer Fläche von rund 2400 km² fast doppelt so groß ist wie die Inselgruppe der Lofoten. Obwohl Vesterålen und Lofoten erdgeschichtlich eng verwandt sind, präsentiert sich die Landschaft hier doch ganz anders. Die Berge sind eher sanft konturiert, das Land ist teilweise stark kultiviert. Die Vesterålen sind ein stilles Ferienland mit ausgezeichneten Wandermöglichkeiten, zahlreichen fantastischen Sandstränden und schönen Campingplätzen.

### Whale Watching

Zudem gibt es reizvolle Attraktionen, von denen die **Pottwal-Safari** die berühmteste ist. **Andenes,** ganz im Norden der Insel **Andøya** gelegen und 146 km von Fiskebøl entfernt, ist Ausgangspunkt für dieses Spektakel. Zwischen Mai und September können seefeste Urlauber auf einem ehemaligen Walfangtrawler zu den bis zu 75 t schweren und 20 m langen Pottwalen hinausfahren, die alljährlich auf Nahrungssuche an Andøya vorbeiziehen. Die Wal-Safari ist ein Gemeinschaftsprojekt des Fremdenverkehrsamtes mit dem W.W.F., erfahrene Meeresbiologen sind an Bord, und die Chancen, auf der rund 3-stündigen Tour einen der Meeressäuger zu sehen, werden mit 95–99 % angegeben. Wer dennoch kein Glück hat, darf ein zweites Mal kostenlos mitfahren! Jede Whale Watching-Tour beginnt mit einer einstündigen Führung durch das **Walzentrum Andenes,** das sich als Walmuseum, Bildungseinrichtung und Forschungsstätte gleichermaßen vorstellt.

### Senja ▶ N/O 6/7

Per Autofähre kann man von Andenes aus schließlich nach **Gryllefjord** zur Insel **Senja** übersetzen, der mit 1590 km² Fläche zweitgrößten Insel des Königreiches. Insbesondere ihre Nordseite, von dem Nationalen Touristenweg R 864 erschlossen, präsentiert sich mit über 1000 m hohen Berggiganten so schön wie die Lofoten, wohingegen der im Südosten gelegene **Ånderdal-Nationalpark** mit tiefen Waldschluchten und über 500 Jahre alten Kiefern beeindruckt. Von hier aus ist es nur ein kurzes Wegstück über die 1150 m lange Gisund-Brücke zum Festland bei **Finnsnes.**

## Infos

**Vesterålen Reiselivslag:** Kjøpmannsgt. 2, 8400 Sortland, Tel. 76 11 14 80,www.visitvesteralen.com, ganzjährig.
**Andøy Turistinformasjon:** Postboks 36, 8483 Andenes, Tel. 76 14 12 03, www.andoyturist.no, ganzjährig Mo–Fr 9–16 Uhr, im Sommer tgl. 10–18 Uhr.
**Destinasjon Senja:** Laukhellavn 2, 9303 Silsand, Tel. 98 49 25 66, www.destinasjonsenja.no, im Sommer tgl. 10-17 Uhr.
Über die Route informiert die (auch deutschsprachige) Website www.whaleroute.no.

## Aktiv

Wal-Safaris ▶ **Hvalsafari AS:** Postboks 58, 8480 Andenes, Tel. 76 11 56 00, www.whalesafari.com, Mai–14. Juni und 21. Aug.–Sept. tgl. um 11 und 16 Uhr, 15. Juni–20. Aug. auch 11 und 17.30 Uhr, Dauer ca. 3 Std., Erwachsene 870 NOK, Kinder bis 13 Jahre 550 NOK, Kinder 1–4 Jahre 190 NOK; Nov.–Febr. (1 Abfahrt tgl. um 9 Uhr) 1200 NOK. – Laut der Whale & Dolphin Conservation Society ist Hvalsafari der beste Veranstalter arktischer Wal-Safaris.

## Verkehr

**Fähre: Fiskebøl/Lofoten–Melbu/Vesterålen:** ganzjährig, etwa stdl., 34 NOK/Pers., 98 NOK/Pkw. **Andenes–Gryllefjord:** 26. Mai–26. Aug. 2–3 x tgl., 170 NOK/Pers., 425 NOK/Pkw, Infos über www.senjafergene.no.
**Bus:** Auch mit Bussen kann man der Route folgen: Von den Lofoten geht es via Sortland nach Andenes, von Gryllefjord weiter nach Finnsnes mit Anschluss Richtung Tromsø bzw. Alta und Narvik.

**Die Chance, einen Pottwal zu sehen, ist auf der Wal-Safari vor Andenes recht groß**

# Tromsø ▶ P5

**Die historische ›Pforte zum Eismeer‹ ist nicht nur die größte Stadt, sondern auch die ›Metropole‹ des hohen Nordens. Cafés und Bars, Restaurants und Bistros, die bis spät nachts geöffnet haben, machen Tromsø zu einer lebendigen Stadt voller Atmosphäre und Flair.**

Von allen Titeln, mit denen sich Tromso in der Tourismuswerbung schmückt, ist ›Pforte zum Eismeer‹ wohl am treffendsten, war doch die Stadt, die sich ab 1252 rings um eine von König Håkon Håkonsson gegründete Kirche entwickelte, dank ihrer nördlichen Lage ab 1820 Ausgangspunkt zahlreicher Expeditionen ins Eismeer. Fridtjof Nansen startete von hier zu seiner berühmten Eisdrift mit der ›Fram‹, Roald Amundsen besuchte die Stadt mit der ›Gjøa‹ und der ›Maud‹, und so ist es nicht übertrieben zu sagen, dass Tromso, das erst 1794 die Stadtrechte verliehen bekam, den zahlreichen Forschungsreisen ins Eismeer seine wichtigsten Wachstumsimpulse verdankt.

Später dann gewannen Fischerei und Schifffahrt immer mehr an Bedeutung. Heute ist die mit rund 66 000 Einwohnern größte Stadt nördlich von Trondheim mit ihren Handels- und Dienstleistungsbetrieben sowie der nördlichsten Universität der Welt – etwa 10 000 Studenten sind hier eingeschrieben – das bedeutendste Wirtschaftszentrum Nordskandinaviens.

## Im Stadtteil Tromsdalen

**Cityplan:** S. 418

Tromso, auf der Insel Tromsoya im Balsfjord gelegen, ist über die Tromsøbrua mit dem Festland verbunden. Am Festlands-Brückenkopf der 1036 m langen und 38 m hohen Konstruktion, die auf mehreren Dutzend Säulenpaaren im Tromsosund steht, erstreckt sich der Stadtteil Tromsdalen mit gleich zwei Sehenswürdigkeiten, die niemand auslassen sollte.

### Eismeer-Kathedrale 1

Die 1965 geweihte Eismeer-Kathedrale erinnert in ihrer äußeren Form an die Trockenfisch-Gestelle, denen man an den Küsten des Nordmeeres überall begegnet. Aber auch Polarnacht, Mitternachtssonne und Nordlicht soll der futuristisch wirkende Bau symbolisieren, der von Jan Inge Hovig entworfen wurde, doch von innen nicht unbedingt hält, was er von außen verspricht. Nur das 140 $m^2$ große Glasmosaik, das das 23 m hohe Dreieck der Ostgabel mit dem Motiv von Christi Wiederkunft ausfüllt, ist wirklich originell zu nennen; im Übrigen das größte seiner Art in Europa (Ishavskatedralen: www.ishavskatedralen.no, Juni–Mitte Aug. Mo–Sa 9–19, So ab 13 Uhr, Mo–Mi 11–18, Do–So 16–18 Uhr, 35 NOK, Orgelkonzert im Juni/Juli tgl. 14 Uhr (70 NOK), Mitte Juni–Mitte Aug. Mitternachtskonzert tgl. ab 23.30 Uhr, 130 NOK).

### Storsteinen 2

Der Tromsosund gilt als die verkehrsreichste Meeresstraße des Nordens, und ist der Blick von der Bogenbrücke in die Tiefe schon beeindruckend, so erst recht das Panorama, das man vom 420 m hohen **Storsteinen** aus genießt, dem ›Hausberg‹ Tromsos, auf den man mit der Fjellheisen-Seilbahn (vor der Eismeer-Kathedrale ausgeschildert) innerhalb weniger Minuten gelangt. Die Aussicht auf die

Kathedrale, den Sund, die Brücke und über die gesamte Insel Tromsøya ist von atemberaubender Schönheit. Die spektakulärste Aussicht genießt man allerdings nicht direkt von der Bergstation aus, sondern von einem linker Hand befindlichen Steilfelsen oder – noch besser – von der Fløya-Höhe aus, einer rund 230 m über der Station gelegenen Höhe, wohin ein deutlich sichtbarer Weg (rund 1,5 km) führt (Fjellheisen: www.fjellheisen.no, April–19. Mai und Sept. tgl. 10–17, 20. Mai–Juli tgl. 10–1, Aug. tgl. bis 22, sonst tgl. 11–16 Uhr, hin und zurück 120 NOK).

## Auf Tromsøya

**Cityplan:** S. 418

Ein Spaziergang durch das Stadtzentrum ist durchaus reizvoll, denn die beachtliche (wenn auch ständig schrumpfende) Anzahl alter Holzhäuser unterscheidet Tromsø von allen anderen Städten des hohen Nordens. Doch auch die erstaunlich große Anzahl an gemütlichen Cafés, Kneipen, Bistros und Restaurants findet nördlich von Trondheim kein Gegenstück – selbst morgens um vier ist hier immer noch was los –, und zumindest die skandinavischen Besuchern bewerten das Tromsøer Nachtleben als Hauptattraktion der Stadt. Gäste aus mitteleuropäischen Landen freilich sind zumeist in Eile, weil auf dem Weg zum Nordkap, und verbringen hier meist nur wenige Stunden mit Sightseeing – zu Unrecht, wie der folgende Rundgang zeigen wird.

### Im Zentrum

Das **Polarmuseum** 3 etwa gibt Aufschluss über die zahlreichen Expeditionen, die von Tromsø aus seit Anfang des 19. Jh. ihren Ausgang nahmen. Es ist insbesondere den Fahrten von Roald Amundsen gewidmet, Bezwinger der legendären Nordwestpassage und erster Mensch am Südpol, der von hier aus am 18. Juni 1928 mit dem französischen Flugzeug ›Latham‹ startete, um dem verschollenen Umberto Nobile zu Hilfe zu eilen – er kam nie zurück. Ihm zu Gedenken wurde in einer Parkanlage am Kai die **Roald-Amundsen-Statue** 4 errichtet (Polarmuseet: www.polarmuseum.no, Mitte Juni–Mitte Aug. tgl. 10–19, März–15. Juni und Mitte Aug.–Ende Nov. tgl. 11–17, sonst tgl. 11–16 Uhr, 50 NOK).

Auf dem Weg zum Denkmal genießt man schöne Ausblicke auf den Hafen sowie die wenigen noch erhaltenen alten Speicherhäuser. Über die Kirkegata ist der **Dom** 5 schnell erreicht. Bei diesem 1861 im neugotischen Stil erbauten Gotteshaus handelt es sich um den nördlichsten Dom der Welt, mit seinen rund 750 Sitzplätzen ist er zudem eine der größten Holzkirchen des Landes (Domkirke: ganzjährig Di/Do 14–16, Fr 12–16 Uhr, im Juni/Juli tgl. Konzert um 16 Uhr).

Schöne alte Häuser ziehen insbesondere an der Sjø-, Skipper- und Strandgata den Blick auf sich, und all diese Straßen führen zur **Storgata,** der Haupt-Shoppingmeile Tromsøs, wo in Hausnummer 5 die nördlichste Brauerei der Welt auf eine geführte Tour mit anschließender Verköstigung einlädt: **Macks Ølbryggeri** 6 (www.olhallen.no, ganzjährig Mo–Do um 13 Uhr, 160 NOK).

Am Hafen liegt das Erlebniszentrum **Polaria** 7, wo man ›auf Du und Du‹ mit dem äußersten Norden in Kontakt kommt. Es gibt zunächst einen Film über Spitzbergen (außerhalb der Sommersaison entführt ein weiterer Film in die Antarktis), und anschließend begeben sich die Besucher auf den ›Arctic Trail‹, wo sie mit Schneestürmen und Eisbären, der Tundra und dem Polarlicht bekannt gemacht werden. Des Weiteren lohnen ein Aquarium und ein Seehundbassin den Besuch, im zugehörigen Shop werden u. a. Kleidungsstücke aus Seehundfell verkauft (www.polaria.no, 18. Mai–Aug. tgl. 10–19, sonst 11–17 Uhr, 105 NOK).

### Tromsø-Museum 8

Die beliebteste Sehenswürdigkeit in Tromsø ist das 4 km außerhalb vom Stadtkern gelegene **Tromsø-Museum**, das Jahr für Jahr mehr als 110 000 Besucher anlockt. Natur- und Kulturgeschichte der Region sind Gegenstand der insgesamt zehn Abteilungen

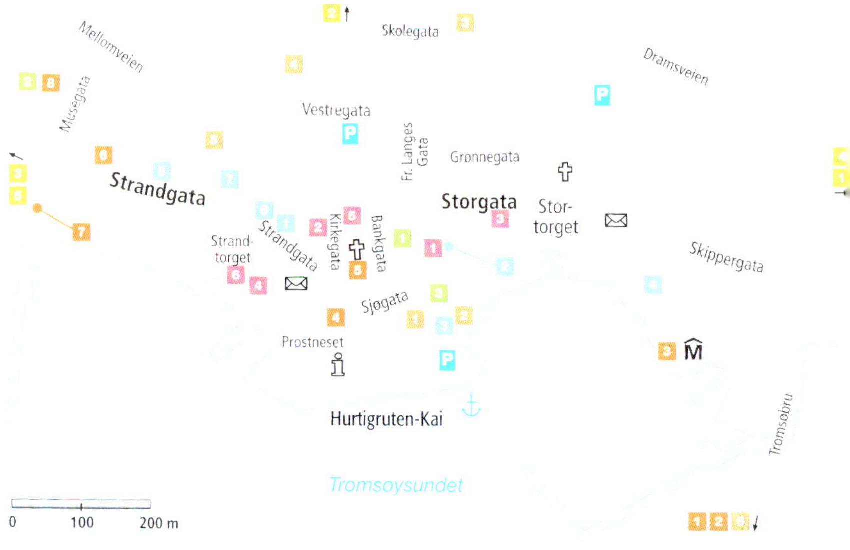


umfassenden Ausstellung, der auch ein Aquarium und eine Freilichtabteilung angeschlossen sind. Das Museum informiert anschaulich über Geologie, Flora, Fauna, Kunst, Archäologie, neuere Kulturgeschichte und – besonders sehenswert – die Volksmusik Lapplands. Hier sollte man es sich nicht entgehen lassen, die Sprache der Samen-Seele, als Wolfs-, Rentier- sowie Wildgans-Joik (Gesänge) über Kopfhörer vernehmbar, auf sich einwirken zu lassen. Ebenfalls lohnend ist ein Besuch im angeschlossenen Aquarium sowie in der Freilichtabteilung, außerdem werden Jahr für Jahr wechselnde Ausstellungen gezeigt (Tromso Universitetsmuseet: Anfahrt u. a. mit Bus Nr. 37, www.uit.no/tmu, Juni–Aug. tgl. 9–18, sonst Mo–Fr 10–16.30, Sa 12–15, So 11–16 Uhr, 50 NOK).

## Infos

**Destinasjon Tromsø:** Kirkegata 2, 9253 Tromsø, Tel. 77 61 00 00, www.visittromso.no, Mitte Mai–Aug. Mo–Fr 9–19, Sa/So 10–17, sonst Mo–Fr 9–16, Sa ab 10 Uhr.

## Übernachten

Perfekte Ausstattung ▶ **Radisson SAS Hotel Tromsø 1:** Sjøgt. 7, Tel. 77 60 00 00, www.radissonblu.no. Eines der drei besten Hotels der Stadt, die Ausstattung genügt höchsten Ansprüchen, die schönsten Zimmer sind diejenigen, die zum Tromsøsund blicken. DZ 1595 NOK, Sommer/Wochenende ab 1028 NOK.

Komfort am Kai ▶ **Clarion Collection Hotel With 2:** Sjøgt. 35–37, Tel. 77 66 42 00, www.choicehotels.no. Ein weiterer Stern im Kreis der erlesenen Kaihotels, von Pastellfarben und modernem Interieur geprägt, die Zimmer sind ebenso komfortabel wie gemütlich (insbesondere diejenigen unter dem Giebeldach), im Preis enthalten sind Waffeln und Kaffee am Nachmittag sowie eine leichte Abendmahlzeit. DZ ab 1080 NOK, im Sommer ab 820 NOK.

Preis-Hit ▶ **AMI Hotel 3:** Skolegt. 24, Tel. 77 62 10 00, www.amihotel.no. Garni-Hotel in zentraler ruhiger Lage, ordentliche moderne Zimmer, teils mit eigener Dusche, auch preiswerte Familien-/Mehrpersonenzimmer. Familiäre Atmosphäre, angenehmes Flair, alle Zimmer mit Kühlschrank, auch Gemeinschaftsküche. DZ ohne Bad 750 NOK, mit Bad 870 NOK, Frühstück inkl.

Tromsos Preisbrecher ▶ **ABC Hotel Nord 4:** Parkgata 4, Tel. 77 66 83 00, www.hotellnord.no. Sehr preiswertes Hotel im Zentrum, teils mit schöner Aussicht. Einfache, aber

## Tromsø

**Sehenswert**
1 Eismeer-Kathedrale
2 Storsteinen
3 Polarmuseum
4 Roald-Amundsen-Statue
5 Dom
6 Macks Ølbryggeri
7 Polaria
8 Tromsø-Museum

**Übernachten**
1 Radisson SAS Hotel Tromsø
2 Clarion Collection Hotel With
3 AMI Hotel
4 ABC Hotel Nord
5 City Living Hotel
6 Tromsø Camping

**Essen & Trinken**
1 Compagniet Restauration
2 Emma's Drømmekjøkken
3 Store Norske Fiskekompani
4 Vertshuset Skarven
5 Knoll og Tott
6 Kaffeebønna

**Einkaufen**
1 Snarby Strikkestudio
2 Tromsø Kunstforening
3 ASVObutikken

**Abends & Nachts**
1 Blå Rock Café
2 Compagniet
3 Flyt
4 Driv
5 Øl-Hallen
6 Grand Bar
7 Circa

**Aktiv**
1 Tromsø Villmarkssenter
2 Naturinord
3 Dykkersentret
4 Arctic Mountain
5 Sea-U-Fishing

saubere Zimmer mit TV, Telefon (man kann gratis ins Festnetz innerhalb von Norwegen anrufen!) und WLAN, mit/ohne Bad/WC (die Zimmer ohne eigenes Bad haben teils sehr niedrigen Standard). Gästeküche, Wohnzimmer, Fahrradverleih. EZ 600/700 NOK, DZ 650/750 NOK; Studenten erhalten bis zu 25% Rabatt.

Budgethotel im Zentrum ▶ **City Living Hotel:** 5: Grønnegata 48, Tel. 77 78 10 50, www.cityliving.no. 46 helle Zimmer und Apartments, alle mit Miniküche sowie Bad/WC, WLAN und Flachbildschirm-TV; Waschmaschine und Trockner können Gäste gratis benutzen. DZ ab 795 NOK.

Camping & Hütten ▶ **Tromsø Camping** 6: Tromsdalen, ca. 3 km vom Zentrum, Tel. 77 63 80 37, Fax 77 63 85 24, www.tromso camping.no, ganzjährig. Recht schöne Lage, viele Hütten (480–1480 NOK), zur Hochsaison werden Plätze und Hütten stark nachgefragt, mitunter sind dann die sanitären Einrichtungen überlastet.

### Essen & Trinken

Gourmet-Tempel ▶ **Compagniet Restauration** 1: Sjøgt. 12, Tel. 77 66 42 22, www.compagniet.no, tgl. ab 15 Uhr. Wer höchste Anforderungen an ein Restaurant stellt, wird in diesem Restaurant auf seine Kosten kommen, gilt es doch als das beste Nordnorwegens – eine Empfehlung für den ganz besonderen Abend! Vorspeisen um 130 NOK, Hauptgerichte ab 240 NOK.

Ebenfalls für Gourmets ▶ **Emma's Drømmekjøkken** 2: Kirkegt. 6, Tel. 77 63 77 30, www.emmaoglars.no, Mo–Sa ab 18 Uhr. »Ein Kunstwerk von einem Restaurant, in dem alle Gourmetträume wahr werden«, urteilte unlängst eine der größten norwegischen Tageszeitungen. Vorspeisen um 160 NOK, Hauptgerichte ca. 360 NOK.

Köstlichkeiten aus dem Meer ▶ **Store Norske Fiskekompani** 3: Storgt. 73, Tel. 48 99 04 25, Mo–Sa ab 16 Uhr. Hier stehen ausschließlich Meeresspezialitäten auf der Karte, die Zutaten werden frisch verarbeitet, das Auge isst mit, die Preise spiegeln die hohe Qualität, liegen um 150 NOK für Vorspeisen und um etwa 300 NOK für Hauptgerichte; stets eine Empfehlung ist das ›Skalldyrfest‹ (Schalentierfest) mit allem, was das Meer an Köstlichkeiten hergibt (415 NOK).

Für jeden Geschmack ▶ **Vertshuset Skarven** 4: Strandtorget 1, Tel. 77 60 07 20, www.skarven.no, das Wirtshaus tgl. ab 11 Uhr, Arctandria Mo–Sa ab 16 Uhr. Eine Institution in Tromsø ist dieses Restaurant-Haus

Tromsø, die ›Pforte zum Eismeer‹

mit mehreren Lokalen unter einem Dach. Im eigentlichen ›Wirtshaus‹ gibt's exotische Kleingerichte, im ›Biffhus‹ dreht sich alles um Steaks, während das ›Sjømatrestaurant Arctandria‹ als Tromsos berühmtestes Fisch- und Schalentier-Restaurant gilt, hier stehen meist auch Wal- und Seehund-Gerichte auf der Speisekarte. Vorspeisen 95–145 NOK, teilweise sehr ausgefallene Gerichte wie Fischeintopf mit Wal-Chorizo oder auch Trockenfischcreme, die Hauptgerichte gibt es ab 245 NOK (Bacalao), Favorit sind Seeteufel (295 NOK), Heilbutt (295 NOK) und gegrillter Stockfisch (285 NOK).

Baguetteria ▶ **Knoll og Tott** 5: Storgata 62, Tel. 77 66 68 80, Mo–Fr 8–18, Sa 10–16 Uhr. Stadtbeliebtes Cafe, und wie es heißt, bekommt man hier die besten und am üppigsten belegten Baguettes von Tromsø. Außerdem leckere Lunch- und Tellergerichte, große Auswahl an diversen Kaffeesorten. Das Preisniveau ist relativ niedrig, der Andrang insbesondere um die Mittagszeit entsprechend groß.

**Nicht nur für Kaffeetanten ▶ Kaffebønna 6**: Strandtorget, Tel. 77639400, Mo–Fr 8–18, Sa 9–18, So 11–18 Uhr. Tromsøs erste erklärte Kaffeebar, mit einer großen Auswahl an diversen Kaffeespezialitäten, Gebäck und Kuchen sowie einfachen Lunch-Gerichteten. Nur hier wird in Tromsø original italienisches Eis serviert. Schön auch zum Draußensitzen.

## Einkaufen

**Gestricktes ▶ Snarby Strikkestudio 1**: Fr. Langesgt. 18, Tel. 77 64 13 20, Mo–Sa ab 10 Uhr. Große Auswahl an Strickjacken und Pullovern im Norweger-Design.

**Fine Art ▶ Kunstforening Tromsø 2**: Muségt. 2, Tel. 77 65 58 27, Mi–So 12–17 Uhr. Größte Kunstausstellung der Region, im angeschlossenen Kunstgeschäft kann man Werke nordnorwegischer Maler erstehen.

**Textil & Keramik ▶ ASVObutikken 3**: Fr. Langesgt. 13, www.tromsoasvo.no, Mo–Fr 8–15 Uhr. Vielseitige Auswahl an typischen Souvenirs Nordnorwegens.

## Abends & Nachts

**Musik & Pub ▶ Blå Rock Café 1**: Strandgt. 14, Tel. 77 61 00 20, Mo–Sa ab 11.30, So ab 13, tgl. bis 2 Uhr nachts. Ausgefallen mit Rock'n'Roll-Relikten geschmückter Musikpub, außerdem Kneipe mit großer Bierauswahl (0,5 l zu 59 NOK).

**Für Oldies ▶ Compagniet 2**: Sjøgt. 12, Tel. 77 66 42 22, Fr/Sa ab 22 Uhr, Einlass ab 23 Jahre, ›Altvolk‹-Disco und Nachtclub, gemischter Sound.

**Beliebt ▶ Flyt 3**: Sjøgt. 25, Tel. 77 69 68 00, tgl. ab 15 Uhr, am Wochenende bis 3.30 Uhr. Hier treffen sich Kletterer, Snowboarder und andere Extremsportler auf ein kaltes Bier (0,5 l 71 NOK) und saftige Burger (ab 125 NOK). Fr/Sa abends ausgelassene Partys, dann dröhnt der (Rock-)Sound, und es kann schwer sein, auf den zwei Etagen überhaupt noch einen Stehplatz zu finden.

**Studententreff ▶ Driv 4**: Søndre Tollbudgt. 3, Tel. 77 60 07 76, Mo–Do 12–2 Uhr, am Wochenende teils bis 3 Uhr. Café, Kneipe, Kultur- und Studentenzentrum in einem gut 100 Jahre alten Speicherhaus, ›der‹ Treff der Studentenszene, auch Theatervorführungen und Konzerte. Insbesondere an den Samstagabenden ist hier in der Regel bis frühmorgens mächtig was los.

**Frisch vom Fass ▶ Øl-Hallen 5**: Tel. 77624580, Mack-Brauerei, Storgt. 4, Mo–Fr 10–18, Sa ab 9 Uhr. Ausschank für das Mack-Bier, gebraut in der nördlichsten Brauerei der Welt.

**Retro Cocktail Bar ▶ Grand Bar 6**: Rica Grand Hotel, Storgt. 44, Tel. 77 75 37 77. Man kommt nur gut bekleidet in diese klassische

Cocktail Bar hinein, genießt das Retro-Ambiente sowie Musik der 70er- und 80er-Jahre und natürlich die Cocktails sowie Longdrinks.

Die Welt des Jazz ▶ **Circa** 7: Storgt. 36, Tel. 77 68 10 20, Mo–Sa ab 12 Uhr. Gemütliches und intimes Lokal mit behaglicher und lockerer Atmo. Abends dreht sich alles um Musik, live und aus der Konserve, viel Jazz, aber auch Reggae, Rap & Rock, Hip-Hop und andere Stilrichtungen mehr. Mi und Fr sind DJ-Tage.

Tromsøs Blauer Bock ▶ **Rorbua** 1: im Radisson SAS Hotel, Sjøgt. 7, Tel. 77 60 00 00. Gemütlicher Pub mit volkstümlicher Atmosphäre (auch Musik), große Wein- und Bierauswahl, die berühmteste Fischerhütte *(Rorbu)* des Landes, da von hier aus eine TV-Sendung übertragen wird.

## Aktiv

Das Touristenbüro ist Ansprechpartner für Sommer- und Winteraktivitäten, die in einer Broschüre (kann man über www.destinasjon tromso.no auch downloaden) ausführlich vorgestellt werden.

Arktische Abenteuer ▶ Das größte Angebot haben **Tromsø Villmarkssenter** 1 (Tel. 77 69 60 02, www.villmarkssenter.no, Gletscherwanderungen, Kajaktouren, Wanderungen, Hundeschlittenfahrten, Skitouren, Nordlichtfahrten u.v.m.) und **Naturinord** 2 (Sommerlystvegen 23, Tel. 97 51 75 83, www.naturinord.no, u. a. Angeltouren, Foto-Safaris, Wanderungen, Hundeschlittentouren, Jagdausflüge).

Tauchen ▶ **Dykkersentret** 3: Stakkevollvn. 72, Tel. 77 69 66 00, www.dykkersentret.no. Zahlreiche Tauchtouren, u. a. zu den Wracks der ›Tirpitz‹, ›Flint‹ und ›Tott‹, auch Nachttauchen wird angeboten.

Per Paddel und Pedes ▶ **Arctic Mountain** 4: Tel. 91 17 01 14, www.arcticmountain.no. Kayak- und Bergabenteuer (Tages- und Mehrtagestouren) für Durchtrainierte.

Angeln ▶ **Sea-U-Fishing** 5: Strandveien 188B, www.sea-u-fishing.no. Ende Juni–Mitte Aug. tgl. ab 18 Uhr geht's mit einem traditionellen Fischkutter zu Angeltouren aufs Meer hinaus (3 Std., 400 NOK/Pers.).

## Termine

**Internationales Filmfestival** (6 Tage im Jan.): Norwegens größtes Filmfestival, mehr als 40 000 Besucher jährlich, Näheres unter www.tiff.no.

**Nordlichtfestival** (4 Tage Ende Jan.): Klassische und zeitgenössische Musik in ihrer ganzen Breite mit höchstem Anspruch (www.nordlysfestivalen.no).

**Riddu Festival** (5 Tage Mitte Juli): Musik-Festival der ethnischen Minderheiten dieser Welt mit Konzerten, Tanz und zahlreiche Kulturveranstaltungen (www.riddu.no).

**Karlsøyafestivalen** (5 Tage Anfang Aug.): Musik- und Kunstfestival auf Karlsøya (www.karlsoyfestivalen.no).

**Ølfestivalen** (5 Tage Mitte Aug.): Øl ist die norwegische Bezeichnung für Bier, das reichlich fließt auf diesem Festival, veranstaltet auf dem Strandtorget von der nördlichsten Brauerei der Welt (www.mack.no).

**Weihnachtsmarkt** (Ende Nov.).

## Verkehr

**Flugzeug:** Der Flughafen liegt rund 3 km außerhalb des Zentrums, Verbindungen bestehen mit SAS nach Spitzbergen, Oslo und Bodø, Widerøe ist insbesondere für Verbindungen nach Hammerfest, Alta, Andenes und Stokmarknes (Vesterålen) zuständig, Norwegian Air bedient die Strecke nach Oslo (ab etwa 500 NOK) sowie auch nach Berlin, Hamburg und München (ab ca. 1000 NOK). Das Taxi kostet ca. 150 NOK, es verkehrt aber auch ein Flughafenbus ins Zentrum (55 NOK) sowie ein Linienbus (28 NOK).

**Bus:** Mehrmals tgl. fahren Busse u. a. nach Narvik, Alta, Harstad und Finnsnes.

**Schnellboot:** Verbindungen tgl. mit Harstad (550 NOK) und Finnsnes (270 NOK), Informationen Boreal (Tel. 78 40 70 00, www.boreal.no).

**Hurtigruten:** Die Postdampfer legen tgl. um 18.30 Richtung Kirkenes ab und um 1.30 Uhr Richtung Bergen.

**Mietwagen:** U. a. über Europcar (Tel. 77 67 56 00) und Avis (Tel. 77 61 58 50), am günstigsten über Rent a Wreck (Tel. 77 67 00 10, www.rent-a-wreck.no).

aktiv unterwegs

## Aufstieg zum Gipfel des Tromsdalstind

### Tour-Infos

**Start:** Tromsø, im Ortsteil Tromsdalen, am Ende des Turistvegen, der rechts neben der Eismeerkathedrale landeinwärts verläuft.
**Ziel:** Gipfel des Tromsdalstind
**Dauer/Länge:** hin und zurück ca. 7 Std., ca. 15 km
**Wegbeschaffenheit:** Schotterstraße und Erdwege, im letzten Abschnitt viel Geröll
**Orientierung:** Der Wanderweg ist mit roten Farbklecksen gut markiert, Kartenmaterial ist nicht erforderlich.
**Ausrüstung:** Grundausstattung, Trekkingschuhe, warme Zusatzbekleidung, evtl. Fernglas

Der rund 9 km südöstlich des Zentrums von Tromsø über dem Stadtteil Tromsdalen aufragende Tromsdalstind ist mit 1238 m Höhe der höchste Berg in der Umgebung der Stadt. Der Aufstieg ist vor allem im letzten Teil anstrengend und erfordert eine gute Kondition, doch wer durchhält, wird mit einem hochalpinen Traumpanorama belohnt.

Vom **Wendeplatz** am Ende des Turistvegen geht es zunächst etwa 30 Min. auf einem breiten Erd- und Schotterweg durch einen dichten Birkenwald dahin. Nach und nach wird der Weg schmal und steinig, doch kommt man gut voran. Nach etwa einer Stunde (nach ca. 3,5 km) wird eine Abbiegung erreicht, hier zweigt der Weg, deutlich markiert, nach links ab und erreicht bald das Ufer der **Tromsdalselva,** die als Wildbach über Steinstufen springt. Eine Brücke führt hinüber, danach geht es über teils rutschige Erdwege durch den Wald einen 45 Grad steilen Hang hinauf, bis auf etwa 300 m Höhe die **Baumgrenze** erreicht ist.

Von jetzt an genießt man ein ständig großartiger werdendes Panorama über das Tromsdalen bis nach Tromsø sowie zum Gipfel des Tromsdalstind hinauf. Etwa eine Stunde nach der Bachüberquerung wird auf 520 m Höhe eine mit einem dicken Farbklecks markierte **Steinpyramide** erreicht. Hier gabelt sich der Weg, es geht rechts ab, direkt auf die Felsflanke des Tromsdalstind zu. Weiter den roten Markierungen folgend geht es zu einem Wiesensattel hinauf.

Nach insgesamt etwa 2,5 Wanderstunden beginnt nun der eigentliche Aufstieg zum noch rund 650 Höhenmeter entfernten Gipfel. Wer seine Kondition überschätzt hat, wird es auf den nun folgenden zwei Stunden bitter bereuen, denn es geht konstant steil hinauf, und gerade die ersten 200 Höhenmeter sind die schwersten, da hier der mit Geröll durchsetzte Wiesenhang eine Neigung von wohl über 60 Grad hat.

Auf 750 m Höhe kommen im Norden die Gletscherhauben der Lyngen-Alpen (s. S. 361) in den Blick, auf 820 m umfasst das Panorama einen Winkel von über 180 Grad, auf 900 m sind es schon 270 Grad. Ab dieser Höhe aus führt der Weg mehrfach über breite Geröllbänder, die mit Vorsicht zu queren sind. Nahe an der senkrecht abstürzenden Westflanke des Tromsdalstind vorbei geht es höher und höher hinauf, und plötzlich ist man oben, ganz oben auf dem 1238 m hohen **Gipfel des Tromsdalstind** – einer Insel im Meer der Gebirgswogen, über das das Auge bei klarem Wetter über 100 km weit schweifen kann. Im Westen blickt man über Tromsøya mit der ›Spielzeugstadt‹ Tromsø und über Kvaløya bis auf das offene Eismeer, im Osten über die ganze Lyngen-Halbinsel hinweg, während sich im Süden die Balsfjord-Halbinsel öffnet und im Norden die Insel Ringvassøy.

Im Gipfelbuch, das unter dem hohen Steinhaufen zu finden ist, erleichtern vier, nach den Himmelrichtungen angelegte Fotomappen die Orientierung.

# Die Finnmark

**Das von Taiga und Tundra geprägte ›Land am Ende der Welt‹ ist die einsamste Region Europas, ist raue Wildnis und zugleich die größte zusammenhängende Fläche Natur unseres Kontinents. Und es ist das Kernland der Samen, die hier noch heute teilweise von der Rentierzucht leben.**

Wir befinden uns am Nordrand Europas, in einem weiten, menschenleeren Land; hier erklingen die melancholischen Lieder vom Mitternachtslicht, das immer wieder scheint, zwischen Eisnacht und Eisnacht, ein Land, in dem noch die Schreie der Seevögel wie ein Echo aus fernen Zeiten wirken. – Ultima-Thule-Gefühle liegen gewissermaßen in der Luft, und dies im wahrsten Sinne des Wortes, wurde doch die Finnmark in früheren Zeiten zumindest von den Norwegern als der äußerste Norden der Welt angesehen. Dieser Landstrich war es, den die Bürger Bergens im Jahre 1681 gegen eine jährliche Zahlung von 200 Reichstaler an die Königliche Kasse pachteten, und hierhin auch deportierte der reiche Süden viele seiner Verbrecher und Landstreicher, bis sich gegen Ende des 18. Jh. nach Aufhebung des Handelsmonopols durch die dänische Krone neue Ideen durchsetzten.

Die Finnmark erhielt eigene Marktorte und Umschlagplätze, teils mit Stadtrechten ausgestattet, und diese *Kjopsteder* hatten die Erlaubnis, direkt mit dem Ausland Handel zu treiben. Insbesondere der Handel mit Russland blühte nun auf, und im Tausch gegen Fisch, den es reichlich gab, erhielten die Händler vor allem Getreide, das in diesen Breitengraden nicht mehr gedeihen kann. Mit der Russischen Revolution kamen diese Verbindungen zum Erliegen, aber im Verlauf des 20. Jh., insbesondere nach dem Zweiten Weltkrieg, erblühte auch in der bis dahin vom Fischfang geprägten Finnmark der Dienstleistungssektor. In ihm sind heute die meisten Beschäftigten tätig, aber gar so viele sind das freilich nicht, leben doch im gesamten Bezirk, mit einer Gesamtfläche von rund 49 000 km², größer als die Niederlande, gerade mal 73 500 Menschen. Anders ausgedrückt teilen sich in der Finnmark rund 1,5 Menschen einen Quadratkilometer, und es kostet den norwegischen Staat jährlich Milliarden Kronen, diese von Entvölkerung bedrohte Region überhaupt bewohnt zu halten. Allerdings wurden vor ihrer Küste unlängst gigantische Erdöl- und Erdgasfelder geortet, die bereits teilweise ausgebeutet werden und in den nächsten Jahren für einen Bevölkerungsanstieg sorgen dürften.

## Infos

**NordNorsk Reiseliv AS:** Storgt. 47, 8006 Bodo, Tel. 90 17 75 00, www.nordnorge.com. Für die gesamte Finnmark zuständig, über die Website kann man auch eine umfassende Broschüre downloaden.

# Porsangerfjord

► T/U 2–4

Der Porsangerfjord, an dessen Öffnung zum Meer hin die Nordkap-Insel Mageroya liegt (s. S. 371), ist mit einer Länge von 123 km der viertgrößte des Landes und gilt vielen als einer der wildesten. Nackt und baumlos präsentiert sich die arktische Tundra, in der Flora und Fauna kaum mehr eine Rolle zu spielen scheinen in der Gestaltung der Landschaft. Grüne Wiesen, auf denen nicht selten Rentiere weiden, finden sich lediglich in der Nähe samischer Siedlungen; hier zaubern bunte Holzhäuschen ein wenig Farbe ins felsige Fjordküstenland, das die von Alta her kommende Europastraße Nr. 6 erschließt.

## Zwischen Olderfjord und Lakselv

Kaum hat man **Olderfjord** erreicht, wo die E 69 zum Nordkap abzweigt, herrscht plötzlich gähnende Leere auf der sonst so stark frequentierten E 6, denn die meisten Reisenden, die bis in diese Breiten vordringen, haben sich den äußersten Norden zum Ziel gesetzt und kehren nach einem Besuch von Hammerfest und dem Nordkap mehr oder weniger zufrieden um. Sich noch weiter von zu Hause zu entfernen, dazu reicht die Zeit meist nicht aus. Umso schöner für uns – im Wohnmobil-Konvoi durch eine Wildnis zu fahren ist etwas ganz anderes, als nur ab und zu mal ein anderes Fahrzeug zu sichten, sich zuzuwinken und wieder einzutauchen in die Einsamkeit.

Doch Autofahren verhält sich zur Natur wie die Technik zum Mythos, weshalb man sich, so immer die Zeit ausreicht, wandernd durch die Landschaft bewegen sollte. Bester Ausgangspunkt dafür ist das **Stabbursnes Naturhus og Museum,** ein Nationalparkzentrum für den südwestlich angrenzenden Stabbursdalen-Nationalpark. Es informiert vorbildlich über Flora und Fauna des Schutzgebietes, auch mehrere spannende Naturfilme werden gezeigt, außerdem kann man an organisierten themenbezogenen Wanderungen in den Nationalpark teilnehmen (Juni und Aug. tgl. 11–18, Juli tgl. 9–20, sonst Di/Do 12–15, Mi 12–18 Uhr, 60 NOK).

## Der Stabbursdalen-Nationalpark

Die 96 km² große Fläche wurde 1970 als Nationalpark ausgewiesen (2002 erweitert auf 747 km²), um den knapp oberhalb des 70. Breitengrades gelegenen nördlichsten Kiefern-Urwald der Welt mit bis zu 500 Jahre alten Bäumen zu schützen. Das namengebende Tal zieht sich direkt von der E 6 nach Westen, wo es erst die Form eines Trogs, später eine tief eingeschnittene Schlucht bil-

**Im Stabbursdalen-Nationalpark**

## Tipp: Die ›Arktische Route‹

Von **Lakselv** (s. u.) aus eröffnet sich die Möglichkeit, die an Russland grenzende Ost-Finnmark zu besuchen, und wer das möchte, muss hier auf die R 98 einbiegen, die im wahrsten Sinne des Wortes ein Highway in die Einsamkeit ist – in den Prospekten wird sie als ›Eismeerstraße‹ oder eben als ›Arktische Route‹ gepriesen. Sie führt entlang des Porsangerfjords, passiert auf diesem Weg nur ein einziges Dörfchen und durchquert die unwirtliche Steppenlandschaft des **Børselvfjells;** vom zerklüfteten Laksefjord geht es weiter auf das arktische **Ifjordfjell,** dessen Schneefelder selbst im Hochsommer nicht abtauen. Grandiose Panoramablicke sind hier zu genießen, doch ist zu bedenken, dass diese Strecke häufig nur zwischen Juni und Mitte September geöffnet ist.

Mit extremem Gefälle nähert sich die Strecke dem steil eingeschnittenen Tanafjord, dessen winziger Hauptort **Tana bru** 211 km von Lakselv entfernt ist. Hier trifft die R 98 wieder auf die von Karasjok (181 km) kommende E 6, die 143 km weiter im fernen **Kirkenes** (s. S. 431) endet, dem touristischen Zentrum des äußeren Nordostens von Norwegen.

Von Kirkenes verläuft die alles in allem fast 750 km lange Route zunächst wieder zurück nach Tana und von dort rund 180 km am Fluss **Tanaelv** entlang, der einem tief eingeschnittenen Tal folgt, mal breit und träge, dann wieder rauschend dahineilend, mal felsgerahmt ist, mal von weißen Sandstränden, Wiesen und Birkenhainen gesäumt wird; Lachsangler finden hier ein Paradies. Während der letzten Kilometer bis **Karasjok** (s. S. 427) verläuft die Fahrt durch das fast schon lieblich zu nennende Tal des Karasjokka dahin.

det, die nach und nach auf die Hochebene der Finnmarksvidda ansteigt. Der mit mehreren Lachsleitern versehene Stabburselv, der das urwüchsige Tal durchfließt, präsentiert sich auf seinem Weg zum Porsangerfjord mal als flacher, mit kleinen Inseln durchsetzter Wasserlauf, mal als schäumender Wildfluss, dessen Ufer mit verschiedenen Weidenarten bestanden sind. An Gefäßpflanzen kommen rund 250 verschiedene Arten vor, aber reicher als die Flora, die auf dem harten Sandsteinboden des Schutzgebietes nur spärlich gedeihen kann, ist die Fauna, die vor allem Ornithologen begeistert. Im Schutz der alten Bäume nisten u. a. Rotschwänzchen, Gänsesäger und Schellente; auch die Ammer, die eigentlich in Sibirien heimisch ist, kann hier beobachtet werden.

Die Zufahrt zum Park zweigt an der E 6 nach Westen ab (rund 2 km südlich der Brücke über den Stabburselv, dort ist auch ein Campingplatz) und endet auf einem kleinen Parkplatz, wo ein das Tal durchlaufender Pfad beginnt. Weitere Informationen im Stabbursnes Naturhus og Museum an der E 6 (s. o.).

## Lakselv

Der am Südrand des Fjords gelegene und etwa 2300 Einwohner große Hauptort der Gemeinde Porsanger ist mit zwei Campingplätzen, Hotel und Jugendherberge sowie großem Outdoor-Angebot das Zentrum der Aktivurlauber in diesem Landesteil und zukünftig vielleicht ein neues Drehkreuz des Nordkap-Tourismus: Der Flughafen wurde stark ausgebaut, sodass man jetzt von Mitteleuropa aus theoretisch innerhalb von vier Stunden per Jet anreisen könnte.

### Infos

**Porsanger Fjord Travel:** 9711 Lakselv, Tel. 97 41 23 57, www.visitporsanger.no, Juni–Mitte Aug. Mo–Fr 10–17, Sa/So 10–16, sonst Mo–Fr 9–15 Uhr.

### Übernachten

Sympathisch ▶ **Lakselv Hotel:** Tel. 78 46 54 00, Fax 78 46 54 01, www.lakselvhotell.no. Rund 1,5 km außerhalb von Lakselv in schöner Fjordpanorama-Lage, das beste Hotel der Stadt, großes Freizeitangebot, auch

Restaurant, Bar, Sauna. DZ im Sommer 1250 NOK.

Budgetgerecht am Viddarand ▶ **Lakselv Vandrerhjem:** Tel. 90 74 53 42, www.hihostels.no, 13. Juni–14. Aug. Rund 7 km außerhalb in schöner Tundra- und Seenlage, einladendes Haus im Fjellhüttenstil mit insgesamt 59 Betten; Kanus und Boote werden verliehen. Bett 300 NOK, DZ 550 NOK, Frühstück 75 NOK.

In Nationalparknähe ▶ **Stabbursdalen Feriesenter:** Stabbursdal, 9710 Indre Billefjord, Tel. 78 46 47 60, www.stabbursdalen.no, ganzjährig. 17 km außerhalb von Lakselv nahe der E 6 gelegenes Ferienzentrum mit großer Campingwiese und großem Freizeitangebot; über 100 Betten in Hütten verschiedener Kategorien von 450–2000 NOK.

### Aktiv

Breites Angebot ▶ **Porsanger Fjord Travel** (s. o.): Juni–Aug. tgl. geführte Touren (4 Std.) nach Trollheimsund sowie ganztägige Bootsausflüge nach Sværholdt, dem drittgrößten Vogelfelsen Norwegens. Außerdem Vermittlung von Seekajak-, Kanu-, Wander-, Boots- und Angeltouren, Foto-Safaris etc., des Weiteren Infos zu Wanderungen, Schneescooter-, Hundeschlitten- und Eisangeltouren und anderen Aktivitäten. **Stabbursdalen Camp & Villmarkssenter** (s. o.): ›Die‹ Adresse für (Lachs-)Angler, Organisation von Outdoor-Aktivitäten, Hundeschlitten- und Schneescooter-Touren.

### Verkehr

**Flugzeug:** Der North Cape/Banak Airport wird von SAS tgl. mit Tromsø verbunden sowie von Widerøe mit Alta, Kirkenes und anderen Orten der Finnmark Taxi 90 NOK.

**Bus:** U. a. tgl. nach Alta, Karasjok, Honningsvåg; tgl. (außer Sa) bis nach Kirkenes.

## Karasjok ▶ V 5

Durch ein von dem Fluss Lakselv gebildetes Seensystem und eine weitestgehend menschenleere Wildnis mit Ausblick auf über 1000 m hoch aufragende, kahle Felspyramiden zieht sich die E 6 über 76 km von Lakselv nach Karasjok hin, der inoffiziellen Hauptstadt von Samiid Ædnam, dem Samenland. Die samische Minderheit hat sich konsolidiert und ist auch im Weltrat der Urbevölkerungen (World Council of Indigenous People, WCIP) vertreten. Seit 1988 gibt es eine eigene Flagge, auch Volksvertretungen wurden ins Leben gerufen. Das norwegische Samen-Parlament wird alle vier Jahre zugleich mit dem Storting in Oslo gewählt, Parlamentssitz ist Karasjok, dessen ca. 2800 Einwohner zum größten Teil samischen Ursprungs sind.

Ebenfalls hier ansässig ist die samische Zeitung ›Sami Aigi‹ sowie eine samische Rundfunkstation. Auch die umfangreichste samische Bibliothek der Welt ist im Ort zu finden, doch bunte Trachtenabende mit Lagerfeuer, *Joik* (dem traditionellen Gesang der Samen) und Zeltromantik sucht der Reisende vergebens, wie auch traditionell gekleidete Samen im Stadtbild die Ausnahme sind.

Wer es gerne folkloristisch mag, kommt im **Samelandssenteret** (Samenlandzentrum) an der E 6 mit seinen tausenderlei Samen-Souvenirs auf seine Kosten. Auch das Touristenbüro ist hier untergebracht, ein Reisebüro informiert über Aktivitäten und Touren. ›Sei ein Renhirte für einen Tag‹ steht ebenso auf dem Programm wie Kanufahrten, Rafting-Touren, Angeltouren, Goldwasch-Kurse und vieles andere mehr.

Gegenüber dem Zentrum steht allein auf weiter Wiese am Fluss Karasjokka die alte **Kirche** von 1807, gleichzeitig das älteste evangelische Gotteshaus der Finnmark und einziges Gebäude der Stadt, das die Deutschen bei ihrem Rückzug nicht zerstörten (Mitte Juni–Aug. tgl. 9/10–20 Uhr).

Bootstouren auf dem Karasjokka und Rundflüge über die Finnmark kann man am Flussufer bei der Brücke über die Europastraße buchen. Dort werden auch Kanus ausgeliehen. Haupt-Touristenmagnet des Ortes ist das **Museum für samische Kultur,** das jenseits der Brücke nach rechts ausgeschildert ist und sich ausführlich mit der Kultur dieses Volkes befasst. Die didaktisch vorbildlich aufgebaute Ausstellung, zu der auch eine Freilichtabteilung gehört, dokumentiert die Geschichte der Samen ebenso wie die Handwerkstraditionen, die Rentierzucht, den Fischfang und die Jagd; eine große Trachtensammlung sowie mehrere Schamanentrommeln runden die Ausstellung ab.

Dem Museum angeschlossen ist eine Bibliothek mit dem weltweit größten Bestand an Büchern in samischer Sprache sowie Büchern zur Kultur und Geschichte des Volkes (www.rdm.no, 4. Juni–12 Aug. tgl. 9–18, sonst Di–Fr 9–15 Uhr, 75 NOK).

## Infos

**Sapmi KS:** Postboks 243, 9735 Karasjok, Tel. 78 46 88 00 Fax 78 46 88 01, www.sapmi.no, Juni–Mitte Aug. tgl. 9–19, sonst Mo–Fr 9–16 Uhr.

## Übernachten

Gehobene Mittelklasse ▶ **Rica Hotel Karasjok:** Tel. 78 46 88 60, www.rica.no. Bestes Haus der Stadt, moderne und komfortable Zimmer, teils nett mit Gemälden samischer Künstler dekoriert. Angeschlossen sind eine Sauna, ein Pub sowie ein Restaurant im samischen Stil. DZ 1760 NOK, Sommer/Wochenende 1360 NOK.

Urig wohnen ▶ **Karasjok Engholm Husky Vandrerhjem:** Danskarjohka, 6 km außerhalb, Tel. 78 46 71 66, www.engholm.no sowie www.hihostels.no. In fünf gemütlichen Blockhütten gibt es Schlafplätze für bis zu 20 Personen. Gäste können nach Herzenslust in der hauseigenen Bibliothek schmökern, es gibt eine holzbefeuerte Sauna, im Sommer werden Reittouren, im Winter Touren mit Hundeschlitten angeboten. Bett 300 NOK, DZ 800 NOK, Frühstück 120 NOK (s. a. Tipp S. 429).

Flussuferlage ▶ **Karasjok Camping:** Kautokeinovn., Tel. 78 46 61 35, www.karacamp.no, ganzjährig. Rund 1.5 km vom Zentrum entfernt an der Straße nach Kautokeino, schöne Lage am Hang über dem Fluss, gute Ausstattung, günstige Stellplätze und zahlreiche Hütten von 300–1000 NOK.

## Essen & Trinken

Wer in Karasjok die samische Küche testen will, wird vielleicht enttäuscht sein, denn in den meisten Restaurants werden lediglich die üblichen Gerichte serviert. – Zwei Ausnahmen aber gibt es, auch wenn sie ganz und gar auf den Touristen zugeschnitten sind:

Geschmacksfrage ▶ **Storgammen Restaurant:** Porsangervn. 1, Tel. 78 46 88 60, 13. Juni–17. Aug. tgl. 11–23 Uhr. Dieses zum benachbarten Rica-Hotel gehörige Restaurant ist im Stil einer traditionellen Samengamme nachempfunden, und natürlich sitzen die Gäste auf Rentierfellen rings ums offene Lagerfeuer und genießen zu Gerichten der samischen Küche (ab 170 NOK, im Durchschnitt um 250 NOK) Joik-Unterhaltung.

Authentisch ▶ **Jergul Ásttu:** Jergul, Tel. 78 46 91 00, ganzjährig. Dieses Blockhaus-Restaurant der traditionellen samischen Küche liegt rund 38 km außerhalb von Karasjok an der Straße nach Kautokeino in der gleichnamigen (samischen) Hüttenanlage, auch spezielle Samen-Menüs können geordert werden, Reservierung dringend empfohlen. Hauptgerichte um 230 NOK.

## Einkaufen

Traditionelle Klingenschmiede ▶ **Knivsmed:** Tel. 78 46 71 05, www.samekniv.no, Mo–Fr 8.30–16 Uhr. Nirgendwo sonst werden so feine Samenmesser geschmiedet wie in Karasjok, die größte Auswahl bietet der »Messerschmied«, dessen einer Samengamme nachempfundenes Besucherzentrum eine Sehenswürdigkeit für sich ist.

Samische Souvenirs ▶ **Samelandssenteret:** Porsangervn. 1, Tel. 78 46 88 10, gleiche Öffnungszeiten wie das Touristenbüro. Kunsthandwerkartikel, Silber- und Messerschmiede, Steinschleiferei, kurz: alles, was es in Sachen Samen-Souvenirs gibt.

Hochwertige Ausstellungstücke ▶ **Samisches Künstlerzentrum:** Jeagilvármádii 54, Tel. 90 24 40 62, www.samiskkunstnersenter.no, Mo–Fr 10–16, Sa/So 13–16 Uhr. Vermittlung samischer Malerei und samischen Kunsthandwerks, Galerie mit Ausstellungen samischer Gegenwartskunst.

## Tipp: Abenteuer mit Husky und Pferd

Wer hätte nicht schon einmal davon geträumt, im Winter unter dem Polarlicht mit einem Hundeschlitten über die vereist daliegende Vidda zu gleiten oder im Sommer hoch zu Pferd auf abenteuerlichen Wegen über die menschenleere Kältesteppe zu reiten?

In der Finnmark kann man sich diesen Traum erfüllen, konkret in Karasjok, wo sich mit Engholm Husky einer der versiertesten Anbieter für Hundeschlitten-Touren und Pferde-Trecks findet: Zwischen Anfang Dezember und Anfang Mai werden hier Dutzende Husky-Touren unterschiedlicher Dauer und Schwierigkeitsgrade organisiert. Die Preise liegen bei etwa 8600 NOK (alles inklusive) für fünf Tage, 16 200 NOK für acht Tage, spezielle Abenteuer-Touren kosten ab ca. 27 000 NOK.

Auch Jagdausflüge stehen auf dem Aktiv-Programm, ebenso wie Ski-/Hundeschlittentouren (9 Tage, 13 000 NOK) und Kurse im Hundeschlittenfahren; auch Kanus und Fahrräder werden vermietet (400/150 NOK).

**(Engholm Husky:** Danskarjohka, 6 km außerhalb Karasjok, Tel. 91 58 66 25, www.engholm.no).

### Aktiv

**Breites Angebot ▶** Boots-, Angel-, Trekking- und Kanutouren, Raftingfahrten, Goldwaschen, Ausflüge zu Samendörfern, Rentierscheidungen, Schneescooterfahrten und viele, teils abenteuerliche Aktivitäten mehr. Nähere Infos erteilt das Touristenbüro.

**Wandern ▶** Für Wanderer ist Karasjok bzw. die gesamte Finnmark das ›gelobte Land‹, empfehlenswert ist u. a. der 3,5 km lange Assebákti Kultur- und Wanderpfad (16 km westlich vom Zentrum an der R 92 ausgeschildert), bei dem man Einblick in die samische Geschichte erhält.

### Termine

**Oster-Festival:** Das 11-tägige Påskefestival steht im Zeichen von Rentierschlittenrennen, Joikkonzerten und Lassowerfen, Skirennen und Theatervorführungen und ist zusammen mit den gleichnamigen Festival in Kautokeino die größte Festivität der inneren Finnmark.

**Mittsommerfestival** (Sonnenwende): Aktivitäten für Jung und Alt.

Über alle Veranstaltungen informiert das Touristenbüro.

### Verkehr

**Bus:** 1–3 x tgl. Verbindungen in alle größeren Orte der Finnmark, außerdem tgl. nach Finnland (Eskelisen Lapin Linjat, Tel. 03 58-16-342 21 60, www.eskelisen-lapinlinjat.com).

## 15 Kautokeino

▶ T 6

Kautokeino oder – auf Samisch – Guovdageainnu ist die einzige Gemeinde des Landes mit einem offiziellen samischen Namen, gleichzeitig mit 9700 km² Fläche auch die größte Norwegens. Sie zählt nur rund 2600 Einwohner. Die etwa 100 000 Rentiere sichern einem Teil der samischen Bevölkerung, die hier die absolute Majorität bildet, auch heute noch ein Auskommen. Der in der weiten Senke des Kautokeinoelv gelegene Ort ist kulturelles Zentrum von Samiid Ædnam und Sitz zahlreicher Institutionen wie dem Nordisch-Samischen Institut (Nordisk samisk institutt), dem Samischen Ausbildungsrat (Samisk utdanningsråd), dem einzigen Samentheater der Welt, einer samischen Hochschule sowie einer Rentierzucht-Forschungsstation (Bajos).

Auch im Straßenbild bietet das Städtchen Besonderes, denn nur noch hier wird die traditionelle Tracht der Samen überwiegend auch als Alltagskleidung getragen. Das sieht exotisch aus, und entsprechend ist ein Besuch von Kautokeino fester Bestandteil der meisten geführten Nordland-Reisen. Im Sommer stehen u. a. Rentier-Safaris und Wanderungen, Kanutouren, Pferdetrecks und Flussbootfahrten auf dem Veranstaltungspro-

**In Kautokeino tragen viele Samen auch im Alltag noch ihre traditionelle Tracht**

gramm, im Herbst kann man hier an den großen Rentierscheidungen teilnehmen und den ›Indian Summer‹ in seiner ganzen Farbenpracht genießen. Im Winter werden Rentierschlitten-, Schneescooter- und Hundeschlitten-Ausflüge geboten, im Frühling lockt das farbenprächtige Oster-Festival mit einer Vielzahl von Veranstaltungen.

Sehenswert ist in dem weit auseinander gezogenen Ort insbesondere das **Freilichtmuseum,** das ein anschauliches Bild aus alter Zeit vermittelt, als Kautokeino noch ganz aus Zelten und Kotas bestand. Im angeschlossenen **Haus der Kultur,** das 1987 den norwegischen Architekturpreis gewann, kann man Produkte des samischen Kunsthandwerks kaufen (10. Juni–12. Aug. Mo–Sa 9–18, So ab 12 Uhr, sonst nur Di–Fr 9–15 Uhr, 40 NOK).

## Infos

**Kautokeino Turistinformasjon:** an der Durchgangsstraße E 93, 9520 Kautokeino, Tel. 78 48 65 00 (außerhalb der Hochsaison wird man automatisch mit der Kommune verbunden), e-post@kautokeino.kommune.no, Mitte–Ende Juni tgl. 9–16, Juli–Mitte Aug. tgl. 9–18 Uhr.

## Übernachten

Schick ▶ **Thon Hotel Kautokeino:** Biedjovággeluodda 2, Tel. 78 48 70 00, www.thonhotels.no. Das beste Haus der Stadt, mit 65 modern eingerichteten Komfortzimmern in hellen Farben. Restaurant und Bar sind angeschlossen. DZ 1600 NOK, bei Online-Buchung ab 1300 NOK, im Sommer ab 800 NOK.

Camping & Hütten ▶ **Kautokeino Camping & Arctic Motel:** Suomaloudda 16, Tel. 78 48 54 00, www.kauto.no, ganzjährig. Ruhige, schöne Stadtrandlage, 25 gut ausgestattete Hütten ab 480 NOK, große Campingwiese.

## Essen & Trinken

Nach Samenart ▶ **Madam Bongo's Fjellstue:** Cuonovuohppi, Tel. 78 46 61 60 und 48

10 60 03. 10 km außerhalb Kautokeino an der Straße zu den Bidjovagge Gruver gelegene Fjellstue, wo man auf Rentierfellen im Samenzelt am Lagerfeuer sitzt und sich an selbstgebackenem Brot, Rentierfleisch und anderen samischen Spezialitäten erfreut (möglichst 1–2 Std. vor Ankunft vorbestellen).

## Einkaufen

Rund ums Rentier ▶ **Reinkjøtt-Marked:** Stornes, Tel. 78 48 64 85. Verkauf von Rentierfellen und frischem, geräuchertem und getrocknetem Rentierfleisch.

Schmuckes aus der Finnmark ▶ **Juhl's Silber Galerie:** Tel. 78 48 43 30, www.juhls.no, ganzjährig, tgl. ab 9 Uhr. Samisches Kunsthandwerk vom Allerfeinsten, eine der besten Silberschmieden Norwegens, hier kann man auch nach eigenen Vorgaben Schmuck anfertigen lassen (moderate Preise). Schmuck und Gemälde können auch online gekauft werden.

## Aktiv

Nicht alltägliche Erlebnisse ▶ **Cavzo Safari:** 9525 Masi, Tel. 78 48 75 88, www.cavzo.no, Juni–Sept. und Jan.–April. Tgl. Flussbootfahrten von 4,5 Std. Dauer, die im Sommer um 16 Uhr starten (590 NOK), außerdem Besuch von Rentierscheidungen, Kälbermarkierungen, Rentier-Essen, Joik-Konzerten und vieles mehr, im Winter Rentier-Schlittenfahrten.

So weit die Füße tragen ▶ **Nordkalottenweg:** In Kautokeino beginnt der über 800 km lange Nordkalotten-Wanderweg, der bis nach Sulitjelma/Fauske (s. S. 355) in Nordland führt und durchgehend markiert ist, nähere Information erteilt das Touristenbüro.

Outdoor ▶ **Viddas Veidemann:** Goalseluodda 22, Tel. 78 48 78 68, www.viddas-veidemann.com. Veranstaltet ganzjährig Outdoor-Ausflüge nach Samenart, auch Jagdausflüge.

## Termine

**Oster-Festival:** Die Osterwoche steht auch in Kautokeino ganz im Zeichen des mittlerweile international bekannten Oster-Festivals, das in aller Regel mit einem Filmfestival eingeleitet wird – die Filme werden im wahrscheinlich einzigen Open-Air-Eiskino der Welt vorgeführt, in das man mit Schneescootern hineinfahren kann. Es schließen sich Theatervorstellungen und Joik-Konzerte, Scooter-Rallyes, Rentierschlittenrennen-Weltmeisterschaften (Sonderklasse für Touristen) und andere Veranstaltungen an. Infos über das Touristenbüro sowie unter www.saami-easterfestival.org.

**Herbstfestival:** Konzerte, Theater und Rentierrennen-World-Cup (Infos im Touristenbüro).

## Verkehr

**Bus:** Verbindungen mit den meisten Orten der westlichen Finnmark, bessere Verbindungen allerdings von Karasjok aus, auch Busse nach Finnland (Eskelisen Lapin Linjat, Tel. 03 58-16-342 21 60, www.eskelisen-lapinlinjat.com).

# Kirkenes ▶ Y 3

Eingedenk der isolierten Lage an der Barents-See in einem durch Russland im Osten und Finnland im Süden gebildeten Korridor ist man erstaunt, wie groß, lebhaft und betriebsam Kirkenes ist. Der Hauptort der Gemeinde Sør-Varanger ist mit seinen rund 3300 Einwohnern alles andere als ein Außenposten der Zivilisation, und das Ortszentrum überrascht beiderseits der Fußgängerzone mit vielen Geschäften und Restaurants sowie einem nahezu babylonischen Gewirr unzähliger Sprachen: Kirkenes ist heute dank der norwegischen Asylantenpolitik Heimat von Menschen aus rund vier Dutzend Ländern, die größten Gruppen kommen, abgesehen von den Norwegern selbst, aus Russland, Bosnien und – man staune – den Philippinen.

Sie alle leben von der Fischerei oder arbeiten im Dienstleistungssektor. Bis 1996 war das noch ganz anders: Die Mehrheit der Bevölkerung lebte von den riesigen Eisenerzvorkommen nahe Bjørnevatn, wo jährlich bis zu 3 Mio. Tonnen abgebaut und verschifft

# Die acht Jahreszeiten der Bergsamen

**Ein Klischee besagt, dass die Samen mit ihren Rentierherden als ›edle Wilde‹ durch die Weiten des hohen Nordens ziehen, und auch in Prospekten werden sie oft als exotische Nomaden hingestellt. Dabei waren und sind es nur die Bergsamen, die die Rentierzucht betreiben, und auch diese präsentiert sich heute anders, als man glaubt.**

Die Tradition der Bergsamen (s. S. 41) kennt nicht vier, sondern acht Jahreszeiten, die von der Wanderschaft der Rentiere bestimmt werden. Im Frühlingswinter, wenn sich der Schnee über dem Waldboden in eine harte Eisdecke wandelt, die die Rentiere bei ihrer stetigen Flechtensuche nicht mehr aufkratzen können, wandern sie zu ihren Kalbungsplätzen ins Gebirge. Die Samen ziehen mit Schneescootern (früher mit Rentierschlitten) hinterher, und übernachtet wird auch heute noch zumeist in Zelten, deren Astgestänge im höchsten Punkt durch eine ›Rauchstange‹ verbunden wird (an der später der Kochtopf aufgehängt wird und über der sich auch die Rauchöffnung befindet). Zeltplanen bilden die Hülle (früher aus Rentierhäuten erstellt), und in der Mitte dieser Kota wird der aus einem Ring flacher Steine erstellte Herd aufgebaut, um den herum auf Fellen und Decken geschlafen wird.

Erst bei Erreichen der Kalbungsplätze im Frühling (gegen Ende April) wird für längere Zeit ein festes Lager errichtet, denn hier verbleiben die Herden für mindestens einen Monat. Früher bestand es aus mit Birkenrinde und Torf gedeckten Kotas, doch heutzutage sind es bevorzugt Blockhütten und kleine Holzhäuser.

Die Geburt der Kälber (die schon im Alter von nur einer Stunde ihren Müttern überallhin folgen können) leitet gegen Ende Mai den Frühlingssommer ein, in dem die nächste größere Wanderung erfolgt. Bei den Sommerweiden im Gebirge angekommen, hält dann der Sommer seinen Einzug, und nach den Anstrengungen der zurückliegenden Monate können sich die Rentiere wieder ihrer Hauptbeschäftigung, dem Flechtenfressen, hingeben. Jede Herde hat ganz bestimmte Weideplätze, auf denen sie sich entweder gänzlich frei bewegen kann oder mehr oder weniger gehütet werden muss, was normalerweise von ein bis zwei Mann im Schichtwechsel besorgt wird. Zunehmend gehen aber die Bergsamen dazu über, riesige Sperrzäune zu errichten, um sich das arbeitsintensive Hüten zu ersparen. Auch so nämlich gibt es genug zu tun, denn ab Juli etwa beginnt das Zeichnen der Kälber, bei dem alle Tiere mit Eigentumsmarken am Ohr versehen werden. Auch das Melken nimmt Zeit in Anspruch. Ansonsten widmen sich Männer und Frauen verschiedenen handwerklichen Beschäftigungen, deren Produkte heute meist in die Souvenirläden des Landes gehen. Früher wurden in dieser Zeit die Kleider gearbeitet und ausgebessert, das Schuhwerk aus Leder gefertigt (in dem man barfuss, dennoch warm und immer trocken ging, weil mit Riedgras gefüllt), die Packkörbe geflochten, die Packsättel erstellt und vieles andere mehr, was heute nicht mehr nötig ist.

Der August leitet den Herbstsommer ein, und weil die Pflanzen auf den hoch gelegenen Weiden jetzt nicht mehr genügend Nährstoffe hergeben, ziehen sich die Rentiere in tiefere Lagen zurück. Dort werden sie gegen

Thema

Ende des Monats zusammengetrieben (heute meist mit Helikoptern), denn nun fällt die wichtige Arbeit des Auslesens von Tieren fremder Besitzer, zu kastrierender Kälber und für die Schlachtung vorgesehener Rentiere an. Zur Schlachtung stieß man dem Ren früher ein Messer ins Herz, doch heute werden die Tiere einfach in mobile Schlachtanlagen getrieben, wo sie – ähnlich wie Rinder oder Schweine in den modernen Großschlachtereien – quasi automatisch vom Leben in den Tod befördert, sodann mittels Kühltransportern in die Fleischfabriken abgefahren werden.

Die Restherde wird nun, im Herbst, auf die mit den Kalbungsplätzen des Frühlings identischen Brunftweiden getrieben, wo die Tiere bis gegen Anfang November verbleiben, um sich zu paaren. Längst ist der erste Schnee gefallen, haben sich die Flüsse und Seen mit Eis überzogen, und mit den Gerätschaften, mit denen man im Frühlingswinter angereist war, geht es schließlich, im Herbstwinter, wenn auch hier die Weidemöglichkeiten immer schlechter werden, zu den Winterplätzen zurück. Diese liegen in aller Regel in der Waldzone oder an deren Rand, denn nur der Wald bietet Schutz und Nahrung für den langen Winter. Früher verbrachten die Samen diese Zeit in Zelten oder Kotas, heute meist in Holzhäusern, und zum Hüten der Tiere, bei dem der Renhund große Hilfe leistet, ist man von Skiern längst auf Schneescooter umgestiegen.

**Tradition und Moderne – vielerorts ersetzen Wohnwagen die früheren Kotas**

wurden. Kirkenes war die wichtigste Erzstadt Norwegens, und zwar schon seit Anfang des 20. Jh. Damals bestand der Ort lediglich aus einigen Häusern und einer Kirche *(kirke)* auf einer Landzunge *(nes)*, doch das schwarze Gestein, einmal entdeckt und ab 1906 im großen Stil abgebaut, veränderte alles. Es kam zu einem regelrechten Erzrausch, die nun erblühende Stadt gelangte zu großem Wohlstand, bis dann im Zweiten Weltkrieg die Deutschen einmarschierten, deren Bedarf an Eisenerz enorm war.

Gut 30 000 Soldaten wurden in Kirkenes stationiert, und erst im Oktober 1944 gelang es der Roten Armee nach einem fürchterlichen Erschöpfungskrieg, die Stadt an der Barents-See zu befreien. Doch auch hier hatten die Deutschen vor ihrem Rückzug ›verbrannte Erde‹ hinterlassen (s. S. 370), nur etwa 20 Häuser standen danach noch, und es währte acht Jahre, bis der Betrieb in den völlig zerstörten Gruben wieder aufgenommen werden konnte. Der Ort erlebte glanzvolle Jahre mit wachsendem Wohlstand, bis schließlich der Abbau zu teuer wurde und man die Bergwerke 1996 schließen musste. Doch mittlerweile ist der Kalte Krieg vorbei, der Eiserne Vorhang verschwunden, und seitdem partizipiert Kirkenes von seiner zentralen Lage in der Barents-Region.

## Sehenswert

Das **Stadtzentrum** ist klein und übersichtlich, und nach einem kurzen Rundgang bietet es sich an, der Kjelland Torkildsensgate sowie dem Solheimsveien zum etwa 1 km außerhalb gelegenen **Grenzlandmuseum** zu folgen, in dem u. a. ein restaurierter russischer Jagdbomber vom Typ ›Iljuschin IL 3M‹ ausgestellt ist. Es vermittelt einen umfassenden Überblick über die wechselvolle Geschichte der Stadt und des Grenzgebiets und informiert obendrein über Natur und Kultur dieser Region (Grenselandmuseet: www.varanger museum.no, Mitte Juni–15. Aug. tgl. 10–18, sonst tgl. 10–14 Uhr, 50 NOK).

Lohnend ist auch ein Besuch des vorübergehend ebenfalls beim Grenzlandmuseum untergebrachten **Savio-Museums,** das den Arbeiten des samischen Künstlers John Savio (1902–1938) gewidmet ist und außerdem Wanderausstellungen mit Gegenwartskunst präsentiert (gleiche Öffnungszeiten).

Für den Rückweg bietet sich ein Rundgang an, der entlang der Kristen Nygaardsgate und dem Fjellveien zum **Prestfjellet** führt, von wo aus man eine weite Aussicht über Stadt und Fjord genießt.

## Infos

**Internet:** www.kirkenesinfo.no. Ein Touristenbüro gibt es seit 2009 nicht mehr, aber im Juni/Juli findet sich ein Infostand in der Sør-Varanger-Bibliothek (Dr. Wessels gate 18, Tel. 78 97 17 77, Mo–Fr 9.30–15 Uhr).

## Übernachten

Ein Traum aus Eis ▶ **Kirkenes Snowhotel:** Gabba Rentier-Safaripark, 1 km außerhalb vom Grenzlandmuseum, Reservierung über Radius Kirkenes AS, Tel. 78 97 05 40, www.kirkenessnowhotel.com, etwa Mitte Dez.–März. 2006 eröffnete das ›Schneehotel‹ seine Iglupforten, und wer ein ausgeprägtes Faible für das Außergewöhnliche hat, wird seine helle Freude haben an den insgesamt acht Schneesuiten, ganz und gar aus Eis errichtet und mit Eisskulpturen geschmückt, in mystisches Licht getaucht. Der Preis beträgt inkl. Abendessen, Frühstück und Sauna sowie Rentierfellen und Schlafsäcken 2300 NOK/Pers.

Zentral & komfortabel ▶ **Rica Arctic Hotel:** Kongensgt. 1–3, Tel. 78 99 29 29, www.rica.no. Viergeschossiger Neubau im Stadtzentrum mit Restaurant, Bar, Hallenbad und Sauna, 80 Zimmer von hohem Standard. DZ ab 1575 NOK (Sommer 1370 NOK).

Preiswert ▶ **Hotel Wessel:** Dr. Wesselsgate 3, Tel. 78 99 86 00, www.hotellwessel.no. Kleines Stadthotel mit 28 renovierten Zimmern (alle mit Bad/TV) sowie einem China-Restaurant und Pub. DZ ab 800 NOK.

Für den Transit ok ▶ **Kirkenes Camping:** Maggadalen, Tel. 78 99 80 28, eiri-ols@online.no, Juni–Aug. Einfacher Übernachtungsplatz, auch 17 Hütten, 7 km vor Kirkenes an der E 6.

## Essen & Trinken

Stadtbeliebt ▶ **Rica Hotel Kirkenes:** Pasvikveien 63, Tel. 78 99 14 91, Okt.–April Mo–Do ab 17.30 Uhr, sonst tgl. Grillrestaurant mit Traditionsgerichten der hochnordischen Küche. Dazu ein schönes Panorama und eine angenehme Atmosphäre. Vorspeisen um 140 NOK, Hauptgerichte ca. 220–310 NOK.

Genuss an der Grenze ▶ **Gapahuken ved Pikevannet:** Storskog, Tel. 78 99 08 20, Mitte Juni–Aug. Di–So ab 15 Uhr. Dieses in Touristenkreisen populärste Restaurant der Stadt liegt rund 15 km außerhalb beim Grenzübergang Storskog am Ufer des Pikesee (Pikevannet), durch den hindurch die Grenze nach Russland verläuft. Sehr schön zum Draußensitzen auf der großen Veranda. Die Küche ist gut und traditionell, Vorspeisen (etwa Schneehuhnsuppe) kosten ab 110 NOK, Hauptgerichte 285 NOK (Walsteak) bis 385 NOK (Rentierfilet).

## Einkaufen

Russland lässt grüßen ▶ Das Grenzlandmuseum sowie der Kiosk an der russischen Grenze Storskog (15 km außerhalb) bietet eine große Auswahl an russischen (und nordnorwegischen) Handarbeiten. Das üppigste Angebot aber findet sich auf dem **russischen Markt,** der am letzten Donnerstag eines jeden Monats (außer Juli) auf dem Marktplatz von Kirkenes von 8 bis 16 Uhr abgehalten wird.

## Aktiv

Die Website www.kirkenesinfo.no informiert über **Wanderungen** und **Wildnisaufenthalte, Bärensafaris, Angel-, Tauch- und Bootstouren** sowie **Hundeschlitten-, Rentierschlitten- und Schneescooter-Touren, Eisangeln** und vieles andere mehr.

Touren ins Pasviktal ▶ **Pasvik Turist:** Dr. Wesselsgt. 9, Tel. 78 99 50 80, www.pasvikturist.no. Größter Veranstalter von geführten Bootstouren sowie Wanderungen und Ausflügen in das Pasviktal. Siehe aktiv unterwegs S. 436.

Born to be wild ▶ **BIRK – Husky, Melkefoss:** Tel. 90 97 82 48, www.birkhusky.no. Erlebniscenter mit Sommer- und Winterpro-

In Kirkenes leben viele Bewohner vom Fischfang

aktiv unterwegs

## Das Pasviktal – Stippvisite in der Taiga

### Tour-Infos

**Anfahrt:** Von Kirkenes aus die R 885, die beim Øvre-Pasvik-Nationalpark endet; öffentliche Verkehrsmittel fahren nicht zum Nationalpark (▶ Y 4/5).

**Øvre Pasvik Nasjonalparksentrum Bioforsk Svanhovd:** Svanvik, Tel. 46 41 36 00, www.bioforsk.no, Mo–Fr 9–15, im Sommer 8–20, Sa/So 10–20 Uhr.

**Organisierte Touren:** siehe Pasvik Turist, S. 435.

**Übernachten:** Øvre Pasvik Café, in Vaggatem an der R 885, Tel. 78 99 55 30, www.pasvik-cafe.no; Campingplatz und Hüttenvermietung; auch Kanu- und Fahrradverleih, Anbieter von geführten Wildnistouren.

Das Pasviktal, das sich von Kirkenes aus etwa 100 km keilförmig zwischen Finnland und Russisch-Karelien nach Süden erstreckt, ist der nordwestlichste Ausläufer der sibirischen Taiga und markiert die botanische und zoologische Grenze zwischen Europa und Asien. Nirgendwo im Land gibt es mehr Bären und Wölfe als hier, wo im südlichsten Talabschnitt der 119 km² große Øvre-Pasvik-Nationalpark eingerichtet wurde. Einen Überblick über die ungemein reiche Tier- und Pflanzenwelt dieser abgelegenen Region gibt das zum Nationalpark gehörende **Umweltzentrum und Naturmuseum Bioforsk Svanhovd.** Es umfasst u. a. den nördlichsten Botanischen Garten der Welt sowie, seit Sommer 2012, eine spezielle Bärenausstellung.

Wer aktiv in die labyrinthartige Wildnis von Wäldern – darunter Norwegens größter Kiefern-Urwald –, Mooren und Seen vordringen will, tut dies am besten im Rahmen von Wanderungen auf einem der vielen markierten Wege. Der populärste führt nach **Bjørnehiet,** einer verlassenen Bärenhöhle. Der Weg dorthin ist an der Reichsstraße 885, die von Kirkenes aus das Pasviktal erschließt, nahe der Siedlung **Strand** markiert und führt in etwa 15 Minuten zu dem in einen Sandhügel gegrabenen Bau.

Anstrengender ist die rund 5 km lange Tour zum **Dreiländereck Treriksrøysa,** wo die Landesgrenzen von Norwegen, Finnland und Russland zusammentreffen. Sie beginnt bei **Grenseberget,** am Ende eines 20 km langen Schotterweges, und ist ebenfalls ab der Straße ausgeschildert. Der Pfad führt teils auf Knüppelwegen über Feuchtstellen hinweg, sodass Wanderer hier wie überall im Pasviktal mit Gummistiefeln gut beraten sind. Das Ziel ist durch eine Steinpyramide gekennzeichnet – es ist übrigens weltweit der einzige Punkt, an dem sich drei Zeitzonen treffen!

grammen. U. a. Hundeschlittentouren unter dem Nordlicht, Angeltouren, Kanutouren, Sauna & Badebottich am Grenzfluss Pasvik, Zelt-Erlebnisse, Pirsch zur Balz des Auerhahns, geführte Wanderungen in das Reich der Bären.

Ein tierisches Erlebnis ▶ **Gabba – Rentier Safari Park:** Tel. 78 97 05 40. Hier, wo im Winter auch das Kirkenes Snowhotel einlädt (s. S. 434), kommt man mit Rentieren in ihrer natürlichen Umgebung in nahen Kontakt, erfährt im Rahmen von geführten Touren viel Wissenswertes über die Tiere sowie die arktische Natur (100 NOK).

Angeln und mehr ▶ **Kirkenes Fjord Fiske:** Storskog, Tel. 78 99 96 81, www.fjord-fiske.no. Ganzjährig Fisch- und Erlebnis-, Skooter- und Jagdtouren sowie andere Erlebnisse.

## Termine

**Barentsspektakel** (Mitte Febr.): 4 Tage währendes, grenzüberschreitendes Festival (www.barentsspektakel.no).

**Finnmarksløpet** (Anfang März): Mit 1000 km eines der längsten Hundeschlittenrennen der Welt, das auch durch Kirkenes führt (Tel. 78 44 64 50, www.finnmarkslopet.no).

**Pasviktrail** (Ende März/Anfang April): 320 km langes Hundeschlittenrennen, das in Kirkenes am Grenzlandmuseum beginnt und via Pasviktal, Vaggatem und Neiden nach Kirkenes zurückführt (www.pasviktrail.com).

**Lachsfestival** (1. Samstag im Juli): in Neiden am gleichnamigen Fluss.

**Kirkenestage** (Anfang Aug.): Wassershow, Russischer Markt, Frühstück in der Fußgängerzone, Tanzgala, Auktionen und anderes mehr (www.kirkenesdagene.no).

## Verkehr

**Flugzeug:** Der Flughafen liegt rund 15 km außerhalb (ein Buszubringer ist auf den Flugplan abgestimmt: 85 NOK), mit Widerøe bestehen u. a. ein- bis mehrmals tgl. Verbindungen in die Orte der Finnmark sowie nach Tromsø und Oslo, auf der Strecke von/nach Oslo fliegen Norwegian sowie SAS.

**Bus:** 1–3 x tgl. (außer Sa) in die Orte der Gemeinde Sør-Varanger , nach Hammerfest und Honningsvåg sowie nach Alta via Tana Bru, Karasjok und Lakselv.

**Hurtigruten:** Tgl. um 12.45 Uhr legt der Postdampfer vom Hurtigrutenkai Richtung Bergen ab.

**Mietwagen:** u. a. über Avis (Tel. 78 97 37 05), Europcar (Tel. 78 97 01 00), Hertz (Tel. 78 99 39 73). Doch mit Abstand am günstigsten mietet man über Rent-A-Wreck, Tippveien 1a, Tel. 78 99 32 80, www.rent-a-wreck.no.

## Von Kirkenes nach Russland

Der ›eiserne Vorhang‹ ist gefallen, und Kirkenes ist heute wichtiger Ausgangspunkt für Reisen nach Russland. Auch mit dem eigenen Fahrzeug darf man einreisen (Grenzübergang ist Storskog, 15 km von Kirkenes entfernt, tgl. 7–21 Uhr), und für etwas abenteuerliche Naturen ist es sicherlich eine reizvolle Variante, durch Russland und die Baltischen Staaten zurückzufahren. Nach wie vor aber ist ein Visum erforderlich, das man entweder am besten schon zu Hause beantragt oder aber in Kirkenes über Pasvikturist (s. u). Diese Organisation bietet auch geführte Touren nach und durch Russland und ist obendrein für den öffentlichen Transport nach Russland zuständig.

## Aktiv

Touren nach Russland ▶ **Pasvik Turist:** Dr. Wesselsgt. 9, Tel. 78 99 50 80, www.pasvikturist.no. Das Angebot ist umfassend, selbst Touren via Murmansk nach Moskau und weiter mit der Transsibirischen Eisenbahn sind möglich. Tagestouren zum Kloster Pechanga kosten 2300 NOK (Tagesvisum inkl.), Übernachtungstouren nach Murmansk inkl. Visum und Hotel 2500 NOK, eine Wochenendtour 3200 NOK.

Grenzfahrten ▶ **Barents Safari:** Buchung über das Touristenbüro, www.barentssafari.no. Einer der beliebtesten Ausflüge führt im Sommer (tgl. 9.45, 14 und 18 Uhr) in einem Flussboot zur russischen Grenze bei Boris-Gleb, 890 NOK); im Winter geht es mit Schnee-scootern dorthin (1990 NOK/Pers. bei 2 Pers.) sowie auf Nordlicht-Beobachtung (1590 NOK).

Rorbue auf den Lofoten

# Register





Der Haupteintrag ist **fett** hervorgehoben

# Register

# Register





Der Haupteintrag ist **fett** hervorgehoben

## Das Klima im Blick

Reisen verbindet Menschen und Kulturen. Wer reist, erzeugt auch $CO_2$. Der Flugverkehr trägt mit bis zu 10 % zur globalen Erwärmung bei. Wer das Klima schützen will, sollte sich – wenn möglich – für eine schonendere Reiseform entscheiden. Oder die Projekte von *atmosfair* unterstützen: Flugpassagiere spenden einen kilometerabhängigen Beitrag für die von ihnen verursachten Emissionen und finanzieren damit Projekte zur Verringerung des $CO_2$-Ausstoßes in Entwicklungsländern *(www.atmosfair.de)*. Auch der DuMont Reiseverlag fliegt mit *atmosfair*!

nachdenken • klimabewusst reisen

atmosfair

## Abbildungsnachweis/Impressum

### Abbildungsnachweis

Bilderberg/Avenue Images, Hamburg: S. 7 M., 410/411 (Alstills 53N); 120 (Boisvieux); 169 (Bossemeyer); 20, 425, 433 (Madej); 102 re., 117 (Modrak)

Claudia Banck, Sukow/Zietlitz: S. 272

Bildagentur Huber, Garmisch-Partenkirchen: S. 27 (Damm); 1 re., 3 u., 5 o., 6 o., 6 u., 49, 60/61, 136 re., 147, 151, 161, 187, 282, 300, 307, 314/315, 321, 322, 324/325, 328 li., 328 re., 332/333, 338, 396/397, 420/421, Umschlagrückseite u. (Gräfenhain); 230 (Lawrence); 346 re., 376/377 (Mezzanotte); Titelbild (Mirau); 14 (Picture-Finders); 344 (Rellini); 368 (Römmelt); 134 (Zachlod), 5 M., 88, 178/179 (ohne Nennung)

Bildagentur Kliem: S. 102 li., 109, 241, 242/243

DuMont Bildarchiv, Ostfildern: S. 1 li., 3 M., 4 o., 56, 110, 140, 148/149, 170, 182, 184, 192/193, 210, 218/219, 222/223, 233, 276/277, 292/293 (Nowak)

Udo Haafke, Ratingen-Lintorf: S. 203

laif, Köln: S. 2 u., 385, 430, 317 (Alexander/arctic-photo); 68 (Babovic); 35 (Boisvieux/hemis.fr); 4 u., 8 o., 41, 98/99, 204, 208, 212 li., 227, 261, 415, 438/439 (Galli); 7 o., 82/83, 404/405, 412/413 (Gebhard); 1 M., 10/11, 87, 232 li., 248/249, 254, 353, Umschlagrückseite o. (Harscher); S. 297 (Heeb); 136 li, 175 (hemis.fr); 2 o., 17, 78, 257, 263 (Heuer); S. 190 (Kuerschner); Umschlagklappe, 3 o., 8 u., 75, 114, 309, 326, 358/359 (Modrow); 286 (Rieger/hemis.fr)

Knut Liese: S. 122/23

Look, München: S. 7 u., 9, 435 (Dressler); 5 u., 44, 238, 392/393 (Greune); 362/363 (Hoffmann); 156/157 (IBL); 23 (Wothe)

Mauritius, Mittenwald: S. 346 li., 372/373 (Harding), 100 (Loken); 212 re., 224 (Mirau); 165 (Profimedia)

NSA Archiv: S. 382, 402

picture alliance/dpa, Frankfurt: S. 53

Wilkin Spitta: S. 131, 200/201, 269, 304/305

Annette Ster, Kabelvåg: S. 142, 357, 389

transit, Leipzig: S. 13, 232 re., 245, 264 (Härtrich)

### Kartografie

DuMont Reisekartografie, Fürstenfeldbruck


### Umschlagfotos

Titelbild: Dorf Reine auf den Lofoten; Umschlagklappe vorne: Im Hafen von Henningsvaer

**Über die Autoren:** Michael Möbius und Annette Ster leben seit 1991 auf den Lofoten. Norwegen ist ihnen zur ›geliebten‹ Heimat geworden. In ihrer Arbeit als Reisejournalisten haben sich Michael Möbius und Annette Ster auf den skandinavischen Raum spezialisiert. Im DuMont Reiseverlag erschienen von ihnen u. a. die Reise-Taschenbücher zu »Norwegen – Der Süden« sowie »Hurtigruten« und in der Serie DuMont Direkt ein Band zu »Oslo«.

**Lektorat:** Susanne Pütz

**Hinweis:** Autoren und Verlag haben alle Informationen mit größtmöglicher Sorgfalt geprüft. Gleichwohl sind Fehler nicht vollständig auszuschließen. Alle Angaben erfolgen ohne Gewähr. Bitte schreiben Sie uns! Über Ihre Rückmeldung zum Buch und über Verbesserungsvorschläge freuen sich Autoren und Verlag:
**DuMont Reiseverlag,** Postfach 3151, 73751 Ostfildern, E-Mail: info@dumontreise.de

2., aktualisierte Auflage 2013

Grafisches Konzept: Groschwitz, Hamburg
Printed in Germany